# 项 目 资 助

本书获得国家社会科学基金重大项目"推进双向投资布局的开放体制创新与内外战略协同研究"（项目批准号：15ZDC018）的项目资助，在此表示衷心感谢！

# 双向投资中的战略协同

STRATEGIC SYNERGIES IN FDI AND ODI

赵蓓文 等◎著

人民出版社

CONTENTS

# 目　录

## 第二篇　双向投资布局下的改革开放战略协同与政策重构

## 第三篇 双向投资布局下国家发展战略与 地方发展战略的协同

## 第四篇　双向投资布局下产业发展战略的内外协同

## 第五篇　双向投资布局下国内体制改革和参与全球治理的协同

# 导论 推进双向投资布局的开放体制创新与内外战略协同

◇◇◇◇◇◇◇◇◇◇◇◇◇◇◇◇◇◇◇◇◇◇◇◇◇◇◇◇◇◇◇◇◇◇◇◇◇◇◇◇◇◇◇◇◇◇◇◇◇◇◇◇

对外开放是当代中国发展的基本国策,利用外资是开放型发展道路的主要特征。进入 21 世纪后开始的"走出去"战略在短短十多年中迅猛发展,与引进外资一起构成了当今中国开放型发展的完整结构。在国家"十三五"规划"坚持开放发展"方针下,根据国家发展需要进一步推进双向投资布局已经成为发展战略的一大主题。双向投资并非只是资本流动在数量上的对称,而是关系到整个开放型经济体制建设和战略布局的问题,因而战略与政策的协同是新阶段上的核心主题。

双向投资布局是国家的大战略,也标志着中国开放型经济发展进入新的历史阶段,必须从顶层设计意义上进一步推进系统研究。这一系统研究包括两个重要方面:一是与这一大战略布局相适应的对外经济体制创新;二是实现这一大战略中的各个分战略的相互协同。

习近平总书记在党的十九大报告中指出:"开放带来进步,封闭必然落后。中国开放的大门不会关闭,只会越开越大。"①习近平总书记全面阐述了构建开放新格局的战略部署,我国开放型发展道路进入了新一轮战略创新期。

## 第一节 新时代开放型发展道路的战略创新

回顾改革开放 40 年历程,我国的发展是一条从时代特征出发,以开放型为特征,具有中国特色的发展道路,这条道路的成功具有深刻的理论意义。改革开放之初邓小平同志就指出,我们正处于和平与发展时代,这从根本上改变了此前关于战争

---

① 习近平:《决胜全面建成小康社会 夺取新时代中国特色社会主义伟大胜利——在中国共产党第十九次全国代表大会上的报告》,人民出版社 2017 年版,第 34 页。

与革命的时代认识,为国家把发展作为第一要务,打开国门搞建设确立了战略依据,我国自此走上了改革开放道路,并因从中国国情实际出发而使这条道路成为中国特色社会主义道路。这条道路具有深刻的理论内涵和世界意义:"拓展了发展中国家走向现代化的途径,给世界上那些既希望加快发展又希望保持自身独立性的国家和民族提供了全新选择,为解决人类问题贡献了中国智慧和中国方案。"①

从时代判断出发,确立开放战略,走中国道路,实现理论创新,这"四位一体"的逻辑链就是中国开放型发展道路的理论逻辑、历史逻辑和实践逻辑。党的十九大报告全面论述了时代特征、开放战略、中国道路与理论创新,为新时代开放型发展道路指明了方向。

## 一、新时代:中国日益走近世界舞台中央

在过去的 40 年中,中国开放战略的成功在于抓住经济全球化的历史机遇,这是对时代背景与国际环境深刻认识的结果。全球化为中国提供了接受产业转移,参与国际价值链分工实现发展的历史机遇。那么我们应当怎样认识新时代的国际环境和机遇呢?

新时代是"我国日益走近世界舞台中央、不断为人类作出更大贡献的时代"②。人们清晰地记得,改革开放以来中国战略的出发点就是顺应经济全球化潮流,利用好有利的外部条件实现发展。从某种意义上讲,世界经济的外部环境是既定的,中国只能去适应它、接受它,而不能去改变它。加入世界贸易组织是一个典型的例子,中国必须接受所有规则直至各国的要价,很难要求其他国家考虑中国的需要和可能。中国正是在这样的巨大挑战和压力下走过来的。今天中国日益走近世界舞台中央意味着中国本身就是国际环境的决定因素之一,中国的每一步发展都影响和改变着国际格局,国际环境作为中国发展的外部条件已经发生了历史性的变化。然而同样重要的是,中国不是把自己的国际地位作为为本国谋利益的优势,而是要以此不断为人类作出更大的贡献,完全不同于历史上的那些大国。

当今国际格局中日益体现的是中国的"影响力、感召力、塑造力"。所谓影响力,就是中国发展对世界的积极影响,如经济增长的巨大贡献度、经济规模占世界的比重日益提高、消除贫困对世界脱贫事业的重大贡献,等等。所谓感召力,就是中国主张得到世界的响应,例如中国发起建立亚投行得到了世界各国广泛的响应,纷纷参与;

---

① 习近平:《决胜全面建成小康社会　夺取新时代中国特色社会主义伟大胜利——在中国共产党第十九次全国代表大会上的报告》,人民出版社 2017 年版,第 10 页。

② 习近平:《决胜全面建成小康社会　夺取新时代中国特色社会主义伟大胜利——在中国共产党第十九次全国代表大会上的报告》,人民出版社 2017 年版,第 11 页。

中国倡议"一带一路"建设得到了世界各国的普遍赞同,等等。所谓塑造力,就是在世界体制机制建设中的决定性作用,中国在全球治理的各个领域中的作用和影响不断提升,如国际货币体系改革、应对气候变化、推动经济全球化发展,等等。中国国际地位的根本性变化是国家新时代开放型发展战略的根本依据。

不同于改革开放以来已经实现的摆脱贫困,由贫致富,新时代发展的目标是冲刺全面小康并由富变强。目标的不同决定了战略选择的根本不同。解决温饱可以靠发挥廉价劳动力优势,采用粗放型发展模式,但全面小康特别是建设现代化强国则需要靠创新、靠科技进步。引进外资发展加工贸易可以带来高速出口增长,但处于价值链分工低端的这一发展模式不可能是强国的特征。新时代及其发展目标的根本不同决定了国家与外部世界关系的转型。

我国的历史经验表明,认清国际环境,把握战略机遇是成功的关键。党的十九大报告指出:"我国发展仍处于重要战略机遇期"[1],那么今天的战略机遇与以往有什么不同呢?无疑,战略机遇的内涵是非常深刻和复杂的,其中之一就是经济全球化的新态势新走向。由于经济全球化深化带来了收益分配关系的复杂化,加上国际间和各国国内多种复杂因素的影响,世界出现了逆全球化的思潮,特别是美国在全球化发展上采取了收缩的政策。在这一形势下,中国积极推动经济全球化的立场得到了世界的广泛认可,中国也正在推进一系列新举措使全球化朝着普惠包容的方向发展,这既有利于世界,也有利于中国。因此,战略机遇既可能是世界所提供的被中国抓住的,也可能是中国自身通过努力所创造的。充分把握当前经济全球化态势,在推动全球化中发挥中国的积极作用,这是当前战略机遇期的一个重要内涵。

"我国是世界最大发展中国家的国际地位没有变"[2],这是党的十九大报告中关于我国国际地位的一个重要表述。那么如何理解"日益走近世界舞台中央"这种"变"与地位"没有变"二者的关系呢?当国家正在向实现全面小康最后冲刺时强调自己还是一个发展中国家,在于充分认清发展任务之艰巨与繁重。即使实现了全面小康,完成脱贫任务后没有一个人掉队,国内发展差距依然巨大,人均收入在世界上仍然不能进入前列。这一发展水平也就决定了中国在国际格局中的定位。我国是世界上最大的发展中国家,不但发展任务最为繁重,而且要代表广大发展中国家的利益和诉求,使全球治理结构适应发展中国家的利益和需要,体现世界力量对比日趋平

---

[1]　习近平:《决胜全面建成小康社会　夺取新时代中国特色社会主义伟大胜利——在中国共产党第十九次全国代表大会上的报告》,人民出版社 2017 年版,第 2 页。

[2]　习近平:《决胜全面建成小康社会　夺取新时代中国特色社会主义伟大胜利——在中国共产党第十九次全国代表大会上的报告》,人民出版社 2017 年版,第 12 页。

衡,而不是让全球化的发展仅仅体现发达国家的要求。认清自己是世界上最大的发展中国家的国际地位没有变是使全球治理体系和发展格局朝着均衡普惠方向发展的战略基点。

## 二、开放格局:以"一带一路"建设为重点

改革开放以来,基于对经济全球化国际环境的正确判断,我国选择了开放型发展战略。这一战略的重要内容是利用我国劳动力充裕的优势,开放国内市场,积极引进外国直接投资,发展出口特别是加工贸易方式出口,实现了国民经济与出口的高速增长,并且迅速突破了发展的普遍难题即资金外汇双缺口,成为资金外汇双充裕的国家。但是进入新时代后我国却不应简单地沿着这条成功的道路继续走下去。

"要以'一带一路'建设为重点,坚持引进来和走出去并重"①,这是党的十九大报告对"全面开放新格局"的总体要求。经过 40 年的发展,中国制造业有了显著的进步,在不少领域有了较强的国际竞争力,部分产品甚至出现了产能过剩,也对一些后起的发展中国家形成了竞争压力。寻求与周边国家的共同发展,实现发展的包容,已成为我国发展的一个新课题。"一带一路"建设就是实现共同发展的倡议。"一带一路"建设将推动相关国家的基础设施建设和产业发展,促进对外贸易合作,从而实现共同发展。中国发起成立亚投行、丝路基金和金砖银行等,发挥了前一阶段发展积累的优势,服务于和各国的共同发展,也将开启中国开放型发展的新阶段。

"引进来"与"走出去"并重是新时代的重要战略布局。提出"走出去"不是因为国内资本过剩。中国依然需要注重"引进来",特别是注重外资在我国产业结构升级中的积极作用,扩大服务业开放,在"引进来"上实现结构升级。"走出去"的目标是多方面的。一方面,在"一带一路"沿线国家投资,推动其发展条件的形成,实现中国与这些国家的贸易分工,包括垂直分工与水平分工,也包括价值链分工,因为中国在发展上先走一步有条件促进这些分工。产能合作绝不是过剩产能的输出,因为它不是拿过剩产品去挤占对方市场,而是帮助相关国家建立起相关产业,与中国进行水平分工或价值链分工,是一条共赢的发展道路。另一方面,中国要继续推动国际并购型的对外投资,这类投资使中国企业可以利用国家的资金外汇优势迅速获得国际成熟大企业所拥有的生产销售网络和技术品牌优势。这类投资可能帮助中国企业快速"形成面向全球的贸易、投融资、生产、服务网络",提升中国在国际价值链分工中的地位。无疑,对外投资的这些目标是建设现代化强国的必然要求。

---

① 习近平:《决胜全面建成小康社会 夺取新时代中国特色社会主义伟大胜利——在中国共产党第十九次全国代表大会上的报告》,人民出版社 2017 年版,第 34 页。

"全面开放新格局"是一个"陆海内外联动、东西双向互济的开放格局"①。实施对外开放以来,沿海地区依靠历史基础和地理优势实现了较高的开放度,而相同的原因也使内陆地区在开放上滞后,因此形成了发展上的较大差距。"一带一路"建设是改变这一开放格局的重大举措,因为基础设施建设和与周边国家的合作将使中西部内陆地区从开放的后卫走到前沿,走上开放型发展道路。全面开放新格局的关键是如何"联动"和"互济"。各地不应当重演当年东部地区在外资外贸发展中的政策竞争和要素价格竞争,而应当发挥各自的地理、资源、产业基础等优势,形成错位发展格局,优势互补关系,分工联动效应,在不同意义上提升开放水平。

"加强创新能力开放合作"是开放型发展战略的新要求。改革开放后的高速发展使中国成为世界第二大经济体,但在产业结构和国际分工意义上却处于低端位置。中国有大量技术密集型产品的生产出口,但实际上只是外资在中国的加工组装。我们大力引进了技术含量高的外资企业,但通过技术溢出促进我国技术进步的成果却十分有限。正是在这种情况下,自主创新成为一项重要战略被提了出来。但是,自主创新不等于在自我封闭下搞创新,而是要在开放下实现;开放也不是简单的引进,而是要真正使我国的创新能力成长起来。以创新能力的提升为目标的国际合作是怎样的合作模式,与谁合作,需要什么样的政策支持体系,是新时代开放的新课题。

"培育贸易新业态新模式"是贸易战略升级的主要问题。加工贸易在我国一度超过全部出口的一半,是我国外贸发展中的成功模式,但却不是可长期依靠的和有利的模式,与贸易强国目标显然不相一致。"三来一补"更是我国当年为突破出口增长困难而采用的模式。为此要提升服务贸易发展水平,服务贸易出口在我国仍然是低端水平和传统部门,提升服务贸易出口水平的路径之一是开放服务部门。随着数字经济的发展,数字贸易高速发展,而数字贸易具有很多特殊规律需要我们去掌握,这是我们成功进入数字时代的一个关键。

### 三、中国方案:主动参与和推动经济全球化进程

中国开放型发展道路的成功既是因为抓住了经济全球化历史机遇,也是因为立足于中国国情,发挥了改革的积极作用,创造了制度优势。经济全球化的本质是生产要素的国际流动,跨国公司通过直接投资在全球范围内布局生产经营网络,能否集聚国内外生产要素是全球化条件下一国发展的根本。中国通过改革形成了各

---

① 习近平:《决胜全面建成小康社会　夺取新时代中国特色社会主义伟大胜利——在中国共产党第十九次全国代表大会上的报告》,人民出版社 2017 年版,第 34、35 页。

级地方政府积极发展职能的体制,这一体制即区域发展导向型市场经济体制,使国外要素大量涌入,国内要素充分动员,使改革为开放创造日益完善的条件,从而实现了高速增长。以改革适应开放,以开放推动发展,中国道路的开放型发展特征十分显著。

经济全球化是中国始终坚持把握的外部条件,然而近年来经济全球化出现了某种程度上的逆转态势。把握全球化的趋势与走向,提出中国主张,"主动参与和推动经济全球化进程"是新时代开放型发展道路的新主题。

回顾过去两百多年的世界历史,从某种意义上说,英国是世界市场的开拓者,美国是第二次世界大战后世界经济体制的设计者。然而,也正是英美两国今天成为全球化深化中的退缩者,英国脱欧与美国退出 TPP 是集中的表现。纵观历史,经济全球化从贸易自由化开始,逐步走向金融国际化与生产一体化,国际直接投资使生产要素在全球范围内进行配置,生产重新布局,GDP 规模和出口能力不再是一国国民福利的准确表现。资本与劳动的关系也全球化,全球化收益分配机制及其表现复杂化。在这种情况下,倡导全球化且从中明显得益的美国反而出现了迷惘,而把握全球化规律、积极利用其有利面、避免其消极面的中国却保持了清醒。

"遵循共商共建共享原则"是中国在"一带一路"倡议中提出的原则,也是中国推动全球化的重要理念。"一带一路"倡议、金砖国家合作机制等虽然不是市场开放充分竞争式的全球化模式,但同样是积极的全球合作模式。中国不拒绝通过谈判达成双边或多边协议,遵守规则实行开放,但同样也注重共商共建共享在全球化合作中的意义。特别是对于落后的发展中国家来说,先作出承诺开放市场然后在严格遵守规则下融入全球化往往存在着困难,因为国内市场不成熟,产业竞争力很低,缺乏启动发展的各种必要条件。中国提出,要"努力实现政策沟通、设施联通、贸易畅通、资金融通、民心相通,打造国际合作新平台,增添共同发展新动力"。对于"一带一路"建设中提出的这一理念与方针,体现了中国在全球化上的主张。政策沟通使各国在经济发展上形成共识,通过基础设施建设为发展创造条件,以贸易发展使各国在分工中受益,在资金上突破发展的关键,以人民之间的友谊深化不断促进合作。

可以清晰地看到,中国正在以一种全新的方式推动着全球化发展,这种全球化模式是以共识为前提、以共商为标志、以项目为平台的全球化,不同于美国模式,以承诺为前提、以协议为标志、以组织为平台。有理由相信,中国积极推动的这种全球化更加切实可行,更加有利于发展中国家的发展。

在倡导以新型全球化方式实现共同发展的同时,中国也同样重视进一步参与市场开放型的全球化。党的十八大后自由贸易试验区是中国改革开放的一大举措,党的十九大报告提出,要"赋予自由贸易试验区更大改革自主权,探索建设自由贸易港"①。自贸区试验体现的是以开放倒逼改革的战略思路,即根据国际最高水平的投资贸易自由化规则改革国内体制机制,以此提升开放水平。这就表明,新时代的开放特征是注重自身制度建设的体制性开放,"实行高水平的贸易和投资自由化便利化政策"②,这是对外开放战略的升级,是在对外资外贸更优惠政策基础上的新发展,已经并将继续创造开放战略中国方案的新内涵。

## 四、理论创新:构建人类命运共同体

抓住经济全球化机遇实现发展,同时又保持自身的独立性,是中国发展道路创新的基本特点。传统贸易理论似乎指出了开放实现发展的必然性,如发展本国具有比较优势产业的出口就能在贸易中获益,利用本国充裕生产要素发展该类要素密集型的产品就是合理的国际分工。但是,中国的发展并非这两种理论的简单运用。改革开放之初的实践证明,仅有廉价劳动力仍然不可能发展起劳动密集型产品及其出口。只有抓住了全球化的核心机制,通过资本流入,中国的出口才能得到大发展,从而创造外资主导型的贸易与经济增长模式。但是中国又没有停留在这一发展模式上,而是及时地提出了自主创新和实现价值链分工升级的战略,从而实现了战略的持续推进。外资在国民经济中有重要作用,但是中国以不断深化的改革推动国内市场发展,使民营经济在国民经济中的地位日益上升,并且保持和发展了国有企业的作用,从而形成了以民营企业为活力、外资企业为动力、国有企业为重力(即压舱石)的经济体系,这是中国特色经济制度的一个重要内容。中国坚持走和平发展道路,打破了世界历史上强国必霸的规律,特别是在自己产品出口竞争力增强、资源能源消耗对世界压力增大的情况下及时提出了包容性发展的理念,优化了发展模式,也创新了发展理论。

党的十八大以后,中国提出了人类命运共同体的全新概念,党的十九大报告又全面阐述了"坚持推动构建人类命运共同体"③的内涵,进一步把互利共赢的国际战略思想推进到了一个新的高度。这一理论指出"中国人民的梦想同各国人民的梦想息息相通"④,从而表明,世界各国不需要为中国的强盛而担忧,中国需要把与各国共享

①　习近平:《决胜全面建成小康社会　夺取新时代中国特色社会主义伟大胜利——在中国共产党第十九次全国代表大会上的报告》,人民出版社 2017 年版,第 35 页。
②　习近平:《决胜全面建成小康社会　夺取新时代中国特色社会主义伟大胜利——在中国共产党第十九次全国代表大会上的报告》,人民出版社 2017 年版,第 35 页。
③　习近平:《决胜全面建成小康社会　夺取新时代中国特色社会主义伟大胜利——在中国共产党第十九次全国代表大会上的报告》,人民出版社 2017 年版,第 25 页。
④　习近平:《决胜全面建成小康社会　夺取新时代中国特色社会主义伟大胜利——在中国共产党第十九次全国代表大会上的报告》,人民出版社 2017 年版,第 25 页。

繁荣作为自己的目标。人类命运共同体思想有丰富的国际战略内容,在经济上就是要"奉行互利共赢的开放战略","谋求开放创新、包容互惠的发展前景"①。这就表明,当中国开始走上由大求强的道路时,所奉行的不是竞争与超越理念,而是合作与共赢原则。人类命运共同体思想表明,中国将要在全球治理中发挥更大的积极作用,包括在全球经济治理的各种制度建设上发挥更大的作用。中华文化包括和而不同的理念、不见利忘义的义利观等,都将在未来推进合作共赢中得到体现。人类命运共同体将有其经济基础作为保障,那就是世界各国的共同发展。

"打造国际合作新平台,增添共同发展新动力"②,党的十九大报告论述了"一带一路"建设的功能,也体现了共同发展的重要理论。一方面,共同发展需要一个新平台,它不同于传统的各种双边或多边一体化平台,也不同于现有的各种国际组织,而是通过"五通"来实现的;另一方面,国际合作在于创造共同发展的新动力,而不只是靠比较优势获得分工利益。这是发展思想的一个重要创新。众所周知,经济发展理论指出,一个国家发展可利用外部条件,但不论选择哪一战略,发展都是一国的事,外部世界是条件或者是压力。共同发展是一种什么样的机制和体制,发展经济学并没有回答。"一带一路"倡议所提出的"五通"思想表明,国际合作不是简单的相互开放市场,靠市场就能实现共同发展,合作的根本是创造共同发展的条件,合作首先是政策的协调,合作要注重创造发展的基础条件,合作包括以人民之间的友谊来促进,民心相通是目标也是条件。

总之,在新时代所确立的中国发展的现代化强国目标中,我们可以清晰地看到中国与世界的全新关系,看到中国在世界上的地位和责任,看到正在形成的战略创新和理论创新。

## 第二节 中国开放型发展道路的新内涵

中国对外开放从引进外资到今天全面开拓对外投资是一个重大的历史性进步,前者为后者创造了条件,即实现了高速增长下的资金与外汇积累和本国企业的成长,是今天对外投资发展的基础。综合国力的上升离不开引进外资,同时引进外资也为今天国家推进对外投资战略准备了条件。双向投资布局是新阶段的战略目标,这个目标要求我们从国家体制创新与各方面战略协同上来推进。

---

① 习近平:《决胜全面建成小康社会 夺取新时代中国特色社会主义伟大胜利——在中国共产党第十九次全国代表大会上的报告》,人民出版社 2017 年版,第 25 页。
② 习近平:《决胜全面建成小康社会 夺取新时代中国特色社会主义伟大胜利——在中国共产党第十九次全国代表大会上的报告》,人民出版社 2017 年版,第 60 页。

## 一、建设开放型经济新体制是推进双向投资的基础

对外开放是基本国策,同时也在这一基本国策下通过各项具体的政策推动着开放的发展。在前40年中,开放首先表现为政策性开放,对出口发展实行优惠政策,对外资流入实行优惠政策。正是这些政策的倾斜促进了原封闭型经济向开放型经济的不断转型。把有利于开放发展的措施通过特殊政策的方式推进,是因为旧体制及其相应的各种旧机制不能一下退出,需要以政策的特殊性打开一些缺口。对于引进外资而言,也是因为在旧体制下外资的流入和生产经营必然存在着一些制度成本乃至风险,政策上的优惠在于对这些成本的补偿。

政策激励性开放瓦解了旧体制,也呼唤着新体制。这是因为,政策激励起到了推动新经济机制与新经济主体成长的作用,但是其本身又必然包含着不稳定性和不公平性等特点。随着封闭型经济逐步转变为开放型经济,必然要求建设一个开放型经济的新体制,这一体制以开放、透明、规范、公平和法治为基本特征。只有这样,经济运行才能有效避免政策引致性的扭曲,让市场在资源配置中发挥决定性的作用,实现最大的公平与效率。

一个开放型经济新体制对于激励引进外资的发展是必要的,对于促进对外投资的发展更加是必要的。事实上,也只有在体制上有利于双向投资,二者才可能是协同和协调。体制性开放形成了资本双向流动的制度环境,企业以最大化效率为原则选择国际化经营,为外资的流入提供了稳定透明的发展环境。对于外资来说,更高水平的外资不只是那些追求政策优惠的低端外资会流入;对于内资来说,如果对外投资可能实现更高效率,则不会因为制度与政策限制而无法推进。企业的最大效率最终是经济的最高效率。

体制性开放既是一个政府职能问题,也是一个市场开放水平问题。政府需要以规范、透明、高效为原则为企业服务,而不只是靠优惠把企业留在本地。同时,金融体制、外汇管理体制和现代服务业市场体系等都既有利于资本流入,也服务于资本流出,由此实现效率的最大化。

体制性双向开放既不以资本净流入为目标,也不以资本净流出为目标,但并不等于放弃一切资本流动政策。资本净流入是发展初期国内资本短缺条件下的发展需求,但资本净流出却不是国内资本过剩的需要,而是新的发展需要。在资本双向流动布局下,政策目标是产业结构的进步,而不是资本量的调控。因而,无论是鼓励资本流入还是流出,政策目标都与国内产业政策目标相一致,即服务于发展。在这里,体制性开放超越了政策性开放,而产业政策则又超越了资本流动政策。

## 二、双向投资战略包含着各层面的战略协同与政策协同

资本的双向流动是新阶段的发展特征,允许资本双向流动是一种战略协同,也是一种政策协同。这里所说的政策,指的是扩大开放领域的政策,而不是对外资流入的激励政策。一方面,开放的部门要扩大,更多的领域要允许外资进入;另一方面,国家要为对外投资开辟道路,在涉及资本流出的各项制度上放松限制,使企业能够根据市场作出选择。在这里政策广泛涉及外汇管理政策、投资税收政策等各个方面的政策。

对外资实行更广泛的市场准入与为国内资本开辟更广阔的海外投资空间是一个新的战略层面上的协同主题。在前一阶段上,对外资开放国内投资机会是中国自己的单方面选择,是一种单向的引资促增长促发展的战略。在推进这一战略中决策是中国自主进行的,不是来自其他国家的压力,也不是中国履行承诺的需要。但是,当对外投资成为国家战略时,对外资的投资准入与海外投资空间的开拓开始成为一个新的战略协同主题。双边与多边的投资准入是一种利益交换,是对等的开放安排,而不是单方面的选择。因此,在资本的流入与流出两类政策之间存在着重大的协同问题,需要国家统筹规划。在很大程度上海外市场的开拓还需要外交政策的紧密协同。

投资与贸易之间存在着密切的联系,两者的政策协同也已经有了新的需要。在前一阶段上,利用外资与发展加工贸易之间得到了很好的协同,加工贸易得到巨大发展,而其主要途径正是外商直接投资。在新的阶段上,对外出口可能需要由对外投资来带动,正如当年外商对华投资带动了其出口一样,一定的政策安排就可能有效促进拉动出口的对外投资发展,就可能形成投资与贸易的互动和相互促进。在推动国际产能合作中投资与贸易的协同将具有关键作用。

从经济发展的意义上讲,产业结构的升级是核心,而引进外资与对外投资都是实现结构升级的途径。从国际分工的意义上讲,不论是产业分工还是价值链分工,引进外资与对外投资都是发挥比较优势的途径。也就是说,资本流动本身不是目的,资本流动的战略是为产业发展战略服务的,是为提升国际分工地位服务的。因此,双向投资战略与产业升级战略之间存在着战略协同的需要。建立开放型经济体制替代了政策激励性开放,但并不排斥产业政策,不排斥为实现产业升级目标采用投资政策。与前一阶段引进外资相比,不同的是激励政策不因所有制差别而不同,而因产业差异而不同。对不同所有制资本的政策是一致的,差别的是产业政策。

在引进外资问题上,新阶段的一大主题是国内各区域之间的战略协同,以及本区域的引资政策与地区发展战略协同。从沿海开始的外资引进发展起来的产业向内陆地区转移,是国家保持发展优势的需要,也是沿海提升外资结构的需要。在面对新产业革命和各地区差异化发展中,外资引进都需要与全国战略布局中的地区目标相结

合,由此才能使外资发挥更为积极的作用。

金融与现代服务业的市场准入是当前中国扩大开放中的一个焦点,拒绝开放或激励性引进外资都不是正确的选择。中国经济规模与制造业基础为服务业提供了巨大的市场,市场基础和机制已经比较成熟,这与当年引进一般制造业时需要激励外资已经完全不同。重要的是需要形成外资与国内资本公平竞争、协同发展的环境。不拒绝开放引进竞争,同样也不轻视为国内企业排除制度障碍,实现创新发展。在鼓励创新和加强监管中发展各类服务业,是扩大外资准入的基础。

### 三、开放模式正在新阶段上展开并显示中国道路的新内涵

中国开放型的发展模式既不同于当今世界上其他国家,也不同于发展经济学总结的各种类型,双向投资的协同推进又将为中国开放模式增添新的内容。

发展经济学注重比较进口替代与出口导向两大战略的利弊,一般结论是,前者效率较低但可能实现本国的产业进步,达到替代原来进口产业的目的,后者效率较高,但由于从低端产业分工出发,以出口发展拉动增长而使结构水平较低,某种意义上也就是陷入所谓的比较优势陷阱。

尽管当代中国的发展以出口高速增长为显著特征,但并不能把这一模式归结为出口导向型发展战略。其中的关键在于中国的出口发展是通过引进外资实现的,外资企业占出口的一半,加工贸易是主要出口方式和贸易顺差的主要来源都证明了这一点。因此,外资引进是出口发展的前提,这一点从根本上区别于传统的出口导向型发展战略。传统的出口导向型发展战略是以本国比较优势为基础的,而不是以引进外资为基础的。特别是在中国的出口结构中可以看到有着一大批技术含量较高的制成品,这并不符合中国当时的比较优势,只有外资直接投资和加工贸易卜这种出口才有可能。中国的开放型发展也不能称为"发挥廉价劳动力比较优势",因为在比较优势原理下是不包含外商直接投资的,廉价劳动力也不是直接出口的产品,而外商直接投资是出口得以发展的前提与关键,表明这一提法没有正确表达中国的开放模式。

中国开放型发展模式的意义在于,以激励政策引进外商直接投资,以改革推动国内市场经济环境的形成,促进劳动力等生产要素的自由流动,从而使外商直接投资能有效利用国内劳动力,实现出口与整个经济的增长。开放充分利用了当代的直接投资大发展条件,改革为开放型发展创造市场条件与强有力的政府服务,这就是中国模式前一阶段的内涵。

对外投资的发展正在把中国开放模式推进到一个新的阶段。由于前一阶段的发展,中国实现了国内资本的积累,形成了巨大的外汇储备,为新一轮发展创造了极为有利的条件。在这一背景下,鼓励对外投资有了充分的条件。中国有可能通过国际

并购迅速获得成熟国际大企业的技术、品牌与国际销售网络,与国内强大的制造能力相结合,形成新的竞争优势。中国也有可能在国内成熟企业的对外投资中主导新的国际价值链分工,从而改变前一阶段上被动分工下形成的低端地位。简而言之,前一阶段的发展为后一阶段创造了极为有利的条件和基础。外汇储备可能会因一时流出大于流入而减少,但国内资金充实的基本面没有变化。

因此,双向投资并不是简单意义上的资本既流出又流入的对称现象,而是中国发展到新阶段的一大特征。其深刻意义在于,这两种流动都以不同方式推动着中国的结构进步和国际分工中地位的提升。

第 一 篇

双向投资布局下的
内外平衡与战略协同

# 篇首语　实现对外宏观平衡中的战略协同

国际资本流动是一项重要的宏观经济变量,它将对一国的国际收支平衡产生重要影响。然而,双向投资所影响的却远不只国际收支意义上的平衡,而是关系到宏观经济的各个方面。因此,厘清双向投资对一国宏观经济的影响,实现对外宏观平衡中的战略协同,将成为我们整个课题研究的基础。

## 一、生产要素的国际流动——双向投资战略的理论依据

中国对外开放战略的成功在于深刻地把握了经济全球化的时代特征以及由此而产生的发展机遇。从经济学意义上讲,全球化的时代特征就是生产要素的国际流动。

20 世纪 70 年代,国际直接投资大发展,跨国公司成为世界经济的主角。国际直接投资并不是货币资金跨境转移,而是以资本为载体的各类生产要素的国际流动,即跨国公司投资采用技术、品牌、专利产品、管理和国际市场销售网络等生产要素向东道国转移,与东道国的劳动力、土地等生产要素相结合,形成生产过程。

以引进外资为主要战略的中国开放,正是在这一意义上抓住了时代特征,在资本流入的形式下,技术等稀缺生产要素向中国流入,使中国的廉价劳动力得以使用,形成了高增长。因此,要素引进是中国高速发展的关键。

在高速发展的同时中国也清醒地看到,在这种要素合作型的发展模式中,中国的得益是相对较低的,其原因在于要素合作是由跨国公司主导的,中国是被动地纳入国际价值链分工中,要改变这一分工地位必须在生产要素国际流动中取得主导地位。

要素流动的时代特征同样也启示了中国战略升级的要点。以对外投资引领符合中国发展需要的国际价值链分工是赢得更高发展效益的根本。经济学原理在这里的一个深刻含义在于,经济增长与所需要的资本不只在于其数量与规模,而且在于其结构,在于全球经济中国与国之间的相对结构差异以及由此而形成的分工关系;在一定的结构下,要素的跨境流动是实现这种结构优势的必要条件。

双向流动这一战略布局正是中国发展到一个新阶段后继续把握全球化基本经济规律的表现。这也是中国双向投资战略的经济学内涵以及时代特征。

## 二、扩大对外投资与保持国内经济增长

从经济增长的基本原理看,资本数量及其增长是经济增长的重要条件。在双向投资布局下,资本有进有出。一般认为,资本流入对经济增长会产生积极影响,而资本流出则相反。因此,如何使资本流出也能够有利于经济增长将成为新阶段中国实现双向投资布局下内外平衡与战略协同的关键。

从发达国家对外直接投资的实践来看,投资的意义首先在于为本国出口开拓资源供给渠道,开辟产品销售市场。对于规模不断快速扩大,增长速度继续保持世界领先的中国来说,稳定的资源供给是长期可持续增长的根本,从对资源产地的直接投资,到对运输线路,包括陆路交通和沿线海运港口等的投资,都是确保资源供给的关键。稳定的、可替代的资源供给将有效防止包括价格波动等因素对国内经济增长的冲击。

在中国成为制造大国以后,维护海外市场销售渠道成为关键。但是在前一阶段上这种销售很大程度上是由外国跨国公司控制的,这使中国处于纯粹制造为别人打工的不利地位。开辟自己的销售渠道是中国从制造到建立更长产业链的关键。这里也已经提出了一个更关键的环节,即通过对外投资获得制造业产品的上游要素——研发、品牌与技术,这将为中国制造创造更大的利润空间。同时,在海外投资建设一些大规模基础设施项目,中国的大型装备也相应地获得了出口。最后,对外投资获得的利润汇回国内又会增强中国的投资能力。

由此可见,对外投资对国内经济增长的作用机制是全面的和间接的,今天我们需要特别强化其中各种新机制的形成。

## 三、金融改革、外贸发展与双向投资的战略协同

在对外开放之初,中国与其他发展中国家一样存在资本与外汇双缺口,引进外资从总量上讲首先是弥补这种双缺口。随着中国经济的不断发展,中国国内资金缺口逐步得到缓解;但是,由于金融改革的滞后,中国存在着广泛的金融抑制现象,使得国内资金未得到有效配置和利用,出现了一味注重外部引资的现象。今天,金融的改革创新是实现用好国内国外两种资源的关键,也是增强发展国民效益的根本。

推进双向投资的基础是推动金融的改革创新,对引进外资是这样,对对外投资也是这样。国内融资机制的增强,外汇管理体制的放松,是中国企业扩大对外投资的前提与保障。在这一问题上,当前摆在我们面前的任务是双重的。一方面,改革、放宽、

搞活是必然要求,目前在支持企业对外投资中客观上存在着各种制度障碍;另一方面,资本流动自由化程度的提高也必须得到有效监管。从短期来看,汇率贬值趋势可能导致资本外流需求强化,控制是必要的;从长期来看,对增长的信心降低会导致资金向外转移,外汇管理制度必须加强控制,尤其是不能让非法资金外逃。总之,在适应双向投资中,金融改革创新与外汇管理制度改革既有支持的必要,也有防范风险的责任,这才是完整意义上的协同。

出口发展是我国外汇储备的主要来源,但是,在人民币贬值趋势下,出口不收汇结汇,甚至假出口现象却开始泛滥,严重挑战着外汇储备稳定。强化出口的创汇功能,严格相关外汇管理制度,不仅是当前的短期需要,也是双向投资布局下的长期需要。

## 四、跨境资本双向流动中的总量平衡

保持国际收支的基本平衡是国民经济实现可持续增长的关键,在资本双向流动的格局下对资本项目的有效管理与控制,关系到宏观经济的稳定。即使在证券投资未完全开放的条件下对直接投资的宏观调控仍然是必要的。

在资本项目未完全开放的条件下,国际收支的总量平衡首先是贸易收支与直接投资之间的平衡。在前一阶段上,由于引进外资主要是发展外贸出口,因而构成了双顺差格局,外汇储备随之扩大。在对外直接投资进入发展期后,如果引进外资增长相对较慢,那么保持贸易顺差显然是必要的。

汇率政策是影响直接投资的主要政策工具之一。在一定的汇率水平及预期下,企业会在境内生产和海外生产中进行选择。低汇率有利于出口却不利于引资,高汇率有利于对外投资也会增加进口。但是汇率作为一种政策工具也同样受到一定的国际约束,特别是在人民币"入篮"以后更是这样。在汇率进入市场化调节后为储备水平稳定进行的调控难度更高。

双向投资使国民经济进入更高的开放度状态,货币政策的意义也就不只是影响国内,而且广泛地影响着对外资本流动,资本流动反过来又会抵消货币政策的效果。作为宏观经济政策工具,货币政策的目标是经济增长、充分就业、通货膨胀与国际收支均衡,在推动双向投资布局中,宏观调控目标又必须与这一战略目标相结合。在许多情况下,货币政策的宏观调控必须与直接管理工具相结合,尤其是要高度注重对短期资本流动的管理。从长期来看,资本项目的完全开放是必然的,当前有控制的开放也将作为平衡国际收支的工具。

在这里,双向投资的政策设计不是微观意义上的项目激励,而是宏观意义上的总量平衡,只有这样双向投资总战略才是可持续的。

### 五、货币开放扩大后的对外平衡

本国货币的国际化与资本项目的开放可以统一简称为货币开放,这两个方面正是近年来中国经济不断推进的重大主题。

人民币国际化的不断推进使国际社会更加广泛地采用人民币计价和结算,越来越多的国家正在把人民币作为官方储备货币。人民币国际地位的提升也同样加深了中国经济与世界经济的联系,加深了中国储备管理与世界的紧密联系。

西方经济理论已经系统回答了完全可兑换货币国家货币和汇率政策之间的国际联系,但是人民币在走向国际货币的进程中,特别是因为中国经济的特殊性又使其中的相互关系产生了各种特殊机制。在未来的若干年中,由于国际化可能会导致人民币大规模净流出,这既会对中国的储备管理产生影响,也会对中国的货币政策产生影响,对外平衡面对新问题。正确的政策可能使中国获得货币国际化的红利,但这也只有在有效调控这一进程下才有可能,对外平衡因而也就有了新的内涵。

证券市场开放的逐步扩大是必然趋势,国际收支的对外平衡也将迎来新的挑战。在注重绿地投资、并购投资发展后,中国终将进入更完整意义上的资本项目开放。这一问题的关键在于实现的路径,而不是一步到位,需要在有效控制下逐步实现有序的证券市场开放,使这一开放真正服务于双向投资总战略,有效避免其中包含的各种风险与冲击。新兴经济体金融危机的教训告诉我们,资本项目的完全开放必须有力监管,以服务于实体经济为目的,否则可能导致财富的迅速流失。这是中国双向投资战略布局中的最大风险。

# 第一章 全球化经济中的要素流动

## ——双向投资布局的理论依据

❖❖❖❖❖❖❖❖❖❖❖❖❖❖❖❖❖❖❖❖❖❖❖❖❖❖❖❖❖❖❖❖❖❖❖❖❖❖❖❖

双向投资战略布局的理论依据在于深刻地把握了经济全球化的本质特征,即生产要素的国际流动。因此,对生产要素国际流动内涵与要义的分析是双向投资战略布局研究的理论起点。

## 第一节 生产要素的国际流动是全球化经济的本质特征

"国际直接投资的本质是以资本为载体的生产要素的国际流动。这里所说的生产要素包括货币资本、产品设计、技术、品牌、专利、经营管理、营销网络、高端人才等,这些要素从投资国转移到东道国,而东道国所提供的生产要素则是土地、劳动力、资源、产业配套、激励政策和经营环境等。"[①]

"生产要素的国际流动是经济全球化的本质。这是因为:第一,生产要素的国际流动既包含了要素的流动,也包含了产品的流动;要素流动使生产地发生变化,进而又导致最终产品贸易的扩大。第二,要素的国际流动从生产经营的源头起形成了国与国之间的经济联系,其深度要超越以最终产品的国际贸易为内容的市场联系。第三,要素流动是广义的,它不仅包括货币资本,而且也包括技术、管理、市场营销网络等,正是其广义性深化了国际经济联系。第四,要素流动是产品流动的发展,因为跨境投资往往是为了跨越贸易障碍,包括关税等市场障碍和运输等自然地理障碍,从而发展了国际商品贸易关系。要素流动超越商品流动,也主导了商品

---

① 张幼文:《生产要素的国际流动与全球化经济的运行机制——世界经济学的分析起点与理论主线》,《世界经济研究》2015 年第 12 期,第 3—11、124 页。

流动。世界贸易组织将关贸总协定从产品的自由贸易扩展到知识产权保护和投资政策等广泛领域,要求各成员方开放投资的市场准入,体现了经济全球化发展的要求。"[1]

在跨国公司进行产品生产过程中,诸如劳动力、资本、土地等各种投入的生产要素价值都会在最终产品的成本中体现出来,这一点可以从各公司财务报告的会计科目明细中得到证明。例如,2015年微软公司的年度报告详细列注了研究与开发(Research and Development)成本、销售与市场(Sales and Marketing)成本、综合与管理(General and Administrative)成本(见表1-1),根据年报中相关项目的附注可以看出,管理、研发、销售等相关人员薪酬,用于购买生产、研发活动软硬件的投入,以及销售场地租金和广告费用均已包括其中。同样,在2015年苹果公司年度报告中(见表1-2),根据相关报表并结合会计科目附注,也可清晰地看到最终产品的成本包含了员工薪酬、研发软硬件支出、销售阶段管理费用等生产要素的价值。以上两个科技公司的财务信息揭示,产品的生产成本不仅包括诸如普通劳动力成本、房屋租金等低级要素的投入,也包含着研发人才薪酬、高新科技硬件成本、专利费用等高级要素的投入。

**表1-1 微软公司利润表** （单位:百万美元）

| 项目 年份 | 2013 | 2014 | 2015 |
|---|---|---|---|
| 收入 | 77849 | 86833 | 93580 |
| 成本 | 20385 | 27078 | 33038 |
| 毛利 | 57464 | 59755 | 60542 |
| 研究与开发成本 | 10411 | 11381 | 12046 |
| 销售及营销成本 | 15276 | 15811 | 15713 |
| 行政及一般成本 | 5013 | 4677 | 4611 |
| 资产减值、重组 | 0 | 127 | 10011 |
| 营业收入 | 26764 | 27759 | 18161 |
| 其他收入净额 | 288 | 61 | 346 |
| 所得税前收入 | 27052 | 27820 | 18507 |
| 所得税准备 | 5189 | 5746 | 6314 |

[1] 张幼文:《生产要素的国际流动与全球化经济的运行机制——世界经济学的分析起点与理论主线》,《世界经济研究》2015年第12期,第3—11、124页。

| 项目 年份 | 2013 | 2014 | 2015 |
|---|---|---|---|
| 净收入 | 21863 | 22074 | 12193 |
| 每股收益(美元): | | | |
| 稀释前 | 2.61 | 2.66 | 1.49 |
| 稀释后 | 2.58 | 2.63 | 1.48 |
| 加权平均流动股(美元): | | | |
| 稀释前 | 8375 | 8299 | 8177 |
| 稀释后 | 8470 | 8399 | 8254 |
| 每股流通股分派现金股利(美元) | 0.92 | 1.12 | 1.24 |

资料来源:2015年微软公司年度报告。

表1-2 苹果公司经营成本明细表 （单位:百万美元;%）

| 项目 | 2013年 | 2014年 | 2014年变化率 | 2015年 | 2015年变化率 |
|---|---|---|---|---|---|
| 研究与开发成本 | 4475 | 6041 | 35 | 8067 | 34 |
| 占净销售额比例 | 3 | 3 | | 3 | |
| 销售、行政及一般开支 | 10830 | 11993 | 11 | 14329 | 19 |
| 占净销售额比例 | 6 | 7 | | 6 | |
| 总营业费用 | 15305 | 18034 | 18 | 22396 | 24 |
| 占净销售额比例 | 9 | 10 | | 10 | |

资料来源:2015年苹果公司年度报告。

　　不同要素有低级与高级之分,如专门技术与简单劳动;同种要素也有低级与高级之分,如不同的劳动力和不同的技术。要素的流动性是有差异的,有的要素流动性强,如货币资本、技术专利,有的要素流动性弱甚至完全不流动,如自然资源、土地,有的要素流动性强弱受国家政策影响,如敏感技术。劳动力的流动是世界经济中的重要现象,但是在大多数国家政策中,往往鼓励高级劳动力的流入,而限制低级劳动力的流入。要素流动性的这些差异决定了全球化条件下要素国际组合的特征,即流动性强的要素向流动性弱的要素所在国家流动而不是相反。这就决定了在其他条件相同的情况下,发达国家的资本、技术向以土地、自然资源和低端劳动力为主要要素的发展中国家流动。这是经济全球化给发展中国家的一种特殊的机遇。在生产要素国际流动中,跨国公司是主体,外资是载体,从而引进跨国公司以集聚高级要素成为发展中国家战略的核心,跨国公司分支机构约一半进入了发展中国家。[①] 如果政府能够创造适合于高级易流动生产要素向本国流动的经济社会环境,那么就会推动这种要素的集聚。从这个意义上说,对一个发展中国家来讲,是否真正抓住经济全球化的历史机遇,就在于能否使自己低级的低流动性的要素成为吸引高级的高流动性要素流入的有利条件。形成这些条件的关键,是政府创造有效有利的经营环境,以吸引外国高级要素。[②]

在过去的半个多世纪中,世界经济的一个重要特征就是国际直接投资的大发展(见图1-1)。根据联合国贸易和发展会议的统计,近四十多年来全球国际直接投资总额增长迅速,从1970年的133亿美元激增至2015年的1.76万亿美元,2007年国际直接投资流量更达到历史最高水平1.9万亿美元。虽然,国际直接投资随后受国际金融危机以及全球经济增速放缓的干扰而出现短暂下降,但复苏迅速并在近年来波动提高,其中2015年国际直接投资与上一年度相比实现了近40%的增长。FDI流量对全球GDP总额之比近年来也波动明显(见图1-2),2014年达到国际金融危机后的谷底,2015年出现较大反弹,但仍未超过2007年的高位。

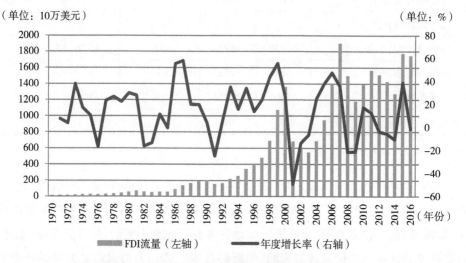

图 1-1　1970—2016 年全球 FDI 流量及年度增长率

数据来源:根据 UNCTAD 统计数据整理而得。

---

① 联合国贸易与发展会议:《世界投资报告 2005:跨国公司和研发国际化》中译本,中国财政经济出版社 2006 年版,第 3 页。

② 关于经济全球化的首要特征是要素流动的分析,参见张幼文:《世界经济学——原理与方法》,上海财经大学出版社 2006 年版;张幼文:《当代国家优势——要素培育与全球规划》,上海远东出版社 2003 年版。

（单位：%）

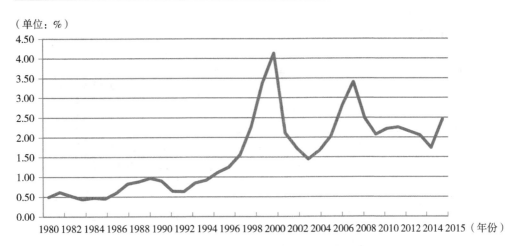

**图1-2　1980—2015年FDI流量占全球GDP总额比重**

数据来源：根据 UNCTAD 统计数据整理而得。

## 第二节　引进外资与开放型发展战略的转型

与经济全球化的要素流动相适应，发展中国家的发展战略也普遍表现为更注重外资的引进即要素流入，以及在此基础上的出口发展和国内增长，而不是单纯意义上的注重发挥本国比较优势的出口。

随着经济全球化的不断深入，国际分工体系和全球产业格局正发生深刻的变化，发展中国家通过引进外来投资，积极参与全球价值链分工。同时，近年来越来越多的发达国家为了抢占全球经济的制高点，在强化高新技术产业竞争优势的同时，通过国际生产网络的扩张推动全球产业结构的调整。新兴经济体也利用这个难得的历史机遇，引进国际直接投资，承接国际产业转移。从历史角度看，新兴经济体引进外资增长迅速（见图1-3），尤其进入20世纪90年代后，随着中国及东南亚等国对外资吸引力的增强，新兴经济体吸引外资数量出现爆发式增长。国际金融危机前，新兴经济体吸引外来投资从1990年的327.7亿美元增至2008年的6424.4亿美元，实现了19.6倍巨大增长，而同期世界各国利用外资总额平均仅增长7.3倍。随后发生的国际金融危机对新兴经济体吸引外资造成了短暂冲击，2009年新兴经济体吸引外资较2008年下降27.5%，但2010年迅速恢复到6250.1亿美元，近年来保持波动增长的趋势，于2015年达到7012.9亿美元的历史高位。

对于新兴经济体来说，国际直接投资的流入有利于发挥国内闲置要素的经济作用，有利于学习工艺和产品创新技能，从而逐步升级制造能力，促进产业的快速成长，对经济增长有相当的正面作用。从图1-3中可以直观看出，新兴经济体的GDP增速与吸引外资的数量变化基本保持同向变动的趋势。

（单位：10亿美元）                                                                          （单位：%）

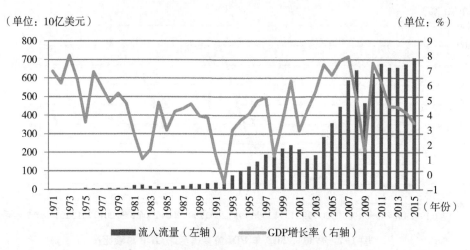

**图1-3　新兴经济体引进外资及经济增长情况**

数据来源：根据 UNCTAD 统计数据整理而得。

　　随着发展的推进，一些新兴经济体也开始发展对外投资，对外投资成为新兴经济体的重要特征（见图1-4）。新兴经济体国内资本要素逐渐丰裕，加之企业努力寻找海外经营机会以弥补国内增长放缓，新兴经济体对外直接投资增长迅猛，根据联合国贸发会议统计数据显示，2014 年来自新兴经济体的跨国直接投资达到创纪录的 5090亿美元，同比增长超过 30%。而同期欧盟、美国和日本等发达经济体跨国公司的对外投资与上年持平，为 7920 亿美元。曾经是跨国公司大量投资和希望收获快速增长利润的新兴经济体，转而成为一个投资资金的来源地，在对外投资方面成为美国和欧洲的竞争对手。

（单位：10亿美元）                                                                          （单位：%）

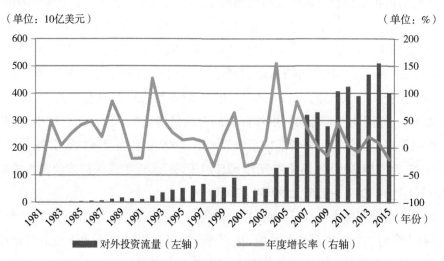

**图1-4　新兴经济体对外直接投资发展情况**

数据来源：根据 UNCTAD 统计数据整理而得。

研究表明,随着一国或地区收入水平的提高,对外投资必然呈现不断增长的现象,这表明,对外投资的增长与一国人均收入水平的增长之间存在着密切的相关性。笔者选择新加坡、加拿大、中国台湾、美国、日本、智利及德国作为研究对象,考察其国民总收入与对外直接投资的关系。随后进行简单一元线性回归模型进行拟合,得出结果如下:

$$\ln OFDI = -13.1401 + 2.1025 \ln GNI$$

$$(-4.96)\ (8.42) \tag{1-1}$$

$$R^2 = 0.747 \quad F = 70.87 \quad n = 26$$

从上述结果可以看出,该模型反映了国民总收入与对外直接投资之间的简单线性关系,即对外直接投资对于国民总收入水平确有显著影响。通过计量分析,加拿大、中国台湾、美国、日本、智利及德国的数据均支持这一结论,见表1-3。

表1-3　计量分析结果①

| 国家(地区) | lnGNI | c |
|---|---|---|
| 美国 | 2.2471 | −11.8216 |
| 日本 | 2.0971 | −10.7549 |
| 智利 | 3.1876 | −21.9582 |
| 中国台湾 | 1.7321 | −13.3381 |
| 德国 | 1.4882 | −4.5731 |
| 新加坡 | 2.1025 | −13.1401 |
| 加拿大 | 2.7136 | −17.8164 |

数据来源:根据 UNCTAD 数据处理而得。

# 第三节　国际直接投资理论的要素流动内涵

跨国公司直接投资是生产要素国际流动的载体,因而国际直接投资理论是研究全球化经济中要素流动规律的基本理论。

跨国公司的本质是全球要素流动的组织者与推动者。跨国公司的性质及其在当代世界经济中的功能就是主导要素流动的国际投资。跨国公司在当代世界经济中的影响力表明了当代世界经济的性质是要素合作而不是国际贸易,跨国公司是全球化经济运行的主角,跨国公司全球战略决定了当代世界经济运行的特点。跨国公司要

---

① 以上分析结果表明,斜率值均在95%水平上通过显著性检验。

求各国扩大投资准入成为当代国际谈判的主题尤其是发达国家的谈判诉求;跨国公司要求发达国家投资规则向发展中国家延伸决定了全球投资自由化体制建设的主题。

跨国公司进行要素优化组合是全球资源配置的主题。寻求廉价劳动力是当代国际投资的主要动因。这一投资决策决定了资本、技术等生产要素向发展中国家流动。劳动力成本的国际差异决定了跨国公司投资方向。运用价格原理同样可以看到土地、资源、环境和政府服务等要素对跨国公司投资决策的影响。国际投资直接影响了相关产品的国际市场价格和生产国际分工。

自从跨国公司直接投资不断发展以来,国际学术界提出了许多理论,这些理论从不同角度说明了投资发生的原因和特征,可以说生产要素的国际流动从而由流动形成的组合是这些理论的共性。

## 一、国际寡头垄断理论

1960 年,美国经济学家海默(S.Hymer)在他的博士学位论文《国内企业的国际化经营:对外直接投资的研究》中,首次提出了垄断优势论。20 世纪 70 年代中期,由海默的导师金德尔伯格(Charles P.Kindleberger)修正发展而形成了现代跨国公司理论的基础——垄断优势理论,并从此推动跨国公司与直接投资理论从传统的理论中分离出来。通过实证分析美国 1914—1956 年对外投资的资料,海默认为市场的不完全竞争是跨国公司进行国际直接投资的根本原因,而跨国公司特有的垄断或寡占优势是其实现对外直接投资利益的条件。[①] 美国主导世界跨国公司并能到国外设立子公司,正是这些优势的体现。这些优势包括先进技术、专利、巨额资金、广告术、管理能力等。这些优势超过了东道国竞争对手的优势,如熟悉本地消费者的爱好、了解企业经营的法律和制度、运输费节省、情报灵活、决策迅速等,因而美国在总体上反而居于优势。子公司可以通过跨国公司内部转移的途径获得母公司的上述优势。随后,大量西方经济学者在此理论基础上进行了大量研究,对垄断优势论进行了检验和发展。一些学者认为,跨国公司在大规模生产的经济效益、纵向联合的经济效益、巨型企业开发新产品的能力、研究与开发能力等方面也有优势。[②]

海默的理论表明,跨国公司垄断优势的本质内涵就是其拥有的各种要素优势,此理论中跨国公司拥有的诸如资本、专利、管理能力优势其实就是其优势生产要素,因此该理论是基于生产要素这一基础提出并展开分析的。此外,海默等学者还将跨国

---

① 孔淑红主编:《国际投资学》,对外经济贸易大学出版社 2001 年版,第 80—86 页。
② 张幼文、李刚主编:《世界经济概论》,高等教育出版社 2018 年版,第 97 页。

公司拥有的要素优势与东道国拥有的要素优势进行综合比较,分析双方在国际直接投资活动中拥有的综合优势,而这种综合优势说到底也依然是生产要素的综合优势。相较于东道国廉价劳动力、熟知本地市场等综合要素优势,跨国公司拥有的资本、专利、管理能力和营销网络的综合要素优势对于占据市场优势地位更为重要,因此跨国公司分支机构完全有能力与东道国企业进行有效竞争,攫取高额收益并能长期生存发展下去,并且这些综合要素优势随着跨国公司寡头垄断实力的增强而上升。

## 二、产品生命周期理论

美国哈佛大学教授雷蒙德·弗农(Raymond Vernon)在 1966 年发表的论文《产品周期中的国际投资和国际贸易》中,从国际贸易和国际投资相结合的角度,运用动态分析方法,提出著名的"产品周期理论"①(Product-Cycle Hypothesis)。后经威尔斯(Louis T. Wells)、赫希(Hirsoh)等人的补充、发展和完善,成为解释制成品贸易和企业对外直接投资战略选择的著名理论。该理论认为,产品在其生命周期的各个阶段各有其特点。在产品的创新阶段,创新国占有优势,既可满足国内市场需求,也可出口满足国外需要。产品进入成熟阶段后,产品生产稳定增长,国外市场日益扩大。与此同时,国外也出现了竞争者,开始仿制这种产品,创新国的技术优势面临丧失的危险。跨国公司为了维持市场,阻止海外竞争者介入,需要到海外去建立子公司或分支机构。产品进入标准化阶段后,技术优势已不复存在,生产过程已规范化,价格竞争成为关键。这时,在工资低、劳动密集的国家组织生产就有价格优势,这要求跨国公司到这些国家去投资生产。可见,跨国公司的国际投资是一种"防御性"活动,即维护其在世界市场中的地位不受竞争者的损害。特别是对于技术含量高、容易扩散的产品,跨国公司更要建立海外子公司或分支机构,以保护研究与开发的收益。当前科学技术的蓬勃发展,新兴技术迅速而广泛用于产品生产,产品生命周期出现缩短的趋势,这将使国际直接投资加速增长。②

该理论的核心是在产品生命周期的不同阶段,对于产品研发、生产和销售过程其关键作用的核心要素各不相同。第一阶段,即产品创新阶段,核心要素是科学技术,其决定了产品的科技含量、技术水平乃至研发活动的成败;第二阶段,即产品成熟阶段,核心要素是市场规模与销售渠道,这关系到海外市场的拓展和占领,对于产品在海外市场的优势地位具有决定性的作用;第三阶段,即产品标准化阶段,核心要素是生产成本,此时价格竞争成为关键,为了获得廉价劳动力及各种投入要素,以及消费

---

① Vernon, Raymond, "International Investment and International Trade in the Product Cycle", *Quarterly Journal of Economics*, Vol. 80, No. 2, May, 1966, pp. 190-207.

② 张幼文、李刚主编:《世界经济概论》,高等教育出版社 2018 年版,第 97 页。

市场的进入便利、经营管理的迅速决策,跨国公司对外直接投资设厂的动机更加强烈。可见,此理论是在分析产品周期不同阶段所需核心要素的种类,以及生产成本变化的基础上提出的,为解释高科技产品生产区位变化和贸易流向提供了翔实的理论依据。

## 三、边际产业扩张理论

边际产业扩张理论,又称边际比较优势理论,是由日本一桥大学小岛清教授在20世纪70年代中期基于国际贸易比较成本理论,在对日本厂商的对外直接投资实证研究的基础上提出的,其在1978年出版的《对外直接投资》中第一次系统地阐述了边际产业扩张理论。小岛清在传统国际分工的理论基础上,继承和发展了大卫·李嘉图的比较优势学说,将比较优势原理运用到国际直接投资这一层面,解释日本在第二次世界大战后的国际直接投资行为,该理论的核心是一国应该从已经或即将处于比较劣势的产业开始对外直接投资,并依次进行。①

小岛清创造性地将比较优势贸易理论与国际直接投资理论进行了深入融合,该理论对比较优势产业的形成,以及逐步转变成比较劣势产业的成因与过程进行了要素层面的分析,超越了一般层面上的成本分析。该理论认为处于或即将处于比较劣势的产业的成因,即该产业所必须的部分要素成本出现上升趋势,因而影响了该产业的平均总成本而导致其走向比较劣势。通过国际直接投资来谋求降低部分要素成本,从而降低生产总成本是跨国公司的明智之举。由此可见,边际产业的形成与转移归根结底是要素成本的变化所导致的。

## 四、国际生产折衷理论

1977年,英国雷丁大学(University of Reading)的邓宁(John Harry Dunning)教授在论文《贸易、经济活动的区位与跨国企业——折衷理论方法探索》中首先提出国际生产折衷理论②(The Eclectic Theory of International Production)。邓宁的学说在适应国际化生产格局变化的同时,吸收和综合了以往的国际直接投资理论,在很大程度上解释了国际化经营活动的三种方式:国际直接投资、技术转让和出口贸易的选择问题,是当代有影响的跨国公司和国际直接投资理论之一。国际生产折衷理论(亦称为OLI范式),实际上是垄断所有权优势(O)理论、生产区位优势(L)理论和市场内部化优势(I)理论的综合。邓宁认为,一个企业参与国际经济可以有两条途径:一条

---

① [日]小岛清:《对外贸易论》,周宝廉译,南开大学出版社1987年版,第102页。
② 张纪康主编:《跨国公司与直接投资》,复旦大学出版社2004年版,第152页。

是在国内运用本国拥有的各种生产要素进行生产,并通过国际贸易将最终产品出口到其他国家的市场,赚取利润并换取必要的产品进口;另一条是通过对外直接投资在国外组织生产销售,直接满足当地的市场需求。若采用第二条途径,必然会引起附加的成本和风险,因此只有在对外直接投资产生的利益大于附加的成本和风险时,对外直接投资才可能发生。

国际生产折衷理论的核心在于阐明了选择对外投资和参与国际贸易两种选择的依据,归根结底在于该跨国公司拥有生产要素的优势结构,跨国公司并以此为依据判断投资与贸易哪种方式更能发挥自身的要素优势。当跨国公司具备技术、组织管理以及货币资本等要素优势时,则其具备了垄断所有权优势。生产区位优势则是强调劳动力要素、东道国政策要素以及市场进入对投资决策的影响。内部化优势则是为避免不完全市场给企业带来的影响,故将其拥有的资产加以内部化而保持企业所拥有的优势。跨国公司根据以上若干要素结构优势来分别确定货币资本、技术专利、高端人才等要素的流动与否。

## 五、投资诱发要素组合理论

投资诱发要素组合理论是当代西方经济学家提出的一个较新的投资理论。这一理论认为,任何类型对外直接投资的产生,都是由直接诱发要素和间接诱发要素的组合所诱发产生的。直接诱发要素,主要是指各类生产要素,包括劳动力、资本、技术、管理及信息等。由于对外直接投资本身就是这些生产要素的移动,所以直接诱发要素是对外直接投资的主要诱发因素。直接诱发要素既包括投资国,也包括东道国。间接诱发要素是除直接诱发要素之外的其他非生产要素,包括投资国政府对外投资政策诱发、东道国政府吸收外来投资政策诱发、世界经济变化诱发等。一国的对外直接投资建立在直接诱发要素与间接诱发要素的组合之上,而直接诱发要素在当代对外直接投资中已经起着越来越重要的作用。该理论认为发达国家的对外直接投资主要受直接诱发要素的作用,而发展中国家在很大程度上则是间接诱发要素在起作用。[①]

在该理论中,国际直接投资活动的发生是由生产要素诱发所致,其中生产要素可分为直接诱发要素和间接诱发要素两种。直接诱发要素就是跨国公司母国(即发达国家)所拥有的生产要素,以及东道国(即发展中国家)所拥有的生产要素,但这两种所有者不同的生产要素存在着诸多的差异,其最显著的不同体现在其流动性及技术层级上,前者是易流动的高级要素,而后者是不易流动的低级要素。另外,该理论所

---

① 张纪康主编:《跨国公司与直接投资》,复旦大学出版社2004年版,第179页。

阐述的间接诱发要素指的是经济要素和全球化经济要素,其中经济要素主要是指一国(或地区)的市场经营环境、产业配套能力、政府政策等,而全球化经济要素主要是指一国(或地区)与国际市场的关联程度,以及该国(或地区)的经济对外开放程度。[①]

## 第四节  经济全球化的历史走向

经济全球化从贸易自由化开始,逐步扩大到投资自由化。其内在动力在于,资本不满足于通过产品的销售获利,而且要获得更高的收益,其途径就是进入他国进行生产,因为这可以实现更有利的要素组合,降低生产和销售成本,实现更高的收益。因此,投资自由化及其全球规则的形成是全球化的基本趋势。

### 一、世界贸易组织成立的背景及发展历程

1929 年经济大萧条后,1930 年美国率先通过《斯穆特—霍利关税法》,随后其他国家纷纷大幅提高关税,采取贸易保护主义。毫无疑问,严厉的贸易保护主义破坏了正常的国际经济交流,各国均付出惨重的代价。第二次世界大战后,随着美国霸权地位的确立,在充分认识贸易战的恶果后,美国着手建立战后自由贸易体制。1944 年 7月,在美国召开的布雷顿森林会议确立了战后的国际货币体系和金融安排,成立了"国际货币基金组织"(IMF)和"国际复兴开发银行"(IBRD,即世界银行)。随后1945 年冬,美国建议在联合国框架下成立国际贸易组织(ITO)。然而,随后美国国会否决了《国际贸易组织宪章》,失去美国的支持,国际贸易组织胎死腹中,建立国际贸易制度安排的努力只能以临时性的关税及贸易总协定代替。

1948 年 1 月 1 日,关税及贸易总协定(GATT,以下简称"关贸总协定")正式生效,共有 23 个缔约国(包括 8 个发展中国家)。作为一项多边贸易协定,关贸总协定的条文框架比较复杂,其主要包括六大原则:最惠国待遇原则、国民待遇原则、关税减让原则、取缔数量限制原则、减少非关税障碍原则以及协商原则。"GATT 实质上是指导缔约国贸易行为的'游戏规则',其最核心的原则是非歧视原则(即最惠国待遇和国民待遇两项),美国正是依靠这一原则来防止缔约国用高关税来进行贸易战。"[②]关贸总协定成立后,随着相关准则的贯彻实行,各国的关税水平下降明显,国际贸易

---

① 关于此部分的详细分析,参见张幼文:《要素集聚的体制引力》,格致出版社 2015 年版,第 100—111 页;张幼文:《要素流动——全球化经济学原理》,人民出版社 2013 年版,第 68—87 页。

② 张龙:《世界贸易体制的历史反思——从关贸总协定到世界贸易组织》,《太平洋学报》2001 年第4 期,第 75—82 页。

活动取得了长足的进步。据相关统计资料,1970 年世界进、出口规模与 1947 年相比分别增长了 659. 24% 与 645. 38%。①

关贸总协定在其 48 年的历史中,共完成了八轮贸易谈判,前六轮谈判的议题主要集中在削减关税壁垒方面,而从第七轮贸易谈判(东京回合)开始已将消除非关税贸易壁垒成为谈判的重点。第八轮贸易谈判(乌拉圭回合)于 1986 年在乌拉圭开始,1994 年 12 月 15 日在摩洛哥马拉喀什结束,此回合谈判是关贸总协定历史上最复杂、议题最全面的多边谈判,取得的最重要成果就是各缔约国同意成立"世界贸易组织"(WTO),以取代关贸总协定的地位和作用,负责管理世界经济和贸易秩序。至此,世界贸易组织(WTO)、国际货币基金组织(IMF)、世界银行(WB)一起成为世界经济发展与国际经济合作的三大支柱。世界贸易组织的成立是 20 世纪末国际贸易自由化取得的最大成就,标志着规范化和法制化的世界贸易体系的建立,成为 21 世纪贸易自由化蓬勃发展的领导者和推动者。

世界贸易组织是当代最重要的国际经济组织之一,截至 2016 年年底共拥有 164 个成员,成员贸易总额涵盖全球贸易总额的 98%②。总部设在日内瓦莱蒙湖畔的关贸总部大楼内,其最高决策机构是部长级会议,由所有成员国主管对外经贸合作的部长、副部长或其全权代表组成,一般两年举行一次会议,共同商讨世界贸易组织管辖范围内的重大事项。部长级会议下设理事会、专门理事会和秘书处,负责世界贸易组织的日常工作以及特定议题事宜,秘书处由部长级会议任命的总干事领导,总干事可以最大限度地向各成员方施加其影响,要求各成员方遵守相关规则,此外还帮助各成员方解决发生的争议。为了仲裁解决世贸组织成员之间的经济纠纷,1995 年世界贸易组织还专门成立了争端解决机构,保证了贸易自由化的发展方向。

20 世纪 80 年代后,随着服务贸易的兴起和国际直接投资的增长,国际贸易流量增长迅速,经济全球化的快速发展也增加了贸易行为的复杂程度。与此同时,世界各国在农业、服务业、环境保护、知识产权保护和国际直接投资等领域的争端逐渐增加。关贸总协定的框架无法有效应对新问题的出现,为了弥补关贸总协定监管协调范围的不足,世界贸易组织的管辖范围不仅包含传统和乌拉圭回合全新确定的货物贸易,还在一定程度上涵盖了知识产权、投资措施和服务贸易等领域。与关贸总协定相比,世界贸易组织涵盖了更多的领域,法律框架更趋完善,组织结构更加完整,从而其法律地位得到了多方的认可和保证,尤其在争端解决机制方面,世界贸易组织效率更高、时效更强。

---

① 根据联合国贸易与发展会议统计资料计算而得。
② 参见 WTO 官方网站:https://www.wto.org。

自成立以来,世界贸易组织对贸易自由化、金融全球化和生产跨国化发挥着重大推动作用,降低了各成员之间的贸易壁垒,在加快推进经济全球化过程中扮演着决定性角色。随着加入世界贸易组织成员的增多,在多边贸易体制的安排下贸易自由化的范围逐渐扩大,在相关制度与协议的协调下,贸易及相关领域的自由化进程不断拓展,极大地推动了经济全球化的进程。

在服务贸易领域,乌拉圭回合结束时,尚有四个部分(即自然人流动、金融服务、基础电信和海运)的谈判未结束,世界贸易组织主持并推进了这些部门的后续谈判。1997 年 2 月达成的基础电信服务协议,推动了基础电信服务的自由化。特别是 1997 年 12 月,70 个成员方达成了金融服务协议,涉及银行、保险、证券和金融信息等方面 95% 以上的贸易额,全面且有效地推进了金融自由化和金融全球化进程。此外,世界贸易组织促进了《与贸易有关的投资措施协议》的实施,要求东道国对外国投资者实施非歧视原则和国民待遇原则,不规定企业产品的最低出口额或出口比例,不规定企业必须使用东道国产品的最低限度,这为跨国公司的国外直接投资和生产国际化创造了十分有利的投资环境,从而推动了国际分工的深化和经济全球化的进程。[①]

## 二、欧洲一体化发展历程及现状

建成统一大市场的前提是实现区域一体化,而区域一体化的形成通常要分为建立自由贸易区、关税同盟、统一市场、货币联盟以及政治联盟五个渐进阶段。欧洲一体化的进程从一开始就跨越了自由贸易区阶段,于 1968 年实现了关税同盟目标,1993 年基本建成欧洲统一市场,1999 年初步建成货币联盟。在建立政治联盟方面,欧洲也展开诸多尝试并取得积极成果,在制定共同的外交、安全、防务政策方面取得广泛共识。

欧洲人积极推进欧洲一体化的努力可以追溯到第二次世界大战结束后,1948年,在海牙召开的非政府论坛性质的欧洲大会上,提出了包括建立欧洲议会、制定人权宪章在内的一系列倡议。真正意义上的欧洲一体化进程始于 1951 年,法国、联邦德国、意大利、荷兰、比利时和卢森堡 6 国签署旨在限制联邦德国的煤炭和钢铁总产量的《巴黎条约》,成立欧洲煤钢共同体,此条约是西欧主权国家之间在一体化进程中达成的第一个具有法律约束力的文件。

1957 年 3 月 25 日,以上西欧 6 国在意大利首都罗马签署旨在建立欧洲经济共同体和欧洲原子能共同体的条约(即《罗马条约》),其主要目标是消除分裂欧洲的各种障碍,加强各成员国经济上的联结,保证发展的一致性和协调性,并建立更加紧密

---

① 张幼文、李刚主编:《世界经济概论》,高等教育出版社 2018 年版,第 171—176 页。

的联盟基础。《罗马条约》所约定的中心内容包括建立关税同盟、农业品共同市场和工业品共同市场,在共同体的框架下协调各成员国的经济和社会政策,努力实现商品、人员、服务以及资本的自由流动。1965 年,西欧六国又在比利时首都布鲁塞尔签署《布鲁塞尔条约》,决定将欧洲煤钢共同体、欧洲经济共同体和欧洲原子能共同体合并,统称为"欧洲共同体"。1967 年 7 月 1 日,随着《布鲁塞尔条约》的正式生效,欧共体宣告成立。在《罗马条约》和《布鲁塞尔条约》的指导下,西欧六国基本上取消了彼此之间的贸易限制,取消所有关税并建成统一的对外海关税则,并于 1968 年 7 月 1 日建成关税同盟,在农产品方面,除了实现关税同盟外,还更进一步实现共同的农业政策、统一农产品价格、设立共同农业基金。随后英国、爱尔兰、丹麦、希腊、西班牙和葡萄牙相继加入欧共体,一个货物、劳动力和资金自由流通的经济共同体初步形成。[1]

然而,欧共体各成员国之间仍然存在着不同的技术规范,各异的检验检疫标准,差别的税收制度,各国移民法和海关法的存在限制了人员自由流动,这些障碍导致欧共体在建立统一市场的谈判中往往止步于技术性细节,统一市场的建立难以取得实质性进展,这极大地限制了欧共体的经济发展,动摇了欧共体在国际经济竞争中的优势地位。例如,欧共体用于研究与开发(R&D)的投入总费用与日本一样多,但由于分散使用,加之高技术人才不能自由流动,资源不能得到有效利用,增加了不必要的重复投资和资源浪费,科技成就远不及日本。

从 1986 年至 1988 年,欧共体资助了一项重大研究课题"没有统一欧洲的代价"。这项课题认为,如果欧洲不能实现统一市场的宏伟构想,不能充分利用潜在的、由若干成员国组成的统一大市场,将在国际竞争中输给主要竞争对手美国和日本。只有形成一个拥有 3.2 亿总人口的统一大市场,欧洲才能提高经济活力以应对美国、日本和亚太地区的经济挑战,才能扭转在高新科技领域面临的不利局面。[2]

在国际竞争和国内发展双重压力之下,欧共体各成员国政府首脑纷纷表态支持建立欧洲统一的大市场,1986 年 6 月召开的欧共体首脑会议上,一致通过《完成内部市场》白皮书,加上同年签署的《单一欧洲法案》,为早日建成欧洲统一的大市场提供了必要的法律框架,确定了共同政治愿景。1988 年 2 月,欧共体首脑会议决定建立欧洲内部市场,并以此为基础力争在 1992 年建成"共同经济区"。为了实现建成没有任何内部边界的"共同经济区"这一宏伟目标,欧共体国家逐渐取消了彼此内部边界的一切壁垒,使商品、人员、劳务和资本实现自由流动,并建立起经济与货币统一联

---

① 闫健平:《欧洲共同体统一市场的形成与发展》,《中国经贸导刊》1992 年第 18 期,第 35—38 页。
② 安和芬:《欧洲统一大市场的建设与前景》,《世界经济》1992 年第 3 期,第 50—56 页。

盟。① 1993 年 11 月 1 日,《马斯特里赫特条约》正式生效,欧洲联盟正式成立,欧共体开始从经济实体向经济政治实体过渡,内外经济政策上的协调性和一致性迈入了全新阶段。至此,欧盟成员国之间基本清除了要素自由流动的物质障碍,取消了各国的边界管制,同时技术性障碍的清除保障了区内人员、货物以及资本的自由流动。

资本的自由流动是检验一体化的重要标志,在资本自由流动方面,早在 1991 年生效的 88/361 号欧洲理事会指令就详细规定了欧共体成员国内资本自由流动的基本原则,随后的欧盟条约采取了与货物自由流动原则相一致的内容,禁止欧盟市场内任何有碍资本自由流动的限制②,除此之外还特别强调了支付自由。在货币与税制逐渐统一后,欧盟市场内金融交易完全实现了自由化,包括现金、银行转账在内的所有金融证券实现自由流动。

### 三、双边投资协定发展历史及现状

双边投资协定是指资本输出国与流入国双方签署的,为了促进、鼓励、保护跨国私人投资,约定双方权利与义务关系的书面协定,是当前世界各国通行的保护国际私人投资的重要手段,也是评估有关国家投资环境的重要标志。根据联合国贸易和发展会议发布的《世界投资报告 2016:投资者国籍及其政策挑战》统计,截至 2015 年年底,全球国际投资协定总数已达到 3304 个,其中绝大多数是双边投资协定。③ 根据中华人民共和国商务部的统计,截至 2016 年 12 月,中国已对外签订了 104 项双边投资协定。④ 双边投资协定根据各侧重点不同,所以也常被称为:双边投资保护协定、双边投资促进与保护协定以及双边投资自由化保护协定。

1959 年,联邦德国分别与巴基斯坦和多米尼加先后签订了投资保护协定,这是历史上第一个真正意义上的双边投资保护协定,开创了法律层面保护国际私人投资的先河。在 20 世纪 90 年代以前,国际投资活动多发生于发达国家之间,所以当时发达国家主导了大多数的双边投资协定的谈判和协商。进入 90 年代以来,国际直接投资活动逐渐增多,各国利用国际直接投资发展国内经济的成果经验也引起了广大发展中国家的注意,特别是发达国家与发展中国家之间的国际投资数量进一步增长。

---

① 安和芬:《欧洲统一大市场的建设与前景》,《世界经济》1992 年第 3 期,第 50—56 页。

② 杨永红:《欧洲资本自由流动的黄金时代之开端——评欧洲法院有关黄金股机制案例法对资本市场的影响》,《特区经济》2007 年第 5 期,第 80—82 页。

③ 联合国贸易和发展会议:《世界投资报告 2016:投资者国籍及其政策挑战》中译本,南开大学出版社 2016 年版,第 5 页。

④ 商务部条法司:《我国对外签订双边投资协定一览表 Bilateral Investment Treaty》,中华人民共和国商务部条约法律司,http://tfs.mofcom.gov.cn/article/Nocategory/201111/20111107819474.shtml,2016 - 12-12,其中剔除已经废止的双边投资协定。

为了吸引国际直接投资的流入、营造良好的投资环境,越来越多的国家积极谋求签订双边投资协定,国际社会就投资进行缔约的活动非常活跃,双边投资协定的数量也出现了前所未有的快速增长,具体形式和内容也不断创新,双边投资协定也发展为国际社会普遍接受和认可的投资保护手段。随着新兴经济体的崛起与发展,国际投资活动从质量上、数量上又达到了全新高度,双边投资协定的质量和数量也发生了深刻变化。然而近年来,由于受多边投资协定达成数量逐渐增多的影响,双边投资协定的增长速度有所放缓。

在实践中,双边投资协定的具体内容虽然会受到签订双方具体需求的影响,但绝大多数还是遵循一定的国际流行范本所签订。当前影响较大的国际流行范本主要有:亚非法律协商委员会的三个范本、德国范本、荷兰范本以及美国范本。就范本细节内容而言,通常主要包括以下四个方面:

一是详细界定了受保护的投资者和投资。受保护的投资者一般指缔约双方国家的自然人、法人以及不具备法人资格的企业和社团。双边投资协定使用概括式与列举式相结合的方法,规定了受保护的投资和与投资相关的活动,协定不仅保护投资者所投资的各种资产,还保护投资者所从事的与投资相关的各种活动。

二是规定了外国投资所享受的待遇。双边投资协定会规定投资国在东道国的投资以及与投资相关的活动所享受的具体待遇。从实践中看,协定通常会提供三种待遇标准,包括公平公正待遇、最惠国待遇、国民待遇。

三是有关政治风险的保证。现有的双边投资协定基本都涵盖了征用与国有化、汇兑与转移等政治风险保证,但对于战争、内乱等非东道国政府主观意识导致的风险未作明确规定。政治风险对于投资资产的安全性和赢利能力至关重要,所以相关约定是双边投资协定的重要内容。

四是有关代位权的约定。国际投资活动中代位权是指在母国对本国投资者在国外因政治风险造成损失进行赔偿后,母国政府取得投资者在国外资产的包括追偿权在内的有关权益。在实践中,代位权的行使不仅要遵守双边投资协定的约定,也要受到东道国国内法律的制约。

当前,双边投资协定的范本也不断发生着深刻变化,对中国等发展中国家引进国际资本、参与国际投资提出了更高的要求。例如美国已于2012年发布了最新的双边投资协定范本,提出了若干高标准要求。首先,在新版的范本中透明度条款拓宽了"2004范本"里原有透明度的概念,要求东道国应尽可能提前公布拟颁布的法律文件,包括法律、法规、程序和普遍适用的行政裁定,以便利益关系人和缔约方能有合理的机会发表意见。其次,新的版本中强化了对劳工的保护力度,在投资与劳工条款中,"2012范本"做了大面积的修改,其修改的指导思想就是提高缔约各方的劳工保护义务,防止缔约方利用较低的劳工待遇标准来吸引外资,不可否认的是,这一改变主要是针对以劳动密集型产业为主导的发展中国家,在一定程度上弱化了发展中国家吸引外资的能力。最后,新版本中的金融服务条款完善与细化了原有的规则,强调了东道国应采取金融审慎措施的权力,规定条约不得被解释为妨碍缔约方行使监管权;同时也对东道国提出了要求,即东道国的监管不应当是"武断的和具有歧视性质的"。

此外,在 2012 年最新双边投资协定范本中,美国对"被授予政府职权的国有企业"作出了详细定义,规定东道国不得有技术本地化的履行要求,同时还要求东道国允许国外投资者参与国内技术标准的制定。① 这些全新标准的制定对东道国外资管理的灵活性造成极大的束缚,也对外资监管提出了更高要求。

---

① 崔凡:《美国 2012 年双边投资协定范本与中美双边投资协定谈判》,《国际贸易问题》2013 年第 2 期,第 123—131 页。

# 第二章　扩大对外投资与保持
# 国内增长速度的关系

◇◆◇◆◇◆◇◆◇◆◇◆◇◆◇◆◇◆◇◆◇◆◇◆◇◆◇◆◇◆◇◆◇◆◇◆◇◆◇◆◇

　　资本流出接近或超过流入将是中国经济正在发生的一个历史性转折。在中国经济进入新常态，多重因素决定增长率将降低的情况下，一般而言投资净流出将对增长速度产生负面影响，双向投资与保持国内增长速度将成为一个新问题。本章将重点研究对外投资如何通过带动国内产品出口进而对经济增长产生积极作用，探索对外投资提升国内经济增长速度的机制与主要渠道，并以此作为战略决策建议的依据。

## 第一节　双向投资推动经济增长的前沿理论

　　国际直接投资的飞速发展是经济全球化的重要标志，国际直接投资理论也应这一变化而完善。从国际直接投资与经济增长的关系看，可以总结为两个角度：FDI 和 OFDI，这两者对于企业来说是同一行为在不同国家的表述。

　　第一，从 FDI 角度主要研究 FDI 对东道国经济各个方面的影响，这样的文献非常多。可以提炼为两个方面：一是 FDI 促进了东道国经济增长。因为：（1）FDI 直接导致东道国资本的增加、要素投入的增加，提高了经济增长速度。这个道理非常容易理解，传统的经济增长理论即是说明投资的增加可以提高经济增长（Wang 和 Sunny，2009）。（2）FDI 体现了创造贸易而不是替代贸易，通过投资带动贸易促进经济增长（梁琦和施晓苏，2003；邱斌等，2004；马凌远，2008；项本武，2009）。（3）FDI 激发了东道国的闲置生产要素，促进了经济中总投入产出的增加（张幼文和薛安伟，2013）。（4）FDI 带来了先进的技术、管理经验、文化、销售网络等，对东道国经济中的相应要素产生了溢出效应，提高了东道国经济的全要素生产率（Hejazi 和 Safarian，1999；Lichtenberg，2001；蔡伟毅和陈学识，2008；李梅和柳士昌，2012）。二是 FDI 不利于东道国经济增长。因为：（1）FDI 对东道国本国投资产生了挤出效应（Agosin 和

Machado,1993;程培堽等,2009;朱轶等,2009）。（2）FDI 带来的贸易替代作用大于贸易创造效应（Mundell,1957;Horst,1972）。

第二，从 OFDI 角度主要研究其对母国经济的影响。主要也是从正反两个方面展开研究，认为 OFDI 促进母国经济增长主要包括以下因素：（1）OFDI 通过学习效应、"干中学"获取国外的先进技术和管理，对国内企业形成逆向技术溢出，提高了生产效率（Dunning,1981;Fosfuri 等,1999;Jocelyn 和 Kamal,2002;王英和刘思峰,2008;付海燕,2014;叶娇和赵云鹏,2016）。（2）OFDI 往往投向能够提高企业利润率的国家和地区，其创造了比留在国内更高的收益，因此当企业对外直接投资收益回流，就增加了母国的资本投入，提高了其经济增长（张幼文和薛安伟,2013;葛顺奇和罗伟,2013）。（3）企业通过 OFDI 获得利润后，改善了母公司的财务状况，致使母公司在国内有更大的投资动机和能力，进而促进了母国经济增长（刘红忠,1998;姚枝仲和何帆,2004）。同时，也有研究认为 OFDI 反而给母国经济增长带来一定的危害：（1）OFDI 导致本国具有优势的产业转移到国外，引起了国内产业的空心化（Cowling 和 Tomlinson,2011;刘海云和喻蕾,2014）。（2）OFDI 直接的效应是母国资本外流，引起母国投资的减少，不利于经济增长（Al-Sadiq,2013）。（3）OFDI 可能引起更多的技术转移到国外，提高了东道国的技术水平，却导致本国在技术优势上领先地区的缩小甚至丧失，从技术流出的角度不利于母国技术的垄断地位（马亚明和张岩贵,2003）。

综上所述，从 FDI 角度主要研究其对经济增长的影响，而从 OFDI 角度主要研究其产生的溢出效应，很少有研究将二者同时纳入同一个研究框架，综合分析二者对经济增长的影响。因此，从理论上看还需要在以下三个方面进行突破：第一，将 FDI 与 OFDI 相结合，分析资本引进对资本流出的影响机制。第二，通过国际比较，分析双向直接投资对经济增长的内在机制、条件与渠道。第三，分析了对外直接投资促进经济增长的条件与渠道。因此，我们希望通过上述机制分析和国际比较对中国的双向开放提供方法和启示。

## 第二节　双向投资的互动机制

在经济全球化背景下，一国的发展与世界经济紧密联系在一起，没有国家能够脱离世界经济实现发展。国际贸易和国际投资是融入全球化的两条重要渠道，随着全球化的深入，投资和贸易的关系更加紧密，并且投资成为推动全球化的主要动力。引进外资和对外投资成为各国谋求发展的重要手段，发达国家侧重于对外投资，发展中国家侧重于引进外资。但是，FDI 与 OFDI 并不是孤立的，二者存在相互影响机制。

## 一、引进外商直接投资是对外直接投资的基础

资本是生产中必不可少的要素,随着经济的发展,固定资本、可变资本等都可以用货币购买、以货币表示,因此资金就代表了购买力,可以在一定程度上代表各种资本的总和。资本作为最活跃的生产要素,其流动性也最高,跨国公司在通过资本流动配置全球资源的同时对直接投资对国际资本流动也产生了深刻影响。这一变化放大到国家层面是 FDI 对 OFDI 奠定基础、提供条件,这一过程主要包括两个层面的机制。

第一,FDI 提供的资本积累奠定了后期发展基础。资本积累对于一个企业或国家来说都非常重要,只有具备了资本才有动力激发对外投资,因此,先有资本积累后有资本流出。外资的流入是解决发展中国家在启动阶段"双缺口"的有效途径。无数发展案例表明,一国的经济发展离不开全球化,发展中国家不通过对外开放,引进外资很难实现经济发展。一方面,没有母国经济的发展就没有对外资本输出的能力;另一方面,资本流入与流出则是要素再组合的重要渠道,有助于母国经济发展。第一阶段是资本流入导致被动进行要素组合,并为第二阶段的资本流出创造条件。比如,早期殖民掠夺的实质即国外要素(资本)通过不正当手段流入国内,构成了资本主义国家发展的原始积累。这一过程构成了最初的国际资本流动方式,资本流入促进了殖民国家的经济增长。

第二,FDI 为东道国带来了技术、管理方式、品牌等稀缺要素。FDI 流入通常以项目等形式进入东道国,往往附带技术、品牌等有利于东道国发展的高级要素。这些要素对东道国经济增长具有积极影响,有助于出口增长和投资扩张。当一国经济发展到一定阶段,国内的要素结构发生了变化,资本、技术、品牌等高级生产要素逐渐增多,需要通过打通国际市场实现要素收益的最大化。因此,当经过引资实现经济发展后,必然导致发展对外直接投资。对外直接投资相对于国际贸易能够更加高效、更大范围地组合要素。全球资本流动从国家角度看可以分为两大部分:发达国家呈现国际直接投资的流入和流出双向流动,并且多数处于资本净流出状态;发展中国家则是直接投资的流入高于流出,多数处于净流入状态。这一现状验证了国际直接投资流动的动机,符合要素流动原理。

## 二、对外直接投资有助于提升吸引外资质量

国际直接投资由跨国公司主导,大力发展对外直接投资是经济发展的更高阶段。资本流入阶段东道国的企业间接参与全球化,资本流出阶段是主动配置全球资源,主动推动全球化。需要注意的是,资本流出的同时也有大量的资本流入,对外直接投资

阶段意味着双向投资,对外直接投资通过以下三个渠道提高引进外资的质量。

第一,对外直接投资开拓了国外市场为引进外资提供了经验借鉴。在引进外资阶段,东道国企业仅提供土地、劳动力等生产要素,产品出口的利润多被外资获得,而在对外直接投资阶段,企业通过"走出去"开阔了国际视野,提高了外资甄别能力。另外,在企业对外直接投资的过程中,会遇到投资准入、争端仲裁等各种问题,这些经验为其吸引外资也将产生重要的示范作用。这样,企业在引资的过程中就会更高效对比流入资本的质量,东道国的生产要素能够通过双向投资获得趋于市场的价格。

第二,对外直接投资通过逆向溢出效应提高了母国技术水平,有助于提升引进外资质量。从技术层面看,技术要素具有匹配性,生产高质量的机器需要有高质量的生产线相匹配,对外直接投资的逆向技术溢出提高母国技术水平有利于母国吸收更多高质量的外资。在全球化背景下,对外直接投资是获取高级生产要素、突破技术进步的捷径,尤其对于发展中国家非常有利于发挥后发优势。比如吉利汽车收购沃尔沃的案例中,吉利通过技术回流带来了母公司技术水平提高和品牌价值提升的同时对于其他外资汽车公司也形成了竞争效应,倒逼的这些公司会将更好的投资项目流向中国。

第三,对外直接投资提高了国民收入水平,形成了吸引高质量外资的需求基础。对外直接投资动机有市场寻求型、效率寻求型、资源寻求型和战略资产寻求型,随着人均收入水平的上升,双向投资的动机都将发生改变,从对外直接投资看,一国具备了更强的资本积累,有能力获得更优势的国外要素,从引进外资看,人均收入水平的提升意味着需求水平的上升,包括对商品的质量、款式、种类、品牌等多方面的提升,因此要求外资投入到东道国高质量的技术、品牌等要素。发达国家间的相互投资在高技术领域较多,原因就在于发达国家间的需求相似,高收入对应的高需求只有高质量的外资才有市场。另外,从成本角度看,只有国民收入水平提升才有能力支付高价格的产品。因此,通过对外直接投资获得投资收益,提高了收入,形成了吸引高质量外资的基础。

## 第三节　双向直接投资与经济增长的国际比较

引进外资从要素投入的角度对经济增长能够产生直接的促进作用,而对外直接投资与经济增长存在不确定的关系既可以正向也可以反向。通过双向直接投资的国际比较,我们发现 FDI 和 OFDI 在不同国家不但存在阶段性的特征,而且在不同阶段分别对经济增长起到积极作用。

## 一、美国双向投资的发展历程

美国是全球最大的吸引外资国,美国稳定的政治环境、良好的创新环境和广阔的市场成为外商直接投资的投资天堂。美国的经济发展得益于大量 FDI 的流入,19 世纪末期大量外资涌入了美国的基础设施建设,为美国的发展奠定了基础。[1] 从 1970 年到 2015 年,美国的对外直接投资与外商直接投资的增长可以划分为四个阶段:第一阶段:1970—1980 年,直接投资小幅逆差期。这一时期 OFDI 超过 FDI,资本净流出。1970 年 FDI 和 OFDI 的流量分别是 12.6 亿美元、7.59 亿美元,到 1980 年则分别增长到 16.92 亿美元、19.23 亿美元,从 1972 年起 OFDI 的额度开始超过 FDI,并持续到 1980 年。从图 2-1 可以看出,在 1970—1980 年间资本净流出呈现放大的趋势。在这一阶段美国的对外直接投资主要集中在制造业,出现了交互增长;第二阶段:1980—1990 年,直接投资小幅顺差期。这一时期 FDI 开始超过 OFDI,资本呈现净流入,并在 1988 年达到了高点,顺差 399.7 亿美元。这十年美国的 OFDI 相对于 20 世纪 70 年代比较萎缩,年均增长仅为 5%。在这十年间,美国制造业对外直接投资仍然快速增长,1989 年制造业占比达到了 41.7%,此后开始不断回落,到 2009 年已经下降到 15.4%。[2] 第三阶段:1990—2000 年,双向投资启动期。我们可以从图 2-1 中明显看出,1990 年起美国的 FDI 和 OFDI 开始同时快速增长,并以 1995 年为界,1995 年之前 OFDI 流量大于 FDI,1996 年之后 FDI 流量大于 OFDI。在这十年间,美国成为全球最大的对外直接投资国,其中 OFDI 的大发展与 20 世纪 80 年代经济全球化密切相关。[3] 第四阶段:2000 年至今,双向投资大幅波动期。2000 年以后从额度对比看,整体上仍然是 OFDI 超过 FDI,资本净流出额不断增长,2014 年高达 2099.35 亿美元;从变化幅度看,这一时期波动明显加大。从产业占比看,这一阶段服务业在对外直接投资中的比例不断提高,达到了 70% 以上。从投资方式看,美国对发达国家的投资以并购为主,对发展中国家的投资以绿地投资为主。这也反映了进入 21 世纪后科技高速发展和经济增长波动加剧的现实,美国作为全球最大的经济体,投资作为最活跃的生产要素最直接地反映了这种变化。因此,从总量看,美国的双向直接投资净流出和净流入交替出现,但是多数年份处于净流出状态,尤其是 2008 年国际金融危机以来净流出大幅增加。另外,从双向投资与经济增长的关系来看可以分为两个阶段:第

---

[1]　成方舟、钱丹:《从美国早期利用外资修铁路看东北亚运输主干线的筹资对策》,《东北亚论坛》1994 年第 3 期,第 57—59 页。

[2]　杨长湧:《美国对外直接投资的历程、经验及对我国的启示》,《经济研究参考》2011 年第 22 期,第 44—51 页。

[3]　陈继勇、王清平:《经济全球化与美国对外直接投资的变化》,《世界经济与政治》2003 年第 7 期,第 64—69 页。

（单位：10亿美元）　　　　　　　　　　　　　　　　　　　　　（单位：%）

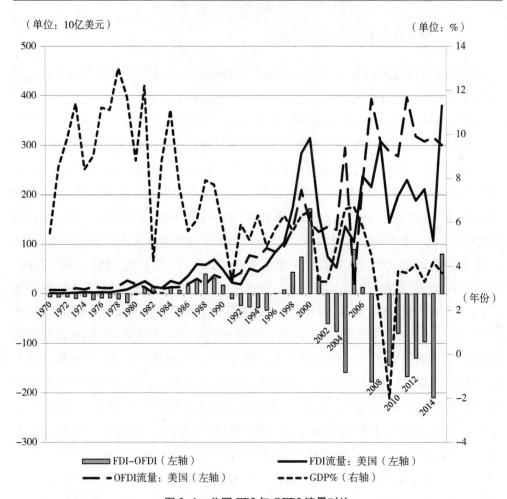

**图 2-1　美国 FDI 与 OFDI 流量对比**

数据来源：联合国数据库。

一阶段：1970—1990 年双向投资与经济增长率呈反向关系，1970—1990 年 FDI 与
OFDI 缓慢增长而经济增速却不断下滑。20 世纪 70 年代的全球经济大萧条是这一
时期的重要背景，80 年代里根总统的供给经济学提振了美国经济，改善了直接投资
环境，促进了双向投资的温和增长。第二阶段：1990—2015 年双向投资与经济增长
率呈正向关系，经济增长开始随双向投资的扩大而同步波动，双向投资增长的年份经
济增长也较好。

　　从直接投资的流入和流出看，美国 FDI 和 OFDI 以 1990 年为界线，1990 年之前
资本呈现净流入，1990 年之后开始呈现净流出并在 2008 年后出现扩大趋势。从国
际直接投资的双向互动看，1990 年之前的资本流入通过拉动经济增长为 1990 年之
后的资本流出建立了基础。因为从经济增长来看，2000 年之前美国经济增速整体在
5% 的水平之上，而 2000 年之后在美国资本净流出增加的同时经济增速整体下降到

3%左右。值得注意的是,2010 年之后随着资本净流出的增加,美国经济增速开始稳定,说明动力机制从 FDI 转向了 OFDI。因此,美国用了十年即 2001 年到 2010 年的时间实现了经济增长依靠从资本净流入到资本净流出的转变。

## 二、日本双向投资的发展历程

日本从经济总量上看属于大国,位列全球第三大经济体,但是从资源禀赋上看日本是一个资源匮乏的国家,这一基本面决定了日本可能是一个资本净流出国,以资本流出换取各类稀缺资源的流入。从日本对外直接投资的动机看,日本投向发达国家主要为了获取专利和技术,以研究为主;而投向发展中国家则主要为了获得低廉的劳动力和资源。[①] 从引进外资来看,日本的 FDI 与日本的经济实力极不相称,从图 2-2 可见,日本的 FDI 常年处于低位,占 GDP 的比重通常低于 5%,且主要来源于美国、欧盟和亚洲国家,中国是日本的重要资本来源国,行业上主要集中在金融、保险和制造业。[②] 从图 2-2 可以看出,从 1970 年以来日本的双向直接投资发展一直

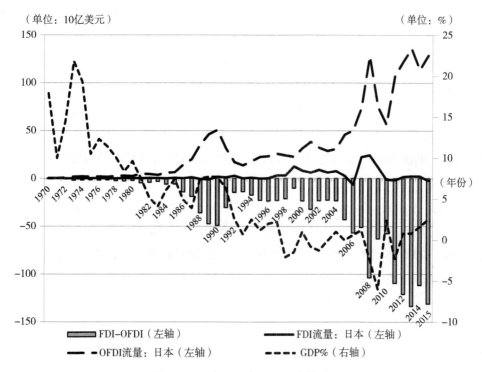

**图 2-2　日本 FDI 与 OFDI 流量对比**

数据来源:联合国数据库。

---

① 李国平:《日本对外直接投资动机的区域差异研究》,《世界经济》2000 年第 2 期,第 50—56 页。
② 施锦芳:《日本引进外资政策新变化及我国对日投资战略新思考》,《国际贸易》2015 年第 4 期,第 20—23 页。

呈现净流出的状态,并且流出的金额逐步增加,1970 年日本的 FDI 与 OFDI 的差额为 -2.61 亿美元,到 2015 年这一差额达到了 1309.04 亿美元,增长了 501 倍。这一增长过程也可以划分为四个阶段:第一阶段:1970—1980 年少量流出,年均净流出在 20 亿美元以下。第二阶段:1981—1990 年净流出量快速增长,1990 年净流出 489.69 亿美元,创历史新高,直到 2006 年才再次超过该水平。这一阶段的快速增长与日本产业国际转移有重要联系,20 世纪 80 年代后期日本出现泡沫经济,一大批企业逐渐将生产转移到海外。第三阶段:1991—2004 年趋于稳定,这一时期净流出额基本保持稳定,常年在 220 亿美元左右。第四阶段:2005—2015 年爆发式增长,从 2006 年再创历史新高后,资本净流出量大幅增加,2008 年净流出突破了 1000 亿美元,2011 年到 2015 年连续五年净流出超过 1000 亿美元。从 FDI 和 OFDI 分别来看,FDI 的流量基本保持稳定,绝大多数年份在 100 亿美元以内,而 OFDI 则呈扩张趋势,从 1985 年开始大幅增加。从产业结构看,日本的对外直接投资产业与其国内的产业结构和政策导向密切相关,制造业仍然是对外直接投资的重点产业,主要集中在汽车、电子、化工、纺织等优势产业上,但是随着日本国内产业结构的调整,2014 年非制造业的对外直接投资超过了制造业。另外,日本的双向投资与经济增长率也可以分为两个阶段:第一阶段:1970—1990 年经济增长与双向投资呈反向关系,随着资本净流出的增加,日本的经济增速从 17.9% 下降到 7.7%。第二阶段:1990—2015 年经济增长与双向投资同步波动,以 2006 年为分界线,2006 年之前日本双向投资虽然比 1990 年之前有较大的增长,但是总体变化不大,经济增速也基本稳定在 0 附近;2006 年之后尤其是 2011 年到 2015 年资本净流出大幅增加,日本经济增速出现了回升的迹象。

从资本流向对比看,日本的 FDI 变化不大,OFDI 呈扩张趋势,整体看日本经历了两个平稳扩张周期。第一个周期是 1970—1990 年,1985 年以前日本的 FDI 和 OFDI 基本持平,1986—1990 年 OFDI 快速增长,净流出扩张。第二个周期是 1991—2015 年,1991—2005 年的 15 年间对外直接投资和净流出额基本稳定,2006 年之后对外直接投资和净流出都大幅扩张。在两个扩张期,即 1986—1990 年和 1991—2015 年经济增长的恶化趋势都有所缓解。从整体趋势看,日本经济增速放缓的同时是资本净流出的扩张,资本净流出加速虽然缓解了一时的经济恶化,但是需要形成可持续的增长动力。

## 三、德国双向投资的发展历程

德国是工业化起步最早和效果最好的国家之一,"德国制造"享誉全球,德国的发展也与利用外资和对外投资紧密相关。德国是一个贸易强国,同时也是一个对外直接投资强国。德国地缘优势突出,营商环境良好,吸引了大量全球资本。20 世纪

80 年代以来,德国的对外直接投资和吸引外资都飞速发展。从图 2-3 可以看出,德国的双向投资也经历了四个阶段:第一阶段:1970—1983 年小幅流出,从 1970 年到 1985 年净流出量从 3 亿美元增长到 19.7 亿美元,绝对量上增长不大。第二阶段:1984—1999 年快速增长,净流出量从 42.03 亿美元上升到 526.13 亿美元。这一阶段 FDI 与 OFDI 都快速增长,同时二者的差额不断扩大。第三阶段:2000—2004 年净额大幅波动,2000 年 FDI 创纪录地流入 1982.77 亿美元,而 OFDI 则下滑到 565.57 亿美元,这一年资本净流入 1417.19 亿美元。此后四年间 FDI 和 OFDI 流量都开始下滑,净额既有流入又有流出,因此,这一时期和 20 世纪末相比属于萎缩期。第四阶段:2005—2015 年波动加大,净流出增加,从 2005 年起流入和流出都开始恢复增长,但是净流出不断增加,净流出金额从 2005 年的 284.54 亿美元增长到 2014 年的 1053.67 亿美元。另外,德国的双向投资和经济增长也明显表现出两个阶段:第一阶段:1970—1990 年,双向投资和经济增长负相关,经济增速下滑,双向投资缓慢增长。第二阶段:1991—2015 年,经济增长与双向投资同向波动,双向投资使得资源更好地配置,促进了国内经济增长。

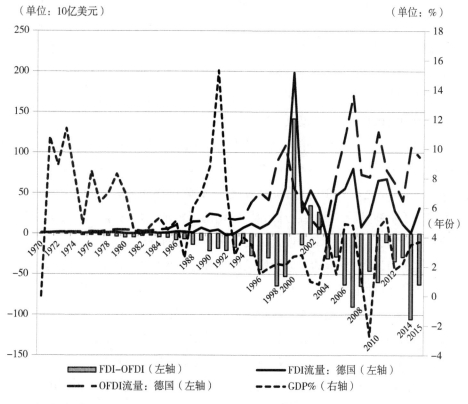

图 2-3　德国 FDI 与 OFDI 流量对比

数据来源:联合国数据库。

从资本流向看,德国整体上呈现流出趋势,其变化幅度介于美国和日本之间,表现出更强的双向变化。从20世纪90年代起,德国的FDI和OFDI开始同时扩大增长幅度,资本净流出逐步增加。因此,德国的双向直接投资发展过程更加稳健。

## 四、中国双向投资的发展历程

中国的双向投资是从1978年改革开放开始的,爆发于20世纪90年代初,其突出特征是长期资本净流入。从图2-4可以看出,中国的双向投资可以分为三个阶段:第一阶段:1970—1990年初步开放期,中国对外开放不久,国内基础设施各方面都比较落后,无论FDI还是OFDI都没有明显的流入和流出。第二阶段:1991—2004年,双向投资不平衡发展,FDI快速增长而OFDI增长缓慢,资本顺差不断攀升,1993年为231.15亿美元,2005年为551.32亿美元。第三阶段:2005—2015年,平衡发展阶段,从2005年起OFDI开始飞速增长,与此同时FDI也呈逐年增加的趋势,在"大进大出"的同时资本净流入的量不断缩小,顺差从2005年的601.45亿美元降到2015年的80.5亿美元。另外,从中国双向投资与经济增长的对比看,中国的经济增长与资本净流入额密切相关。1990年开始中国的资本净流入逐渐增加,与此同时经济增长也开始加速,1992年经济增速即达到了14%,然后随着资本净流入速度的降低,经济增长速度开始回落,1999年GDP增速下滑到9%,2002年之后资本净流入再次上升,经济增速也又一次加速,2007年达到了14.2%。国际金融危机后,随着中国资本净流入的减少,经济增速也逐步下滑至6.9%。因此,中国的经济增长典型表现为外资驱动型的增长模式(张幼文,2013)。

从流向看,中国出现了从单向流入到平衡发展的转变。1993年之前,中国的FDI和OFDI近乎没有发展。1994年到2005年中国呈现FDI单向净流入的特征,OFDI增长缓慢;2006年之后OFDI开始快速增长,资本净流出的幅度开始收窄,到2014年基本上实现了平衡发展。需要注意的是,中国的经济增速和资本净额密切相关。从过往的趋势看,资本流向一定程度上决定了中国经济的发展。

从对美国、日本和德国的双向投资发展历程对比可以看到:发达国家的双向投资快速增长是从20世纪90年代开始的。这与全球国际直接投资的增长步伐基本一致,中国大量引进外资也是从这一时期启动。一是都得益于经济全球化的快速发展,大批的跨国公司在这一时期涌现出来;二是全球投资保护协定大量签署,营造了良好的投资环境,双边、区域和多边的投资保护协定快速增加,高标准旨在保护投资自由化;三是国际金融危机后跨国公司加大了资本的全球配置,从美、日、德三国的双向投资发展历程可以看到,2008年之后资本净流出大幅增加,而中国的资本净流入量也在缩减,说明各国都重视以分散投资来提高抗风险能力;四是经济增长和双向投资都

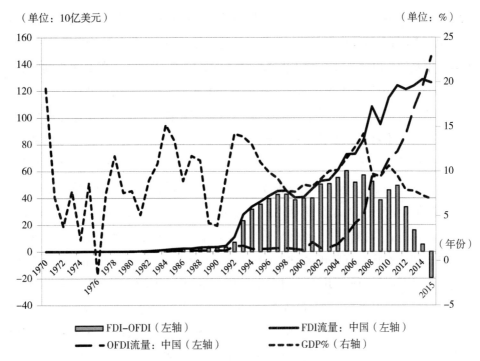

**图 2-4　中国 FDI 与 OFDI 流量对比**

数据来源:联合国数据库。

明显表现为两个阶段,第一阶段是 1990 年之前,二者都反向相关,第二阶段是 1991 年之后,二者呈同向变动,20 世纪 90 年代之后随着经济全球化的深入,各国的经济增长与世界经济的联系更加紧密,投资成为驱动经济增长的重要动力之一。

## 第四节　中国以对外投资促进出口增长的路径

中国在贸易大国发展过程中,也不断推进对外投资,对外直接投资额度近十年来快速增长,尤其是 2008 年对外直接投资超过 500 亿美元后持续增加,2002 年到 2014 年的年均增速为 37.5%,2013 年中国对外直接投资的跨国并购项目 424 起,涉及 70 个国家(地区),总投资金额 529 亿美元。2014 年对外直接投资 1231.2 亿美元,对外投资和吸引外资首次实现基本平衡。截至 2014 年年底,对外直接投资存量达 8826.4 亿美元,迈入世界前十的行列,21 世纪以来中国的对外直接投资迅猛发展。贸易与投资关系的紧密发展带来的是全球价值链分工的深化,贸易由投资驱动,投资通过贸易实现在全球价值链的地位。徐康宁、陈健(2007)[①]指出,全球价值链有明显

———————

① 徐康宁、陈健:《国际生产网络与新国际分工》,《国际经济评论》2007 年第 6 期,第 38—41 页。

的层次关系,第一层次处于主导地位,获得的价值分配最多,第二、三层次处于服从地位,其中欧、美、日等国在第一层次,新兴工业化国家处于第二层次,众多发展中国家属于第三层次,从20世纪60年代巴拉萨(Balassa,1965)[1]提出垂直专业化到库普曼等(Koopman等,2012)[2]提出贸易增加值测算,全球价值链研究从定性研究走向定量研究。全球价值链研究热的背后反映的是经济全球化深化的事实,投资超越贸易成为世界经济的基本特征。因为支配全球价值链分工的是跨国公司,国际分工从国家主导转向跨国公司主导,一国参与国际贸易的形式从独立生产某种商品转向承担某一商品生产的一个或几个环节。国际分工由于全球价值链的发展而进入了更深层次,从之前的产业分工、产品分工延伸到产品内的分工,一个国家或地区专门生产某一产品的一部分,这种新型的国际分工是在全球要素合作的基础上完成的。这一分工方式仍然建立在比较优势的基础上,但是深入到要素分工之上,对外直接投资实质是配置要素,因此无疑成为升级本国在全球价值链分工中地位的重要手段。中国过去40年贸易的快速发展依靠引进外资,而未来显然需要通过对外直接投资布局全球生产网络,提升中国在全球价值链中的地位。对外直接投资从投资形式上也包括绿地投资和跨国并购,二者在推动价值链升级上有所不同,前者通过要素"走出去"提升了本国要素在他国的收益,后者通过吸收转化他国高级要素,促进本国要素升级,进而提升在全球价值链中的地位。

## 一、以绿地投资推动优势要素"走出去"

中国对外绿地投资的动机在于资源寻求和市场寻求,通过本国高级要素"走出去",提升本国要素升级,优化价值链分工。绿地投资是指跨国公司通过到国外建厂,将其母国的技术、品牌、销售网络等高级要素带到东道国,与东道国的廉价要素相结合,进行组合生产。其直接效果是促进了东道国的贸易和经济发展,也提高了跨国公司的投资收益。跨国公司作为世界经济的微观主体,通过绿地投资直接优化配置全球生产要素,进而形成全球价值链。中国过去靠引进外资是被动加入全球价值链,在全球价值链分工中处于中低端,而这一过程属于典型的由发达国家跨国公司向发展中国家的投资,其目的在于通过本国高级要素"走出去"实现本国要素收益的提升。因此,绿地投资是配置全球生产链、形成全球价值链的重要形式,对于流入国和流出国都有积极作用。同时,这一模式对于一国的发展也并不是一成不变的,在通过

---

① Balassa, Bela, "Trade Liberalization and 'Revealed' Comparative Advantage", *Manchester School of Economic and Social Studies*, Vol.33, No.2, May, 1965, pp.99-123.

② Koopman Robert, Wang Zhi, Wei Shang-Jin, "Estimating Domestic Content in Exports When Processing Trade is Pervasive", *Journal of Development Economics*, Vol.99, No.1, 2012, pp.178-189.

资本流入获得经济发展后,绿地投资流入国也可以通过对外绿地投资推动本国要素"走出去",提升本国要素收益。随着中国经济的发展,也开始通过对外绿地投资来提升其在全球价值链分工中的地位,因为绿地投资可以非常便捷地获取东道国的廉价生产要素,同时跨国公司流入的高级稀缺要素相对价格又高,自然获得更高的要素收益,提升在全球价值链中的地位。要素禀赋差异是引发绿地投资的重要动力,经过40年的高速发展,中国的要素禀赋结构发生了巨大变化,劳动力优势正在逐渐减弱,而资本、技术等高级生产要素不断累积,某些要素已经处于国际领先地位,既具备了向发展中国家布局绿地投资的基础,也形成了向发达国家输出高级要素的条件。

联合国贸易和发展会议发布的《世界投资报告2015:重构国际投资机制》显示,在过去十年来自发达国家的绿地投资增长率几乎没有变化,而来自发展中国家的绿地投资快速增长,即使在国际金融危机期间仍保持5%的增长速度。[1] 中国从2004年以来对外直接投资中绿地投资的占比不断升高。而绿地投资相对于跨国并购,投资周期更长,其投资动机主要是资源寻求型和市场寻求型,从近年来中国较大的绿地投资来看,主要体现出两个特点:一是投资项目多集中在基建和能源领域,比如投资尼加拉瓜的大运河、投资尼日利亚的水力发电厂、投资纳米比亚的铀矿、投资赞比亚的煤矿、投资苏丹的石油等,这类投资主要体现在其所获要素与国内要素禀赋具有互补性,所输出要素与东道国相比具有比较优势,因此根据要素稀缺性决定要素价格,该项投资有利于本国要素收益的提升。二是投资目的地主要集中在发展中国家,其中以亚洲、拉丁美洲占比最多,根据《2011年度中国对外直接投资统计公报》显示,中国对发展中经济体的投资增速加快,2011年中国80%以上的对外直接投资流向了发展中国家。截至2014年,中国对外直接投资存量前三名分别是亚洲、拉丁美洲和欧洲,其中中国对亚洲的对外直接投资存量为6009.6亿美元,对拉丁美洲为1061.1亿美元,对欧洲为640亿美元。[2]

绿地投资在中国对外直接投资中的份额不断上升是与中国经济发展阶段和中国对外直接投资发展阶段相适应的。不论资源需求型或是市场寻求型的绿地投资,本质上都需要本国相对高级的生产要素"走出去"。而相对高级生产要素的培育需要一定时间,只有在经济发展到一定阶段才能出现,比如中国经过40年的发展从缺资本变成了资本充足,从技术落后到部分领域技术达到了全球领先等,因此具备了对外直接投资的基本条件。同时,绿地投资虽然投资周期比较长,但是相对于跨国并购其

---

① 联合国贸易和发展会议:《世界投资报告2015:重构国际投资机制》中译本,南开大学出版社2015年版。

② 参见中华人民共和国国家统计局网站:《国家数据》,http://data.stats.gov.cn/easyquery.htm? cn=C01,2017-12-27。

风险也较小,这种形式更适合发展中国家作为初次对外直接投资形式。通过绿地投资直接输出中国优势要素,提升要素收益。但是,绿地投资国大多是拉丁美洲、亚洲、非洲等发展相对落后的国家,在政治、法律、基础设施等各方面也不太成熟,往往也会产生相应的风险。因此,在鼓励对外直接投资的同时也应该加强对企业的对外直接投资培训,以降低相关风险。

虽然我国对外绿地投资的金额不断上升,但是也面临极为严峻的问题:对外直接投资的收益并不尽如人意。根据世界银行的估计,中国的对外直接投资中有 1/3 是亏损的,1/3 持平,剩下 1/3 的盈利。国务院发展研究中心的调查显示,67% 的中国对外直接投资是不赚钱甚至是亏钱的。[1] 投资收益低的原因可能涉及政治稳定、经济政策、文化差异等多方面的因素。但是,一国从资本"引进来"到"走出去"的过程必然是先推动绿地投资再发展跨国并购,必然是实力雄厚的国有企业先"走出去"再带动非国有企业"走出去"。2006 年中国的对外直接投资中国有企业占 81%[2],而到 2014 年非金融类对外直接投资中非国有企业占比 51.1%,首次超过国有企业。[3] 因为在第一阶段中国的对外绿地投资是为了将国内的优势要素推出去获取更高的要素收益。因此,必然是投向发展中国家,但是发展中国家政治风险也较大,就出现了一些投资项目的搁浅与东道国国内政治有关的案例。随着对外绿地投资经验的丰富,近年来中国对外绿地投资的能力也在加强,不断提高的绿地投资比例和非国有企业对外直接投资的上升也佐证了绿地投资收益的提高。

## 二、以跨国并购吸收国外高级要素"引进来"

在经济全球化深化的背景下,发展中国家依靠要素流入实现贸易发展必然积累大量的外汇和资金,同时,由于投资与贸易的关系在新形势下更加紧密,投资更多是创造贸易。因此,发展到一定阶段后必然从"引进来"转向"走出去"。跨国并购则主要是通过获得股权实现对国外公司的控制,在这种对外直接投资过程中,通过溢出效应促进投资国生产要素的升级。与此同时,在贸易方面是进出口增长速度的逐步下滑,尤其是加工贸易增速明显下降。如图 2-3 所示,从 1982 年到 2014 年整体观察加工贸易增速呈现下滑趋势,从 1987 年的最高点 58.3%,下降到 2014 年的 2.83%,而期间一般贸易虽也有涨有落,但整体呈上升趋势,从 20 世纪 80 年代的个位数增长上

---

① 贺宁华:《中国企业对外直接投资收益分析》,《中国集体经济》2009 年第 18 期,第 29、30 页。

② 商务部网站:《2006 年度中国对外直接投资统计公报》,http://images.mofcom.gov.cn/hzs/accessory/200709/1190343657984.pdf,第 13 页。

③ 商务部、国家统计局、国家外汇管理局:《2014 年度中国对外直接投资统计公报》,http://hzs.mofcom.gov.cn/article/date/201510/20151001130306.shtml,2015-9-17/2017-12-28,第 16 页。

升到了当前两位数的增长水平。对外直接投资与加工贸易的这种此消彼长的关系反映了对外直接投资成为补充经济增长的重要动力之一,也是国内产业发展的需求。

中国香港地区是中国最大的直接投资流入地。2013 年年末,中国内地共在中国香港地区设立直接投资企业 7000 多家,年末投资存量 3770.93 亿美元,占存量总额的 57.1%。因为内地的主要并购项目都是通过中国香港地区再投资完成。[1] 从并购项目看,目前主要以商业服务类和资源类行业为主,比如 2013 年中国海洋石油收购加拿大尼克森公司 100% 股权、中石化集团公司收购美国阿帕奇公司埃及油气部分资产、海航集团收购荷兰提普拖车等项目。

中国对外直接投资从 2000 年后开始快速增长并远远超过贸易增速,也大幅高于全球的对外直接投资增速。对外直接投资出现这种增长趋势可能由于两方面的原因:一是中国积累了大量的外汇储备,具备了大规模“走出去”的基础。2000 年外汇储备为 1561 亿美元,2006 年为 8188 亿美元,2014 年增长到 38134 亿美元,14 年间中国成为全球第一大外汇储备国,巨额的外汇储备为企业“走出去”创造了资金条件。在“双缺口”的背景下,外汇紧缺,对外投资所需的换汇等都会受到限制,而在“双顺差”的情况下,政策上也从强调引进外资的单向引资政策扩展到了引进外资和对外投资的双向开放。因此,外汇储备条件的变化为政策转向等做了充足的保障。二是企业增加了对外直接投资的需求。实体经济的情况反映的是企业的经营状况,通常外向型企业既发展外贸也发展外资,外资与外贸在一个企业内部也是紧密相关的。一方面加工贸易增速下滑需要出现新的增长点,即意味着我国外资推动型的出口加工模式面临转型,贸易方式变化的投资也从引资转向对外投资,通过对外直接投资获得国外的技术、管理方式、市场等,由被动的开放转向主动开放,由被动流入要素转向主动获取要素。

因此,中国外资与外贸的关系包括 FDI 与外贸的关系以及 OFDI 与外贸的关系。从中国的开放历程看,两头在外的加工贸易虽然由外资驱动,但是其需求方并不在中国,而是对中国进行投资的国家。该模式下,FDI 必然带动外贸的发展,其结果也必然是从“双缺口”转向“双剩余”。但是,OFDI 流向发达国家和流向发展中国家对贸易的效应不尽相同,当 OFDI 流向发达国家时,通常为了获取东道国先进的技术、品牌或管理能力等高级生产要素,此时 OFDI 的贸易效应比较小,更多的是逆向技术溢出。而当 OFDI 流向发展中国家时,为的是使投资国的资本与东道国的廉价要素相结合,通过绿地投资在当地投资建厂是最主要的方式,由于发展中国家经济发展水平

---

①　商务部、国家统计局、国家外汇管理局:《2013 年度中国对外直接投资统计公报》,http://hzs. mofcom.gov.cn/article/date/201409/20140900724426.shtml,2014-9-9/2017-12-28,第 26 页。

落后,难以满足新产品的需求,投资国往往在东道国生产后又将产品销往全球,这种形势下,OFDI 就产生了显著的贸易效应。OFDI 对贸易的影响进而也产生了对价值链分工的创新,尤其是随着中国综合国力的增强,中国与世界经济的联系更加紧密,中国在全球价值链上的位置也将随着国内经济结构的转型升级而反馈到对外贸易上。从这个角度看,中国的 OFDI 也是与国内经济发展需要相适应的,OFDI 成为一条实现经济转型发展的途径。

跨国并购后投资国公司获得了国外公司的控制权,可以将相关的人才派往国外公司,培养锻炼其管理能力和技术能力,也可以将被收购公司的技术、营销网络等高级生产要素以合作的形式与投资方的其他子公司进行合作,提升其相应的要素质量,产生一系列的溢出效应。比如,中国的吉利公司收购美国的沃尔沃公司,通过学习效应使沃尔沃公司的技术、管理、销售网络等先进要素对吉利公司产生一定的溢出作用,进而推动吉利公司的转型升级。因此,跨国并购从战略实施效果上并没有绿地投资来得直接与快速,它需要一个吸收转化的过程。

## 第五节　中国以对外投资促进经济增长的政策启示

理论和实践证明,在推进对外直接投资的同时仍要注重引进外资,对外直接投资能否促进经济增长要根据本国的经济特征而定,中国在推进对外投资的同时还要注重技术进步。

### 一、在推进对外直接投资的同时仍要注重引进外资

从要素流动的角度看,FDI 和 OFDI 都能刺激经济增长,其中 FDI 是通过相对直接的渠道,OFDI 是通过相对间接的渠道。从美国、日本和德国的双向直接投资发展和经济增长对比可以发现,通常情况下资本净流入的阶段,经济增长呈扩张状态,而资本净流出的阶段,经济增长呈现更多的不确定。因为对外直接投资如果利润没有回到母国,那么其所产生的逆向溢出效应也较小,如果再受到税收政策或其他地区赢利预期的影响,那么这部分资金可能再次流动到其他国家而不是母国,因此,OFDI 对GNP 的影响要大于 GDP,FDI 对 GDP 的影响要大于 GNP。

从促进经济增长的角度看,在没有完成国内要素结构和经济结构转型之前,贸然快速提高对外直接投资对于母国经济是不利的。日本经济陷入长期低迷,国内产业空心化和其在 20 世纪 80 年代到 90 年代快速的对外直接投资有一定的关系。中国经济目前处于转型期,比较优势产业正处于新旧交替阶段,如果大规模地推动 OFDI可能不利于经济的稳定增长,甚至造成产业空心化。而是要在资本"走出去"的同时

加大资金的引进力度,"走出去"的应该是国内的过剩产业而不是优势产业,"引进来"的应该是优势产业而不是污染产业。在当前阶段上,仍然要注重资本净流入,我们可以看到,2008 年国际金融危机以来中国经济增速下滑的同时是资本净流入的快速减少,尤其是 2012 年以后到 2015 年基本实现了平衡。所以要警惕欧美国家的境况,要积极吸引外资,有序而不盲目地扩大对外直接投资。

## 二、OFDI 能否促进经济增长取决于本国的经济特征

根据国际经验发现,FDI 对经济增长具有积极作用,OFDI 则对经济增长具有不确定性。影响对外直接投资对母国经济增长的因素主要包括以下几个方面:第一,母国经济结构。经济结构决定了产业发展和要素发展,以制造业为主的阶段更容易发挥 FDI 的积极效应,以服务业为主的阶段更倾向于激发 OFDI 的积极作用。服务业通过并购更有助于技术溢出,提高母国的技术水平,进而提升全要素生产率,最终促进经济增长。第二,母国的发展结构。通过对比我们也发现不同的发展阶段对 FDI 和 OFDI 的利用不同,发展初期是引进 FDI,发展的中后期是推动 OFDI,以 OFDI 获取国外高级要素促进经济增长。第三,母国的要素禀赋。以自然资源和原材料为主的要素禀赋,必然是依靠引进外资启动经济发展;而当技术和资本等生产要素逐渐积累之后,通过 OFDI 综合利用国外要素,提高要素配置,就成为拉动出口和经济增长的重要手段。综合比较来看,中国处于走向中等收入的水平,双向投资同时大力发展是必然选择,而 OFDI 对经济增长的促进作用将不断增强。

## 三、中国在推进对外投资的同时还要注重技术进步

一国的竞争力最终通过技术表现出来,拥有核心竞争力才能在世界市场上具有话语权。中国在推动双向投资发展的同时一定要注重技术进步。从对外投资看,要注重到国外获取高级要素,比如给予国外高级人才以人才激励政策;对引进高新技术的项目给予融资便利或税收优惠;鼓励企业收购兼并国外有核心技术竞争力的企业等。而从引进外资看,则是要注重引进外资的质量。中国目前已经过了缺资金的阶段,中国缺少的是核心技术,引进外资质量的提升也是我国未来推动经济转型升级的重要手段。2017 年 1 月,国务院发布了《国务院关于扩大对外开放积极利用外资若干措施的通知》,既表明了我国积极引进外资的态度,又从政策上给予了地方政府更大的灵活性。因此,在引资过程中地方政府要积极利用好政策,制定适合当地技术发展特征的外资引进政策,配合好国家积极利用外资的大战略。最后,通过从中央到地方的全方位政策创新推动双向投资对技术进步的积极发展。

# 第三章 对外贸易发展、金融改革创新与双向投资布局的战略协同

作为开放型经济体系中的重要组成要素,贸易、金融与投资相互之间的战略互动和政策协同构成了中国对外开放战略动态演变的基本逻辑,也为我们研究中国对外开放战略的未来走向提供了重要和有益的视角。本章在贸易、金融与投资三者协同发展现有理论研究成果的基础上,结合中国改革开放后开放型经济发展的历史脉络,深入分析了贸易、金融与投资协同发展在中国开放型经济发展不同阶段的影响机制,并对双向投资战略布局背景下,中国对外贸易发展、金融改革创新与双向投资实现良性互动的关键因素作出判断,为中国开放型经济发展的战略布局和相关政策制定提供理论依据。

## 第一节 中国引进外资与对外贸易的战略协同

目前,中国对外开放型经济格局正在发生深刻的历史变化,主要体现在对外投资的规模正在或者说已经超过了引进外资的规模,对外投资战略正和引进外资战略一起成为中国对外开放型经济格局的重要组成部分。这种变化与我国正面临的经济新常态也是相适应的。在这一背景下,深刻认识对外贸易发展、金融改革创新与双向投资布局的战略协同,对于中国实施对外开放战略层面的顶层设计,无疑具有重要的现实意义。

### 一、引进外资与对外贸易战略协同的理论基础

20 世纪 50 年代后期,国际贸易与国际投资理论开始出现融合的趋势,学者们分别以自身原有的研究领域为出发点,研究外资与外贸之间的关系。

蒙代尔(Mundell)1957 年提出的贸易与投资替代模型可以被认为是第一个从贸

易视角系统研究贸易与投资间关系的理论模型。该模型指出,在要素自由流动和两国生产函数相同的前提条件下,对外直接投资可以通过缩小母国生产可能性边界和扩大东道国生产可能性边界实现对国际贸易的替代。蒙代尔以 H-O 模型为基础建立的这一模型说明东道国的贸易障碍(如关税等)会促使其引进更多的对外直接投资,从而减少东道国与母国之间的贸易总量。

1966 年弗农(Vernon)提出了著名的产品生命周期理论,该理论认为产品的生命周期主要分成四个阶段,分别是初创阶段、成长阶段、成熟阶段和衰退阶段,他认为随着产品生命周期的不断发展,对外直接投资对于国际贸易的替代效应会越来越明显。

20 世纪 60 年代后期,跨国公司的兴起和迅速扩张对贸易投资替代论形成现实挑战,70 年代后期小岛清通过对日本实际情况的研究构建投资与贸易互补模型,认为对外直接投资实现了生产要素在世界范围内的优化组合,促进国际分工和实际经济发展,从而扩大国际贸易规模。而赫斯特(Horst)通过实证研究发现,不同行业的美国跨国公司在加拿大的出口和在加拿大跨国子公司的产品份额之间存在替代关系,而这种替代关系的程度与两国之间的关税水平呈正相关关系。

此后,对于对外直接投资的贸易效应研究得到了进一步深入和细化,20 世纪 80 年代以马库森和斯文森(Markuson 和 Svensson)为代表的经济学家提出投资与贸易可以存在互补效应。他们认为,投资实现的跨国要素流动会增加母国和东道国之间的贸易。而赫尔普曼和克鲁格曼(Helpman 和 Krugman)则把研究重点放在了垂直化对外直接投资的国际贸易效应上,他们的研究结果显示垂直化对外直接投资对东道国国际贸易的影响是不确定的,会因为一个国家产业竞争力、贸易政策、市场结构和货币汇率等差异而不同。2002 年马库森(Markuson)进一步把水平化与垂直化的对外直接投资纳入同一理论分析框架,形成了具有特色的综合一体化对外直接投资的贸易效应理论,他认为不同类型的企业对外直接投资的贸易效应是不一样的。国内一体化企业不会产生对外直接投资,只有对外贸易;水平化跨国公司的对外直接投资存在贸易替代效应;而垂直化跨国公司的对外直接投资存在贸易创造效应。

## 二、引进外资与对外贸易战略协同的机制分析

### (一)引进外资实现进口替代阶段

改革开放前,中国的对外贸易只是一种扩大再生产的补充手段,由国家统一负责,实行高度集中的计划管理,国际竞争力不强。而经济发展的过程相对封闭,也不存在引进外资的做法。

改革开放初期,中国制定的对外开放战略以加大外资利用和建立合资企业为主,初步确立了以利用外资和建立合资企业为主要内容的对外开放战略,1979 年中国制

定出台了《中外合资经营企业法》,并采取建立深圳、珠海和厦门等经济特区的方式,对引进外资的工作先行先试,取得了一定成效。1983 年,国务院在北京首次召开利用外资工作会议,同年发布了《关于加强利用外资工作的指示》,强调利用外资办好中外合资企业对于加快经济建设具有重要意义。这一阶段,中国经济处于工业体系大发展的关键时期,需要引进较为先进的技术装备对陈旧的机器设备进行更新,对外贸易存在逆差。以引进外资为主要手段的对外开放战略在一定程度上用投资替代了贸易,即通过与外资企业合资经营的模式替代了向外资企业采购的进口模式,达到了平衡国际收支,弥补"外汇缺口"的目的。这在当时中国工业发展百废待兴和外汇储备极度缺乏的背景下,无疑是非常正确的选择。

**(二) 引进外资促进出口贸易阶段**

1986 年,国务院出台《关于鼓励外商投资的规定》,给予外资企业包括先进技术企业和产品出口企业特别优惠。1987 年的政府工作报告提出引进外资的重点是出口创汇企业、进口替代企业和先进技术企业,进一步明确了引进外资支持的企业类型。这一阶段,引进外资从粗放型向精细化转变,一方面通过对出口创汇企业的支持弥补"外汇缺口";另一方面通过对进口替代企业的支持增强投资国内企业的能力,弥补"储蓄缺口";此外,还利用外资引进国外先进技术,支持先进技术型企业发展,弥补"技术缺口"。

一直到 1992 年邓小平同志南方谈话前,中国的引进外资政策为国内投资提供了资金来源,弥补"储蓄缺口"帮助企业实现了从投资赢利到扩大生产的过程;弥补"外汇缺口"帮助企业在扩大生产后通过出口创汇实现赢利。中国通过引进外资不断扩大投资规模和出口规模,实现了引进外资—扩大生产—出口创汇—扩大再生产的良性循环。

**(三) 引进外资与对外贸易相互促进阶段**

1992 年邓小平同志南方谈话后,中国引进外资进入了高速扩张阶段。一是区域有所扩大。1999 年国务院《关于实施西部大开发若干政策措施的通知》为中西部地区引进外资提供了有力的政策支持。二是行业更加明确。1995 年制定出台了《外商投资产业指导目录》和《指导外商投资方向暂行规定》,外商直接投资的产业被分为鼓励、允许、限制和禁止四类,之前不允许外资进入的航空、金融、商业零售等也逐步开放。三是配套政策力度更大。1996 年起取消外资企业投资总额内的设备进口税。

尽管这一时期中国的对外贸易仍然保持持续增长,但与改革开放初期相比,因国内缺乏资金而需要通过引进外资的方式扩大生产出口创汇的情况已经在很大程度上得到了改善。引进外资的重点逐步转向技术、管理和渠道等更加高端的要素获取,外资的质量得到了更多重视,而并非更加注重数量的增长。引进外资与对外贸易的关系也从外资对贸易的单向促进逐渐转变为外资与贸易的双向促进。这一阶段中国对外贸易层次得到提升，在国际价值链分工体系中的地位有所提高，一方面贸易的升级发展为中国经济高速发展提供了推动力，而经济高速发展正是外资流入的主要引力；另一方面对外贸易的提升对国内相关产业配套提出了需求，不断增长的配套需求为外资引进提供了日益广阔的空间。引进外资与对外贸易在中国经济高速发展的背景下实现了良性循环。

### （四）引进外资与对外贸易协同发展阶段

2001 年加入世贸组织后，中国对外开放程度进一步深化，与全球经济的融合性持续增强，这一方面为对外贸易发展带来了机遇和挑战，另一方面也推动了引进外资政策的进一步放松，主要体现在加入世贸组织后中国引进外资的领域进一步扩大，从制造业扩大到服务业。从区域性引进外资的政策变化看，2001 年起中国对西部地区国家鼓励类产业引进的外资减按 15%的税率征收企业所得税。这一阶段中国引进外资的政策已不再是简单地通过进口替代和出口导向对贸易产生影响，而是与经济转型发展方向和区域产业政策导向的关联度更加紧密。引进外资更多通过推动产业转型升级影响对外贸易。2008 年美国次贷危机后，全球经济增速受到较大影响，引进外资已经很难通过数量增长对贸易发展产生较大影响，这两者更多受到中国经济发展大环境的共同影响，在经济发展的细分领域呈现出相互影响、互为因果的协调发展。

从中国改革开放 40 年来的经济发展历程看，引进外资的经济对外开放政策和出口导向型的外向型经济发展战略形成了良性互动。从这个意义上讲，引进外资与对外贸易显然是互补的。但我们也应该看到，随着中国经济结构不断转型升级，引进外资政策服务的产业层次不断提升，外资对于出口导向型产业的边际促进作用在递减，而另一些产业利用引进外资过程中带来的先进技术、管理经验、营销网络和品牌效应等逐步实现了自身内生性增长的良性循环，甚至在某种程度上实现了对中高端产品的进口替代。随着中国经济发展本身带来的产业不断升级，引进外资的领域不断发生变化，其与对外贸易的战略协同在新的历史发展阶段呈现出新的特点，进口替代逐渐成为中国引进外资与对外贸易战略协同的重要表现形式。

# 第二节　改革开放后中国引进外资与<br>金融改革创新的战略协同

金融的本质是跨时期跨地域的资源配置，金融改革创新的目标无疑是优化这种资源配置，从而提高经济运行的效率。从理论上讲，金融改革创新与引进外资的协同效应主要体现在经济运行效率提升对外资的吸引,而外资的进入又进一步推动了经济运行效率的提升,从而倒逼与之相适应的金融改革创新。

## 一、引进外资与金融改革创新战略协同的理论基础

金融深化理论是发展经济学的重要组成部分,该理论研究的是发展中国家在经济发展过程中受到金融因素影响的一般规律。根据该理论,经济发展和金融体系相互依存、相互影响、相互作用、相互促进。一方面,随着金融体系的不断完善,发展中国家的社会储蓄率得到有效提升,实现促进投资和推动经济发展的目标。另一方面,发展中国家经济发展水平提升会增加国民对金融的需求,使企业的融资来源得到进一步扩大,反过来推动金融发展,实现经济和金融发展的良性循环。然而,实际情况却是大部分发展中国家的经济和金融存在相互抑制的恶性循环,经济发展水平不高制约了国民的金融需求,影响金融发展水平,而金融发展的停滞又反过来制约了经济发展。发展中国家存在的这种现象,被麦金农和肖称为"金融抑制"。

针对发展中国家实际存在的"金融抑制",麦金农和肖提出金融深化的概念。他们认为,金融深化的实质是提高实际利率,开放金融市场,取消抑制发展中国家金融市场有效性的政府行为,从而提高投资效率。他们认为实现金融深化和消除金融抑制的方式有以下几种:一是放开利率;二是鼓励银行竞争;三是增加向中小企业的贷款;四是金融改革要与财政改革同步;五是金融改革要与外贸改革同步。

此后,金融深化理论得到了进一步发展,卡普尔和马锡山等人在麦金农和肖研究成果的基础上,构建了逻辑更严密和论证更规范的金融抑制模型。20世纪90年代后期,一些经济学家将内生增长理论融入金融深化理论之中,从效用函数入手建立各种有微观基础的模型。经济学家们还对金融深化对经济增长的影响机制进行了研究,发现金融体系发展主要通过储蓄转化投资、提高资本配置效率和改变储蓄率等方式促进经济增长。对此,经济学家们提出的政策建议是在坚持利率自由化的同时注重防范风险,关注利率自由化的前提,更加强调金融深化过程中金融体系的完善和渐进的时序。

1996年,赫尔曼、默多克和斯蒂格利茨提出了金融约束论,这一理论从不完全信息市场的视角研究了金融和经济的关系。重点研究了放松金融体制限制和加强政府干预行为之间的关系。他们认为,金融约束和金融深化并非完全对立关系,金融约束的实质是一种促进金融深化的方式。但必须注意的是,金融约束的政策行为不应该是静态的,而是应该跟随经济发展情况变化而作出持续的调整。如果金融发展处于

初级阶段,那么金融约束的程度可以相对高一些,譬如采取的金融政策可以严厉一些,也可以同时采取多种政策加以组合实现政策目标。如果金融发展已经处于比较高级的阶段,那么金融约束的程度就可以相对低一些,金融政策可以放松一些,最终实现从金融约束向金融深化的过渡。金融约束论认为,政府可以对存贷款利率进行适当的控制,也可以限制金融机构间的竞争,限制居民将存款转化为其他资产,同时强化对金融约束的管理。

需要注意的是,金融深化理论研究的金融促进经济发展的结论并不能直接用于说明金融改革与对外直接投资的关系。这是因为促进经济发展并不等于促进对外直接投资,对外直接投资的发展只是经济发展的一个组成部分。从现有的研究文献看,学术界并没有比较成熟的研究金融深化与对外直接投资关系的理论,但从逻辑上讲,由于引进外资是经济发展的重要组成部分,金融深化在提升经济运行效率时,对于投资的利用效率也应该有所提升。因此,一方面金融深化可能通过对国内投资效率的提升形成对引进外资的挤出;另一方面金融深化创造了投资高效的环境,从而有利于吸引外资进入。

## 二、引进外资与金融改革创新战略协同的机制分析

从中国改革开放以来引进外资的发展进程来看,对于引进外资的政策性支持主要体现在产业政策、税收政策以及特定地区和特定阶段对重点支持企业的专项政策上,专门针对引进外资的金融配套政策并不多见。

### (一) 金融体制机制改革为外资提供融资便利

改革开放前,中国的金融环境相对封闭,实行与计划经济相适应的高度集中的计划金融体制,其本身的产生和发展均滞后于实体经济发展,并没有充分发挥促进经济发展的积极作用。当时的中国人民银行对全国的金融活动进行统一集中管理,既承担货币发行和管理的央行职能,又直接经营具体业务的专业银行职能。信贷管理体制方面则实行"统存统贷"模式,全国统一调拨信贷头寸。外汇管理则主要采取行政手段进行严格管理和控制。

与引进外资的其他推动政策相比,中国金融体制改革和创新的步伐是相对迟缓的。改革开放后的头几年里,金融领域也开展了一系列改革。一是推动建立现代化的中央银行体制,将改革开放前由央行负责的专业银行业务分离出来,使央行基本具备了行使中央银行职能的条件。二是改革信贷资金管理体制,使专业银行具有参与市场化经营的积极性。三是赋予外资设立相关金融机构的权限,对于商业银行的经营范围也有所放宽,从而使商业银行具备了提供外商投资企业国际结算和进出口贸易融资等金融服务的可能,在一定程度上满足了外商投资企业对金融服务的需求,从

金融体制改革和创新的角度支持了当时的对外开放发展战略。

### （二）汇改成为引进外资市场化的重要推动力

1993 年年末,中国颁布了《国务院关于金融体制改革的决定》,并下发《国务院关于进一步改革外汇管理体制的通知》,首次明确提出金融体制改革四大目标:一是确立了强有力的中央银行宏观调控体系。二是将政策性金融和商业性金融分开,建立新的金融组织体系,即以国有商业银行为主体,多种所有制金融机构并存。三是建立统一开放、有序竞争、严格管理的金融市场。四是改革外汇管理体制,实现外汇调剂价格和人民币官方汇率并轨,官方汇率实现一次性较大幅度贬值。并开始实行以市场供求为基础,单一的、有管理的浮动汇率制度,进而逐步实现了人民币在经常项目下可兑换。较低的汇率价格不但提高了中国的出口竞争力,也令国内资产对外资而言更加具有吸引力,使其成为推动外资进入的重要金融改革。

2001 年中国加入世贸组织后,为了履行加入世贸组织的承诺,对于金融业的管制有所放松,放宽了外资投资于金融业等现代服务业的准入条件,推动金融机构的竞争更加市场化。2005 年中国进一步完善了人民币汇率形成机制。人民币汇率不再单一与美元挂钩,而是选择国际上几种主要货币组成一篮子货币,将其作为参考计算人民币汇率变化,开始实行以市场供求为基础、参考一篮子货币进行调节、有管理的浮动汇率制度。本次改革后,人民币汇率改变了以往"浮而不动"的情况,实现对美元小幅和稳定的升值。

### （三）区域性金融改革为引进外资注入活力

2008 年美国次贷危机发生后,金融体制改革和对外开放进入了新阶段,人民币汇率从单纯的升值逐步转向有升有贬的双向浮动,对引进外资的促进作用变得不那么明显,反倒是一些区域性金融改革为引进外资注入了活力。比较典型的是上海自由贸易试验区的"金改 40 条",推动区内实行人民币存贷款利率完全市场化,帮助外资企业获得更好的融资服务;推行人民币汇率市场化和人民币资本项目可兑换,有效降低外资企业汇率风险,使外资企业可自由地进行资本进入和退出,这些举措有力地吸引了外资企业在区内落户。

从中国金融改革创新的发展历史看,金融政策作为一种对各类资源优化配置具有重大影响的经济变量,其发生作用时往往很难局限于外资这一特定对象。部分有针对性的政策制度安排也往往发生在特定时期的特定背景下,这其实是理论界没有专门研究金融影响对外直接投资问题的重要原因。在实践中,各地方在推动引进外资政策时会配套一些专项的金融政策,这些金融政策本质上是放松金融管制,消除金融抑制。

# 第三节　对外直接投资、国际贸易和
# 金融改革的互动协同机制

2008年国际金融危机爆发后,中国的对外开放战略发生新的变化,对外开放政策转向平衡发展,即坚持进口与出口并重,强调贸易政策与产业政策的协调,并支持具备比较竞争优势的重点企业走出国门,向全世界投资。这一变化赋予了贸易、金融和投资战略协同的新内涵,即在双向投资布局的背景下,三者的互动协同在已有的基础上,在投资的范畴内增加了对外直接投资这一因素。因此对外直接投资、国际贸易和金融改革的战略协同值得进行深入研究。

## 一、对外直接投资拉动国际贸易

从中国贸易和投资的发展历程看,无论是引进外资还是对外投资,都实现了资源要素的跨区域流动,并在一定程度上创造了新的贸易。而贸易数量增长和结构优化,反过来又推动了投资的转型发展,并最终形成了贸易发展与投资推动的良性互动。就对外直接投资而言,企业的投资行为衍生出新的贸易需求,而对外贸易发展反过来促进和强化了企业对外直接投资,与单纯的引进外资时期相比,现阶段中国贸易和投资的相互推动和融合达到了一个新的高度。

为了能够更加清晰地描述中国对外直接投资与国际贸易的互动协同机制,我们拟从对外直接投资的动因入手,详细分析不同类型对外直接投资与国际贸易战略协同的作用机制。

### (一) 资源寻求型对外直接投资与国际贸易的协同机制

资源寻求型对外直接投资是指母国以获取东道国当地的自然资源为目的进行的对外直接投资行为。中国经济中高速发展伴随着相关自然资源不断增长的需求,满足国内持续增长的自然资源需求和多元化的能源与矿产资源供给是这类对外直接投资持续增长的主要原因。从资源寻求型对外直接投资的地域分布看,中国这类投资主要集中在拉丁美洲、俄罗斯和非洲等具备丰富自然资源的国家和地区。

资源寻求型对外直接投资对母国具有比较明显的贸易效应。从进口角度看,中国企业进行资源寻求型对外直接投资,往往采用购买东道国当地自然资源的开采权,或直接并购东道国自然资源型企业的方式进行。一方面相关的自然资源获得开发后可以直接以进口的方式进入到国内,直接用于弥补国内资源的不足。另一方面还可以将开采出来的自然资源在东道国当地进行加工,形成半成品或产成品后再进口到国内,从而间接弥补国内资源的不足。从出口角度看,东道国的自然资源在开采过程中需要用到相关的机械设备和运输设备,这在一定程度上也会促进国内工业设备的出口。

由于资源寻求型对外直接投资的主要目的是获取母国相对缺乏的自然资源,资源开采后的进口行为是必然会发生的,而相关机器设备的出口则是由开采行为衍生的。因此,一般而言资源寻求型对外直接投资对进口的促进作用大于对出口的带动效应,会推动相关的国际贸易形成逆差,减少外汇储备,并影响我国的进出口结构。

**(二) 技术寻求型对外直接投资与国际贸易的协同机制**

技术寻求型对外直接投资是指母国以获取东道国当地的先进生产技术为目的进行的对外直接投资行为。尽管中国实行多年的引进外资政策在为国内企业带来资金的同时也带来了先进的生产技术,但基于发达国家对知识产权的严格保护和企业核心技术能力的重视,引进外资带来的技术进步往往有所局限,这就促使更多企业通过对外直接投资的方式,利用资本的力量获取先进技术。从投资的区位看,中国的这类投资主要集中于美国和欧洲等发达国家和地区。

技术寻求型对外直接投资拉动出口的作用是比较直接和显性的,其作用主要由对外直接投资拉动的与之配套的生产用机器设备和产品出口体现。但是这种出口效应并不明显,原因在于技术寻求型对外直接投资本身的目的就是学习先进生产技术,配套出口本国技术水平相对较低的机器设备和产品可能性不大。而技术寻求型对外直接投资的进口影响主要通过进口替代这一间接和隐性的方式体现,中国企业在技术寻求型对外直接投资会产生反向的技术外溢,即投资过程中获取的先进生产技术会向母国公司回流,从而使母国公司有能力生产原本需要通过进口满足需求的国外先进技术产成品,实现对国外先进技术产成品的进口替代。

虽然技术寻求型对外直接投资的进口替代效应比较难以衡量,往往只能通过观察某类细分产品在进行相关技术寻求型对外直接投资后的进口量变化来大致估算,但这种替代效应却是这一类型对外直接投资影响国际贸易的最主要方式。因此,技术寻求型对外直接投资往往减少相关产品国际贸易的逆差。

**(三) 市场寻求型对外直接投资与国际贸易的协同机制**

市场寻求型对外直接投资是指母国以获取东道国当地销售市场为目的进行的对外直接投资行为。这一类型对外直接投资的产成品销售市场即为东道国当地。在对东道国进行对外直接投资后,由于产成品的生产过程更接近终端销售市场,因此便于根据市场变化及时对产成品作出调整,从而更精准地满足终端需求。此外,这类对外直接投资往往具备即时消费的特征,例如餐饮行业等。从投资的地区分布看,由于不同国家和地区的细分需求均有可能吸引市场寻求型对外直接投资,这类投资没有表现出明显的区域分布特征。

市场寻求型对外直接投资的贸易效应相对较弱,这是因为这类对外直接投资的区域与完成终端消费的区域是一致的,也就是说产成品一般不会发生贸易行为,而正是由于市场寻求型对外直接投资与消费同属一个地区的特性,一旦这类投资发生在母国内,其终端消费市场也必然在母国内,其产成品因而也不可能形成对外出口,也就是说这类对外直接投资也基本不存在对出口替代的情况。

除了有些特定的生产资料需要由母国向东道国出口外,市场寻求型对外直接投资比较难以形成对国际贸易的拉动。

### (四)效率寻求型对外直接投资与国际贸易的协同机制

效率寻求型对外直接投资是指母国以获得东道国当地廉价生产资源并降低生产成本为目标进行的对外直接投资行为。这类对外直接投资在东道国可以获得的廉价生产资源往往在成本上具有绝对优势或比较优势,而且这些廉价的生产资源往往流动性较差,例如人力资源等,只能由母国通过直接投资东道国获取。中国此类对外直接投资的区域一般位于东南亚和非洲国家,其目的往往在于降低人力资源成本。

效率寻求型对外直接投资的贸易效应是比较复杂的。从出口看,有些生产所需的机器设备和原材料可能从母国出口,这构成了此类对外直接投资拉动出口的直接效应。如果此类对外直接投资的最终产成品本身就是母国需要的,那么产品被生产出来后将通过进口的方式回流母国,因而构成此类对外直接投资拉动进口的直接效应。如果此类对外直接投资的最终产成品是东道国需要的,根据上文市场寻求型对外直接投资对国际贸易的影响分析,对外直接投资对贸易是没有影响的。如果这类对外直接投资的最终产成品是第三国需要的,那么原本由母国生产后向第三国出口产成品的行为被这类投资行为替代了,从而构成这类投资对母国出口的替代。

效率寻求型对外直接投资的贸易效应是比较难以观察的,事实上这类投资对应的不同产成品的贸易效应差异也比较大,其对于贸易顺差或逆差的影响也具有较大的不确定性。

### (五)产业升级型对外直接投资与国际贸易的协同机制

产业升级型对外直接投资是指母国为实现自身产业升级,根据产业发展的阶段进行划分,将处于成熟期或衰退期的产业通过对外直接投资转移到东道国的行为。产业升级型对外直接投资往往同一个国家的经济发展水平和产业升级战略相关,对于具备比较优势的成熟产业的转移,有利于激发更高层级产业的发展热情,推动产业升级有效实施。从投资的区域分布看,中国这一类型的对外直接投资主要集中在亚洲国家。

产业升级型对外直接投资一般也具有比较强的贸易效应。这是因为一方面一个产业在进行对外投资时,与之相关联的生产要素往往会以国际贸易的形式跟随其向东道国流动,即该类投资会形成对母国出口的需求,拉动出口增长。另一方面,母国具有优势产业的对外直接投资实现产能的对外释放,会形成对该产业原先产成品的出口替代。

一般而言,产业在对外转移时,产成品的贸易价值总是比母国用于出口的相关生产要素高。因此,产业升级型对外直接投资的贸易效应更多地体现为出口替代,会增加国际贸易逆差。

以上我们对五类不同动因的对外直接投资与国际贸易的协同机制进行了分析,在现实经济活动中,对外直接投资的贸易效应还受到生产要素流动方式的影响。比较典型的情形是跨国公司可能因为关税等贸易壁垒,将原本通过贸易形式表现的要素流动内部化,使其变成跨国公司的内部交易,这会减少对外直接投资贸易效应的产生。

## 二、金融改革支持对外直接投资

一般来说,金融改革意味着对资金价格和金融市场本身(包括金融机构、金融工具和具体金融业务)等方面的管制放松,因此其通过微观的市场化机制作用于经济活动的影响一般体现为消除资源配置扭曲和提高资金配置效率。当然,一方面金融改革产生的这种市场化机制对于对外直接投资和国内投资的影响方式是类似的,在总量不变的前提条件下可能产生国内投资对对外直接投资的挤出。另一方面,有些金融改革的措施(例如汇率政策协调和针对专门区域或产业的政策性投融资安排等)从宏观的政策性金融角度支持对外直接投资,与市场化机制相比,这类改革对对外直接投资的支持更加直接。

### (一) 金融改革通过微观的市场化机制影响对外直接投资

**1. 金融改革通过提供融资便利影响对外直接投资**

金融改革触发的管制放松,一方面使资金获取本身更多通过市场手段而不是行政命令;另一方面,金融管制的放松进一步消除了市场主体的信息不对称,提升了融资活动的效率,这些都有利于提升经济活动中微观个体的融资便利。具体来说,金融改革通过放松管制扩大了金融市场的规模和深度,其具体表现为金融机构的数量增加和规模扩张、金融工具的丰富和创新,以及可用的金融资源增加等。首先,这会促使基础货币增加和货币乘数提升,有利于货币供给增加。其次,企业的融资渠道得以扩展,金融工具的多样性也有利于企业选择最优的融资结构和不同的融资组合。最有说服力的莫过于直接融资和间接融资都比较发达的国家,其融资成本较金融管制比较严格的国家低。再次,由于金融市场效率的提升,储蓄的吸收能力和转化能力得以增强,更有利于企业把闲置的资金集中起来进行投资。最后,金融改革本身就是对金融抑制的一种缓解。改革前的行政命令和政府意志往往会把资金推向效率相对不高的国有企业,人为地造成金融资源配置的结构性扭曲,金融改革有利于缓解这种扭曲,帮助更多企业获得融资便利。

融资便利对对外直接投资的影响主要通过以下机制传导。企业面临的融资越不便利,约束越大,其融资成本就越高。在其他条件同等的情况下,由于企业对外直接投资时需要投入大笔资金建立新机构或收购东道国企业股权,只有通过自身更强大的生产经营能力才能覆盖对外直接投资的资金成本,从而获得利润。因此企业的融资便利将降低其对外直接投资的难度,融资越便利,企业在对外直接投资上的选择面越广,投资的成功率相对越高,企业就越愿意进行对外直接投资。

**2. 金融改革通过投资结构优化影响对外直接投资**

金融改革的另一项重要功能是促进微观市场主体优化投资结构,主要因为金融改革有利于减少逆向选择和道德风险,并能够合理降低交易成本,从而引导企业将资金投向资本回报率较高和资金利用率更加有效的领域,促使企业通过更加合理的投资结构获得更高的资金回报率。

从企业对外直接投资和投资结构优化的关系看,对外直接投资实质上也是企业优化投资结构的一个重要选择方向。与在国内的投资相比,对外直接投资突破了国家的界限,帮助企业实现在更广阔的范围内优化资本投资结构。与其他国家相比,对外直接投资的母国通常在某些生产要素或经营要素上总是会存在劣势。例如与发达国家相比,中国在技术水平、销售网络渠道和品牌管理等方面就存在劣势。如果能通过对外直接投资获得这些要素优化投资结构,那么企业就会有动力加大对外直接投资。

**3. 金融改革通过降低投资风险影响对外直接投资**

企业对项目进行投资,项目面临的风险是投资决策时需要考虑的重要因素。一方面,金融改革引起的管制放松一般会加剧金融机构的市场化竞争,激烈的竞争必然要求金融机构提高对投资项目的风险识别能力和对相关风险信息的判断处理能力,这就增强了金融机构通过为企业提供投资决策咨询防控投资项目风险的能力。另一方面,金融机构为企业投资提供资金支持后,本身会对企业的资金使用情况进行监控,确保企业将资金投向风险收益回报比更加合适的项目,这客观上有助于企业筛选出更加合理的投资项目,提升企业的投资回报率。

对外直接投资也是企业投资决策中的一个方面,而且由于投资的项目在国外,企业在做投资决策时获取信息的难度更大,可以获取的信息更有限,因而投资面临的不确定性和风险也更大。在风险厌恶的假设条件下,企业很有可能因为风险过大无法获得预期收益而放弃对某个项目的对外直接投资。企业对外直接投资时,会衡量投资项目风险收益比,即便预期收益客观,但企业所面临的风险是其无法承受的,企业也会放弃对该项目的投资。因此,高风险是抑制企业对外直接投资的重要因素。金融改革降低了企业对外直接投资的风险,从而促进了对外直接投资。

**4. 金融改革通过提升企业生产率影响对外直接投资**

金融改革能够有效提升企业生产率,仍主要通过融资便利、投资结构优化和抗风险能力提升等三个方面进行。一是企业要提高生产率,一般需要在技术研发和人力资源等方面加大投入,金融改革伴随的管制放松有利于企业满足融资需求,并获得相应的资金支持,融资约束则不利于企业提高生产率。二是金融改革有利于推动企业对外投资结构优化,帮助企业将资金投向资金回报率更高的项目,从而提高生产率,获得更高的资金回报。三是在金融改革的背景下,企业可以将一些高投入高收益但同时有高风险的技术研发类投资分散给不同的投资主体,进行联合投资,投资风险被分散,有利于企业通过承担适当的高风险来提升自身的技术水平,从而提高生产率。

从理论上讲,生产率较高的企业能够在相同的资源约束下生产出更多的产品,如果价格条件相同,企业就能获得更高的利润,此外生产率高的企业由于边际成本低,能够承担更高的固定成本,以上这些有利因素都会促使企业更多地进行投资以获得更好的规模效应。那么企业在扩大投资的同时,其对外直接投资一般也会得以扩大。

**5. 金融改革通过国内投资挤出对外直接投资**

尽管国内外现有研究多数认为金融改革对对外直接投资的影响是正面的,但也有学者对此提出不同的看法,有些学者认为金融改革不能促进对外直接投资,还有学者认为金融改革反而会抑制对外直接投资,而这种抑制往往是由国内投资对对外直接投资的挤出形成的。

王勋(2013)认为,金融改革对企业投资确有促进作用,但是与其对对外直接投资的促进作用相比,其对国内投资的促进作用更大。这是因为金融改革的目标一般不会只关注于促进对外直接投资,改革往往出于对国家经济发展的通盘考虑,而且金融改革对国内投资的作用相比对外直接投资而言更加直接。在投资可用资金总量不变的情况下,可能存在金融改革促进企业国内投资的力度较大,而对企业对外直接投资产生所谓的"挤出效应"。

黄益平(2013)认为,在金融抑制的环境下,国内投资机会受到金融环境影响变得相对匮乏,这一方面导致储蓄的积累超过投资,另一方面过剩的资金又通过对外直接投资的方式寻找投资机会的动力,因而促进了对外直接投资的发展。反之,金融改革通过放松金融管制缓解了金融抑制的情况,因此可能对对外直接投资有负面影响。

总体上看,金融改革影响对外直接投资的微观市场化机制是通过金融管制放松,引导微观市场主体自发调整企业投资策略,从而影响母国对外直接投资。除了因金融改革促进国内投资而可能产生的对对外直接投资的挤出效应外,金融改革对对外直接投资的影响一般是正面的。

### (二) 金融改革通过宏观政策导向引导对外直接投资

#### 1. 汇率政策协调影响对外直接投资

汇率对对外直接投资的影响主要体现在两个方面:一是汇率水平的高低。汇率水平越高,国内商品的价格与国外比相对较高,本币价值更高,对外直接投资的成本相对较低,引进外资成本相对较高,因此有利于推动对外直接投资,不利于引进外资。相反地,汇率水平越低,国内商品的价格与国外相比相对较低,外币价值更高,对外直接投资的成本相对较高,引进外资成本相对较低,因此不有利于推动对外直接投资,有利于引进外资。二是汇率的波动率。汇率的波动率越高,不论是对外直接投资还是引进外资,面临的货币价格变动的不确定性都越大,出于规避风险考虑,在其他条件不变的情况下,对外直接投资和引进外资的规模都会受到抑制。相反地,汇率的波动率越低,则对外直接投资和引进外资面临的货币价格变动的不确定性越小,有利于推动对外直接投资和引进外资的规模。

汇率因素不仅对投资有重要影响,对贸易的影响也是很显著的。一方面,汇率水平越高,本币价值越高,有利于进口而不利于出口,容易形成经常项目逆差。汇率水平越低,本币价值越低,有利于出口而不利于进口,容易形成经常项目顺差。另一方面,汇率的波动率越高,贸易面临的货币价格变动的不确定性越大,出于规避风险考虑,贸易总量会受到抑制。反之,则有利于推动贸易发展。但与投资相比,贸易实现要素资源跨国流动的周期相对较短,面临的汇率波动风险较投资更为可控,因此汇率的波动率对投资的影响比对贸易的影响更大。

#### 2. 政策性投融资安排影响对外直接投资

政策性投融资安排主要指由政策导向的、针对专门区域或产业的投融资安排,一般体现国家战略,引导对外直接投资的区域和产业,对对外直接投资有直接和重要影响。

与引进外资相比,对外直接投资的政策性投融资安排对投资的影响更加直接,效果也更加明显。这是因为对外直接投资的主动权在于母国而非东道国,与政策性投融资安排相比,东道国政府对产业政策和税收政策等引进外资政策具有更强的掌控和推动能力,因而对外资的吸引力更加显性,也更容易为外资所接受。相反地,母国在对外直接投资时,产业政策和税收政策往往受到东道国当地的法律法规和政策制度的影响,不能充分发挥作用,而政策性投融资安排一般由母国政府直接在资金层面对对外直接投资作出安排,往往能够成为推动对外直接投资的最主要力量。

总体上看,金融改革通过宏观政策导向影响对外直接投资的机制是直接和显性的,作为金融改革的重要内容,宏观金融政策的变化是影响对外直接投资的重要变量。

## 第四节　新形势下中国贸易、金融与双向投资战略协同的内涵

2016 年中国企业吸引的外资流入量为 1260 亿美元,而对外直接投资总额达 1701 亿美元,中国对外直接投资的规模已经超过了引进外资的规模,并连续第二年居世界第二位。在中国双向投资布局的新形势下,中国贸易、金融和投资的战略协同也被赋予了新内涵。

### 一、中国对外贸易发展与双向投资的战略协同

从引进外资的角度看,中国引进外资的规模仍然保持在较高的水平,投资结构不断优化,质量有所提升。主要体现在流入高附加值服务业和高新技术制造业的外资持续增长,且中西部地区引进外资的占比持续提升。

改革开放初期,中国引进外资与对外贸易的发展主要体现在利用外资扩大生产规模进而推动出口增长,然而随着中国经济实力不断提升,资本变得不再稀缺,而原本具备较强竞争力优势的生产要素,如廉价劳动力等也因为成本提升丧失了部分比较优势。因此新形势下中国引进外资与对外贸易发展的互动方式发生了变化,更多外资被转而投向资本和技术密集型行业(如先进制造业)和高附加值行业(如高端服务业),这些外资一方面对相关行业的产品形成进口替代,另一方面相关行业的发展也带动了从发达国家的原材料进口和对发展中国家的产成品出口。引进外资对对外贸易发展的作用从单纯的拉动出口变成对进出口贸易的全面推动。

从对外直接投资的角度看,随着中国企业对外直接投资行为的不断增长,衍生出许多新的贸易需求。从中国企业对外直接投资的行业看,租赁和商业服务业在存量投资金额中占比最大,超过 1/3,采矿业在存量投资金额中的占比超过 10%。而制造业和信息技术服务业的投资金额增长较快。

一般而言,租赁和商业服务业对外直接投资主要为获得当地消费市场,采矿业对外直接投资为资源寻求型,制造业对外直接投资为效率寻求型和市场寻求型,信息技术服务业对外直接投资为技术寻求型。结合第三节对于协同机制的分析,采矿业对外直接投资体现为进口效应,信息技术服务业对外直接投资主要体现为反向技术溢出条件下的进口替代,制造业主要体现为产业转移条件下的出口替代,而租赁和商业服务业对外直接投资的贸易效应则不太明显。由此可见,目前环境下中国对外直

投资的贸易效应对进口和出口均有影响，

在双向投资的新形势下，中国投资与贸易的战略互动已经从单纯的引进外资拉动出口贸易，发展为双向投资同时拉动进出口贸易，贸易与投资的关系，既有因产业链上下游分工形成的相互促进，也有因产品替代和跨国公司内部化形成的此消彼长。现阶段中国双向投资与对外贸易发展的关系更加多元化，企业的投资行为衍生出贸易需求，而对外贸易发展反过来推动双向投资，贸易和投资的相互推动和融合达到了一个新的高度。从中国贸易和投资的发展历程看，无论是引进外资还是对外投资，都实现了资源要素的跨区域流动，并在一定程度上创造了新的贸易。而贸易数量增长和结构优化，反过来推动了投资的转型发展，并最终形成了贸易发展与投资发展的良性互动。

## 二、中国金融改革创新与双向投资的战略协同

从微观层面看，投资需要匹配与之相对应的资金流，金融改革提高了资金的使用效率。与引进外资相比，目前中国金融改革通过这一微观影响机制与对外直接投资形成的战略协同更加突出。这一方面是因为中国各地方的产业和税收等政策对引进外资更有针对性，作用更加直接和明显。另一方面是因为金融改革创新具有牵一发而动全身的特点，诸如利率市场化改革和信贷管理体制改革等均对微观企业的市场化行为具有普遍影响，与外资相比，作为对外直接投资主体的国内企业对这种影响的反应更加敏感，从而更为有效地提升了这些企业对外直接投资的效率。这意味着在双向投资的新形势下，金融改革创新对企业投资决策的微观影响更加重要。

从中观层面看，区域性的金融政策调整对双向投资的影响一般不是金融影响投资的主要作用机制。这是因为区域性的金融优惠政策往往与当地的产业扶持政策相结合，而金融机构的市场化属性决定其在这些金融优惠政策落地时更多考虑自身利润最大化诉求，因此这一层面的金融政策调整是否对投资产生作用，归根结底依赖于微观层面的影响机制，这也是区域性财税政策比金融政策更容易影响投资的原因。不过随着金融体制机制改革的不断深入，某些区域性的金融体制机制改革，如上海自由贸易试验区的"金改40条"等作为改革试点先行先试，确实在一定程度上对双向投资产生了影响。

从宏观层面看，汇率政策协调和政策性投融资安排更多地体现出一个国家在战略层面对引进外资和对外直接投资的影响。一方面中国的汇率政策从严格管制到有管理的双向浮动，在更加市场化的条件下促使双向投资对汇率波动更加敏感，汇率已经成为中国现阶段引进外资和对外直接投资的考虑因素。另一方面，政策性投融资安排除了原有的政策性银行融资支持外，越来越多地表现为国际间合作的投融资机

构,如丝路基金、亚洲基础设施投资银行和金砖国家区域投融资安排等。而这些由政府主导的政策性投融资安排对对外直接投资的支持力度显然更大。

中国的金融体制改革经历了从严格管制到逐步放松的历史阶段。然而金融作为一国重要的调控手段和管理工具,完全的自由化显然是不可行的。因此,中国的金融体制改革是在确保市场不出现系统性金融风险前提下的改革。更加开放和灵活的金融体系有助于促使双向投资的决策更贴近市场化而不是行政命令。当然,对于一些关乎中国经济命脉的重点行业的引进外资和对外直接投资,专项的金融支持政策或许更加符合对外开放战略的利益诉求。

### 三、中国贸易、金融与双向投资的战略协同

从微观层面看,金融与贸易相互影响的作用机制体现为资金流与物流间的相互匹配和效率提升。改革开放以来,中国的贸易量增长超过 700 倍,与之相伴的是大量的商品流动和服务流动,其本身存在与之相匹配的不断增长的资金流需求。而金融作为一种资源配置的手段,对贸易发展和效率提升具有明显的促进作用。从中观层面看,与对投资的影响相比,区域性金融政策调整对贸易的影响更显性和直接。由于区域性金融政策往往与产业政策相结合,相关产业发展本身不仅会对出口导向或进口替代产生影响,还有可能引致产业链上相关企业的进口或出口变动。从宏观层面看,汇率政策协调和政策性投融资安排也会对贸易产生比较显著的影响,由于汇率直接影响对外贸易价格,汇率水平变化和波动率变化对贸易的影响尤为明显。

中国对外开放系统作为一个有机整体,对外贸易发展与金融改革创新之间的相互作用同样构成影响双向投资布局的重要因素。中国对外贸易发展和金融改革创新在相互作用的同时,又各自实现与双向投资的战略协同。在中国开放型经济格局发生历史性变化的时刻,贸易发展与金融改革的良性互动形成了对双向投资布局的有力支撑,而双向投资布局的形成与发展也赋予贸易发展与金融改革互动的新内涵。

# 第四章 双向投资布局下的跨境
# 资本流动总量平衡

自改革开放尤其是中国加入世贸组织以来,中国跨境资本流入规模一直保持快速上涨态势。然而,2008年国际金融危机过后,伴随着全球经济复苏程度的深化,这种局势也出现较大的改变。2010年以来,中国经济进入了中速增长、结构转型的新常态。伴随着刺激计划后遗症的不断暴露,如产能严重过剩、地方政府债台高筑、要素成本急剧上涨、贫富差距不断拉大等,中国经济进入增速换挡期、结构调整阵痛期以及刺激政策消化期"三期"叠加时代,同时面临着与发达国家经济复苏的周期性错配,各种矛盾和问题的交织使得我国经济进入了增速阶段性回落的"新常态"时期。与此同时,中国国际收支逐渐由"双顺差"转向"经常项目顺差,资本和金融项目逆差",跨境资本也一改以往单向大规模流入格局,开始呈现大规模流入和流出同时存在的双向流动态势。跨境资本流动逐渐表现出新趋势和特征,其中如跨境资本大规模进出、中国对外投资增长迅猛、跨境资本波动幅度增大等,不仅对中国经济增长产生冲击,还对金融市场带来动荡。鉴于此,解释2008年国际金融危机过后跨境资本流动这一趋势和特征,为应对跨境资本波动带来的负面冲击提供应对之策,是中国当下及未来迫切需要解决的问题。

## 第一节 引进外资和对外投资格局的历史性变化

经济全球化正在使得国与国之间的经济越来越紧密地联系起来,一国在吸引外资流入的同时也伴随着国内资本对外投资,外资流入为东道国发展带来所需资金、技术和管理经验,而对外投资可以加快本国经济结构调整步伐,充分利用各国比较优势高效生产,同样可以带动东道国经济增长。相比较而言,发达国家大都经历了引进外资和对外投资大规模增长的阶段,最初靠利用外资促进本国经济发展,随着经济水平和企业竞争力的不断提高,开始逐步扩大对外投资规模,最终形成外资流入与本国资本流出相互协调的发展态势,促进经济发展。目前,中国对外投资增长迅速,且已经超越引进外资水平,引进外资和对外投资的格局正在发生历史性的变化。因此,如何平衡跨境资本流入和流出,保持跨境资本总量平衡,将是中国实行对外开放战略中极为重要的一个方面。

## 一、中国外商直接投资的发展历程

自1979年外商直接投资首次进入中国,至今已有40年历史,其间外商直接投资随着中国改革开放的进程,从无到有,由少到多,规模不断扩大,进入的地区与领域不断深入,对中国经济发展也产生了深远的影响。[1] 根据中国改革开放的重要进程,可以将中国外商直接投资发展路径分为四个阶段,即:

第一阶段(1979—1991年):中国利用外资的起步阶段。1979年全国人大颁布了《中华人民共和国中外合资经营企业法》,"允许外国公司、企业和其他经济组织或个人(以下简称外国合营者),按照平等互利的原则,经中国政府批准,在中华人民共和国境内,同中国的公司、企业或其他经济组织(以下简称中国合营者)共同举办合营企业"[2]。随后,1980年先后成立了深圳、珠海、厦门经济特区,1981年成立汕头经济特区等。为了吸引外资进入,1986年10月国务院颁布了《国务院关于鼓励外商投资的规定》,针对拥有先进技术以及产品出口的外资企业给予在生产经营所需的水、电、运输条件和通信设施、税收减免、利润汇出等方面大量优惠,为外资企业在我国投资创造了逐渐与国际惯例接轨的制度环境。这奠定了我国利用外资发展经济的基础,为我国之后大规模引进外资做好准备。随后,20世纪90年代左右,我国外商直接投资大幅增长,并逐渐超越对外借款规模,成为我国利用外部资金的首要渠道。这一时期,我国外商直接投资的特点是以点连线的方式仅在东部沿海城市铺开,主要集中于以经济特区为中心的工业区,尚未进入大多数内陆城市。从外资的来源地来看,外资主要来源于港、澳、台地区,因此资本规模相对较小,还处于起步阶段。从数据来看,1984年我国实际利用外资规模大约10亿美元左右,而第二年就高达20亿美元,第三年就已经增长到30亿美元的规模。

第二阶段(1992—2001年):中国利用外资的快速发展阶段。其中1992年邓小平同志南方谈话成为重要的推动力,为我国市场经济建设指明方向,其中谈话中提到"加快改革开放的步伐,大胆地试,大胆地闯",为我国大规模利用外资打下坚实的基

---

① 田素华:《外商直接投资进入中国的结构变动与效应研究》,中央编译出版社2013年版,第1页。
② 《中华人民共和国中外合资经营企业法》在1979年7月1日第五届全国人民代表大会上通过,具体见中国人大常委会公报,网址:http://www.npc.gov.cn/npc/xinwen/2016-10/12/content_1999021.htm。

础。与此同时,1994 年我国汇率制度进行改革,人民币的官方汇率由从前的 5.76∶1 调整为 8.62∶1,人民币的贬值导致出口激增,因而吸引了更多的出口型外商直接投资[①]。伴随着吸引外资的制度环境不断改善,我国各级地方政府开始掀起吸引外资的热潮,外商直接投资逐渐大量进入我国各省(自治区、直辖市),并带动各级地方经济发展。这个时期,外商直接投资主要集中在制造业领域,例如全球 500 强企业的大规模进入。与第一阶段不同的是,此时外资来源地主要集中于欧、美、日等发达国家。外资进入的地区也在向内陆城市逐渐蔓延开来,逐渐形成了以长三角、珠三角和环渤海等为主的外资加工生产区。1992 年之后,外商直接投资的大规模进入我国成为重要现象。其中 1992 年吸引外资规模达到 100 亿美元,相较 1991 年增长了 150%。1993 年我国已经成为全球吸引外资规模第二大的国家,外商直接投资规模高达 200 亿美元。由于受 1998 年亚洲金融危机的影响,我国吸引外资规模开始小幅下滑,但是从总体上看,这个阶段我国利用外资规模占整个发展中国家吸引外资规模的一半。

第三阶段(2002—2008 年):中国利用外资的稳定增长阶段。2001 年我国加入世贸组织,为我国进一步开放国内市场提供重要条件,中国改革开放步伐进一步加大,吸引外商直接投资的规模也屡创新高,其中如 2002 年我国实际利用外资规模高达 500 亿美元,成为世界吸引外商直接投资最多的国家。这个时期也是全球经济飞速发展的阶段,有利的外部环境,加上中国自身经济发展的崛起,吸引外资规模猛增。2004 年突破 600 亿美元,2005 年突破 700 亿美元,2007 年突破 800 亿美元,2008 年更是突破 1000 亿美元。[②] 与此同时,全球直接投资也进入蓬勃发展阶段,无形中也推动了我国经济的大幅增长,中国不断改革开放的步伐也逐渐加深了我国国内市场与全球市场的关联度。外商直接投资的大量涌入虽然会带动本国经济发展,但部分投资资本也混杂其中,为了规避监管,这些"热钱"顶着外商直接投资的帽子,进入我国经济乃至金融市场中,旨在套取我国快速发展的经济福利,其中如借助人民币大幅升值的机会套汇,对我国市场经济的稳定产生威胁。根据德意志银行 2008 年的调查数据,在针对我国境内外 200 家企业和多位高收入个人的资金进出调查中,52% 的企业认为"热钱"借助直接投资名目最容易进入中国,这也表明,中国在吸引大量外资进入的同时也吸引了很大部分的具有投机性质的"热钱"进入。

第四阶段(2009 年至今):中国利用外资下滑盘整阶段。2008 年国际金融危

---

① 邓利华:《我国外商直接投资发展历程、特征及评价分析》,《现代商贸工业》2010 年第 3 期,第 7—8 页。

② 商务部网站:《全国吸收外商直接投资情况》,http://www.mofcom.gov.cn/article/tongjiziliao/v/? 7,2017-12-28。

机过后,国际资本市场避险情绪增强,加上世界经济增长低迷,流入新兴市场国家的跨境资本呈现大幅波动态势,尤其是中国。例如国际金融危机刚爆发后,以美国为主的发达国家资本短缺,流入中国的外资规模也大幅放缓,如 2009 年中国实际利用外资规模为 900 亿美元,同比下降了 2.6 个百分点。但是随着欧美等国实施量化宽松的货币政策后,国际资本开始寄希望于以中国为主导的新兴市场国家,又开始大规模涌入,其中如 2011 年中国实际利用外资规模 1160 亿美元,同比增长了9.72 个百分点。2013 年 9 月 29 日中国(上海)自由贸易试验区成立,以开放促改革,进一步开放本国市场,随后,上海自贸区范围得以扩展,增加了广东、天津、福建、辽宁、浙江、河南、湖北、重庆、四川、陕西、海南等多个自由贸易试验区。由于我国处于转型改革过程中,经济增长开始放缓,尚难以达到前期高速发展阶段,此时,我国对外直接投资规模呈现快速上涨态势,而外商直接投资流入规模和增速都呈现放缓趋势。

综观中国外商直接投资的发展历程,在改革开放初期,中国拥有大量廉价劳动力、巨大的需求市场和不断增加的优惠政策等,这些对外商直接投资来说具有较强的吸引力,中国成为全球资本竞相流入的最佳目的地。当下中国已经成为仅次于美国的全球第二大经济体。随着中国改革开放力度不断加大,将会进一步吸引外部资本的流入。

## 二、中国对外直接投资的发展历程

1978 年改革开放以来,中国的对外直接投资从无到有,并呈星火燎原之势,其中第一家开在境外的中外合资企业为京和股份有限公司,由中国的友谊商业服务总公司与日本的丸一商事株式会社在日本共同合资开办,这也标志着中国企业进入"走出去"阶段。而我国正式实施"走出去"战略始于 2000 年,在这之前,中国主要以吸引外资,鼓励外资流入的"引进来"战略为主,由于国内资金匮乏,因此这个阶段对企业对外直接投资实行限制,而 2000 年之后,我国逐渐调整直接投资政策,开始放松对外直接投资管制,同时鼓励有能力的企业对外投资。这也反映了中国经济发展程度的提高,因此,根据我国对外投资发展历程和中国经济增长的各个阶段,可以将我国对外直接投资过程划分为以下四个阶段:

第一阶段(1979—1991 年):对外直接投资尝试阶段。刚实施改革开放阶段,由于是"摸着石头过河",加上国内外汇储备短缺,资金匮乏,所有对外直接投资项目都需要经过国家的审批。为了进一步规范企业对外直接投资行为,1992 年我国制定了《关于在境外举办非贸易性企业的审批和管理规定(试行稿)》,建立由原外经贸部为审批主体,其他部门和省、市相关部门层层审批上报的管理体制,审批对外直接投资项目,并对国际化经营企业加以管理,对外投资主体主要为国有大型企业。① 在此阶段,由于缺乏经验和投资资金,我国企业对外直接投资的规模和自主权都相对较小,例如1991年我国对外直接投资规模最高,也仅为9.1亿美元,而且大都以政府为主导的对外直接投资项目,尚缺乏企业自主对外投资的活动,与此同时,我国政府仍然对对外投资行为进行较为严格的管制与监控。

第二阶段(1992—2001年):对外直接投资逐步形成阶段。主要以1992年邓小平同志南方谈话为分界点,强调了我国加强改革开放的决心。1992年党的第十四届五中全会明确提出了"积极扩大我国企业的对外投资和跨国经营",从制度上鼓励企业对外直接投资,这也促使1993年中国对外投资规模大幅增长,对外直接投资净额高达43亿美元,然而,1994年开始,我国对外投资规模呈现大幅下滑态势,对外投资净额回落到20亿美元,可见,这个阶段对外投资波动明显。2000年全国人大第九届三次会议开始将"走出去"战略提到一定高度,这促使2001年我国对外直接投资净额又猛然增长到68.9亿美元。在此阶段,对外直接投资呈现出"大起大落"极不稳定的特征,可见,我国当时仍处于逐步摸索市场经济改革的过程中,而国内企业开始逐步增强对外直接投资的意识,在获得更多经营自主权的基础上,不断地扩大对外投资规模。但是由于我国企业缺乏开展海外业务和相应的管理经验,使得企业缺乏长远的眼光和合理的规划,经营过程深受偶然因素和短期利益影响。因此,这个阶段对外投资的企业经常受到各方面的冲击,水土不服较为明显。

第三阶段(2002—2008年):对外直接投资快速发展阶段。2001年,中国开始加入世贸组织,为了兑现加入世贸组织的承诺,中国进一步提高了对外开放的范围,党的十六大提出了将"引进来"和"走出去"相结合,全面提高我国对外开放水平。此后,我国对外投资规模增长迅猛,主要以并购为主,其中如2002年和2004年中国企业TCL集团分别并购了德国的施耐德公司、法国的汤姆逊公司和阿尔卡特公司等,2002年中国网络通信集团收购了亚洲环球电讯,2001年总资产不足30亿元的民企华立集团收购了飞利浦CDMA手机芯片业务的研发部门等。接着,2004年我国商务部颁布了《关于境外投资开办企业核准事项的规定》,该规定提出在全国范围内下放对外投资核准限制,这又积极地推动了国内企业对外投资的热情。第二年,我国商务部和财政部联合颁布了《关于印发〈对外经济技术合作专项资金管理办法〉的通知》,该通知明确规定,对对外直接投资的国内企业实施直接的补助和以贴息方式为主的

---

① 国际贸易经济合作研究院联合课题组:《谁审批谁监管　谁投资谁负责——我国企业"走出去"战略管理政策分析及改革思路》,《国际贸易》2002年第7期,第6—13页。

支持等。随后我国对外直接投资开始呈现快速上涨态势,2005年对外直接投资已经达到100亿美元,2006年已经高达200亿美元,在危机爆发前即2008年已经高达500亿美元。同时,我国企业如TCL、联想、中国能源和矿业企业等一批能力较强的企业开始对外实施大规模的并购活动。

第四阶段(2009年至今):对外直接投资的新战略实施阶段。2008年国际金融危机爆发后,国际资本流动和跨国企业投资活动都开始呈现急速下滑态势。联合国贸发会议《世界投资报告2010:低碳经济投资》统计指出,危机过后的2009年全球对外直接投资巨幅下滑了39%。在这种十分不利的外部大环境下,我国政府为了降低危机对我国的负面冲击,在稳定外需市场的同时,积极推动我国企业"走出去",并将对外直接投资上升到国家战略高度,并不断推出了帮助企业对外投资的相关措施,例如,为了规范和促进对外投资,提高对外投资的便利化程度,商务部于2009年分别颁布了《境外投资管理办法》和《对外承包工程资格管理办法》,还组织编印了《中国对外投资合作企业建设文件汇编》和《对外投资合作国别(地区)指南》,2017年又颁布了《民营企业境外投资经营行为规范》,不仅为我国对外投资企业提供所投资国政治、经济和人文方面的指引和参考,预防相关风险,还通过在政策指引、审批权下放等方面对我国企业对外投资给予帮助。同时我国商务部对外投资和经济合作司还建立了对外投资合作信息服务系统和"走出去"公共服务平台等,通过这种服务平台为企业对外投资提供更多更完善的相关信息,避免企业走弯路,帮助企业节约更多的信息成本。与此同时,我国金融市场的不断健全和发展,也为对外投资企业投融资活动提供便捷的服务。加上人民币不断升值和外汇管理制度的放松,也为企业对外投资活动提供有利条件。因此,我国企业对外投资突飞猛进,如2009年非金融类对外直接投资扭转全球直接投资颓势,大幅上升,达到433亿美元,相较2008年逆势增长了6.5个百分点,并带动企业跨国并购热潮,其中比较典型的2009年中石化收购了瑞士Addax石油公司的全部股份,中色集团收购澳大利亚TZN公司和赞比亚卢安夏铜矿,2010年吉利汽车收购沃尔沃汽车公司100%的股权等,这标志着我国对外投资达到了前所未有的高度。

## 第二节　协调我国外资流入与资本流出的必要性

外资流入与资本流出之间存在紧密的联系。因此,在新时代协调我国外资流入与资本流出具有十分重要的意义。

## 一、外资流入既会促进也会削弱我国对外投资的竞争力

一是外资流入我国,带来大量的生产和管理技术,提升我国企业的竞争力,对我国企业下一步对外投资具有正面作用。外资流入为我国提供了宝贵的资金、技术和相关经验,我国在经济发展初期一直鼓励外资进入,通过引进外资获得成熟的先进技术,不仅节约时间还带来成本优势,通过产业链外溢到上下游相关联产业,是我国企业快速发展壮大的最佳途径。另外,在带来先进生产技术的同时,外资企业还带来先进的管理经验,这是我国企业最为缺乏的,也是企业能够快速成长、能够对外投资的必要条件,在管理制度上与外资企业不断接轨,才能够使得我国企业在对外投资过程中少走弯路。由于对我国投资的企业大都来源于发达国家,这些国家的企业国际化程度较高,具有国际新视野,其管理理念和制度也相对更加具有国际竞争力,例如扁平化管理结构、弹性工作制等,我国本土企业的员工和管理者会受其影响,管理风格和经营理念也会随之发生变化,在不断地学习中成长壮大。

二是外资企业在带来激烈的市场竞争的同时,还能够对我国企业具有正面提升的作用,加快推进我国企业对外投资。外资企业进入我国,必然会对我国企业产生较强烈的竞争,但是适度竞争不仅可以促使我国本土企业改进生产技术,提高产品质量,还可以加快产业升级步伐,提升我国产业优势。同时,还可以加快引导我国企业对外投资,开拓国际市场。从现实经验来看,我国本土企业在电子产品、智能制造、汽车生产等领域的技术和管理水平在与大型外资企业多年竞争中获得了显著提升,并通过学习和创新逐渐形成了自己独特的优势和目标市场。其中有些企业已经成功地开拓出海外市场,品牌知名度得到提升。

三是外资企业通过竞争优势成功挤占了本国市场份额,降低了我国企业的规模效应,使得企业对外投资变得艰难。一般来说,面对激烈的国际竞争氛围,企业在本国市场成长壮大后,拥有较为良好的声誉和较大的市场份额,才能够有能力对外进行投资。而进入我国企业的跨国公司一般都具有较高的生产率,对本土企业形成一定的竞争优势是必然的,也会挤占我国企业的市场空间。在此过程中,有一部分本国企业必定会在激烈的竞争中被淘汰,丧失国内市场份额,导致这部分企业难以成长为对外投资的大型企业。

四是外资大量进入,不仅争夺我国高技术人才还推高了我国劳动力市场价格,提高了企业生产成本,对我国企业造成打击。外国企业进入我国劳动力市场,必然会通过高薪招募那些具有竞争优势的高技术人才,使得本国企业人才匮乏,在技术人才方面难以与外资企业竞争。这又会推高我国劳动力市场价格,增加我国本土企业的生产成本。

## 二、外资流入与资本流出既相辅相成又辩证统一

从理论上看,发展中国家对外投资进程一般滞后于引进外资,我国对外投资的发展进程也充分体现了这一规律,事实上,这是由发展中国家国际化的先后顺序所决定的,但也区别于发达国家的发展过程:即一定需要等到经济高度发展后,才开始对外投资。在发展中国家,当经济发展到一定阶段后,该国企业开始寻求多方面、各层次和高标准的生产要素,此时就需要企业通过对外投资获取相关生产要素,提高企业的国际竞争力。发展中国家实施对外投资和引进外资是其经济发展和开放的表现,二者也是相辅相成、相得益彰的辩证关系,在我国,这种统一协调的关系体现得更加明显,具体分析如下:

### (一) 引进外资为对外投资提供物质基础

伴随着我国改革开放的发展,引进外资见证了我国经济飞速发展的辉煌阶段,其对我国经济发展各方面的推动作用效果显著。尤其是1992—2007年期间,经济开始进入高速增长期,外商直接投资对促进我国经济增长作用明显。如表4-1所示,1984年至2014年我国经济的年平均增长率高达两位数,为10.01%,其中1992年至2007年的年平均增长率为10.68%,成为全球增速最高的国家之一,外商直接投资的项目数年平均高达36861个,全国固定资产投资额中年平均利用外资金额高达2524.06亿元,实际利用外资占出口金额的年平均比重达到17.94%,最高比重甚至接近30%,推动我国成为对外贸易大国,并积累了大量外汇储备。可见外商直接投资对我国经济巨大的带动作用,对我国经济高速增长起着至关重要的作用。而且1984—2014年,我国人均GDP也飞速上涨,由1984年的248.29美元,涨至2014年的7593.88美元,涨了将近30倍。

表4-1 1984—2014年中国外商直接投资对经济的影响程度

| 项目<br>年份 | 全国固定资产<br>投资中利用外<br>资额(亿元) | 外商直接投资<br>的项目数(个) | 实际利用外商<br>直接投资额占<br>出口额比重<br>(%) | GDP增长率<br>(%) | 人均GDP<br>(美元) |
|---|---|---|---|---|---|
| 1984 | 70.66 | 1856 | 4.81 | 15.20 | 248.29 |
| 1985 | 91.48 | 3073 | 7.15 | 13.50 | 291.77 |
| 1986 | 137.31 | 1498 | 7.25 | 8.80 | 279.19 |
| 1987 | 181.97 | 2233 | 5.87 | 11.60 | 249.41 |
| 1988 | 275.31 | 5945 | 6.72 | 11.30 | 280.97 |
| 1989 | 291.08 | 5779 | 6.46 | 4.10 | 307.49 |

| 项目<br>年份 | 全国固定资产投资中利用外资额（亿元） | 外商直接投资的项目数（个） | 实际利用外商直接投资额占出口额比重（%） | GDP增长率（%） | 人均GDP（美元） |
|---|---|---|---|---|---|
| 1990 | 284.61 | 7273 | 5.62 | 3.80 | 314.43 |
| 1991 | 318.89 | 12978 | 6.07 | 9.20 | 329.75 |
| 1992 | 468.66 | 48764 | 12.96 | 14.20 | 362.81 |
| 1993 | 954.28 | 83437 | 29.99 | 14.00 | 373.80 |
| 1994 | 1768.95 | 47549 | 27.90 | 13.10 | 469.21 |
| 1995 | 2295.89 | 37011 | 25.22 | 10.90 | 604.23 |
| 1996 | 2746.60 | 24556 | 27.62 | 10.00 | 703.12 |
| 1997 | 2683.89 | 21001 | 24.76 | 9.30 | 774.47 |
| 1998 | 2617.03 | 19799 | 24.75 | 7.80 | 820.86 |
| 1999 | 2006.78 | 16918 | 20.68 | 7.60 | 864.73 |
| 2000 | 1696.30 | 22347 | 16.34 | 8.40 | 949.18 |
| 2001 | 1730.73 | 26140 | 17.62 | 8.30 | 1041.64 |
| 2002 | 2084.98 | 34171 | 16.20 | 9.10 | 1135.45 |
| 2003 | 2599.35 | 41081 | 12.21 | 10.00 | 1273.64 |
| 2004 | 3285.68 | 43664 | 10.22 | 10.10 | 1490.38 |
| 2005 | 3978.80 | 44001 | 7.92 | 11.30 | 1731.13 |
| 2006 | 4334.31 | 41473 | 6.50 | 12.68 | 2069.34 |
| 2007 | 5132.69 | 37871 | 6.13 | 14.16 | 2651.26 |
| 2008 | 5311.94 | 27514 | 6.46 | 9.62 | 3441.22 |
| 2009 | 4623.73 | 23435 | 7.49 | 9.23 | 3800.47 |
| 2010 | 4986.76 | 27406 | 6.70 | 10.63 | 4514.94 |
| 2011 | 5061.99 | 27712 | 6.11 | 9.48 | 5574.19 |
| 2012 | 4468.78 | 24925 | 5.45 | 7.75 | 6264.64 |
| 2013 | 4319.44 | 22773 | 5.32 | 7.68 | 6991.85 |
| 2014 | 4042.10 | 23778 | 5.10 | 7.35 | 7593.88 |

注:本表数据来源于 Wind 数据库。

同时,从对外投资与引进外资净流入量来看,对外投资与引进外资呈现出一定正相关关系,尤其是 2005 年之后的流入规模,这主要得益于我国政府不断加大力度推动企业对外直接投资活动,增长势头强劲(见图 4-1)。由此可知,我国引进外资为对外投资奠定了良好的经济基础。

（单位：亿美元）

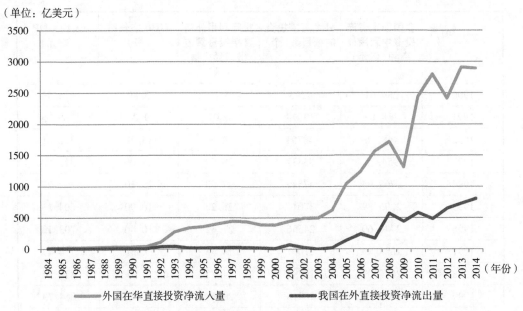

图 4-1　中国外商直接投资和对外直接投资净流入量

注：本表数据来源于中国外汇管理局的国际收支平衡表。

### （二）对外投资能够弥补引进外资的不足

外商直接投资大规模流入我国的同时，虽然有力地推动了经济增长，但也带来一些问题，如过度引资所带来的国际收支一直双顺差的局面，使得中国一直面临贸易摩擦，大量的外汇储备利用率较低，同时国内市场中外资企业不断占据重要领地，使得中国市场上的许多产品和产业出现饱和以及过剩的现象，加剧国内竞争力度，影响内资企业的转型发展，部分行业甚至被外资企业垄断。然而随着我国企业"走出去"规模不断加大，我国国际收支双顺差的局面有望得到改善，解决国际收支长期失衡的问题。同时，对外投资还能够为我国过剩的外汇储备提供更加高效的投资渠道，在危机发生时，还可以降低货币错配带来的风险。另外，对外投资由于更靠近原材料、消费终端市场等，大大改善了我国对外贸易关系，突破贸易壁垒，增强企业的国际竞争力。

再则，对外投资为国内企业提供新的增长空间。现阶段，我国经济发展面临转型改革的需要，许多行业出现过剩产能和市场饱和的状态，而发达国家跨国企业垄断着最新的技术，占据巨大优势，使得国内企业由于强大的竞争力而面临剧烈冲击，另外，企业自身创新能力又处于较低水平，生产空间受到挤压甚至产生挤出效应。因此，国内企业纷纷通过对外主动的开拓市场获取各种所需资源以及市场空间，为企业更好地发展提供新动力。

## 第三节　外资流入和资本流出相对平衡发展的政策设计

引进外资与对外投资在推动我国经济发展和更紧密地融入全球市场具有不可替代的重要作用。在经济全球化大背景下,引进外资和对外投资不仅为我国企业带来生产所需的资金、先进技术、相关管理和组织经验,以及外部广阔的需求市场,也间接提升了我国的国家竞争力。其中对外投资由萌芽到增长迅猛,对优化国内资源配置、带动贸易出口和推动产业结构升级等都有重要贡献。如同国际贸易的进口与出口,引进外资与对外投资之间也存在密切联系,外国资本流入东道国,该外国企业流动的所有权优势与本国不可流动的区位优势互补,这有利于该国比较优势的充分利用。引进外资与对外投资之间如何协调发展,才能够为我国经济转型升级提供支撑,为人民生活水平乃至福祉的提高提供帮助,需要当下学者和政策制定者思考。然而,从我国引进外资和对外投资的规模、结构和质量等方面来看,引进外资与对外投资之间还需要不断地协调。在经济全球化不断深入的条件下,为了充分利用国内外两种资源、促进经济增长方式转变和企业国际竞争力提高,我国应加快制度设计步伐,尽快出台相关政策措施,促进引进外资和对外投资两者之间平衡协调发展。

### 一、关于中国引进外资与对外投资之间协调发展的分析

引进外资与对外投资均是推动我国经济增长、增加我国与外部市场联系的重要渠道,也是我国企业谋求发展、提高自身竞争力的重要途径。改革开放以来,我国对外开放的重心放在引进外资上,采取多项举措招商引资,吸引大量外部资金流入国内,极大地促进了中国经济飞速发展。伴随经济全球化不断深入发展,我国对外开放进程也不断拓展,尤其是近几年,我国对外投资开始崭露头角,呈现加速发展的势头。据商务部数据显示,2014 年我国非金融类外商直接投资流入量高达 1285 亿美元,仅次于美国,居全球第二位。在对外投资方面,我国在 2010 年首次超过日本,达到 688 亿美元,2014 年对外投资规模达到 1231 亿美元。中国已经超过美国成为全球范围内对外资最具吸引力的经济体,成为全球三大对外投资国之一。然而,尽管我国引进外资与对外投资方面都取得了蓬勃发展,但仍存在问题。不可否认的是,我国对外投资仍然非常落后,既落后于世界水平,也落后于我国的经济发展水平。与引进外资相比,我国对外投资的发展还处于低水平阶段,企业对外部环境的认知和对所投资国的制度和社会环境风险规避不够等,都极大地限制了企业对外投资步伐。而引进外资与对外投资的协调发展不仅可以为我国利用国内外两个市场和两种资源、加快产业结构调整提供重要支撑,还能够缓和国际贸易摩擦和贸易争端以及促进我国国际收

支平衡等。

### （一）我国引进外资与对外投资发展存在的主要问题

#### 1. 引进外资与对外投资之间发展不平衡

首先，与引进外资相比，我国对外投资规模仍相对偏小。例如，在引进外资方面，我国已经连续多年成为仅次于美国的全球第二大外资输入国，目前已超越美国成为第一大引资国。引进外资无论是从总量看还是从人均水平看，中国都居发展中国家之首。然而，对比来看对外投资，尽管目前我国对外投资规模也与日俱增，在发展中国家中仍是第一位，然而从人均流出量来看，仅等同于印度、巴西等发展中国家。据统计，2014 年我国对外直接投资流出量占 GDP 的比重仅为 0.99%，而美国和法国等发达国家这一比例分别高达 2.4% 和 3.25%，同时也落后于大部分新兴市场国家，这与我国经济发展的大国头衔极不相称。其次，引进外资与对外投资的结构也存在问题。在引进外资方面，外商直接投资在我国三产之间的分布很不均衡。例如，2014年我国外商直接投资在第一、第二和第三产业的比例分别为 1.27%、36.75% 和61.97%，外资极少流入第一产业，尤其是我国的基础行业。虽然第二产业流入量较高，但是主要集中流入以加工制造业为主的行业中，其中较高的如纺织业、食品和化学工业等，鲜少流入如高精尖的高端制造业和高科技电子精密行业。流入第三产业的比例也不协调，如外资仍然较为偏好以房地产和金融市场为主的资金密集型行业，极少流入设计和信息服务等高端服务业中。在对外投资方面，其结构也不合理，我国企业主要偏好投资以农业和采矿业为主的第一产业中，相关跨国并购案例较多，流入高端制造业和高科技服务业较少。从数据来看，2014 年我国企业对外投资到第一产业占比高达 65%，而全球平均值仅为 19.5%，投资到制造业比重仅为 14%，全球这一比重为 36.1%。由此可以看出，我国企业投资结构和国内产业结构与全球市场存在较大的差异，仍存在不足，产业结构仍亟须升级，也表明我国企业生产能力和技术水平还处于中低端，需要向生产价值链的高端行进，大规模"走出去"的质量相对较低，企业对外投资的发展仍处于起步阶段。

#### 2. 引进外资预期不符且质量偏低

首先，大量外资流入并未带动我国自主创新能力提高。我国引资目的远未达到预期。中国自改革开放以来，不断采取鼓励吸引以"引进技术"为主导的外资企业，相关政策也向此方面倾斜，目的是通过引进高科技企业带来溢出效应，提升我国企业生产的科技水平。一方面，对中国那些本身具有自主研发部门的企业，引进外资可以帮助其学习国外先进技术，通过"干中学"溢出到自身的生产活动中，并追踪掌握核心技术，主要途径是以技术许可和技术知识转移为主。另一方面，针对自身不进行研发活动的企业，引进外资可以帮助其形成研发能力，主要方式是建立合资公司等。然而,大量引进外资反而使得我国企业越来越依靠外国技术,沦为附庸,不仅丢失了国内大部分市场,还丧失了学习的机会,使企业逐渐失去自主研发的兴趣。由此导致企业降低甚至取消相关研发投入,削弱了自身学习消化和吸收外部先进知识的能力,仍旧处于全球价值链的低端,在全球生产和经营中不具有谈判的权利。另外,当下我国引进的大部分外资企业只是以品牌和服务占据市场份额,并不想转让自身的技术,同时还会采取严格的保密措施谨防自身技术被外部习得,而这种技术封锁不仅大大降低了我国当初"以市场换技术"的初衷,还无形中增加了获得相关技术的难度。

其次,各级地方政府激烈竞争的引资政策导致盲目引资,对内资企业形成冲击。我国大规模引进外国直接投资的主要目的,就是要通过学习而获得相关高新技术和先进的管理经验,为此我国已经出台了很多优惠政策,包括税收优惠、土地优惠、地区优惠、投资优惠等,但是从外资进入我国后的效果来看,外资企业鲜少将自身的核心技术转让给我国相关企业,远未达到预期目的,国内自主创新能力提高与外资进入速度和规模相比相差甚远。具体来看,进入我国的外资企业,带来的技术水平远低于其母公司,技术溢出效应很小,而各级地方政府为了吸引外资落户,争相出台了很多优惠政策,给予外资企业"超国民待遇",这其实降低了外资企业运用先进技术的积极性,并对内资企业形成强有力的竞争效应,降低了内资企业的天然优势,在生产经营中不仅挤出了内资企业,还进一步削弱了内资企业的先天优势,阻碍了相关行业的发展壮大。1979年改革开放以来,我国各级地方政府大都以将引进外资的质量作为升迁考核的依据,导致大部分地方政府官员在引进外资的过程中主要看重的还是外资数量,对相关质量的好坏关注较少。与此同时,全球跨国企业逐渐表现出对自身技术的绝对垄断,将自身技术内部化转移,杜绝技术的溢出效应。这样一来,进入我国的大型跨国公司不仅能够凭借自身先进技术和组织管理优势,获取所需生产要素,进行内部化生产,并牢牢将核心技术掌握在手中,拉大了我国本土企业与这些外资企业的生产差距,市场地位必定会被削弱。

**3. 尚未形成引进外资与对外投资相互协调发展的内在机制**

首先,需要注意引进外资和对外投资之间密切相关的联系。因为,在一国对外贸易中,出口国的要素相对丰富,而进口国该要素相对稀缺,这样有利于两国整体福利水平的提高。同理,引进外资与对外投资对引资国和投资国也同样存在整体福利水平改进的问题,当引资国大量吸引外部资金流入时,输入资本的外资企业借助其所有权优势,获取东道国丰富的生产要素资源,必将形成高效的生产方式,外资企业将其充分利用,将十分有利于其扩大市场规模和提高收益,使得该引资国的比较优势得到最大效率的应用。另外,一国对外投资不仅会获得生产所需的资源,还可以增强自身的国际竞争力,甚至会为母国带来一定的贸易创造效应,带动母国经济增长和产业结构转型升级。因此,一国对外投资和引进外资的相对规模管理得到,结构合理,将会对该国经济增长带来正面带动效应。而如何将二者统筹协调起来,使得引资国和投资国在国际分工中形成有利于财富和福利创造的经济发展结构,显得尤为重要。

其次,我国对外投资具有较强的政策驱动性,准备不充分。在对外投资方面,我国企业主要以大型国企为主,在规模上占据主导优势。然而,这些大型国有企业较少依据自身所有权优势和所投资国的资源禀赋和区位等优势进行综合考量,并未就此考虑如何最大化形成优势互补,共同获得收益等,这使得我国对外投资的国企经常出现亏损。另外,许多国家对以大型国企为主导的对外投资形式报以谨慎的态度,经常以国家安全为由拒绝相关投资项目,这些使我国企业丢失掉大量的竞争优势和投资机会,进一步阻碍我国整体国民福利水平的提高。再则,我国对外投资企业往往缺乏长远的投资规划,目标模糊,有时就是一种单纯的政策推动行为,在缺乏严密的科学论证的基础上成为一种随机行为。例如,有些对外投资企业对国际投资方面的法律法规、会计制度、资产评估以及风险防控等方面缺乏应有的准备,以致在日后经营过程中出现资产损失。

**(二) 引进外资与对外投资之间协调发展的必要性分析**

目前,我国总体经济发展水平相较从前已经有了大幅度提高,对外投资与引进外资一样需要成为推动我国经济转型发展的一剂良药,具有同等的重要地位,在引资中注重质优的同时;需要有步骤地推动有能力的企业"走出去",因此,引进外资与对外投资之间协调发展尤其必要。

**1. 引进外资和对外投资的协调发展是我国利用国内外两种资源、实现经济转型升级、保持经济健康发展的重要突破口**

经过40年的飞速发展,我国经济实力和国际竞争力都显著提升,然而,与引资相比,我国对外投资的发展相对滞后,根据国际收支平衡表数据显示,2014年我国对外直接投资净流出量仅占外资在华直接投资净流入量的27.8%,这与我国全球第二大经济体的体量不匹配。根据邓宁的国际投资周期理论,一国经济发展水平与该国对外直接投资规模具有紧密的联系,利用人均国民生产总值(GNP)来代表一国经济发展水平,根据该理论,我国目前的人均国民生产总值处于2000美元和4750美元之间,在此阶段,该国的经济实力已经大幅提升,国内企业也不断拥有了所有权优势和内部化优势,对外投资能力和优势已经具备,对外投资水平大幅增加,无论是引进外资规模还是对外投资规模都应该处于突飞猛进阶段。虽然改革开放40年来,我国引进外资数量和规模可观,但是由于过于注重数量,而对外资的质量较为忽视,在当下我国经济发展阶段,这种引资方式已经不能适应经济发展的需要,反而过量地引进低端低技术行业的外资会使得全国各省(自治区、直辖市)尤其是中西部地区重复建设和污染严重,甚至挤占了大量属于本土企业的发展资源,过剩产能严重。因此,我国政府当局需要依靠出口和对外直接投资来转移这些过剩的生产力,降低过剩产能对国内经济的负面影响。然而,仅仅依靠出口消化过剩产能不仅会引起进口国家的反感和阻碍,还会设置相关贸易保护措施加以控制,例如危机过后,以美国为主导的发达国家开始掀起了新一轮贸易保护措施,也有不少国家开始制定贸易保护措施限制我国对这些国家的出口。可见,在这种条件下,直接出口已经不是最优的选择,企业需要绕过贸易壁垒,采取直接投资的形式进入他国市场,充分利用国外比较优势和市场空间,消化过剩产能,并逐渐带动国内产业转型升级。

**2. 引进外资和对外投资的协调发展是我国实现经济转型的必要选择**

假设经济处于自给自足的封闭社会中,根据经济学原理,在供给和需求的作用下,企业生产效率的提高和产业结构升级需要一个较长的周期实现。然而世界是联通的,世界各国都紧密地联系在一起,借助国际贸易和国际金融等渠道,一国可以学习别国先进的管理经验和生产技术,快速提升自身的生产效率,缩短经济转型周期等。在中国,经济经历了飞速发展的三十年后,经济体量和结构都有了质的提高,城市化水平和工业化程度也达到了一定的高度。然而经济发展水平的提高也带来了一些"成长的烦恼",其中如大规模生产导致的原材料短缺,土地、人力、资金等生产所需要素渐渐不足,加上长期工业生产带来的环境污染等。同时,由于过量生产也导致大量产品过剩,例如我国的家电行业中洗衣机、冰箱等供给开始过剩,需要另找渠道消化过量库存。而2008年国际金融危机过后,全球消费市场萎靡,出口锐减,我国出口企业深受影响。加之,经济内部又面临转型改革的需要,过剩的生产能力需要新的消费市场。回顾我国经济增长历程,高速增长的背后是依靠不断扩大投入规模而带来的粗放型增长模式带动。然而,在经济高速增长到更高阶段后,这种粗放型增长模式因生产要素的短缺而难以为继。同时,经济发展也越来越不适应那种盲目追求数量和规模的引进外资政策,政府需要重新审视经济发展的瓶颈问题,转变经济增长方式,鼓励经济实力较强的企业对外直接投资,消化国内过剩产能,这不仅有利于缓解我国越来越紧张的资源短缺压力,也可促使国内企业集中有限的资源发展高端产业,实现产业结构升级。

**3. 引进外资和对外投资协调发展是促进我国企业国际竞争力的重要方式**

企业是一国经济系统中最为重要的微观主体,企业国际竞争力的强弱也反映了该国经济发展实力和未来经济增长前景。经济全球化日益深入人心,企业更高层次的发展是实现跨国经营和开拓海外市场。由于我国长期实施引进外资政策,大量欧、美、日等发达国家企业进入我国市场,对我国本土企业产生一定的竞争效应,为国内企业提供重要的学习和参考对象,也为企业提供更加宽广的经营范围。中国不断放开本国市场,为国内企业提供走向国际化的优越条件,而企业需要不断提高自身技术含量,积极开拓国际市场,开展国际经营业务,在全球竞争的环境中获得一席之地,才能拥有自身的核心竞争力。截止到目前来看,我国企业进入全球500强的数量不断增多,根据2017年《财富》杂志的排名,全球500强企业中,中国有115家企业上榜,其中排在前100名的企业有20家,占据1/5的份额,仅次于美国的132家,排名全球第二,有3家企业进入前10名。这也间接说明,我国企业的国际竞争力也在不断上升,虽然总体竞争力还不强,虽然中国上榜企业依然是国企占据80%的份额,但民营企业也在异军突起,其中重要的变化是中国互联网巨头也已进入500强企业中,例如继2016年榜单中京东作为中国互联网企业首次进入榜单之后,2017年BAT中阿里巴巴和腾讯都已跻身500强行列,而从全球来看,仅有6家互联网公司进入榜单。中国互联网公司的快速发展并在国际范围内占据竞争优势,反映了中国企业不断成长的实力和潜力,同时这些企业也通过不断地海外兼并收购来扩大自身规模。但是,中国企业尤其是民营企业还需要进一步成长,并加强与国际巨头企业进行广泛合作,获取先进技术,积累国际生产和经营经验,提高企业知名度,缩小与这些国际型企业的差距。

## 二、中国引进外资与对外投资协调发展的政策建议

随着中国改革开放进程的不断深化,我国对外投资规模逐渐显现出蓬勃之势,我国需要从国内外两个角度高度审视资本的"引进来"和"走出去",努力促进二者均衡协调发展,统筹运用好两个市场和两种资源。国际和国内两个市场的融合发展,需要我国政府在全球范围内综合考虑供需的变化,进行科学的宏观调控,实现内需、外需的平衡,进出口平衡以及"引进来"和"走出去"的平衡。但从目前发展态势看,二者还存在一定的脱节,缺乏有效的互动。前期大规模引进外资的先进技术和管理经验等还未完全转化为对外投资的强大优势,而对外投资所获得的各种能源和资源也存在着配置能力不强的缺陷,对提升引进外资质量作用不明显,因此,这些都是缺乏统筹均衡考虑引进外资和对外投资的结果,加快完善相关体制机制的建设,显得尤为必要,对提高引进外资质量和充分释放对外投资的外溢效应意义重大。

要实现对外投资和引进外资的协调发展,不仅需要加强完善国内市场机制,优化资源配置,依靠市场规律调节经济资源配置外,还需要我国政府的大力支持和引导,尤其是对外投资方面。我国市场经济发展较晚,各方经验和机制还比较欠缺,企业在面临经济全球化的过程中,还缺少生产和经营经验,需要政府给予一定的辅导和支持。自2008年国际金融危机后,我国经济增速开始放慢,对外贸易发展面临瓶颈,降低了其对经济的推动作用。因此,在面临新的国际经济形势下,新调整必将伴随新的

发展战略的调整。根据我国基本国情和企业发展的阶段性特征,首先需要明确引进外资和对外投资均衡发展的主要任务和发展方向,由于我国转型改革的需要,高级生产要素的缺乏一方面制约着转型的进程,另一方面又直接导致我国企业在全球生产链中处于低端,因此,需要将寻求先进技术和更广阔的市场作为我国下一阶段引进外资和对外投资的战略重点。

**(一) 我国引进外资的政策选择**

随着新一轮国际分工和直接投资的热潮,我国应该充分利用此次契机,吸引具有高端技术优势的跨国企业,形成"鲢鱼效应",推动本土企业加快形成"干中学"的氛围,培育企业自主研发和创新的能力,在国内不断健全的金融市场中,政府也需要不断创新引进外资政策,提高引进外资的质量,制定出更加符合我国当下经济发展所处阶段的引资政策。

制定和实施更符合我国国情的引资策略。

**1. 创造良好的跨国并购条件,为高质量的跨国企业提供便利**

当下,我国引进外资规模增长迅速,使用外资的方式也多种多样,其中如合作经营、合资经营等是我国利用外资的重要途径之一,外资进入中国后通过并购等方式实现生产经营,这一方面能够盘活现有的存量资产,另一方面还能够推动国内产业结构调整和优化资源配置。另外,通过国际知名跨国企业与我国企业间的并购合作,使得我国企业及早获得与国际先进生产力对接的机会,有效参与国际分工体系。在此前提下,随着外资不断加大流入,我国政府应该因势利导,利用这种优势,为我国经济转型发展建设服务,其中最重要的是创建一个良好的合作环境,在完善相关法律基础的前提下,放松外资参与国内资产重组的限制,推进高质量的外资并购项目,尤其是为具有外溢效应的高技术合作提供便利。其中最重要的是建立相关制度,完善跨国企业并购的法律法规体系,出台相关细则,在配合我国国企改革的背景下鼓励外资参与国企优化改革。同时,加快建立健康合理的产权交易规则,完善产权交易市场,并构建科学的产权评估体系等,维护市场的公平、公正,并加大对并购企业的保护力度,营造良好且高效的外资合作氛围。

**2. 通过设定激励性政策吸引高质量的外资企业在华进行研发投资活动**

外资企业的研发活动具有较大的外溢效应,随着先进技术的扩散和传播,并被当地消化吸收,能够极大地提高我国企业的技术含量,对提高我国本土企业的自主创新能力和培育自身所有权优势等都具有重要作用,同时还能够调整国内不合理的产业结构,实现经济增长的转型升级。现如今我国企业在技术创新上具有极强的依赖性,自主创新能力缺乏。然而,近几年中国正不断成为全球跨国企业研发基地的候选之一,在中国开展研发投资业务也已经成为外资企业新一轮的投资热潮。因此,针对这种现象,我国应该制定并出台相关便利研发投资活动的政策措施,吸引更多的研发企业进入。另外,针对国内高新技术项目的规划和部署,可以对外资企业留有部分空间,放松限制,允许其参与国内研究项目的招投标活动,并为外资企业进行跨国研发技术交流活动提供便利措施,提高在中国进行研发活动人员的待遇水平,并对在技术创新方面有特殊贡献的相关人员给予奖励,各级地方政府、相关行业乃至企业还可以通过设定共同投资基金吸引研发投资活动的外资企业参与,共享相关资源,推动本地区企业的技术研发活动,同时将本地区的技术研发方向转向开放性自主创新上来,只有这样,才能够打破跨国企业对我国技术的垄断,才能够在国际产业链中具有主动优势。因此,在政策制定当中需要综合考虑自主创新、吸引高新技术以及利用外资这三方面的互补。

**3. 合理引导外资在产业间的流向**

引导外资进行合理的产业分布,也是我国在经济转型调整中的重点和难点,其中,高新技术产业是重点,基础性产业是关键。为此,在政策制定过程中需要详细制定利用外资的产业政策框架,强调各行业所利用的重点外资。首先,在高新技术领域,利用外资始终是着力推进的重点,高新技术是我国产业结构调整和升级的重要支撑,需要消除过去"以资源换技术"的引资方式。其次,基础工业和相关设施产业也需要密集利用外资,需要大量的资金投入。积极鼓励外资进入以公路、铁路和桥梁为主的基础建设项目中,通过 BOT、PPP 等引资方式积极扩大和创新引资方法。同时还应该积极引导外资进入农业领域,明确外商投资农业的重点领域,积极鼓励外资进入我国农业生产领域,通过利用高新技术和综合开发项目推动农业产业发展,其中如引进国外先进优良农作物品种以及先进的种植管理经验和方法等,推动我国农业部门朝着农业产业化方向发展,改变我国农业主要以借款为主的现状,提高农业综合利用外资的占比。

**(二) 我国对外投资的政策选择**

虽然经历了 40 年的改革开放,中国企业经历了快速发展的黄金阶段,但是大部分企业仍旧面临技术落后、创新能力低下、产能过剩、国际化程度低等问题,因此,一方面,我国政府应该积极推动国内企业根据自身所需走出国门,向海外投资,寻求更多的生存空间;另一方面,政府还应该通过设定符合现阶段国情的引资政策,真正吸引那些高技术且外溢效应明显的外资企业进入,提高审批质量。总体而言,我国企业无论在对外投资还是引进外资上,都需要注重根据自身所需进行投资或引资,从而推动国内技术乃至产业升级。

**1. 在制度建设层面:完善国家相关支持性政策体系**

一是理清和完善法律法规体系,设立相应专职机构。对外投资的法律法规体系是通过立法手段支持和保护我国企业对外投资的前提条件,虽然自改革开放以来,我国制定和实施了许多相关的法律措施,但是对外投资的相关法律仍存在不系统和不全面,且多头管理、相互缺乏沟通协调的现象仍然存在。因此,政府需要在理清前期法律法规的基础上制定出对外投资的基本法律,并逐步完善。规范企业对外投资行为,并保障其相应的权利。在专职机构设立方面,可以从国家宏观层面着手,建立一个由国家各部委如商务部、外交部、财政部和外汇管理局等部门联合管理的政府专门服务和管理机构,精简流程,减少对外投资企业面临的多部门审批、效率低下等问题,另外,还可以专门研究企业对外投资的战略规划、指导政策等方面的辅导和协调。此外,配合企业"走出去"步伐,建立统一且完备的对外投资信息服务平台。解决企业在"走出去"过程中面临的信息分散和滞后、相关信息服务平台水平不高等问题,其中可以建立由政府部门、驻外机构、贸易投资促进机构以及商会组织等相关机构联合互通的大的工作机制,实行各类信息整合、渠道通畅,为企业更好地了解国外政治经济、法律法规、相关习俗等投资国情提供便利。

二是加大财税支持力度,加快相关金融制度改革步伐。发达国家在企业对外投资过程中给予其相应的财税支持是一般的做法。因此,我国可以在借鉴发达国家实际经验的基础上,综合我国国情,制定相关企业对外投资的财税支持措施。例如,在税收优惠上,政府可以通过税收减免、抵免和延付等政策措施给予海外投资企业支持;在财政便利上,国家可设立企业对外投资的支持基金,综合国家相关战略规划给予符合条件的对外投资企业补贴,不仅可以强化企业"走出去"步伐还可以支持相关行业企业的发展,对产业机构的优化升级具有促进作用。同时,在对外投资的金融体系建设上,也要跟上国际步伐,加快金融制度改革步伐,为企业对外投融资活动提供金融支持。首先,在资本市场建设方面,要不断发展和健全国内资本市场体系,形成一批健康、成熟、高效的金融服务机构,鼓励金融市场往广度和深度方向发展,在兼顾安全可控的前提下,鼓励各类金融创新发展、丰富相关交易工具和产品。其次,加大政策性金融机构对海外投资企业的支持力度,如政策性银行以其自身优势,为对外投资企业的高风险投资领域提供贷款,解决相关企业的资金难题,降低其整体的财务成本。最后,完善我国外汇制度,降低企业对外投资的汇率风险。在金融风险整体可控的条件下,对部分企业对外投资活动实施资本项目可兑换,并逐步放宽范围。同时适度放宽企业的外汇管制,精简审批程序,确保企业及时获得所需资金进行业务整合等活动。

三是扶持一批具有国际竞争力的企业集团开展对外投资。我国对外投资的主体中,国有企业仍占据主要份额,然而大部分国有企业缺乏先进的企业制度,导致其投资决策、执行以及监督过程缺乏科学性和稳健性,常常因为没有精准的市场分析和定位导致生产经营面临损失。

另外,还有部分对外投资的国有企业因权责不清而带来生产经营绩效的低下,这不仅会导致对外投资获利空间的缩小,甚至经营失败等,还会导致企业因对外投资的失败影响国内母公司的生产经营等。虽然我国不断进行国有企业改革,但是尚未真正建立起现代企业制度,即使建立了相关制度,然而在具体实施过程中仍存在重重困难。最为重要的问题是我国国有企业产权存在所有者缺位的缺陷,导致这些国有企业在对外投资过程中面临监管和约束不足。不仅可能造成经营决策的盲目和随意,也会出现国有资产的流失。目前,我国国有大中型企业存在着人员冗杂,承担的社会责任过多等难以解决的问题,这都对企业海外投资产生深远的负面影响。而投资到如欧、美、日等发达国家的企业,需要按照市场经济制度和相应的法制规范对企业制度进行完善,其中如明确界定市场的边界、政企分开,再如降低政府意志或政治因素在企业生产经营中的干扰,完善政府补贴机制,增强企业自身的风险意识等,这些都是影响企业经营效率和自身竞争实力的重要因素。其中,一是要完善现代企业制度,提升企业经营绩效。健全企业内部激励机制和约束机制,推动国有企业真正建立现代企业制度并得以严格实施。只有在制度层面保障企业的运行规范,才能够使得企业正视自身的优缺点,正视经营效率,提高海外存活率。二是要减弱国有企业中的政治色彩和繁重的社会责任,推动国有企业向股份制改革。三是要对民营企业进行扶持,实现对外投资主体结构的均衡发展。中国企业在对外投资过程中,民营企业必将成为主力军,因此,在对外投资过程中应该减少制度设计上的不公和歧视,关注和扶持目前还处于弱势的民营经济和中小企业,使其能够顺利地开展对外投资业务。另外,这些民营经济在对外投资中具有如经营机制灵活、适应能力较强、进入和退出较为便利,甚至具备一定规模的技术优势等的独特优势,因此,扶持这些企业"出海"对推动企业创新升级具有促进作用。

**2. 在企业投资能力建设层面:培养企业核心竞争力**

一是培养企业跨国管理水平,提升核心竞争力。对外投资企业若要适应国外环境必然需要与之同步的跨地区经营水平和能力,这要求企业具有以下几个条件:首先,企业需要发展具有某种优势的产业和产品,培育其自身的核心竞争力。并根据市场的变化进行调整,创造相关条件,促进自身竞争力水平的提高。其次,实施人才战略,拥有相关专业技术人才。企业在跨国生产活动时,必将需要具有国际化尤其是熟悉本地经营管理的相关技术人才,例如在财务、法律体系、本地销售和推广等领域的专业技术人才,在企业现代管理和战略发展等领域的管理人才等,企业可以通过面向市场进行选拔和聘用,还可以通过在本地进行公司内部培养等方式获得相关人力资本。最后,企业需要建立和完善自身的管理和决策机制,在规范企业日常管理的基础上,加强企业学习本地化经营的理念,以企业自身特点和本地化特征进行企业生产决策,提高企业国际化经营标准,降低对外投资风险。

二是创新企业对外投资方式,培育企业国际化品牌。除了国有企业外,我国民营企业和中小企业在对外投资中,大都呈现出规模小和抗风险能力弱的特征。针对这种情况,企业之间可以通过互相参股和合资等形式联合对外投资,建立跨国投资联盟,提高竞争力,并可以实现资金、技术等优势互补。同时,企业还可以通过与投资国企业进行相关合作,在技术和产品生产方面建立联盟关系等。另外,企业在国外生产、经营过程中,需要注意培养自己品牌,认识品牌的价值,塑造品牌竞争力。对具有科技含量、质量保障、企业特征和优势等相关方面进行结合,创新生产工艺,生产出符合市场需求的特殊优势的产品,打造企业品牌,为企业成功实现国际化经营后的发展壮大建立强有力的后盾。需要注意的是,在生产过程中应加强品牌的保护,深入了解国外相关商标的法律法规,并进行良好且有效的宣传,畅通企业相关产品信息,消除对外投资企业与本地文化等方面的差异,而且还可以为品牌传播创造更好条件,间接提高产品的核心竞争力。

三是在对外投资过程中加大企业的过剩产能转移。一般情况下,企业在开展对外投资时,不仅需要考虑该行业所面临的发展前景,还需要正视该行业的整体规划和发展方向,了解国家的产业结构调整政策和发展战略等。目前我国经济仍处在改革转型的关键时期,需要努力转变经济发展方式和调整产业结构。因此,可以通过企业对外投资实现技术的传递和市场空间的拓展,对投资母国的产业发展及其优化升级具有辐射和带动作用,推动我国经济发展从量的增加到质的提高的转型升级,为经济健康且高速增长开辟新路径。

因此,现阶段,依据我国产业发展水平的特征,我国企业在对外投资的产业选择中,需要侧重于获得国外的高技术、稀缺的能源资源以及广阔的市场空间,其中在海外开发获取稀缺紧俏的生产要素是我国企业对外投资中的重点目标,进而带动国内产业结构优化升级。

# 第五章　货币开放扩大后的对外平衡

◆◇◆◇◆◇◆◇◆◇◆◇◆◇◆◇◆◇◆◇◆◇◆◇◆◇◆◇◆◇◆◇◆◇

距 2008 年国际金融危机爆发已有 10 年之遥,但是全球复苏仍旧乏力,主要发达国家在实行量化宽松货币政策后,目前已经逐渐呈现货币紧缩之势,欧、美、日等发达国家在每次危机过后都会依靠自己强势的国际货币能力来实行扩张或收缩性货币政策,以提振本国经济,摆脱危机的困扰。而发达国家通过调整货币政策释放或收缩大量流动性,给货币尚未实现国际化的新兴市场带来巨大影响和压力。对中国而言,实行对外货币开放将是新时期下对外开放战略的重要一环。中国需要深入了解国内外金融变换格局,抓住机遇,实行人民币国际化战略,减轻发达国家货币政策对我国的负面影响,及时预见我国在货币开放过程中可能遇到的风险和应对之策。

## 第一节　中国实行货币开放的重要意义

目前,我国不断加大对外开放力度,不仅包括中国企业和金融机构走向全球,设立分支机构,还将包括更广泛意义上的内容,其中一个重要方面就是货币开放,即一国货币的国际化和资本项目的开放,这也是世界大国发展的必然趋势,也是一国实现双向投资战略顺利实施的保障条件。人民币国际化后,不仅仅会促使国际社会更多地使用人民币作为结算货币,而且还会提高发展中国家在国际社会的国际地位和话语权,使得越来越多的国家把人民币作为官方储备货币,降低发达国家对国际货币使用和发行的垄断地位。使得我国与世界经济的联系也更加紧密。与此同时,我国国内经济不断发展,相关产业和企业的活力不断提高,在"走出去"过程中也需要金融方面的扶持,人民币国际化可以有效地降低我国企业在海外经营过程中的风险。最为重要的是,货币开放也会加大推动我国资本市场的对外开放,使我国资本市场的规范化运作和有效性得到大大提高。

## 一、货币开放的内涵

货币开放主要包含一国货币的国际化和资本项目的开放,而人民币国际化与资本项目开放并非是等同的,但是要实现一国货币的国际化,就必定要开放本国资本项目。资本项目的开放会对货币国际化具有促进作用。其中,货币国际化主要是指,一国货币能够跨境流动,在国际社会上得到认可,成为经济活动中计价、结算甚至作为储备的货币,而这一过程中的实现,就是实现了货币国际化。当今国际社会,具有这种特征的货币仅是以欧、美、日等发达国家为主导的货币,如欧元、美元、日元等。资本账户开放具体包括如下两个内容:一是资本项下的货币实现自由可兑换,一国对居民和非居民在资本交易过程中的货币支付和转移不设限制,有的甚至允许将本国货币在国际外汇市场中兑换成国际通用货币等;二是资本市场的开放,即对国际社会开放我国金融市场等,具体体现在人民币证券投资交易市场的开放。一国实现货币国际化的必要条件就是资本账户的货币可自由兑换,因此,若实现资本市场开放必然要求货币国际化。另外,反观美元、日元和英镑等货币国际化的历程,一国若想实现货币国际化,必然会开放资本账户,这也是一般规律。因此,可以看出,我国在推进人民币国际化过程中,需要进一步考虑人民币资本账户的开放。虽然,我国资本项目也在渐进的开放过程中,整个对外开放幅度也是我国改革开放以来绝无仅有的。例如,外资对我国进行直接投资和与贸易相关的信贷等都具有相当高的自由度,甚至接近国际水平。因此,下一步国家真正需要考虑和权衡利弊的是,我国人民币在资本项目下可兑换的程度,以及如何最大化降低风险开放本国金融市场等。

## 二、中国货币开放的重要意义

第一,人民币国际化和资本项目开放是世界大国发展的必然趋势,也是一国实现双向投资战略顺利实施的保障条件。

第二,实施货币开放有利于我国经济与国际经济接轨,有利于促进引进外资与对外投资的双向投资战略的实施。人民币国际化不仅会带来国际社会广泛的使用人民币作为计价和计算的工具,还会有大量的国家将人民币作为官方储备货币使用。这必将带来人民币国际社会地位的大幅提升,导致中国与世界经济的联系更加紧密,中国管理人民币的政策也会更进一步影响国际社会。

第三,货币开放必将会为一国金融乃至更多的产业部门带来有利影响。虽然开放本国资本市场会带来全球金融风险的传染效应,但在政府部门监管的前提下,开放本国货币会使企业面临更多的竞争压力,生产的眼光将会放宽至全球,更多地考虑国外同行的竞争压力等,促使企业不断地提高自身的经营效率,同时企业也会不断强化自身的风险管理和控制能力。

第四,货币开放过程也是市场经济体制加速建立的过程。其中最主要的体现是,我国经济发展政策和制度的完善将会更多地与全球标准接轨。例如,促进人民币汇率机制加快形成,推动货币市场乃至金融市场的建设,加快公开市场业务的运行,提高中国人民银行宏观调控的能力。同时,人民币国际化使用,还会带动我国对外经贸的大幅发展,有利于我国国际收支的平衡和外汇的管理。

# 第二节　中国货币开放与我国跨境资本流动分析

2010 年以来,中国经济进入了中速增长、结构转型的新常态。伴随着刺激计划后遗症的不断暴露,如产能严重过剩、地方政府债台高筑、要素成本急剧上涨、贫富差距不断拉大等,我国经济进入增速换挡期、结构调整阵痛期以及刺激政策消化期"三期"叠加时代,各种矛盾和问题的交织使得我国经济进入了增速阶段性回落的"新常态"时期。与此同时,"新常态"局面也不断在金融领域得以体现,国际收支逐渐由"双顺差"转向"经常项目顺差,资本和金融项目逆差",跨境资本也一改以往单向大规模流入格局,开始呈现大规模流进和流出同时存在的双向流动态势。这不仅表明我国国内资本市场与国际资本市场联系更加紧密,还凸显了我国对跨境资本流动的监管作用被削弱,跨境资本流入大规模进出中国日益明显,并呈现出新的趋势和特点,需要展开因果探寻,并提供对应的政策建议和风险防范措施,既有利于深化新时期我国跨境资本流动的理论认识,也有利于我国规范管理和利用跨境资本流动。

## 一、人民币渐进开放过程中我国跨境资本双向流动格局

目前我国跨境资本双向流动的格局已经形成,据外管局的数据显示,我国跨境资本总流入量由 2001 年的 415.56 亿美元大幅上涨为 2013 年的 5633.34 亿美元,年均增速高达 22.20%。而跨境资本总流出量由 2001 年的 67.27 亿美元猛增至 2014 年的 4628.54 亿美元,年均增速为 35.29%。我国国内资本市场与国际资本市场联系更加紧密,资本管制的"屏障作用"被削弱,国际金融资本进出中国规模逐年增加,呈现出新的趋势和特点,归纳起来,主要表现在以下几个方面。

### (一) 跨境资本流动规模与日俱增,净流出趋势加强

从 2001 年至 2011 年,我国跨境资本总流入量和总流出量都呈现同步大幅上涨态势,总流入量一直高于总流出量,而从 2012 年开始,首次出现跨境资本总流入量小于总流出量,净流入量为 -360.38 亿美元(见表 5-1)。从季度数据来看,2012 年第

三季度,我国跨境资本总流出显著高于总流入,净流入量为-587.22亿美元,2013年总流入经历短暂的复苏之后,从2014年第二季度至2016年第二季度,跨境资本一直呈现总流出高于总流入的局面,尤其是2015年第四季度,净流入量达到-1659.08亿美元(见表5-2)。究其原因,一方面,危机过后发达国家如欧、美、日等都相继推出了量化宽松政策,导致全球流动性宽裕,资本寻求更多的投资机会,更多倾向于流入新兴市场国家,尤其是中国。另一方面,这个时期又分别为欧洲主权债务危机再度恶化和新兴经济体经济增长开始呈现集体减速的现象,同时,美国已正式宣布近十年来首次加息,随着美国加息周期的重启,"全球皆松,唯美独紧"的货币政策分化局面成为威胁全球金融稳定的风险源,市场投资信心不足以及全球金融风险加剧等导致跨境资本流动呈现出高度的波动性,并与世界经济的"低增长、低通胀、低利率和高负债"相互交织,全球资本市场开启了震动模式,在全球风险来源不明的情况下,逃往美国等经济增长相对稳定的发达经济体将成为首选,美元、美债将再次成为全球资本的"避风港"和"安全资产"①,促使全球资本流动呈现急速流出新兴市场的负面冲击。由此可见,总体上看,我国跨境资本流动趋势呈现复杂化,总流入和净流入格局分化明显。

表5-1　2001—2015年中国跨境资本总量流动变动情况　(单位:亿美元)

| 年份 \ 项目 | 跨境资本净流入 | 跨境资本总流出 | 跨境资本总流入 |
|---|---|---|---|
| 2001 | 348.29 | 67.27 | 415.56 |
| 2002 | 323.40 | 176.90 | 500.30 |
| 2003 | 549.21 | 150.23 | 699.44 |
| 2004 | 1082.22 | 15.61 | 1097.83 |
| 2005 | 912.47 | 845.46 | 1757.93 |
| 2006 | 452.85 | 1671.50 | 2124.35 |
| 2007 | 911.32 | 1764.46 | 2675.78 |
| 2008 | 370.75 | 1291.22 | 1661.97 |
| 2009 | 1945.31 | 280.01 | 2225.32 |
| 2010 | 2822.34 | 1818.58 | 4640.92 |
| 2011 | 2600.24 | 2257.77 | 4858.01 |
| 2012 | -360.38 | 3030.34 | 2669.96 |

---

①　上海社会科学院世界经济研究所宏观分析组:《分化复苏的世界经济:新引擎、新风险、新常态——2016年世界经济分析与展望》,《世界经济研究》2016年第1期,第3—27页。

续表

| 项目<br>年份 | 跨境资本净流入 | 跨境资本总流出 | 跨境资本总流入 |
|---|---|---|---|
| 2013 | 3430.48 | 2202.86 | 5633.34 |
| 2014 | −513.61 | 4628.54 | 4114.93 |
| 2015 | −4856.14 | 3920.06 | −936.08 |

注:本表数据来源于中国外汇管理局。采用国际收支平衡表中金融账户的相关数据。根据国际收支平衡表的统计方法,从外国转入本国列为贷方金额,即外国居民对中国居民债权的增加;从本国转向外国列为借方金额,中国居民对外国居民的债权的增加。因此,总流入量为国际收支平衡表中金融项目的贷方金额,净流入量为金融账户差额。

表5-2　2012—2016年中国跨境资本总量流动季度数据　（单位:亿美元）

| 项目<br>季度 | 跨境资本总流入 | 跨境资本总流出 | 跨境资本净流入 |
|---|---|---|---|
| 2012Q1 | 1043.00 | 609.40 | 433.60 |
| 2012Q2 | 873.26 | 1118.98 | −245.72 |
| 2012Q3 | −28.28 | 558.94 | −587.22 |
| 2012Q4 | 781.98 | 743.02 | 38.96 |
| 2013Q1 | 1445.60 | 448.32 | 997.28 |
| 2013Q2 | 773.42 | 485.06 | 288.36 |
| 2013Q3 | 1315.42 | 572.15 | 743.27 |
| 2013Q4 | 2098.90 | 697.33 | 1401.58 |
| 2014Q1 | 1461.71 | 641.66 | 820.05 |
| 2014Q2 | 1157.23 | 1504.67 | −347.44 |
| 2014Q3 | 797.99 | 1197.96 | −399.96 |
| 2014Q4 | 698.00 | 1284.26 | −586.26 |
| 2015Q1 | −314.29 | 812.89 | −1127.18 |
| 2015Q2 | 679.52 | 1123.08 | −443.56 |
| 2015Q3 | −768.93 | 857.39 | −1626.32 |
| 2015Q4 | −532.37 | 1126.71 | −1659.08 |
| 2016Q1 | −134.91 | 1098.31 | −1233.22 |
| 2016Q2 | 771.35 | 1259.23 | −487.89 |

注:本表数据来源于中国外汇管理局。

## （二）FDI"双向"流动趋势明显,对外资本输出增多

我国直接投资开始由单向流动变为双向流动:一是 FDI 流入规模稳中趋降,外商在华直接投资增长乏力,FDI 流出规模增长迅速。由表5-3可知,2001 年至 2013 年,

FDI 流入量和流出量都呈现大幅上涨态势,尤其是外商直接投资流入,这与我国一直坚持吸引外资战略相关,然而,自 2013 年第四季度开始,我国外资流入规模开始呈现放缓态势,且波动加大,而对外直接投资规模与日俱增,二者之间顺差额开始呈现下降趋势。尤其是在 2015 年第三季度,对外直接投资规模首次超越引进外资规模,净 FDI 流入量为−67.32 亿美元,对外投资成为我国资本流出的重要组成部分。二是 FDI 流动结构改变,外商直接投资中绿地投资和跨国并购都在稳步降低,对外直接投资中二者稳步上涨。最新数据显示,2015 年我国外商直接投资中绿地投资和跨国并购双双回落,尤其是绿地投资,已从 2003 年最高达 1275.02 亿美元降至 2015 年 603.27 亿美元,下降了约 52.69%,凸显近几年外商在华投资规模的不断缩减。相比较而言,我国对外投资中绿地投资和跨国并购增长迅猛,尤其是跨国并购增长显著,已从 2004 年的 6.18 亿美元上升至 2016 年的 922.21 亿美元,增长了将近 148.22 倍,其中从 2009 年开始跨国并购甚至超越绿地投资,虽然近期稍有降低,但是增长趋势向上,可见我国企业在对外投资中开始倾向于跨国并购的方式。总而言之,我国 FDI 流动趋势已经逐渐显示出流入和流出同等重要的双向特征,与以往 FDI"多入少出"的格局有着很大的不同。这一方面反映出在当下全球经济进入结构调整时期,我国企业的全球竞争力与开拓国际化市场的意识都在增强,企业"走出去"步伐加快;另一方面,外国投资者对我国及其他新兴市场的直接投资判断变得更加理性,同时与我国生产成本(如劳动力成本等)进一步上升有直接关系,这与发达国家经济复苏程度和以欧美为主的发达国家实施"再工业化"的发展战略有关。

表 5-3　2001—2016 年中国跨境资本流动季度数据　　（单位:亿美元）

| 季度　　　项目 | 直接投资净流入 | 外商直接投资 | 对外直接投资 |
|---|---|---|---|
| 2001Q1 | 71.92 | −2.55 | 74.47 |
| 2001Q2 | 111.26 | −9.53 | 120.78 |
| 2001Q3 | 106.61 | −0.71 | 107.31 |
| 2001Q4 | 83.78 | −56.07 | 139.84 |
| 2002Q1 | 91.65 | −2.74 | 94.39 |
| 2002Q2 | 135.49 | −1.17 | 136.66 |
| 2002Q3 | 138.49 | −0.78 | 139.27 |
| 2002Q4 | 102.27 | −20.49 | 122.76 |
| 2003Q1 | 111.89 | −7.96 | 119.85 |
| 2003Q2 | 156.11 | −1.68 | 157.79 |
| 2003Q3 | 89.99 | 6.67 | 83.32 |

续表

| 项目<br>季度 | 直接投资净流入 | 外商直接投资 | 对外直接投资 |
| --- | --- | --- | --- |
| 2003Q4 | 136.46 | 2.85 | 133.61 |
| 2004Q1 | 125.22 | −4.58 | 129.81 |
| 2004Q2 | 179.02 | −6.14 | 185.16 |
| 2004Q3 | 125.32 | −4.77 | 130.09 |
| 2004Q4 | 171.89 | −4.14 | 176.03 |
| 2005Q1 | 167.45 | −21.30 | 188.75 |
| 2005Q2 | 255.59 | −20.10 | 275.69 |
| 2005Q3 | 247.09 | −4.12 | 251.21 |
| 2005Q4 | 233.67 | −91.78 | 325.45 |
| 2006Q1 | 215.48 | −40.21 | 255.69 |
| 2006Q2 | 196.78 | −23.33 | 220.11 |
| 2006Q3 | 128.43 | −75.37 | 203.80 |
| 2006Q4 | 460.81 | −100.42 | 561.22 |
| 2007Q1 | 255.77 | −40.55 | 296.32 |
| 2007Q2 | 342.61 | −33.59 | 376.19 |
| 2007Q3 | 322.80 | −48.72 | 371.52 |
| 2007Q4 | 469.77 | −48.68 | 518.46 |
| 2008Q1 | 267.35 | −270.80 | 538.15 |
| 2008Q2 | 258.90 | −62.58 | 321.47 |
| 2008Q3 | 281.00 | −129.77 | 410.77 |
| 2008Q4 | 340.68 | −104.27 | 444.95 |
| 2009Q1 | 196.74 | −85.03 | 281.78 |
| 2009Q2 | 149.69 | −48.03 | 197.73 |
| 2009Q3 | 162.61 | −196.95 | 359.55 |
| 2009Q4 | 362.63 | −108.88 | 471.51 |
| 2010Q1 | 438.57 | −64.41 | 502.98 |
| 2010Q2 | 482.48 | −109.46 | 591.93 |
| 2010Q3 | 413.68 | −178.91 | 592.58 |
| 2010Q4 | 522.77 | −226.77 | 749.54 |
| 2011Q1 | 676.67 | −61.40 | 738.07 |
| 2011Q2 | 617.97 | −113.14 | 731.10 |
| 2011Q3 | 417.13 | −159.00 | 576.13 |
| 2011Q4 | 604.74 | −150.68 | 755.42 |
| 2012Q1 | 456.76 | −154.38 | 611.13 |

续表

| 季度　　　　　项目 | 直接投资净流入 | 外商直接投资 | 对外直接投资 |
|---|---|---|---|
| 2012Q2 | 376.90 | −139.31 | 516.22 |
| 2012Q3 | 349.33 | −143.13 | 492.46 |
| 2012Q4 | 579.52 | −212.81 | 792.33 |
| 2013Q1 | 380.98 | −212.62 | 593.59 |
| 2013Q2 | 534.32 | −155.93 | 690.25 |
| 2013Q3 | 415.45 | −157.62 | 573.07 |
| 2013Q4 | 848.83 | −203.54 | 1052.37 |
| 2014Q1 | 422.61 | −190.58 | 613.19 |
| 2014Q2 | 252.11 | −285.92 | 538.03 |
| 2014Q3 | 264.71 | −376.39 | 641.09 |
| 2014Q4 | 510.25 | −378.41 | 888.66 |
| 2015Q1 | 360.79 | −323.89 | 684.67 |
| 2015Q2 | 247.37 | −385.08 | 632.45 |
| 2015Q3 | −67.32 | −507.86 | 440.54 |
| 2015Q4 | 79.74 | −661.18 | 740.92 |
| 2016Q1 | −162.62 | −573.95 | 411.33 |
| 2016Q2 | −303.60 | −640.11 | 336.52 |

注:表5-3中的数据正值表示流出,负值表示流入。

资料来源:本表数据来源于中国外汇管理局。

表5-4　2003—2016年中国外商直接投资和对外直接投资的结构变动

（单位:亿美元）

| 项目　　　　　年份 | 外商直接投资 | | 对外直接投资 | |
|---|---|---|---|---|
| | 跨国并购 | 绿地投资 | 跨国并购 | 绿地投资 |
| 2003 | 36.06 | 1275.02 | 15.76 | 132.27 |
| 2004 | 51.08 | 1215.98 | 6.18 | 64.95 |
| 2005 | 94.02 | 822.92 | 60.41 | 83.21 |
| 2006 | 95.20 | 1198.42 | 122.09 | 159.48 |
| 2007 | 80.68 | 1024.79 | 15.26 | 221.28 |
| 2008 | 174.75 | 1217.28 | 358.78 | 403.39 |
| 2009 | 110.17 | 1091.69 | 234.02 | 228.57 |
| 2010 | 67.58 | 961.28 | 298.28 | 204.72 |
| 2011 | 115.01 | 1057.41 | 363.64 | 386.47 |
| 2012 | 95.24 | 796.37 | 379.08 | 231.07 |

续表

| 项目<br>年份 | 外商直接投资 | | 对外直接投资 | |
|---|---|---|---|---|
| | 跨国并购 | 绿地投资 | 跨国并购 | 绿地投资 |
| 2013 | 310.66 | 869.20 | 515.26 | 402.55 |
| 2014 | 567.75 | 789.48 | 392.50 | 672.54 |
| 2015 | 124.39 | 603.27 | 511.17 | 615.83 |
| 2016 | 58.87 | 624.95 | 922.21 | 1103.56 |

注:本表数据来源于联合国贸发会议(UNCTAD)数据库。

### (三) 跨境证券投资进出规模增大,双向流动结构不同

2010 年以来,我国证券市场对外开放规模日益扩大,尤其是针对跨境证券投资者。其中,2012 年中国新批准的合格的境外机构投资者(QFII)数额比 2007—2011年总额还多,新批准的人民币合格境外机构投资者(RQFII)额度是 2011 年的 4.3倍,尤其在 2014 年和 2016 年相继开通沪港通和深港通,极大地便利了符合条件的境内外投资者的投资行为,不仅增加国际资本投资中国的通道,加速国际资本流入中国,在示范效应的带动下,跨境资本的大量流入将有利于中国进一步扩大资本市场,加强国际市场的互联互通。这些都直接促进了外国投资者投资中国证券市场的热情,提高了居民、企业和金融机构国际资产配置的效率。

总体来看,中国跨境证券资本进出水平都呈现双向流动格局,且进出规模逐步上升,尤其是跨境证券投资流入。例如(见表 5-5)2001 年跨境证券仅流入 12.48 亿美元,而 2014 年流入量高达 932.44 亿美元,增长超过 73 倍,但是 2015 年流入态势减弱,这主要受到中国在 2015 年发生股市剧烈震荡的风险影响。从跨境证券流出来看,仅在 2006 年和 2015 年呈现大幅流出态势,流出规模分别达到 1112.78 亿美元和732.09 亿美元。而后者主要是受到 2015 年中国股市动荡的影响而流出。前者的原因有两个:一是以美国为主导的发达国家开始逐渐提高基础利率水平,吸引部分资本回流。如 2006 年美国连续 4 次加息,使得联邦利率提高至 5% 左右,欧元区的基础利率也达到三年来的高值,日本也开启了 6 年来的第一次加息等,这都极大地吸引了境内机构证券投资流出的增加。二是国内机构如国内银行、证券机构和保险公司[1]等在运用自身外汇资产时也不断地多元化和国际化。这也相应扩大了对境外有价证券

---

① 2006 年中国工商银行、中国银行、中国建设银行等 8 家商业银行获中国银监会批准,获得了代客境外理财业务的资格,其中 7 家银行已获得国家外汇管理局批准的 98 亿美元投资购汇额度。平安保险(集团)股份有限公司、中国人寿保险股份有限公司、中国人民财产保险股份有限公司、太平洋保险(集团)公司等 4 家保险公司获准以自有外汇进行境外证券投资。中国人寿保险(集团)公司和泰康人寿保险股份有限公司等 2 家保险公司获准购汇进行境外投资。

投资。另外,国内商业银行都开始进行股份制改革,尝试境外上市,对外公开发行
IPO 规模屡创新高,这都使得我国逐渐拥有了大量可利用资金,例如中国银行、招商
银行和中国工商银行对外发行 H 股,所筹资金高达 298 亿美元。这些都导致我国对
外证券投资大幅增长。由此可见,我国跨境证券资本双向流动格局的发展态势是我
国渐进有序开放资本项目的结果,标志着我国的金融开放到了新阶段。

表 5-5　2001—2015 年中国跨境证券投资流动情况　　（单位:亿美元）

| 年份＼项目 | 证券投资流入 | 证券投资流出 | 证券投资净流入 |
|---|---|---|---|
| 2001 | 12.48 | 206.54 | −194.06 |
| 2002 | 17.52 | 120.95 | −103.42 |
| 2003 | 84.44 | −29.93 | 114.37 |
| 2004 | 132.03 | −65.40 | 197.44 |
| 2005 | 214.47 | 261.57 | −47.10 |
| 2006 | 428.61 | 1112.78 | −684.17 |
| 2007 | 209.65 | 45.22 | 164.43 |
| 2008 | 96.54 | −251.98 | 348.52 |
| 2009 | 296.13 | 25.26 | 270.87 |
| 2010 | 316.81 | 76.43 | 240.38 |
| 2011 | 133.91 | −62.48 | 196.39 |
| 2012 | 541.70 | 63.91 | 477.79 |
| 2013 | 582.44 | 53.53 | 528.91 |
| 2014 | 932.44 | 108.15 | 824.29 |
| 2015 | 67.39 | 732.09 | −664.70 |

注:本表数据来源于中国外汇管理局。

另外,从资本流动形态看,在对外证券投资中存在如下特点,即金融部门偏多而
实体部门较少,债权投资较多而股权投资较少等。其中"证券投资流出"几乎全部表
现为债务投资形式,而"证券投资流入"中的股权投资金额明显高于债务投资(见表
5-6)。其中,虽然在对外金融投资过程中,我国的银行部门占据主要地位,但是通过
合格境内机构投资者(QDII)渠道对外进行证券投资的主要是非银行部门,这是因为
我国的银行部门更倾向于同业存拆进行投资,偏好以债券投资为主,同时深受国内政
策和风险偏好的约束。原因有四个:一是美欧等发达国家的债券市场已经很发达和
健全,这为我国大型金融机构的资产配置和外汇资产运用提供了收益可观的投资载
体。二是由于我国对国有商业银行进行股份制改革,国内的金融机构开始引进国际
的战略投资者,使得这些金融机构在海外募集资金大幅增加。三是 2008 年全球金融

危机过后,我国经济增长仍然处于新兴经济体前列,远高于其他发达国家增速,由于美、欧、日等因量化宽松政策释放的大量流动性泛滥,人民币升值预期增加等一系列有利的内外部经济环境,都使得全球投资者将目光集体锁定中国,同时相较其他新兴经济体,中国自身拥有较高评级的主权信用、良好的增长前景。加上人民币国际化进程的加快,人民币正成为全球私人和公共投资者较为理想的选择,增持人民币资产的意愿也在不断被强化。四是在中国,债券市场的发展仍不完善,相关投资工具较为缺乏,投资渠道单一甚至不通畅等,都使得中国固定收益类证券市场的金融风险和收益不匹配,与国际金融市场差距较大。这都导致中国跨境证券投资流入中主要以股权投资为主。因此,在我国逐步开放资本市场的前提下,导致跨境证券投资不断流入或流出。

表5-6  2001—2015年中国跨境资本流入和流出组成部分占比　　（单位:%）

| 项目 年份 | 证券投资流入 | | 证券投资流出 | |
|---|---|---|---|---|
| | 股权投资 | 债券投资 | 股权投资 | 债券投资 |
| 2001 | 68.01 | 31.99 | −0.15 | 100.15 |
| 2002 | 128.37 | −28.37 | 0 | 100.00 |
| 2003 | 91.54 | 8.46 | 0 | 100.00 |
| 2004 | 82.73 | 17.27 | 0 | 100.00 |
| 2005 | 95.91 | 4.09 | 0 | 100.00 |
| 2006 | 100.00 | 0 | 1.31 | 98.69 |
| 2007 | 88.14 | 11.86 | 335.92 | −235.92 |
| 2008 | 87.67 | 12.33 | −8.66 | 108.66 |
| 2009 | 98.32 | 1.68 | 1609.33 | −1509.33 |
| 2010 | 98.98 | 1.02 | 110.29 | −10.29 |
| 2011 | 39.64 | 60.36 | 17.67 | 82.33 |
| 2012 | 55.20 | 44.80 | −31.75 | 131.75 |
| 2013 | 55.96 | 44.04 | 47.28 | 52.72 |
| 2014 | 55.68 | 44.32 | 12.96 | 87.04 |
| 2015 | 222.06 | −122.06 | 54.20 | 45.80 |

注:本表数据来源于中国外汇管理局。

### （四）存在跨境"热钱"持续流出现象,威胁我国金融稳定

理论界对国际"热钱"(Hot Money)并没有规范的定义和衡量标准,一般指国际短期套利资本。在中国,政府部门对资本账户实行较为严格的管理,我国跨境资本流动的一些特点并不能完全地体现在国际收支平衡表中,还存在一部分跨境资本借助其他隐形渠道进入中国,很难真正统计"热钱"的规模。而这部分跨境资本大

都未得到官方批准,为了大致了解其规模,可以借助国际收支平衡表中的"净误差与遗漏"①项了解实情。虽然"净误差与遗漏"项不能精准地反映未经统计的跨境资本流入和流出情况,但在一定意义上也能说明资本流出的大致情况,相关数据的变动尤其是超出常规的波动能够反映出那些经由隐蔽渠道进出中国的规模。在"净误差与遗漏"项存在较大波动,且值为正时,可以忽略统计误差,视为存在非正常跨境资本进入中国;当值为负时,说明存在大量跨境资本流出中国。除此之外,还有大量资本通过贸易伪报、混在 FDI 等渠道中流动。如图 5-1 所示,自 1998 年以来,"净误差与遗漏"基本为负值,且流出规模逐步增大,说明我国存在疑似"热钱"连续流出的现象②,尤其是 2009—2015 年。例如 2015 年"净误差与遗漏"的数值达到-1882.44 亿美元,如此大规模的负值可间接反映出我国存在一部分跨境资本流出的现象。这些数据或暗示有更多的资金通过隐性的方式外流出去,这在一定程度上反映了我国资本外流的巨大压力。由于这类资金外流或许更加难以用监管手段加以控制,如果这种外流进一步加速,则可能成为影响金融稳定的切实忧虑。

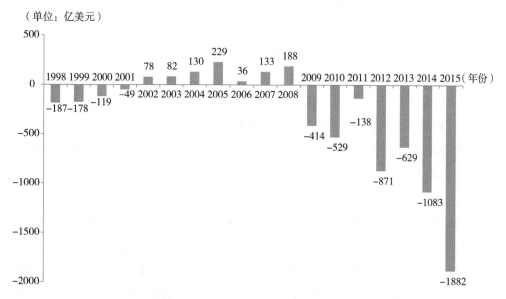

**图 5-1　1998—2015 年中国国际收支平衡表中净误差与遗漏**

注:本图数据来源于中国外汇管理局。

---

①　净误差与遗漏是指编制国际收支平衡表时,因资料不完整、统计时间和计价标准不一致以及货币换算等因素所造成的差错和遗漏,它是为使国际收支核算保持平衡而设置的平衡项。根据复式记账原理,国际收支平衡表中的借贷双方应相互平衡,两者之差应该等于零。当贷方总计大于借方总计时,差额数列在"净误差与遗漏"的借方,当借方总计大于贷方总计时,差额数则列在"净误差与遗漏"的贷方。

②　张广婷、王叙果:《新常态下中国跨境资本流动的影响因素》,《财政研究》2015 年第 4 期,第 74—78 页。

## 二、人民币国际化过程中利率、汇率变动与跨境资本流动

根据其他国家的发展经验,当一国实现利率市场化后,在全球负面金融冲击下,该国的金融市场的剧烈且频繁的震动也必将传导至利率市场,带来利率的大幅波动。若该国放开了资本账户的管制,那么跨境资本流动将会呈现大进大出的不利形势,给本国金融市场带来巨大风险,若应对不利,将会导致金融危机的爆发。根据这些金融实践经验,可以看出,跨境资本的频繁大进大出对一国金融市场的稳定和对外平衡产生重要影响。根据利率平价理论,利率、汇率以及二者的联动是导致跨境资本大幅波动的关键因素,这也为我国正在进行的金融改革开放和经济转型改革提供抓手。因此,影响一国跨境资本流动的重要因素主要有以下三方面:一是境内外利差的大小,即资本通常倾向于大幅流入高利率国家或地区以获取相对较高的收益。二是一国汇率的频繁波动会影响该国货币的币值稳定,尤其当该国汇率出现大幅波动,本币面临较大的贬值压力时,资本避险情绪的推动下必将从东道国通过各种途径大规模流出。三是汇率和利率之间的联动效应,将国际金融市场的风险因素和动荡态势传导至东道国国内,进而影响跨境资本流动方向,导致东道国国内的金融市场乃至实体行业都备受牵连。

### (一)利率变动与跨境资本流动

伴随着经济全球化的步伐,世界各国的经济联系日益紧密,全球资本市场变动必将通过各种传导渠道影响各国,资本的天然逐利性也使得这种风险和不稳定现象被放大,直至金融危机爆发而被释放,但是这种危机的影响却是普遍且不加挑选的,因此,很多国家充当了被冲击的对象。例如,在金融市场发展平稳的阶段,全球资本都将根据利率差异去寻找利率较高的国家进入,实施套利行为,使得资本跨越国界和市场进行投资甚至投机。当东道国经济发展前景优良、市场稳定,例如中国,跨境资本将大量涌入,推动该国的货币不断升值,进而市场对该国货币的升值预期更加强烈,在资本账户完全放开的前提下,该东道国的利率与国际金融市场的利率差异将会不断被拉大,大量短期资本甚至"热钱"将进一步流入,又会强化该国货币的升值压力。当下,中国不断地实行利率市场化改革,货币当局希望通过由价格工具对货币政策进行调整,不断降低甚至消除通过数量调控为主的做法,这一过程将会带来中国与主要发达国家的利差扩大,加之,我国资本账户开放也在有条不紊地推进,这一过程毕竟对我国的跨境资本流动方向和规模产生较大影响。对中国国内而言,利率是国内资金的价格,是影响跨境资本流动的主要因素之一,而一旦国际金融市场利率上升例如美国开启加息周期等,将会吸引资本大量回流入美国,因此,我国在推进利率市场化进程中,需要避免利率的大幅度波动。另外,根据欧美国家利率市场化改革的经验,

利率实现市场化之后,一国需要密切关注利率市场的波动尤其是巨幅且频繁的波动,尽力保持利率市场的稳定,尤其是该国资本账户处于开放的过程中,跨境资本的大规模进出对一国的负面冲击是代价惨重的。假使国内应对措施采用不当,将进一步导致金融市场的剧烈波动,甚至爆发金融危机。因此,需要高度关注利率变动尤其是利率市场化改革对我国跨境资本流动的影响,需要改革完善国内利率市场的传导机制,健全相关配套措施,提高金融市场发现和应对处置风险能力,将风险控制在能力所及的范围内。

### (二) 汇率变动与跨境资本流动

根据投资收益的实践和相关理论分析可知,若想获取投资收益,不仅需要关注各国利差的大小,还需要密切关注该国汇率及其预期的变动幅度。假如该国的汇兑损失较高,超过了利差收益,那么投资者将会丧失资本收益。而东道国在实现货币国际化后,国内市场与国际市场紧密相连,国际资本的大规模进出,将对该国金融市场带来安全隐患,尤其是当该国金融市场配套设施和制度建设未得到完善的情况下,非正常阶段尤其是危机阶段,资本大量转移会危及国内经济增长。一般情况下,一国货币贬值说明该国外币的购买力下降,则会导致更多的外资流入该国,如果市场预期该国货币贬值是短暂的,则就可能进一步吸引长期资本流入,因为该国货币短暂的贬值可用等量的外币购买到比以前更多的劳务和生产原料,使长期资本流入的成本降低,未来升值后其投入也会随之增值。然而,若市场预期这种贬值是长期的,则会对跨境资本流动产生负面影响,资本可能会大规模流出,大量资本开始流出该国,寻求能够保值增值的项目。另外,本币贬值还会因为相对购买力的下降造成通货膨胀的预期效应,使该国货币进一步贬值,从而导致投机性资本的外流。随着我国人民币汇率形成机制和人民币国际化的深入推进,我国汇率波动开始展现出与全球汇率市场具有较大的同步性和关联性,例如,中国香港离岸市场和在岸市场汇率、境内外人民币汇率及其预期等都将影响我国跨境资本流动规模及方向。当下,我国就存在着因境内外汇差以及汇率预期的不同,导致人民币跨境流入和流出交替出现。融资套利模式不断推陈出新,跨境资金流动的波动性不断加大。同时,在人民币汇率双向波动的前提下,国内企业开始倾向持有外汇,偿还国内外汇贷款加快,外资企业利润汇出等也显著增长。当下,汇率因素已经俨然成为影响我国企业对外投资以及外资企业跨境收支剧烈波动的重要因素。

### (三) 利率、汇率联动与跨境资本流动

在市场机制下,利率与汇率具有高度相关性,二者在变动中保持相互制约之势,其中利率对汇率的影响较为显著,同时二者对一国货币的国内供应量和内外均衡都具有重要影响。一方面是利率对汇率的传导。首先利率通过经常账户对汇率产生影响。如利率变动会影响企业生产成本,进而影响企业进出口,引起一国国际收支的变

动,最终影响汇率。假如,一国利率上升,出口企业生产成本增加,使得该企业出口的商品竞争力降低,出口下降,使得该国国际收支产生逆差,会导致本币贬值和本国汇率下跌。另一方面是利率通过资本账户对汇率产生影响。一国利率变动将会通过影响套利资本流动,进一步影响该国国际收支的变动,最终影响汇率变动。例如,一国利率上升,将会出现大规模跨境资本流入,将会进一步增加市场对本币的需求,国际收支将会出现顺差,带来本币升值的压力。在外汇市场上,国际投资者为了规避汇率风险,通常的做法是,在远期外汇市场上卖出高利率国家的货币,使得利率较高的货币即期汇率上升,远期汇率下跌,即所谓的远期贴水,反之,利率较低国家货币的即期汇率下跌,远期汇率上涨,即远期升水等。当下,我国正在实行利率市场化改革和加快推进对外开放,但是危机后我国经济增速开始放缓,而美国开始实施收缩的货币政策,导致美国利率上升,这样一来我国将会面临两难的选择,即当选择调低利率带动国内经济时,会使得我的国际收支平衡表面临失衡的境地,还会使得国内利率变动失去市场调节功能,加剧国内失衡。因此,我国若想实现利率市场化改革,需要同步推进汇率形成机制的市场化,形成利率和汇率之间健康有效的联动。

# 第三节　中国货币开放过程中的风险防范

近几年,欧美等发达国家经济开始缓慢复苏,而新兴市场国家经济增长由危机过后的短暂繁荣便集体转入下滑态势,国际投资者开始重新审视新兴市场国家的投资前景,更加注重对全球投资风险的评估。处于转型期的中国,受到内外部短期因素的冲击,跨境资本出现流入、流出的现象在所难免,中国需客观认识跨境资本流动的"双向"波动趋势,对这种"双向"波动保持一定的容忍度和调整的灵活度,合理引导跨境资本的流向,及时有效地制定相应的管理策略,合理疏导短期跨境资本,对那些以国内资本市场尤其以房地产市场投资类为主的资本,应该设定相应的风险承担标准,严格审批程序,防止以套利为主的资本进入。坚持对跨境资本流动的"双向"调控,建立有效的资本流出渠道①,尽可能地最大化利用当下跨境资本流动带来的效益,防范其所带来的风险。

## 一、中国货币开放后的风险分析

### (一)增加了中国宏观经济的波动风险

首先,跨境资本的大规模流入将会增加我国的货币供给,对保持国内物价稳定带

---

① 张广婷、王叙果:《新常态下中国跨境资本流动的影响因素》,《财政研究》2015 年第 4 期,第 74—78 页。

来较大压力。其次,短期国际资本流入会促进投资的过度增长。再次,跨境资本尤其是短期资本的大量流入,将会促使国内资金增加,带来一定的财富效应,刺激国内投资和消费,国内投资出现过剩的风险,投机资金流入滋生金融泡沫。这将进一步扭曲国内产业结构失衡的问题,加大产业结构转型升级的压力,不利于国内改革方案的推进。最后,跨境资本的大规模波动不仅会导致金融市场的震动,还会进一步影响到经济系统的稳定,威胁经济增长。在1998年亚洲金融危机期间,发生危机的新兴经济体大都经历了国际游资频繁进出的情况,这与国内金融市场风险的累积有着强烈的相关性。相比较这些经验而言,我国拥有自身的天然优势,如我国经济体量较大、外汇储备充足、政府对国内经济的把控能力较强等,会为我国在应对国际资本大幅波动的冲击方面增添力量。然而,我国在2008年国际金融危机过后,经济高速增长的阶段一去不复返,经济进入中高速增长的新常态阶段,内部矛盾突出,如国内需求结构失衡、产业结构亟须转型等,这些也将影响政府调控经济的难度,带来一定的风险隐患。

**（二）加剧了中国外部经济失衡的风险**

首先,跨境资本频繁波动会带来外部经济失衡的风险,具体表现为国际收支失衡的风险和汇率过度波动的风险。其中国际收支失衡的风险主要体现在数量方面,而汇率过度波动更多表现在价格方面。自改革开放以来,我国主要实施出口导向性经济模式和吸引外资的发展政策,也使得我国国际收支一直处于双顺差的状态。而跨境资本的不断流入还进一步扩大我国国际收支双顺差。而还存在着一部分国际"热钱"借助经常项目或资本项目的途径进入中国,还会加剧我国国际收支高位顺差的形势。这也增加了我国政府调控国际收支的难度,使得国际收支保持平衡面临挑战。在保持汇率稳定的价格方面,国际资本的大规模流入在短时间内导致我国汇率波动,对实体经济造成伤害。虽然我国一直在推进汇率形成机制的改革,但是尚处于探索和实验阶段,还未真正实现完全的汇率自由浮动,仍受到以美元等为主的其他国际货币的重要影响。其次,我国汇率风险呈现出大幅波动的风险,且这种趋势更加明显。跨境资本大规模进出从名义汇率上构成人民币大幅波动的压力,通过离岸和在岸市场的相互作用,倒逼国内汇率市场改革,为我国稳步实施相关政策带来威胁。另外,在外部资本大量进入我国后,央行为了稳定汇率市场,必将因对冲过多外汇而投入过多的本币,也会对实际汇率稳定产生冲击。

**（三）提高了资本流动性和规模统计分析的难度**

我国人民币跨境结算主要有清算模式和代理行模式两种,其中清算模式主要指,海外企业在结算时可以借助境外的清算行连接我国央行的中国现代化支付系统（CNAPS）清算系统,借此联系国内相关企业实现人民币的跨境结算和清算等。代理行模式主要是指,海外企业可以借助我国境内相关的代理行,进行与境内企业关于人民币业务的同业往来,实行跨境结算等。以此为例,假如存在人民币净流入中国的情况,企业若采用清算行模式,则会导致相关的境内企业增加在境内商业银行的存款,同时该商业银行也会增加我国央行的准备金,间接刺激我国央行提供更多的货币供给。假如采用代理行模式,则会导致境内代理行增加存款,而境外人民币同业存款必将会降低,这样,境内的代理行也会增加在央行的准备金,我国国内的资本流动性和货币总量仍将会增加。由此可见,人民币的跨境流动尤其是大规模流动必将会对我国货币政策的正常实施产生干扰,增加了央行对货币供给真实数量的把握,货币政策的独立性也深受影响。

### (四) 拉大了宏观经济政策失效的概率

在人民币升值的背景下,国内与国际利差加大,短期资本必将不断流入寻求套利空间,而当下我国仍存在着各种隐性渠道甚至是灰色空间,导致跨境资本以一种无法被统计到的威胁资本进入,这不仅会影响我国宏观经济的稳定,还会加大宏观经济政策的实施难度,对货币政策产生抵消效应,政策效果大打折扣。在这种情况下,我国政府对整个宏观经济把控力度也将受到影响,甚至导致所实施的政策产生反作用。例如,我国央行在应对通胀时实施加息政策,这将会增加国际资本的套利空间,吸引以短期资本为主的国际"热钱"大量流入,可能放大了国内货币乘数,促使央行只能通过外汇占款被动地投放货币来缓解。

## 二、中国货币开放后的风险防范

我国在双向投资布局战略中如何实现风险的最大化控制,降低资本大进大出对金融市场的冲击。

### (一) 疏堵并举,适度控制跨境资本流动的规模,及早做好国际资本发生大规模流出的应对措施,建立国际资本流动预警机制[①]

首先,加强监管,通过各种手段适度控制短期国际资本流动规模。要结合外汇占款、贸易收支、商业银行结售汇等金融数据,加强对跨境资本流动的监控。加强监管除了要打击通过虚假贸易、虚假 FDI 和地下钱庄方式的热钱流动之外,还可以通过一定体制内方式——税收手段来实施。其次,扩宽短期国际资本跨境流动的正规渠道,将短期资本流动置于阳光之下。如扩大 QFII 规模或在其他资产市场领域逐步推广合格境外投资者制度等。[②] 再次,建立健全跨境资本异常流动的预警体系。跨境资

---

① 张广婷:《国际资本流动及其对金融稳定性影响研究——基于中东欧和独联体国家的比较》,复旦大学 2014 年博士学位论文。

② 郭连强、祝国平:《人民币国际化进程中短期资本流动的新特征及风险防范》,《社会科学战线》2012 年第 12 期,第 47—50 页。

本流动的预警体系是预防和监管跨国界金融风险传导的有效工具,它通过选取不同部门的经济指标来检测跨境资本流动风险,对于预警体系的建立需要从以下几个方面着手:一是国内宏观经济金融运行指标体系。如选取 GDP 增长率、相对通胀率、货币发行增长率等指标;目的是反映东道国宏观经济市场的稳定程度。二是国内微观金融体系运行指标。如选取银行部门的信贷增长率、杠杆率、资本充足率、不良债券占总资产比率等,资产市场中股票价格指数上涨率、房地产价格增长率等,目的是着重检测国内金融机构在日常运营中的健康状况。三是国际经济金融运行指标。如选取经常账户赤字、长短期外债占总外债比例、私营部门偿债率、对欧盟国家的外贸依存度、外汇储备、汇率和利率等反映东道国国际竞争力的指标,目的是监控东道国外部风险及其自身对外依赖程度等。这样通过建立各维度的预警体系,确立各预警指标在合理范围内的安全值,在金融危机前期做好应急响应措施,预防由国际资本流动逆转带来的风险甚至危机。[1]

**(二) 理顺市场,从根本上压缩跨境资本的套利空间,降低投机性跨境资本流动的压力**

首先,加快人民币汇率市场化改革进程,降低市场主体对人民币短期内过快升值的预期,通过有序地实现人民币汇率市场化进程,来逐步打消和遏制国际资本的套汇动机。与此同时,提高汇率弹性是我国实现利率市场化改革的重要目标,由此逐步建立起以适应我国经济发展的浮动汇率制度。其次,提高利率市场化建设的步伐,削弱利率调整过度依赖货币政策的现状。在利率市场化的前提下,我国政府可以通过借由市场配置的手段管理国内外利差,削弱国际资本跨国套利的动机。最后,加快市场机制建设,完善相关制度,刺破投机性泡沫。其中如完善原材料商品市场的定价机制,加强监管资本市场的投机风险和管理制度,降低以房地产为主的资产市场投机热潮等。

**(三) 推进收入分配结构、产业结构、区域经济结构调整,降低与分散跨境资本的流动风险,合理调整经济和产业结构,提高我国对跨境资本的吸收能力**

一是加快建立和完善社会保障机制,优化收入分配的结构,推动依靠内需的国内市场建立,平衡投资、出口和消费对我国经济增长的贡献,调低对外部资金和市场的依赖程度,有效避免高风险的跨境资本流入。二是平衡各行业开放标准,对某些行业可以放松一部分投资限制,为国际资本投资创造更多的渠道,降低国际资本倾向流入我国房地产市场进行投机炒作的风险。三是统筹分析跨境资本流动和产业结构转型

---

① 张广婷、王叙果:《新常态下中国跨境资本流动的影响因素》,《财政研究》2015 年第 4 期,第 74—78 页。

升级、区域经济发展等问题，鼓励和引导国际资本进入高技术行业，为我国再一次的经济结构转型提供帮助。同时，还应该努力降低跨境资本主要流向发达地区的现象，加大力度吸引这些境外资本流向我国西部地区以及东北老工业基地等，为这些地区的发展增加资金融通来源。四是维护我国国际收支的动态平衡，拓展进口和出口市场，跟随"一带一路"倡议，寻求更多的贸易伙伴，降低对美、欧、日等发达国家的依赖。其中国际收支的动态平衡主要表现在两个方面，即短期内维持总量平衡，长期内维持结构平衡。危机过后全球经济持续低迷，以美国为主导的发达国家开始掀起贸易保护热潮，而我国对这些国家进出口规模较大，这些国家的贸易制度和市场需求对我国贸易的影响较大，这种单一的受制于人的进出口结构极易受到来自国际社会的打击，对国内企业的影响也是致命的。中国需要不断地调整这种不利的贸易结构，增加多元化的贸易伙伴，一方面降低美国对我国金融风险的传导，另一方面削弱美国借助贸易制度对我国贸易企业的破坏。五是改变和优化我国经济发展结构，引导国内产业和投资朝着扩大内需的方向转移，建立内外需相平衡的多元化经济增长模式。

**（四）客观认识跨境资本的"双向"流动态势，制定相应的管理策略，明确跨境资本流动风险管理的阶段性任务**

近几年，欧美等发达国家经济开始缓慢复苏，而新兴市场国家经济增长由危机过后的短暂繁荣集体转入下滑态势，国际投资者开始重新审视新兴市场国家的投资前景，更加注重对全球投资风险的评估。处于转型期的中国，受到内外部短期因素的冲击，跨境资本出现流进、流出的现象在所难免，需要对这种"双向"波动保持一定的容忍度和调整的灵活度。一方面，合理引导跨境资本的流向，着重吸引中长期资本，防范和规避短期资本的冲击。主动吸引那些有利于我国产业结构调整、符合经济转型需要的中长期跨境资本，可将监管重心放在资本的流向和用途上。合理疏导短期跨境资本，对那些以国内资本市场尤其以房地产市场投资类为主的资本，应该设定相应的风险承担标准，严格审批程序，防止以套利为主的资本进入。另一方面，坚持对跨境资本流动的"双向"调控，建立有效的资本流出渠道。其中最重要的是提高我国企业对外投资水平，逐步减少企业对外投资的限制，运用合理的产业政策引导对外投资的企业。提高企业对外用汇自主权，为其在经常项目和资本项目下用汇提供便利。[①]另外，跨境资本流动尤其是短期跨境资本的主要特点是具有很大的波动性与逆转性，对于东道国的宏观经济基础和增长前景具有高度敏感性，因此，需要制定有针对性的管理跨境资本流动风险的方案，即在制定相关方案时不仅需要制定长期管理方案，还

---

① 张广婷、王叙果：《新常态下中国跨境资本流动的影响因素》，《财政研究》2015 年第 4 期，第 74—78 页。

需要根据我国宏观经济发展阶段制定短期的阶段性方案。具体看来,从长期来看,逐步建立跨境资本流动风险的预警机制,优化资源配置,增强金融市场应对风险的能力。从短期来看,危机过后全球金融市场越发复杂,需要密切关注,谨防跨境资本流动发生逆转的风险,从跨境资本的流向和规模上进行调节,尤其是那些短期的跨境资本,引导这部分资本进入低风险市场,预防其投机炒作。

**（五）处理好推进资本项目开放、深化利率市场化体制、推进汇率市场化改革三者的协调关系,合理推进人民币汇率机制改革,提高我国汇率双向浮动弹性**

通过前文分析可知,跨境资本流动尤其是短期套利资本极容易受东道国汇率变化的影响,在东道国汇率出现升值预期时,跨境资本倾向于大规模流入以获得客观的利润回报,在汇率出现贬值预期时,又倾向于大规模流出。因此,保持我国汇率稳定成为解决跨境资本流向问题的关键。推进资本项目开放、深化利率市场化机制、推进汇率市场化三者之间内在联系、相互依赖,三者之间必须协调发展。另外,分步骤有计划地实施人民币汇率机制改革,而非简单调整。汇率机制改革实质上是提高汇率形成的市场化程度,在改革顺序上应该先进行利率市场化改革,由于我国已经推行了贷款利率市场化,接下来需要考虑如何进行存款利率市场化,即先建立存款保险制度,以此为契机,逐步放开存款利率上限,并最终实现利率市场化。在此基础上,再推进人民币汇率机制改革。再则,在人民币汇率机制改革过程中,可先设定一个中心汇率,围绕中心汇率逐步扩大人民币有效浮动范围,理顺汇率中间价形成机制,从而可以为我国资本项目的进一步开放创造有利时机,形成国内外井然有序且高效的金融市场体系。最后,还需同步进行汇率监管机制改革,可将以前以行政手段为主导的管理模式逐渐转向以市场化调整为主导的管理模式上来,如价格型工具的运用等,监管重心可放在防控汇率单边升值预期上,目标是将汇率维持在合理的范围内。[①]

---

① 张广婷、王叙果:《新常态下中国跨境资本流动的影响因素》,《财政研究》2015 年第 4 期,第 74—78 页。

第 二 篇

双向投资布局下的改革开放
战略协同与政策重构

# 篇首语　投资与贸易的战略协同与政策重构

中国对外开放道路具有以投资创造贸易的显著特征,即通过引进外资有效利用了国内的廉价劳动力,从而实现了出口的大发展。当单向引进外资拓展到双向投资布局后,投资与贸易的这种联系也有了新的内容,需要在新的意义上实现协同。

## 一、投资超越贸易的开放战略

双向投资布局的科学性在于当今世界经济的全球化已经从贸易时代进入了投资时代,投资超越贸易是全球化深化的表现,也是国家战略的依据。

经济全球化从贸易及贸易自由化开始,各国发挥比较优势,更密集使用充裕生产要素推进分工与贸易。贸易自由化的主题是降低关税,取消非关税壁垒,由双边与区域的自由贸易区最后发展到世界贸易组织。世贸组织不仅是最广泛的自由贸易协定,而且是一个公平的贸易体制,以这一体制维护自由贸易。世界的贸易自由化已经完成了大部分任务,近年来的许多区域协定已经以零关税为目标。贸易便利化是贸易自由化的当前主题,即各国应不断消除制度与管理上的障碍以实现更高水平的自由贸易。

尽管贸易自由化还有许多任务有待完成,但投资自由化已经日益上升为各自由贸易区谈判的主题,投资超越贸易已经是全球化的最新趋势。

投资超越贸易,并不是就二者的增长率或绝对值比较而言的,而是指二者的因果与逻辑关系。首先,投资替代贸易。跨国公司对东道国的绿地投资常常是为了跨越贸易障碍,节约运输成本,贴近当地市场等,投资替代了进口。贸易自由化并没有消除这一投资需求。其次,投资创造贸易。跨国公司为了利用东道国的劳动力或自然资源而对东道国投资,其结果是直接提高了该国的生产出口能力。近几十年来发展中国家的贸易发展广泛来自这一过程。最后,投资改变贸易。跨国公司把整个产品的一部分生产阶段放到东道国中,把东道国纳入该产品的整个价值链之中,东道国需要从跨国公司母国进口零部件,出口的可能是最终产品也可能仍然是中间品,世界贸易由此大量成为中间品贸易,贸易转变为一个产品内部的价值链分工而不再是以往的产品或产业分工。

投资超越贸易是全球化深化的表现,在投资替代贸易中贸易量减少,但国际分工却依然存在——内销产品是由外资生产的。在投资创造贸易中,贸易分工转变为要素合作,两国生产要素共同生产一个产品并成为贸易增长的原因。在投资改变贸易中,形成的是比产业、产品分工更深的零部件分工即价值链分工,其中经常也包含着要素合作。

投资超越贸易的历史进程和时代特征决定了一国的开放必然要走到投资开放阶段,投资领域开放的不断扩大,适应投资国际化的体制安排是必然要求。同时,一国也必须要以对外投资实现在国际经济中的主导地位,即利用国际要素的发展空间和价值链分工的主导地位。

## 二、中国对"一带一路"国家投资的趋势与布局

投资的发展将是中国推进"一带一路"建设的首要内容,其特点与机制将在很大程度上不同于一般国际直接投资,特别是不同于发达国家对发展中国家的直接投资。

从投资的重点而言,基础设施投资先行将是首要特点。"一带一路"国家总体基础设施相对薄弱,铁路、公路、港口、机场、电站等的建设有很大的需求。在这类投资中,主权基金和国际合作性发展银行将发挥重要作用,中国倡导金砖国家银行、亚洲基础设施投资银行、丝路基金等都将具有重大意义。这类投资需要各国在取得发展共识中,在有效实现政策沟通下加以推进。

开发区投资是产业投资的前提和有效方式,开发区的发展有利于产业集聚,基础设施配套、特殊政策管理等。以各类开发区包括保税区、产业园区和高新技术园区等集中发展是中国开放型发展道路的特色和经验,这将是中国与各国合作的重要形式。在当地政府配合下中国企业通过投资方式在各国进行开发区建设将是首先需要推进的投资方向,通过土地开发和园区基础设施建设为招商引资、产业集聚创造有利条件。

产业配套是园区经济的一大特点。基于一些国家相关产业薄弱,中国企业以组团方式投资,可能在当地迅速形成生产与出口能力,推进产能合作也必须实现生产与需求的紧密结合。

在中国的开放型发展模式中,地方政府曾发挥了十分积极的作用,在"一带一路"建设中也可能发挥重要作用。地方政府的积极推动将有助于国内企业组团式对

外投资,在当地形成产业集群,系统配套,并可能有效发挥国内的产能优势,使国内生产与当地发展更紧密结合,形成深刻的产业链分工和贸易关系。

### 三、推进"一带一路"建设中各地方发展战略

中央"一带一路"愿景明确了整体规划,这一规划表明"一带一路"建设与国内各地区的发展之间存在着密切的联系。在我国开放型发展的新阶段,各地的引进外资战略都将与"一带一路"有着密切的联系。

"一带一路"建设首先把中西部地区的开发开放主题提上重要日程。过去 40 年来,对外开放主要集中在沿海地区,内陆的地理条件客观上限制了开放水平。与内陆周边国家的合作首先产生了跨境开发区、经济区和经济走廊的可能,这类共同开发将形成与毗邻国家合作的首要形式。共同投资,包括内资外资在内,形成了与东部开发区不同的发展模式。

道路、桥梁、电力供应等基础设施建设是中国与邻国经贸关系发展的前提。各类投资首先将集中在这些基础设施上,并且以与相邻国家相连相通为原则,共同的投资开发是实现"一带一路"倡议的前提。

道路等基础设施建设的目的是经济与文化交流的发展,内陆地区与"一带一路"国家合作的节点城市的产业发展将成为发展的核心。要根据与各国发展的需要和各国的市场需求规划引进内外资本和产业发展,包括沿海外资企业向内陆地区转移。

海上丝绸之路起源于沿海城市,但沿海城市的发展取向并不只限于对传统航路的重新贯通或与相关国家的贸易。由于沿海城市相对走在国家发展的前列,一方面要通过优势产业对沿线国家投资展开价值链分工合作,另一方面更需要发展一大批现代服务业,以适应对外投资的需求。这方面主要包括金融中心的建设以适应对外投融资需求,各类商业服务和航运服务以促进对外经贸合作。特别是上海等沿海大城市应形成跨国公司对外投资的基地和总部所在地,使企业走向"一带一路"得到全面支持。所有这些功能的发展需要有广泛的投资形成,包括通过引进外资来实现。

### 四、双向投资协同推进的体制机制

从表面上看资本的流出与流入是一对矛盾,不仅在总量上相互抵消,而且在政策上似乎更不可能一致,不可能有一个政策既能鼓励引进外资又能鼓励对外投资。因此,当对外投资成为我国新的战略取向时,与引进外资是否存在着矛盾的问题必然被提出来。

毫无疑问,发达国家资本的流入与流出早已并存。在这一现象的背后,是市场的选择:企业根据赢利的机会成本作出选择,政府政策不是关键因素。因此,市场化是

双向投资格局的基础。

但是,在中国的发展导向型体制下,我们同样不应当排斥政府在双向投资中的积极作用。问题的关键不在于数量意义上的政策鼓励,而在于符合产业政策与国家总体战略意义上的政策推动。这是中国的体制优势,也是加快双向投资格局形成的关键。

今天中国对外投资能力的形成在很大程度上来自前40年引进外资政策的成功,引进外资形成了外资、外贸双顺差,积累了外汇与资金,造就了当前对外投资的强大基础。坚持引进外资政策的重点是有利于产业结构升级与国内创新能力的提升,而不再是传统产业的向内转移。对外投资也是这样,即应当鼓励对外投资的行业部门及投资方式能够使中国企业迅速获得稀缺的先进技术、品牌和市场网络,获得稳定的资源供给,营造有利于中国的国际分工,包括由中国企业配置的国际价值链分工。总之,双向投资协同的根本是在市场有效选择的基础上,有力地发挥国家产业发展战略与开放模式升级的政策力量。

与此同时,中国企业可能成为通过对外投资带动国内投资的主角。当企业对外投资后可能会带动国内价值链分工需求,带动贸易与投资。在政策和管理体制上尤其要鼓励企业发展的内外联动。企业是双向投资的主体,要特别注重培育双向发展的中国大企业。

从理论上讲,一国双向投资发展的原因不是因为内外投资环境的差异,因为这只会带来资本的单向流动。完善的、开放的市场环境才是双向投资的基础。同时,产业的高端化、差异化有利于双向投资,因为这导致的不是垂直分工的价值链,而是差异化的投资机会。人才、研发、创新环境等是高端产业流入的关键。

## 五、外贸发展与双向投资的战略协同

前40年中国开放型发展模式的一个基本特点是以引进外资实现出口发展。这种外资主导型的外贸发展不仅体现在加工贸易上,而且广泛体现在整个国家的外贸结构上。中国国内的要素优势,包括廉价劳动力、有效的政府管理和改革促进了市场力量,都有效地促进了中国出口生产能力的提升,从而形成了对外资的巨大引力。在引进外资与出口发展上表现出显著的相互促进关系。

当前中国的战略重点是如何以对外投资促进对外贸易的新发展。从稳定的资源供给看,对战略性资源的投资将有利于中国经济的稳定增长与成本下降,确保有比较优势产业的出口竞争力。从成熟产业的向外转移来看,投资可能形成国内产业与移出产品生产的配套,从而带动出口。从海外基础设施投资看,对工程装备与建设材料的出口的影响是直接的。从长期与宏观意义上看,对相关国家的投资可能加速该国生产消费能力的提升,进而进一步增强与中国的贸易关系,这在国家间达成双边合作协议的条件下更为显著。

中国需要注重通过对外投资构造新的国际价值链分工,这是在以低端参与国际分工后的必然要求。中国企业的对外投资要特别注重发挥具有核心技术产品的投资,通过投资形成价值链分工的主导地位,带动国内零部件产品出口。在这类投资中,要避免出现单纯把生产整体向国外转移的现象。

国际并购是实现中国出口向高水平发展的一个重要渠道。经过 40 年的发展,在很多产品上中国不缺乏高质量产品的生产能力,缺乏的是品牌或销售渠道。国际并购可能发挥两个重要作用:一种是获得国际市场销售渠道,获得被并购企业的品牌,进而实现国内生产的产品以这样的品牌和渠道出口;另一种是获得专利技术,让这类技术向国内回流,与国内强大的生产能力相结合以实现出口的扩大。更多的以投资创造出口的途径还在不断地由中国企业创造出来。

## 六、以金融深化促进对外投资

中国经济的改革及其成就举世公认,其中的金融市场化成果同样不容否定。但是,与其他领域的改革相比,金融领域的改革开放依然相对滞后,从而使金融抑制成为发展的重要障碍,不能适应对外投资新发展的需要。

金融改革开放的滞后严重影响了国内经济增长。资金短缺已经不再是中国经济的主要问题,但资金有效转化为投资却依然障碍重重。利率市场化未完成导致社会经济收益的不合理分配。值得肯定的是,由互联网创新带来的金融新业态、新机制正不断地冲击着旧体制,为市场注入活力。

但是金融改革开放的滞后与对外投资阶段的到来已经明显不相适应。金融与投资体制的不完善使社会资金难以有效地转变为企业投资,更难以通过企业实现对外投资。国内投资机制不完善导致国内资金以各种方式向外转移,其中大量是纯粹财富转移而非生产性投资。有效实现国内资金转变为对外投资能力,基础是国内的金融深化,即有效的市场化投资机制的形成。只有在这个基础上才可能实现市场选择下的对外投资。

对外投资发展的重要条件是货币开放,其中包括外汇管理制度的开放和人民币的国际化。资本项目可自由兑换的实现需要以国内金融市场消除抑制与扭曲为前提,而不是仅仅靠汇率调节。资本项目中的证券投资的开放是一个更高的目标。就对外直接投资而言,取消审批改为备案同样要以有效防范资本外逃为前提,而后者的基础正是国内消除金融抑制。

一度出现的巨额外汇储备似乎为对外投资创造了有利条件,但事实证明,当金融抑制导致资本外逃时储备下降是迅速的。既要防止资本外逃,防止虚假外贸下的储备流失,又要为对外投资创造宽松便捷的制度环境,这是今天国内改革的一大主题。这一改革并不只限于外汇管理制度和投资审批制度,而且关系到国内整个金融体制与金融市场。有效的金融监管不仅在现在是必要的,即使在资本项目实现完全可兑换后也仍然是必要的。要有效监管各种套利套汇现象,使外汇管理制度改革真正有效服务于符合国家战略的国际直接投资。

## 七、国家资金与企业对外投资的协同

在中国对外投资的发展中,国家资金具有十分重大的战略意义。主权财富基金和国际开发性银行的建立,是中国成为一个大国后更多承诺国际义务的表现,也是中国企业走向世界的条件。

国家资金服务于国家战略,包括外交战略和经济发展战略。金砖银行和亚投行都是对世界发展援助资金不足的补充,丝路基金特别支持"一带一路"建设。与其他国家资金相似,它有助于创造发展条件,但并不直接从事经营性活动。因此,企业对外投资的一个重要原则就是与国家资金的协同,只有在服务于国家战略中才能获得更大的商业机会。因此,尽管企业的投资决策是一种纯粹的市场行为,但是跟随国家战略是一种最好的选择。

国家资金通过国际合作形成了更大的融资能力,通过科学的项目评估、科学决策和政府间合作,为基础设施与重大发展项目融资创造发展条件。企业投资与发展项目相配合,承接工程,开发园区,并进而进行产业投资。国家投资带动民间投资将是未来一个时期中国对外投资的一个重要特点。

国有企业本质上是企业,但其国有资本属性决定了其决策不可能按照纯粹的市场原则,而需要服务、服从于国家战略。在这类投资中要努力防范一些国家的歧视政策。

要通过对外投资贸易促进机制等促进企业高效传递国家对外投资战略,分析研判海外投资环境与投资政策,帮助企业把握投资机会与方向,辅导企业对当地政治、经济、文化、宗教和营商环境等的了解,使对外投资中的国家战略和企业行为真正得到有效的结合。

# 第六章　投资超越贸易

## ——顺应经济全球化趋势的国家战略

◇◆◇◆◇◆◇◆◇◆◇◆◇◆◇◆◇◆◇◆◇◆◇◆◇◆◇◆◇◆◇◆◇◆◇◆◇◆◇◆◇◆◇

中国抓住经济全球化发展的历史机遇,在对外开放上取得了举世瞩目的成就。过去二三十年全球化的基本特征是国际产业转移与价值链分工,中国由此获得了出口大发展。今天中国推进双向投资战略既是由国家发展阶段所决定的,也是顺应经济全球化新趋势的要求。对这一时代背景的研究将证明:投资不仅替代贸易,而且创造贸易,创新国际分工。中国将可能通过双向投资新战略提升国际分工地位。这是本书研究的宏观理论基础。

## 第一节　投资超越贸易:贸易与投资关系的理论内涵

自 20 世纪初以来,学术界关于国际直接投资理论的研究渐次深入,并逐步形成了完整的理论体系。但是,随着研究的深入,早期的贸易与投资替代模型(Robert A. Mundell,1957)、贸易与投资互补模型(James R.Markuson 和 Lars Svensson,1985)以及贸易与投资不确定模型(J.Peter Neary,1995)已经无法完整解释经济全球化发展中贸易与投资关系的变化,即投资超越贸易。同时,新的理论发现层出不穷,本书关于投资超越贸易的研究基础究竟建立在何种基础之上,已经成为经济全球化发展中的一个新问题。

### 一、新趋势:从"投资替代贸易"到"投资创造贸易"再到"投资改变贸易"

从投资替代贸易到投资创造贸易再到投资改变贸易,这三种形式的变化实际上反映了投资与贸易关系的变化:如果说在早期理论所提出的投资与贸易相互关系中,贸易与投资替代模型、贸易与投资互补模型可以用投资替代贸易、投资创造贸易来解释，那么在投资改变贸易的情形中，已经不只是投资与贸易的关系之间存在着不确定性那么简单。从投资创造贸易开始，投资超越贸易就已经显露端倪，尽管就理论而言，投资创造贸易也可以理解为投资与贸易存在互补，但实际上在量的关系上，互补的双方已经不再平等。投资改变贸易的出现，则使之发生了质的蜕变，投资与贸易的相互关系已经超出了不确定性，而转变为投资的发展引领了贸易的发展，甚至改变了贸易发展的方向——跨国公司内部贸易呈现超越传统国际贸易的趋势。特别需要指出的是，这其中并没有明显的阶段性或临界点，即使到现在，在不同的国家或地区还同时存在着这三种形式。不同的是，从量变到质变，投资超越贸易的趋势已定。

## 二、新理论：从"微笑曲线"到"武藏曲线"到"彩虹曲线"

1985年，迈克尔·波特（Michael E.Porter）首先提出了"价值链"的概念[1]；1990年，他又提出，价值链由各个"联系点"居间连接成网络，进而形成价值体系。1992年，施振荣提出了价值链的"微笑曲线"，对电脑生产的附加值加以研究。2002年，关志雄将模块化理论与"微笑曲线"理论相结合，对中国的国际分工地位做了分析。此后，"微笑曲线"及其蕴含的全球价值链思想逐渐为学术界所认同，并在现实中得到广泛应用。

2004年，中村末广提出了"武藏曲线"理论[2]，认为在制造业的业务流程中，组装、制造阶段的流程有较高的利润，而零件、材料以及销售、服务的利润反而较低。2015年，中国学者肖新艳进一步提出了"彩虹曲线"的概念，认为随着云计算、大数据、互联网等新技术的发展，原有的"微笑曲线"理论已经不足以说明新的生产过程中附加值的动态变化情况，在以新一代信息技术的广泛运用为基础的新型商业模式中，已经出现了附加值两端低、中间高的彩虹形状。[3]

由于现有的全球价值链理论大多数建立在"微笑曲线"的基础之上，"武藏曲线"和"彩虹曲线"的提出，在一定程度上颠覆了理论界关于全球价值链理论的理解。其实，这三者之间并不矛盾。"武藏曲线"着重于制造业内部，"彩虹曲线"着重于新型商业模式，而"微笑曲线"强调的是国际分工。因此，从国家战略的角度，本书关于投资超越贸易的研究基础仍然建立在"微笑曲线"之上。

---

[1] Porter, Michael E., *Competitive Advantage: Creating and Sustaining Superior Performance*, The Free Press, 1985.

[2] 史俊刚：《H公司的"精益生产"设计与实施研究》，大连理工大学2011年硕士学位论文。

[3] 肖新艳：《全球价值链呈现"双曲线"特征——"微笑曲线"和"彩虹曲线"》，《国际贸易》2015年第8期。

## 第二节　投资超越贸易:经济全球化的最新走向

投资超越贸易是全球化深化的表现,也是国家战略的依据。目前,投资超越贸易已经是全球化的最新趋势。从因果逻辑来看,这一过程还体现在:第一,投资替代贸易;第二,投资创造贸易;第三,投资改变贸易。

### 一、重心转移:贸易谈判中的投资主题

世界贸易组织(以下简称 WTO)及其前身关税与贸易总协定对投资主题的关注始于 20 世纪 70 年代东京回合的谈判之中,一些新规则的加入使 WTO 的管辖范围从贸易拓展到了与外国直接投资有关的竞争政策,特别是其中的《补贴和反补贴措施协议》。1986 年,《埃斯特角部长宣言》将服务贸易、与贸易有关的知识产权措施以及与贸易有关的投资措施等三项新议题列入乌拉圭回合多边贸易谈判的程序。1994年,《建立世界贸易组织的马拉喀什协议》正式签署,于 1995 年 1 月 1 日与 WTO 同时生效。

#### (一) WTO 与贸易有关的投资政策

WTO 与贸易有关的投资政策主要体现在以下四个协议中:《补贴和反补贴措施协议》(以下简称 SCM Agreement)、《服务贸易总协定》(以下简称 GATS)、《与贸易有关的投资措施协定》(以下简称 TRIMs)以及《与贸易相关的知识产权协定》(以下简称 TRIPs)。[①]

首先,SCM Agreement 一方面通过将补贴分成三类,并且不同类型的补贴待遇不同,从而影响投资者的决策;另一方面通过限制政府实施那些被认为能够造成重大贸易扭曲的补贴权利,从而为建立在规则基础上的投资自由化的发展提供了一种国际规范,促进了国际直接投资的有序发展。

其次,GATS 作为整个服务贸易的一个框架协议,其内容已经超出了传统的关税与贸易概念。该协议的许多条款与投资有关,尤其是与服务提供商有关的投资,如建立分支机构、派驻专业人才等,因此,可以说是在"投资"尚未纳入 WTO 议题情况下的一种事实上的"投资"协议。

再次,TRIMs 将与货物贸易有关的投资措施融入 GATT 多边贸易体制,并将条约义务限制在一些过去在贸易争端及其解决中被认为是引起麻烦的措施上,不仅重申

---

① 赵蓓文:《国际投资规则的发展与 WTO 多边投资框架建立的可行性分析》,《世界经济研究》2003年第 6 期。

了国民待遇义务,而且禁止与特定投资措施有关的数量限制。

最后,TRIPs 对各成员方与贸易有关的知识产权的保护提出了基本要求,有利于技术的国际转换和产业的国际转移,因此,从法律环境的角度,TRIPs 也构成对"投资"的约束。

### (二) 多哈发展议程:外国直接投资政策的新一轮谈判

在 WTO 的议程中,多哈谈判一直是众人瞩目的焦点。在 1999 年召开的西雅图会议上,提出了包括投资规则、贸易便利化、政府采购透明度、电子商务、贸易与环境、贸易与劳工标准以及贸易与竞争政策等 7 项新议题。西雅图会议还成立了一个重要的工作组,专门研究贸易和竞争政策的互动关系,旨在为跨国投资和竞争政策制定一套规则。

2001 年,WTO 第四届部长级会议在多哈举行,通过了《部长宣言》等文件。主要内容包括:"1.同意建立一个多边的框架来保证为长期的跨国投资,特别是外国直接投资提供透明、稳定和可预见性的条件,这有助于扩大贸易以及在该领域增强技术帮助和能力建设的需要。2.在第五届部长级会议之前,WTO 贸易与投资关系工作组将集中阐明有关范围和定义、透明度、非歧视、以 GATT 为基础的预设承诺形式、积极清单方式、发展条款、例外和国际收支保障、成员间磋商和争端解决等方面的问题。……不仅要对其他 WTO 相关条款予以关注,适当时还应考虑已有的双边和地区性投资安排。"[①]

但是,2003 年在墨西哥坎昆举行的 WTO 第五届部长级会议上,各成员方在农业问题上无法达成共识,令多哈回合谈判陷入僵局。

### (三) TiSA、TPP 和 TTIP 谈判中的投资问题

由于 WTO 多哈回合谈判迟迟无法就服务业市场开放达成具体共识,由少数 WTO 成员方组成的次级团体 WTO 服务业真正之友集团(Real Good Friends of Services,以下简称 RGF)于 2011 年年底成立,进行国际服务贸易协定(Trade in Services Agreement,以下简称 TiSA)谈判。TiSA 谈判包含的主要问题分为四大领域:市场准入和国民待遇、跨境数据流动、国有企业和未来服务。为了顺应全球投资的发展和对投资规则的需求,TiSA 新增了部分条款,如国有企业和跨境数据流动等,以反映当前服务贸易发展的新规则,同时也体现了国际投资在全球贸易发展中的重要性。

TPP 和 TTIP 是另外两个重要的贸易协定谈判。TPP 是跨太平洋伙伴关系协定的简称,是更高水平的投资贸易协定。其中的部分条款如外商投资的负面清单等,已

---

① WTO,"DOHA WTO MINISTERIAL 2001:MINISTERIAL DECLARATION",https://www.wto.org/english/thewto_e/minist_e/min01_e/mindecl_e.htm,2001 年 11 月 16 日.

经完全超越了贸易谈判的主题。但是,由于美国的态度发生转变,该谈判的前景扑朔迷离。

TTIP 是跨大西洋投资与贸易伙伴关系协定的简称。目前,"美国和欧盟正在开展 TTIP 即美欧双边自由贸易协定的谈判,议题涉及服务贸易、政府采购、原产地规则、技术性贸易壁垒、农业、海关和贸易便利化等。TTIP 涉及的内容包括解决双边贸易壁垒的条款,如跨境数据流动、数据隐私以及金融监管的协调,以及相互开放银行业、政府采购等,统一双方的食品安全标准、药品监管认证、专利申请与认证、制造业的技术与安全标准,并实现投资便利化等"①。作为双边自由贸易协定谈判,TTIP 不仅涉及贸易,同样也涉及投资主题。与 TPP 相似,TTIP 谈判同样存在着严重的分歧。

2016 年 9 月,G20 杭州峰会制定了全球第一个多边投资规则框架《二十国集团全球投资指导原则》,标志着投资议题在全球经济治理中地位的上升。贸易谈判的重心已经从贸易逐渐转向了投资与贸易并重。

## 二、形式变化:投资超越贸易的案例分析

投资超越贸易主要表现为三种形式:投资替代贸易、投资创造贸易、投资改变贸易。

### (一)投资替代贸易

以美国为例。20 世纪 50 年代末 60 年代初,由于欧洲主要国家煤钢共同体、关税同盟、西欧共同市场的建立和发展,欧洲内部贸易逐渐增强,使美国等非欧企业的对欧贸易大受影响,出口明显受阻。为了绕过这一壁垒,节约成本并进一步贴近当地市场,美国跨国公司大幅度调整了其国际化经营的方式,开始大规模地在环境和条件都相对较好、市场需求规模也较大的欧洲国家投资建厂,以国际直接投资的方式绕过贸易壁垒,实施就地产、就地销的战略。

又如日本。20 世纪 70 年代,由于遭受美国和欧洲的贸易壁垒,日本廉价汽车在美国和欧洲的出口受到限制。为此,日本采取以投资替代贸易的方式,在美国和欧洲建厂。"1995 年日本出口汽车 400 多万辆,在美国当地生产 160 多万辆,在美国注册的日本公司生产汽车占美国汽车产量的 15%,日本在欧洲的汽车生产量也在扩大。"②

### (二)投资创造贸易

投资创造贸易在发达国家跨国公司向新兴经济体的投资中表现得比较明显,特

---

① 杜琼、傅晓冬:《服务贸易协定(TiSA)谈判的进展、趋势及我国的对策》,《中国经贸导刊》2014 年第 31 期。

② 季铸:《世界贸易导论》,经济科学出版社 2007 年版,第 199 页。

别是在涉及中高端技术的行业或领域,如电子电器行业、汽车和其他工程产品等。由于跨国公司的投资(资源寻求型 FDI 和效率寻求型 FDI 都存在这种情况)提高了东道国的技术和研发水平,增强了东道国的出口能力。例如菲律宾,在 20 世纪 90 年代末吸引了大量半导体工业的 FDI,结果成为东南亚地区唯一电子产品出口迅速增长的国家,1998 年半导体出口甚至超过了马来西亚这个老牌出口国家。

又如汽车行业。在 20 世纪 90 年代,福特公司是当时全球化程度最高的汽车公司之一。为了提高其在北美市场的竞争能力,福特在墨西哥生产汽车,对公司在墨西哥的装配业务进行了大量投资。此外,福特、通用汽车和克莱斯勒还利用墨西哥的保税仓库组装设施把配件生产和在美国的生产活动一体化。结果,在 1990—1997 年期间,墨西哥对美国的汽车出口增长了 3.6 倍,从 45 亿美元增加到 208 亿美元。①

在其他制成品行业也存在同样的现象。联合国贸发会议通过对 52 个发达国家与发展中国家的横截面回归分析考察了 FDI 流入与出口业绩之间的关系,发现 FDI 与制成品出口间存在着显著的正相关关系。同时,FDI 的影响还会随着出口的技术密集度而增加。据其统计,人均 FDI 每增加 1%,高技术产品出口会增加 0.55%,中技术产品出口会增加 0.31%,低技术产品出口会增加 0.28%。②

### (三) 投资改变贸易

由于跨国公司国际生产网络的不断扩张,贸易已经不仅仅表现为传统的国与国之间的贸易,而会以企业内部贸易或产品内部贸易的形式出现。"特别是,由于跨国公司把整个产品的一部分生产阶段放到东道国中,把东道国纳入了该产品的整个价值链之中,世界贸易大量成为中间品贸易,贸易转变为一产品内部的价值链分工而不再是以往的产品或产业分工。"③同时,不同类型 FDI 在其中的重要性也有所不同。资源寻求型 FDI 和市场寻求型 FDI 也能产生跨国公司内部贸易,但效率寻求型 FDI 因为将某一独立的生产过程设在了低成本区而进一步扩大了跨国公司内部的贸易。

根据联合国贸发会议的统计,"2010 年在美国,国外跨国公司子公司占商品出口的 20%、进口的 28%,然而总部设在美国的跨国公司占出口的 45%、进口的 39%。因此,商品进口和出口的约 2/3 可以被认为是在跨国公司国际生产网络内发生的",欧洲、日本和中国也存在同样的现象;并且,"发展中国家作为一个群体,跨国公司生产

---

① 联合国贸发会议跨国公司与投资司编:《世界投资报告 1999:外国直接投资和发展的挑战》中译本,中国财政经济出版社 2000 年版,第 275 页。

② 联合国贸发会议跨国公司与投资司编:《世界投资报告 1999:外国直接投资和发展的挑战》中译本,中国财政经济出版社 2000 年版,第 273 页。

③ 张幼文:《开放型发展新时代:双向投资布局中的战略协同》,《探索与争鸣》2017 年第 7 期。

网络内的贸易所占份额较高,原因有两个:(1)公司生产曲线比发达国家陡峭,意味着高于平均生产水平的少数大型出口商和进口商,即主要跨国公司及其子公司的贸易可能会更加集中。(2)采掘业出口份额(约为 25%)明显高于世界平均水平(约为 17%),而且采掘业和自然资源贸易通常涉及跨国公司"①。由此可见,随着跨国公司投资的增加,跨国公司内部贸易已经逐渐呈现超越传统国际贸易的趋势,全球价值链的重要性越发突出。

### 三、投资超越贸易的实证检验

研究发现,投资超越贸易的三种表现形式在实证检验中也能够得到证明,这和理论研究、案例研究的结果是一致的。

#### (一) 投资替代贸易

本书采用引力模型来验证贸易与投资之间存在的替代关系,这一关系主要存在于 20 世纪,是传统的投资贸易关系。本书将用法国 1976 年到 1993 年的数据来验证投资与贸易的替代关系。

1976 年,可口可乐的 CEO 保罗·奥斯汀(Paul Austin)指出,美国的软饮料消费已经饱和,可口可乐的最大销量增长将来自国际市场,1982 年国际市场的销售量占可口可乐全部软饮料产量的 62%。1985 年北美占法国全部吸收外资的 30%,美国企业吸收雇员人数占到法国制造业就业总人数的 6%。1985 年法国进口额占 GDP 比重为 23.537%,到 1986 年降为 20.36%。

可口可乐等美国企业对法国投资的案例反映了投资对贸易的替代作用,因此本书在这一案例的基础上选取 1970—1993 年的法国作为样本,用实证计量分析进一步验证投资与贸易之间的替代关系。贸易引力模型最早由丁伯根在 1962 年提出,根据詹姆斯·E.安德森(James E.Anderson,1979)的国际直接投资模型以及瓦利亚诺·马丁内斯—圣罗马(Valeriano Martínez-San Román,2016)等的论文对国际直接投资模型的改进,本书将投资替代贸易的模型设定为:

$$\ln IM_{jt-2} = \alpha_1 \ln IFDI_{jt} + \alpha_2 \ln GDP_{jt} + \alpha_3 \ln PGNI_{it} + \alpha_4 \ln ER_{jt} + \alpha_6 + \xi_{it} \qquad (6\text{-}1)$$

$t$ 代表时间。其中 $IM$ 为法国的进口,用进口额占 $GDP$ 比重来说明,代表进口贸易情况;$GDP$ 代表法国的 $GDP$,代表法国的市场规模;$IFDI_{jt}$ 代表法国吸收的外商直接投资;$PGNI_{jt}$ 代表法国的人均 $GNI$,$ER$ 代表法国汇率水平,此部分所有数据来源于世界银行。经分析发现,法国的 $FDI$ 对进口的替代效应具有明显的滞后性,因而本

---

① 联合国贸易和发展组织编:《世界投资报告 2013:全球价值链:促进发展的投资与贸易》中译本,经济管理出版社 2013 年版,第 140 页。

书选取滞后 2 期的法国进口作为被解释变量。

本书将上述变量做 ADF 单位根检验,发现所有变量都是一阶单整 I—(1),之后进行协整分析,本部分尝试通过 E-G 两步法对方程(6-1)回归,得到结果见表6-1。

表 6-1　投资替代贸易

| 变量 | (1) | (2) | (3) |
|---|---|---|---|
| C | −9. 118002 | −7. 610031 | −9. 694163 |
|  | (−3. 3091)*** | (−5. 372)*** | (−5. 736)*** |
| lnIFDI | −0. 163348 | −0. 163412 | −0. 211389 |
|  | (−4. 825922)*** | (−4. 908649)*** | (−5. 302843)*** |
| lnGDP | 0. 513431 | 0. 425864 | 0. 530823 |
|  | (3. 407368)*** | (6. 763732)*** | (7. 257694)*** |
| lnPGNI | −0. 093342 |  |  |
|  | (−0. 64195) |  |  |
| lnER | 0. 218937 | 0. 219079 |  |
|  | (3. 67659)*** | (3. 740591)*** |  |
| R-squared | 0. 879965 | 0. 877055 | 0. 781485 |
| Adjusted R-squared | 0. 851721 | 0. 856564 | 0. 758484 |
| F-statistic | 31. 15621 | 42. 80221 | 33. 97532 |
| Prob(F-statistic) | 0 | 0 | 0. 000001 |

注:( )中为 t 值,***、**、* 分别表示显著性水平为 1%、5%、10%。

对方程(1)—方程(3)的残差进行单位根检验,结果平稳,法国的进口与 GDP、外商直接投资之间存在长期均衡的协整关系,对方程(3)进行 LM 检验,排除序列相关。本书进一步尝试对差分后的上述变量进行格兰杰因果检验,结果发现对外投资是进口的格兰杰原因(见表6-2)。

表 6-2　法国进口与 GDP、FDI 之间关系的格兰杰因果检验(差分变量)

| 原始假设 | F 值 | P 值 | 结论 |
|---|---|---|---|
| lnFDI 没有 Granger 引起 lnIM | 3. 37027 | 0. 0618 | 拒绝 |
| lnIM 没有 Granger 引起 lnFDI | 2. 36876 | 0. 1276 | 接受 |

本书出于稳健性考量,在方程(3)的基础上建立 VAR 模型与 VEC 模型,先通过 LR、FPE、AIC、SC 和 HQ 信息准则判断 VAR 的最优滞后阶数,发现无约束向量自回归模型的最优滞后阶数为3,因此有约束的误差修正模型的最优滞后阶数为2,之后进行 Johansen 协整关系检验,发现至少存在一个协整关系。VAR 模型的 AR 根图表

中所有单位根末的倒数小于1,即位于单位圆内,因而 VAR 模型满足稳定性条件。

在上述 VAR 模型的基础上再建立有约束的 VEC 模型,得出的长期趋势与上文方程(3)的结果相似,短期调整趋势见表 6-3,格兰杰因果关系见表 6-4。

表 6-3　向量误差修正模型估计结果

| Error Correction | D(lnIM) | D(lnFDI) | D(lnGDP) |
|---|---|---|---|
| CointEq1 | −0.313095 | 0.735049 | −0.131952 |
| | [−4.80972] | [1.92879] | [−0.74203] |
| D[lnIM(−1)] | −0.79405 | 0.796974 | 0.453719 |
| | [−3.94126] | [0.67570] | [0.82439] |
| D[lnIM(−2)] | −0.449254 | 0.786733 | 0.154592 |
| | [−2.17116] | [0.64946] | [0.27349] |
| D[lnFDI(−1)] | −0.202919 | 0.476522 | 0.219116 |
| | [−3.55171] | [1.42470] | [1.40393] |
| D[lnFDI(−2)] | −0.021536 | −0.151395 | 0.057266 |
| | [−0.34145] | [−0.41001] | [0.33236] |
| D[lnGDP(−1)] | 0.176735 | 0.382533 | 0.053362 |
| | [1.55078] | [0.57335] | [0.17140] |
| D[lnGDP(−2)] | −0.29382 | 0.271415 | −0.186795 |
| | [−2.60657] | [0.41129] | [−0.60661] |
| C | 0.085761 | −0.018593 | 0.040943 |
| | [4.24253] | [−0.15711] | [0.74145] |
| R−squared | 0.836852 | 0.444047 | 0.273485 |
| Adj. R−squared | 0.733031 | 0.090259 | −0.188842 |
| F−statistic | 8.060495 | 1.255121 | 0.591541 |
| SC | −2.468202 | 1.066149 | −0.458315 |

注:D(·)表示一阶差分,[ ]中是 t 值。

表 6-4　格兰杰因果检测结果

| | D(lnIM) | D(lnFDI) | D(lnGDP) |
|---|---|---|---|
| D(lnIM) | | 0.538207 | 0.783659 |
| | | (0.7641) | (0.6758) |
| D(lnFDI) | 12.79329 | | 1.972247 |
| | (0.0017)*** | | (0.373) |

| | D(lnIM) | D(lnFDI) | D(lnGDP) |
|---|---|---|---|
| D(lnGDP) | 9.6489 | 0.474496 | |
| | (0.008)*** | (0.7888) | |

注:()中是 P 值,*** 表示在 1%内具有格兰杰因果关系。

通过上述模型的结果可以清楚地发现,法国的外商直接投资与法国的进口之间存在长期的负相关关系,法国的进口与 GDP 之间存在正相关关系,即法国人均国民收入对法国的进口有促进作用,且在长期与短期内法国吸收的 FDI 都是进口的格兰杰原因,加之 FDI 对进口的负向作用,意味着投资对贸易具有替代作用。

法国外商直接投资与进口负相关,表明法国在长期与短期内 FDI 增大则会抑制进口,且具有格兰杰因果关系,也就是说在 20 世纪 70 年代到 90 年代初法国的外商直接投资生产替代了产品的进口。跨国公司通过在法国直接投资绕过了贸易壁垒,实现了贸易替代。1984 年法国全面展开经济结构调整,通过"紧缩"的经济政策促使法国经济走出经济危机,放宽外汇管制以及减税等政策促进了跨国企业对法国投资,弥补了法国国内固定资本投资不足的问题,法国还积极以法律形式确定科学技术发展规划,促进新技术的研发使用,使法国快速获取了外商投资的技术溢出,实现经济增长,减少了对国外货物贸易的进口依赖。

从法国 1970 年到 1993 年的经验来看,投资与贸易之间存在替代效应,但是随着经济全球化的发展以及 FTA、BIT 等国家间协议的签署,投资在世界范围内对贸易的效应主要是创造效应,在延长了样本区间后发现法国 1995 年到 2015 年之间投资与贸易之间存在着互补效应。此外,本书还验证了美国与德国、美国与法国、日本与中国之间近年来的投资与贸易关系,发现这些国家都存在投资与贸易之间的创造效应。

### (二)投资创造贸易

詹姆斯·R.马库森(James R.Markuson)和拉斯·斯文森(Lars Svensson,1985)以中国与美国为案例在理论上分析了国际投资与国际贸易之间的互补关系。以美国跨国公司对德国的投资为例,欧宝(OPEL)最初是德国欧宝汽车公司的一个品牌,于 1929 年被美国通用汽车公司并购。1932 年,欧宝成为欧洲最大的汽车制造商。美国通用公司通过并购方式收购欧宝汽车公司,在世界范围内扩展全球价值链,降低生产经营成本、扩大市场占有率、增加利润,提高美国总部对欧洲的出口份额。随着世界经济环境的变化,激烈的市场竞争,欧宝市场占有额减少。根据欧洲汽车制造商协会 ACEA 的数据,2010 年欧宝汽车在欧洲市场的占有率仅为 6.8%,与最高时的 12%相去甚远。

本书将在此部分通过计量分析验证国际投资对贸易的创造效应。贸易引力模型最早由丁伯根在 1962 年提出,根据詹姆斯·E.安德森(James E.Anderson,1979)[①]的国际直接投资模型,参考凯末尔·蒂尔肯(Kemal Türkcan,2008)[②]、瓦利亚诺·马丁内斯—圣罗马(Valeriano Martínez-San Román,2016)[③]等的论文对国际直接投资模型的改进,本书以美国与德国为例验证投资对贸易的创造关系,将美国对德国的投资与贸易间存在的关系函数设为:

$$X_{it} = f(GDP_{jt}, GDP_{it}, OFDI_{it}, DGNI_t, EX_{it}, TAR_{it}) \tag{6-2}$$

$i, j$ 代表国家,$t$ 代表时间。其中 $X_{jt}$ 为美国对德国的出口,$GDP_{jt}$ 是美国的 $GDP$,$GDP_{it}$ 是德国的 $GDP$,$DGNI_t$ 代表美德两国人均 $GNI$ 的差距,$EX_{it}$ 代表汇率水平(1999 年以后是欧元),$TAR_{it}$ 代表德国的关税水平。

本书构建引力模型为:

$$X_{it} = \alpha(GDP_{jt})^{\alpha_1}(GDP_{it})^{\alpha_2}(OFDI_{it})^{\alpha_3}(DGNI_t)^{\alpha_4}(EX_{it})^{\alpha_5}(TAR_{it})^{\alpha_6}\xi_{it} \tag{6-3}$$

对其取对数即:

$$\ln X_{it} = \alpha_1 \ln OFDI_{it} + \alpha_2 \ln GDP_{jt} + \alpha_3 \ln GDP_{it} + \alpha_4 \ln DGNI_t +$$
$$\alpha_5 \ln EX_{it} + \alpha_6 \ln TAR_{it} + \alpha + \xi_{it} \tag{6-4}$$

$\xi_{it}$ 代表随机误差,本书引入了关税税率(代表市场开放水平)、美国与德国两国之间人均国民收入差距、汇率等因素对引力模型进行扩展。本书的样本区间为 1990 年到 2015 年。美国对德国的出口数据来自 GTA 数据库,美国对德国直接投资的数据来源于美国商务部,其余数据均来自世界银行网站。美国对德国直接投资的目的包括寻求市场、促进资本要素流动,发挥部分产业的要素比较优势,促进资本、技术、品牌等要素流动。

本书将上述变量做 ADF 单位根检验,发现所有变量都是一阶单整 I—(1)[④],本书先用 Engel-Granger 两步法进行协整检验,发现残差序列平稳,即方程存在协整关系。得出结果见表6-5。

---

[①] Anderson, James E., "A Theoretical Foundation for the Gravity Equation", *American Economic Review*, Vol.69, No.1, 1979, pp.106–116.

[②] Türkcan, Kemal, "Outward Foreign Direct Investment and Intermediate Goods Exports", *Économie Internationale*, No.112, 2007, pp.51–71.

[③] Martínez-San Román, Valeriano; Bengoa, Marta; Sánchez-Robles, Blanca, "Foreign Direct Investment, Trade and the Home Bias: Evidence from the European Union", *Empirical Economics*, Vol.50, No.1, Feb.2016, pp.197–229.

[④] 因篇幅所限省略。

表 6-5　美国、德国之间投资创造贸易的回归结果

| 变量 | （1） | （2） | （3） | （4） | （5） |
|---|---|---|---|---|---|
| C | -6.35546 | -6.183739 | -5.725329 | | 16.23854 |
| | (-0.816916) | (-0.812057) | (-0.787917) | | (32.88471)*** |
| lnOFDI | 0.078517 | 0.148471 | 0.115567 | 0.277834 | 0.716284 |
| | (0.253376) | (0.563373) | (0.536917) | (4.47658)*** | (16.11362)*** |
| lnGGDP | 0.412645 | 0.440297 | 0.364808 | 0.299713 | |
| | (1.459331) | (1.627099) | (2.299101)** | (2.230867)** | |
| lnAGDP | 0.590467 | 0.531147 | 0.605997 | 0.41735 | |
| | (1.672171) | (1.65201) | (2.172142)** | (2.938603)*** | |
| lnTAR | 0.062105 | 0.054158 | | | |
| | (0.538453) | (0.484763) | | | |
| lnDGNI | 0.010448 | 0.016034 | | | |
| | (0.314195) | (0.52955) | | | |
| lnEX | -0.087088 | | | | |
| | (-0.454347) | | | | |
| R-squared | 0.943792 | 0.943181 | 0.941611 | 0.939963 | 0.915388 |
| Adjusted R-squared | 0.926042 | 0.928976 | 0.933648 | 0.934742 | 0.911863 |
| F-statistic | 53.17158 | 66.39922 | 118.2603 | | 259.6487 |
| Prob(F-statistic) | 0 | 0 | 0 | | 0 |
| 残差单位根检验 P值(c,0,0) | 0.08 | 0.09 | 0.09 | 0.08 | 0.0858 |

注：( )中为 t 值，***、**、* 分别表示显著性水平为 1%、5%、10%。

对方程(5)做序列相关性检验,结果方程(5)通过序列相关性检验且残差序列在 10%的水平上平稳,即美国对德国的出口与 FDI 之间长期存在协整关系。通过表 6-5 方程(5)的回归结果可以看出:lnFDI 的系数为 0.716284,是正数且通过显著性检验,即美国对德国的 FDI 对其出口有促进作用。之后进行格兰杰因果检验,结果见表 6-6。

表 6-6　美国、德国之间贸易与投资关系的格兰杰因果检验

| 原始假设 | F 值 | P 值 | 结论 |
|---|---|---|---|
| lnOFDI 没有 Granger 引起 lnX | 3.56002 | 0.0738 | 拒绝 |
| lnX 没有 Granger 引起 lnOFDI | 0.5884 | 0.7323 | 接受 |

从上述的结果可以看出:第一,美国对德国的出口与 FDI 之间存在长期稳定关系;第二,美国对德国 FDI 的增加可以促进美国对德国的出口;第三,关税与汇率对德国进口美国的产品没有显著性影响;第四,两国间人均国民收入对美国的出口没有显著的影响;第五,拒绝 FDI 波动不是引起美国对德国出口波动的 Granger 原因的假设,即 FDI 波动是引起美国对德国出口波动的 Granger 原因,但是不能拒绝美国对德国出口波动不是引起 FDI 波动的 Granger 原因的假设,即美国对德国出口波动不是引起 FDI 波动的 Granger 原因。综合上述分析可以看出,美国对德国的投资促进了出口,且美国对德国的直接投资是出口的格兰杰原因,美国对德国存在投资对贸易的创造效应。这反映了在近年来全球化的发展过程中,投资对贸易通过跨国公司在全球构建生产体系所产生的价值链延展与相关产业带动而形成的创造效应,这是投资与贸易关系的一种新趋势。

### (三)投资改变贸易

本部分将验证投资改变贸易的因果关系,本书采用最新数据来分析说明这一新趋势,采用1995—2015年日本化学工业这一技术密集型产业的投资与中间品贸易的数据使用实证模型分析。根据前文的分析,投资对贸易的效应有替代效应与创造效应,本部分将重点分析投资所引起的中间品贸易变化,即投资创造了新的国际分工。本部分尽量选择最新的数据,以反映投资与贸易间的最新趋势。本书对投资改变贸易的研究参考胡梅尔斯等(Hummels 等,2001)的垂直专业化分工理论。根据经典引力模型得到:

$$\ln MEX_{jt} = \alpha_1 \ln GDP_{jt} + \alpha_1 \ln GDP_{it} + \alpha_3 \ln OFDI_{jt} + \alpha_4 \ln EM_{jt} +$$
$$\alpha_5 \ln RD_{jt} + \alpha_6 \ln TAR_{it} + \alpha_7 + \xi_t \tag{6-5}$$

$$\ln MIM_{jt} = \alpha_1 \ln GDP_{jt} + \alpha_1 \ln GDP_{it} + \alpha_3 \ln OFDI_{jt} + \alpha_4 \ln EM_{jt} +$$
$$\alpha_5 \ln RD_{jt} + \alpha_6 \ln TAR_{jt} + \alpha_7 + \xi_t \tag{6-6}$$

$j$ 代表日本,$t$ 代表时间。其中 $MEX_{jt}$ 代表日本化工产业的中间品出口;$MIM_{jt}$ 代表日本化工产业的中间品进口;$GDP_{jt}$ 是日本的 $GDP$,代表日本市场规模;$GDP_{it}$ 是全球的 $GDP$,代表着全球市场份额;$OFDI_{jt}$ 代表日本企业化工产业的对外直接投资;$EM_{jt}$ 代表日本化学工业常用雇佣指数;$RD_{jt}$ 代表日本化学工业投入的科研经费;$TAR_{it}$ 代表世界关税税率,代表世界市场整体上的开放水平;$TAR_{jt}$ 代表日本关税税率,代表日本市场开放水平。科研投入、关税、雇佣指数等作为控制变量,扩展引力模型。

其中日本化工产业的中间品进出口数据来源于 GTA 数据库,根据联合国的《经济大类分类标准》[①](BEC)中间品类别为:111、121、21、22、31、322、42、53 项,最终产

---

① UNCTAD 中《经济大类分类标准》(BEC)中将产品分为资本货物、中间货物和最终消费品三个大类。化学产业的资本货物 HS(02)中的 6 位码种类为 0,中间品 700 余种,其他为最终消费品。

品类别为112、122、522、61、62、63,本书将UNCTAD提供的BEC(2002版)产品类别与HS(02)中的6位码一一匹配,得出日本化工产业中间品贸易的进出口数据;GDP与关税税率的数据来源于世界银行网站;日本企业化工产业的对外直接投资数据来源于日本贸易振兴机构;常用雇佣指数的数据经日本厚生劳动省网站整理而得;化学工业的科研经费则来源于日本总务省统计局。本书将上述变量做ADF单位根检验,发现所有变量都是一阶单整I—(1)①,之后进行协整分析,对方程(6-5)与方程(6-6)进行回归,得到结果见表6-7。

表6-7 日本化工产业对外投资对中间品出口的影响

| 变量 | (1) | (2) | (3) | (4) | (5) | (6) |
|---|---|---|---|---|---|---|
| C | −11.00809 | −18.09459 | −37.63707 | 36.47459 | 38.67864 | 20.63416 |
|  | (−0.279512) | (−0.506986) | (−0.895928) | (9.68)*** | (10.76)*** | (39.33)*** |
| lnFDI | 0.123778 | 0.111034 | 0.227496 | 0.240937 | 0.240191 | 0.481812 |
|  | (1.653732)* | (1.623763)* | (3.9)*** | (3.928)*** | (3.78)*** | (7.653)*** |
| lnGDP | −0.5636 | −0.196779 |  |  |  |  |
|  | (−0.544066) | (−0.282129) |  |  |  |  |
| lnJGDP | 2.046741 | 1.824415 | 2.33286 |  |  |  |
|  | (1.256966) | (1.197383) | (1.770523)* |  |  |  |
| lnEM | −1.533657 | −0.717574 | −2.111933 | −3.844144 | −3.520781 |  |
|  | (−0.74614) | (−0.611621) | (−1.783)* | (−5.43)*** | (−5.04)*** |  |
| lnRD | 0.219626 |  | 0.202294 | 0.479736 |  |  |
|  | (0.489899) |  | (0.598167) | (1.508813) |  |  |
| lnTAR | −1.100581 | −1.070999 |  |  |  |  |
|  | (−2.4167)** | (−2.4352)** |  |  |  |  |
| R−squared | 0.94759 | 0.946691 | 0.925161 | 0.910499 | 0.898513 | 0.755082 |
| Adjusted R−squared | 0.925128 | 0.928922 | 0.906451 | 0.894704 | 0.887237 | 0.742191 |
| F−statistic | 42.18721 | 53.27597 | 49.44817 | 57.64704 | 79.68148 | 58.57687 |
| Prob(F−statistic) | 0 | 0 | 0 | 0 | 0 | 0 |
| 残差单位根检验P值(c,0,0) | 0.0308 | 0.0729 | 0.0333 | 0.0164 | 0.0311 | 0.0249 |

注:()中为t值,***、**、*分别表示显著性水平为1%、5%、10%。

对方程的残差进行单位根检验,平稳,具体见表6-8。之后本书出于稳健性考虑

---

① 因篇幅关系不再一一列出。

建立 VAR 模型与 VEC 模型,方法同上,不再赘述,结果与上文相似且得到 VEC 模型。

表 6-8　日本化工产业对外投资与中间品出口的向量误差修正模型估计结果

| | D(lnMEX) | D(lnFDI) |
|---|---|---|
| ecm | −0.043921 | 2.401978 |
| | [−0.16214] | [3.46427] |
| D[lnMEX(−1)] | 0.216002 | 0.316246 |
| | [0.65262] | [0.37329] |
| D[lnMEX(−2)] | −0.243055 | −2.856387 |
| | [−0.71037] | [−3.26155] |
| D[lnFDI(−1)] | −0.029261 | 0.481221 |
| | [−0.22967] | [1.47568] |
| D[lnFDI(−2)] | 0.098364 | 0.465479 |
| | [1.03075] | [1.90565] |
| C | 0.03401 | 0.114379 |
| | [0.93693] | [1.23106] |
| R-squared | 0.21361 | 0.72415 |
| Adj.R-squared | −0.114053 | 0.609212 |
| F-statistic | 0.651919 | 6.300376 |

注:D(·)表示一阶差分,ecm 为误差修正项,[ ]中是 t 值。

对 ecm 做 ADF 检验,平稳,具体见表 6-9。笔者对从日本化工产业对外投资与中间品出口的模型结果中可以看出日本化工产业的中间品出口与对外投资、常用雇佣指数之间存在长期均衡的协整关系,日本的化工产业 R&D 对中间品的出口没有显著性影响,日本化工产业的跨国企业对外投资对其中间品出口有正向作用,日本化工产业常用雇佣指数则对中间品的出口有着反向作用,这可能主要是因为日本的产业空心化、全自动生产线造成化工产业的常用雇佣指数在样本期间内一直减少,而经济全球化扩大了日本跨国企业的市场需求,由于其掌握化工产业的价值链高端造成了常用雇佣指数减少而中间品出口反向增加的现象。

日本化工产业对全球的外商直接投资对中间品出口有着正向的作用,这与预期相符。日本化工产业的跨国公司通过实施垂直一体化战略在全球范围内整合资源进行对外直接投资,把国际间的市场协调变为企业的内部控制,减少生产运输成本,避过贸易壁垒,取得竞争优势最终获取超额利润,在此过程中中间品贸易迅速发展。

**表 6-9 日本化工产业对外投资与中间品进口的关系**

| 变量 | (1) | (2) | (3) | (4) |
|---|---|---|---|---|
| C | −24.48342 | −21.45241 | −29.20811 | 35.80243 |
| | (−0.656374) | (−0.535378) | (−0.740776) | (9.30162)*** |
| lnFDI | 0.209417 | 0.281918 | 0.289714 | 0.299398 |
| | (3.230507)*** | (5.112211)*** | (5.29389)*** | (4.40513)*** |
| lnGDP | 1.728683 | | | |
| | (1.828547)* | | | |
| lnJGDP | −0.296175 | 1.760182 | 1.918798 | |
| | (−0.183574) | (1.414993) | (1.551559) | |
| lnEM | −0.261888 | −3.204338 | −2.261351 | −3.091475 |
| | (−0.125145) | (−2.227442)** | (−2.03462)* | (−4.135711)*** |
| lnRD | 0.221721 | 0.777663 | 0.653992 | |
| | (0.506362) | (2.295139)** | (2.060337)* | |
| lnTAR | 0.377316 | 0.304342 | | |
| | (1.358341) | (1.029605) | | |
| R−squared | 0.953897 | 0.942887 | 0.93885 | 0.892058 |
| Adjusted R−squared | 0.934139 | 0.923849 | 0.923563 | 0.880065 |
| F−statistic | 48.27823 | 49.52711 | 61.41323 | 74.3782 |
| Prob(F−statistic) | 0 | 0 | 0 | 0 |
| 残差单位根检验 P 值(c,0,0) | 0.0432 | 0.008 | 0.0112 | 0.0625 |

注:( )中为 t 值,***、**、*分别表示显著性水平为 1%、5%、10%。

本书出于稳健性考量在 VAR 模型的基础上建立 VEC 模型,方法同上,得到的结果长期趋势与上文结果一致,短期的结果见表 6-10。

**表 6-10 日本向量误差修正模型估计结果**

| | D(lnMIM) | D(lnFDI) | D(lnEM) |
|---|---|---|---|
| ecm | −1.348637 | 0.066278 | −0.070559 |
| | [−2.75012] | [0.02513] | [−0.86740] |
| D[lnMIM(−1)] | 0.564233 | 1.214426 | 0.035388 |
| | [1.68417] | [0.67405] | [0.63679] |

续表

| | D(lnMIM) | D(lnFDI) | D(lnEM) |
|---|---|---|---|
| D[lnMIM(-2)] | -0.345312 | -2.110884 | 0.033635 |
| | [-1.26419] | [-1.43701] | [0.74235] |
| D[lnFDI(-1)] | -0.34078 | -0.583366 | -0.029108 |
| | [-2.90375] | [-0.92431] | [-1.49522] |
| D[lnFDI(-2)] | -0.095845 | -0.002095 | -0.017555 |
| | [-1.11158] | [-0.00452] | [-1.22740] |
| D[lnEM(-1)] | 2.910263 | -1.103258 | 0.369967 |
| | [0.97530] | [-0.06875] | [0.74745] |
| D[lnEM(-2)] | 3.463814 | 3.963369 | 0.138225 |
| | [1.26411] | [0.26896] | [0.30411] |
| C | 0.119434 | 0.151407 | -0.004326 |
| | [2.16434] | [0.51020] | [-0.47262] |
| R-squared | 0.641046 | 0.389227 | 0.278244 |
| Adj.R-squared | 0.389778 | -0.038315 | -0.226986 |
| F-statistic | 2.551243 | 0.910384 | 0.550728 |

　　尝试对 FDI 与中间品的出口、进口之间做格兰杰因果检验,发现它们在短期内并无格兰杰因果关系。日本国内的市场和全球市场容量、关税税率对中间品的进出口并无显著性影响。

　　从表6-7、表6-8、表6-9与表6-10的结果中可以发现,日本化工产业的中间品进口与对外投资、常用雇佣指数之间存在长期均衡的协整关系。日本化工产业的对外直接投资对中间产品的进口也有促进作用,且在长期内具有格兰杰因果关系,常用雇佣指数则仍对中间品的进口具有反向作用,其根本原因在于跨国公司在世界范围内优化资源配置,如减少对劳动力成本较高的本土的员工雇佣数,在劳动力成本较为低廉的中国加大投资。

　　由此可见,日本跨国企业将部分生产线转移到国外进行生产销售活动,促进了中间品贸易的发展,上述实证分析反映了投资对贸易的新趋势之投资改变贸易。

　　综上所述,无论从理论还是从实证分析来看,研究证明,投资超越贸易已经成为经济全球化发展的新趋势。这一新趋势的形成不仅来源于国际机构和组织的议题转换,而且来自产业内贸易的变化和跨国公司的投资行为。

　　从理论逻辑来看,贸易谈判中投资主题的逐渐凸显,不仅说明了贸易投资关系中的重心转移,同时也说明了投资超越贸易是世界经济和全球投资贸易发展到一定阶段的产物,是全球化的深化而非"逆全球化",是传统投资贸易关系在世界经济发展新格局下的整合、创造和再发展。

在具体形式上,从投资替代贸易、投资创造贸易到投资改变贸易,在时间上有重合,在某一发展阶段甚至出现几种形式并存;在区域分布中,从发达经济体到新兴发展中经济体,都有足够的案例和数据来验证。因此,投资超越贸易已经成为经济全球化发展的新趋势,成为新兴发展中经济体实施开放战略的新主题。

## 第三节 投资超越贸易:中国双向投资布局的形成

1979 年以来,中国从改革起步,坚定不移地扩大对外开放。从大规模"引进来"到大踏步"走出去",中国利用两个市场,两种资源,对外开放水平不断提高。然而,由于国内体制和战略的原因,随着市场的全面开放,中国也产生了一些发展中的问题。2003 年,在抗击"非典"的过程中,党中央提出了"以人为本,全面、协调、可持续"的科学发展观。2012 年 11 月,党的十八大报告提出,"全面提高开放型经济水平"[1]。2013 年,党的十八届三中全会强调"构建开放型经济新体制"[2]。

2015 年 5 月,党中央在《中共中央、国务院关于构建开放型经济新体制的若干意见》中提出,"推进引进外资与对外投资有机结合、相互配合,推动与各国各地区互利共赢的产业投资合作"[3]。党中央关于构建开放型经济新体制的意见,要求我们从问题出发,全面、深入地研究推进引进外资与对外投资有机结合、相互配合的协调机制,并在理论研究的基础上将政策研究的结果运用到实践中。

2015 年 10 月,党的十八届五中全会进一步提出"完善对外开放战略布局。推进双向开放……"[4]。2017 年 10 月,党的十九大报告提出"坚持引进来和走出去并重"[5],再次强调了引进来和走出去并重的双向投资布局。双向开放战略的提出,表明中国对外开放走向了一个新阶段;同时,双向投资布局的国家战略也将在一个新的

---

① 胡锦涛:《坚定不移沿着中国特色社会主义道路前进 为全面建成小康社会而奋斗——在中国共产党第十八次全国代表大会上的报告》,人民出版社 2012 年版,第 8 页。

② 《中共中央关于全面深化改革若干重大问题的决定》,人民出版社 2013 年版,第 10 页。

③ 中央政府门户网站:《中共中央、国务院关于构建开放型经济新体制的若干意见》,http://www.gov.cn/xinwen/2015-09/17/content_2934172.htm,2015 年 5 月 5 日。

④ 中央政府门户网站:《中共中央关于制定国民经济和社会发展第十三个五年规划的建议》,http://www.gov.cn/xinwen/2015-12/11/content_5022855.htm,2015 年 10 月 29 日。

⑤ 习近平:《决胜全面建成小康社会 夺取新时代中国特色社会主义伟大胜利——在中国共产党第十九次全国代表大会上的报告》,人民出版社 2017 年版,第 34 页。

意义上继续推进中国道路,创造新的内涵。研究将可能证明这一新内涵:基于前一阶段的成就,利用外汇、资金与发展的规模优势,通过对外投资创造新的竞争优势与分工格局,在一个新的水平上实现增长与发展。未来我们可能会看到,基于引进来的发展与双向投资的发展将是中国道路在开放意义上的两个历史性阶段。

# 第七章 "一带一路"建设：国际发展协同、开放战略对接与全球治理创新

"一带一路"建设是我国提出的推进国际合作、实现互利共赢的重大倡议。从经济发展意义上讲，就是以各国政策与规划的对接实现发展的国际协同；从全球治理意义上讲，就是合作路径与方式的创新推进经济全球化。与此相对应，中国的开放型发展布局也进行了历史性的转型升级，需要在与"一带一路"建设的对接中推进；中国推动经济全球化和参与全球治理也有了新的内涵。

## 第一节 国际协同成为发展中国家发展道路的新机制

发展是当今世界的最大主题和难题，"一带一路"建设就是突破这一难题的中国方案。从经济发展方式的意义上讲，"一带一路"建设具有深刻理论和时代意义的创新在于其倡导了国际协同发展的新型发展机制。

在各种发展战略的探索及其理论总结中，战略选择的依据基本上都是从国内出发的，根据国内产业结构和发展水平的现状和发展目标确定发展战略，无论是赶超战略还是跟随战略都是一个国家本身的战略而不可能是多国合作的战略。对外贸易战略，是否选择更高的开放度等，也都是从本国的条件和目标取向出发，外部因素是条件，战略和政策会注重如何利用，但不可改变，不是规划的对象。各国也会以各种方式争取国际发展援助，但这些援助一般都是用于某一特定项目，不会从整体上改变发展的基本条件。加入国际组织或参与区域一体化是履行开放承诺获得外部市场，会改变经济自由化的程度，会改变发展的条件，但不会改变发展的规划。各国可以参与国际组织协议的谈判，但发展中国家一般很少有话语权，往往只是被动地接受条约。简而言之，发展战略是各国自己制订的，而不是合作的产物。

中国虽然在发展上取得了举世瞩目的成就，但无意将自己的成功模式强加于任

何国家,因为中国相信各国有自身的国情,发展战略要从自身国情出发。

"一带一路"建设的核心意义在于提出了一个地区各国协同发展的倡议,通过形成发展的共识,共同创造发展的软硬条件,以实现共同发展。在这里,协同既不是对各国有约束力的承诺,也不是难以把握的外部条件,而是实实在在的各种措施与项目。这些措施与项目是共同合作确定的,而不是各国自己制订的。

"一带一路"倡议中提出的"五通"全面体现了这一协同发展的要义。政策沟通就是在取得发展与合作共识的条件下实施各自政策的有效对接,这是一种软条件。沟通是在自愿基础之上的,有较大的自主权和灵活性,不同于国际组织的协议和承诺,但能使各国之间的发展规划得到更好的互动,使市场具有更大的确定性和透明度。政策更多是在开放意义上和合作意义上的,有利于共同项目的实施,也要避免过度的激励性竞争。设施联通是协同发展的基础,是硬条件。基础设施广泛涉及各类道路、通信、管道、电站、港口、机场等,这些发展的条件在各国的分别规划下往往效率较低甚至无效,而设施联通则会提供最大的经济效益,符合各国利益。设施联通可以使地区各国形成一个更为便捷的大市场,降低使用成本,也将使各内陆国家找到出海口,从而使发展更为高效。对于一个目前发展水平还相对较低的区域来说,基础设施的整体规划特别有长远意义。贸易畅通是各国经济分工合作深化的表现。贸易历来被认为是发展中国家增长的发动机,即在启动发展上具有重要作用。贸易畅通不只是在于关税的降低和非关税壁垒的取消,而且在于各种意义上的贸易便利化,提升通关效率,降低流通成本。更高水平的贸易便利化就能使区域各国的分工合作更为紧密,更加高效,为发展提供更强大的动力。资金融通对于整个发展是决定性的,是硬条件之一。资金融通的内涵比直接投资要宽泛得多,除了直接投资外,还包括各种意义上的信贷资本和融资方式,无论对于基础设施建设还是企业融资都是关键。特别是基础设施所需资金多,回收周期长,需要更加市场化的融资机制支持。资金融通直接回答了一般发展中国家普遍存在的双缺口问题,有利于突破发展的最大瓶颈。资金融通并非区域各国之间简单的资金借贷关系,而是要形成一个开放的融资机制,包括吸收来自区域外的资金,创造各种更加有效的融资方式以适应各类需求,适应共同发展。民心相通尤其是"一带一路"倡议中的一大亮点,其超越了经济合作,但又对经济合作产生深刻的影响,是软条件。"一带一路"沿线各国历史、文化、宗教、政治等各个方面存在着很大差异,为经济发展的区域合作不在于消除这些差异,但却要排除各种差异对发展的不利影响,这里的关键就是求同存异,求经济发展之同,存民族特征之异。当谋求发展成为共识时,合作就有了最大公约数。

由此可见,"一带一路"倡议中所提出的"五通"是区域合作的基本框架,也是以国际合作突破发展难题的总体方案,是以国际协同解决发展问题的战略创新。有些学术研究运用贸易引力模型等方法,根据"一带一路"沿线国家经济规模小、发展水平低等特点,得出相互贸易发展空间不那么乐观的结论。这类研究的根本问题在于忽略了对"一带一路"建设整体框架的认识。市场是可以培育的,贸易是可以创造的,增长是可以推动的,"一带一路"建设的根本意义就在于以协同发展突破发展难题,因而任何纯粹基于现状的分析和预测都脱离了"一带一路"建设的核心与要义。

## 第二节　开放空间布局从梯度型转变为平行化

推进"一带一路"建设需要各国发展政策与规划的对接,从中国的对外开放上讲,首先是中西部地区的对外开放,从而发展布局从梯度型转变为平行化。

无论是从国际经济学比较优势论证明开放有益讲,还是从发展经济学主张开放型发展更为高效讲,各种理论分析一般都不区分大国小国,事实上是从一国在发展中没有地区差别的小国模型出发的。

但是,中国是一个大国,且大部分边界为陆地,沿海地区与内陆地区也因为这一原因在长期历史发展中形成了巨大的差别。面对这一客观现实,中国对外开放选择了从沿海开始的发展道路,利用沿海地区海上交通的优势发展对外贸易成为开放型发展的起点,包括利用中国香港、中国澳门地区开设南方经济特区,利用中国台湾地区与大陆的紧密联络,利用日本、韩国的便利条件在东部地区大量引进外资。上海等东部沿海地区相对较好的发展基础也为引进外资和出口产业发展提供了有利条件。引进外资发展出口成为开放型经济发展的最大主题,在我国东部与南部沿海地区的崛起中发挥了决定性的作用。这一从大国条件与发展现实出发的战略选择,是我国对外开放的第一次创新。

随着经济特区与沿海经济技术开发区经验的成熟与推广,对外开放逐步成为全国的统一战略,在政策上不存在地区差异,中西部地区同样可以引进外资,发展外贸。但是,上述开放型发展路径决定了我国的对外开放乃至整个发展格局必然是梯度型的:东部开放度和发展水平较高而中西部较低。尽管西部大开发战略提出,政策上注重东部产业向中西部转移,这一格局仍然没有改变。内陆地区也开始出现了一些新的战略经济区且发展势头良好,但在开放度上仍然受到了地理条件的明显约束。

中国要从大国走向强国,必然要求缩小这种开放与发展上的梯度差距。"一带一路"建设正是在对外开放战略实施中的又一次重大的历史性创新。

与"一带一路"建设相对接,中国发展的一个重要内容就是打通西南部、西部与北部的对外通道,包括陆路通道与海上通道,使这些地区在地理上的劣势得以克服,进而为实现开放型发展创造条件。通道的建设包括国内部分,更重要的是邻国部分,最终到达出海口,因而国际合作成为内陆地区开放的关键。正是这样,"一带一路"建设将使整个国家的对外开放格局从梯度型逐步转变为平行化,即东、中、西部各地区都可能以不同方式发展对外经贸关系。近年来开通的几条中欧班列已经证明陆路运输有其优越性。

"一带一路"建设在对外开放上的创新表明,地理条件是可以改变创造的,通过改变和创造可以使开放的后方变成前沿,参与国际合作。地理条件的创造改变了传统发展战略把区位因素作为不变的约束条件的分析方法。当然,地理条件的改变需要以巨大的投资与建设能力为基础,同时也要与相关国家的投资与战略相对接,因而是一个高度复杂和综合的战略主题。这一创新也使过去十多年来讨论的如何把沿海产业向内地转移面对一个全新的战略布局。

当然,平行化的开放格局并不意味着全国各地对外开放采用同一模式。各地区的开放特征将很大程度上取决于其产业基础与特点,东部产品可以经陆路运往欧洲,西部产品也可经海路运往美澳,而沿边地区的开放模式也将在很大程度上需要与相邻国家的经济特点相联系。

推进西部大开发是实现国内发展与"一带一路"建设对接的关键。中、西部发展立足于对外开放,但是又没有直接沿用东部开放的经验。东部开放的主要特点是以特殊政策形成对外部资本的引力,同时也形成对旧体制的瓦解作用,因为国内的市场机制还没有真正形成。但是在改革开放40年后的今天,情况已经完全不同了。政策性开放阶段已经结束,内外资政策走向一致。在前一轮开放中,国内大部分市场也已经对外资开放,中、西部在制造业发展上不可能主要靠特殊政策形成新一轮引资高潮,虽然我们并不排除继续引进外资。推进"一带一路"建设,其国内发展意义在于针对了中、西部客观现实与需求,即通过加强基础设施建设及其对外联通形成开放条件,并结合周边国家实际情况注重项目合作与共同开发。因此,西部大开发因"一带一路"建设找到了发展的国际对接,从而开辟了更大的空间。

## 第三节 开放合作对象从先进国家拓展到发展中国家

与"一带一路"建设相对接,中国对外开放的合作对象从以先进国家为主拓展到同时注重广大发展中国家。

对外开放就是充分利用国际条件实现发展。由于开放之初的基础差,虽然确立了出口导向的发展思路,但由于产品水平低、质量差,出口市场非常有限。于是,引进外资发展出口就成了开放型发展的一个主要途径。这就决定了开放之初的主要合作对象必然是发达国家与地区,因为这些国家拥有充裕的资本、技术,其跨国公司拥有广阔的国际市场。与此同时,20世纪90年代起全球化的一个重要内容就是传统产业的国际转移,以及一些新型的复杂产品寻求国际价值链分工,中国的国内市场潜力与劳动力低成本适应了这一轮全球化的特点和发达国家跨国公司的需要。这一切决定了对外开放的主要对象只能是发达国家和地区,而对大部分发展中国家来说中国除了对其资源产品有需求,承接一些工程项目外,更多的是低端产品竞争。从经济全球化的生产要素国际流动特征来看,发达国家拥有的是技术、品牌、销售网络等高级生产要素,而中国拥有的是低端劳动力,因而作为发展的启动模式,只能是与发达国家建立垂直分工关系,包括产业间的垂直分工与产品内的价值链分工。

尽管我们对自己国家处于垂直分工低端状态不满,但是客观地看,这仍然是我国抓住经济全球化历史机遇实现高速发展的成功之路。对外资开放以引进发达国家的高级生产要素是成功的关键及其经济学内涵,正是对发达国家的市场开放才使中国实现了发展的突破。然而,当中国走过了脱贫意义上的发展阶段,开始致力于实现民富国强目标的时候,此前的发展模式已经不适用了。一方面,中国及时提出了自主创新的发展理念,其经济学意义在于培育技术、品牌等高级生产要素以实现国际分工地位的提升,并且是在坚持开放的条件下推进自主创新;另一方面,中国也需要从自身发展的新的历史方位出发规划新的开放格局,"一带一路"建设正是在这个意义上的开放创新。

所谓新的历史方位,首先是中国已经成为新兴经济体,并且是世界第二大经济体,产业结构水平从总体上摆脱了一般发展中国家的特征,并且因强大的制造能力开始影响世界。部分领域的创新成果和新兴产业已经开始与发达国家相竞争,同时基础设施建设、装备制造等一批传统产业的巨大生产能力又为我们与这些部门相对落后的国家开展合作提供了十分有利的条件。与此同时,在许多领域中投资能力增强,国内资金充裕,国家的比较优势结构已经发生了历史性的变化。

这一切决定了在新的历史时期,对外开放既需要继续坚持与发达国家合作,进一步开放高端产业特别是现代服务业的市场准入,又需要从自身的比较优势结构变化出发开辟新的国际合作模式。"一带一路"沿线的大部分国家存在着大量的基础设施投资需求,在工业化的起步上需要大量传统产业投资,进而又会在发展启动后产生大量的一般消费品需求,等等。这些都是中国当前的比较优势所在,这就决定了对外开放的合作对象从先前的发达国家拓展到周边发展中国家的必要性和现实性。

"一带一路"建设的战略创新在于,我们没有沉浸在纯粹接受发达国家价值链分工布局的成功之中,没有满足于高速增长奇迹般发展的成就,而是从国家比较优势结构的历史性变化出发,扩大开放合作的对象,这是对外开放与发展进程中的一次重大的拓展与创新。

产能合作是"一带一路"建设中的内容之一，但是产能合作不是简单意义上的产能转移，有的产业（如资源产业）是不能转移的，有的产业转移成本是很高的，有的产业转移是否有意义则取决于当地是否有市场。同时也不能把产能合作简单理解为帮过剩产能寻找外部市场。没有相关国家的发展需求，产品是没有市场的；仅仅从中国自身需要寻找市场，合作是不可能持久的。产能合作应当建立在广泛的投资贸易基础之上，形成基于比较优势的国际分工才可能是互利的和可持续的。"一带一路"建设正是以其全面的经济合作和长期的经济发展为主旨，因而既是中国开放的新拓展，也是国际分工的新模式。

中国与"一带一路"沿线国家的合作可能是多种形式的，在很大程度上不同于与发达国家的合作。一是基础设施投资，这是中国的优势所在，也将建立起这些国家的长期发展能力；二是产业转移，中国制造业发展空间进一步扩大的同时，也将加快相关国家的工业化进程；三是价值链分工，相关国家的劳动力成本优势将得以发挥，中国制造业也将因此形成新的竞争力。

## 第四节　发展的对外经济关系结构从单向流动扩大到双向流动

"一带一路"建设以中国企业"走出去"为重要特征，从而将形成我国开放型发展结构的一场历史性的变化。从以"引进来"为主到同时注重"走出去"，是中国对外开放与"一带一路"建设相对接的必然要求。

从发展战略的意义上讲，前40年的开放型发展模式是一种顺应全球化的发展模式。经济全球化的最重要特点是以国际直接投资为载体的生产要素的国际流动，由此形成了基于各国不同生产要素结构的国际合作。具体而言就是外资流入与东道国劳动力等相结合开展生产并再出口到世界市场。在中国前一轮经济的大发展中，出口特别是外资带来的贸易顺差是一个重大因素，因而经济发展的特点是外资主导型的出口增长模式，这是中国发展模式的最重要特点之一。

从发展模式上讲，中国的发展模式是一个历史性的和时代性的创新。发展模式选择的核心是如何实现工业化的问题，也是选择如何发展对外经济关系的问题，即注重保护实现进口替代还是接受开放竞争以在提升效率中发展，传统的各种发展模式并不包含以引进外资实现发展的模式。因此中国的发展模式是一个利用全球化要素流动特征实现开放型发展的模式，其成功之处正在于这种创新。

当然这一发展模式的一个重要特点就是其单向性，即在一个较长的时期内实现资本净流入而产品净流出，二者最终形成巨额外汇储备。这种单向流动模式的优点是助推了国内高增长,在发展初期是完全必要的和有益的,因为它同时解决了发展经济学上的所谓"双缺口"瓶颈。但是这种单向模式的长期化也导致了外汇与资金的闲置和国际上对市场保护的指责。

我国早在20世纪初就提出"走出去"战略,当时更多是注重维护资源稳定供给意义上的。此后若干年中,对外并购逐步成为"走出去"的主要形式,并在国家发展中起了重大作用。今天,"一带一路"建设使"走出去"有了更加丰富的内涵与创新的意义。

如果说外资流入是国内发展前景和投资环境较好的表现,那么对外投资则是企业国际竞争力提升和国家参与全球化发展的表现。在当代世界,竞争是全球化的,一个强大的国家就要有一批有竞争力的企业。除了通过产品出口竞争外还要直接通过投资进行国际竞争。企业进行国际投资就是寻找最有利的投资机会实现发展的过程。"一带一路"沿线国家中相当大一部分还处于发展的初级阶段,基础设施建设与工业化还有很长的一段路要走,投资空间巨大。提出"一带一路"倡议为中国企业也为全世界各国企业的发展开辟了一个大市场。因此,"一带一路"倡议的提出并非只出于中国的需要,而是适应了相关国家的根本利益即经济的需要,是建立在互利基础之上的,也因为它的开放性符合所有国家利益,为世界各国企业开辟了投资机会,为世界经济增长营造了动力。

对外投资如何减少风险实现更高的效率,关键是如何制订合理的投资策略。首先,要在各国政府政策沟通的条件下由市场作出选择,企业和资本市场有能力形成最合理的投资方案。其次,要发挥地方政府的积极作用,联合企业抱团出海,形成产业配套式发展,可以减少单个企业的经营困难。最后,要加强园区建设,以形成产业集群式发展和当地的有效管理。

对外投资促进国内发展的一个重要机制是要把对外投资与国内出口发展结合起来,形成联动,要使对外投资带动国内产品出口与产业升级。以投资深化分工,建立产品价值链分工,带动国内零部件出口等都是重要的发展方式。

## 第五节　以项目先行推进全球化的现实路径

"一带一路"建设就是各国以参与全球化促进经济发展,因而,以什么方式推进全球化就成了问题的关键。事实已经证明并将继续证明,项目先行是一条切实可行的道路。

第二次世界大战以来,世界经济的区域化、一体化不断发展,经济全球化成为历史潮流深刻改变了世界经济的运行,也对各国发展进程普遍产生了积极的作用。然而,随着全球化的深化,各种矛盾也逐步显现出来,以英国"脱欧"与美国退出 TPP 为标志,全球化出现了逆转的态势,事实上全球化的矛盾在多年前已经开始显现。全球化继续发展面临的难题在于,随着合作的深化,利益分配机制更加复杂;随着合作参与者的增加,各自的需求差异更难协调。欧盟是前者的典型,世界贸易组织是后者的典型。面对全球化的矛盾,特别是世界贸易组织谈判的困难,各种区域一体化合作,双边贸易投资协议谈判普遍展开。

不论是全球多边、区域合作还是双边谈判,其共同特点是各方达成一个协议,构建一套规则,乃至建立一个组织,即制度化,同时各成员方都要作出一些承诺并履行协议,即承诺在先。这些制度化往往利益交换关系复杂,谈判难度高,实现时间长。

"一带一路"沿线国家数量众多,各国情况很不相同。如果区域合作采用与世界其他地区相同的方式,先进行谈判,建立一个制度化的合作框架,那么很可能经历多年谈判仍无法启动实际合作。中国提出"一带一路"倡议没有走制度先行、承诺先行的道路,而是走了一条更为务实的道路,即项目先行的道路。与制度先行或承诺先行相比,项目先行避免了成员方在开放承诺上的压力,这对发展中国家特别有意义。在倡议提出仅仅三年多时间后,沿线国家已经有一大批项目落地,亚投行等关键的机构已经建立并运行,世界已经看到了合作的早期收获,充分体现了"一带一路"建设推进方式的创新意义。

在近年来全球化深化受阻的形势下,许多国家选择双边谈判的模式,签订双边的贸易投资协定,因为双边互利关系一般比较清晰。从"一带一路"倡议提出以来,中国已经与区域内许多国家达成了双边合作协议,更多国家还在继续谈判之中。这表明,项目先行的合作方式并不排斥制度化合作,而双边合作和次区域合作的收益更为明显和可预期。因而,基于一大批双边合作的区域合作更有实效。

注重项目先行和双边合作并不意味着排除整体性的区域合作。今天"一带一路"建设还处于发展初期,中国高度注重合作取得的共识,2017 年 5 月北京高峰论坛的举行表明了这一点。取得共识将为政策沟通创造有利条件,是全面推进机制化、体制化合作的必要前提。同时,值得注意的是,"一带一路"建设并不是一个排他性的区域合作,它不存在一个建成的组织和明确的成员方,非成员方的加入需要作出某些承诺和得到成员方的同意,相反,它是一个开放型的国际合作机制,同样欢迎世界其他地区的国家参与"一带一路"建设,北京高峰论坛上就有多位区域外的国家元首和政府首脑出席,亚投行的投资者也包括多个区域外国家。因而,"一带一路"建设既是区域合作,也是全球性合作,合作的机制创新是"一带一路"建设在全球化意义上最大的特色。

有些研究者认为,美国主导的全球化就是全球化的标准,各国要参与全球化就应当无条件地接受这些标准,这种看法在美国退出 TPP 前尤其盛行。应当承认,从全球化的贸易投资自由化、公平化本质来看,以美国为代表的发达国家国内体制有其标准意义。但是,各国的市场经济体制是不同的,特别是在一定时期内发展水平和对外部的需求是不同的,开放和参与全球化的进程应当适应本国的发展要求,这一点对发展中国家特别重要,许多国际协定对发展中国家作出特殊安排也正是基于这一原因。面对"一带一路"沿线国家大部分是发展中国家的现实,中国选择了更切实可行的合作方式,同样不失为全球化路径的一种创新。

## 第六节　顺应发展需求,推进全球治理的补充与创新

随着经济全球化的不断推进,全球治理问题日益显现。以什么理念推进全球治理,"一带一路"建设体现的就是顺应发展需求,对全球治理进行补充与创新。

从历史发展来看,经济全球化是由发达国家主导的,特别是由美国主导的。其经济原因在于发达国家的企业需要更大的商品市场与投资机会。因此,由发达国家主导的全球化必然也就是以发达市场经济规则为主导的全球化。全球化对发展中国家是机遇也是挑战。贸易分工可能提高效率,也可能阻碍工业化的进程;外资流入可能推动增长和出口,也可能因此而处于价值链分工的低端,从而获得较少的收益。成功的发展战略在于尽最大可能趋利避害,新兴经济体崛起的关键也在于此。

与此相对应,由发达国家主导的全球经济治理也必然具有发达市场经济的体制取向,而发展中国家在其中的影响力与话语权是十分有限的。面对世界发展难题,全球治理的根本目标就是要顺应一大批发展中国家的发展需要。

近年来,中国参与全球治理主要有四个途径:一是维护现有的合理体制,如联合国,其在第二次世界大战以后促进世界和平与合作中发挥了重要作用,作为创始成员国和常任理事国,中国积极维护其权威性和各种职能;对于在世界自由与公平贸易中具有重要作用的世界贸易组织也是这样。二是改革现有体制中不尽如人意之处,如国际货币基金组织在维护世界金融稳定中具有重要作用,但在表决权份额等方面不能反映世界的发展和变化,需要改革。三是补充现有全球治理体制的不足,如世界银行等国际发展援助机构作用重大,但与全球发展需要相比,资金却远远不足,中国倡导建立的金砖银行、亚投行等都具有这方面的意义。四是创新治理模式,以适应新发展需要,如面对全球气候变暖需要各国合作共同应对,中国在这方面积极履行减排承诺,为全球环境治理体制的发展作出了贡献。

"一带一路"建设是中国以补充和创新方式推动全球治理的重大举措,是推动合作共赢的中国方案。中国以建立亚投行、丝路基金和金砖国家新开发银行等方式补

充了世界发展资金的不足，并通过自身的努力动员了世界的巨额资金参与。同时，针对该地区区域合作水平较低的现状，中国倡导了以"五通"为内容的全面合作体系，推进了地区发展的互利共赢。

顺应发展需求、推动区域合作，是中国在推动全球治理中的出发点。这一点形成了与发达国家在全球治理立场上的根本区别。以美国为首的发达国家推动全球化的制度安排，核心是要求各国市场开放，保障公平竞争，政府退出市场，消除对市场的干预和对本国企业的扶持，承认国际规则和争端解决机制。从更好发挥市场作用上讲，这些都是合理的；但是对大部分发展中国家来说，这些又不是最重要和最紧迫的，因为许多国家国内市场还没有真正发育完善。实现发展的启动，营造发展的条件，解决贫困和社会稳定等约束发展的问题才是更为紧迫的。因此，推动国际合作的首要主题是顺应各国的发展需要，而不是要他们先按发达国家标准建立一整套制度。中国是从贫穷落后的发展中国家走上新兴经济体道路的，中国深知发展战略的重要性，利用全球化的重要性，以及政府在发展中积极有为的重要性。因此中国推动的全球治理新模式更适应发展中国家的要求。中国推进"一带一路"建设将会引领世界逐步形成新的治理模式，其核心就是顺应发展，符合发展中国家的最现实需要，尊重各国的国情和选择，以互利共赢为目标。

中国是否要主导"一带一路"建设？这是国际上有些人提出的问题。如果说问题本身的含义是中国是否要让"一带一路"完全服务于中国自己的需要，那么回答应当是否定的，这样的目的是不可能得到国际社会广泛认可，也是不可持续的。但是，如果说所谓"主导"指的是主动倡导和发挥积极作用，那么回答应当是肯定的。这一倡议是中国提出的，作为负责任大国，中国要积极推动，并全力投入自己的各种经济与政治资源。因为"一带一路"倡议本身就是为了建立一个共同发展的新机制，是互利共赢的，因而这种主导作用是有利的、必要的，也是一个新兴大国应尽的责任。

综上所述，"一带一路"建设是世界协同发展机制的创新和国际合作模式的创新，是推动合作共赢、破解世界发展难题的中国方案。阐明其创新意义将有利于各国深化合作，共同推进"一带一路"建设。

# 第八章 "一带一路"建设下中国对外投资总趋势

2013 年 9 月和 10 月,国家主席习近平分别在出访哈萨克斯坦和印度尼西亚发表演讲时提出共建"丝绸之路经济带"和"21 世纪海上丝绸之路"(以下简称"一带一路")的倡议,引发国内外学界、商界和政界的广泛关注。此后,围绕"一带一路",从追溯历史渊源到阐释当代含义、从如何共建到谁将从中真正获益,国内外相关研究及评述层出不穷。2015 年 3 月,国家发展改革委、外交部、商务部联合发布《推动共建丝绸之路经济带和 21 世纪海上丝绸之路的愿景与行动》(以下简称《愿景与行动》),预示着"一带一路"倡议正式步入务实合作阶段。[1]"一带一路"建设是中国对外开放布局在新阶段的重要组成部分。对外投资的发展将是中国推进"一带一路"建设的首要内容,其特点与机制将在很大程度上不同于一般国际直接投资,特别是不同于发达国家对发展中国家的直接投资。本书着重分析"一带一路"建设下中国在未来十年对外投资的总格局与总趋势,通过对"一带一路"国家投资重点与产业特点,与对欧美国家等非"一带一路"国家的差异分析,勾画出未来中国对外投资的总趋势与总布局。

## 第一节 "一带一路"倡议开启中国全方位对外开放新格局[2]

改革开放以来,从经济特区的建立到浦东的开发开放,再到加入 WTO,中国经济

---

① 金芳:《"一带一路"倡议与中国对外直接投资的新格局》,《国际关系研究》2016 年第 2 期。

② 本节内容摘自:金芳:《"一带一路"倡议与中国对外直接投资的新格局》,《国际关系研究》2016 年第 2 期。

已经兴起过三次开放高潮,经历了三个不同的开放发展阶段,即 1978—1991 年的尝试性开放阶段、1992—2001 年积极融入全球化的开放阶段和 2002—2008 年积极实践承诺、适应国际规则的开放阶段①。"一带一路"倡议是在中国对外开放获得巨大成就、已跻身世界经济大国之列,但又面临一系列开放发展中的内外失衡困境的背景下提出的宏伟构想,其含义不仅是支持微观主体"走出去"的一个倡议,更是崛起中的大国走向世界、规划对外发展和带动区域繁荣发展的一个整体框架。因此,将突破既有开放格局,掀起新一波中国开放浪潮。

## 一、从要素集聚型开放转向要素连接式开放

中国对外开放是以引进外资为起点,以外资带动出口为手段,通过推动加工贸易主导的出口扩张,积累更多外汇储备,从而实现中国经济融入世界经济的开放进程。因此,中国前三波开放的推进模式总体上呈现出集聚式开放的特征,即以吸纳全球要素为基础,通过开辟出口加工区,提供组装能力,率先带动以轻工、纺织为主的出口导向产业。继而通过更多吸引资本和技术密集的外国直接投资,提升制造水平,充当世界工厂。

"一带一路"倡议则是在中国已经摆脱了储蓄和外汇"双缺口",进入贸易顺差和国际储备"双过剩"的背景下提出的,旨在促进经济要素有序自由流动、资源高效配置和市场深度融合,推动沿线各国实现经济政策协调,开展更大范围、更高水平、更深层次的区域合作,共同打造开放、包容、均衡、普惠的区域经济合作架构。因此,"一带一路"倡议所引导的是要素连接式开放,是以资金、技术、人才和资源流动为基础,将各类要素的"引进来"和"走出去"相结合,实现沿线国家间经贸联系与产能合作的新方式,也有助于实现中国经济从单向、浅度的国际化向双向、深度的国际化迈进。

## 二、从区域割裂型开放转向多地域同步开放

从 1979 年建立深圳等 4 个经济特区到 1984 年批准上海等 14 个沿海开放城市,中国对外开放的空间格局是以东部沿海为起点,梯度式扩展,先行先试地区拥有政策领先优势。20 世纪 90 年代中后期,随着振兴东北、开发中西部等国家战略的实施,中央政府专门出台了针对适用中西部招商引资的优惠政策,商务部加大了鼓励外资到中西部发展的政策力度,给予审批等方面的便利。不同时期、适用于不同区域或城

① 1979 年 7 月,中共中央、国务院同意在广东省的深圳、珠海、汕头三市和福建省的厦门市试办出口特区。1980 年 5 月,中共中央和国务院决定将深圳、珠海、汕头和厦门这 4 个出口特区改称为经济特区。经济特区的设置标志着中国改革开放进一步发展。1992 年中国加快改革开放后,经济特区模式移到上海浦东等国家级新区,这些新的特区发展起来,成为中国新一轮改革开放的重要标志。

市的改革试点或先行先试,令前三波开放浪潮呈现出区域割裂的开放特征。由于区域性政策差异明显,也因此强化了区域市场分割的局面。而这种市场分割不仅增加了各地开放资源的竞争性耗损,也导致各地区从自身角度考虑发展战略,对外地产品设置贸易限制或额外收费等地方性壁垒,阻碍了以专业化分工取代同构竞争,以大市场服务整合资源的市场化发展和资源有效配置。

"一带一路"倡议所开启的则是中国多地域同步开放的新格局。在前三波开放中,中国的西北、东北和西南并非是开放的前沿,但在"一带一路"框架下,新疆成为向西开放的窗口;陕西、甘肃和宁夏成为内陆型开放的高地;广西、云南是向南亚、东南亚开放的重要支点,而内蒙古和东北三省则分别是向北联通蒙古和俄罗斯的开放重镇。在《愿景与行动》中,中国的西北、东北、西南和沿海及内陆各地处于同步开放、各有侧重的战略布局之下,强调充分发挥各地区拥有的与其地理因素、人文历史因素或国际经贸联系等禀赋相关的比较优势,强化我国东、中、西部开放发展的互动合作。目前31个省(自治区、直辖市)积极响应"一带一路"建设号召,均出台了"一带一路"对接方案,其中新疆、宁夏、黑龙江、云南、吉林在该地区的"十三五"规划中对参与"一带一路"建设的规划力度最大。

此外,与前三波开放最具差异的是,《愿景与行动》还将以往作为开放对象的港澳台地区也作为共建"一带一路"的重要组成部分。中国香港特区政府特首也在2016年年初的施政纲领中强调,要把握"一带一路"建设的契机,发挥中国香港连接国内外市场的独特平台作用。

## 三、从本国目标导向型开放转向各国发展战略对接式开放

过去40年,以融入全球化、嵌入全球价值链为导向的中国开放型经济战略具有显著的内向开放特征,本质上只是一国发展战略的选择。因此其战略取向主要来自本国发展目标,核心是解决资本、外汇、技术和人才短缺,要义是扩大出口、积累外汇和提升产业结构水平,很少考虑与他国发展目标及发展战略的互动关系。"一带一路"倡议下的第四波开放则具有明显的外向开放特征。作为新崛起的负责任大国,中国开放战略的目标已从谋求自身利益调整到切实利用国内外两个市场、两种资源的有效整合,通过提供资金、提供市场、提供就业,发挥中国在全球经济再平衡中的角色作用。

近年来,"一带一路"沿线各国也相继制定自身的发展战略,比如印度2014年6月提出的"季风计划",即以环印度洋区域深远的印度文化影响力以及环印度洋国家和地区间悠久的贸易往来史为依托,以印度为主力,推进从东非到阿拉伯半岛,到印度次大陆、斯里兰卡以及东南亚国家,环印度洋地区各国加强合作,共同开发海洋资

源,促进经贸往来。2014年,哈萨克斯坦制订的"光明之路"计划,致力于在哈萨克斯坦国内推进基础设施建设,保障经济持续发展和社会稳定。此外,俄罗斯也于2014年提出了作为开发西伯利亚和远东重要抓手的"跨欧亚发展带"战略,试图以大中城市、石油和天然气生成和加工基地、新西伯利亚科学城等为依托,西伯利亚大铁路、石油和天然气运输管道为主干,吸引欧洲和亚洲国家参与,形成一系列高新技术产业集群,建成从大西洋经欧洲、西伯利亚到太平洋,进而穿越白令海峡进入阿拉斯加,连接北美的交通、能源、电信一体化的发展带。

发展战略对接式开放的本质是在中国新一轮开放进程中寻求与沿线国家发展战略的共通点与契合点。比如莫迪版的"季风计划"——"萨迦尔玛拉"计划强调"港口导向型发展",包括通过修建铁路和公路来提高印度内陆与各大港口之间的联系,还计划将内河和沿海运输发展为印度的主要运输方式,振兴印度的航运业、造船业、港口业等涉及海洋经济的内容。"21世纪海上丝绸之路"建设可为在海上基础设施方面存在技术差距的印度提供大量机会。印度可以利用中国的生产能力,解决供需严重失衡的基础设施问题,诸如建造高速铁路和高速公路,建造高质量船舶、建设世界级港口,并进一步开发海洋资源等。再比如,"丝绸之路经济带"的重点之一是畅通中国经中亚、俄罗斯至欧洲波罗的海的通道和经贸联系,不仅可与跨欧亚发展带内部的交通基础设施项目对接,也与俄罗斯、白俄罗斯和哈萨克斯坦达成的共建欧亚经济联盟的计划相契合,可以通过多种投资方式,实现能源资源开发利用的合作共建和利益共享。

## 第二节 "一带一路"建设下中国对外投资的新特征

金融危机后,中国作为国际投资大国的崛起引人关注,不仅在对外直接投资规模上异军突起,更在投资领域、投资方式和投资主体上日趋多元化。在中国政府积极推动"一带一路"建设进程中,国际产能合作稳步推进,对外投资呈现出与对非"一带一路"国家和地区不尽相同的新特征。

### 一、投资规模:增长迅速但存量较低

中国对"一带一路"国家和地区的对外投资快速增长,但投资存量在中国对外直接投资总额中所占比例仍然较低。"一带一路"倡议提出三年来,不仅激活了中国与沿线国家的经贸合作,更成为中国对外直接投资的新增长极。2015年中国企业对"一带一路"相关49个国家和地区的投资流量为189.3亿美元,同比增长38.6%,是同期中国企业对全球投资增幅(18.3%)的2倍多,占当年中国对外直接投资流量总

额的 13%(总额为 1456.7 亿美元)。位列前 10 的国家有:新加坡、俄罗斯、印度尼西亚、阿联酋、印度、土耳其、越南、老挝、马来西亚、柬埔寨。同期,中国企业在"一带一路"相关的 60 个国家承揽对外工程项目 3987 个,新签合同额 926.4 亿美元,占同期中国对外承包工程新签合同额的 44%。但截至 2015 年年末,中国对"一带一路"相关国家的直接投资存量为 1156.8 亿美元,仅占中国对外直接投资存量的 10.5%。

2016 年中国政府和企业对"一带一路"沿线 53 个国家直接投资 145.3 亿美元,占同期中国对外直接投资总额的 8.5%。中国企业对相关 61 国的新签合同额 1260.3 亿美元,占同期对外承包工程新签合同额的 51.6%,完成营业额 759.7 亿美元,占同期总额的 47.7%。普华永道于 2017 年 2 月 15 日发布的研究报告则显示,2016 年在"一带一路"沿线 66 个国家的核心基建项目及交易总额超过 4930 亿美元,涉及公用事业、交通、电信、社会、建设、能源和环境等七大行业。其中,中国占投资总额的 1/3。

2017 年,中国对外直接投资同比下降 29.4%,但对"一带一路"沿线投资却仅下降 1.2%。商务部数据表明,"2017 年我国境内投资者共对全球 174 个国家和地区的 6236 家境外企业进行非金融类直接投资,累计实现投资 1200.8 亿美元,同比下降 29.4%。但同期中国对'一带一路'沿线国家投资合作却仅出现微量下跌。2017 年,我国企业共对'一带一路'沿线的 59 个国家非金融类直接投资 143.6 亿美元,同比下降 1.2%,占同期总额的 12%,较上年提升了 3.5 个百分点"[1]。

表 8-1　中国企业对"一带一路"沿线国家直接投资情况

| 项目　　　　　　　　　　年份 | 2014 | 2015 | 2016 | 2017 |
|---|---|---|---|---|
| 直接投资流量(亿美元) | 148 | 189.3 | 145.3 | 143.6 |
| 占当年度我国对外直接投资总流量比重(%) | 14 | 13 | 8.5 | 12 |
| 投资覆盖沿线国别数(个) | — | 49 | 53 | 59 |

资料来源:根据商务部各时期新闻发布汇总。

表 8-2　2015 年位列中国企业对"一带一路"相关国家和地区投资前 10 名的情况

(单位:万美元)

| 国家(地区) | 2015 年流量 | 2015 年年底存量 |
|---|---|---|
| 新加坡 | 1045248 | 3198491 |
| 俄罗斯 | 296086 | 1401963 |

---

① 吴哲钰:《将继续鼓励有实力、信誉好的企业走出去》,《21 世纪经济报道》2018 年 1 月 25 日。

续表

| 国家(地区) | 2015 年流量 | 2015 年年底存量 |
|---|---|---|
| 印度尼西亚 | 145057 | 812514 |
| 阿联酋 | 126868 | 460284 |
| 印度 | 70525 | 377047 |
| 土耳其 | 62831 | 132884 |
| 越南 | 56017 | 337356 |
| 老挝 | 51721 | 484171 |
| 马来西亚 | 48891 | 223137 |
| 柬埔寨 | 41968 | 367586 |
| 对"一带一路"合计 | 1892890 | 11567891 |
| 对全球合计 | 14566715 | 109786459 |

数据来源:商务部、国家统计局、国家外汇管理局:《2015 年度中国对外直接投资统计公报》,中国统计出版社2016 年版。

## 二、投资形式:绿地投资与并购投资较为平衡

跨国并购成为中国企业对外投资的主要方式,但在非洲等欠发达地区,投资仍以绿地投资为主。从案例来看,中国企业跨国并购的地区分布更倾向于向北美洲和欧洲等高技术和品牌成熟市场挺进。2004—2014 年,中国企业对东亚市场的并购数占比已从53%下降至15%;同期对欧洲市场的并购数占比则从13%上升至37%;北美市场占比也从11%上升至23%;即欧美发达国家占比达60%,已经成为中国海外并购的主要目的地。[①] 2015 年中国企业共实施对外投资并购项目579 起,涉及62 个国家(地区),从实际并购金额看,美国、开曼群岛、意大利、中国香港、澳大利亚、荷兰位居前列。

反观中国对"一带一路"沿线绿地投资和并购投资,两者较为平衡,2015 年,中国对"一带一路"相关国家并购项目101 起,并购金额92.3 亿美元,占中国海外并购总额的17%,占中国对"一带一路"总投资额的48.68%,绿地投资占比51.32%。从平均投资规模看,绿地投资高于并购投资;农业和房地产更倾向于绿地投资,公用事业、旅游、矿产、娱乐和技术领域则倾向于跨国并购。

## 三、投资领域:以基础设施为主

"一带一路"国家总体来说基础设施相对薄弱,铁路、公路、港口、机场、电站等的

---

① 波士顿咨询集团(BCG)、中国发展研究基金会(CDRF):《乘风破浪正当时——中国企业海外并购的势与谋》,http://www.bcg.com,2015 年 3 月。

建设有很大需求。因此,中国对"一带一路"国家的投资以基础设施为主,几乎覆盖所有行业类别,详情请参见表8-3。

表8-3 "一带一路"重大基建项目一览表

| 项目 | 状态 |
|------|------|
| 交通基础设施 | |
| 中老铁路 | 尚未开工 |
| 中泰铁路 | 已获批 |
| 中缅铁路 | 缅甸境内未开工 |
| 中巴铁路 | 已达成协议 |
| 中吉乌铁路 | 正在建设 |
| 中缅高速公路 | 正在建设 |
| 中塔公路 | 已实施 |
| 中哈俄公路网 | 正在建设 |
| 油气管道建设 | |
| 中俄天然气管道 | 正在建设 |
| 中亚天然气管道 | 正在扩建 |
| 中缅油气管道 | 已建成 |
| 中俄电力管道 | 已建成 |
| 通信设施建设 | |
| 中缅通信光缆 | 已开通 |
| 中塔通信光缆 | 已开通 |
| 东南亚海底光缆系统 | 正在建设 |

资料来源:根据相关资料整理。

而中国对非"一带一路"国家的投资则以资源类投资及制造业为主。目前,中国对外直接投资已覆盖国民经济所有行业类别。其中租赁和商务服务业、金融业、采矿业、批发零售和制造业等五大行业累计存量达5486亿美元,占中国对外直接投资存量总额的83%。以并购方式实现的对外直接投资中,能源资源类标的一直是我国企业跨国并购的重点。2004—2014年,能源资源类并购占我国海外并购总额的比重高达40%。近年来,希望获得品牌、技术和市场的海外投资占比明显提高。2015年中国企业海外投资制造业占比48%,接近总投资额的一半。中国企业正通过海外并购转向效率提升阶段,不断向价值链上游延伸。我国海外投资领域从能源、资源类投资逐渐向包括高新技术、服务贸易在内的多元化领域拓展。

## 四、投资项目：集成能力强，贸易创造效应显著

"一带一路"建设以设施联通为切入点，其承载的主要合作内容是提升沿线各国的经贸合作水平，共同培育新的贸易增长点，创新贸易方式，提高贸易便利化水平；拓展产业投资合作，契合沿线国家实现工业化的需要；深化能源资源合作，深入能源生产、运输、加工等各个环节；拓宽金融合作领域，扩大双边本币互换的规模和范围以及跨境贸易本币结算试点，共同防范金融风险，促进本地区金融稳定。"一带一路"建设中的投资，并非单纯的直接投资，具有明显的贸易创造效应。从喀喇昆仑公路二期、卡拉奇高速公路、中老铁路开工建设，到运河开工、港口建设（巴基斯坦）不仅带动装备输出、货物流转和港口管理，也带动产品、技术、标准和服务联动发展，形成更强的跨境产业链，中国已经成为不少"一带一路"沿线国家最大的贸易伙伴。一方面出口成套设备支持"一带一路"相关国家的工业化和基础设施建设，满足消费者升级需求；另一方面积极扩大从沿线国家进口，努力改善贸易不平衡。2015年我国与"一带一路"沿线国家进出口总额达9382.05亿美元，其中我国对东盟十国、南亚、中东、中东欧进出口总额分别为3935.36亿美元、1027.23亿美元、2747.37亿美元、659.16亿美元，比2012年分别增长21.73%、13.32%、7.02%、3.75%。[1] 2016年1—11月中国与"一带一路"沿线国家贸易额达8489亿美元，占同期我国贸易进出口总额的25.7%。[2]

对非"一带一路"国家或地区，中国海外直接投资，则以贸易替代型投资居多，包括早期的配额避让和如今的关税避让，较多的是对传统贸易市场的投资替代。

## 五、投资模式：国内开发区模式的国外复制带动组团式投资

目前，境外经贸合作区已成为推进"一带一路"建设和国际产能合作的重要载体，呈现出国内开发区模式的国外复制带动组团式投资的特点，产业协同和关联性都比较强。据商务部数据，截至2015年12月底，我国企业在"一带一路"沿线推进的经贸投资合作区共计75个，其中半数以上是与产能合作密切相关的加工制造类园区，建区企业累计投资70.5亿美元，入区企业1209家，合作区累计总产值420.9亿美元，上缴东道国税费14.2亿美元，既带动了中国纺织、服装、轻工、家电等优势传统行业部分产能的向外转移，也为投资当地创造20多万个就业机会[3]，确实创造了互

---

① 涂永红、李胜男：《促进"一带一路"贸易发展，推动人民币国际化》，《海外投资与出口信贷》2017年第2期。

② 周密：《深耕"一带一路"，推动贸易投资升级发展》，《海外投资与出口信贷》2017年第2期。

③ 商务部新闻办公室：《商务部合作司负责人谈2015年我国对外投资合作情况》，http://www.mofcom.gov.cn/article/ae/ai/201601/20160101235603.shtml，2016年1月15日。

惠互利、利益共享的新局面。截至 2016 年年底,中国企业共在 36 个国家建成初具规模的合作区 77 个,累计投资 241.9 亿美元。其中,56 个合作区分布在 20 个"一带一路"国家,占在建合作区总数的 72.72%,累计投资 185.5 亿美元,入区企业 1082 家,总产值 506.9 亿美元,上缴东道国税费 10.7 亿美元,为当地创造就业岗位 17.7 万个。合作区不仅使我国汽车、摩托车、机械、电子、化工、纺织、服装等优势产业在海外形成集聚效应,也降低了中国企业"走出去"的风险与成本。① 对于东道国而言,这些合作区吸引了更多的中国企业前来投资建厂,不仅在增加就业、提高税收、扩大出口创汇等方面发挥了重要作用,还有力地推动了其工业化进程并促进了相关产业的升级。

而且,在"一带一路"建设中,企业参与境外自贸区建设,形成了企业集群式海外投资的重要平台。境外经贸合作区为入园投资企业提供了信息咨询服务、运营管理服务、物业管理服务和突发事件应急服务等四项主要任务。例如泰中罗勇工业园的中策橡胶集团项目,总投资 150 亿泰铢,是目前中国制造业对泰投资的最大项目。在全球大宗商品低迷的背景下,中策集团入驻不但促进了泰国天然橡胶销售,还带动中国国内橡胶轮胎行业的多家配套企业先后入园,起到集群式"走出去"的效果。从单个企业的竞争转变为产业链的竞争,由此大幅提升了中资企业的国际竞争力。再比如,吉海农业有限公司进入赞中经贸合作区,截至 2015 年已投资 2500 万美元,建设了食用菌工厂、吉林农业产业示范园等项目,逐步形成赞比亚的木耳、平菇、香菇等食用菌类培植带,带动赞比亚农民从事食用菌产业,在稳步拓展赞比亚市场的同时,还计划将产品出口至赞比亚周边国家,在非洲打造具有国际影响力的中国农产品品牌。

## 六、投资主体:以国企为主,开发贷款为主要的融资支持形式

国企,特别是中央企业一直是中国对外直接投资的微观主体。但近年来,在鼓励性政策和企业全球化战略的共同作用下,我国对外直接投资的主体日益多元化,民企增长显著,呈现主导之势,不再是国有企业一枝独秀。比如在非金融类对外直接投资存量中,国有企业占比从 2006 年的 81% 降低至 2015 年的 50.4%;同期,非国有企业占比则从 19% 上升至 49.6%。2015 年中国民营企业"走出去"更为活跃,并购案例达到 397 宗,占当年总投资案例数的 53%;披露的并购总金额达到 3963.19 亿美元,占总投资金额的 66%。据《21 世纪经济报道》发布的数据,2016 年 1—8 月民企发起海外并购共 376 起,合计 1075.02 亿美元,而地方国企与央企仅分别为 127 起,842.57 亿美元。由此,民企海外并购金额首次超过国有企业,并且前 20 大交易中民营企业

---

① 和佳、冯英达:《境外经贸合作区:"一带一路"双赢平台》,《21 世纪经济报道》2017 年 2 月 20 日。

占 2/3。

但在"一带一路"建设中,投资主体却显然以国企为主,支撑其"走出去"步伐的则是发挥着重要作用的主权基金和国际合作性发展银行。根据中债资信评估有限责任公司与中国社会科学院世界经济与政治研究所 2017 年 4 月 10 日联合发布的《对外投资与风险蓝皮书:中国对外直接投资与国家风险报告(2017)》援引美国传统基金会(Heritage Foundation)数据指出,在 2015—2016 年上半年中国对"一带一路"相关国家投资前十大项目的投资主体中,有七家是国有企业,且投资项目在不同程度上与东道国政府推动相关,体现为具有东道国政府背景的机构直接参与项目、东道国政府发展战略规划项目和两国高层领导人互访签署项目。2017 年 5 月 8 日国资委主任肖亚庆在国务院新闻办举行的新闻发布会上披露,"一带一路"倡议提出三年多来,共有 47 家企业在"一带一路"沿线国家参与、参股投资,或者合作共建了 1676 个项目。

截至 2016 年年底,"中国国家开发银行在'一带一路'沿线国家累计支持项目超过 600 个,贷款余额超过 1100 亿美元,项目涵盖基础设施、产能合作、金融合作等领域。中国进出口银行 2016 年支持'一带一路'、国际产能和装备制造合作项目 603 个,贷款余额同比增长 13%,'走出去'贷款项目 208 个,贷款余额同比增长 17%。成立于 2014 年的丝路基金重点跟踪项目已有 100 多个,重点推进的是相对成熟的项目。2015 年分别支持中国三峡集团在巴基斯坦等南亚国家投资建设水电站等清洁能源,支持中国化工集团并购意大利倍耐力轮胎公司,参与俄罗斯亚马尔液化天然气一体化项目的投融资。2016 年与俄罗斯最大的天然气加工及石化产品公司西布尔集团签署了收购后者 10% 股权的交易协议,成为当年度中国对俄罗斯的最大一笔投资"。①

**表 8-4 中国国有企业和非国有企业对外直接投资存量占比(2006—2015 年)**

(单位:%)

| 年份 | 国有企业占比 | 非国有企业占比 |
| --- | --- | --- |
| 2006 | 81.0 | 19.0 |
| 2007 | 71.0 | 29.0 |
| 2008 | 69.6 | 30.4 |
| 2009 | 69.2 | 30.8 |
| 2010 | 66.2 | 33.8 |

---

① 周潇枭:《"一带一路"资金融通力度不断加大 政策性银行 2017 年将再加码》,《21 世纪经济报道》2017 年 3 月 9 日。

续表

| 年份 | 国有企业占比 | 非国有企业占比 |
|------|------------|--------------|
| 2011 | 62.7 | 37.3 |
| 2012 | 59.8 | 40.2 |
| 2013 | 55.2 | 44.8 |
| 2014 | 53.6 | 46.4 |
| 2015 | 50.4 | 49.6 |

资料来源:2006—2013 年数据取自商务部、国家统计局、国家外汇管理局《2014 年度中国对外直接投资统计公报》;2015 年数据取自《2015 年度中国对外直接投资统计公报》。

## 七、投资周期:投入资金大、建设周期长、成本回收慢

"一带一路"跨越亚非欧,沿线 65 个国家大多为发展中国家,各国的多样性和发展的不平衡给跨境基建项目带来不少挑战,这些跨境投资项目投资金额大、政治风险高,还涉及很多地方事务,包括拆迁、环保等。按照投资金额计算,目前能源、交通运输和矿产项目占"一带一路"有关投资合作项目的比重超过 70%。此类项目从长远看,对提升区域基础设施互联互通水平、造福沿线各国人民具有重大而深远的意义,但项目建设具有投入资金大、建设周期长、成本回收慢的特征,一旦遭受风险事件,往往损失巨大。

根据普华永道的统计数据显示,自 2013 年以来,中国企业在"一带一路"沿线的交通、能源及公用事业的单个项目规模节节攀升,至 2016 年达到约 15 亿—20 亿美元,相比之下,建筑、社会基建的单个项目规模仅为 5 亿美元左右。[①] 而在非"一带一路"国家,中国对外投资时效强、周期短。高科技、大消费、医疗健康等领域是当下中国企业海外并购的热门领域。

## 八、投资技术:技术向下游转移、产能合作自主性强

"一带一路"建设已成为我国经济结构调整的助推器,并将由此培育一批中国本土跨国公司。在此过程中,中国企业将有望以自身为杠杆,撬动全球产业链的布局,形成在全球产业链上的自主权。如华为通过在亚非市场上的持续开发,成功占据全球第一大电信设备制造商位置。产业配套是园区经济的一大特点,基于一些国家相关产业薄弱,中国企业以组团方式投资可能在当地迅速形成生产与出口能力,推进产能合作也必须实现生产与需求的紧密结合。

---

① 朱丽娜、姚瑶:《2016 年"一带一路"沿线基建项目投资总额近 5000 亿美元　PPP 模式方兴未艾》,《21 世纪经济报道》2017 年 2 月 16 日。

反观中国对非"一带一路"国家(地区),尤其是对欧美投资,则以技术寻求型并购为主。根据中国与全球化智库(Center for China and Globalization,CCG)收录的 2000—2016 年上半年中国企业对外投资案例 2858 起,跨国并购案例 2515 起,占总案例数的 88%。从 2006 年起中国企业跨国并购案例数直线上升,2015 年创历史新高,达到 498 起。普华永道和中国股权投资基金协会联合发布的 2016 年《全球并购市场年度研究报告》称,2016 年上半年,中国大陆企业海外并购实现大幅增长,交易量增加 140%,交易金额增加 286%,达到 1340 亿美元,超过前两年中国企业海外并购交易金额的总和。其中,有 24 宗交易金额超过 10 亿美元。2016 年中国超越美国,引领全球的跨境并购,以 16.4% 的市场份额排名世界第一。德国以 14.4% 的市场份额位居第二,美国以 12.4% 的市场份额屈居第四。中国在美国的并购交易大多数为高科技,高科技企业的并购额达 154 亿美元,占比 48.6%。

## 九、投资项目:战略对接式项目的政局变动风险大

金融危机后,中国对外直接投资的地域分布日益全球化,从主要投资于发展中国家转向同时进军欧美成熟市场,从主要进行绿地投资转向大规模开展跨国并购。截至 2015 年年底,中国 2.02 万家境内投资者在国(境)外设立对外直接投资企业近 3.08 万家,分布在全球 188 个国家(地区)。其中,亚洲地区的境外企业覆盖率高达 97.9%、欧洲为 85.7%、北美洲为 75%,不仅改变了以往我国对外直接投资主要集中在亚洲地区的基本格局,而且成为全球直接投资由后进国家向先进国家反向流动的主要来源。

但快速崛起的中国对外直接投资也面临着如何应对投资东道国对中国海外投资动机的负面质疑和安全审查的挑战(见表 8-5)。比如中国央企在非洲和拉丁美洲某些国家(地区)的自然资源型直接投资被视为南南中心—外围关系下的新型殖民主义的代表,是经济入侵和文化渗透的工具,而中国在美国的技术资产型直接投资则被视为对美国国家安全构成威胁。2004 年中国石油天然气集团竞购俄罗斯尤科斯石油公司(Yukos)、中国五矿集团公司收购加拿大的矿业公司诺兰达(Noranda),2005 年中国海洋石油总公司收购美国优尼科公司,2009 年中国铝业收购澳大利亚力拓公司股份、中色集团收购澳大利亚稀土矿业公司等中国企业的海外并购交易,都是迫于政治压力而退出竞购或被迫终止。[1] 1990—2011 年,共有 14 家中国企业的投资并购受到美国外国投资委员会(CFIUS)的审查,其中只有 3 家企业顺利完成并购。

---

① 张建红、周朝鸿:《中国企业走出去的制度障碍研究——以海外收购为例》,《经济研究》2010 年第 6 期。

中国在澳大利亚采矿部门的并购同样引发激烈的争辩和阻挠。

但对"一带一路"的直接投资具有明显的战略对接动意,因此,投资项目遭遇政局变动引发政策变化的影响较国家安全政策影响更大。比如一家中国企业在某个沿线国家投资了一个电厂,但由于这个国家更换了能源部长,整个能源行业引进外资的政策也发生了变化。"一带一路"倡议提出以来,部分项目由于政治风险或者政治博弈的原因搁置或烂尾并造成巨大亏损,引发市场广泛关注与担忧。从我们对项目搁置原因的分析来看,大部分项目搁置均是由大国博弈或政治风险所致。

表8-5 我国企业大型海外项目搁置情况

| 项目名称 | 相关中企 | 项目金额 | 搁置原因 | 最新进展 |
|---|---|---|---|---|
| 缅甸密松水电站项目 | 中国电建 | — | 政府突然宣布暂停 | 搁置五年 |
| 希腊比雷埃夫斯港集装箱码头 | 中远集团 | 3.685亿欧元 | 新政府上台后反对 | 已经完成 |
| 科伦坡港口城 | 中交投资 | 144亿美元 | 缺乏手续及环评等 | 全面复工 |
| 委内瑞拉高铁 | 中国中铁 | 75亿美元 | 委内瑞拉国内经济崩溃 | 瘫痪状态 |
| 巴哈马巴哈·玛度假村 | 中国建筑 | 35亿美元 | 开发商破产 | 中方接管;复工 |
| 阿根廷基塞水电站 | 葛洲坝 | 47.14亿美元 | 政权更迭 | 暂停;合同变更 |
| 美国西部快线高速铁路 | 中国铁路国际(美国) | 127亿美元 | 单方面终止 | 未开工建设 |
| 墨西哥高铁 | 中国铁建 | 44亿美元 | 中标结果被撤销 | 无限期搁置项目 |

资料来源:根据相关资料整理。

## 第三节 "一带一路"倡议下未来中国对外投资新趋势

"一带一路"倡议不仅为中国新一轮开放发展确立了宏伟架构,也将为中国对外直接投资开辟新空间、营造新环境,从而为新兴经济体突破传统以美、欧、日市场为核心的国际直接投资"大三角"结构,主导国际投资流,共建国际经济合作新平台提供有力支撑。

### 一、以廊、桥、带、路为空间载体的国际投资规模显著增加

"一带一路"建设下,以廊、桥、带、路为空间载体的国际投资规模显著增加,有助

于带动未来中国对外直接投资存量排名的大幅提升。"一带一路"东接太平洋，西连波罗的海，贯穿亚欧非，覆盖中亚、西亚、北非、东南亚、南亚和中东欧，合作地域很广。"一带一路"沿线国家基本都不属于传统国际直接投资欧、美、日"大三角"结构中的核心国，但"一带一路"一头是活跃的东亚经济圈，一头是发达的欧洲经济圈，中间广大腹地国家经济发展潜力巨大，也蕴藏着丰富而巨大的国际投资潜力。陆上经济走廊和海上合作支点统筹的廊、桥、带、路建设有助于破解内陆国家和沿海国家发展的地理割裂局面。新亚欧大陆桥、中巴经济走廊、孟中印缅经济走廊、中新经济走廊、中蒙俄经济走廊、海上丝绸之路等大通道建设需要比较完善的硬件投资。丝路走廊上各支点城市对房屋、公路、铁路、发电站和港口等基建的需求十分庞大。

中国从 2008 年起对"一带一路"沿线国家投资进入较快增长阶段。2013 年，中国对"一带一路"沿线国家的投资流量达 126.34 亿美元，是 2008 年的 3 倍多。但与"一带一路"沿线国家吸收外资的总量相比，规模仍然较小，占前者的 3.7%。截至 2013 年年末，中国对"一带一路"沿线国家的投资存量为 574.17 亿美元，占"一带一路"吸收 FDI 总量的 1.3%，未来发展潜力很大。2013 年年末，中国对"一带一路"沿线直接投资存量达 1 亿美元以上的国家共有 37 个，占据 64 个国家的大半。而投资存量达 10 亿美元以上的国家有新加坡、俄罗斯、哈萨克斯坦、印度尼西亚、缅甸、蒙古、伊朗、柬埔寨、老挝、泰国、印度、巴基斯坦、越南、沙特阿拉伯、马来西亚、阿联酋（按存量从大到小排列）。[①] 显然，目前中国在"一带一路"沿线的对外直接投资对象主要还是集中在紧邻中国的周边地区。未来，随着"一带一路"建设的推进，对西亚、北非和中东欧国家的投资规模有望大幅提升。"一带一路"无疑将在这一增长中占据重要份额，预计中国在"一带一路"的年投资规模将升至 4000 亿美元。[②] 2017 年 5 月"一带一路"高峰论坛期间，国家发展改革委透露，未来五年，中国的对外投资能够达到每年 1200 亿美元到 1300 亿美元，其中相当多会落在"一带一路"沿线。未来五年"一带一路"沿线地区将有 195 个基建项目需求，分布于 25 个市场，资金需求达 3000 亿美元，为市场提供大量的基建投资机遇。而且，"一带一路"建设秉持开放性和灵活性，多元投资的主体不只是中方企业和所在国企业，还希望欧美企业和沿线沿带的其他跨国公司一起合作，共同开辟第三方市场，这不仅有利于突破传统国际直接投资"大三角"结构，形成新兴经济体主导的国际投资流和国际产能合作大格局，更有助于改变目前中国对外直接投资流量世界排名第二与中国对外直接投资存量仅排

---

① 钟飞腾等：《对外投资新空间："一带一路"国别投资价值排行榜》，社会科学文献出版社 2015 年版，第 36—67 页。

② 《"一带一路"：构建中国资本输出通道　催生基建跨国公司》，《21 世纪经济报道》2014 年 12 月 29 日。

世界第八位的国际地位失衡状况。

## 二、产能合作型投资将取代资源寻求型投资

随着"一带一路"建设的推进,以基础设施投资为先导的国际投资流将带动优势产能与基础产能互补合作的新模式——产能合作型投资取代资源寻求型投资。国际产能合作不仅是新时期中国对外经济技术合作的核心内容,更是中国引领国际产业体系重构的重要依托。2016年年末发布的《国际产能合作"十三五"规划》重点圈定了未来五年中国国际产能合作将聚焦在交通、能源、通信、工程机械、航空航天、船舶海洋工程等优势产能行业。同时,规划也突出了国际产能合作在"一带一路"的重点区域布局,根据国际市场需求和我国产业优势,尤其着力于高铁、通信、电力等优势产业和能力,将产业整体输出到沿线国家,帮助这些国家建立更加完整的工业体系和制造能力。

目前,中国对外直接投资主要集中在租赁和商务服务业、金融业、采矿业和批发零售业,其中在"一带一路"所涉的亚洲地区和欧洲地区,租赁和商务服务业占据投资量的首位。[①] 但"一带一路"首先是一个横跨欧亚大陆的由铁路、公路、航空、海上运输、油气管道、输电线路和通信网络组成的综合性立体交通网络,促进基础设施互联互通将是优先领域。中蒙俄、新亚欧大陆桥、中国—中亚—西亚、中国—中南半岛、中巴和孟中印缅等六大经济走廊建设首先将带动以公路、铁路、空路、水路、管路和信息路等为重点的海陆通道建设。这类投资不仅是中国资本、中国企业、中国产能"走出去"的有效载体,同时也是与各国发展战略对接的基础。无论是印度的"季风计划",哈萨克斯坦的"光明之路"计划,还是俄罗斯的"跨欧亚发展带",都需要从交通基础设施建设起步。比如中哈物流合作基地一期工程已于2014年5月19日在江苏连云港投产运营,"连云港—阿拉木图"货运班列从连云港首发,仅6天时间就能抵达目的地;哈萨克斯坦还将在年内完成"欧洲西部—中国西部"高速公路建设;此外,中国西部最大的陆路口岸和新型跨境经贸合作区之一——中哈霍尔果斯国际边境合作中心也正在建设中,这些项目的建成不仅可以为"光明之路"提供资金、技术、设备支持,促进哈萨克斯坦产业发展及经济结构调整,创造需求和就业,还可以促进中哈及其他"路"上国家深入合作,建立伙伴关系,构建多层次互联互通网络,推进区域经济一体化进程。

在基础设施投资的先导下,发展战略对接的进一步深入则在于扩大中国与"一

---

① 钟飞腾等:《对外投资新空间:"一带一路"国别投资价值排行榜》,社会科学文献出版社2015年版,第36—67页。

带一路"沿线国家在不同行业及特定行业上下游间的投资范围,在巩固传统贸易的基础上,深化产业投资合作,推动国内优势制造能力与投资当地要素资源合作的新方式,探索产品互补型、产业链上下游联动型和能源生产、加工、运输一体化等多种形式的产能互补模式,是促进沿线国家经济深度融合的重要途径。通过国内优势产能与投资当地基础产能有效结合,在更广的区域范围内合理配置资源,构建以中国为主的全球价值链。

据中国社科院的相关研究报告,"一带一路"沿线 65 个国家工业化水平差异巨大,处于工业化前期的国家有 1 个,处于工业化初期的国家有 14 个,处于工业化中期的国家有 16 个,处于工业化后期的国家有 32 个,而进入后工业化阶段的国家则有 2 个。[①] 因此,中国优势产能与当地基础产能合作可根据各国所处不同工业化阶段,在多个领域以不同方式加以拓展。对处于工业化初期的国家,中国可大量输出劳动密集型产业或产业区段,带动当地加工贸易出口创汇、扩大非农就业、培育熟练劳动力和管理人才。对处于工业化中期的国家,在港口、铁路、公路等基础设施方面有着较大的发展需求,而中国不仅在装备制造业技术上优势明显,且在工程建设上具有建造能力和价格优势,是深度合作的潜力所在。比如工业化水平较低的尼泊尔水力发电潜能巨大,工业化中期的印度对电力能源需求很大,而工业化后期的中国工程建设能力强大,三方合作可拓展巨大潜能。同样,在海洋渔业、海洋交通运输业、海洋船舶工业、海洋油气业和海洋服务业等领域,中国充沛的建造和运输能力也可与印度急切的市场需求和短缺的建造能力互补。与已进入后工业化阶段的新加坡、以色列等国,投资合作可深入新一代信息技术、生物、新能源、新材料等新兴产业领域。

《"一带一路"大数据报告(2016)》则评估了中国同二十多个国家开展的国际产能合作中最有前景的行业,汽车、建材、钢铁、铁路、信息通信等五大领域的产能合作最受海外关注。其中,东南亚地区最关注汽车、钢铁、电力以及信息通信行业。中东欧国家意在吸引中国基础设施投资,打造中东欧物流中心。东北亚地区最关注产能合作、汽车、房地产、园区、公路,以及电网建设。

### 三、中国资本国际循环与中国商贸国际循环良性互动

以人民币资产为依托的国际投资流将助力中国资本国际循环与中国商贸国际循环的良性互动。中国对外直接投资主体以贸易公司起步,随后转向制造业企业,金融类企业的海外直接投资始终是个短板。特别是由于国内利率市场化改革尚未完成,

---

[①] 黄群慧主编:《"一带一路"沿线国家工业化进程报告》,社会科学文献出版社 2015 年版,第 10—29 页。

商业银行严重依赖于存贷利息差赢利的商业模式使得中资商业银行国际化水平偏低,中资银行不仅在海外布局上尚未跟上工商制造企业海外直接投资的步伐,而且在经营业务中也缺乏提供全球性授信、贷款担保等融资业务的能力,令中国企业在"走出去"进程中无法获得母国银行等金融机构的有力支持。反观国际经验,银企合作、金融资本与实业资本的紧密关系一直是海外直接投资大国的发展共性。比如20世纪80年代,日系银行海外机构的增加和海外网点金融支持功能的加强,为日本迅速崛起为国际直接投资大国提供了有力的支撑。1983年,日本跨国大企业仅有6.2%的海外经营资金从政府系统的金融机构借入,27.5%则从日系跨国银行借入。1988年,日本海外工商企业从设在东道国的日系银行分支机构借入的长期资金占其全部借入长期资金的1/3。

在共建"一带一路"的过程中,配套的金融支持至关重要。一方面,企业进行海外投资,特别是基建等大型项目投资需要大量资金支持,融资困难、渠道单一等问题往往成为制约因素;另一方面,随着海外投资规模的扩大,"走出去"企业对金融的需求也从存贷款、结算等传统服务延伸至投行中介、风险控制、财务管理等各个领域。投贷联动是金融支持"一带一路"的重要方式,即银团贷款与设立投资基金互为补充,可以有效撬动其他金融机构和社会资金参与"一带一路"项目的金融支持,助推中国资本的国际循环。截至2015年年末,"仅中国进出口银行(中国唯一援外优惠贷款和优惠出口买方信贷承贷行)在'一带一路'沿线国家贷款余额就超过5200亿元,比年初增长46%,占全部境外贷款的37%。中国进出口银行有贷款余额的'一带一路'沿线项目1000多个,分布于49个沿线国家,涵盖公路、铁路、港口、电力、通信等多个领域"。[①] 至2016年年底,共有9家中资银行在26个"一带一路"沿线国家设立62家一级机构。在2017年5月"一带一路"高峰论坛期间,中国决定向丝路基金新增资金1000亿元人民币,并鼓励金融机构开展约3000亿元的人民币海外基金业务,无形中为人民币国际化进程赢得了新的发展机遇。

目前,助力"一带一路"的融资平台主要包括亚洲基础设施投资银行、丝路基金、中非合作基金、中国—东盟投资合作基金、中国—欧亚经济合作基金、丝路国际银行等几种形式。

正如"一带一路"贸易发展有助于推动沿线国家使用人民币结算那样,中国国内企业通过公私合营(PPP)的方式参与"一带一路"国家的基础设施投资,并通过PPP

---

① 王晓:《中国进出口银行:增加人民币使用,探索货币互换等减少汇率损失》,《21世纪经济报道》2016年1月15日。

合同来约定融资方式,即约定以人民币作为投资的结算和计价货币,这样既可以规避投资国因其货币容易贬值所带来的投资风险,也可以加快人民币从结算、计价货币转为储备货币,带动人民币使用的周边化、区域化和国际化。

## 四、园区式投资合作将成为构造合作共赢新投资格局的重要抓手

加强政策沟通是"一带一路"建设的重要保障。沿线各国就经济发展战略进行交流对接,协商制定区域合作规划和措施将为投资项目的落地和实施扫除制度障碍,也有利于促进投资贸易便利化,构建区域内和各国良好的营商环境。在政策沟通的基础上,信息互换、监管互认、执法互助的海关合作,以及检验检疫、认证认可、标准计量、统计信息等方面的双、多边合作才有可能实现。

金融危机后,中国的对外直接投资和跨国并购获得了长足的发展,但中国对外直接投资在多个层面上遭遇不利因素的影响。企业面临的最大困难是,如何与东道国整体规划和项目对接;如何与对方市场对接;如何与目的国颁布的政策对接(包括优惠政策和法律法规);如何寻找到合适的合作伙伴。政策沟通有助于中方企业更好地了解沿线国家的发展远景和战略重点,而园区式跨国投资合作将是政策沟通和民心相通的重要抓手。中国在吸引外资进程中积累起来的开发区样式将在中国对"一带一路"沿线国家的投资中大量复制。

双边经贸园区和中国海外投资园将成为中国对"一带一路"沿线投资的主导模式。据统计,"我国目前正在全球 50 个国家建设 118 个经贸合作区,涉及'一带一路'国家共达 77 个。境外经贸合作区形式多样,比如双方各划出一块地共同建设贸易中心,属于一种模式。在他国开办产业园,吸引企业前去投资也是一种模式。还有利用自己国家的资源,在另一国进行加工等。如俄罗斯木材多,但是缺乏加工设备,于是有企业选择到绥芬河保税区进行加工。这些跨境经济合作区,也可以做跨境电商的交易。有数据显示,黑龙江黑河跨境电子商务产业园区建成一年就吸引 100 多家企业入驻,2015 年线上交易额实现 2.6 亿元"。[①]

产业园区是中国与东盟发展的一大特色。"中国企业在东盟 8 国(不包括新加坡和菲律宾)至今共设立 23 个投资园区,吸引 421 家中资企业,总产值达 213.9 亿美元"。[②] 比较典型的有广西东兴试验区与接壤的越南芒街建立跨境经济合作区,两国各划出一块地合建产业园区;广西的钦州中马产业园与马来西亚关丹产业园区的"两国双园"模式,等等。目前,这种"两国双园"模式至少已经复制到广西 7 座城市,

---

① 定军:《中蒙俄经济走廊规划公布　将建跨境经济合作区》,《21 世纪经济报道》2016 年 9 月 14 日。
② 李媛、莫云:《东盟博览会:国际产能合作再唱主角》,《今日中国(中文版)》2016 年第 10 期。

如广西崇左甚至扩展至"两国四园"。

### 五、纵横交织的经贸投资网将拓展中国对外投资的全球化广度

"一带一路"沿线和核心自由贸易区纵横交织的经贸投资网将拓展中国对外投资的全球化广度。长期以来，全球直接投资分布呈现出以美、欧、日市场为核心层的"大三角"结构，地理上与"大三角"核心国家邻近的国家（地区）或历史上与其有联系的发展中国家（被殖民地）则成为接受"大三角"资本输出的国际直接投资外围层。中国倡导的"丝绸之路经济带"和"21世纪海上丝绸之路"建设既开启了中国开放发展的新一轮国际布局，也是突破传统国际直接投资"大三角"结构，赢得中国资本主导权的有力依托。在"一带一路"框架下推进中国海外直接投资项目不仅是带动沿线以铁路、公路、港口为重点的互联互通基础设施建设之需，也将有利于推动国内优势制造与投资当地要素资源与产能资源合作。

但与此同时，考虑到当前我国对外直接投资的多层次战略目标，特别是对创新资源和国际品牌的获取，仍应通过推进双边和多边自由贸易区谈判，加强在欧美国家（地区）的对外直接投资，形成"一带一路"沿线和核心自由贸易区纵横交织的对外直接投资网，拓展中国对外直接投资的全球化广度。中国正在致力于编织一张立足周边、辐射"一带一路"、面向全球的高标准自由贸易区网络，完善沿线的自由贸易区布局是推动"一带一路"以来的重要抓手。在2017年5月10日国新办发布会上，商务部副部长表示中国将与20个"一带一路"沿线国家推进自由贸易区建设。以"中国投资园""中外双边自由贸易区"等形式，由主导企业带动相关零部件厂商集群式发展，园区内企业可建立更广泛的横向联系，诸如财务和金融服务及生产协调关系等。园区还应积极探索同投资当地产业集群和科技创新资源的互动连接，构筑开放式创新在海外的延伸格局。

# 第四节 "一带一路"建设中的投资风险及其挑战

"一带一路"倡议提出以来，以"五通"为核心，中国资本、中国企业和中国项目"走出去"步伐大大加快，与沿线各国的经贸、人员及人文交流日益密集。随着合作启动和深入，其投资风险也不断暴露。

### 一、"一带一路"沿线国家整体金融和信用风险较大

大公国际资信评估有限公司于2016年5月18日发布了《"一带一路"沿线国家信用风险分析与展望》，以5级风险，即高稳定、较稳定、低稳定、高风险、极高风险评

估法,对沿线国家信用风险发展走势作出了预测。第一,沿线国家政治局势的稳定性较低,中东地区地缘政治风险突出,在41个受评国家中,高稳定国家仅1个(新加坡),较稳定国家有14个(中东欧分布广),三、四级分别是15个和9个。第二,沿线国家总体经济发展水平较低,基础设施条件薄弱,经济下行风险较大,但潜力较大、前景较广。截至2015年年底,沿线国家经济总量约达23.2万亿美元,占全球经济总量的31.7%,多项经济增长指标好于全球水平,经济实力极强2个,较强20个,主要分布于中东欧、西亚及中东地区;第三级别13个;较弱6个。第三,沿线国家主权债务风险较为分化,部分国家偿债来源恶化与外部流动性压力上升导致主权信用级别面临下调风险。第四,沿线国家整体金融发展水平有待提高,对全球金融市场高敏感度等问题将为金融部门带来较大风险。第五,沿线部分国家对外资本依赖度较高,外部经济环境恶化和美联储降息将不同程度推升其外部风险。

　　2016年年初中国社会科学院世界经济与政治研究所课题组发布了以经济基础、偿债能力、社会弹性、政治风险、对华关系五大类41个指标对中国企业海外投资国家风险评级报告,其中包括35个"一带一路"沿线国家(见表8-6)。截至2014年年底,中国对这35个国家的海外投资规模占到中国对所有"一带一路"国家投资的97%。从总的评级结果看,低风险级别(AAA-AA)国家仅有新加坡一国;中等风险级别(A-BBB)有28个国家,占35个国家中的绝大多数;高风险级别(BB-B)有6个国家。

表8-6　"一带一路"国家投资风险评级结果

| 排名 | 国家 | 是否发达国家 | 评级结果 |
| --- | --- | --- | --- |
| 1 | 新加坡 | 是 | AA |
| 2 | 以色列 | 是 | A |
| 3 | 阿联酋 | 否 | A |
| 4 | 捷克 | 是 | A |
| 5 | 匈牙利 | 是 | A |
| 6 | 沙特阿拉伯 | 否 | A |
| 7 | 波兰 | 否 | A |
| 8 | 哈萨克斯坦 | 否 | A |
| 9 | 罗马尼亚 | 否 | BBB |
| 10 | 保加利亚 | 否 | BBB |
| 11 | 马来西亚 | 否 | BBB |
| 12 | 印度尼西亚 | 否 | BBB |
| 13 | 俄罗斯 | 否 | BBB |

| 排名 | 国家 | 是否发达国家 | 评级结果 |
|------|------|--------------|----------|
| 14 | 希腊 | 是 | BBB |
| 15 | 菲律宾 | 否 | BBB |
| 16 | 斯里兰卡 | 否 | BBB |
| 17 | 土耳其 | 否 | BBB |
| 18 | 柬埔寨 | 否 | BBB |
| 19 | 泰国 | 否 | BBB |
| 20 | 伊朗 | 否 | BBB |
| 21 | 乌兹别克斯坦 | 否 | BBB |
| 22 | 巴基斯坦 | 否 | BBB |
| 23 | 印度 | 否 | BBB |
| 24 | 老挝 | 否 | BBB |
| 25 | 蒙古 | 否 | BBB |
| 26 | 缅甸 | 否 | BBB |
| 27 | 越南 | 否 | BBB |
| 28 | 土库曼斯坦 | 否 | BBB |
| 29 | 塔吉克斯坦 | 否 | BBB |
| 30 | 孟加拉国 | 否 | BB |
| 31 | 白俄罗斯 | 否 | BB |
| 32 | 埃及 | 否 | BB |
| 33 | 吉尔吉斯斯坦 | 否 | BB |
| 34 | 乌克兰 | 否 | BB |
| 35 | 伊拉克 | 否 | B |

资料来源:中国社会科学院世界经济与政治研究所课题组:《2016年中国海外投资国家风险评级报告》。

## 二、"一带一路"沿线国家投资基础较弱,政策环境不甚明朗

当前吸引中国投资的"一带一路"沿线国家大多是欠发达国家(见表8-7),制度安排、政策措施和基础设施条件等相对欠缺和落后,而这样的投资环境难以在短时间内改善。中国企业不仅要密切关注投资国政治风险,还要应对货币政策突变、税务、法律等领域的意外事件。"一带一路"沿线国家的社会制度和法律各异,我国企业以PPP模式参与其基础设施投资,可能面临的法律制度问题包括环境保护、劳工、知识产权、投资管理、税务等多个方面。由于这些国家投资的风险较大,尤其是政策风险,相应的交易成本也比较高。

表 8-7 部分"一带一路"沿线国家概况（2015 年）

| 地区 | 国别 | GDP 增长率（%） | 人均 GDP（现价美元） | 工业增加值占GDP 百分比 | 人口总数 | 城镇人口占比（%） |
|---|---|---|---|---|---|---|
| | 中国 | 6.90 | 8027.70 | 40.93 | 1374620000 | 56.10 |
| 新亚欧大陆桥 | 阿富汗 | 1.52 | 590.27 | 22.42 | 32526562 | 26.70 |
| | 哈萨克斯坦 | 1.20 | 10508.40 | 33.23 | 17544126 | 53.25 |
| | 吉尔吉斯斯坦 | 3.47 | 1103.22 | 26.92 | 5957000 | 35.71 |
| | 塔吉克斯坦 | 4.20 | 925.91 | — | 8481855 | 26.78 |
| | 土库曼斯坦 | 3.98 | 6947.84 | — | 5373502 | 50.04 |
| | 乌兹别克斯坦 | 8.00 | 2132.07 | 34.63 | 31299500 | 36.37 |
| 中巴经济走廊 | 巴基斯坦 | 5.54 | 1428.99 | 19.00 | 188924874 | 38.76 |
| 孟中印缅经济走廊 | 印度 | 7.57 | 1581.59 | — | 1311050527 | 32.75 |
| | 缅甸 | 6.99 | 1203.51 | — | 53897154 | 34.10 |
| | 孟加拉国 | 6.55 | 1211.70 | 28.15 | 160995642 | 34.28 |
| 中新经济走廊 | 柬埔寨 | 7.04 | 1158.69 | 29.42 | 15577899 | 20.72 |
| | 老挝 | 7.00 | 1812.33 | 30.88 | 6802023 | 38.61 |
| | 马来西亚 | 4.95 | 9766.17 | 39.12 | 30331007 | 74.71 |
| | 越南 | 6.68 | 2111.14 | 33.25 | 91703800 | 33.60 |
| | 泰国 | 2.82 | 5816.44 | — | 67959359 | 50.37 |
| | 新加坡 | 2.01 | 52888.74 | — | 5535002 | 100 |
| 中蒙俄经济走廊 | 蒙古 | 2.30 | 3973.44 | 34.07 | 2959134 | 72.04 |
| | 俄罗斯 | -3.73 | 9057.11 | 32.60 | 144096812 | 74.01 |
| 海上丝绸之路 | 埃及 | 4.2 | 3614.75 | 36.32 | 91508084 | 43.14 |
| | 斯里兰卡 | 4.79 | 3926.17 | 30.71 | 20966000 | 18.36 |
| | 马尔代夫 | 1.51 | 7681.08 | — | 409163 | 45.54 |
| | 印度尼西亚 | 4.79 | 3346.49 | 40.01 | 257563815 | 53.74 |

数据来源：世界银行 World Development Indicators 数据库。

此外，"一带一路"沿线国家大多数具有鲜明的文化、宗教特点。"尤其是陆上丝路经济带涵盖的区域，是古埃及、古巴比伦、古印度和中国等四大文明发祥地，同时也是伊斯兰、佛教、基督教和道教等多种宗教的起源地,在宗教信仰和文化上有自己的特征。特别是一些宗教国家有着许多不为国内企业所熟悉的文化禁忌。比如,伊斯兰金融作为一个特殊的金融系统,必须遵守禁止利息、禁止投机行为、禁止投资于烟类及博彩业等禁忌,如果到这些国家投资,就必须提前学习和了解相关风俗文化,避免投资风险。"①在能源投资中,政治风险最不可量化和把控,投资往往会因此血本无归,使合作双方的良好意愿付之东流,且易引发国家间纠纷。

### 三、产业合作区建设中已暴露多重潜在风险

尽管数据表明境外经贸合作区的确促进了我国的对外投资,但对一些合作区的"回报率"仍存有疑问。据厦门大学经济学院张嘉楠、龙小宁、张相伟撰写的研究报告,中国在苏伊士合作区前三年的年均利润为41.8万美元,但其投资总额已达到8000万美元,投资利润率仅为0.52%。基础设施配套不完善是园区招商引资困难的重要因素,一些合作区因吸引企业较少导致了厂房的空置。此外,东道国承诺的优惠政策能否到位,融资渠道是否通畅,园区建设的定位是否明确,以及合作区的可持续发展问题,等等,都是目前境外经贸合作区面临的潜在风险。

因此,在"一带一路"建设中,"保险的服务链要不断延伸。在多渠道推动保险业国际发展战略过程中,也要稳步推动国内有条件的保险机构'走出去'。目前,绝大多数'走出去'的保险机构主要在做投资和融资方面的一些工作,但真正提供风险保障服务的还不多"②。

### 四、发展战略对接的有效落实充满挑战

发展战略对接下的投资合作与由市场联系自发产生的投资合作不同,是一个自上而下推动的行为,其真正落地实践的成效仍有待观察。2016年10月28日,由推进"一带一路"建设工作领导小组办公室指导,国家信息中心"一带一路"大数据中心编撰完成的《"一带一路"大数据报告(2016)》对外发布。该报告对"一带一路"国别合作度和"一带一路"省(自治区、直辖市)参与度进行了综合评价。"测评结果显示,从国别所属区域来看,东北亚、东南亚国家与我国'一带一路'合作最为紧密,西亚北非和中东欧的合作度有待加强。……中国与'一带一路'沿线国家的政策沟通效果整体较好,政治互信明显增强,通信设施基本达到'互联互通',而设施联通水平则呈

---

① 张英怀:《"一带一路"PPP项目投资规模近9000亿美元,你需要了解并正确应对这些投资风险!》,http://blog.sina.com。

② 周延礼:《我国保费收入超过日本排名世界第二》,《金融时报》2017年1月18日。

现出明显的地域特征。"①

总之,"一带一路"建设将显著影响中国对外投资的地域版图、主体结构和行为方式,这一进程既不同于一个多世纪前由西方殖民侵略带动的海外投资扩张,也不同于由西方跨国公司追逐利润造就的全球化经营浪潮。"一带一路"建设下的投资风险与机遇并存,将是政府规划引导与市场主体积极参与的共赢创举,更将是中国资本、中国企业和中国品牌走向世界、连接全球的可持续投资方案。

---

① 推进"一带一路"建设工作领导小组办公室、国家信息中心"一带一路"大数据中心:《"一带一路"大数据报告(2016)》,商务印书馆 2016 年版。

# 第九章 推进"一带一路"建设中的各地引进外资总趋势

◇◇◇◇◇◇◇◇◇◇◇◇◇◇◇◇◇◇◇◇◇◇◇◇◇◇◇◇◇◇◇◇◇◇◇◇◇◇◇◇◇◇◇◇◇◇◇◇◇◇

以"一带一路"为核心的中国对外投资新方向,不仅是中国对外开放战略的提升,也是中国开放型经济新格局的重要组成部分。随着中国双向投资新格局的形成,"一带一路"建设将引领内外投资双向协同均衡发展,推动中国改革开放的进一步深化。

## 第一节 "一带一路"倡议提出后各地的引资变化

党的十九大报告指出:"要以'一带一路'建设为重点,坚持引进来和走出去并重……形成陆海内外联动、东西双向互济的开放格局。"①"一带一路"倡议提出以后,全国各省、自治区、直辖市积极响应,通过东、西双向互济、引进外资与对外投资的协调,促进了各地区引进外资的发展。

### 一、"一带一路"倡议对各地区引进外资的影响

2013 年 11 月,党的十八届三中全会首次系统提出"一带一路"的概念,并明确了以"一带一路"为核心、互联互通为关键、基础设施建设为手段、建立开发性金融机构为战略平台的中国对外投资新方向。2015 年 3 月,国家发展改革委、外交部、商务部联合发布文件,提出"政策沟通、设施联通、贸易畅通、资金融通、民心相通"②等五通。"一带一路"倡议提出以后,中国引进外资从投资规模、投资来源地到投资的产业结构都发生了巨大变化。特别是,"一带一路"倡议极大地推动了中国对外直接投资的

---

① 习近平:《决胜全面建成小康社会　夺取新时代中国特色社会主义伟大胜利——在中国共产党第十九次全国代表大会上的报告》,人民出版社 2017 年版,第 34、35 页。
② 新华社:《推动共建丝绸之路经济带和 21 世纪海上丝绸之路的愿景与行动》,http://news.xinhuanet.com/world/2015-03/28/c_1114793986.htm,2015 年 3 月 28 日。

发展,助推了中国双向投资布局的形成。

## (一) 雏形初具:中国双向投资布局基本形成

2016 年,中国对外直接投资首次超过引进外资的规模,引进外资达到 1260 亿美元,对外投资达到 1701.1 亿美元(见表 9-1),引进外资与对外投资并驾齐驱,中国双向投资布局逐渐形成。

表 9-1 2010—2016 年中国吸收外资和引进外资的情况 (单位:百万美元)

| 年份 项目 | FDI 流入量 | FDI 流出量 |
|---|---|---|
| 2010 | 114734 | 68811 |
| 2011 | 123985 | 74654 |
| 2012 | 121080 | 87804 |
| 2013 | 123911 | 107844 |
| 2014 | 128500 | 123120 |
| 2015 | 135610 | 127560 |
| 2016* | 126001 | 170110 |

注: * 2016 年数据来源于国家商务部。

资料来源:联合国贸易和发展组织编:《世界投资报告 2016:投资者国籍及其政策挑战》中译本,南开大学出版社 2016 年版,第 210 页。

## (二) 引资增速:东中西部引进外资速度加快

根据表 9-2 的统计,从累计外商投资金额上看,中部地区和西部地区实际吸收外资金额一直远低于东部地区水平。从增长速度来看,从 2005 年到 2012 年,7 年内东部地区吸收外资金额增加了 5600.81 亿美元,中部地区增加了 461.82 亿美元,西部地区增加了 502.17 亿美元;从"一带一路"倡议提出以后的 2013 年至 2015 年,2 年内东部地区吸收外资金额增加了 2037.9 亿美元,中部地区增加了 213.04 亿美元,西部地区增加了 207.34 亿美元。"一带一路"倡议下,东部地区吸引外资的增速超过中、西部。

表 9-2 2005—2015 年东、中、西部地区累计外商直接投资金额

(单位:亿美元)

| 年份 地区 | 东部① | 中部② | 西部③ |
|---|---|---|---|
| 2005 | 5383.71 | 562.96 | 277.58 |
| 2006 | 5979.13 | 602.75 | 300.58 |

---

① 东部地区包括:北京、天津、河北、辽宁、上海、江苏、浙江、福建、山东、广东和海南等 11 个省、直辖市。

② 中部地区包括:山西、吉林、黑龙江、安徽、江西、河南、湖北、湖南等 8 个省。

③ 西部地区包括:四川、重庆、贵州、云南、西藏、陕西、甘肃、青海、宁夏、新疆、广西、内蒙古等 12 个省、自治区、直辖市。

| 年份＼地区 | 东部 | 中部 | 西部 |
|---|---|---|---|
| 2007 | 6635.51 | 657.25 | 337.39 |
| 2008 | 7418.91 | 731.61 | 403.57 |
| 2009 | 8194.79 | 784.96 | 474.67 |
| 2010 | 9093.34 | 853.54 | 564.89 |
| 2011 | 10059.38 | 931.91 | 680.6 |
| 2012 | 10984.52 | 1024.78 | 779.75 |
| 2013 | 11953.29 | 1125.81 | 885.81 |
| 2014 | 12932.51 | 1234.42 | 993.59 |
| 2015 | 13991.19 | 1338.85 | 1093.15 |

资料来源:商务部外国投资管理司:《中国外商投资报告2016》,2016年12月,第25页。

### (三) 增减并存:投资来源地趋于多元化

据商务部统计资料显示,2016年1—12月主要国家或地区对华投资总体保持稳定。需要特别注意的是,与前几年相比,国家推动"一带一路"建设以后,外资的投资来源地趋于多元化。虽然对华投资的前十位国家基本稳定,但其他国家对华投资出现了一些新的变化趋势,东盟国家对华投资有所减少,欧盟28国对华投资显著增加[①],"一带一路"沿线国家在华投资的企业数量大幅度增加,但实际投入外资金额有所下降[②]。

## 二、"一带一路"建设中各地区引资的总体趋势与主要特点

"一带一路"倡议下,东中西部地区的引资结构逐渐发生改变,特别是中、西部地区,在国家战略的指引下,部分制造业外资开始从东部地区向中、西部地区转移;同时,上海、广东、天津、福建四个自贸试验区的建立,开始成为各地区吸引外资的新引擎。

### (一) 总体趋势

**1. 外资地区分布仍存在不平衡性**

作为中国最早开放的地区,东部沿海地区享有政策和地域优势,引资规模远远高于中、西部内陆地区。2006—2015年,东部地区吸引外资平稳增长,10年内翻了1倍;中、西部地区增速超过东部,西部地区甚至翻了一番,但绝对数量和东部地区相比

---

[①] 2016年,欧盟28国对华投资实际投入金额96.6亿美元,同比增长35.9%。

[②] 2016年,"一带一路"沿线国家对华投资新设立企业2905家,同比增长34.1%,实际投入外资金额70.6亿美元,同比下降16.5%。

仍存在较大差距(见表9-3)。

表9-3 2006—2015年东、中、西部地区引进外商直接投资金额(单位:亿美元)

| 年份 \ 地区 | 东部 | 中部 | 西部 |
|---|---|---|---|
| 2006 | 595.42 | 39.79 | 23 |
| 2007 | 656.38 | 54.5 | 36.81 |
| 2008 | 783.4 | 74.36 | 66.18 |
| 2009 | 775.88 | 53.35 | 71.1 |
| 2010 | 898.55 | 68.58 | 90.22 |
| 2011 | 966.04 | 78.37 | 115.71 |
| 2012 | 925.14 | 92.87 | 99.15 |
| 2013 | 968.77 | 101.03 | 106.06 |
| 2014 | 979.22 | 108.61 | 107.78 |
| 2015 | 1058.68 | 104.43 | 99.56 |

资料来源:商务部外国投资管理司:《中国外商投资报告2016》,2016年12月,第25页。

**2. 外资企业占全国进出口总值的比重呈下降趋势**

从2006年到2015年十年间,外资企业进出口占全国的比重从58.87%下降到46.34%,出口从58.18%下降到44.13%,进口从59.70%下降到49.34%,并曾一度跌到44.86%,外资企业占全国进出口总值的比重呈下降趋势(见表9-4)。这一情况说明,外资加工贸易型企业的比重在逐渐下降,高端制造业和现代服务业外资企业的比重在逐渐上升。这一情况在东部沿海地区表现得特别明显:东部地区第三产业吸收外资呈上升趋势。

表9-4 2006—2015年外商投资企业进出口商品总值 (单位:亿美元)

| 年份 | 进出口 | | | 进口 | | | 出口 | | |
|---|---|---|---|---|---|---|---|---|---|
| | 全国 | 外资企业 | 比重(%) | 全国 | 外资企业 | 比重(%) | 全国 | 外资企业 | 比重(%) |
| 2006 | 17606.86 | 10364.44 | 58.87 | 7916.14 | 4726.16 | 59.70 | 9690.73 | 5638.28 | 58.18 |
| 2007 | 21744.35 | 12568.52 | 57.80 | 9562.84 | 5609.54 | 58.66 | 12181.51 | 6958.98 | 57.13 |
| 2008 | 25616.32 | 14105.76 | 55.08 | 11330.86 | 6199.56 | 54.73 | 14285.46 | 7906.20 | 55.35 |
| 2009 | 22072.66 | 12174.37 | 55.16 | 10056.03 | 5452.07 | 54.22 | 12016.63 | 6722.30 | 55.94 |
| 2010 | 29727.62 | 16003.07 | 53.83 | 13948.30 | 7380.01 | 52.91 | 15779.32 | 8623.06 | 54.65 |
| 2011 | 36419.35 | 18601.56 | 51.08 | 17460.42 | 8648.26 | 49.53 | 18985.97 | 9953.30 | 52.42 |
| 2012 | 38675.08 | 18939.97 | 48.97 | 18173.98 | 8712.49 | 47.94 | 20501.10 | 10227.48 | 49.89 |
| 2013 | 41603.31 | 19190.93 | 46.13 | 19502.89 | 8748.20 | 44.86 | 22100.42 | 10442.73 | 47.25 |

续表

| 年份 | 进出口 | | | 进口 | | | 出口 | | |
|------|--------|--------|--------|--------|--------|--------|--------|--------|--------|
| | 全国 | 外资企业 | 比重(%) | 全国 | 外资企业 | 比重(%) | 全国 | 外资企业 | 比重(%) |
| 2014 | 43030.00 | 19840.00 | 46.11 | 19603.00 | 9093.00 | 46.39 | 23427.00 | 10747.00 | 45.87 |
| 2015 | 39586.44 | 18346.00 | 46.34 | 16820.70 | 8299.00 | 49.34 | 22765.74 | 10047.00 | 44.13 |

资料来源:商务部:《中国外资统计2016》,2016年2月,第26页。

### 3. 服务业外资逐渐向东部地区集中

2002年以来,外商在华投资的产业结构日趋完整,且出现向高端产业集中的倾向,新兴产业、高端技术行业吸引外资日益增多,中国引进外资的产业结构优化,质量有所提高。2015年,东部地区服务业实际利用外资金额增至706.45亿美元,占2015年全国服务业实际利用外资总额的87%。2015年,东部地区制造业实际利用外资金额达315.37亿美元,占2015年东部地区实际利用外资总额的30%,见表9-5。2016年,服务业在华投资增长迅速,服务业实际利用外资金额5715.8亿元人民币,占外商投资总金额的70%;信息和咨询服务业、计算机应用服务业、综合技术服务业、分销服务、零售业、高技术服务业实际利用外资金额都有大幅度增长。在制造业中,医药制造业、医疗仪器设备及仪器仪表制造业实际利用外资增长50%以上,高技术制造业实际利用外资也有所增加。可见,外商在华投资的产业投向已经趋于高端化。其中,东部地区集中了大多数的服务业外资。2015年,中部地区服务业吸收外资主要集中在房地产业,金额为26.73亿美元,占中部地区实际利用外资总额的26%(见表9-6)。2015年,西部地区制造业吸收外资金额为31.24亿美元,房地产业吸收外资金额为29.44亿美元,分别占西部地区实际利用外资总额的31%、30%(见表9-7)。

表9-5　东部地区实际利用外商直接投资行业分布情况　　(单位:万美元)

| 行业 | 2002—2012年累计金额 | 2012年金额 | 2015年金额 |
|------|----------------------|------------|------------|
| 东部地区总计 | 75657939 | 9251341 | 10586799 |
| 农、林、牧、渔业 | 1078742 | 170035 | 115993 |
| 采矿业 | 242150 | 12489 | 14064 |
| 制造业 | 43220956 | 4080304 | 3153742 |
| 电力、燃气及水的生产和供应业 | 1090378 | 104788 | 123786 |
| 建筑业 | 703641 | 106756 | 114752 |
| 交通运输、仓储及邮政业 | 2071405 | 266641 | 315126 |
| 信息传输、计算机服务和软件业 | 1680528 | 286451 | 370823 |
| 批发和零售业 | 3899882 | 863921 | 1135304 |

续表

| 行业 | 2002—2012年累计金额 | 2012年金额 | 2015年金额 |
|---|---|---|---|
| 住宿和餐饮业 | 594387 | 56609 | 34858 |
| 金融业 | 667795 | 191482 | 1358797 |
| 房地产业 | 12418406 | 1854291 | 2337764 |
| 租赁和商务服务业 | 4776206 | 744779 | 893043 |
| 科学研究、技术服务和地质勘查业 | 1215974 | 275622 | 430714 |
| 水利、环境和公共设施管理业 | 295739 | 68823 | 36786 |
| 居民服务和其他服务业 | 1299751 | 108787 | 62769 |
| 教育 | 17191 | 3309 | 2878 |
| 卫生、社会保障和社会福利业 | 54869 | 6395 | 13273 |
| 文化、体育和娱乐业 | 328648 | 49854 | 72327 |
| 公共管理和社会组织 | 1285 | 5 | 0 |
| 国际组织 | 6 | 0 | 0 |

数据来源:商务部历年《中国外资统计》。①

表9-6　中部地区实际利用外商直接投资行业分布情况　　（单位:万美元）

| 行业 | 2002—2012年累计金额 | 2012年金额 | 2015年金额 |
|---|---|---|---|
| 中部地区总计 | 6852766 | 928714 | 1044350 |
| 农、林、牧、渔业 | 197389 | 23034 | 23570 |
| 采矿业 | 146755 | 12518 | 30 |
| 制造业 | 3907546 | 521594 | 488167 |
| 电力、燃气及水的生产和供应业 | 366264 | 27326 | 63064 |
| 建筑业 | 132513 | 10005 | 40403 |
| 交通运输、仓储及邮政业 | 93393 | 28860 | 27526 |
| 信息传输、计算机服务和软件业 | 36565 | 7090 | 303 |
| 批发和零售业 | 164583 | 45784 | 31008 |
| 住宿和餐饮业 | 89968 | 9647 | 6143 |
| 金融业 | 31609 | 11022 | 33896 |
| 房地产业 | 1169502 | 191549 | 267316 |
| 租赁和商务服务业 | 238060 | 23030 | 41661 |

---

①　来源于商务部历年《中国外资统计》的数据和根据各省(自治区、直辖市)历年统计年鉴加总的数据会存在一定差异,主要是统计口径的不同,本课题主要做趋势分析,并且在同一项目的东中西部比较中均使用同一数据来源的数据,因此对分析结果不会产生影响。

| 行业 | 2002—2012年累计金额 | 2012年金额 | 2015年金额 |
|---|---|---|---|
| 科学研究、技术服务和地质勘查业 | 39692 | 7099 | 17407 |
| 水利、环境和公共设施管理业 | 84625 | 4314 | 437 |
| 居民服务和其他服务业 | 118711 | 2618 | 587 |
| 教育 | 6755 | 93 | 16 |
| 卫生、社会保障和社会福利业 | 5546 | 0 | 0 |
| 文化、体育和娱乐业 | 23222 | 3131 | 2816 |
| 公共管理和社会组织 | 68 | 0 | 0 |
| 国际组织 | 0 | 0 | 0 |

数据来源：商务部历年《中国外资统计》。

表9-7　西部地区实际利用外商直接投资行业分布情况　　（单位：万美元）

| 行业 | 2002—2012年累计金额 | 2012年金额 | 2015年金额 |
|---|---|---|---|
| 西部地区总计 | 5423213 | 991559 | 995511 |
| 农、林、牧、渔业 | 111561 | 13151 | 13823 |
| 采矿业 | 118542 | 52039 | 10198 |
| 制造业 | 1708671 | 284751 | 312381 |
| 电力、燃气及水的生产和供应业 | 215992 | 31783 | 38172 |
| 建筑业 | 67419 | 1415 | 721 |
| 交通运输、仓储及邮政业 | 131329 | 51875 | 75955 |
| 信息传输、计算机服务和软件业 | 88056 | 42268 | 12430 |
| 批发和零售业 | 187902 | 36482 | 36001 |
| 住宿和餐饮业 | 60043 | 3901 | 2397 |
| 金融业 | 56026 | 9441 | 104196 |
| 房地产业 | 2198463 | 366647 | 294404 |
| 租赁和商务服务业 | 257973 | 53296 | 70269 |
| 科学研究、技术服务和地质勘查业 | 66309 | 26833 | 4815 |
| 水利、环境和公共设施管理业 | 53065 | 11891 | 6111 |
| 居民服务和其他服务业 | 73961 | 5046 | 8775 |
| 教育 | 7056 | 35 | 0 |
| 卫生、社会保障和社会福利业 | 9835 | 35 | 1065 |
| 文化、体育和娱乐业 | 10990 | 670 | 3798 |
| 公共管理和社会组织 | 20 | 0 | 0 |
| 国际组织 | 0 | 0 | 0 |

数据来源：商务部历年《中国外资统计》。

### 4.制造业外资从东部向中、西部地区转移

由于受中国东部地区劳动力成本上升、土地成本上升、对环境要求更趋严格、政策激励日益减少等因素的影响,部分外商投资企业开始从东部沿海地区向中、西部地区转移,特别是一些加工贸易型外资企业,其转移方式和路径主要包括以下三种:第一种:把在东部沿海地区的制造业投资和生产能力迁移到中、西部地区。第二种:在中、西部地区投资建设新厂或新的分支机构。第三种:将东部沿海地区企业的利润或增资投资到中、西部地区。事实上,外资企业从东部沿海地区的投资转移更多的是以将增资部分投向中、西部地区的形式进行,以富士康公司为例,属于台资的富士康在河南郑州以及四川成都等地投资设厂,说明出现了投资向中、西部地区转移的倾向;同时,富士康在当地的投资又极大地促进了该地区的就业和经济发展,产生了较好的经济效应。

在进一步研究中可以发现,从2010—2015年全国制造业吸收外资数据来看,东部地区在2012年达到顶峰,之后呈现下滑趋势(见图9-1),而中部和西部地区呈现明显的上升趋势(见图9-2、图9-3),除国家实施西部大开发战略以及中、西部地区本身营商环境优化、自然环境优越等原因外,东部地区的外资转移也是一个重要原因。①

（单位：亿美元）

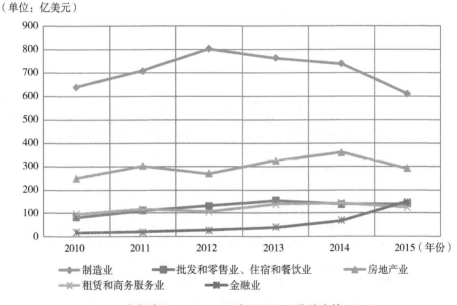

**图9-1　东部地区2010—2015年分行业吸收外资情况（A）**

---

① 本章数据中,海南省、吉林省、西藏自治区相关年鉴未公布该省分行业实际利用外商直接投资数据,用该省实际利用外商直接投资总数据代替。但因为总数很小,不会影响整个趋势。湖北省相关年鉴未公布该省2005年第二产业实际利用外商直接投资数据,用该省2005年制造业实际利用外商直接投资数据代替。该制造业实际利用外商直接投资数据根据《中国经济贸易年鉴2007》第444页文字描述测算。山西省2008年、2012年、2013年外商直接投资额为合同数据;青海省、宁夏回族自治区外商直接投资额为合同数据;因为总数很小,不会影响整个趋势。

（单位：亿美元）

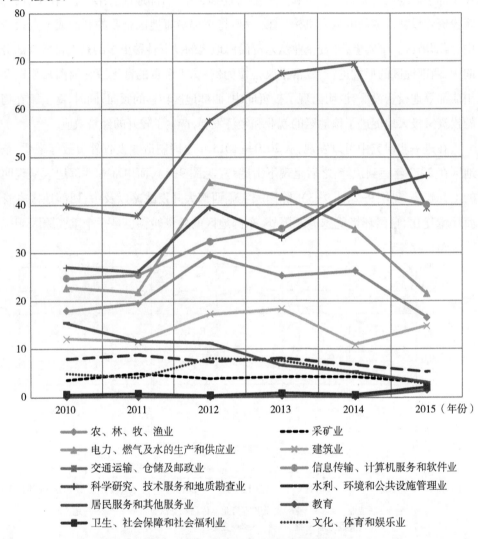

图 9-1　东部地区 2010—2015 年分行业吸收外资情况（B）

资料来源：各省历年统计年鉴，上海分行业数据根据上海市商务委编撰的历年《上海商务年鉴》以及上海经济年鉴数据整理和计算。

（单位：亿美元）

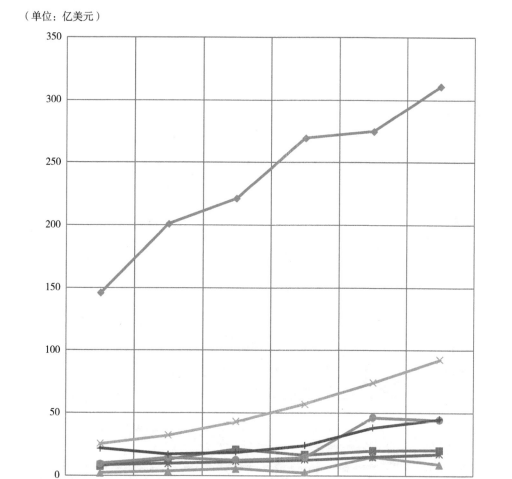

图9-2 中部地区2010—2015年分行业吸收外资情况（A）

（单位：亿美元）

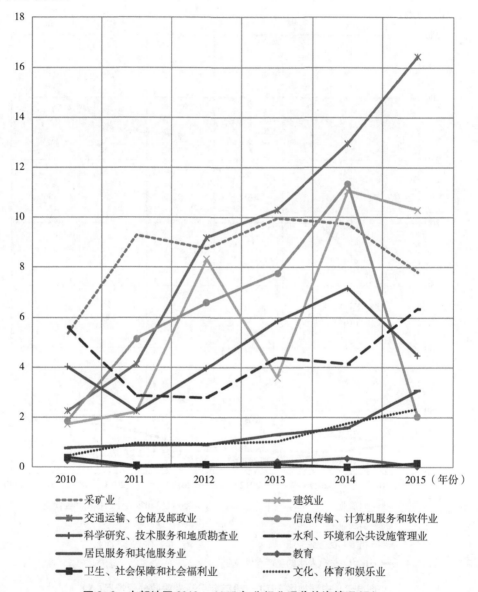

**图9-2　中部地区2010—2015年分行业吸收外资情况（B）**

资料来源：各省历年统计年鉴。

（单位：亿美元）

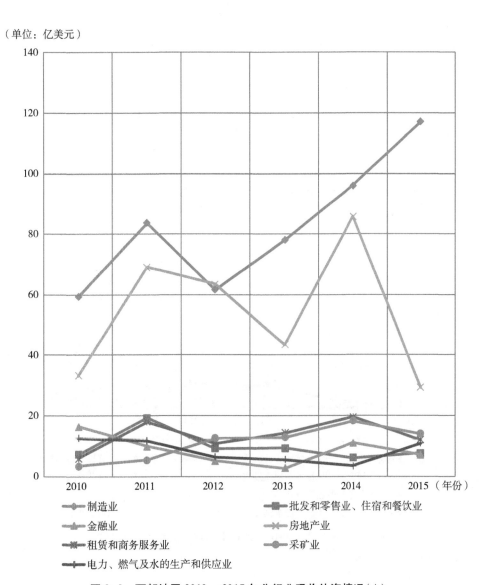

**图 9-3　西部地区 2010—2015 年分行业吸收外资情况（A）**

（单位：亿美元）

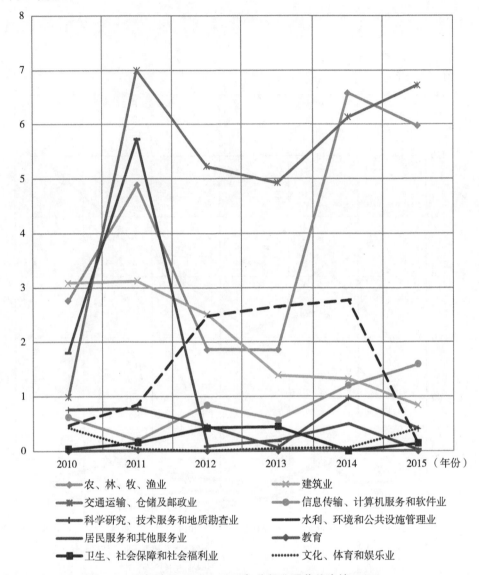

**图9-3　西部地区 2010—2015 年分行业吸收外资情况（B）**

资料来源：各省历年统计年鉴。

## （二）东、中、西部地区吸引外资的主要特点

### 1. 跨国并购大多数集中在东部地区

根据商务部统计，无论是数量还是金额，东部地区都是跨国并购交易发生的主要集中地。例如，"2015 年有 84.1% 的并购交易发生在东部地区，其中广东、上海、江苏最多，合计占交易总量的 54.2%；85.8% 的并购交易金额集中在东部地区，为 152.5 亿美元，交易金额最多的北京、江苏、上海、广东等四个省（直辖市）合计占到东部地

区并购交易总额的87.2%。从并购交易金额看,西部地区占全国的比重为8%,其中四川占西部地区总额的38.7%;中部地区占6.3%,其中安徽、湖北交易金额相当,合计占中部地区总额的54.8%"①。同时,在国家以服务业为重点推进新一轮高水平对外开放的情况下,自由贸易试验区加大对服务业的开放力度,并取得预期成效,成为吸引外资新引擎。

**2. 中、西部地区承接大量东部外资转移**

一方面,过去10年中,随着东部沿海地区土地资源日益紧缺、商务成本逐渐上升、廉价劳动力优势不再,部分外商投资企业成本上升、利润空间缩小,不愿向东部地区增资或投资,甚至从东部地区撤资,其中一部分资金流向了越南、印度、孟加拉国、巴基斯坦和印度尼西亚等周边国家,另一部分则转移到了中国中、西部地区,这类企业以广东、福建等珠三角地区的劳动密集型企业为代表。此外,随着国家西部大开发战略的实施,东、中、西部地区之间的战略联动加强,部分对自然资源要求较高的企业也转向了中、西部地区。

另一方面,近年来国家出台了一系列鼓励外商投资战略性新兴产业的政策,推动更多的跨国公司高端环节进入中国,其中部分外资投向了中、西部地区,包括部分外资从东部沿海地区转移到中、西部地区。例如,成都过去10年中最成功的外资项目Intel就是从上海转移过去的项目;重庆引进外资最成功的笔记本电脑产业也大多是从长三角地区转移过去的外资项目,进而带动了京东方、惠科电子等一大批上下游企业的关联投资。

**3. 中、西部地区引资注重上下游关联产业**

以成都为例,成都70%的外资项目集中在汽车产业,德国大众、法国神龙、瑞典沃尔沃、日本丰田等企业都集聚于此,并带动了相关零部件企业如博世等的入驻。

笔记本电脑产业是成都的又一支柱产业,成都在2002年引进Intel项目后,上海的Intel工厂基本上都转移到成都去生产,进而吸引了中兴、裕兴等企业,带动了整个信息产业在成都的发展;2009年富士康落户成都,又带动了一批关联企业入蓉,形成了一条完整的产业链,成为西部电子元器件的制造中心。

同时,随着新能源、新材料等高端产业在成都的发展,成都已经成为航空新材料等国内高端产业的生产基地,吸引了大量跨国公司高端环节进入中国为它配套,这与中国鼓励外资投入战略性新兴产业的导向是分不开的。

又如贵州。贵州省以大数据产业带动其他相关产业的发展,自2013年7月引进富士康科技集团后,对上下游配套企业的带动较大。据不完全统计,已有十余家企业为富士康提供生产、物流等配套服务。目前,富士康旗下富智康公司加工贸易发展迅

---

① 商务部外国投资管理司:《中国外商投资报告2016》,2016年12月。

猛,进出口额达到 4.5 亿美元。

### 4. 东、中、西部地区第二产业吸收外资出现差异化趋势

从产业结构来看,自 2005 年以来,东部地区吸收外资呈下降趋势。其中,东部地区第二产业吸收外资从 2012 年以后开始掉头向下,中部地区虽有缓慢上升趋势,但总体规模仍小于东部地区,西部地区第二产业吸收外资近年来呈现小幅起伏,但总体趋势仍然向好(见表 9-8、表 9-9、表 9-10、表 9-11、图 9-4)。

表 9-8  东、中、西部地区 2005—2015 年第二产业吸收外资数据

（单位:万美元）

| 年份<br>地区 | 2005 | 2006 | 2007 | 2008 | 2009 | 2010 | 2011 | 2012 | 2013 | 2014 | 2015 |
|---|---|---|---|---|---|---|---|---|---|---|---|
| 东部 | 4774709 | 4811300 | 5856538 | 6300987 | 6421354 | 6775948 | 7452265 | 8739692 | 8314821 | 7881310 | 6510751 |
| 中部 | 701695 | 1050779 | 1426198 | 1629395 | 1923878 | 2308448 | 2917268 | 3308572 | 3841596 | 4199332 | 4667828 |
| 西部 | 294254 | 397622 | 508633 | 597845 | 717305 | 1005004 | 1469488 | 1227130 | 1314081 | 1205628 | 1449058 |

资料来源:1.海南省相关年鉴未公布该省 2005—2011 年第二产业实际利用外商直接投资数据。2.吉林省、西藏自治区相关年鉴未公布该省 2005—2015 年第二产业实际利用外商直接投资数据,用该省实际利用外商直接投资总数数据代替。因为总数很小,不会影响整个趋势。3.湖北省相关年鉴未公布该省 2005 年第二产业实际利用外商直接投资数据,用该省 2005 年制造业实际利用外商直接投资数据代替。该制造业实际利用外商直接投资数据根据《中国经济贸易年鉴 2007》第 444 页文字描述测算。

表 9-9  东部 11 省份(直辖市)2010—2015 年分产业数据  （单位:万美元）

| 省份 | 年份<br>项目 | 2010 | 2011 | 2012 | 2013 | 2014 | 2015 |
|---|---|---|---|---|---|---|---|
| 北京市 | 实际利用外商直接投资额 | 636358 | 705447 | 804160 | 852418 | 904085 | 1299635 |
| | 第一产业 | 1246 | 214 | 733 | 1717 | 13947 | 7620 |
| | 第二产业 | 71899 | 80798 | 112326 | 149687 | 97254 | 59528 |
| | 第三产业 | 563213 | 624435 | 691101 | 701014 | 792884 | 1232487 |
| 天津市 | 实际利用外商直接投资额 | 1084872 | 1305602 | 1501633 | 1682897 | 1886676 | 2113444 |
| | 第一产业 | 1433 | 2571 | 3890 | 8421 | 19770 | 15090 |
| | 第二产业 | 509511 | 580398 | 776147 | 727155 | 838054 | 1101932 |
| | 第三产业 | 573929 | 722635 | 554732 | 592261 | 632334 | 530982 |
| 河北省 | 实际利用外商直接投资额 | 383074 | 468095 | 580486 | 644720 | 637196 | 617750 |
| | 第一产业 | 7327 | 7010 | 23591 | 21386 | 34772 | 9518 |
| | 第二产业 | 284064 | 352015 | 463369 | 497809 | 448438 | 427037 |
| | 第三产业 | 91683 | 109070 | 93526 | 125525 | 153986 | 181195 |

续表

| 省份 | 项目 \ 年份 | 2010 | 2011 | 2012 | 2013 | 2014 | 2015 |
|---|---|---|---|---|---|---|---|
| 辽宁省 | 实际利用外商直接投资额 | 2075010 | 2426739 | 2679315 | 2903996 | 2742335 | 518516 |
| | 第一产业 | 18622 | 33769 | 42030 | 40877 | 39794 | 7316 |
| | 第二产业 | 836663 | 1229965 | 1608717 | 1715507 | 1418853 | 144573 |
| | 第三产业 | 1219725 | 1162375 | 1025568 | 1147612 | 1283688 | 366627 |
| 上海市 | 实际利用外商直接投资额 | 1112100 | 1260100 | 1518500 | 1678000 | 1816600 | 1845900 |
| | 第一产业 | 8900 | 3800 | 1700 | 300 | 300 | 2100 |
| | 第二产业 | 220100 | 213300 | 248900 | 321000 | 177800 | 250000 |
| | 第三产业 | 883100 | 1043000 | 1267900 | 1356700 | 1638500 | 1593800 |
| 江苏省 | 实际利用外商直接投资额 | 2849777 | 3213173 | 3575956 | 3325922 | 2817416 | 2427469 |
| | 第一产业 | 84855 | 67255 | 148365 | 98695 | 57305 | 48010 |
| | 第二产业 | 1950388 | 1972479 | 2309940 | 1830905 | 1533593 | 1247868 |
| | 第三产业 | 814534 | 1173439 | 1117651 | 1396322 | 1226518 | 1131591 |
| 浙江省 | 实际利用外商直接投资额 | 1100175 | 1166601 | 1306926 | 1415898 | 1579725 | 1696024 |
| | 第一产业 | 9032 | 18021 | 8303 | 8094 | 8146 | 9002 |
| | 第二产业 | 676692 | 608628 | 652212 | 620096 | 592423 | 719328 |
| | 第三产业 | 414451 | 539952 | 646411 | 787708 | 979156 | 967694 |
| 福建省 | 实际利用外商直接投资额 | 580279 | 620111 | 633774 | 667896 | 711499 | 768339 |
| | 第一产业 | 14040 | 14153 | 12483 | 9769 | 11571 | 16676 |
| | 第二产业 | 396508 | 397976 | 360093 | 351809 | 447491 | 427363 |
| | 第三产业 | 169731 | 197982 | 175889 | 306318 | 252437 | 324300 |
| 山东省 | 实际利用外商直接投资额 | 916833 | 1116022 | 1235267 | 1405315 | 1519511 | 1630090 |
| | 第一产业 | 19805 | 32213 | 38670 | 46886 | 60280 | 532510 |
| | 第二产业 | 615418 | 701031 | 749651 | 678978 | 916389 | 983152 |
| | 第三产业 | 281610 | 382778 | 446945 | 679451 | 542843 | 4427552 |
| 广东省 | 实际利用外商直接投资额 | 2026098 | 2179836 | 2354911 | 2495210 | 2687144 | 2687546 |
| | 第一产业 | 14327 | 15871 | 15264 | 15143 | 16888 | 7880 |
| | 第二产业 | 1214705 | 1315675 | 1394052 | 1354452 | 1390104 | 1149970 |
| | 第三产业 | 797066 | 848290 | 945595 | 1125615 | 1280152 | 1529696 |

续表

| 省份 | 年份<br>项目 | 2010 | 2011 | 2012 | 2013 | 2014 | 2015 |
|---|---|---|---|---|---|---|---|
| 海南省 | 实际利用外商<br>直接投资额 | 151213 | 152299 | 164119 | 181060 | 188858 | 200567 |
| | 第一产业 | — | — | 1222 | 1411 | 396 | 1937 |
| | 第二产业 | — | — | 64285 | 67423 | 20911 | 28383 |
| | 第三产业 | — | — | 98612 | 112226 | 167551 | 170247 |

资料来源:1.数据来源于各省(直辖市)年鉴、统计年鉴及经济年鉴。2.福建省2005—2012年为验资口径数据,实际利用外商直接投资额来源于2005—2016年福建省统计年鉴,分行业数据来源于2005—2016年福建省国民经济和社会发展统计公报。

表9-10　中部8省份2010—2015年分产业数据　　　（单位:万美元）

| 省份 | 年份<br>项目 | 2010 | 2011 | 2012 | 2013 | 2014 | 2015 |
|---|---|---|---|---|---|---|---|
| 山西省 | 实际利用外商<br>直接投资额 | 150960 | 207278 | 250379 | 280667 | 295186 | 286985 |
| | 第一产业 | 1977 | 1543 | 3154 | 2786 | 295186 | 286985 |
| | 第二产业 | 111362 | 124477 | 21870 | 70126 | 186619 | 202275 |
| | 第三产业 | 21102 | 15596 | 10581 | 23240 | 108567 | 84710 |
| 吉林省 | 实际利用外商<br>直接投资额 | 128042 | 148125 | 164865 | 181949 | 199943 | 212747 |
| 黑龙<br>江省 | 实际利用外商<br>直接投资额 | 266151 | 324804 | 389996 | 461331 | 508791 | 544874 |
| | 第一产业 | 6362 | 24250 | 5760 | 7322 | 11100 | 9663 |
| | 第二产业 | 190974 | 203257 | 277745 | 362497 | 282336 | 361066 |
| | 第三产业 | 68816 | 97297 | 106491 | 91512 | 215354 | 174145 |
| 安徽省 | 实际利用外商<br>直接投资额 | 501446 | 662887 | 863811 | 1068772 | 1233978 | 1361945 |
| | 第一产业 | 4035 | 12675 | 17562 | 27495 | 30535 | 26216 |
| | 第二产业 | 370462 | 486573 | 601746 | 738786 | 635716 | 801659 |
| | 第三产业 | 126949 | 163639 | 244503 | 302491 | 567730 | 534068 |
| 江西省 | 实际利用外商<br>直接投资额 | 510084 | 605881 | 682431 | 755096 | 845074 | 947321 |
| | 第一产业 | 53861 | 46425 | 50221 | 57084 | 57569 | 55830 |
| | 第二产业 | 358863 | 440419 | 448268 | 526180 | 613103 | 696476 |
| | 第三产业 | 97360 | 119037 | 183942 | 170832 | 174402 | 194025 |

续表

| 省份 | 项目＼年份 | 2010 | 2011 | 2012 | 2013 | 2014 | 2015 |
|------|------|------|------|------|------|------|------|
| 河南省 | 实际利用外商直接投资额 | 624670 | 1008209 | 1211777 | 1345659 | 1492688 | 1608637 |
| | 第一产业 | 24261 | 47254 | 41573 | 44277 | 49428 | 51202 |
| | 第二产业 | 452222 | 712450 | 847606 | 962249 | 1159147 | 1246914 |
| | 第三产业 | 143081 | 227873 | 322598 | 339133 | 265492 | 310521 |
| 湖北省 | 实际利用外商直接投资额 | 405015 | 465503 | 566591 | 688847 | 792792 | 894801 |
| | 第一产业 | 4544 | 12005 | 8070 | 6945 | 21082 | 16593 |
| | 第二产业 | 263574 | 328504 | 373515 | 412833 | 464126 | 432226 |
| | 第三产业 | 136897 | 124994 | 185006 | 269069 | 307584 | 445982 |
| 湖南省 | 实际利用外商直接投资额 | 459787 | 518441 | 615031 | 728034 | 870482 | 1026585 |
| | 第一产业 | 35864 | 34489 | 25041 | 53075 | 57919 | 62722 |
| | 第二产业 | 432949 | 473463 | 572957 | 586976 | 658342 | 714465 |
| | 第三产业 | 49628 | 107079 | 130036 | 230431 | 310323 | 379254 |

资料来源:1.数据来源于各省年鉴、统计年鉴及经济年鉴。2.山西省 2008 年、2012 年、2013 年外商直接投资额为合同数据。3.由于吉林省实际利用外商直接投资数额不多,相关年鉴未记录外商直接投资分行业数据。

表 9-11 西部 12 省份(自治区、直辖市)2010—2015 年分产业数据

(单位:万美元)

| 省份 | 项目＼年份 | 2010 | 2011 | 2012 | 2013 | 2014 | 2015 |
|------|------|------|------|------|------|------|------|
| 内蒙古 | 实际利用外商直接投资额 | 338456 | 383827 | 394319 | 464456 | 397748 | 336629 |
| | 第一产业 | 6800 | 9610 | 2400 | 7640 | 51921 | 39168 |
| | 第二产业 | 292552 | 292119 | 313572 | 371337 | 285231 | 261104 |
| | 第三产业 | 39104 | 82098 | 78347 | 85479 | 60596 | 36357 |
| 广西 | 实际利用外商直接投资额 | 91200 | 101381 | 74853 | 70008 | 100119 | 172208 |
| | 第一产业 | 10090 | 6206 | 2509 | 625 | 310 | 10020 |
| | 第二产业 | 46991 | 64454 | 30519 | 51533 | 46778 | 63855 |
| | 第三产业 | 29196 | 29647 | 25861 | 13640 | 45637 | 86073 |
| 重庆市 | 实际利用外商直接投资额 | 304264 | 582575 | 352418 | 414353 | 423348 | 377183 |
| | 第一产业 | 827 | 2938 | 583 | 240 | 177 | 90 |
| | 第二产业 | 190635 | 356204 | 115650 | 96655 | 75981 | 78584 |
| | 第三产业 | 442935 | 693806 | 236185 | 317458 | 347190 | 238005 |

| 省份 | 项目＼年份 | 2010 | 2011 | 2012 | 2013 | 2014 | 2015 |
|---|---|---|---|---|---|---|---|
| 四川省 | 实际利用外商直接投资额 | 602517 | 948137 | 980100 | 1028443 | 1028764 | 999607 |
| | 第一产业 | 8000 | 62600 | 49400 | 70700 | 19700 | 141614 |
| | 第二产业 | 219400 | 424800 | 380279 | 327500 | 346400 | 331200 |
| | 第三产业 | 375100 | 460700 | 550400 | 630200 | 486600 | 526793 |
| 贵州省 | 实际利用外商直接投资额 | 29546 | 51541 | 49116 | 57673 | 46565 | 41941 |
| | 第一产业 | 4300 | 8200 | 755 | 2009 | 3266 | 1967 |
| | 第二产业 | 15223 | 28145 | 19145 | 34714 | 24453 | 18789 |
| | 第三产业 | 10023 | 12169 | 29216 | 20950 | 18846 | 21185 |
| 云南省 | 实际利用外商直接投资额 | 132902 | 173800 | 218900 | 251500 | 270600 | 299200 |
| | 第一产业 | 1657 | 14700 | 5300 | 2600 | 2100 | 2800 |
| | 第二产业 | 79312 | 81600 | 70500 | 97500 | 108800 | 120900 |
| | 第三产业 | 51933 | 72900 | 143300 | 151300 | 159700 | 175400 |
| 西藏 | 实际利用外商直接投资额 | 2434 | 6460 | 17402 | 10111 | 15855 | 6997 |
| 陕西省 | 实际利用外商直接投资额 | 182006 | 235483 | 293609 | 36780 | 417557 | 462118 |
| | 第一产业 | 1275 | 2121 | 1668 | 2802 | 2635 | 845 |
| | 第二产业 | 107475 | 145786 | 195226 | 261501 | 246124 | 411909 |
| | 第三产业 | 73256 | 87422 | 96715 | 103497 | 167796 | 49364 |
| 甘肃省 | 实际利用外商直接投资额 | 13521 | 7024 | 6110 | 7129 | 10032 | 11036 |
| | 第一产业 | — | 1084 | 314 | 8 | 3378 | 839 |
| | 第二产业 | 11324 | 4648 | 5680 | 4256 | 6581 | 10147 |
| | 第三产业 | 2175 | 1292 | 116 | 1827 | 73 | 50 |
| 青海省 | 实际利用外商直接投资额 | 21930 | 16893 | 20578 | 9372 | 5010 | 5500 |
| | 第一产业 | 57 | — | 1184 | — | 1304 | — |
| | 第二产业 | 1830 | 33439 | 33552 | 9455 | 2051 | 5476 |
| | 第三产业 | 18563 | 157 | 2364 | 7296 | 7291 | 10473 |

续表

| 省份 | 项目＼年份 | 2010 | 2011 | 2012 | 2013 | 2014 | 2015 |
|------|------|------|------|------|------|------|------|
| 宁夏 | 实际利用外商直接投资额 | 8090 | 20199 | 21820 | 14814 | 9244 | 18639 |
| | 第一产业 | 1305 | 1243 | 159 | 1497 | 181 | 2667 |
| | 第二产业 | 23646 | 13679 | 28358 | 30579 | 25604 | 107039 |
| | 第三产业 | 2425 | 23430 | 11780 | 5891 | 26614 | 26199 |
| 新疆 | 实际利用外商直接投资额 | 23742 | 33485 | 40795 | 48102 | 41700 | 45250 |
| | 第一产业 | 1236 | 2669 | 3786 | 1108 | 475 | 1311 |
| | 第二产业 | 14182 | 18154 | 17247 | 18940 | 21770 | 33058 |
| | 第三产业 | 8324 | 12662 | 19762 | 28054 | 19455 | 10881 |

资料来源:1.数据来源于各省(自治区、直辖市)年鉴、统计年鉴及经济年鉴。2.青海省、宁夏回族自治区外商直接投资额为合同数据。3.由于西藏自治区实际利用外商直接投资数额不多,相关年鉴未记录外商直接投资分行业数据。

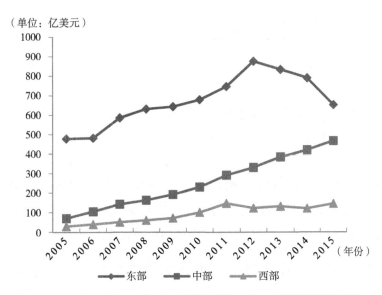

图9-4 2005—2015年东、中、西部地区第二产业实际利用外资情况

# 第二节 "一带一路"建设与中国双向投资的协同发展

作为中国新形势下开放型经济发展的重大战略选择,"一带一路"建设同时也将引领中国的新型开放经济发展:"引进来"与"走出去"双向互动与开放发展。

## 一、以"一带一路"为动力,实施双向投资和对外贸易的协同发展

第一,投资创造贸易。助推中国与"一带一路"沿线国家的经贸合作。"一带一路"建设是国家战略带动企业投资的典范。国有资本带动民营资本向"一带一路"沿线国家的投资,形成以中国国家资本引领,民间资本踊跃,以"五通"实现沿线国家发展能力的提升,进而实现中国与这些国家全面经贸关系的发展与合作共赢,实现开放经济的协调发展。因此,"一带一路"建设的本质是投资创造贸易,实施双向投资和对外贸易的协同发展。

第二,投资促进贸易。通过渝新欧、郑新欧等"中欧班列"的贯通运行,带动重庆、郑州等沿线地区的对外贸易和双向投资,打造内陆开放新高地,推动内陆和中西部地区对外开放的协同发展。以渝新欧为例,成本是空运的1/5,运输时间比海运减少1个月,具有很大的经济价值。目前,"中欧班列"不仅去程已经常规化、稳定化,实现了满载运输,回程的空载率也已大大下降,有利于带动"一带一路"沿线地区的经贸发展。

第三,投资贸易一体化。通过在"一带一路"沿线开设境外经贸合作区,实现重点产业和重点企业的抱团出海。境外经贸合作区不仅能够提供全方位的投资服务,为"走出去"的企业解除当地法律、知识产权、会计、财务,包括基础设施、政策风险评估等各方面的后顾之忧,其规模也为重点产业、重点企业引领中小企业对外投资、打造上下游关联企业的产业集群提供了条件。在"共商、共建、共享"的合作原则下,境外经贸合作区为推动中国与"一带一路"沿线国家的大通关合作提供了条件。

## 二、以"一带一路"为契机,实现国家战略和地方战略的协同发展

第一,通过"一带一路"建设和"自贸试验区"建设两大国家战略的协同发展,构筑便利化、国际化、法制化的营商环境,重塑沿海开放高地新优势。"一带一路"沿线地区和"1+3+7+1"自贸试验区格局的叠加,将内陆和沿海地区一以贯之,打通了人流、物流、资金流,使分割的国内大市场在两大国家战略的引领下,实现双向投资的协同发展。

第二,城市合作与内外开放的协同发展。以上海、重庆等"一带一路"建设的重

点城市为支点,强化沿海和内陆开放城市与"一带一路"沿线国家的双向投资合作。重点城市、支点城市之间的经贸往来和投资合作,特别是"一带一路"沿线国家的港口城市、经贸枢纽城市和中国沿海、内陆开放高地之间的双向投资,不仅能够带动两国的进出口贸易,而且有助于推动"一带一路"与长江经济带两大国家战略的协同发展。目前,中国已经和阿联酋、土耳其、捷克等国家签署了双边经贸合作关系协议,接下来可以进一步签订项目协议,使双边经贸合作具有实质性的内容,为后续的发展奠定基础。

第三,双向投资战略下地区间发展战略的协同。在考虑了中央和地方协调之后,还必须考虑地方之间的关系,即引进外资和对外投资在地区间的协调问题。事实上,无论是引进外资还是对外投资,东部沿海地区都要远远超过中、西部地区,在这个问题上,既有历史因素,也有地理原因,地区在产业发展上也有差异,在同一个地区,大城市和小城市也有差异,因此,各地区都不可能是相同模式。要在"引进来"的产业发展上有地区差异,"走出去"上重点发展大都市的平台功能,即集聚跨国公司与金融服务等机构支持"走出去"总战略。

## 三、以"一带一路"为纽带,促进各地区吸引外资的协同发展

第一,合理引导资金流向,推动各区域"组团式"引资。一方面,东部沿海地区引进外资向高端制造业和服务业的方向转化。鼓励先进制造业和现代服务业吸引外资,鼓励跨国公司总部落户。中、西部地区引进外资以适用技术为主,以解决当地就业和社会发展,突破技术和管理瓶颈,促进当地的经济发展。另一方面,促进不同区域实施"组团式"引资,逐步形成东西互济的格局。东、中、西部地区吸引外资要注重与区域经济的协调发展,根据高、中、低端产业链的不同需求,以"梯度型"经济圈为基础,制定产业规划,推动产业集群的形成。

第二,推动总部—加工基地经济发展模式的形成。发展总部经济是东部沿海地区利用外资战略和政策的重要抓手和途径。在制造业领域,长三角、珠三角、环渤海地区要面向全国,以中部地区为腹地,推动总部—加工基地经济发展模式的形成,并进一步探索东、中、西部地区形成总部—加工基地经济发展模式的可行性。在现代服务业领域,东部与中西部地区要探索总部—次级总部—内地次次级总部的总部经济发展模式,通过资金流的汇聚,形成支撑点,并通过提供信息平台、融资平台、人才平台、物流平台等共享平台为中、西部地区提供服务,进一步发挥东部沿海地区的总部经济辐射效应。

第三,促进加工贸易外资向中、西部地区转移。促进加工贸易外资向中、西部地区转移的关键在于:一是东部沿海地区要转移,中、西部地区要承接;二是要防止东部

沿海地区转移出去的外资迁移到了周边国家;三是要防止东部沿海地区的低端制造业外资转移出去了,高端制造业外资又引不进来。沿海地区"腾笼换鸟",加工贸易外资面临何去何从的问题。其中,部分企业尽管效益较低,处于产业链的低端环节,但不具污染或污染较轻,应鼓励这部分加工贸易外资向中、西部地区转移,因为加工贸易属于劳动密集型产业,其就业效应比较可观。对于部分污染较重的加工贸易,既不能一扔了之,也不能任其向周边经济体转移,应推动其加快企业转型升级,进而寻找合适的地点进行转移。

# 第三节 "一带一路"建设与自贸试验区战略的协同发展

2016 年 8 月,中共中央、国务院决定在原有 4 个自贸试验区基础上,增加 7 个自贸试验区;2018 年 4 月,海南自由贸易港也宣布成立。至此,中国初步形成了"1+3+7+1"的 12 个自贸试验区试点新格局。经过一段时间的运作,自贸试验区凭借制度优势在吸收外资方面发挥了重要作用,成为各地区吸引外资的新引擎。"一带一路"倡议下两大国家战略协同发展,取得了显著成效。

## 一、上海自贸试验区成立以来的引资成效

中国(上海)自由贸易试验区(以下简称"上海自贸试验区")从 2013 年 7 月设立,经过 2015 年的扩区,至今挂牌已逾 4 年,基本完成了《中国(上海)自由贸易试验区总体方案》和《进一步深化中国(上海)自由贸易试验区改革开放方案》明确的试点任务,取得了改革开放的重要成果。

### (一)实施投资管理体制改革

体制创新是上海自贸试验区的一项核心内容。如何处理政府与市场之间的关系,处理政府与企业之间的关系,防范金融服务、航运服务、商贸服务、专业服务、文化服务以及社会服务领域扩大开放后所可能产生的各种风险,特别是文化服务和社会服务扩大开放后所可能产生的意识形态领域的风险和社会风险,建立一套能够适应高风险开放市场的市场监督管理体系,并且通过自贸区的试验形成可复制、可推广的经验,将是中国(上海)自由贸易试验区真正实现"政府职能转变"的重要体现。

同时,上海自贸试验区进行投资管理体制的改革实际上是整个国家在投资管理体制方面的一个重大转折。准入前国民待遇问题表面上反映的是外资能否享受国民待遇的问题,实际上反映的是国企、民企和外企之间的相互关系。高标准的国际投资规则向我们提出了这样一个问题,外资进入中国要享受国民待遇,但是在中国,国企和民企是否能够享受到同样待遇? 这个问题必须依靠中国内部的体制改

革来解决。

目前,"上海自贸试验区不仅建立了准入前国民待遇加负面清单的外商投资管理制度,而且建立了以备案制为主的境外投资管理方式,并通过建立企业准入'单一窗口'制度的方式,改变了由多个部门分别管理企业准入事项的状态。截至 2018 年 1 月,上海自由贸易试验区总计有 100 多项制度创新成果在全国复制推广,新设企业5.2 万家,超过自贸试验区成立前二十多年的总和"①。

**(二)加强投资环境建设**

在事中、事后监管方面,上海自贸试验区已经形成了鼓励企业自律的信用约束机制,形成了信息互联共享的协同监管机制,建立了事中、事后综合监管平台。特别是,上海探索构建"双告知、双反馈、双跟踪"许可办理机制和"双随机、双评估、双公示"监管协同机制,在浦东新区实现监管部门全覆盖,在 108 个行业中推广应用。在浦东新区"证照分离"改革试点的基础上,116 项改革试点事项中有 75 项在上海市复制推广,17 项在全国复制推广。

通过法治化、国际化、便利化的营商环境建设,上海在贯彻落实开放发展理念、构建开放型经济新体制方面也取得一定成效。目前,上海的电子商务已经从制造业、商贸业、旅游业等重点领域,逐步渗透到各个行业。互联网金融、跨境电子商务、社区服务电子商务等成为新的亮点。国内外的电子商务总部也加速向上海集聚,例如麦德龙、家乐福等国内外传统商贸企业在上海自贸试验区设立全球或亚太电声及跨境电商总部,顺丰在上海设立第二总部,建设"顺丰国际物流园"项目,等等。

跨境电子商务综合试验区的建设更是为外贸稳定增长、加工贸易转型、服务贸易发展等提供了条件。目前,一般贸易占上海进出口总额的比重已经超过 50%,集成电路、汽车零部件等较高附加值产品的出口增长迅速,上海的外贸结构不断完善,整体进出口形势优于全国。

**(三)自贸区引资的溢出效应逐步形成**

金融创新是能否吸引外资入驻的重要投资环境之一。在金融创新方面,不仅落实《关于金融支持中国(上海)自由贸易试验区建设的意见》《进一步推进中国(上海)自由贸易试验区金融开放创新试点加快上海国际金融中心建设方案》及相关配套措施,而且创设自由贸易账户体系,建立了"分类别、有管理"的资本项目可兑换操作模式。一批上海自贸试验区的金融创新试点措施已经在广东、天津、福建自贸试验区或全国复制推广。例如,跨境双向人民币资金池、跨国公司外汇资金集中运营管理

---

① 负天一:《上海:以战略性新兴产业为引领的现代产业体系初步形成》,《中国战略新兴产业》2018 年第 9 期。

试点、外商投资企业外汇资本金意愿结汇、直接投资项下外汇登记及变更登记下放银行办理等创新业务均已在全国范围内复制推广。目前,上海已经发布全国首张自贸试验区金融服务业对外开放负面清单指引,开设自由贸易账户的主体资格从区内拓展至上海市符合条件的科技创新企业及海外引进人才,累计开立自由贸易账户7万个;启动自贸试验区金融综合监管服务平台(一期)建设,加强风险预警和研判,逐步构建和完善开放性经济体系的风险压力测试区。

自贸试验区的建设成为上海吸引外资的新亮点。在引进外资方面,上海在吸引跨国公司地区总部方面成效显著,总部功能逐渐从采购销售向投资决策、资金结算、科技研发等拓展升级。2012年,在沪跨国公司地区总部403家,外商投资性公司265家,外资研发中心360家。2013年、2014年、2015年,在沪跨国公司地区总部分别为445家、490家、525家;在沪外商投资性公司分别为283家、297家、312家;在沪外资研发中心分别为366家、381家、395家。2016年,在沪跨国公司地区总部已经达到580家,外商投资性公司330家,外资研发中心411家。[1] 截至2018年1月,上海市跨国公司地区总部累计达到625家,其中亚太地区总部达到70家;外资研发中心累计达到426家。在对外投资方面,通过"一带一路"建设,上海已经和"一带一路"沿线地区实施一批重点合作项目,在沿线国家新签订的工程承包合同金额大幅度增长。2016年,上海对外直接投资额增长40%左右,创造了新的历史纪录,双向投资格局的形成为上海进一步提升吸收外资的质量提供了条件。

## 二、优化投资环境,广东、天津、福建自贸试验区创新引资模式

### (一)广东自贸试验区

2016年4月25日,广东省人民政府办公厅颁布《广东省人民政府办公厅关于进一步深化中国(广东)自由贸易试验区投资管理体制改革的若干意见》(粤办函〔2016〕176号),特别指出要优化投资环境,包括强化事中事后监管、健全综合行政执法体系、减轻企业行政收费负担、完善配套法规政策、提供全程导办服务等。4月26日,广东省自贸办出台《关于依托中国(广东)自由贸易试验区降低国际贸易成本促进贸易便利化若干意见的通知》(粤自贸法函〔2016〕31号),就拓展企业跨境融资渠道、促进跨境贸易、投融资结算便利化、发展总部经济和结算中心、支持人民币跨境业务创新、促进贸易投资便利化等提出意见。

2016年5月25日,广东省第十二届人民代表大会常务委员会第二十六次会议

---

① 上海市发展和改革委员会:《关于上海市2016年国民经济和社会发展计划执行情况与2017年国民经济和社会发展计划草案的报告》,http://www.shanghai.gov.cn/nw2/nw2314/nw2319/nw12344/u26aw51114.html,2017年1月24日。

审议通过《中国(广东)自由贸易试验区条例》,该条例自 2016 年 7 月 1 日起施行。条例在金融创新、粤港澳合作和"一带一路"建设方面,提出了大量创新性的开放举措,极大地促进了外商投资广东的营商环境。

2016 年 1—12 月,广东省吸收实际外资 233.49 亿美元,同比下降 13.12%;新批设立外商直接投资项目 8078 个,同比增长 14.92%。① 虽然数量没有增长,但是,广东省在金融创新方面的改革举措,为外商在广东的投融资便利化、为人民币国际化和国家"一带一路"建设的实施提供了引资模式上的创新,为第三批自贸试验区乃至全国的金融创新和金融市场开放提供了借鉴。

### (二) 天津自贸试验区

作为国家第二批自贸试验区之一,天津自贸试验区已经成为天津市吸引外资新的增长点。2016 年,"天津自贸试验区实际使用外资 25 亿美元,合同外资 240 亿美元,分别占天津市比重的 24.8%、77.8%。融资租赁业继续保持全国领先地位,成为引资的新亮点,其中中金国际融资租赁、国鑫融资租赁、恒升融资租赁等新设项目均超亿美元"②。

2016 年,"天津市新设立外商投资企业 1106 家,同比增长 6.9%;实际使用外资 101 亿美元,同比增长 12.2%,实际使用外资继续保持平稳增长"③。其中,滨海新区在引进外资方面起到了明显的带头作用。2016 年,"滨海新区实际使用外资 71.1 亿美元,合同外资 274.1 亿美元,分别占全市比重的 70.4%、88.9%"④。

### (三) 福建自贸试验区

"自 2015 年 4 月 21 日挂牌至 2016 年 12 月 31 日为止,福建自贸试验区新增企业 48550 家,同比增加 146.71%,注册资本新增 9447.72 亿元人民币,同比增加 158.01%。其中,平潭片区新增企业 5203 家,同比增加 131.35%,注册资本新增 2296.88 亿元人民币,同比增加 143.12%;厦门片区新增企业 22764 家,同比增加 124.67%,注册资本新增 4050.84 亿元人民币,同比增加 169.93%;福州片区新增企业 20583 家,同比增加 182.04%,注册资本新增 3100.01 亿元人民币,同比增加 154.88%。"⑤

在福建自贸试验区新增的企业和注册资本中,外资占据了相当的比例。以 2016 年为例,"福建自贸试验区新增企业共计 34984 家,同比增加 99.02%。其中,内资增

---

① 数据来源:广东省商务厅网站。
② 王建武:《2016 天津实际使用外资同比增长 12.2%》,《国际商报》2017 年 2 月 20 日。
③ 王建武:《2016 天津实际使用外资同比增长 12.2%》,《国际商报》2017 年 2 月 20 日。
④ 王建武:《2016 天津实际使用外资同比增长 12.2%》,《国际商报》2017 年 2 月 20 日。
⑤ 数据来源:福建省商务厅网站,本书根据相关数据整理。

加 33353 家,同比增加 101.16%;外资增加 1631 家,同比增加 63.43%。注册资本 6640.55 亿元人民币,同比增加 91.01%。其中,内资 5720.63 亿元人民币,同比增加 94.24%;外资 919.92 亿元人民币,同比增加 73.08%"①(见表 9-12)。同年,"福建省新增外资项目 2355 项,同比增加 39.4%,实际利用外资 81.9 亿美元,同比增加 6.7%"②。虽然计算的口径不完全一致,但仍然可以看出,福建自贸试验区在福建省吸收外资中占据了重要地位。

表9-12　福建自贸试验区 2016 年新增企业情况(单位:家、亿元人民币)

| 时间 | | 2016 年 1—12 月 | | | |
|---|---|---|---|---|---|
| 指标 | | 户数 | 同比增加(%) | 注册资本 | 同比增加(%) |
| 总体情况 | 合计 | 34984 | 99.02 | 6640.55 | 91.01 |
| | 内资 | 33353 | 101.16 | 5720.63 | 94.24 |
| | 外资 | 1631 | 63.43 | 919.92 | 73.08 |

资料来源:福建省商务厅网站。

### 三、探索建设自由贸易港,推动形成全面开放新格局

2015 年 3 月 28 日,国家发展改革委、外交部、商务部联合发布《推动共建丝绸之路经济带和 21 世纪海上丝绸之路的愿景与行动》。其中特别提到:"加快推进中国(上海)自由贸易试验区建设……成为'一带一路'特别是 21 世纪海上丝绸之路建设的排头兵和主力军。"③这里面特别提出了"一带一路"建设与自贸试验区战略的协同发展关系。

"2017 年 3 月 31 日,国务院印发《全面深化中国(上海)自由贸易试验区改革开放方案》,这一被称作上海自贸区改革 3.0 版的方案,提出上海自贸试验区将在洋山保税港区和上海浦东机场综合保税区等海关特殊监管区域内,设立自由贸易港,探索实施符合国际通行做法的金融、外汇、投资和出入境管理制度,建立和完善风险防控体系。这一举措将'一带'所涉及的产业带和'一路'所涉及的海上贸易大通道两个方面有效结合,有利于金融、贸易与双向投资布局的战略协同。"④

2017 年 10 月,党的十九大报告指出,"优化区域开放布局,加大西部开放力度。

---

① 数据来源:福建省商务厅网站。

② 数据来源:福建省商务厅网站。

③ 新华社:《推动共建丝绸之路经济带和 21 世纪海上丝绸之路的愿景与行动》,http://news.xinhuanet.com/world/2015-03/28/c_1114793986.htm,2015 年 3 月 28 日。

④ 赵蓓文:《构建开放型经济新体制:上海实践与对策》,《上海经济研究》2017 年第 5 期。

赋予自由贸易试验区更大改革自主权,探索建设自由贸易港"①。目前,"1+3+7+1"的自贸试验区试点新格局已经初步形成,在上海、广东、天津、福建自贸试验区建设取得成效的基础上,辽宁省、浙江省、河南省、湖北省、重庆市、四川省、陕西省已经新设立7个自贸试验区,上海和海南自由贸易港的探索也正在进行。因此,在贯彻开放发展理念、构建开放型经济新体制的过程中,必须将自由贸易试验区的建设、自由贸易港的探索与"一带一路"建设相结合,形成陆海内外联动、东西双向互济的开放格局。

---

① 习近平:《决胜全面建成小康社会  夺取新时代中国特色社会主义伟大胜利——在中国共产党第十九次全国代表大会上的报告》,人民出版社2017年版,第35页。

# 第十章　构建对外投资与引进
# 外资的协同推进机制

改革开放以来,我国以引进外资作为重要经济发展战略,外资对我国经济发展、技术溢出、企业家培育以及竞争环境的正向影响,基本上成为经济学界的共识。近年我国对外直接投资(Outward Foreign Direct Investment,OFDI)快速发展,从资本输入大国逐渐发展为资本输入和资本输出大国。2016年下半年开始,政府部门对境外直接投资的态度开始有所变化,从放松管制甚至持有鼓励态度,转向严格的真实性审查,并要避免非理性投资。显然,对于对外直接投资,类似于引进外资的"鼓励政策"是不适宜的,但简单的"管制"政策既不利于企业国际化发展和企业国际竞争力的提升,也不符合经济发展需求。

2016年我国对外直接投资出现"井喷式"发展很大程度上是受汇率因素的影响,但也引发了政策部门和研究部门的反思:究竟要不要大力推进对外直接投资? 对外直接投资对国内经济产生了什么影响? 在当前出现逆全球化思潮的情况下,关于对外直接投资母国经济效应影响的研究显得尤为重要,学术界已有相当数量的国内外研究文献在讨论这个问题。其中,母国经济变量包括经济总量、投资、就业人数、生产效率、投资和技术溢出等等。相较于劳动力这一生产要素,资本的流动性更大,因此,有必要关注对外直接投资对国内投资的影响,以便更好地制定对外直接投资政策,推进对外投资与引进外资的协同发展。

本章试图通过研究对外直接投资与国内投资的关系,分析对外投资与中国国民经济增长之间的关系,解析引进外资和对外投资这一在资本流向上完全相反的投资行为,是否可以依赖于企业的市场选择而并存? 两者之间是否存在共同促进国民经济增长的机制? 政府是否可以通过政策引导来促进这一机制的形成? 进而回答引资战略和对外投资战略之间的协调关系问题。研究框架如下:一是对外直接投资对母国国内投资影响机制的梳理;二是对外直接投资和母国国内投资之间数量关系的分析,选取我国和美国的数据进行对比分析;三是关于双向投资协同推进机制的建议。

# 第一节 对外直接投资对母国国内投资的影响机制

本节研究探讨对外直接投资影响国内投资的机理:什么情况下对外直接投资会减少母国国内投资,什么情况下会增加母国国内投资。对外直接投资对国内投资的影响研究,属于对外直接投资母国经济效应研究的一部分。从不同经济变量角度看,对外直接投资的母国经济效应研究包括对母国总体经济、就业、生产率、技术水平、国内投资以及国际贸易等各方面的影响;从研究层次看,对外直接投资的母国经济效应可以分为企业、行业和宏观等不同层次的研究。本节将根据已有文献,聚焦企业、行业和宏观层次对外直接投资对母国国内投资的影响机制。由于该领域通常紧密结合理论和实证研究,且侧重于实证研究,因此本节在讨论影响机制的同时也回顾相应实证文献及其研究结论。

## 一、企业层面对外直接投资对国内投资的影响机制

企业层面研究主要指,企业境外直接投资对母国企业国内投资的影响。斯蒂文斯和利普西(Stevens 和 Lipsey,1992)从企业层面研究跨国公司对外投资对母国企业国内投资影响。斯蒂文斯和利普西(Stevens 和 Lipsey,1992)将对外直接投资对国内投资的影响机制分为两大渠道,分别是产品市场和金融市场。产品市场指境外投资对产品市场的影响,即境外投资如何通过贸易渠道影响境内投资;金融市场主要是指企业境外投资对企业融资约束的影响,从而影响境内投资。

### (一)产品市场渠道:对外投资通过国际贸易影响国内投资

该机制通常将企业对外投资分为不同投资动因,投资动因不同,则对外投资对国际贸易的影响不同,对母国国内投资的影响亦因此有所差异。对外投资动因分为效率改进型、市场寻求型与资源和技术寻求型,不同对外投资动因对国内投资的影响(Hejazi 和 Pauly,2003),总体上具有不确定性(见表10-1)。

第一,市场寻求型和效率改进型对外投资中,对外投资对国内投资的影响,主要取决于境外投资对贸易的影响。市场寻求型投资动因是希望进入东道国市场或其邻近的区域市场。该类 FDI 对母国国内投资的影响,取决于对外投资对国际贸易的影响,即对外投资和对外贸易两者是互补关系还是替代关系。若企业原来以国际贸易方式进入东道国市场,随着东道国市场的扩大或投资环境的改善,企业转而采用在当地投资的生产方式进入东道国市场,那么对外投资和最终产品出口贸易呈现替代关系,对外直接投资将减少国内投资(Hejazi 和 Pauly,2003;Liu 和 Nunnenkamp,2011)。

但这种情况仍然存在抵消效应:虽然最终产品出口可能减少,但由于本国企业在境外运营,使得境外市场从母国企业或位于母国的上下游企业购买更多的中间产品和专业化服务,其他产品贸易增加,那么对外投资和对外贸易呈现互补关系,因此对外投资对国内投资的净影响仍然有可能是正向的。换言之,对外投资对国内投资的影响,既包括对跨国公司母国企业投资的影响,也包括对上下游企业国内投资的影响。

效率寻求型投资(efficiency-seeking)动因是海外生产具有成本优势,因此企业将部分生产环节转移至海外,以提高整体生产效率。这类投资通常被视为与贸易呈互补作用,即母国对海外机构的中间产品和资本产品的出口会增加,但与此同时,母国也会增加中间品的采购,厂商内贸易(intra-firm trade)增加。在该情境下,一方面对外投资是一种生产转移,另一方面对外投资可能促进资本产品和中间产品出口,因此该类境外投资对国内投资的影响也不确定。

表 10-1 不同对外投资动因对母国国内投资的影响

| 对外投资动因 | 特点 | 对母国国内投资的影响 |
| --- | --- | --- |
| 效率改进型 FDI(纵向 FDI) | 基于海外低成本优势,部分生产环节转移至海外,以提高整体生产效率 | 不确定。若 FDI 流出与贸易(如中间品和资本品贸易)呈替代关系,OFDI 增加国内投资。若为生产转移,母国贸易减少,国内投资减少 |
| 市场寻求型 FDI(横向 FDI) | 扩大海外市场而进行投资 | 不确定。若投资替代贸易,则对外投资可能减少母国投资,但也可能增加母国中间品出口,从而增加生产中间产品的投资 |
| 资源和技术寻求型 OFDI | 寻求资源、技术等 | 倾向于增加国内投资。若将资金市场因素考虑在内,对国内投资的净影响不确定 |

第二,资源和技术寻求型投资倾向于增加国内企业投资。资源和技术寻求型投资是企业通过境外投资方式,获得本国无法获取,或者无法以较低成本获取的资源或技术。一般而言,这类境外投资可以提高母国企业生产率,从而促进母国企业的国内投资(Hejazi 和 Pauly,2003)。

第三,不可贸易服务业境外投资对国内投资的净影响不确定。不可贸易服务业对外投资通常被纳入市场寻求型对外投资,这类投资不是对出口的替代,因此在未考虑融资约束情况下,该类对外投资对国内投资没有影响或为正向影响(Hejazi 和 Pauly,2003)。但如果将金融市场的非完全竞争性考虑在内,这种对外投资对国内投资仍然具有一定的负向影响,因此不可贸易服务业的对外投资对国内投资的影响也是取决于正向影响和负向影响孰大孰小的问题。

**(二)基于企业融资约束的研究**

斯蒂文斯和利普西(Stevens 和 Lipsey,1992)指出,只有在非常严格的假设前提之下,跨国公司境外投资和国内投资之间才是独立关系,这些严格假设前提包括:金融市场是完全的,即企业面对的资本成本是不变的,且国内和境外产品市场是完全独立的市场。上述任何一项约束放松,国内投资和境外投资都呈现互相影响的关系。斯蒂文斯(Stevens,1992)基于企业全球利润最大化目标,构建了国内投资和外国投资相关性的一个理论模型。该模型的一个基本前提是,企业面对的单位债务成本是上升的(而非固定利率),借款人认为,若企业债务股权比例提高,企业破产的风险也将提高,因此,企业债务成本随着债务股权比例提高而上升。为简化起见,该模型假设国内产品市场是独立的,且国内税收制度也是一样的。从企业全球利润最大化条件看,跨国企业国内投资和境外投资是存在相互影响关系的,而非独立关系。为进一步证实,斯蒂文斯做了相应实证研究。斯蒂文斯使用美国7个规模较大的、在行业具有影响力的跨国公司连续16—20年的企业数据进行数量分析,使用的主要变量为国内企业和境外企业的固定投资支出、债务资产比例。该数量分析样本数小,因此只能作为一个说明。斯蒂文斯的研究表明,部分企业境外投资和国内投资是正向关系,部分企业是负向关系,且债务资产比例和企业非债务融资比例对境内和境外投资相关性的影响是显著的。

一些研究如费尔德斯坦(Feldstein,1995)、金(Kim,2000)提到,尽管融资约束使得企业境外资本支出和国内资本支出之间存在负向相关,但这种相关性程度与企业筹资资金来源结构相关。从美国企业境外投资的资金来源看,境外附属机构投资的大部分资金来源于当地,这与贷款抵押品在当地有关,也可能是企业将汇率风险规避考虑在内。这种债务市场的分割性使得境外投资更多比例地使用境外资金,一般认为,境外筹资或融资的资金越多,境外投资对国内资金占用越少,因此,一般认为,境外融资比重较高的情况下,OFDI对国内投资的负面影响会降低,但可能是由于数据可获得性因素,目前这方面的经济模型理论建构和实证研究均较为少见。

## 二、行业层面影响机制及相关实证研究

一些研究提出,对外直接投资和国内投资之间的关系因行业特点而异。最常见的行业分类为纵向一体化和横向一体化两类。布劳伦舍尔姆等(Braunerhjel等,2005)构建了一个简单的两国模型,将行业分为纵向一体化(vertically integrated industries)和横向生产行业(horizontally organized production),模型中加入贸易成本和境外投资监督成本,以考虑两类企业在国内投资、贸易和境外投资的决策差异。理论模型结果显示,纵向一体化企业中,境外投资和国内投资的关系取决于企业纵向一体化的生产结构,境内外投资可能呈现互补关系,也可能是替代关系;而对于横向生产行业,境外投资和国内投资则为替代关系。但该模型仅是企业决策分析,没有一般

均衡模型分析。

布劳伦舍尔姆等(Braunerhjel 等,2005)根据研发密集程度(研发支出占营业额之比),将制造业行业分为三类,分别为赫克歇尔—俄林(Heckscher-Ohlin)即纵向一体化行业、熊彼特行业(即以横向生产为特征),以及其他行业①,使用重复 SUR 计量方法,利用瑞典 1982—1999 年分行业国内投资和对外直接投资等数据进行分析,得到的实证结果基本与理论预期一致。海加西和波利(Hejazi 和 Pauly,2003)在理论部分虽然侧重于 OFDI 动机分析,其实证研究采用行业水平数据,包括 15 个行业,同时又分三大类(自然资源、制造业和服务业)进行分析,研究加拿大 OFDI 和国内投资关系。由于加拿大和美国贸易壁垒很低,因此作者认定加拿大到美国的制造业投资以市场寻求型为主要动因。该文研究结果显示,加拿大在美国的 OFDI 对加拿大国内投资具有正向影响,而在其他经济体的 OFDI 对加拿大国内投资具有负向影响。该文数据均采用行业水平数据,因此可以说结合了行业层次和投资动机两方面的影响机制进行分析。

## 三、宏观层面的影响机制

费尔德斯坦(Feldstein,1995)指出,美国关于对外投资和境内投资关系的研究集中于局部均衡分析,即分析企业境外投资增加时,企业境内投资会如何变化。这种微观水平局部均衡分析仅仅只能说明跨国企业行为,并不能说明对外直接投资对整体经济的净效应。因此,要评估 OFDI 对国内投资的影响,需要宏观经济一般均衡分析,且要同时考虑直接投资和组合投资。费尔德斯坦指出,若国际资本具有完全流动性,全球储蓄流向风险调整后收益最高的投资项目,那么只要一国风险调整后投资收益率不变,一国对外直接投资增加不会对国内投资产生影响。换言之,境外投资增加的同时,境外对国内的投资也增加(此时投资包括直接投资和组合投资)。但现实情况是,跨境资本流动远未达到完全自由状况,国内储蓄仍倾向于母国的国内投资②。费尔德斯坦仅说明完全竞争市场状态不可能达到,但没有构建关于境外投资和国内

① 该文根据的是 ISIC 2.0 版本的制造业划分标准,其中 Heckscher-Ohlin 行业包括 ISIC 32(纺织业、服饰制造和皮革业),ISIC 33(木材和木材产品),ISIC 34(造纸、纸制品业,包括印刷活动)和 ISIC 37(基本金属制造);熊彼特行业包括 ISIC 35(化学制品制造)、ISIC 38(金属制品、机械设备制造);剩下的三类制造业 ISIC 31(食品饮料烟草制造业)、ISIC 36(非金属矿产制品制造)和 ISIC 39(其他制造业)。

② 费尔德斯坦和霍利奥卡(Feldstein 和 Horioka,1980)使用相当简单的计量方法,计算国内储蓄和国内投资之间的关系,将储蓄每增加 1 美元所增加的国内投资数量称为储蓄留存率(saving retention coefficient),其研究结果显示,即使是资本流动相当自由化的 OECD 国家,储蓄留存系数也达到 0.8—0.9,若是资本完全流动,储蓄留存系数应该是 0。该现象被称为"F-H 之谜"。虽然这篇文章的方法过于简单,但该文引致大量后续研究,以解释"F-H 之谜"存在的原因。

投资之间一般均衡关系的理论模型。

费尔德斯坦(Feldstein,1995)、德赛(Desai,2005)使用两类不同数据样本对比对外投资和国内投资之间的关系,两篇文章基本上显示一致的结论:当使用宏观水平数据时,OFDI和国内资本呈现负相关,费尔德斯坦(Feldstein,1995)发现对外投资每增加1美元,国内投资大约减少20美分到40美分,德赛(Desai,2005)的研究显示,FDI流出和国内资本形成几乎是1∶1的替代关系;但当将样本集中于跨国公司,结果显示,境内和境外资本支出呈现正向关系。德赛(Desai,2009)采用美国制造业跨国企业微观水平数据,得出与德赛(Desai,2005)跨国公司样本数据类似结果①:境外投资增加10%,国内投资大约增加2.6%。德赛(Desai,2005)对相反结果提出几种解释,其中包括:一是跨国企业样本内,对外投资增加虽然提高了母国企业的国内投资,但一些生产功能向境外转移,这可能意味着国内其他企业的投资机会减少;二是由于存在重要遗漏变量,估计结果是有偏差的,例如宏观数据分析中,FDI不仅仅是股权投资,还包括债权投资,而企业资本支出没有包括债权投资。另一个解释是基于金融市场的不完全性和国内资本的稀缺性。传统跨国企业能比国内企业获得更优越的贷款条件,当其对外投资增加,跨国企业国内投资没有太大影响,但在资金市场上,境外投资占据了国内相当部分的稀缺金融资源,非跨国企业面临的资金成本上升,这种情况使得跨国企业样本数据中,境外投资和国内投资为正相关,但在宏观数据下,境外投资和国内投资呈现负相关的结果。

跨国实证研究也属于宏观层面影响研究,该类研究多为数量型分析,没有微观理论模型或结构化经济模型作为基础。多数跨国研究显示,对外投资和国内投资之间为负向关系。例如萨迪克(Al-Sadig,2013)考察发展中国家对外直接投资对国内投资的影响,对1990—2010年共121个发展中和转型经济体数据进行分析。该研究结果表明,对外直接投资对国内投资有负向影响。安德生和埃诺(Andersen 和 Hainaut,1998)使用美国、日本、德国和英国在20世纪60年代到90年代的数据,表明OFDI的增加具有减少国内投资的效应。

## 四、制度层面的影响机制

上文投资动机分析是传统对外直接投资理论的基础,而对于发展中国家企业对外投资,一些学者提出了一些创新性理论,这类企业投资动机有所不同,其中一类特殊动机在于规避母国制度缺失(institutional void)。制度规避观点认为,发展中国家

---

①　其结果为:若用东道国经济增长率作为企业境外运营的一个工具变量,结果同样显示,境外企业投资支出增加10%,母国企业的投资支出增加大约2.6%,境外投资和国内投资之间并非替代关系,而是存在一定的正向关系。

企业 OFDI 并不是利用其竞争优势拓展国外市场,而是要规避母国的制度约束所导致的竞争劣势问题。这种制度缺陷往往是制度供给存在问题,如教育、创新体系、产权保护、行政垄断和市场准入门槛以及地方保护主义和市场分割等因素。威特和勒温(Witt 和 Lewin,2007)提出,企业要对两大外部关键因素作出反应:一是产业和技术环境;二是制度环境。在成熟商业环境下,企业能对外部市场和技术变化作出快速反应,其中成熟的企业家、灵活的创业制度和人才制度等是快速反应能力的基础。当企业面临的商业制度僵化,企业发展到一定阶段就要选择逃离这类环境,部分发展中国家企业是基于该因素选择在境外投资。

国际竞争中的投资制度,也构成一国企业对外投资的重要制度因素,部分制度同时存在于发展中国家和发达国家,典型如国际税收竞争。部分制度因素被纳入要素成本分析框架中,但许多要素成本差异的原因并非市场因素,而是政策因素,如土地使用制度、环境保护制度、税收制度和劳动力流动制度均会影响土地成本、环境成本、税收成本以及劳动力成本等。当一国存在制度缺陷或吸引资本的竞争力不足,对外直接投资增加的同时,国内投资减少,对 FDI 吸引力也下降,此时对外直接投资和国内投资呈负向关系的原因在于国内投资制度问题,而非对外投资引起国内投资减少。制度影响机制是复杂的,多数情况下,某一项或某一类制度影响部分行业的企业,因此一些具体制度的净影响比较模糊。

综上所述,要以反事实视角来看待制度因素下的对外直接投资和国内投资的关系,若没有相关母国制度约束和制度缺陷,这类国内企业家会倾向于在国内市场进行投资,同时能吸引更多 FDI 流入。当制度因素引致企业对外投资时,政策制定者要考虑的不是对境外直接投资进行限制,而是要研究如何破除国内制度缺陷问题,如通过各种方式改善营商环境、制定科学的人才政策、破除行政垄断、降低各类市场准入门槛等。换言之,对于制度缺陷所引致的 OFDI,政府不应采取阻拦措施,而应从国家间投资制度良性竞争的角度看待资本流出,政府应通过改善国内制度吸引外资,同时留住国内企业的投资。

## 五、国内相关实证研究及结果

我国企业对外直接投资的微观数据相对较少,因此实证研究以宏观数据研究为主,一些研究如綦建红和魏庆广(2009)、宋林(2016)采用省级面板数据。项本武(2007)使用 1992—2004 年时间序列数据,以全社会固定资产投资占 GDP 比重作为因变量,以 OFDI、IFDI、储蓄率等作为自变量进行协整检验,结果显示 FDI 流出对国内投资具有负向作用,但是总体回归的拟合优度不高,OFDI 也不具有统计显著性。綦建红和魏庆广(2009)、辛晴和邵帅(2012)、宋林和谢伟(2016)均使用我国省级面板数据分析对外直接投资对国内投资的影响①,这三篇省级面板数据研究虽采用不同的样本和计量方法,但结果基本相近:总体上,我国对外直接投资对国内资本形成具有正向效应,分区域看,对外直接投资对东部地区资本形成具有正向效应,对西部地区国内投资具有挤出效应。瓦卡尔等(Waqar 等,2017)使用 1979—2013 年全国性时间序列数据,使用协整和格兰杰检验方法,结果显示我国对外直接投资和母国国内投资之间在长期内存在正向关系,但短期内的关系并不显著。尤和所罗门(You 和Solomon,2015)使用了中国 2004—2013 年 14 个行业水平的数据,包括各行业对外直接投资、各行业国内投资以及各行业政府控制力(用中央政府固定资产投资占行业总固定资产投资比重表示②)变量,利用系统 GMM 方法进行分析,其研究结果显示,中国对外直接投资对母国国内投资具有正向影响,且在政府控制力较高的行业,对外直接投资对国内投资的正向作用更加明显。杨平丽和张建民(2017)使用 2004—2006 年中国工业企业数据,用企业水平数据研究工业企业对外直接投资和母国国内投资之间的关系,结果显示,中国企业对外直接投资对国内投资的短期影响不显著,但长期内,对国内投资存在显著的正向影响。

## 六、研究现状和主要结论

### (一) 理论方面,对外直接投资对国内投资的影响不确定

无论是企业层面、行业层面还是宏观层面,对外直接投资对国内投资的影响有正有负。国际经济学理论多从企业层面研究企业对外直接投资对母国企业投资支出的影响,或考虑对外投资对企业贸易或上下游企业国际贸易的影响。企业层面,境外投资和母国投资之间的关系是不确定的,行业层面的影响也因行业特点而异。目前为止,理论研究主要集中于局部均衡分析,由于在开放经济下,多国一般均衡理论相当复杂,相关理论文献较少。

### (二) 实证方面,对外直接投资和母国国内投资的关系不确定

实证研究方面,对外投资对母国国内投资的影响,既有正向影响也有负向影响,研究结果可能与一国所处的经济发展阶段相关,也与一国的政策制度相关。在宏观数据分析中,多数实证研究所得出的结果仅仅反映数量相关性,而非因果性。因此,对于实证研究结果,需要放到相关背景下去研究。

---

① 綦建红和魏庆广(2009)使用的是 2003—2007 年省级面板数据,投资变量采用国内固定资产投资;辛晴和邵帅(2012)使用的是 2003—2009 年我国 15 个省级面板数据,国内投资使用全社会固定资产投资减去外商投资部分;宋林和谢伟(2016)使用的是 2004—2014 年省级面板数据,固定资产投资为因变量。
② 当该比重大于 50%,则该行业为国有经济占据主要地位。根据文中分析,国有企业占据主要地位的行业包括建筑业,文化、体育和娱乐业,信息传输、计算机服务和软件业,采矿业,电力、燃气及水的生产和供应业,科学研究、技术服务和地质勘查业,交通运输、仓储和邮政业。

第一，要谨慎看待跨国实证研究结果。FDI 流入流出与各国经济制度和产业结构密切相关，许多未包括足够控制变量的跨国实证研究得出的结论往往缺乏足够的说服力。例如小经济体或海岛型国家，国内要素（如劳动力等）以及市场规模有限，对外直接投资是其企业发展的必然阶段，对这类经济体，对外直接投资呈现快速发展趋势；一些经济体在税收制度方面具有避税特点，往往成为跨国企业地区总部的选择之地，因此其 OFDI 规模往往非常高，如荷兰。

第二，要谨慎对待一国 OFDI 和国内投资的时间序列分析。一国经济发展阶段和境外投资政策因素均会影响 OFDI，时间序列分析往往无法包含政策因素。此外，基于省级面板数据的研究需要关注省际资本问题。目前我国各省资本形成率差异非常大，中西部省份多在 60% 以上甚至 90% 以上，而东部省份在 40% 左右，显然省际间投资因素是不可忽略的。

第三，要谨慎对待行业数据所得出的结果。行业分析没有考虑资本在行业间的转移问题。当国内资本稀缺时，特定行业对外投资增加该行业国内投资的同时，可能减少其他行业国内投资的资金可获得性，或增加其他行业国内投资的资金成本。例如尤和所罗门（You 和 Solomon，2015）在研究政府控制力的作用时得出的结果是：对于政府控制强的行业，境外投资对国内投资正向作用非常显著，且远大于其他行业。该结果一方面可能说明，政府控制力强的行业偏向于资源型行业，对外投资的动机是获取资源，因此对境内投资有正向影响；另一方面也可以解释为，政府控制力强的行业更易获得国内金融资金进行国内投资和境外投资，这种情况下，政府控制力强的行业实际上可能以其非公平竞争地位，获得低成本资金，间接提升了其他行业投资的成本[①]。因此，对于政府控制力这一因素及其实证研究结果，不应简单得出境外投资提高国内投资的结论，更不能因此推出支持和鼓励国有企业境外投资的政策建议。

（三）对外直接投资母国经济效应研究需建立综合性分析框架

根据已有研究，许多文献关注境外投资对母国就业、生产率、母国技术溢出以及经济增长率的影响研究。这类研究往往根据其研究主题，分别关注对外直接投资对母国不同经济变量的影响，但这类要素实际上应存在一定相关性。母国效应研究需要进一步综合化，综合分析企业对外投资对国内就业、国内投资、国内生产率的影响。

（四）理论研究和实证研究的对应性问题

许多研究文献理论部分讨论的是企业层面境外投资和国内投资之间的关系，但实证研究层面则使用宏观数据，这种理论研究和实证研究的非对应性是该领域研究的不足之处。许多研究文献也指出，从微观到宏观，境外投资和国内投资之间关系的

---

① 尤和所罗门（You 和 Solomon，2015）都对这类机制予以讨论。

理论机制是完全不同的。

开放经济下,一般均衡理论模型建构比较复杂,特别是对外投资和国内资本形成所涉及的经济变量和政策变量非常多,且基于资本流动的全球性,不能局限于研究几个国家(因此比区域贸易协定效应模拟的一般均衡方法复杂)。虽然从理论严谨性而言,对外投资和国内资本形成之间的关系,需要复杂的一般均衡模型,但目前尚未看到相关的理论文献。

## 第二节 中、美关于对外直接投资与<br>国内投资关系的数量分析

对外直接投资和国内投资的经济学理论模型构建还有待进一步探索,而跨国实证研究又存在诸多问题,因此,本节将以国内变量的时间序列分析为主,且选择简单数据描述和时间序列分析方法。另外,美国和中国在经济规模上具有一定可比性,两国均不存在避税的情况,而 2016 年我国对外直接投资流量已经仅次于美国(但规模上差距甚大)①,因此本节将比较中国、美国对外直接投资与国内投资的情况以及对比相关性。本节第一部分将描述中美两国 FDI 流入和流出,以及国内投资的基本情况,为实现数据的一致性和可比性,如无特殊说明,本节使用联合国贸发会议(UNCTAD)数据。第二部分就国内投资和 FDI 流出的相关性进行简单分析。第三部分为数量分析主要结论。

### 一、OFDI 和国内投资基本情况

#### (一) OFDI 指标和基本情况的中美两国对比

#### 1. 对外直接投资流量比较

从对外直接投资和利用外资流量看(见图 10-1)②。从 1982 年到 2004 年,我国对外直接投资流量(非金融 OFDI)一直较低,2004 年 OFDI 流量仅 55 亿美元,2005年开始,OFDI 流量快速上升,到 2013 年冲破 1000 亿美元关口,2015 年 OFDI 首次超过 IFDI,2016 年达到 1831 亿美元,2016 年可能为特殊年份(汇率影响因素较大)。2017 年 1—10 月,对外直接投资明显下降,根据目前我国月报数据,新增非金融类直接投资 5854.3 亿元人民币,同比下降 39.1%(折合 863.1 亿美元,同比下降 40.9%)③。

① 根据 UNCTAD《2017 年世界投资报告》,2016 年,美国对外直接投资为 2990 亿美元,排名第一,而中国排名第二(1830 亿美元),荷兰排名第三(1740 亿美元)。

② 图 10-1 到图 10-5 数据均来自 UNCTAD。

③ 数据来源:商务部网站。相比之下,我国 2017 年利用外资相对平稳,以美元计价的金额略有下降。2017 年 1—10 月,全国实际使用外资金额 6787 亿元人民币,同比增长 1.9%(折合 1011.2 亿美元,同比下降 2.7%)。

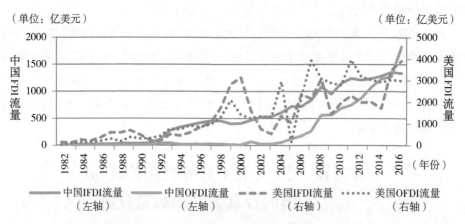

**图 10-1　1982—2016 年中国和美国 FDI 流量**

对比美国 FDI 流量数据。美国 IFDI 和 OFDI 基本上同步增长。20 世纪 80 年代,美国 FDI 流出维持在 100 亿—300 多亿美元之间,90 年代快速增长,1998 年 FDI 流出超过 1000 亿美元,而 1997 年 FDI 流入超过 1000 亿美元。2001 年后的大部分年份,美国 OFDI 流量均高于 IFDI 流量,但 2015 年和 2016 年都是 IFDI 流量高于 OFDI 流量,2016 年 FDI 流入美国 3911 亿美元,FDI 流出为 2990 亿美元。

从 FDI 流量年度变化率来看(见图 10-2)。中美两国的一个相似点在于,OFDI 流量变化率均高于 IFDI 流量;差异在于,美国 OFDI 变动率和 IFDI 接近,仅在少量年份(1983 年和 2006 年)畸高。由于 2000 年之前,我国 OFDI 流量较小,因此年度变动率非常不稳定,相比之下,1994 年之后 FDI 流入增长率基本稳定,维持在 -12% 到 29% 之间,我国 OFDI 在 2003 年之后持续增长,2009 年之后流量变动率保持稳定,除

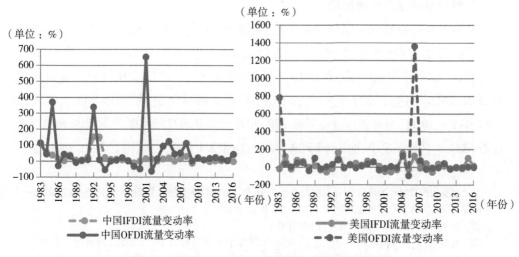

**图 10-2　1983—2016 年中国和美国 FDI 流量变动率**

了 2016 年 44% 增长率之外,2009—2015 年之间,我国 OFDI 流量增长率稳定在 1% 到
23% 之间,没有出现几倍增长或突然折半减少的情况。

美国 OFDI 在 1983 年和 2006 年有所异常,这两年 OFDI 分别比上年增加 8 倍和
14 倍以上。除去这两年,OFDI 和 IFDI 流量的年变化率都比较高。数量上,美国
OFDI 变动率基本上高于我国,而 IFDI 变动率和我国接近。例如美国 IFDI 流量平均
年变动率为 22%,而 OFDI 流量平均年变动率达到了 110%(不包括 1983 年和 2006
年),而 1980—2016 年我国 IFDI 和 OFDI 流量的平均变动率分别为 24% 和 58%。

从 FDI 流量占 GDP 比重看(见图 10-3)。美国 OFDI 和 IFDI 流量占 GDP 比重
基本上在 1% 到 3% 的区间范围内。我国 OFDI 流量占 GDP 比重一直较低,大约在
1% 左右,2016 年我国 OFDI 流量占 GDP 仅稍高于 1.5%,相比于过去年份,该比例的
确比较高,但相较于美国,该比例接近美国平均 OFDI 流量占 GDP 比重。我国 IFDI
流量占 GDP 比重在 20 世纪 90 年代达到比较高的水平,之后逐渐下降,从 1993 年的
5% 以上逐渐下降到 2000 年的 3.5% 左右,2016 年仅为 1.5%,且 2016 年我国 IFDI 流
量占 GDP 比重低于美国,美国 2016 年 IFDI 流入大幅增加,IFDI 流量占 GDP 比重达
到 2% 以上。

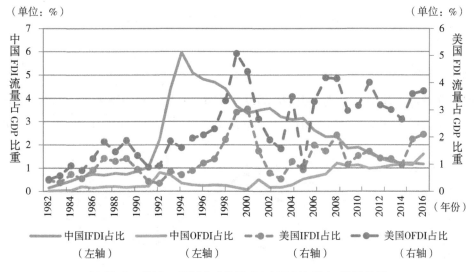

图 10-3 1982—2016 年中国和美国 FDI 流量占 GDP 比重

### 2. 对外直接投资存量

从 FDI 存量总量看(见图 10-4)。我国 1981 年对外直接投资存量不到 4000 美
元,2003 年以来快速上升,2003 年为 332 亿美元,2011 年已经达到 4248 亿美元,2016
年达到 12809 亿美元。对外直接投资存量和外商直接投资存量之间差距不断缩少,
2016 年 IFDI 存量为 13544 亿美元,略高于 OFDI 存量。相比于美国 FDI 存量总额,

美国 OFDI 存量基本上和 IFDI 存量同时增加，多数年份 OFDI 存量高于 IFDI，2016 年两者非常接近，OFDI 存量和 IFDI 存量分别为 63838 亿美元和 63913 亿美元。从存量总额看，美国 OFDI 和 IFDI 存量总额是我国的五倍多。

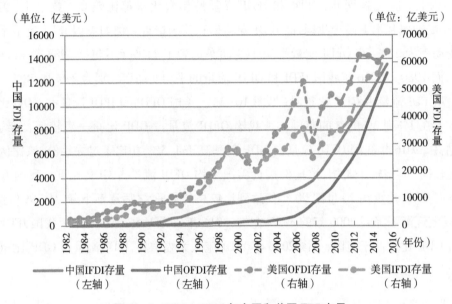

图 10-4  1982—2016 年中国和美国 FDI 存量

从 FDI 存量占 GDP 比重看（见图 10-5）。从 1981 年到 2006 年，中国对外直接投资存量上升缓慢，到 2006 年，OFDI 存量占 GDP 比重仍低于 3%，2006 年之后，OFDI 存量占 GDP 比重快速上升，从 2007 年的 3.3% 上升至 2016 年的 11.3%。20 世纪 80 年代以来，IFDI 存量占 GDP 的比重快速上升，从 1984 年的 1.3% 上升至 1999

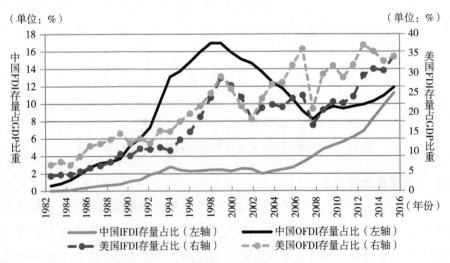

图 10-5  1982—2016 年中国和美国 FDI 存量占 GDP 比重

年的高点 17%,2000 年以来开始下降,2006 年的比重为 11.9%。从趋势上看,我国在 2000 年后 IFDI 流量增速明显低于 GDP 增速,因此无论是 IFDI 存量还是流量占GDP 的比重都在下降。从美国数据看,1997 年之后,OFDI 和 IFDI 存量占 GDP 比重基本上都在 18% 以上;2016 年,两者占 GDP 比重均大于 34%。存量是一个逐年积累的概念,我国双向投资均发展较晚,因此比例低于美国。

### (二) 国内投资的统计指标以及基本情况

#### 1. 资本形成总额和我国固定资产投资指标的差异

对于我国国内投资数据,许多文章使用两类指标:一是资本形成总额;二是全社会固定资产投资。资本形成总额是支出核算法 GDP 的组成部分[①],全社会固定资产投资额是全社会建造和购置固定资产的工作量以及与此有关的费用的总称[②]。全社会固定资产投资和资产形成总额存在差异[③]。全社会固定资产投资中,一个受到特别关注的指标为民间固定资产投资[④],民间固定资产投资统计数据在 2012 年开始首次发布,涵盖了 2005 年以来的数据。民间固定资产投资是指具有集体、私营、个人性质的内资单位以及由其控股的单位完成的固定资产投资额,为月度数据[⑤]。

#### 2. 国内投资基本情况

从国内投资占 GDP 比重看(见图 10-6)。我国 1981 年以来,资本形成总额占GDP 比重在 30% 到 40% 之间。2003 年开始,资本形成总额占 GDP 比重在 40% 以上,

---

[①]　GDP 另两大部分为消费需求和净出口需求。资本形成总额包括新增固定资产投资和存货的净增量。

[②]　我国投资统计制度是参照苏联模式建立起来的,从 1950 年至今,固定资产统计制度主要经历了四次变动,主要集中在统计范围和项目统计起点上。2011 年为最新的一次变动。参见胡祖铨:《我国固定资产投资统计制度及改革完善研究》,http://www.sic.gov.cn/News/455/7356.htm,2016 年 12 月 26 日。

[③]　全社会固定资产投资=资本形成总额+土地购置费+旧设备和旧建筑物购置费-城镇和农村 500万元以下的建设项目固定资产投资-矿产勘探、计算机软件等无形资产支出-地产开发商的商品房销售增值。根据中国国家统计局网站常见问答,http://www.stats.gov.cn/tjzs/cjwtjd/201308/t20130829_74320.html。

[④]　根据《国家统计局关于印发民间投资定义和统计范围的规定的通知》(国统投资字〔2012〕2 号),民间固定资产投资的统计范围根据固定资产投资项目单位的工商登记注册类型和控股情况来确定,包括:(1)工商登记注册的集体、股份合作、私营独资、私营合伙、私营有限责任公司、个体户、个人合伙等纯民间主体的固定资产投资;(2)工商登记注册的混合经济成分中由集体、私营、个人控股的投资主体单位的全部固定资产投资。2012 年之前数据根据该统计标准计算得出,但 2005 年之前的数据中,控股类型仅包含国有控股和集体控股,数据结果存在不可比因素,因此在一些报告中,民间固定资产投资数据从2006 年开始计算总量,2007 年开始计算增速,参见国家统计局投资司:《从十六大到十八大经济社会发展成就系列报告之六》,http://www.stats.gov.cn/ztjc/ztfx/kxfzcjhh/201208/t20120823_72842.html,2012年 8 月 23 日。

[⑤]　全社会固定资产统计中,月度公布数据的统计口径和年度数据口径是不同的,最主要的区别是月度数据不包括农户投资数据,因此比较民间投资数据和全社会投资数据时,同时使用月度数据才是一致口径。

2016年资本形成总额占GDP比重为44%。从全社会固定资产占GDP比重看,2004年前,全社会固定资产投资占GDP的比重略低于资本形成总额,大约30%左右,2004年之后,全社会固定资产投资占GDP比重快速上升,2016年全社会固定资产投资占GDP比重达到了80%。基于资本形成总额和全社会固定资产总额之间越来越大的差距,许多学者进行了讨论和测算,提出目前我国投资率统计数据存在相当大的问题①。虽然全社会固定资产投资和资本形成总额的差距越来越大,但两大指标增长率基本接近。下面的数量分析中将全社会固定资产投资作为一个参考指标,而基于国际可比性,本书重点关注资本形成总额指标。相比于我国40%以上的高投资率,美国资本形成率(资本形成总额占GDP比重)维持在20%到25%之间,2008年金融危机导致资本形成率快速下降至18%以下,随后缓慢上升。

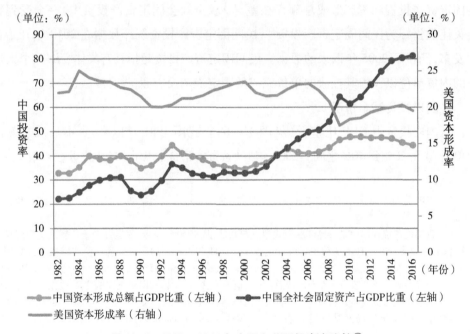

图10-6　1982—2016年中国和美国投资率比较②

图10-7和图10-8从直观上比较我国和美国投资变化率和OFDI流量变动率的情况。图10-7为年度变动率,图10-8根据我国2006年以来固定资产月报数据和

---

① 朱天和张军:《中国投资率高估之谜》,http://www.ftchinese.com/story/001057593,2014年8月6日。朱天和张军(2014)根据全社会固定资产总额核算资本形成总额,认为我国资本形成总额可能被高估,而全社会固定资产总额本身的统计申报方法存在很大问题,认为在学术研究和政策讨论时不宜使用支出法核算中的消费投资数据作为依据。

② 资本形成总额、GDP和美国资本形成率根据UNCTAD数据计算,全社会固定资产占GDP比重数据来源为WIND数据库,来源于中国国家统计局数据。

OFDI 月报数据计算得到每月累计同比的增长率。

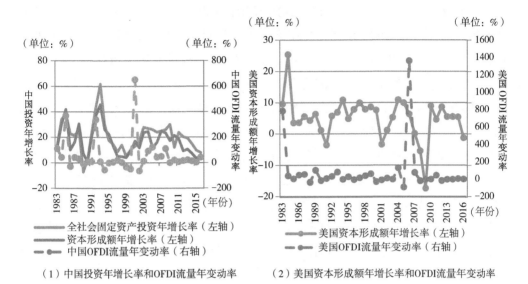

（1）中国投资年增长率和OFDI流量年变动率　（2）美国资本形成额增长率和OFDI流量年变动率

**图 10-7　中国和美国投资年增长率和 OFDI 流量年变动率①**

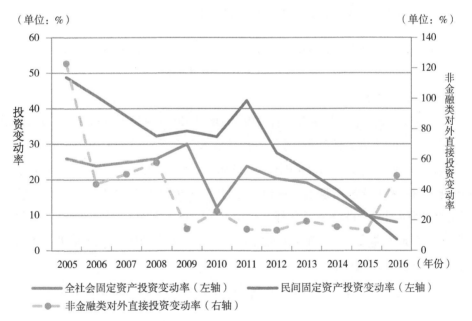

**图 10-8　全社会固定资产投资变动率、民间固定资产投资变动率和**
**非金融类对外直接投资变动率②**

---

① 中国数据来自国家统计局，美国数据来自 UNCTAD。

② 数据来源：国家统计局（月报数据）。

根据图形的初步判断(见图 10-7),2003 年之前,我国全社会固定资产投资、国内资本形成总额以及对外直接投资流量年度增长率基本上呈现同向变化态势。2004年开始,国内投资和 OFDI 的年变化率方向不再是同向变化,在部分年份,国内投资增长率下降,但 OFDI 却呈现上升趋势。从美国资本形成额变化率和 OFDI 流量变化率看,二者同向变化和反向变化的年份同时存在,无法从图形获得初步的判断。

从 2006 年以来固定资产投资月报数据看,无论是全社会固定资产投资还是民间固定资产投资,每月累计同比增速不断下降①,到 2012 年同比增速基本上维持在25%,2014 年和 2015 年,每月累计同比增速一路下滑至 10%,而 2016 年累计同比速度一度下降至 2%—3%之间,而全社会固定资产投资累计同比数维持在 8%左右。2017 年以来,民间固定资产投资累计同比数基本上在 6%—7%之间,全社会固定资产投资累计同比数在 7%—8%之间②。由于 2015 年到 2016 年对外投资同比增速上升,因此许多人士认为 OFDI 和国内投资存在明显的"跷跷板"关系。2017 年,投资同比增速基本保持稳定,而对外直接投资同比增速快速下降。但这种反向关系的时间不长,统计学分析意义有限。

## 二、国内投资和对外直接投资的数量分析

从 1981 年到 2016 年,我国经济结构发生了相当大的变化,对外直接投资政策也发生了重大的变化。因此,本书仅进行大致的数量分析。

### (一) 模型设定

基于研究目的,本书关注对外直接投资 OFDI 和国内投资之间的关系,国内投资设为因变量,OFDI 为关注变量,另外包括其他重要宏观变量如 GDP、IFDI,以及进出口贸易,基本的模型为 DI = f( GDP,OFDI,IFDI,Trade)。由于目前国内投资和对外直接投资之间关系并未有明确的经济理论,因此没有可供参考的结构性模型。变量形式根据时间序列特征进行灵活选择。由于 GDP、DI 等都是年度活动指标,因此 FDI采用流量而非存量数据。基于 FDI 数据以美元计价为主,FDI 采用 UNCTAD 数据,因此,GDP 和资本形成总额数据也采用 UNCTAD 数据③。

上文中 DI 即国内投资用 GFC 资本形成总额衡量,GDP 为国内生产总值,贸易变

---

① 2005 年才正式公布的民间固定资产投资,2005 年之前为推算数,因此累计同比数从 2006 年开始分析。

② 由于民间和全社会固定资产增速同时下降,因此民间固定资产投资占全社会固定资产投资基本上仍然维持在 60%以上,2015 年维持在 65%左右,而 2016 年到 2017 年基本上在 60%—61%。

③ UNCTAD 目前尚未发布 2016 年的国民经济数据,本书用统计局数据转换为美元数据。全社会固定资产投资数据采用当年美元计价和人民币计价 GDP 之比,将人民币计价的全社会固定资产投资换算为美元数据。由于汇率影响,我国 2016 年美元计价的 GDP 增长率仅为 2%。

量用进出口总额 IEPORT 衡量。在进行相关性分析之前,首先进行单位根检验。ADF 检验显示,总额水平或对数水平的 GFC、GDP、OFDI、IFDI、FI 以及 IEPORT 均存在单位根,但 GFC、GDP、OFDI、IFDI、FI 以及 IEPORT 的增长率均为平稳数据。

**(二) 回归结果**

由于增长率变量均为平稳序列,因此进行简单 OLS 回归分析,回归结果见表 10-2。列(2)增加了进出口贸易年增长率。由于 2002 年前后,我国对外直接投资管理逐渐放松,规模快速增加。因此,本书分别分析 2002 年前后的样本,相关性结果见列(3)和列(4)。另外,对美国的样本进行类似分析(包括序列平稳性检验),美国相关变量增长率也呈现平稳序列性质。美国投资增长率和 OFDI 相关性的结果分别在表 10-2 的列(5)和列(6)中显示。

**表 10-2　增长率变量的回归结果**

| 主要变量 | 中国<br>(1) | 中国<br>(2) | 中国 2002 年后(3) | 中国 2002 年前(4) | 美国<br>(5) | 美国<br>(6) |
|---|---|---|---|---|---|---|
| GDP | 1.116*** | 1.072*** | 1.140*** | 1.035*** | 2.075*** | 1.741*** |
| OFDI | 0.014** | 0.014** | −0.009 | 0.016*** | −0.002 | −0.002 |
| IFDI | 0.061** | 0.056** | −0.131 | 0.069*** | 0.035*** | 0.027** |
| IEPORT | — | 0.119* | 0.119 | 0.264** | — | 0.229** |
| 常数项 | −2.261* | −3.365** | −0.992 | −6.700*** | −6.655 | −6.198*** |
| N | 34 | 34 | 15 | 19 | 36 | 35 |
| Adj-Rsquared | 0.8757 | 0.8840 | 0.7698 | 0.9365 | 0.7248 | 0.7465 |
| F 统计量 | 78.49 | 63.88 | 12.70 | 67.33 | 31.72 | 26.03 |
| Prob>F | 0.0000 | 0.0000 | 0.0006 | 0.0000 | 0.0000 | 0.0000 |

注:1. *、**、*** 分别表示在 10%、5%、1% 的显著性水平上显著。

2. 列(3)2002 年后样本包括 2002 年数据,列(4)2002 年前样本不包括 2002 年数据。

从列(1)和列(2)看,我国 OFDI 增长率和国内资本形成总额增长率呈现显著的正相关性,不论是否加入进出口增长率的数,OFDI 系数没有发生变化,均为 0.014,即 OFDI 增长率增加 1 个百分点,国内投资增长率增加 0.014 个百分点,而 GDP 增长率增加 1 个百分点,国内投资增长率则增加 1.116 个百分点。这表明,OFDI 和国内资本形成增长率的正向关系在统计上具有显著性,但在经济数量上并不显著。列(2)中加入进出口增长率数据后,FDI 流入和流出增长率与国内资本形成增长率之间关系没有发生大的变化,主要影响的是 GDP 和国内资本形成的关系。

从列(3)和列(4)看,对于 2002 年后样本,对外直接投资和国内投资之间的关系比较小,且呈现负向关系,但无论在数量上还是统计意义上均不显著。2002 年之前,OFDI 和国内资本形成仍是正向关系,且在数量上和全样本结果差距不大。2002 年之后,回归的拟合优度相对较低,但比较 2002 年之前的时期和 2002 年之后的时期,我国国内资本形成增长率和 OFDI 增长率相关性的变化仍是明显的。

从美国样本回归结果看[见表 10-2 中的列(5)和列(6)]。OFDI 增长率和美国国内投资呈现很小的负相关,系数仅为 0.002,且在统计上不具有显著性,加入进出口影响 IFDI 和 GDP 的系数,对 OFDI 系数没有产生影响。

从表 10-2 中其他变量增长率的系数看,IFDI、GDP 和进出口贸易增长率和国内投资增长率的关系基本上符合预期,仅在我国 2002 年之后的子样本中,IFDI 的变量未符合预期,但该系数很小且不具有统计显著性,可忽略不考虑。对比美国和中国 IFDI 增长率对国内投资增长率的影响,我国明显高于美国。另外,笔者在回归分析中,同样对投资占 GDP 比重和 OFDI 占 GDP 比重进行类似相关性分析(需要进行一阶差分处理),以及使用对数的一阶差进行回归分析,国内投资和 OFDI 相关性特点没有发生大的变化,另外使用社会固定资产投资数据,相应结果也未有大的改变,因此略去回归结果报告。

## 三、数量分析的主要结论和未来研究

### (一)数量分析的主要结论

结合上文的基本数据分析和简单的相关性分析,主要得出以下结论:

第一,对比中国和美国 FDI 流入和流出状况,美国 IFDI 和 OFDI 基本上呈现同步增长。可以说,FDI 流入和 FDI 流出并行发展是市场化力量的结果,我国改革开放前二十多年,FDI 流出显然受到政策抑制。

第二,中美两国 OFDI 变动率明显高于 IFDI,这可能是受到境外投资市场不确定因素以及汇率波动的影响。从 OFDI 和 IFDI 变动同步性的图形看,美国 OFDI 和 IFDI 变动的同步性比我国高,其背后的原因可能是货币因素,或其他政策因素,需要进一步研究。

第三,我国 OFDI 和 IFDI 仍有增长的空间。比较中国和美国 IFDI 和 OFDI 流量占 GDP 比重,近年我国 IFDI 流量占 GDP 下降过快,而对于 OFDI,即使 2016 年为我国对外投资井喷的年份,与美国比较,我国 OFDI 流量占 GDP 的比重也属于正常范围。但这仅仅是规模上的比较,未作结构上的比较。

第四,从回归分析结果看,从长时间序列看,我国 OFDI 增长率和国内投资增长率为正向相关,但从 2002 年之后看,这种正向相关性在减小。我国 OFDI 和国内投资之间正向关系的结果,与之前许多国内实证研究结果一致。

第五,美国 OFDI 增长率和国内投资增长率没有显著关系。在我国和美国相应回归分析中,IFDI 和国内投资增长率均呈现显著的正相关关系,这一点符合预期。

### （二）未来研究

首先,基于目前我国 OFDI 数据尚不够详尽,特别是放开管制之后的时间序列长度不够,且在理论机制不确定的情况下,数量分析的结果解释往往模棱两可,因此本书仅仅进行简单的数量分析。

其次,未来随着数据的丰富和我国对外投资时间序列的增加,可以从以下方面做进一步的探究,主要包括:第一,行业水平 OFDI 和国内行业水平投资之间的关系;第二,不同目的的 OFDI 和国内投资之间的关系;第三,选取经济特点相近的若干个国家进行跨国分析;第四,选取跨国企业样本进行企业层次的相关性分析;第五,将企业境外投资的筹资来源纳入分析;第六,将汇率因素以及间接投资纳入分析。

本书研究结果仅是实证研究中的一个方面,不同数据、不同方法必然会得出不同结果,因此,从实证研究到政策含义还有相当长的距离,需要作进一步的探索。

# 第三节　构建双向投资协同推进机制的政策建议

从历史沿革来看,双向投资在发展过程中具有密切的关联性;从发展趋势来看,开放的市场环境为双向投资协同推进提供了条件,企业是双向投资协同推进的重要环节。构建双向投资协同推进机制,进一步促进双向投资的协同发展,需要政府从战略、制度、政策等多方面加以引导,也需要产业政策与外资政策、贸易政策的相互配合。

## 一、双向投资协同推进的可行性分析

### （一）对外投资能力的形成得益于引进外资政策的成功

改革开放 40 年来,中国引进外资从规模增长到领域开放,获得了极大的成功,推动了中国国民经济的增长。在这一过程中,外资的进入通过示范效应、竞争效应、技术溢出等各种渠道,为中国企业对外投资提供了先进理念、管理经验和营销渠道;中国对外投资能力的形成在很大程度上得益于 40 年来引进外资政策的成功:一是引进外资促进国内投资,在一定程度上为企业发展提供了原始积累;二是引进外资促进中国外资、外贸双顺差的形成,大量的外汇储备得以积累,转而成为中国对外投资的强大基础。因此,双向投资在发展的过程中就具有密切的关联性。

### （二）企业有望成为实施双向投资协同推进的主角

企业是双向投资协同推进的重要环节。从历史发展来看,中国跨国公司的经营管理人才有相当一部分是通过"干中学"从跨国公司获得经验,中国跨国公司也是在外资进入带来的竞争效应和"鲶鱼效应"的推动下逐渐成长起来的。可以说,外资的进入在一定程度上为中国培养了一批具有对外投资实力的跨国公司以及熟悉跨国公司运作的、具有国际化经营管理理念的企业家。同时,中国企业对外投资后会带动国内的价值链分工需求,带动相关的贸易与投资,形成贸易与投资、引进外资与对外投资的良性循环。

### (三) 开放的市场环境是双向投资协同推进的基础

如果说企业是双向投资的主体,那么完善而开放的市场环境则是企业得以在其中发挥作用的宏观环境。这一宏观环境的形成必须依靠公正而透明的政策、健全的管理制度,以及市场化的机制。产业政策是引导国际投资流向的重要因素,不论是引进外资提升中国产业结构的升级还是对外投资引导企业的资本流向,产业政策都是非常重要的一个环节,是打通国家宏观战略与企业微观主体在贯彻执行双向投资协同推进中的重要媒介。特别是,当对外直接投资后形成了一定的利润,那么利润汇回也需要采取一定的政策引导和鼓励,以吸引对外直接投资后所产生的企业利润通过返程投资的方式投资国内(这部分资金流入也被视为外资),这个时候,对外投资与引进外资是协调发展的,同时也能够共同促进国内的经济增长。

## 二、双向投资协同推进机制的顶层设计

从理论分析来看,对外直接投资既可能促进国内投资,也可能减少国内投资。这种不确定性有多方面原因,例如对外直接投资的动机不同、行业不同、母国制度因素等等。实证研究结果也显示,对外直接投资和国内投资之间没有确定关系。我国除了 2016 年国内投资增长率和对外直接投资增长率呈现明显负向关系外,大部分时间内,国内投资和对外直接投资增长率呈现正向关系,或者说尚未呈现显著的替代关系。在对外投资和国内投资之间关系不确定的情况下,从理论和实证研究结果到政策建议就需要考虑多方面因素。基于上述理论机制和我国目前的境内投资和对外投资态势,本书就双向投资协同推进机制提出以下建议。

### (一) 继续推进双向投资的战略协同

在 2016 年我国对外直接投资出现大幅度增长的背景下,2017 年我国的实际做法加强了境外直接投资的真实性审核,同时选择性地限制部分对外直接投资。但无论学术上、企业需求方面还是整体经济效应方面,我国放松对外直接投资管制以及促进对外投资便利化的政策方向不应改变。

从学术角度看,对外直接投资和国内投资之间没有明确的负向关系,在一些情况下,二者还呈现正向关系。从中美两国 OFDI 流量占 GDP 比重看,我国 2016 年 OFDI 流量并不是特别高。从企业角度看,当企业发展到一定阶段,通过对外投资扩大海外市场以及进行全球生产布局是企业发展的需要,是市场力量的发展结果。在企业存

在巨大需求的情况下,政府管制政策的有效性必然下降,政府对企业境外投资进行各类管制的成本会随之提升。

**（二）以制度优化助推双向投资的发展**

相对于美国 OFDI 和 IFDI 的发展,无论是存量还是流量上,美国 FDI 流入和流出均是并行发展。我国改革开放前二十多年时间内严格限制对外直接投资,2003 年开始逐渐改变以引资为重点的战略,但总体上,政府部门对于境外直接投资仍有颇多顾虑,境外直接投资的便利化措施较少。从政府考核体系看,企业境外投资很难成为地方政府官员的政绩,因此地方政府和官员缺乏动力制定地方性政策激励措施。

在境外投资问题上,目前地方政府的能力和动力都是有限的,中央政府应承担更多职责,在制度顶层设计上,要对境外投资的外汇、金融、税收政策进行全面性的梳理和改革。中央政府应站在投资制度和投资环境国际竞争的视角来设计和改革相关政策,以促进双向投资的发展。

**（三）着力培育双向投资的市场化机制**

构建市场化的机制是双向投资协同推进的重要基础,因此,必须转变思路,减少行政化管理对双向投资协同推进的影响。以境外直接投资为例,我国目前逐渐形成一定的产业导向,主要是避免非理性投资,如房地产、酒店、娱乐业、体育业等,另外对所有企业的对外投资都进行严格的真实性审核,以实现资本项目管制的政策目标。在政策工具选择上,目前境外投资管理过于依赖于外汇管理审查。在真实性审查的具体实践中,合理审查和过度审查的程度把握非常困难,对企业而言,这种审查的不确定性过大,影响企业境外投资;对政府而言,随着对外投资规模的增加,行政成本将越来越高。

因此,在政策工具选择上,应减少对外汇管制措施这类行政化管理工具的依赖,增加服务中介机构和专业服务机构的作用。例如目前政府对境外投资的顾虑之一在于,许多企业在境内通过大量借款进行境外投资,一定程度上将风险集中于国内金融机构。这种情况实际上是目前金融机构的风险管控问题,加强金融机构的监管,其效果可能比外汇部门监管更加有效,且金融机构能应对不同企业特点和需求进行弹性化的产品设计,而外汇管理多会偏向于僵硬的行政化手段。但金融机构对企业投资行为的约束能力,要建立在金融机构对企业高水平的国际化服务能力的基础之上。随着金融机构对"走出去"企业服务能力的增强,这类市场化措施的有效性和重要性会更加凸显,政府监管政策工具应充分利用专业服务机构和中介服务机构的作用。

**（四）加强区域平衡发展战略和双向投资战略的协同推进**

从目前引资流量、引资存量以及国内区域发展情况看,引进外资仍然非常重要,也具有较大的发展空间。从国内区域发展不平衡状况来看,我国中西部地区投资环境的国际竞争力仍有进一步改善的政策空间。面对双向投资流动的态势,中西部投资制度和环境不仅要和东部地区比较,更要与新兴经济体和发展中国家的投资制度进行比较和竞争,中西部地区除了基础设施建设外,还要在教育、医疗、人才服务和吸引等方面积极改善,换言之,双向投资战略要与区域平衡发展战略协同推进。

# 第十一章　对外贸易战略与双向投资布局的协同

◆◇◆◇◆◇◆◇◆◇◆◇◆◇◆◇◆◇◆◇◆◇◆◇◆◇◆◇◆◇◆◇◆◇◆◇◆◇◆◇◆◇◆◇

改革开放后,中国对外开放的发展特征之一是以引进外资实现出口发展。这种外资主导型的外贸发展外在表现为加工贸易,也是整体外贸结构变化的内在反映。在引进外资与出口发展上表现出显著的相互促进关系。当前中国的战略重点是如何以对外投资促进对外贸易的新发展。本章通过分析发达国家的对外直接投资与出口的发展历程并结合中国的发展实践,揭示了外资外贸战略协同的机制:一是以对外直接投资推动产能输出;二是以跨国并购获取高级要素提升出口生产能力;三是以国内先进公司"走出去"带动出口;四是以境外经贸合作园区拉动出口增长。提出以跨国公司为主体,以项目合作为渠道,以落实协定为保障,以要素升级为目的的外资促进外贸发展思路。

## 第一节　改革开放后中国的外资外贸发展

外商投资是改革开放后推动中国出口增长的重要动力。引进外资解决了困扰中国经济发展的"双缺口"问题,外资的流入和中国大量的廉价劳动力相结合,形成了出口加工贸易。出口的增长一方面直接带动了经济增长速度,另一方面通过从外贸部门到国内经济的传导作用促进了国内经济的发展。这一过程又带动了国内生产体系的完善,形成了较为完整的产业链,提高了中国出口的竞争力。因此,外商投资和出口形成了良性互动的关系。

但是,随着中国出口规模的扩大,中国的贸易表现出了"大而不强"的特点,如何从贸易大国走向贸易强国成为亟待解决的问题。首先,加入世界贸易组织后中国的外贸发展进入了快车道,进口和出口同步快速增长,出口顺差不断加大。其次,从贸易方式看,中国的出口结构出现了从一般贸易为主到加工贸易为主的转变,外商直接投资驱动型的出口加工贸易模式。再次,从出口附加值看,中国的出口虽然规模大但是位于全球价值链的低端。这些基本特征是由中国的经济发展阶段和中国的要素禀赋结构决定的。随着人口结构的变化,受教育人数的增长,技术进步,资本积累等因素的变化,中国的要素结构发生了变化,进而导致中国出口的产品结构发生变化,贸易发展进入新的阶段。

在经济全球化背景下,投资成为促进贸易发展的重要手段之一。首先,国内经济对外部资源仍然具有强大的需求量,以对外投资获取战略性稀缺资源有助于降低生产成本。其次,国外尤其是"一带一路"沿线对基础设施还有很大的需求,而经过40年的发展,中国在基础设施建设方面积累了较大的优势,也具备了"走出去"的基础。再次,我国的科技水平还不高,经济转型升级仍然需要发挥后发优势,通过对外投资实现弯道超车。发挥好、利用好对外投资对促进经济高质量发展和经济结构转型升级具有重要作用,同时随着国内产业升级和技术创新水平的提高,出口产品的质量和附加值都会得到提升。

中国外贸增长奇迹表现为典型的外资推动型发展模式,其国际背景是经济全球化下国际产业转移加剧,国内背景是劳动力充足、土地价格低廉。资本与廉价土地、劳动力的结合必然推动加工贸易发展。虽然外贸发展的各种模式并无孰优孰劣之分,但是随着本国禀赋结构的变化和经济条件的变化,任何一种固定的发展模式都将出现瓶颈,进而需要转型升级。中国的贸易结构从1996年起就以加工贸易为主,2004年以后,虽然从进出口差额上加工贸易的顺差仍然明显高于一般贸易,但一般贸易增速开始超越加工贸易增速,这一现象说明,伴随着中国土地成本和劳动力成本的上升,加工贸易的发展面临着越来越大的挑战,以引进外资带动加工贸易出口的贸易发展模式亟待转型升级。同时,中国在贸易大国发展过程中,也不断推进对外投资,近十年对外直接投资快速增长。

一方面,中国出口增速持续下滑,另一方面,中国对外直接投资强劲增长,那么,中国对外直接投资抑制了中国出口贸易的增长吗?对这一问题的回答需要从理论上进行详细探讨。

## 第二节　发达国家外资外贸关系比较

世界经济长期存在两个基本失衡:一是全球生产要素分布的失衡。生产要素在世界各地分布极其不均匀,显而易见的是自然资源的不均匀,没有哪个国家可以拥有各类生产要素。同时,随着经济发展,人才、技术、品牌等新型生产要素不断出现,也出现了分布不均的现象,新型高级生产要素多集中在发达国家或地区并呈逐步累积的趋势。二是生产与需求分布的失衡。随着技术的进步,新产品不断出现,同时人们的需求也随着社会的发展而不断变化,不同收入水平的人群其需求也不尽相同,生产中心的转移也反映了供需失衡的现象。跨国公司作为全球化的主导者,通过对外直接投资更加合理地配置全球资源。发达国家经济发展水平高,拥有大量的跨国公司并且具有资金优势和技术优势,是全球 OFDI 的主要来源国,其跨国公司对外直接投资主要基于市场因素而不是政府的政策推动。据此,发达国家 OFDI 对出口的影响主要通过以下三个路径。

## 一、以 OFDI 转移生产基地,当地生产全球销售

产品生命周期理论和边际产业转移理论均基于发达国家的对外直接投资实践,揭示了发达国家通过 OFDI 进行产业转移的原理。通过将国内已经成熟或者在国内即将丧失比较优势的产业转移到发展中国家生产,使其重新具备全球竞争力。这种OFDI 转移方式增加了东道国的出口量,同时降低了母国出口量。产业转移是 20 世纪 70 年代以来跨国公司和国际直接投资发展的重要驱动力,同时激发了国际贸易的快速增长,促使全球的出口结构发生了深刻变化:由于制造中心的转移,新兴经济体和发展中国家的出口占比增大。

发达国家跨国公司以 OFDI 进行产业转移的原因在于发达国家生产成本的提升或市场需求的萎缩,生产基地转移的同时是销售的全球化。随着需求市场的转移,跨国公司以 OFDI 转移生产基地并在全球销售,成为可持续发展的必然选择。其中,以家电和服装行业最为典型,20 世纪 90 年代末大批跨国公司比如西门子、三星、松下等家电巨头开始将生产工厂从德国、韩国、日本转移到中国、巴西、东南亚等国家和地区,这些地区成为生产中心,产品再运往世界各地。西门子的员工大部分在海外,德国的员工占比不到 30%,生产中心于 2008 年全部转移到中国,德国中心主要负责研发,这种转移大幅增加了中国出口的同时也减少了德国的出口。再以三星集团为例:中国目前是三星集团在国外的最大生产基地,1992 年三星集团开始在中国投资设厂,截至 2013 年,三星集团拥有超过 4.5 万的中国员工,形成了 20%产品产自中国的局面。但是,随着中国劳动力成本的上升,近年来三星、西门子等开始将工厂转移到印度尼西亚和越南等家电需求激增的国家。服装行业中的巨头,耐克和阿迪达斯也是类似的发展路径,由于美国、德国劳动力成本较高,在 80 年代末到 21 世纪初,耐克和阿迪达斯的生产基地逐渐向中国和东南亚国家转移,最终减少了母国的出口并增加了东道国的出口。类似的例子还有很多,这是经济全球化背景下跨国公司战略的自然选择,但是却集中反映了以 OFDI 转移生产基地,替代母国出口的特征。

## 二、以 OFDI 接近市场需求,当地生产当地销售

除了降低成本外,获得市场占有率对跨国公司竞争力的提升也有重要意义。经济全球化背景下资本流动加速,资本附带着技术、品牌等高级生产要素的国际流动使得生产基地的流动性提高,正如产业的国际转移,提高了跨国公司的资源配置效率随着资本流动的加剧,市场寻求型 OFDI 逐渐成为主流,一方面通过 OFDI 可以绕过东道国的贸易壁垒,另一方面以投资抢占市场也成为跨国公司的重要战略。跨国公司通过 OFDI 进入东道国,在当地生产并销售,替代了母国的出口,也替代了东道国的进口。从这个意义上看,这类 OFDI 降低了全球贸易总量。发达国家 OFDI 的这种转移方式内在原因是全球需求结构的变动,发达国家对传统制造产业的需求减少,而新兴和发展中国家的需求则在提升,产地的转移是为了贴近市场,提高市场份额。

最典型的是汽车行业,东道国通常出于保护国内市场设置了行业壁垒,同时也是资本密集型或技术密集型行业,跨国公司具有很强的进入愿望。以中国汽车市场为例:中国是人口大国,也是汽车消费大国,近年来随着中国经济水平的提高,对汽车的需求更是快速增长。但是,政府对汽车产业有一定的保护:第一,汽车制造不允许外资的独资企业;第二,整车进口关税率为 25%。包括美国的通用、福特;日本的丰田、本田;德国的大众、宝马、奔驰等全球知名汽车跨国公司都通过合资与中国汽车企业合作,在中国生产并销售。比如大众汽车的在华市场份额占全球的约 50%,中国市场对众多汽车企业来说意义非凡。通过对外直接投资打入中国市场也是这些企业的唯一选择和最佳选择。这一转移的结果是,表面上母国的出口减少了,但是作为跨国投资其资本收益弥补了出口减少的损失,一定程度上还降低了生产成本,提高了利润率。

## 三、以 OFDI 布局全球价值链,创造出口

根据全球化的发展特征,经济全球化可以划分为三个层次:第一个层次是国际贸易;第二个层次是产业国际转移;第三个层次是全球价值链分工。跨国公司的目标是利润最大化,因此其最优选择是在全球范围内进行资源配置和价值链布局。发达国家的跨国公司具备主导全球价值链的能力,通过将生产布局到不同国家的同时也增加了母国的出口。其机制在于:首先以 OFDI 将生产的某个环节布局到东道国,然后将零部件、中间品出口到东道国,组装后销往全球,最终母国增加了中间品出口。从全球层面看,在跨国公司布局全球价值链的过程中,全球贸易量增加了。因为,一是全球价值链分工使得生产规模得以扩张,使得不可能的生产成为可能,在全球层面上创造了出口的总供给。二是全球价值链分工使得母国零部件有了更大的国外市场,

有利于出口增长。

主导全球价值链分工的企业往往是高端制造业中拥有核心竞争力的跨国公司，其产品科技含量高，需要的生产要素种类多、生产工序复杂，单一国家很难满足全要素、大规模、低成本生产。在这类跨国公司中以美国的苹果公司和波音公司最为典型。苹果手机的显示屏、芯片、电池等在韩国、美国、日本等不同国家生产，最终在中国组装后销往全球，其中，利润最高的芯片和软件由美国公司供给，苹果手机销量的增加也带动了来自美国的零部件出口上升。波音飞机的制造也是如此，通过集中全球相关优势资源进行全球布局，并带动了母国中间品的出口。因此，价值链的全球布局，提高了生产效率，降低了成本，扩大了总供给，母国的中间品出口自然增加。

## 第三节　中国以外资促进外贸增长的实现路径

贸易与投资的相互促进深化了全球价值链分工，中国经济的发展得益于融入全球价值链。虽然有英国脱欧和特朗普的贸易保护呼声，但是全球价值链分工模式已经不可逆转，全球化将迂回前进。支配全球价值链分工的是跨国公司，国际分工从国家禀赋决定转向跨国公司主导，一国参与国际贸易的形式从独立生产某种商品转向承担某种商品生产的一个或几个环节。国际分工进入了全球价值链分工的层次，从之前的产业分工、产品分工延伸到产品内分工和零部件内部的再分工。这种新型的精细化分工是在全球要素合作的基础上完成的，分工方式仍然建立在比较优势的基础上，但是深入到了要素分工之上。投资取代贸易成为布局全球价值链的主要手段，中国需要适应全球化的新变化，更加积极有效地利用全球化。中国过去40年贸易的快速发展依靠引进外资，而近十年对外直接投资的积累为未来以OFDI布局全球生产网络、促进出口增长奠定了基础，可以探索以下四条实现路径。

### 一、以对外直接投资推动产能输出

中国经济在过去40年快速增长的同时产能也迅速扩张，尤其是2008年金融危机后，产能过剩问题日趋严峻。然而，过剩的产能并不代表在全球范围内都是低效和无用的，众多发展中国家的基础设施还比较落后，对钢铁、水泥等还有很大的需求，通过产能合作既能解决中国的过剩产能又可以提高东道国的基础设施水平。产能合作不仅包括对外承包工程和建筑业"走出去"，还包括配套的资金、技术和人才的输出。OFDI是推动产能合作的重要途径，但是发展中国家通常缺少资金，难以通过简单的出口促进产能输出，因此需要合作机制创新，对OFDI项目提供配套金融支持和制度保障，更加有效地推动产能输出。

"一带一路"倡议为产能合作创造了良好的政策环境和制度条件,可以通过政府合作推动企业合作建立产能合作平台。从产业发展看,过剩产能在国内的发展时间长、技术水平高,具有较高的国际竞争力。产能合作的理论基础在于优势互补,"一带一路"沿线国家基础设施需求空间巨大,中国具有充足的基础设施建设能力。高速公路、电信、水利等多个行业,中国都达到国际水准,近年来已有部分公司通过产能合作输出了国内的产能,为以 OFDI 推动产能输出提供了经验借鉴。比如,连接昆明和老挝万象的中老铁路项目于 2015 年签署,由中国电建、中国铁建等公司参与施工,随着施工的推进将带动我国的钢材、机车设备等的出口,还有中泰铁路、雅万铁路等项目的启动也将带动一批基建产能"走出去"。另外,中国还与哈萨克斯坦签署了 50 多项产能合作项目,与巴基斯坦签署了 20 多项产能合作项目①,涉及水利、特高压电网、光伏、公路等多个项目,随着这些项目的推进也将带动更多的装备和原材料的出口。

## 二、以跨国并购获取高级要素提升出口生产能力

出口能力的提升有待生产要素的升级。跨国并购是发展中国家获取高级要素的捷径之一,发展中国家的跨国公司可以利用并购的高级要素再在母国组织生产推动出口增长。跨国并购与绿地投资相比更灵活,更有利于整合资源,发达国家间的直接投资即以跨国并购为主。随着中国经济实力的增强,以跨国并购获取国外优势资源带动国内产业发展是 OFDI 被赋予的重要使命。互联网技术发展带来了交易的电子化,航海航空的发展导致运输更加便捷和廉价,这些都导致跨国并购更加方便,很少有国家单纯由于地理因素限制了比较优势的发挥。我国经济当前处在转型升级阶段,利用好 OFDI 能够有效提高技术水平,实现技术上的后发优势,提高出口生产能力才是根本。

中国以跨国并购扩大出口有三方面的基本条件:第一,中国拥有资金优势,高额的外汇储备为跨国并购提供了资金保障;第二,改革开放以来,中国劳动力的受教育水平大幅提高,积累了可以适应先进技术要求的工人;第三,多年的外贸经验使中国的对外销售网络初步建立,也培育了一批外贸人才,具备了较强的海外营销能力。以跨国并购扩大出口增长的机制在于通过并购获取国外的技术、品牌等高级生产要素,然后再回到中国组织生产,最后出口到世界各地。2015 年,中国政府发布了《中国制造 2025》规划,勾画了未来制造业的发展蓝图,虽然华为、中兴等高科技公司的产品

---

① 人民网:《中国与哈萨克斯坦已达成 52 个产能合作项目》,http://world.people.com.cn/n1/2015/1214/c157278-27927865.html,2015-12-14。

也具备了一定的国际竞争力,但是从整体看中国和发达国家在技术、品牌等方面还有较大差距。实际上,中国的技术水平处在发达国家与发展中国家的中间阶段,跨国并购为中国激发出口创造了条件。中国可以并购那些在发达国家缺乏一定竞争力,同时在发展中国家生产其技术水平却又达不到的企业,将中国的生产能力和国外的技术、管理、销售网络、品牌等相结合创造新的竞争力,提高出口。比如,美的集团收购日本"东芝生活电器株式会社"80.1%的股份,通过此次收购东芝家电的控股权,美的可在全球使用东芝品牌40年,并获得一批技术专利,美的在中国生产再以东芝品牌销往全球即以并购扩大了出口。再比如,联想集团收购IBM公司的PC业务,ThinkPad的品牌归联想所有,ThinkPad笔记本在中国生产并销往全世界,增加了中国的出口。

## 三、以国内先进企业"走出去"带动出口

阻碍企业"走出去"的一个重要因素是信息不对称,对东道国的政治风险、投资政策、宗教文化等难以有准确的认识,这种背景下需要有企业率先尝试。目前,中国已经有一批成长起来的国有企业和民营企业具备了较强的国际竞争力和对外直接投资能力。这些企业经济实力雄厚、管理水平更高、抗风险能力更强、对外合作条件更好、能力更强,可以通过这些先进公司的对外直接投资带动国内相关产业的出口增长,并为其他企业做好示范,带动更多企业"走出去"进而扩大出口。同时也带动国内产业链向国外延伸。

先进企业"走出去"通常属于技术寻求型对外直接投资或市场寻求型对外直接投资。技术寻求型将导致原材料向东道国的出口增加,市场寻求型由于提高了在东道国的市场占有率进而将加大对母国中间品和原材料的进口。比如中兴通讯收购德国阿尔卡特-朗讯网络服务公司可以通过参与德国的网络建设提高在德国的市场占有率,提高对我国光纤及其他中间品的进口;三一重工收购的德国普茨迈斯特控股有限公司在全球销售网络巨大,90%的产品出口,此次并购非常有利于三一重工的出口扩张;海尔集团收购通用电气的家电业务目标之一也是投资和壮大美国的业务并以此打开对美销售的局面。一批先进企业的"走出去"对国内企业对外直接投资具有示范作用,有助于推动更多的企业以并购带动出口增长。

## 四、以境外经贸合作园区拉动出口增长

中国的开发区模式经过实践检验证明对于推动经贸合作非常有效,境外经贸合作区相当于将开发区模式复制推广。以园区合作拉动出口增长的机制在于通过对外直接投资建立合作园区,吸引大量国内外企业入驻园区,区内企业可以区内生产区外

销售,也可以与区内企业合作,最终带动国内产品出口。经过前期的开发、推广后,目前中国已经建立了36个境外经贸合作园区,还有70多家正在建设当中,境外经贸合作区已经取得了一定成效,随着合作园区的扩大,将形成良好的对外投资合作环境,并拉动出口增长。

境外经贸合作区是政府支持企业"走出去"的重要抓手,比如中国·埃及苏伊士经贸合作区就是由国家商务部指导、天津市政府推动、天津开发区和天津泰达投资控股有限公司主导运营的国家级经贸合作区。苏伊士经贸区的产业类型包括交通运输装备、纺织服装、石油装备、高低压电器、精细化工、研发服务、仓储物流商贸服务等,随着这些产业的发展,将吸引中国的相关中间品和服务进口,有助于中国的出口增长。这一政府推动的模式将有助于提高经贸合作区的政策保障,营造更好的营商环境。另外,已建成的泰中罗勇工业园吸引了大批汽配、机械、家电等产业进驻园区,随着产业配套等的完成也将逐步显现出口效果。因此,以境外经贸合作区为依托推动外资和外贸的相互促进也有效结合了政府和市场的双重作用。

## 第四节　以外资推动出口增长中存在的主要问题

以外资推动出口增长中存在的主要问题包括:绿地投资占比过大,整合资源力度不够;对外直接投资赢利能力不强;跨国并购准入阻碍大;对外直接投资经验不足;等等。

### 一、绿地投资占比过大,整合资源力度不够

我国的对外绿地投资逐步累积,2014年绿地投资占比超过了70%,同时产业和地区都过于集中,不利于抵抗风险和推动出口增长。《世界投资报告2015:重构国际投资机制》显示,过去十年来自发达国家的绿地投资增长率几乎没有变化,而来自发展中国家的绿地投资快速增长,即使在全球金融危机期间仍保持5%的增长速度。[①]如表11-1所示,中国自2004年以来对外直接投资中绿地投资的占比不断升高。

近年来中国的绿地投资主要体现出两个特点:一是投资项目多数集中在基建和能源领域。比如投资尼加拉瓜的大运河、投资尼日利亚的水力发电厂、投资纳米比亚的铀矿、投资赞比亚的煤矿、投资苏丹的石油等,这类投资主要为了获取自然资源,补充国内能源的不足。二是投资目的地主要集中在发展中国家,其中以亚洲、拉丁美洲占比最多。根据《2011年度中国对外直接投资统计公报》显示,中国对发展中经济的

---

① 联合国贸易和发展组织编:《世界投资报告2015:重构国际投资机制》中译本,南开大学出版社2015年版。

投资增速加快,2011 年中国 80%以上的对外直接投资流向了发展中国家。截至 2014 年中国对外直接投资存量前三名分别是亚洲、拉丁美洲和欧洲,其中中国对亚洲的对外直接投资存量为 6009.6 亿美元,对拉丁美洲为 1061.1 亿美元,对欧洲为 640 亿美元。① 2003 年到 2015 年美国的绿地投资占比平均为 30%,中国香港为 10%,德国为 30%②,因此从国际对比来看,中国的绿地投资占比仍旧较高。绿地投资的占比独大不利于通过跨国并购等多元方式提升合作水平,激发创新活力。

表 11-1　2004—2015 年中国对外绿地投资与跨国并购　　（单位:亿美元）

| 年　　份 | 对外绿地投资 | 对外跨国并购 | 绿地投资占比（%） |
|---|---|---|---|
| 2004 | 35.9 | 30.0 | 45.5 |
| 2005 | 57.6 | 65.0 | 47.0 |
| 2006 | 211.5 | 82.5 | 61.0 |
| 2007 | 201.7 | 63.0 | 76.2 |
| 2008 | 257.3 | 302.0 | 46.0 |
| 2009 | 372.7 | 192.0 | 66.0 |
| 2010 | 390.5 | 297.0 | 56.8 |
| 2011 | 475.3 | 272.0 | 63.6 |
| 2012 | 948.2 | 434.0 | 68.6 |
| 2013 | 740.5 | 337.9 | 68.7 |
| 2014 | 906.4 | 324.8 | 73.6 |
| 2015 | 1083.8 | 372.9 | 74.4 |

数据来源:笔者根据历年中国对外直接投资统计公报整理。

　　绿地投资在中国对外直接投资中的份额不断上升与中国经济发展阶段和对外直接投资发展阶段相适应。绿地投资虽然周期长但是风险也较小,比较适合对外直接投资初级阶段的形式。不论是资源需求型或是市场寻求型的绿地投资,本质上都需要母国相对高级的生产要素做支撑。而高级生产要素的培育需要一定时间,只有在经济发展到一定阶段后才能出现。绿地投资虽然投资周期比较长,但是能够为东道国创造就业,受到东道国的欢迎,与跨国并购相比,绿地投资更适合发展中国家作为初级阶段对外直接投资形式。通过绿地投资直接输出中国优势要素,提升要素收益。但是,中国绿地投资的东道国大部分集中在亚洲、拉丁美洲、非洲等发展相对落后的地区,在政治、法律、基础设施等各方面还不太成熟,往往也会产生相应的风险。因

① 国家统计局:《国家数据》,http://data.stats.gov.cn/easyquery.htm? cn＝C01,2017/12/28。
② 数据来源:根据 UNCTAD 数据库计算所得。

此,在鼓励对外直接投资的同时也应该加强对企业的对外直接投资培训,降低投资风险。

## 二、对外直接投资赢利能力不强

虽然我国对外绿地投资的金额不断上升,但是也面临极为严峻的问题:对外直接投资的收益并不尽如人意。根据世界银行的估计,中国的对外直接投资中有 1/3 亏损、1/3 持平,剩下 1/3 赢利。国务院发展研究中心的调查显示,67%的中国对外直接投资是不赚钱甚至是亏钱的。① 投资收益低有两方面原因:其一可能是对外直接投资涉及政治稳定、经济政策、文化差异等多方面的因素,企业未能全面正确评估。我国的资本开放过程是从资本"引进来"转向资本"走出去",从绿地投资走向跨国并购。OFDI 的内在逻辑是输出比较优势产业,提高投资收益。但是,不可预测的政治风险往往给对外直接投资造成恶劣影响,比如中国在克里米亚、埃及、叙利亚等国的对外直接投资都受到政治风险的影响,中国在中东、拉丁美洲的一些投资则由于文化差异甚至爆发了冲突。其二,我国的对外直接投资主要是政府推动,企业对政策优惠的依赖较大。一方面,国有企业"走出去"既有优势也有劣势,由于战略考虑可能牺牲短期赢利,甚至发展成长期亏损。同时,国有企业在国外往往被认定具有政府背景,存在不公平竞争,因此对于以国企牵头的产能合作项目通常存在偏见;另一方面,民营企业风险抵抗能力、对外投资优势不强。民营企业是未来"走出去"的主力,2006 年中国的对外直接投资中有企业占 81%,而到 2014 年非金融类对外直接投资中非国有企业占比(51.1%)首次超过国有企业。② 说明我国的对外直接投资阶段发生了重要变化,但是除了个别大的民企,多数民企的对外直接投资经验不足,需要进一步引导和发展。

## 三、跨国并购准入阻碍大

近年来,中国对外直接投资发展迅速,但是仍然面临着各种准入限制。在全球投资自由化加速的同时,准入不对称问题依旧严峻。尤其是发达国家对中国的投资准入限制并没有因为中国对外开放程度的提高而明显改善,中国的跨国并购通常因为安全审查或技术保护而夭折。类似于安全审查的"玻璃门"成为新的阻碍形式。比

---

① 贺宁华:《中国企业对外直接投资收益分析》,《中国集体经济》2009 年第 18 期。

② 商务部国家统计局、国家外汇管理局:《2006 年度中国对外直接投资统计公报》,http://images. mofcom.gov.cn/hzs/accessory/200709/1190343657984.pdf,第 13 页;商务部网站:商务部、国家统计局、国家外汇管理局联合发布《2014 年度中国对外直接投资统计公报》,http://hzs.mofcom.gov.cn/article/date/201510/20151001130306.shtml,2015-9-17/2017-12-28,第 16 页。

如,华为收购美国的 3Com、3Leaf 公司被认为危及了美国的国家安全,先后被美国外国投资委员会否决;中兴通讯竞标美国移动运营商 Sprint 也由于国家安全问题被美国商务部干预而失败。通过对外直接投资可以获取高级要素,同时需要发达国家进一步降低准入条件,而准入限制的增加必然导致投资质量的下降。中国出口结构升级需要以跨国并购提高技术回流。国外对中国的投资准入限制,可以总结为三个方面:一是国家安全限制。安全审查是一个非常模糊的概念,没有明确的定义和范围,但是发达国家对外资的准入条款中通常都有安全审查的规定,因此,这一规则也成为东道国限制投资准入最被滥用的条款。二是行业保护。在全球经济低迷的背景下,各国在开放政策上总体相对保守,发达国家对中国企业的进入可能造成的行业冲击和就业非常警惕。尤其是跨国并购,因为跨国并购通常不创造新的就业岗位甚至还要裁员,并购后对东道国的溢出效应不大,所以东道国通常从行业保护的角度设置多种障碍。三是技术保护。发达国家掌握着高新技术,在全球价值链中处于高端,对于中国以并购获取技术要素非常谨慎。例如,2016 年美的集团收购德国机器人技术企业库卡(Kuka)公司就受到了种种限制,大幅调低了持股比例。中国福建的宏芯基金拟收购德国先进的半导体制造联合企业艾克斯托(Aixtrom)公司的决定,也出于技术保护因素被德国经济部驳回再次审核。

## 四、对外直接投资经验不足

中国开放阶段逐渐进入了以 OFDI 拉动出口增长的阶段,但是对外直接投资与国内投资相比需要了解的信息非常多,涉及国外的政策、法制、文化等众多专业领域,也包括对投资标的、市场环境、发展前景等企业状况的评估。而国内企业对外直接投资的经验还相对匮乏。经验不足导致获取信息的不对称,或由于对国外法律法规或安全审查制度等不了解,引发仲裁甚至诉讼。正是由于对外直接投资涉及的信息非常广泛,如果在一个环节上出现了问题都有可能导致整个对外投资夭折甚至亏损。比如中石油、中石化等资源型企业因为对市场前景分析不明朗或对东道国政策了解不充分导致并购后的亏损。再比如,万达集团收购西班牙大厦由于文化因素导致改造工程难以实施,最终以亏损脱手。中国在对外直接投资发展的初级阶段,必然面临经验不足的问题。积累经验是中国企业"走出去"必然迈出的一步,需要政府和企业的共同努力,积极总结。吸取发达国家跨国公司的对外直接投资经验并加强对中介机构的培育和发展,最低限度地降低对外直接投资中的风险。

# 第五节　以外资促进外贸增长的政策建议

中国以外资促进外贸增长的政策建议主要包括以下几个方面:第一,积极培育本土跨国公司;第二,加大对"一带一路"沿线国家的项目合作;第三,加强比较优势产业创新;第四,广泛签订双边投资协定;第五,抱团出海,提高抗风险能力;第六,进一步落实 G20 投资框架;等等。

## 一、积极培育本土跨国公司

一国经济实力实际上是其公司总实力的外在表现,拥有一批具有国际竞争力的跨国公司是经济强国和中国国际经济地位提升的内在要求。培育本土跨国公司是中国对外投资战略的重要着力点,破除行业垄断,创造良好的营商环境是政策关键。中国有不少企业在规模上达到甚至超过了国际大型跨国公司,但是其国际竞争力还不够强,比如诸多的大型国有企业,已经挺进世界 500 强,但是主要业务仍旧在国内,缺乏国际竞争力。这些企业可以是培育本土跨国公司的样本,通过进一步的发展,提高其生产效率和竞争力,使其从国内延伸到国外。

从中国企业的结构和发展看,破除行业垄断,引入民间资本是倒逼国有企业改革、提升国有企业竞争力的重要途径。党的十八届三中全会决议也提出要积极发展混合所有制经济,发展混合所有制是逐步破除垄断的重要步骤。混合所有制更加有活力,能够更大激发企业的竞争力和创新力。一方面要在垄断领域放开民间资本的进入。比如,可以在电力、电信、石油等领域引入民间资本,给予民资更多的投资权限以推动该行业的整体竞争水平。中国有诸多的案例表明,行业保护并不一定能成就优秀的跨国企业,而放开发展有时可以达到事半功倍的效果,华为、阿里巴巴都是在市场竞争中成长壮大的企业。企业由大到强必须拥有自主创新能力、必须依靠内生的企业竞争力;另一方面要提高政府效率,创造更好的营商环境,为企业提供更多支持和服务。在打破行业垄断的同时,以上海、北京、深圳等城市为依托,提高现有科创园区和工业园区的服务水平,创新投融资渠道,营造更高水平的营商环境,激发企业的潜力和创造力,培育更多的本土跨国公司。

## 二、加大对"一带一路"沿线国家的项目合作

对外直接投资的健康发展需要有相关的产业配套,中国作为新兴市场国家在产业衔接上既能与发达国家相联系,也能与发展中国家相适应。"一带一路"倡议在外交和经济上的合作为中国的对外直接投资发展开启了广阔空间。中国的对外绿地投

资虽然增长较快,但是收益较低,"一带一路"沿线国家从要素禀赋看与中国具有互补性,具有开展绿地投资的基础,有助于提升投资收益率。通过绿地投资不但可以获取国内急需的战略资源,也可以通过出口高端装备帮助沿线国家发展实现双赢。目前,一方面中国已经培育出诸如高铁、核电、工程水力等在国际上有较高竞争力的优势产业,前期的一些合作成果也可以为进一步的发展奠定基础。例如1996年中国石油天然气集团开始在苏丹以绿地投资形式开展的石油项目,经过20年的发展,中国也成为苏丹第一大出口国,其中原油出口占了大部分份额,这项投资也带来了丰厚的回报。

然而,"一带一路"沿线国家法律法规等都相对不够健全,投资的风险也较大。而通过"一带一路"倡议有助于缓解相应的政治风险,并给投资项目提供审批、融资等便利。"走出去"是中国开放升级的必经之路,从欧、美、日等发达国家对外直接投资的历程看,通过绿地投资获取战略资源是一个重要特点。因此,在"一带一路"倡议下,既要积极推动项目合作,搜集外部信息、发掘投资渠道,同时也要保障金融服务、评估投资风险等,更好服务于企业的对外直接投资。通过增强与沿线国家的经济文化交流,签订双边或多边的贸易投资协定,鼓励企业"走出去",为企业的对外直接投资创造良好环境,提升投资水平,带动装备、技术、产品等"走出去",实现更高质量的出口增长。

### 三、加强比较优势产业创新

创新比较优势是提高出口增长速度和质量的核心。经过40年的改革开放,中国的要素结构发生了重大变化,从一般劳动力丰裕向资本、技术和知识劳动力丰裕转变。要素结构的变化引起了优势产业和产业结构的变化,表现在贸易结构上是一般贸易的比例不断提高、加工贸易的比例逐步减少。但是,中国仍然是一个贸易大国,距离贸易强国还有较大差距,还处在全球价值链的中低端。只有拥有核心的技术、管理能力、品牌等高级生产要素才能在全球价值链上攀升,因此,创新是培育优势产业的根本,"大众创业、万众创新"对于经济的转型升级至关重要。

实现后发优势的一个方法就是通过学习效应吸收国外的先进技术,FDI是被动输入技术要素,而跨国并购则是主动获取技术要素的途径。第一,在对外获取高级生产要素的同时通过大力推动产学研相结合,提高高校和科研院所科研成果的转化能力,给予转化项目和企业以税收优惠和资金奖励,设立相关奖项提高产学研结合的社会影响力。第二,改善人才引进政策,以户籍优惠、住房优惠、入学优惠等多种渠道积极吸引国外高级人才,促进国内人才自由流动等,以人才政策创新推动技术创新。第三,为创新营造发展环境,打通融资渠道和多样化创投退出机制,激发更多创新活动。

最终实现比较优势创新的内外贯通,双向提升要素质量,同时培育更多本国高级要素。

## 四、广泛签订双边投资协定

近年来,经济全球化向双边化和碎片化迅速发展,跨太平洋伙伴关系协定(TPP)和跨大西洋贸易与投资伙伴关系协定(TTIP)的达成与否都将对全球经贸规则的走向产生重要影响。随着时间推移,这些高标准有可能对中国的出口形成壁垒。推进对外直接投资涉及东道国的准入、法律法规等多个方面,TPP 和 TTIP 等诸多协定的实质就是投资,因此,为了适应中国"走出去"必须从适应和制定国际规则上做好准备。

第一,进一步与美方谈判中美双边投资协定(BIT)。美国的 BIT 范本是高标准的范本,中国与美国谈成了 BIT 就意味着美国接受了中国相关的问题,从而有利于与其他国家 BIT 的签署,继而以大量的 BIT 化解 TPP 和特朗普上台后美国贸易保护的负面影响。全面评估签订中美 BIT 对各个产业经济发展的冲击,趋利避害,可以先从部分条款入手,由易到难力争达成协定。

第二,加快区域经济合作,广泛签订双边协定。区域一体化是经济全球化的特定阶段,虽然经济全球化是发展取向,但二者也时而同时发展时而此消彼长。特朗普的新政策可能影响全球化的进程,但是改变不了全球化的趋势,全球分工合作的深化不可逆转。中国倡导的亚太自贸区是很好的设想,亚洲国家的互补性很强,随着区域一体化的推进,经济合作进一步加强。中国应该加快区域合作,推动谈判进程,广泛签订双边协定,引导跨国并购和国际合作,为中国企业对外投资建立良好的发展环境。

## 五、抱团出海,提高抗风险能力

中国的跨国公司一是数量较少,二是经验相对不足,通过抱团出海有助于提高抗风险能力。首先,抱团出海可以共同承接项目,相对分散投资风险。其次,抱团出海可以相互借鉴经验,取长补短,通过合作,提升对未来风险的预判能力和处理能力。再次,抱团出海更可以获得国家的政策支持和舆论关注,也更能影响东道国对投资项目审核程序的规范性和处理争端的公平性。一方面,"抱团出海"需要政府的积极引导,对企业"走出去"给予更多的信息和培训,帮助企业进行"组团";另一方面,需要企业的互助合作、相互信任、信息共享,避免不必要的恶性竞争。目前,我国"抱团出海"合作还不多,然而恶性竞争的状况却开始出现。因此,政府一定要加大引导力度,通过各种国别投资介绍会、企业合作论坛等形式,增加企业间的了解,增进企业间的互信,以更好服务于企业"走出去"。

## 六、进一步落实 G20 投资框架

2016 年 G20 杭州峰会达成的《二十国集团全球投资指导原则》提出了九大原则，这些原则涉及了投资准入限制、透明度、竞争中立、企业的社会责任、国际与国内的政策协调等多个方面，但是都仅是相关原则，缺乏具体实施细则。特朗普胜选后宣布美国将退出 TPP，从而使 TPP 的前景变得更加扑朔迷离，甚至还有夭折的可能。去全球化、逆全球化的呼声再起，然而根据全球投资贸易发展的趋势来看，全球价值链分工将更加深化，经济全球化的趋势不可逆转。即使 TPP 没有达成，但是其代表着高标准原则，仍将深刻影响其他国家间的新协定。《二十国集团全球投资指导原则》是推动全球投资协定发展的重要动力之一，其中就隐含着高标准，但是需要进一步的落实。中国应该借此机会不断推动双边和多边协定发展，对外要积极推动中美 BIT 和 RCEP 的达成，对内进一步推进自贸区的开放改革。

# 第十二章　以金融改革促进对外投资战略布局

中国既是一个发展中国家，又是全球第二大经济体。自改革开放以来，中国取得了举世瞩目的经济发展成就，随着经济体量不断增大和综合经济实力不断增强，中国越来越注重在全球范围内的经济融入，其在金融改革方面的步伐也迈得更大。从历史发展的经验来看，中国对于金融管制的放松确实推动了经济发展，而从金融管制不断放松与对外直接投资持续增长的历史进程来看，中国的经验似乎支持金融改革促进对外直接投资这一观点。但我们也应该看到，金融管制的过分放松有可能助推资本大幅外流从而引发金融动荡，损害本国的经济发展，从而最终对本国的对外直接投资产生负面影响。如何通过有效的金融改革促进对外投资是摆在我们面前的重大课题。

中国不属于发达国家，但其经济体量、产业结构和对外开放程度等方面与一般的发展中国家相比又存在比较明显的差异，现有的金融改革影响对外直接投资理论并不能完全解释中国正在发生的金融改革对对外直接投资所产生的影响。本章试图在现有研究成果的基础上，从中国对外直接投资的案例入手，综合分析相关案例所处的金融改革时代背景和其对外投资的资金来源及融资结构，阐明中国金融改革进程对对外投资战略的影响，并提出相应的政策建议。

本章对于金融改革的研究集中于中国国内金融价格形成机制和国内金融体系体制机制改革，并着力于研究金融改革通过微观的市场化机制促进对外直接投资。金融作为一种资源配置手段，改革促进对外投资战略布局的原理是通过消除资源配置扭曲和提高资金配置效率提高经济的整体运行效率，从而促进对外直接投资这一经济发展的组成部分。本章选取的案例均为知名民营企业海外并购案例。与国有企业的对外直接投资行为相比，民营企业更多地体现企业利益最大化诉求，一般不需要担负国家战略任务，其对外直接投资的资金来源和融资结构也更加市场化，更能体现金融改革对对外直接投资的影响。

# 第一节　金融改革促进对外直接投资的最新研究成果

作为金融改革促进对外直接投资的理论研究起点,金融深化理论仅仅研究了金融与经济发展之间的关系。而目前学术界对于金融深化促进对外直接投资的理论,并没有较为成熟和系统的研究。近年来,随着中国对外直接投资规模不断增加和金融发展水平不断提升,不少学者开始对两者之间的关系进行研究,从研究结论看,主要分为四大类。

## 一、金融发展对对外直接投资影响不明显

第一类学者的研究认为,金融发展对对外直接投资影响不明显。郭杰、黄保东(2010)实证研究了全世界 41 个主要国家 1995—2003 年的对外直接投资数据,其研究结果表明一个国家的金融结构并不会显著影响该国的对外直接投资。

## 二、金融发展促进对外直接投资

第二类学者的研究认为,金融发展确实能起到促进对外直接投资的作用。徐清(2014)将融资约束纳入对外直接投资的分析框架,通过理论分析与多层线性计量模型等研究方法,指出金融发展不仅能促进企业生产率发展,也能直接促进企业对外直接投资。金融的协调发展还能提升生产率对对外直接投资的边际作用。王昱、成力为(2014)运用全球 73 个经济体 2000—2008 年的数据和动态门限研究金融因素对对外直接投资的影响,认为金融发展可以促进对外投资,但对不同经济体的影响机理不同。黄志勇、万祥龙、许承明(2015)对金融发展对对外直接投资的影响进行分析,并利用 2003—2012 年中国 27 个省(自治区、直辖市)的省际面板数据进行实证分析,证明以货款余额占地区 GDP 比重衡量的金融发展深度和以私人信贷比度量的信贷资金分配市场化程度都对中国各地区对外直接投资有显著的正向影响。张泽卉(2017)从钱纳里的"双缺口"理论出发,构建金融发展理论支持对外直接投资的模型,认为当出现所谓"金融支持缺口"时,商业性金融和政策性金融都会促进对外直接投资。

## 三、金融发展抑制对外直接投资

第三类学者的研究认为,金融发展并不能促进对外直接投资,相反还会对对外直接投资产生负面影响。王勋(2013)认为金融改革对企业投资确有促进作用,但是与

其对对外直接投资的促进作用相比,其对于国内投资的促进作用更大。这是因为金融改革的目标一般不会只关注于促进对外直接投资,改革往往出于对国家经济发展的通盘考虑,而且金融改革对国内投资的作用相比对外直接投资而言更加直接。在投资可用资金总量不变的情况下,可能存在金融改革促进企业国内投资的力度较大,而对企业对外直接投资产生所谓的"挤出效应"。黄益平(2013)认为,在金融抑制的环境下,国内投资机会受到金融环境影响变得相对匮乏,这一方面导致储蓄的积累超过投资,另一方面过剩的资金有通过对外直接投资的方式寻找投资机会的动力,因而促进了对外直接投资的发展。反之,金融改革通过放松金融管制缓解了金融抑制的情况,因此可能对对外直接投资有负面影响。

### 四、金融发展对对外直接投资影响不确定

第四类学者的研究认为,金融发展既有可能促进对外直接投资,也有可能抑制对外直接投资,需要具体问题具体分析。张树林、杨振、韩磊(2012)运用中国30个省(自治区、直辖市)在2003—2007年间的面板数据,考察金融市场对中国对外直接投资的影响。结果表明:银行业竞争与信贷资金分配市场化程度对能够显著地影响中国对外直接投资,市场化程度越高,对外直接投资越多,而金融发展深度与对外直接投资则呈现负相关关系。姜浩(2014)运用中国1992—2011年的数据,实证检验了金融发展与对外直接投资之间的关系。认为金融深化和金融结构优化与对外直接投资之间存在一种长期的稳定关系。其中,金融结构优化对对外直接投资的影响是正向的,而金融深化对对外直接投资的影响是负向的。但在不同的时期里,金融深化和金融结构优化对对外直接投资的冲击有所不同。余官胜、袁东阳(2014)结合我国金融发展的特征,分析了金融发展影响企业对外直接投资的传导机理,并在度量金融发展的基础上展开实证研究。结果表明:如果经济发展水平较低,企业对外直接投资会受到量维度金融发展的阻碍,如果经济发展水平较高,量维度金融发展才构成企业对外直接投资的助推器;与之相反,企业对外直接投资在经济发展水平较低的情况下才能受到质维度的金融发展促进,而如果经济发展水平较高,那么质维度金融发展将阻碍企业对外直接投资。蒋冠宏、张馨月(2016)运用1970—2011年世界范围内161个国家的相关数据,较为全面地研究了金融发展和对外直接投资的关系,研究表明发达国家与发展中国家金融发展对对外直接投资的影响存在差异,发达国家金融市场效率提高反而会降低海外直接投资规模。

不难看出,国内学者对金融和对外直接投资关系的研究主要集中在2010年后,且大部分运用了计量分析的研究方式。从研究结果看,学者们对金融与对外直接投资的关系意见并不一致。这说明对金融与对外直接投资关系的研究确实比较前沿,

而学术界对这一问题也确实存在不同的看法。

# 第二节　中国改革开放后金融改革的历史发展

与改革开放后中国其他经济领域的改革相比,金融改革的步伐是相对缓慢的,这主要是因为金融改革具有牵一发而动全身的特点,其变化对各类经济变量具有普遍影响,因而改革的步伐相对谨慎。从中国改革开放后金融改革的历史发展情况来看,金融改革的主基调是对原先严格管制的金融领域的不断放松,这样的改革进程与中国经济发展阶段相适应,为中国改革开放后40年的经济高速发展注入了活力,对中国对外直接投资的影响也是明显的。

1978年党的十一届三中全会拉开了金融改革的序幕,经过仅40年的改革,我国已基本形成监管全面、组织完善、分工合理的金融体系。

## 一、金融机构市场化改革

金融机构市场化改革不断加剧机构间的竞争,迫使金融机构在把控好风险底线的前提下,以更优惠的价格向对外直接投资项目提供融资服务,从而实现发展目标客户和提升市场份额的目的。

### (一) 金融机构多元化发展

改革开放后中国打破了央行一统天下的管理模式,央行独立行使货币发行、银行的银行和国家银行的职能,中国工商银行、中国农业银行、中国银行、中国建设银行等商业银行相继成立,经营商业银行业务。1986年中国第一家股份制商业银行——交通银行成功重组,20世纪90年代全国又陆续成立了多家股份制商业银行。

而以保险公司、证券公司为主的非银行金融机构也逐步恢复发展。1980年中国人民保险公司恢复国内保险业务,之后我国又陆续设立中国太平洋保险公司、中国平安保险公司等保险公司,保险公司经营的保险业务范围覆盖寿险、财险、再保险。1993年国务院要求政策性保险公司与商业性保险公司分别核算,寿险与非寿险分开经营,保险公司更加规范。

我国证券公司伴随着国库券的流通而兴起,1987年改革开放后第一家证券公司——深圳经济特区证券公司成立,随后央行陆续批准了33家证券公司成立。成立初期证券公司以债券业务为主,20世纪90年代初沪深两家交易所成立后,证券公司逐步将业务范围扩大至股票业务。

随着2001年我国正式加入世界贸易组织,中国对外资金融机构的准入条件不断放宽,大量外资银行首先涌入中国市场。此后,外资证券公司和保险公司也以合资形式进入中国产业,中国金融机构更加多元化。

### (二) 商业银行市场化发展

直到 1993 年中国央行和商业改革开放前,中国商业银行的经营都带有明显的计划经济痕迹,到 1980 年中国才开始对商业银行进行会计核算,这意味着中国的商业银行开始接受经济评价。1983 年"全额利润留成制度"被应用于商业银行体系,该制度最主要的做法是将商业银行的各县考核和利润留成挂钩,并允许商业银行向综合化经营的方向发展,各家国有商业银行逐渐实现了业务银行职能实现完全分离的现代化管理体制才基本形成。

《国务院关于金融体制改革的决定》于 1993 年制定出台,其核心内容是建立社会主义市场经济体制,并以此为目标,把金融作为促进社会资源配置的重要手段,充分发挥金融机构在这一过程中的主导作用。一方面将商业银行作为国家金融宏观调控的微观基础,真正体现国有商业银行的市场化资源配置作用;另一方面则厘清了央行的工作职责,使央行回归本源。

1997 年,国有商业银行加强了总行对资金调度和信贷资源的集中管理,对下辖分支机构的信贷决策权限进行了上收,这一建立统一法人体制的改革措施,改变了之前贷款决策权限分散的局面,统一由总行实施风险管理。

在 2002 年的全国金融工作会议上,中国明确指出国有独资商业银行的股份制改造,是对社会主义公有制经济实现形式的重要探索,国有独资商业银行只要具备条件,在国有控股的前提下,就可以改组为股份制商业银行,形成完善的法人治理结构,在各项条件成熟时可以申请上市。随后中国银行(香港)有限公司实现了在中国香港联合交易所的上市,这是国有控股商业银行的首次境外上市。2005 年交通银行股份有限公司作为第一家股份制商业银行在中国香港上市。此后,工、农、中、建等四大国有银行和大部分中小型股份制银行都先后在海内外上市。

### (三) 信贷资金管理体制改革

改革开放前中国实行"统存统贷"的信贷资金管理体制,商业银行基本等同国家机关,并不是经营货币的专业化和市场化机构,改革开放后金融改革的重点之一是推动商业银行回归真正的银行,并确立与之相符的商业银行信贷资金管理体制。

1980 年央行用"存贷差额"替代了原有的"统存统贷",其变化主要体现在对商业银行存贷挂钩的管理模式下,存贷款的差额部分由商业银行包干。这一做法在一定程度上改变了商业银行被动执行统一计划指令的情况,使商业银行更加积极地发放贷款,客观上也令商业银行形成了一定的货币创造能力。

1985 年央行为顺应当时的经济发展和金融改革需要,开始采取"实贷实存"的方式对信贷资金进行管理,一方面,央行仍坚持将各商业银行的人民币信贷资源纳入全国计划进行管理,由央行根据国际经济发展实际情况和信贷市场资金供需情况综合平衡,并核定各商业银行的信贷资金和其向央行的借款计划;另一方面,央行与各商业银行之间的资金往来,不再运用之前计划指标层层下达的管理模式,而是采取上贷下存的"实存实贷"方式。此外,各商业银行除了可以向央行借款外,也可以相互之间进行资金拆借,实现资金在商业银行之间的横向调剂,但这个资金拆借仍然由央行进行统一管理。"实贷实存"的管理模式为中国信贷资金管理体制改革的深化奠定了坚实的基础。

1987 年制定出台的《关于农村信用社信贷资金管理的暂行规定》对农村信用社的资金运用实行比例管理,这构成了中国商业银行资产负债比例管理的雏形。1992 年交通银行开始在系统内执行资产负债比例管理制度,1993 年央行着手在上海、深圳等经济发达地区和交通银行系统内实行有贷款限额管理条件下的资产负债比例管理及风险管理试点,直到 1998 年央行才取消了对国有商业银行的贷款限额管理模式,并逐步开始在更广的范围内推行资产负债比例管理和风险管理,要求商业银行对信贷资金及其来源按照资产负债比例管理的要求自求平衡,对于信贷资金的调控也由之前的直接调控模式转变为间接调控模式。2003 年起,监管机构开始正式要求国有独资商业银行和股份制商业银行按照《贷款风险分类指导原则》全面推行五级分类管理制度,结合资产负债比例管理的模式,要求商业银行根据《巴塞尔协议》规定提高资本充足率,改善资产质量,中国的商业银行从此被赋予了自主经营自负盈亏的管理责任,开始真正以存定贷,实行市场化运作,这意味着中国商业银行的管理和运行模式已经基本和国际接轨。

## 二、资金价格形成机制改革

这里研究的资金价格形成机制改革主要指利率市场化改革,理顺资金价格形成机制,使资金价格能更加充分地反映风险收益关系,促使对外直接投资项目的融资利率形成变得更有效率。

利率制度是金融体系最重要的组成部分,中国利率市场化改革采取稳步推进策略,在确保金融市场稳定和金融行业健康发展的前提下,逐步实现利率定价由财政职能向市场定价的转变,其总体思路是先放开外币管制后放开本币管制、先放开贷款管制后放开存款管制、先放开对长期大额资金的管制后放开对短期小额资金的管制。随着改革不断深入,利率期限更加多样化、利率种类不断丰富。

利率市场化改革的基本设想是在 1993 年予以明确的,当年颁布了《中共中央关于建立社会主义市场经济体制若干问题的决定》和《国务院关于金融体制改革的决定》。而利率市场化改革的基本思路则是 1995 年《中国人民银行关于"九五"时期深化利率改革的方案》中初步提出的。2002年党的十六大提出"要稳步推进利率市场化改革,优化金融资源配置"。明确了利率市场化改革的目标,即建立由市场供求关系决定的金融机构存贷款利率形成机制,中央货币政策工具承担对市场利率的调控和引导职能,帮助市场机制在金融资源配置中起主导作用。一方面,2004年央行率先完全取消对商业银行贷款利率上浮的限制,2013年则进一步取消商业银行贷款利率下浮限制,实现贷款利率的市场化;另一方面,2015年央行完全取消商业银行存款利率上浮限制,实现存款利率的市场化。

在利率管理制度方面,2003年起央行放开商业银行人民币贷款计息和结息方式,具体方式可由借贷双方协商确定。2005年则继续加大改革力度,对人民币存贷款计结息规则进行修改和完善,首次允许金融机构自主确定除活期和定期整存整取方式外其他类型存款业务的计结息规则,为商业银行加强主动负债管理和业务创新、改善金融服务提供了有利条件。

### 三、金融市场的形成和深化改革

金融市场不断深入发展,推动了融资形式的多样性。融资以不同的形式出现,变得更加灵活,拓宽了对外直接投资项目选择融资形式的空间,丰富了对外直接投资项目的融资渠道。

1985年党中央制定的"七五"计划提出要在央行指导和管理下逐步形成资金市场,从此中国金融市场逐渐发展起来。

#### (一)银行间拆借市场

1996年,中国建立统一的全国银行间拆借市场,作为金融机构间横向融通和有效调度资金的重要场所,银行间拆借市场的不断发展,为国内金融机构特别是商业银行提供了流动性管理的重要手段,提升了其资产负债管理的有效性,为进一步实施利率市场化改革提供了必要条件。商业银行根据自身资金头寸需求参与市场拆借,使银行的资金运作更加接近市场化。

#### (二)国债市场

1980年以前中国基本没有国债发行和流通市场,1981年为了解决能源、交通等国家重点项目的资金问题,我国开始发行国库券,国债市场开始起步发展。1986年我国开始试点有价证券的转让业务,提高了国债流动性。1990年前中国国债的发行基本上依靠政治动员和行政分配相结合的方法进行,单位与个人持有者按照不同利率计息;1991年起,财政部开始通过商业银行包销部分国债,销售的对象为普通居民,这标志着国债发行市场初步形成。1996年起财政部开始全部采取招标方式发行国债,这一发行方式提高了发行效率,降低了发行成本,提高了市场透明度,形成了较为合理的定价机制,为国债发行和流通的规范发展奠定了基础。

### (三) 企业债、金融债市场

1985 年中国农业银行与中国工商银行首次向全国发行了金融债券;1987 年我国颁布了《企业债券管理暂行条例》,开始发行重点企业债券,发行企业主要集中在电力、冶金、有色金属、石油化工等重资产行业,大部分由各行业主管部门担保发行。20 世纪 90 年代后,企业债、金融债市场的债券品种更加丰富,金融债包括一般金融债、政策性金融债、特种金融债、次级债;企业债包括普通企业债、短期融资券、中期票据、可转债、私募债等,丰富了商业企业债券融资工具。

### (四) 股票市场

改革开放后,中国首次股份制试点工作始于 1984 年,试点区域为北京、上海、广州和沈阳等大城市。1986 年 1 月起,中国开始允许沈阳、广州、重庆和常州的一些金融机构代理企业的股票发行和转让业务,同年 9 月,中国工商银行上海静安区支行营业部设立了全国首个股票交易柜台——静安证券营业部,用于飞乐音响和延中实业两只股票的上市交易。1987 年 3 月,我国制定出台《国务院关于加强股票、债券管理的通知》,同年上海市政府制定出台《证券柜台交易暂行规定》和《上海市股票管理暂行办法》,对股票的发行和流通作出了详尽规定。1988 年深发展股票作为第一个深圳地区上市交易的股票出现在深圳股票交易市场上。

1990 年党中央在"八五"计划中提出逐步扩大债券股票发行,在严格管理的基础上,在具备条件的大城市建立证券交易所。同年 11 月上海证券交易所成立,次年 7 月深圳证券交易所成立。1991 年央行与上海和深圳两地政府制定出台人民币特种股票管理办法和实施细则,两地交易所也制定了相应的交易规则。1992 年 B 股市场诞生,为国际投资者提供了交易中国股票的机会,也为中国企业引进外资提供了一个新的渠道。此后邓小平进行了南方谈话,股票公开发行试点扩大到全国,中国的股票市场获得了快速发展。

1999 年《中华人民共和国证券法》制定出台并开始实施,为中国股票市场的发展夯实了法制基础,2004 年,深圳证券交易所建立中小企业板,并制定相关管理办法,为国内中小企业拓宽了直接融资的渠道。2004 年中国制定出台《国务院关于推进资本市场改革开放和稳定发展的若干意见》,进一步规范了股票市场的发展,同年还开展了券商综合治理工作,旨在恢复投资者对股票投资的信心。2006 年股票市场回暖,IPO 重启并开启股权分置改革。2009 年中国的创业板正式上市,为国内的高科技企业提供了直接融资渠道。

### (五) 证券投资基金市场

中国的证券投资基金最早出现在 1987 年,该投资基金由中国银行、中国国际信托和国外一些知名机构组建,面向海外投资者发行,其规模较小,影响也不大。1991年,武汉地区建立了证券投资基金,此后中国相继设立了一些投资基金。1997年中国制定出台了《证券投资基金管理暂行办法》,主要目的是加强证券投资基金管理,保护投资基金各方的合法权益,以这一办法为依据,中国开始组建规范的投资基金。2003年中国制定出台了《证券投资基金法》,该项法规以《证券投资基金管理暂行办法》为基础,推动证券投资基金的发展,揭开了崭新的篇章。

# 第三节 中国企业对外直接投资案例研究

从融资方式上看,中国国企和民企对外直接投资呈现出较为显著的区别。中国国企对外直接投资一般肩负国家战略目标任务,所以资金来源一般由政策性金融机构托底,再辅以大型金融机构提供的大额长期低息融资。而民营企业的对外直接投资则追求自身利益最大化,除了对外直接投资项目的竞争优势、赢利前景和项目风险外,项目的融资渠道和融资成本也是非常重要的考量因素。因此,民营企业对外直接投资天然对金融改革更加敏感,研究民营企业对外直接投资案例,对于探究中国金融改革如何影响对外直接投资更有意义。

结合中国改革开放后的金融改革历史进程,我们选择了联想集团并购 IBM 个人电脑业务和吉利收购沃尔沃这两个民营企业跨境并购案例。这两个案例均发生于2000年后,此时金融改革的市场化程度已经达到一定水平,金融市场具备了一定深度,可以使用的融资渠道也日益丰富起来。而通过对这两个案例不同融资方案的比较,我们也能够较为清晰地看出金融改革对对外直接投资影响的变化。

## 一、联想集团并购 IBM 个人电脑业务

### (一) 并购融资基本情况

联想集团并购 IBM 个人电脑业务发生于2005年,并购交易总金额为17.5亿美元,其中,联想运用自有资金和银团贷款向 IBM 支付6.5亿美元现金,同时向 IBM 发行6亿美元联想集团普通股,并承诺承担并购发生前 IBM 个人电脑业务的5亿美元债务。具体来看,联想并购 IBM 个人电脑业务主要采取了以下几种融资方式。

### 1. 内源融资

联想本次并购的内源融资为超过4亿美元的5年长期贷款,该笔贷款是专项用于并购的过渡性贷款。联想依靠与中国工商银行的良好业务合作关系,借助工银亚洲在国际间接融资市场的地位和影响力,由工银亚洲联合荷兰银行、法国巴黎银行和渣打银行等全球知名金融机构组成银团,为联想提供融资服务。本次银团项目最终

吸引了包括中国内地和中国香港在内的亚洲商业银行,以及美国和欧洲等地的发达国家商业银行共同参与,贷款利率仅比当时 3 个月期伦敦银行同业拆借利率略高一些,较好地控制了融资成本。

**2. 发行无投票权股份和普通股**

联想集团总共向 IBM 增发价值 6 亿美元的股票,包括约 9.2 亿股无投票权股份和约 8.2 亿股普通股。

**3. 发行可换股优先股和认股权证**

联想集团以每股 1000 港元的发行价格分别向泛太平洋集团、德克萨斯太平洋集团以及美国新桥投资集团发行价值 1 亿美元、2 亿美元和 5000 万美元可转换优先股和认股权证,总价值达 3.5 亿美元。具体包括:拥有认购联想集团 2.3 亿股普通股权利的非上市认股权证和 273 万股可转换为普通股的非上市累积可转换优先股。其中认股权证可以按照 2.725 港元/股的价格行使认购权利,优先股可以按照 2.725 港元/股的转换价格转换成约 10 股联想集团普通股。

**4. 被并购方融资**

联想承担了 IBM 个人电脑业务被并购前欠下的 5 亿美元债务。

除了联想本身的内源融资和承担 IBM 个人电脑业务被并购前欠下的 5 亿美元债务外,联想并购 IBM 个人电脑业务的融资均来自金融市场,从金额来看,大部分来自海外市场权益融资,并涉及无投票权股份、普通股、可换股优先股和认股权证等四个权益类品种。还有一部分债务融资以长期过渡性银团贷款形式获得。由此可见,联想收购 IBM 个人电脑业务的资金主要来自海外资本市场,少部分来自银行贷款,我们认为这与并购发生时国内金融市场的发展阶段有关。

**(二)中国金融改革对联想并购案例的影响分析**

从联想并购 IBM 个人电脑业务的实际融资方式看,主要涉及信贷市场和股票市场。

**1. 金融机构及利率市场化改革对债务融资的影响**

从中国信贷市场发展历程看,其存贷款管理从计划经济痕迹较重的"统贷统存"模式逐步过渡到与现代商业银行管理相适应的资产负债管理模式;定价管理从政府制定利率指导价格到利率市场化稳步推进,遵循先外币后本币、先贷款后存款、先长期大额后短期小额的总体思路;金融机构市场化改革逐步实现从专业银行向现代化股份制商业银行的转变。这些变化在制度上对本次联想并购案例的内源融资方案形成了支撑。

联想并购 IBM 个人电脑业务的债务融资采取了银团贷款这一市场化程度较高的信贷组织形式,这种贷款方式由提供资金支持意向的金融机构组成银团,银团中的各成员基于自身对融资项目的风险收益判断给予项目授信额度,并最终形成银团各成员在项目融资中的不同份额,获得较大份额的银团成员在享受较高收益的同时,也需要承担较大的风险。因此银团的组建是各家参与银行基于风险收益评估而作出的符合市场经济原则的商业行为。此外,本次债务融资的用途为并购,而对并购项目的风险评估本身涉及很多专业领域的知识,这些都表明随着中国商业银行市场化程度不断提升和资产负债管理能力不断加强,其已经具备了为海外并购项目提供债务融资支持的能力。

此外,本次并购贷款利率参考 3 个月期伦敦银行同业拆借利率,将外币利率作为定价基准,也体现了利率市场化有序推进的成果。

**2. 金融市场发展深度和广度对权益融资的影响**

尽管联想并购 IBM 个人电脑业务的大部分融资来源于权益融资,但所有与之相关的权益凭证发行都是在境外完成的,这是因为境内 A 股市场形成和发展的初衷是为了支持国有企业上市解困,像联想这样的民营企业要实现境内 A 股上市,本身难度就很大,所以其最终选择在中国香港上市,为本次并购进行的权益融资需求也通过境外资本市场满足。

这也从一个侧面反映出中国股票市场发展仍处于相对落后的阶段,并购发生时由于历史原因,境内 A 股市场还未能实现上市公司股份全流通,且只有发行普通股这一单一的融资方式,而并购案例中涉及了四类权益性融资品种,这些创新型融资品种所对应的融资需求在境内股票市场实际是无法满足的。

## 二、吉利收购沃尔沃

### (一) 收购融资基本情况

吉利控股集团于 2010 年完成福特汽车旗下沃尔沃汽车公司(Volvo Car Corporation)的全部股权收购。收购协议总金额为 18 亿美元(约为 122 亿元人民币①),但由于沃尔沃汽车公司养老金赤字和运营资本调整,最终交割时,吉利以 2 亿美元票据和 13 亿美元现金完成对沃尔沃汽车公司的全部股权收购。此次吉利收购沃尔沃不仅支付了收购所需的全部资金,还承担了 15 亿美元(约 102 亿元人民币)的运营资金。所以吉利收购沃尔沃汽车公司的累计融资高达 200 多亿元人民币,融资方式主要有以下几种。

**1. 内源融资与股权融资**

(1)内源融资

此次并购,吉利使用自有资金 41 亿元,吉利分别于 2009 年 9 月 29 日和 2009 年

---

① 2010 年 8 月 2 日,人民币兑美元汇率为 6.7742。

12 月 22 日注册成立北京吉利凯盛国际投资有限公司(以下简称"吉利凯盛")、北京吉利万源国际投资有限公司(以下简称"吉利万源")作为本次收购沃尔沃筹集资金的项目公司。其中"吉利凯盛"注册资金 5 亿元,杨建担任公司法定代表人。"吉利万源"注册资金 2000 万元,童志远任公司法定代表人。2010 年 2 月 10 日吉利控股集团使用自有资金 41 亿元通过"吉利凯盛"向"吉利万源"增资,占增资后注册资本的 57.75%。

(2)股权融资

大庆市国有资产经营有限公司分别于 2010 年 2 月 12 日和 2010 年 3 月 31 日向"吉利万源"增资,分别为 5 亿元和 25 亿元。"吉利万源"注册资本金增长至 71 亿元,其中大庆市国有资产经营有限公司投入了总计高达 30 亿元资金,占增资后注册资本的 42.25%。

上海市嘉定区对吉利收购沃尔沃这一项目表示出了强烈的兴趣,通过投资平台上海嘉尔沃投资有限公司(以下简称"上海嘉尔沃")投资该项目 10 亿元。具体投资路径为:浙江吉利控股集团、大庆市国有资产经营有限公司和"上海嘉尔沃"三方共同出资成立上海吉利兆圆国际投资有限公司(以下简称"吉利兆圆")。"上海嘉尔沃"出资 10 亿元,"吉利万源"中浙江吉利控股集团与大庆市国有资产经营有限公司投入的资金全都转入"吉利兆圆",浙江吉利控股集团、大庆市国有资产经营有限公司和"上海嘉尔沃"三方出资金额分别为 41 亿元、30 亿元、10 亿元,吉利收购沃尔沃的并购款最终由"吉利兆圆"支付。

大庆市国有资产经营有限公司与"上海嘉尔沃"在向"吉利兆圆"注资前分别签订框架协议。其中大庆市国有资产经营有限公司签订的《股权质押协议》规定"吉利凯盛"自愿向其质押等值 30 亿元人民币股权。作为质权人,大庆市国有资产经营有限公司可收取质押股权的股息、红利和其他任何收益。质押期限 5 年,并设置 180 天宽限期。"上海嘉尔沃"签订的《吉利沃尔沃上海项目框架协议》则要求吉利控股集团在上海建立总部、研发中心和生产中心。

**2. 发行可转债及认股权证**

2009 年 9 月 23 日,吉利集团将高盛作为外资战略投资者引入,获得了高盛投入的 25.86 亿港元[①](约合人民币 22.34 亿元),并向其发行可转债与认股权证。其中可转债规模 18.97 亿港元,转换价格 1.9 港元/股,因此总共可转换成约 10 亿股吉利普通股,期限为 5 年。认股权证的发行总量为 2.995 亿份,行权价 2.3 港元。

**3. 银行与卖方贷款**

吉利通过国内商业银行、欧洲投资银行、瑞典银行及中国国家开发银行的贷款,

---

① 2009 年 9 月 23 日,港币兑人民币汇率为 0.8637。

筹集部分并购款及 15 亿美元的后续运营资金。

（1）银行贷款

吉利从国内的银行获得了期限长达 5 年、总金额接近 10 亿美元的贷款。其中国开行和成都银行分别提供 20 亿元和 10 亿元人民币贷款，吉利则承诺在成都建立沃尔沃工厂。另外还有中国银行浙江分行、中国建设银行伦敦分行也为吉利提供了贷款。

并购后的营运资金大部分是通过境外银行的贷款，如瑞典、美国、中国香港等地银行。

（2）卖方贷款

吉利支付方式中使用的 2 亿美元票据，实质为向福特借入的短期票据的债务融资。

**（二）吉利与联想的融资方式比较**

吉利收购沃尔沃的案例发生在 2010 年，随着金融体制机制改革的不断深入，与联想收购沃尔沃相比，其融资方式呈现出新的特点。

**1. 债务融资包含人民币贷款**

与联想收购 IBM 个人电脑业务时所有债务融资均为外币贷款不同，吉利收购沃尔沃案例中的债务融资包含了国开行和成都银行等国内金融机构的人民币贷款，随着人民币贷款利率市场化的不断深入，贷款的定价更加灵活，以并购作为用途的项目贷款也越来越多地作为商业银行资产业务的展业方向。经历了多年的市场化运作后，商业银行识别风险并通过承担相应风险获取合理利润的能力不断提升。

**2. 股权融资环节引入国有资本**

吉利收购沃尔沃案例中的另一个亮点是在股权融资环节通过精巧的股权结构设计引进国有资本，大庆市国资委和上海嘉定区政府分别通过投融资平台为吉利的本次并购提供合计人民币 40 亿元资金支持。作为回报，吉利在完成收购后分别在两个地区建立汽车制造工厂，拉动当地经济发展。尽管吉利收购的资金来自国有资本，但其股权结构设计遵循市场化原则，在综合考虑后续投资回报和拉动地方经济发展的情况下，实现企业、地方政府和金融机构多赢。

# 第四节　新形势下中国金融改革促进
## 对外直接投资的发展方向

对于中国金融改革发展方向的研究，我们把着眼点放在如何有效促进对外直接投资上。在双向投资战略布局的大背景下，对外直接投资未来的发展空间依然很大。金融体制机制改革本质上是对金融要素价格形成机制的改革，而价格形成机制对经济变量的影响范围是广泛的,这也是中国之前的金融改革很难直接对对外直接投资产生影响的重要原因。因此新形势下中国金融改革应该如何进行才能有效促进对外直接投资是值得研究的问题。

## 一、把握好金融体制机制改革的度

中国的经济发展体制和发展路径具有自身的特殊性,很难找到与之相对应的具有较好参考价值的经验和案例。中国经济发展进入新常态后,各项金融改革也进入到深水区,简单地全面放松金融管制或加强金融管制政策已经不能满足政策制定者的需要。一方面要避免发生金融改革不到位导致金融抑制影响对外直接投资的发展,把对外直接投资有力的支持因素管死;另一方面也不能放任金融改革向不受约束的自由化方向偏离。过度的金融自由化既有可能导致其促进国内投资的效应超过促进对外直接投资的效应,产生国内投资对对外直接投资的挤出,也有可能因此出现大量以财富转移为目的的资本外逃。如何把握好金融改革的度变得非常重要。

**(一) 深化金融机构改革,健全商业性金融、开发性金融、政策性金融、合作性金融合理分工、相互补充的金融机构体系**

这是因为不同性质的金融机构在促进对外直接投资方面扮演了不同的角色。开发性金融和政策性金融能够对那些风险巨大但符合国家战略发展方向的对外直接投资项目给予支撑,而随着这类资金的介入,项目的风险随之降低,从而引导商业性金融进入。而商业性金融进入后,其寻求利润最大化的特性又将提升这些对外直接投资项目的效率。

**(二) 加强金融市场建设,健全多层次、多元化、互补型、功能齐全和富有弹性的金融市场体系**

其中股权融资市场和债券市场作为直接融资的主要场所,其本身的发展构成了对对外直接投资交易结构和资金来源的重要支撑。而上述的直接融资市场又可以分为不同层次。例如股权融资市场包括 A 股市场、新三板市场和区域性股权市场等。债券市场包括国债市场和信用债市场等,当市场发展到一定水平,还可以衍生出股债结合等创新融资手段。

**(三) 完善宏观调控体系,健全货币政策框架,建立符合现代金融特点、统筹协调监管、有力有效的现代金融框架**

按照审慎监管的原则,不断加强金融监管结构之间的统筹协调,不断改革并完善适应现代金融市场发展的金融监管框架,有利于在防止发生系统性、区域性金融风险的同时,不断提升金融促进对外直接投资的效率。

## 二、有针对性的金融改革政策将成为主流

目前越来越多的金融改革政策着眼于协调解决具体的经济问题,我们认为针对对外直接投资的专门的金融改革政策将会成为中国未来金融改革的主流。这是因为从对外直接投资的动因角度分析,中国对外直接投资有其特殊性。发达国家对外直接投资理论的出发点聚焦于企业自身发展战略,这是由西方发达国家资本主义经济制度决定的,而中国对外直接投资的动因体现国家战略,微观企业更多承担执行国家战略的角色。

### (一)将金融改革政策与国家积极倡导的对外直接投资方向相结合

促进对外直接投资的金融改革可以根据国家战略方向,制定与之相适应的政策制度。例如结合"一带一路"倡议,中国一方面可以针对商业银行制定包含准备金制度和流动性管理办法在内的优惠政策。具体包括可以尝试对于与"一带一路"相关信贷资金支持达到总资产一定比例的商业银行实施定向降准;对于支持"一带一路"沿线国家建设的商业银行,在计算其流动性时,可以考虑将支持"一带一路"的信贷资金额剔除等。另一方面,在资本市场上也可以针对对外直接投资"一带一路"周边国家的企业提供优先安排上市或给予债券发行特别额度等与投融资相关的优惠政策。

### (二)严守风险底线,通过金融改革政策遏制非理性对外直接投资

对于目前的中国而言,面临的跨境资金流动压力仍然不小。这就要求我们时刻保持不发生系统性和区域性金融风险的底线思维,严控大额资本流入流出,防止发生具有大额资产转移性质的非理性对外直接投资,严厉打击虚假对外直接投资行为,遏制非理性对外直接投资行为,防范对外直接投资风险,房地产、酒店、影城、娱乐业和体育俱乐部对外直接投资不增加,支持有能力、有条件的企业开展真实合规的对外直接投资。

## 三、运用市场化手段继续做好对外直接投资的金融支持

实体经济发展阶段是现代金融体系建设的重要基础,金融市场改革要起到优化资源配置和改善信息不对称影响的成效,对于实体经济发展阶段的把握尤为重要。因此成功的金融改革对于资金投入量大且信息不对称程度较高的对外直接投资而言至关重要。与国有企业相比,民营企业因为先天的制度性禀赋劣势,在获得金融支持方面显得尤为困难。运用市场化手段加强对对外直接投资的金融支持,有利于缓解金融要素的扭曲程度,改善企业融资环境,更大限度地发挥金融改革促进对外直接投资的作用。

**（一）缓解融资歧视，支持各类企业对外直接投资**

金融市场融资一般考察企业经营风险、信用风险和赢利能力等经营指标，不同类型企业在对外直接投资过程中面临的经营风险和所能获得的赢利预期不尽相同，有些还面临投资东道国的特有风险，评估起来难度较大。而对于不同类型企业借贷信用的评估难度也不尽相同，这往往导致具有政府信用背书的国有企业更容易获得融资支持。为此，我们可以通过对大数据的运用提高信息获取的及时性和准确性，通过缩短融资链条降低企业融资成本，从而推动对各类企业对外直接投资的融资支持。

**（二）加强金融创新，丰富金融支持对外直接投资的模式**

加强对金融产品和融资模式的创新，结合对外直接投资项目融资的特定，可以通过产业基金或者投资基金对对外直接投资进行融资支持，也可以探索采用 PPP 等模式成立海外产业投资合作股权投资基金支持企业融资，利用中投公司等主权基金及其他国有机构主导的境外投资基金，给予企业在核心科技、核心先进制造等战略性国际投资领域更大的支持力度。

# 第十三章　对外投资中国家资金与企业资本的协同

在中国对外投资的发展中,国家资金服务于国家战略,包括外交战略和经济发展战略,具有十分重大的战略意义。中国国家资金中可以对外直接投资的是主权财富基金,以中国投资有限责任公司为代表的主权财富基金,通过金融市场、对外直接投资等形式实现国家外汇资金多元化投资。中国还于 2014 年宣布成立丝路基金,直接支持"一带一路"建设。此外,各类政策性金融机构,如中国进出口银行、国家开发银行、中国出口信用保险公司等,在中国国有和民营企业"走出去"的过程中,通过提供融资便利、出口信用保险等方式,对支持中国企业对外投资起到了不可或缺的重要作用。从国际经验来看,一国的对外援助与对外投资之间往往存在着相互促进的关系,中国的对外援助资金通过改善中国对外投资形象、优化东道国营商环境,尤其是改善其人力资源和基础设施等,极大地推动了中国企业"走出去"。同时,在世界银行、亚洲开发银行等国际金融组织的基础上,中国还运用国家资金积极推进了亚投行、新开发银行等新一代国际金融组织的设立和业务开展,以充分发挥多边金融机构在优化投资环境、解决资金缺口等方面的作用,更好地服务于中国企业的对外直接投资。

同时,国家资金并不直接地进行对外投资,具体的对外投资行为还是由国有、民营等各类企业独立决策实施,但国家资金为企业的对外投资创造了多方面便利条件。因此,企业为了更好地获得国家支持,其对外投资决策和行为必须保持与国家战略的一致,并积极谋求与国家资金的协同。从目前情况来看,国家资金在对企业的支持上还是倾向于选择国有企业,缺乏对民营资本足够的支持和配合。在当前民营企业在我国对外投资中作用越来越重要的背景下,必须加强国家资金对民营企业的支持和配合力度,加大国家资金的引导作用,从国家层面更好地整合不同类型的国家资金助推中国企业"走出去"。具体包括:通过进一步发挥政策性金融机构的支持作用,强化对外援助与企业对外投资的良性互动;通过加强与国际多边开发机构的联系,进一步完善主权财富基金和丝路基金等对外投资方式;通过增强与东道国的联系、帮助东道国改善基础设施等方式,优化我国对外投资的形象,提升我国企业对外投资的竞争性。我国应特别加强国家资金对民营企业的支持,为我国国有和民营企业实现对外投资的战略协同做好铺垫、打好基础,以更好地发挥对外投资中国家资金和企业资本的协同作用。

## 第一节　我国对外投资中国家资金的主要组成和功能

总体而言,我国国家资金"走出去"起步较晚。从历史发展过程来看,基于国家对外投资政策、外汇储备等综合国力的差异,不同发展阶段国家资金"走出去"所采取的形式不同、所投资的行业重点有异,但都体现了鲜明的阶段性特征和国家战略的重点。同时,伴随着企业资本对外投资的不断拓展,国家资金在支持企业资本对外投资方面也发挥着日益重要的作用,两者的协同效应逐步显现。

在改革开放之前,受制于体制约束和资金"双缺口"的限制,我国企业基本上不存在大规模对外直接投资的可能性,国家资金也主要是基于政治考量而向部分发展中国家和不发达国家提供有限的经济和技术合作,并援建如坦赞铁路等一批重大基础设施项目。

自 1979 年 8 月国务院提出"出国办企业"后,中国第一次把发展对外投资作为国家政策,从而开始了尝试性的对外直接投资。但是,初始阶段中国对外直接投资的规模较小,且多以国有企业为主,在政企不分的背景下,也不需要国家资金另外再加以扶持。1992 年,邓小平同志发表南方谈话,国家也开始提出鼓励民营企业"走出去"等政策,之后我国对外投资,尤其是民营企业的对外直接投资逐渐步入了稳步发展阶段。

2001 年中国加入世界贸易组织以后,对外直接投资开始进入迅猛发展阶段,投资主体也由以国有企业为主逐步发展为国有企业和民营企业发展平衡,对外投资领域逐渐扩展到能源开发、交通运输、制造加工,以及金融、批发零售、商业服务等领域。同时,国务院也在 2001 年将原来由中国人民保险公司和中国进出口银行分别承办的信用保险业务合并,成立了专门的国家政策性信用保险机构——中国出口信用保险公司。

随着中国对外投资的不断发展和综合国力的不断增长,中国在原有的以企业资本为对外投资主体、国家资金主要服务于企业资本的基础上,开始探索国家资金独立"走出去"的模式,其标志性事件为 2007 年中国投资有限责任公司的成立。之后,随着"一带一路"倡议的提出,中国进一步加大了国家资金对外投资的力度,进一步引导企业资本服务于国家战略。2013年,中国提出筹建亚洲基础设施投资银行和金砖国家新开发银行的倡议,并于2014年成立丝路基金直接支持"一带一路"建设。上述主权财富基金和国际开发性银行的建立,使得我国国家资金在对外投资过程中可以借助国际合作,进一步增强融资能力,更有效地为中国企业"走出去"在资金、平台、智力等方面创造有利条件。

## 一、主权财富基金

主权财富基金是指一国政府基于宏观经济目标而设立的、具有特定发展目的的投资基金。

### (一) 全球主权财富基金的发展及现状

全球主权财富基金主要集中于两类国家:一类是中东产油国,基于石油贸易收益而建立了主权财富基金,根据主权财富基金国际论坛(IFSWF)估计,截至2015年年底,全球主权财富基金中资源型基金的资产规模达到4万亿美元,占比过半;另一类是劳动力相对密集的亚洲国家和地区,得益于加工贸易顺差而建立了主权财富基金,如我国,建立了包括中国投资有限责任公司(以下简称"中投公司")在内的数只主权财富基金。

就各主权财富基金的规模来看,根据西班牙IE商学院最新的报告,截至2016年年底,全球运营中的94只主权财富基金累计管理资产已达到7.2万亿美元,其中挪威的养老基金管理资产规模最大,达8608.7亿美元;我国的中投公司以8137.6亿美元位居第二。

近十年来主权财富基金数量与规模的快速增长成为全球关注的焦点,近2/3的主权财富基金成立于2001—2015年。由于能源价格大幅下跌等原因,自油价从2014年中期的高点每桶115美元暴跌以来,全球以资源收益为主要来源的主权财富基金规模出现了一定削减。2016年1月,挪威政府宣布,从主权财富基金抽取67亿克朗(约合7.81亿美元)来补贴财政,这也是该基金自1996年建立以来的首次。但得益于全球股市的繁荣,以及欧元上涨提升其资产价值等原因,全球最大主权财富基金——挪威主权财富基金的规模于2017年9月首次突破1万亿美元。

与此同时,全球金融危机过后,主权财富基金对上市企业的并购交易规模持续下降。根据汤森路透公布的数据,2013年全球主权财富基金并购交易总规模为365亿美元,为2010年以来最高,但这也仅相当于2007年交易规模的一半。

### (二) 中投公司的发展

经国务院批准,全球最大主权财富基金之一中投公司于2007年9月在北京成立,注册资本金为2000亿美元,专业从事外汇资金投资管理业务,以服务于国家宏观经济发展和深化金融体制改革的需要,实现国家外汇资金多元化投资。

据中投公司 2016 年年度报告显示,截至 2016 年年底,公司总资产超过 8135 亿美元。自公司成立以来的累计年化净收益率为 4.76%,累计年化国有资本增值率为 14.08%。

境外投资组合分布中,公开市场股票、固定收益、另类资产和现金产品分别占比 45.87%、15.01%、37.24% 和 1.88%。其中,公开市场股票部分,51.37% 投资于美国股票,37.61% 投资于非美发达国家股票,新兴经济体股票及其他占 11.02%;固定收益方面,也主要投资于发达国家主权债,占比 53.96%,其次是公司债占 27.07%,结构化产品及其他占 15.42%,投资新兴主权债仅占 3.55%。

从其对外投资的行业分布来看,金融持续处于对外投资的首要位置,2016 年高达 19.01%;但能源、原材料等占比逐年下降,2016 年分别仅占 6.30% 和 4.59%,处于第七位和第八位;而信息科技、弹性消费品、工业和医疗卫生占据了对外投资的第二至第五位。具体如下:

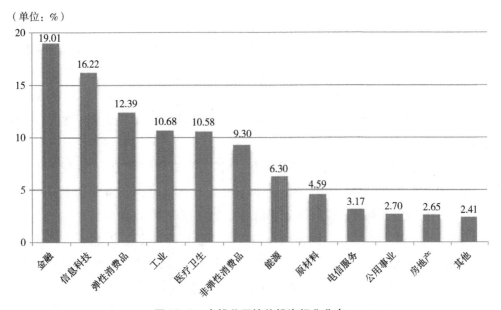

**图 13-1　中投公司境外投资行业分布**

资料来源:中国投资有限责任公司《2016 年年度报告》。

### （三）中投公司的对外投资

中投公司在前期的对外投资多以金融和资源行业为主。还处于筹备阶段时,中投公司就以每股 29.605 美元、总价 30 亿美元的价格,购买了美国黑石集团约 9.9% 的普通股;之后,又在境外投资 50 亿美元买入摩根士丹利可转换股权,投入 10 亿美元于橡树资本管理有限公司,投入 54 亿美元购入美国主要储备基金(Reserve

Primary Fund），投资 23 亿美元的摩根大通初级货币市场基金（Prime Money Market Fund）等等。在资源行业方面，中投在 2009 年就分别投资了加拿大泰克资源公司（15 亿美元）、印尼布米资源公司（19 亿美元）、哈萨克斯坦石油勘探公司（9.93 亿美元）和俄罗斯诺贝鲁石油公司（3 亿美元）。

近期中投则在长期资产投资方面加大了对房地产、基础设施等稳定收益类资产的投资力度。如 2017 年第一季度从巴西石油公司（Petrobras）手中收购了巴西东南部天然气管道公司东南新运输公司（Nova Transportadora do Sudeste S.A.（NTS））90%的股权（未报到交易价格，市场估价在 50 亿美元左右）。2016 年 11 月，中投海外联合澳大利亚未来基金、澳大利亚昆士兰投资公司、美国全球基础设施合伙公司以及加拿大安大略省市政雇员退休基金等大型国际投资机构收购澳大利亚墨尔本港 50 年租赁权，总交易金额约为 97 亿澳元。2015 年，中投与机构投资者共同开展了投资德国最大高速公路服务区特许经营商 Tank & Rast、土耳其第三大集装箱码头康普特（Kumport）等多个基础设施投资项目。

## 二、丝路基金

作为服务"一带一路"倡议的重要举措，2014 年 11 月 8 日，习近平主席在促进互联互通伙伴关系会议上，宣布我国将出资 400 亿美元成立丝路基金，为"一带一路"沿线国家基础设施、资源开发、产业合作和金融合作等与互联互通有关的项目提供投融资支持。[①] 2017 年 5 月 14 日，习近平主席宣布我国将向丝路基金新增资金 1000 亿元人民币。

虽然说丝路基金[②]是由中国外汇储备、中国投资有限责任公司、中国进出口银行、国家开发银行共同出资，带有强烈的国家资金的色彩，但与主权财富基金不同的是，丝路基金是中长期开发投资基金，而不是国家主权财富基金。

在"一带一路"建设过程中，沿线发展中国家在基础设施建设、资源和产业开发等项目上，存在较大的对股权性质的、期限比较长的资金需求，而传统金融市场上能够提供中长期股权投资的资金来源不多。设立丝路基金能够更好地匹配"一带一路"建设的投融资需求。基于此，公司对外投资类型主要是股权投资，包括绿地投资等项目的股权出资、企业并购和资产收购股权出资、IPO 和 Pre-IPO 投资、优先股权

---

① 习近平：《联通引领发展 伙伴聚焦合作——在"加强互联互通伙伴关系"东道主伙伴对话会上的讲话》，http://world.people.com.cn/n1/2017/0308/c411452-29132421.html。

② 丝路基金是由中国外汇储备、中国投资有限责任公司、中国进出口银行、国家开发银行共同出资，于 2014 年 12 月 29 日注册成立，按照市场化、国际化、专业化原则设立的中长期开发投资基金。丝路基金资金规模为 400 亿美元，首期资本金 100 亿美元中，外汇储备通过其投资平台出资 65 亿美元，中投、进出口银行、国开行亦分别出资 15 亿、15 亿和 5 亿美元。

投资等；此外还有债券投资，包括贷款、债券投资、夹层投资等；在基金投资方面，公司可设立子基金开展自主投资，与国际金融机构、境内外金融机构等发起设立共同投资基金，也可投资于其他基金；丝路基金其他投资类型还包括资产受托管理、对外委托投资等。

在对外投资领域上，丝路基金主要投资于基础设施、资源开发、产业合作、金融合作等领域，优先支持"一带一路"建设中互联互通的需要。主要包括以下几方面：

**（一）沿线基础设施领域项目**

利用我国基础设施领域庞大的建设力量和丰富的建设经验，投资于"一带一路"沿线的基础设施项目，优先支持基础设施互联互通的领域，如铁路、公路、港口、通信等基础设施的建设。

**（二）能源资源开发项目**

我国将利用能源资源开发方面的经验、技术和人员，帮助沿线国家提高开发利用效率。

**（三）产业合作及产业优势互补项目**

将大力支持我国具有比较优势的装备制造、电子信息、轻纺等"走出去"，也可带动国内相关产业的产能和结构优化。

**（四）相关金融合作项目**

利用我国较为充裕的资金和较为先进的项目融资经验，提供更便利、更有效的金融服务，支持国内企业"走出去"。

截至 2017 年 3 月，丝路基金已签约项目 15 个、承诺投资金融类项目约 60 亿美元，投资覆盖了"一带一路"沿线的俄蒙、中亚、南亚、东南亚、西亚、北非及欧洲等地区，在基础设施、资源开发、产业合作、金融合作等四大领域均有所涉足；在基础设施方面，丝路基金主要是推动基础设施互联互通建设；在资源开发方面，丝路基金主要是加大传统能源资源的合作开发、推动清洁可再生能源合作；在产能合作方面，丝路基金主要是推动我国优势产能与国外需求相结合，助力装备、技术、标准和服务"走出去"；在金融合作方面，丝路基金主要加强与国际金融机构的合作，创新金融合作模式，并出资 20 亿美元设立中哈产能合作基金。

## 三、政策性金融机构

政策性金融主要服务于国家的经济发展战略，贯彻和配合政府的社会经济政策，是基于"国家目标"的特殊金融服务。政策性金融机构是指由政府发起或出资设立的，不以利润最大化为经营目标，为配合国家特定经济社会发展战略而开展金融业务，在特定业务领域从事政策性融资活动的金融机构。

第二次世界大战以来,政策性金融机构在各国金融体系中已成为一种制度性安排,主要发达经济体如美国、德国、日本、韩国等基本都建立了政策性金融机构支持本国企业和产业"走出去"的制度框架。我国的政策性金融机构由中国进出口银行、国家开发银行和中国出口信用保险公司组成,上述机构虽成立时间较晚,但自建立以来,极大地推动了我国对外贸易和投资的发展,对我国实施"走出去"战略起到了重要的推动作用。

### (一) 中国进出口银行

中国进出口银行是由国家出资设立、直属国务院领导、支持中国对外经济贸易投资发展与国际经济合作、具有独立法人地位的国有政策性银行,注册资本为 1500 亿元人民币。

中国进出口银行全面推进落实了"一带一路"、非洲"三网一化"和国际产能合作等国家重大发展战略的融资工作,业务覆盖东盟、南亚、中亚、西亚、非洲、拉美、南太地区 90 多个国家和地区。在业务上,中国进出口银行主要支持电力、电信、交通、水利等基础设施建设和大型成套设备出口,重点帮助发展中国家改善投资环境,服务当地民生,加强互联互通,提高经济自主发展能力。根据 2016 年《中国进出口银行年度报告》,其主要业务内容包括①:对外贸易贷款、对外投资贷款、对外合作贷款、境内对外开放支持贷款以及国际结算、保函、贸易融资等业务;中国进出口银行还是我国政府援外优惠贷款和优惠出口买方信贷的唯一承办行。

### (二) 国家开发银行

国家开发银行是全球最大的开发性金融机构,主要通过开展中长期信贷与投资等金融业务,为国民经济重大中长期发展战略服务。国家开发银行成立为我国的"两基一支"(基础设施、基础建设、支柱产业)建设、机电产品和成套设备出口、"走出去"战略等提供金融服务,特别是在应对国际金融危机及区域金融危机冲击等方面,都发挥了不可替代的作用。截至 2015 年年末,资产总额 12.62 万亿元人民币,贷款余额 9.21 万亿元人民币。②

根据国家开发银行《2015 年年度报告》,其贷款净额中 14.19% 投向大陆以外地区。2015 年开发了一批"一带一路"重大项目并开始实施,如斯里兰卡科伦坡国际集装箱码头南港项目(贷款 3.3 亿美元)、非洲棉花种植加工及采购项目(贷款 2.06 亿美元,子公司中非基金投资 3108 万美元)、南非运输集团(Transnet)国营有限公司铁路机车采购项目(承诺贷款 25 亿美元)、中亚能源有限责任公司吉尔吉斯斯坦年产

---

① 中国进出口银行:《〈中国进出口银行年度报告〉2016 年》,http://www.eximbank.gov.cn/tm/report/index_27_30010.html。

② 国家开发银行:《2015 年年度报告》,http://www.cdb.com.cn/gykh/ndbg_jx/2015,2016。

80 万吨炼油厂项目(贷款 3 亿美元)等,累计发放"一带一路"相关贷款 149 亿美元。2016 年更是加大对"一带一路"建设的支持,截至 2016 年年底,该行在"一带一路"沿线国家累计发放贷款超过 1600 亿美元,余额超过 1100 亿美元,占全行国际业务余额 30%以上。

国开行还积极支持高铁、核电"走出去";深化与金砖国家合作机制、上合银联体、金砖国家银行合作机制等多双边金融合作。截至 2015 年年末,外币贷款余额折合 2760 亿美元、跨境人民币贷款余额 690 亿美元,是我国对外投融资的主力银行。截至 2015 年年末,由国开行率先发起的中非基金累计对非洲 36 个国家的 84 个项目决策投资 31.7 亿美元,带动对非投资 160 亿美元。[①]

国开行在与合作国政府的合作过程中,往往以规划咨询为先导,积极开展双边政策沟通,夯实了双边合作的政策基础。还可以为我国企业"走出去"提供不同产业和国别的情报信息,进行更为深入的投资可行性分析,帮助寻求可能的合作伙伴,以创造更多海外投资合作机会。

### (三) 中国出口信用保险公司

我国的出口信用保险业务始于机电产品的出口信用保险,国务院在 1988 年委托中国人民保险公司试办,1989 年正式开办出口信用保险业务,当时是以短期业务为主,并在 1992 年开办了中长期业务;而 1994 年成立的中国进出口银行,也可以办理相关的出口信用保险;国务院又于 2001 年批准成立中国出口信用保险公司,将前两者各自代办的信用保险业务合并而成,专门从事国家信用保险业务。中国信保自成立以来,积极服务于我国对外经贸发展,充分发挥了稳定外需、促进出口的重要作用。

## 四、对外援助

国际上的对外援助从狭义而言是指"官方国际发展援助",是指以促进受援国经济和社会发展为目的提供的资金、设备、物资、人力或技术等方面的优惠贷款和赠款。国际发展援助是发达国家促进发展中国家发展的重要手段,目前所有发达国家及部分发展中国家都提供对外援助,通过无偿或低于市场价格提供相关经济或生产要素,帮助受援国的经济和社会发展。

### (一) 中国对外援助的发展

根据《中国的对外援助》白皮书,我国的对外援助始于 1950 年向朝鲜和越南两国提供物资援助,在初期主要是与同为发展中的部分国家之间的经济、技术合作关系,主要合作成果包括坦赞铁路等援建的基础设施项目;之后,逐步采取多种形式合

---

① 国家开发银行:《2015 年年度报告》,http://www.cdb.com.cn/gykh/ndbg_jx/2015,2016。

作,由单纯提供援助发展为包括代管经营、租赁经营和合资经营等在内的更为灵活的合作方式,重点在于援助资金来源多元化、援助方式多样化。"1993 年,中国利用发展中国家已偿还的部分无息贷款资金设立援外合资合作项目基金,支持中国中小企业与受援国企业在生产和经营领域开展合资合作;1995 年,中国开始通过中国进出口银行向发展中国家提供具有政府援助性质的中长期低息优惠贷款"①。

进入 21 世纪以来,在综合国力不断增强的基础上,中国对外援助资金保持快速增长,2004 年至 2009 年平均年增长率为 29.4%。中国除通过传统双边渠道商定援助项目外,还积极与联合国等多边机构、亚洲开发银行等地区性金融机构协同合作,支持其发展援助行动。"2010 年至 2012 年,我国三年间向联合国开发计划署、世界银行、国际货币基金组织等国际机构累计捐款约 17.6 亿元人民币;并通过加强与亚洲开发银行、非洲开发银行等地区性发展金融机构的合作,促进更多资本流入相关发展中国家的基础设施、环保、教育和卫生等领域,截至 2012 年,中国向上述地区性金融机构累计捐资约 13 亿美元"②。

### (二) 中国对外援助的类型、方式和重点领域

我国对外援助资金主要有三种类型:无偿援助、无息贷款和优惠贷款。其中,无偿援助和无息贷款资金在国家财政项下支出,优惠贷款由中国政府指定中国进出口银行对外提供。

在方式上,根据国务院新闻办公室公布的资料,我国对外援助主要有 8 种方式:成套项目、一般物资、技术合作、人力资源开发合作、援外医疗队、紧急人道主义援助、援外志愿者和债务减免等。

在对外援助领域上,工业援助在中国对外援助初期曾占据重要地位,后逐步减少;对于发展中国家相关农业领域的援助,包括减少贫困、农村发展、农业基础设施等是对外援助的优先领域;经济基础设施建设一直是中国对外援助的重要内容,包括大量公共设施、受援国国内交通等基础设施以及与贸易投资相关的基础设施项目等。通过这些援助项目的实施,不仅改善了受援国当地的居民生活水平和生活环境,也有效改善了受援国的经济基础设施条件,扩大了受援国与其他地区的互联互通,为中国企业对外投资创造了良好的条件。

## 五、多边开发金融机构

作为目前全球最大的多边开发金融机构,世界银行在推动国际投资方面发挥着

---

① 《〈中国的对外援助(2011)〉白皮书》,http://politics.people.com.cn/GB/1026/14450711.html。

② 《〈中国的对外援助(2014)〉白皮书》,http://www.gov.cn/zhengce/2014-07/10/content_2715467.htm。

积极的作用,根据《国际复兴开发银行协定》条款,世界银行设立的主要目的在于协助成员国提高生产能力和促进经济复兴、推动国际贸易的平衡发展,以及改善国际收支状况等。此外,亚洲开发银行、欧洲复兴开发银行等多边金融机构也通过对发展中国家基础设施项目的融资,以自身的高信用和担保能力撬动更多社会资金投入到发展中国家基础设施投资的项目。但是,目前已有的多边开发金融机构由于受资金规模的限制,能够支持的发展中国家基础设施项目数量有限。因此,在中国积极倡导下建立的亚洲基础设施投资银行、金砖国家新开发银行将对"一带一路"沿线发展中国家的基础设施项目起到十分重要的支持作用。

### (一)亚洲基础设施投资银行

亚投行于 2015 年 12 月 25 日宣布正式成立,2016 年 1 月 16 日开业运营,法定资本 1000 亿美元。按照股本及投票权形成规则,中国认缴股本占比 30.34%,投票权占比 26.06%。

根据《亚洲基础设施投资银行协定》,亚投行的宗旨为:"(1)通过在基础设施及其他生产性领域的投资,促进亚洲经济可持续发展、创造财富并改善基础设施互联互通;(2)与其他多边和双边开发机构紧密合作,推进区域合作和伙伴关系,应对发展挑战。"[①]为实现这一目标,亚投行将专注于亚洲地区,乃至全球的基础设施及其他生产性行业的发展,包括但不限于交通、能源、通信、农村基础设施、农业发展等。此外,亚投行还将重点加强与世界银行、亚洲开发银行等其他开发机构之间的相互协作,目前亚投行所投资的项目中也不乏与上述开发金融组织的联合贷款项目。目前,亚投行正积极向全球性开发金融机构转变,合作对象和投资领域也不再局限于亚洲地区。

亚投行作为致力于投资基础设施和区域合作开发的国际投融资平台,可以有效缓解相关国家和地区,尤其是"一带一路"沿线的基础设施融资和建设困难,支持亚洲和世界其他区域的发展,这也将改善"一带一路"沿线国家的投资环境。"一带一路"沿线国家和地区存在大量的建设资金缺口,且国内也缺乏足够的建设企业和技术支持,需要引进外部的资金和技术。以亚投行为平台,既能有效缓解资金需求,也能带动我国相关具有显著比较优势的建筑等产业投资于相关国家,实现双赢。开业一年半以来,亚投行已共计批准 16 个基础设施投资项目,总投资额将近 25 亿美元,涉及印度尼西亚、塔吉克斯坦、巴基斯坦、孟加拉国等国的能源、交通和城市发展等急需项目。

### (二)金砖国家新开发银行

2014 年 7 月,金砖国家领导人宣布签署成立金砖国家新开发银行协议,为中国、

---

① 中国一带一路网:《亚洲基础设施投资银行协定》,https://www.yidaiyilu.gov.cn/yw/qwfb/1672.htm。

俄罗斯、印度、巴西和南非金砖五国以及其他新兴国家的基础设施建设等提供支持，并对现有多边和区域金融机构促进全球增长和发展的努力多出有益补充。其初始核定资本为 1000 亿美元，而初始认缴资本为 500 亿美元，由五个创始成员国平均分摊。

目前，金砖国家新开发银行已批准了中国、印度和俄罗斯三国的项目，以及南非和巴西正在申请的项目，共计 11 个项目，承诺贷款总额达到 30 亿美元，集中在民生、环境、低碳、新能源等领域。

此外，2014 年 7 月 15 日在巴西福塔莱萨金砖五国还签署了《关于建立金砖国家应急储备安排的条约》，共同出资建立总额为 1000 亿美元的储备基金，在有关金砖国家出现国际收支困难时，其他成员国向其提供流动性支持、帮助纾困。其中我国提供 410 亿美元，南非提供其余的 50 亿美元，其他三国分别提供 180 亿美元。

## 第二节　国有企业与民营企业在对外直接投资中的发展现状及特点

改革开放以后，随着经济全球化的发展和中国融入全球化进程的不断加快，无论是国有企业还是民营企业的对外直接投资都呈现了高速增长的态势。国有企业本质上是企业，但其国有资本属性决定了它的决策不可能按照纯粹的市场原则，一方面，而需要服务、服从于国家战略，在对外投资中也自然体现了国家意志和政策导向。自国家提出发展对外投资以来，大型国有企业率先进行对外直接投资，并在很长时间内占据了对外投资的主导地位。但是，这种以国有企业为主导的对外投资模式受到东道国越来越严格的限制甚至是歧视，尤其是在资源、矿产、高端技术等领域。另一方面，随着民营企业的快速发展，民营企业在我国经济总量中的比重已逐渐超过国有企业，为民营企业"走出去"打下了扎实的基础；同时，民营企业利润最大化目标所带来的机制创新和运作灵活等特征，也推动民营企业不断扩大对外投资活动，在全球范围内实施资源的最佳配置。近年来，我国企业资本对外投资的一个主要特点就是国有企业和民营企业两者间的地位转换和重心转移，民营企业在我国对外投资中的作用越来越重要。

### 一、中国企业对外直接投资的新特点

随着中国"走出去"战略的正式提出和成功加入世界贸易组织，中国对外直接投资步入了迅猛发展阶段。根据《2015 年度中国对外直接投资统计公报》，自我国 2002 年开始建立对外直接投资统计制度以来，2002—2015 年我国对外直接投资年均增幅高达 35.9%，已成为全球第二大对外投资国。

同时，中国企业对外投资的领域也趋向多元化和高端化，投资主体也由以国有企

业为主逐步发展为国有企业和民营企业平衡发展。这些对外直接投资的新趋势、新特点具体包括以下几点。

**（一）投资领域趋向多元化和高端化，第三产业受到重点关注**

"2016 年全年，中国企业对制造业，信息传输、软件和信息技术服务业以及科学研究和技术服务业的投资分别为 310.6 亿美元、203.6 亿美元和 49.5 亿美元，其中对制造业投资占对外投资总额的比重从 2015 年的 12.1%上升为 18.3%；对信息传输、软件和信息技术服务业投资占对外投资总额的比重从 2015 年的 4.9%上升为 12.0%"。① 根据易界-胡润的报告，在 2016 年中国企业海外并购交易数量最集中的行业中，金融服务、计算机、文化娱乐、消费、传媒和医疗健康等占据多数。且文化娱乐和传媒行业成为资本的新宠，2016 年文化娱乐行业的海外并购有 26 起，传媒行业则有 20 起，两者相加已超过以 36 起收购而排名首位的制造业。在易界-胡润统计的 2016 年前 20 大跨境并购交易中，标的为文化娱乐等行业的交易就有 7 起，占比 35%。②

**表 13-1　2002—2016 年中国对外直接投资的全球排名**

| 年　　份 | 流　　量 | 存　　量 |
|:---:|:---:|:---:|
| 2002 | 26 | 25 |
| 2003 | 21 | 25 |
| 2004 | 20 | 27 |
| 2005 | 13 | 23 |
| 2006 | 17 | 22 |
| 2007 | 17 | 22 |
| 2008 | 12 | 18 |
| 2009 | 5 | 16 |
| 2010 | 5 | 17 |
| 2011 | 6 | 13 |
| 2012 | 3 | 13 |
| 2013 | 3 | 11 |
| 2014 | 3 | 8 |
| 2015 | 2 | 8 |
| 2016 | 2 | 6 |

资料来源：根据相关资料整理。

---

① 苏诗钰：《去年我国非金融类直接投资达 11299.2 亿元　同比增 44.1%》，《证券日报》2017 年 1 月 17 日。

② 李春平：《去年中企海外并购额超万亿元》，《新京报》2017 年 7 月 24 日。

**（二）投资方式以跨国并购为主，规模增长领域扩大**

根据《中国企业全球化报告（2016）》显示，从 2000 年到 2016 年上半年，在中国企业对外直接投资的案例中，跨国并购案例占比为 88%。尤其是 2008 年国际金融危机后我国企业对外并购大量增长，自 2007 年的 63 亿美元增长到 2008 年的 302 亿美元，2016 年已发展到 544.4 亿美元；并购领域也不断扩大，主要涉及制造业、信息传输/软件和信息技术服务业、采矿业、文化/体育和娱乐业等 18 个行业大类，在信息技术、制造业两个领域的跨国并购尤为活跃。

**（三）投资主体中非国有企业发展迅速，占比逐渐增加**

近年来我国企业资本对外投资的一个主要特点就是国有企业和非国有企业两者间的地位转换和重心转移，民营企业在我国对外投资中的规模和作用越来越重要。表现在对外投资规模上，自 2006 年以来非国有企业在对外非金融类直接投资存量中的占比逐步提高，由 2006 年的 19.0% 上升到 2015 年的 49.6%（见图 13-2）。

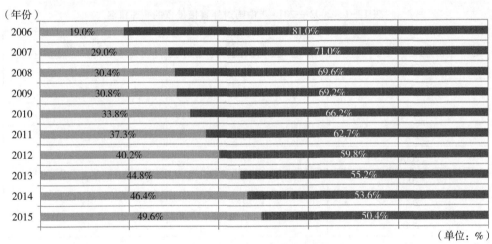

**图 13-2　2006—2015 年企业在对外非金融类直接投资存量中的占比**

资料来源：商务部、国家统计局、国家外汇管理局：《2015 年度中国对外直接投资统计公报》。

**（四）投资类型中资源寻求型投资占比仍然较高**

基于中国全球投资追踪系统（China Global Investment Tracker）的统计数据，在中国 2005—2016 年上半年的 OFDI 流量中（包括绿地投资、海外并购等），一半以上投向于能源、矿产等资源类项目。这也导致部分国家对于中国的对外直接投资存有一定疑虑，尤其是对于以央企和国企为主导的资源寻求型对外直接投资较为抵制。具体行业的项目个数和投资额见表 13-2 所示。

表 13-2　中国对外直接投资流量的行业分布(2005—2016 年 6 月)

| 行业部门 | 项目个数 | 对外直接投资额(10 亿美元) | 占比(%) |
|---|---|---|---|
| 能源 | 259 | 294.58 | 37.92 |
| 矿产 | 142 | 121.12 | 15.59 |
| 房地产和建筑 | 142 | 75.04 | 9.66 |
| 交通 | 111 | 61.82 | 7.96 |
| 金融 | 71 | 58.36 | 7.51 |
| 高新技术 | 78 | 47.4 | 6.10 |
| 农业 | 46 | 30.59 | 3.94 |
| 娱乐 | 29 | 24.03 | 3.09 |
| 旅游 | 33 | 23.18 | 2.98 |
| 化工 | 11 | 9.73 | 1.25 |
| 公用事业 | 3 | 3.11 | 0.40 |
| 其他(消费、纺织、木材等) | 59 | 27.82 | 3.58 |
| 合计 | 984 | 776.78 | 100 |

资料来源:根据中国全球投资追踪系统(China Global Investment Tracker)的数据计算而得。

## 二、中国国有企业对外直接投资的发展及现状

国有企业作为中国国民经济的骨干和基石,在对外投资中起到了非常重要的先导作用,在很长一段时期内,国有企业都是中国对外直接投资的主力,一直到 2006 年中国对外直接投资主体中国有企业的占比还高达 81%;但是,由于全球经济环境变化、中国对外直接投资策略和领域转变、民营企业快速增长等原因,国有企业在中国对外直接投资中的占比逐渐下降,到 2015 年已降为 50.4%。

就具体的投资方式而言,由于近年来跨国并购已经成为中国对外直接投资的主要方式,因此,关于国有企业和民营企业对外直接投资的特点分析将主要围绕跨国并购进行展开。

以国有企业为例,虽然说在中国企业的海外并购中,国企参与交易数量已不占主导地位,但交易金额较大。如 2012 年国企参与海外并购数量占全年比重的 13.6%,到 2015 年占比提升至 24.87%,而交易金额上却一直远超民营企业。在一些金额特别高的重大项目并购中,大多数以国有企业尤其是大型央企为主。

在能源领域,中石油 2010 年斥资 70.9 亿美元并购西班牙雷普索尔石油公司(Repsol YPF Brasil SA)、2013 年斥资 50 亿美元并购哈萨克斯坦里海大陆架"卡沙甘"油田项目股份;中石化 2010 年斥资 46.5 亿美元并购加拿大合成原油有限公司(Syncrude Canada Ltd)、2013 年斥资 31 亿美元收购阿帕奇公司埃及油气资产 1/3 权

益;中海油 2010 年斥资 31 亿美元并购阿根廷布里达斯公司(Bridas Corp)、2013 年以 151 亿美元的价格收购加拿大尼克森石油公司;中国五矿 2014 年以 58.5 亿美元收购邦巴斯项目,成为中国金属矿业史上最大的境外收购案例;国家电网公司 2014 年以 21 亿欧元收购意大利能源网公司 35%的股权。

此外,2014 年中国铁建签约 119.7 亿美元收购尼日利亚沿海铁路项目,这也是中国对外工程承包史上单体合同金额最大的项目;中粮集团以 28 亿美元收购荷兰农产品及大宗商品贸易集团尼德拉 51%的股权,成为中国粮油行业最大规模的国际并购案例;2015 年中国化工以 77 亿美元收购倍耐力大部分股权;2015 年光明食品集团以 21.67 亿美元并购以色列特鲁瓦(Tnuva)食品公司;2016 年中国化工集团宣布斥资 430 亿美元,公开要约收购瑞士农化和种子公司先正达(Syngenta),该交易也是迄今为止我国最大规模的海外收购;等等。

### 三、中国民营企业对外直接投资的发展与现状

中国民营企业对外直接投资起步较晚,但随着中国对外直接投资领域和规模的不断扩大,民营企业在海外并购方面的步伐不断加快,并且成功突破东道国在企业所有制方面设置的投资壁垒,成为中国对外直接投资的一支生力军。

在 2011 年 3 月,四川汉龙出资约 2 亿澳元收购了非洲大型铁矿石公司圣丹斯资源有限公司(Sundance Resources Ltd)16%的股份,成为该公司最大的单一股东;海航以 3.29 亿欧元参股西班牙最大的酒店经营管理公司之一 NH 集团,占有约 20%股份;大连万达集团 2012 年斥资 26 亿美元收购美国 AMC100%的股份,成为当年交易金额占第三位的案例;2013 年华为完成对比利时硅光技术开发商卡廖帕(Caliopa)公司的并购;双汇以 71 亿美元收购史密斯菲尔德;绿地集团以 50 亿美元投资纽约布鲁克林的大西洋广场地产项目;2014 年联想宣布以 29.1 亿美元收购摩托罗拉,并以 23 亿美元收购国际商业机器公司低端服务器业务;复星国际以 10 亿欧元控股葡萄牙最大保险公司费德利特(Fidelidade);中国安邦保险以美国酒店史最高成交价 19.5 亿美元收购华尔道夫酒店。

2015 年,国内大型民营企业复星、海航、万达、安邦等进一步加大海外扩张的规模和速度,复星国际以 18.4 亿美元收购美国保险商艾伦索尔(Ironshore)后,又以 11.9 亿美元收购地中海俱乐部(Club Med);海航集团以 28 亿美元收购瑞士空港、25 亿美元收购阿沃伦(Avolon);安邦保险以 15.7 亿美元收购美国信保人寿;当年大规模民企海外并购案例还包括紫光集团以 38 亿美元入股西部数据等。

在 2016 年中国的海外并购交易活动中,民营企业在交易金额与交易数量方面都处于领先,呈现逐步主导海外并购市场的态势。具体体现在:海航、万达等进一步加

快海外投资步伐,海航集团收购美国科技公司英迈(Ingram Micro Inc.)全部股权、收购全球规模最大的酒店集团之一卡尔森酒店(Carlson Hotels)100%股权,并以100亿美元收购金融控股公司CIT GROUP旗下的商业飞机租赁业务、以65亿美元的价格收购希尔顿25%的股份成为该公司的最大股东;万达先后斥资35亿美元收购传奇娱乐(LeGEndary Entertainment)、12亿美元收购卡麦克院线(Carmike Cinemas)和11.96亿美元收购欧典院线(Odeon & UCI);当年民企重大海外并购还包括美的集团以37亿欧元收购机器人行业的库卡(Kuka)公司;洛阳钼业以26.5亿美元收购刚果民主共和国最大的铜钴矿腾克丰古鲁梅(Tenke Fungurume)56%的股权;山东如意集团以13亿欧元收购轻奢服饰品牌SMCP SAS等。

## 四、国有企业与民营企业对外直接投资的特点比较

国有企业和民营企业对外直接投资具有完全不同的特点:

第一,国有企业对外直接投资在很大程度上受到国家战略和政策的引导。以投资地点为例,截至2015年年末,中国已成为最不发达国家的最大投资国,对外直接投资存量的83.9%都分布在发展中经济体。近年来,面向"一带一路"沿线国家的投资日益增多,在中国对外直接投资中的重要性越来越大;其中,无论是规模还是数量,国有企业投资都占据了主导地位,起到了带动民营企业投资的作用,这与目前中国整个对外直接投资存量中国有企业和民营企业的占比几乎趋于平衡完全不同。

第二,民营企业近年来的发展速度远远快于国有企业。普华永道报告数据显示,2016年海外并购交易活动中,民营企业在交易金额(1079亿美元)与交易数(612笔)中都处于领先地位,开始主导海外并购市场;且民营企业海外并购交易数达到了2015年的3倍,交易金额上有51笔交易超过10亿美元,超过2015年数据的两倍。在2017年第一季度的海外并购交易中,高达83%的项目由民营企业参与发起。

第三,与国有企业注重能源矿产、基础设施投资不同,民营企业除投资上述领域外,对于高科技、大消费、媒体及娱乐行业的投资也十分青睐。例如,2013年,作为中国企业在海外投资建设高端酒店的首次投资,万达集团投入7亿英镑在伦敦投资建设酒店;2014年,万达出资12亿美元收购洛杉矶黄金地段,以进军好莱坞文化产业;2015年,万达又以11.91亿美元收购瑞士盈方体育传媒。在2016年的并购交易中,著名的有腾讯、巨人等互联网巨头发起的海外游戏资产收购,涉及金额合计高达130亿美元;等等。

## 第三节　促进对外投资中国家资金与企业资本的协同

国家资金并不直接地进行对外投资,具体的对外投资行为还是由国有、民营等各类企业独立决策实施,但国家资金为企业的对外投资创造了多方面便利条件。因此,企业为了更好地获得国家支持,其对外投资决策和行为必须保持与国家战略的一致,并积极谋求与国家资金的协同。国家投资带动民间投资将是未来一个时期中国对外投资的一个重要特点。

尤其对于各级国有企业而言,其对外直接投资行为在很大程度上体现了国家意志,是宏观国家战略与微观企业决策的有机结合。因此,尽管企业的投资决策是一种市场行为,企业追求的是利润最大化原则,但在正确义利观的引导下,在国家战略与企业决策目标一致、战略协同的情况下,可以通过企业对外直接投资来优化我国市场资源配置、提高全球经济政治地位。

从我国对外投资中国家资金和企业资本的发展历史和现状来看,由于管理各类国家资金的机构与促进企业对外投资的机构分属不同部门管理,两者之间缺乏深入的协调,在很长时间内未能充分发挥两者的协同效应,尤其是国家资金对企业特别是中小民营企业"走出去"的支持。尤其是,当前民营企业中除少数大型企业外,大多数中小型民营企业在对外投资的过程中还面临着国际投资经验不足、文化差异显著、信息不对称等困难,对外投资缺乏深入调研和充分论证,带有一定的盲目性;民营企业在对外投资过程中还缺乏足够的金融支持,尤其是政策性金融机构的贷款、保险、增信等支持。这些都对如何整合国家资金扶持企业对外投资提出了新的要求和挑战。

因此,在当前以"一带一路"为动力推动我国对外开放新格局的背景下,我国应加强国家资金在对外投资领域上和企业资本的协同,发挥政策性金融机构在支持企业对外直接投资中的作用,强化对外援助与企业对外投资的良性互动,积极利用国际金融组织等多边开发机构平台,注重国家资金对民营企业对外投资的支持,有效发挥国有企业和民营企业"走出去"的协同作用。

### 一、加强对外投资过程中国家资金与企业资本的协同

在我国"走出去"的国家资金中,仅主权财富基金和丝路基金是以直接对外投资为主要方式的,其他无论是政策性金融机构还是对外援助等方式,都是通过企业资本的对外投资间接实现国家战略目标。在主权财富基金和丝路基金对外投资的过程中,应着力避免其政府主权色彩、减少投向于敏感领域的投资。其一,我们应注意到

目前国家资金所面临的投资约束,并适时调整投资领域以规避限制;其二,国家资金也应主动加强与企业资本的协同,提高两者对外投资的有效性。

一方面,国家资金在对外投资过程中要妥善处理好其国有背景及如何与国家整体战略协同。由于资金来源的特殊性,主权财富基金和丝路基金的投资战略是基于国家利益而制定的。但正是由于国家资金的独特性,使得对外投资中东道国政府对这些国家资金的投资更加具有猜测甚至抵抗心理,中投公司等在对外投资中也多次面临该类问题。一是担心其政府主权背景会服务于政治目的,如投资军事战略产业;二是担心其作为潜在的大股东会干预全球市场。所导致的结果是,无论对外收购、技术投资还是购买专利,主权财富基金都或多或少会受到东道国投资政策的制约。这也就倒逼我国主权财富基金、丝路基金等,尽量弱化国有背景和身份,将自己定位于跨境投资的普通财务投资人,投资决策也完全是基于商业目的,不谋求取得对相关企业或行业的控制权。在相关宣传中,也应突出公司的财务投资人身份,不会意图或谋求控制被投资企业的日常经营活动。

另一方面,上述国家资金的投资重点和方向也随着宏观经济环境的改变、投资理念的转变而不断调整。此前出于防范风险和保值增值等考量,主权财富基金会选择固定收益或传统股票市场等风险相对较低的资产,收益不高但较为稳定。随着金融市场波动逐渐加大和主权财富基金投资战略的转变,对上述两大类资产的关注逐渐降低,且国家资金投资区别于私人资本投资的一个重要优势在于投资成本和周期,国家资金可以对外投资长达二三十年甚至更长生命周期的项目,且在前期可以忽视项目回报,这就极大地增强了企业股权、基础设施、能源设施等非流动性资产对主权财富基金的吸引力。这些项目不是一般企业资本的重点关注所在,但却对于优化东道国营商环境、降低生产成本带来积极影响。

因此,在对外投资过程中,各类国家资金也应主动加强与企业资本的配合,扬长避短提高境外投资的协同性。对外投资项目可以由国内企业,尤其是民营企业做大股东或控股股东,主权财富基金、丝路基金等国家资金可以做少数股东,甚至仅简单地进行财务投资。这样既可以弱化国家资金的独特身份,避免遭遇国外不合理的投资壁垒,提高国家资金对外投资的成功性,也能发挥国家资金在期限和成本等方面的资金优势、网络和信息及人才优势、品牌信誉和政府关系资源优势等,帮助企业资本提高对外投资的效率和效益,从而优化两者在对外投资中的协同作用。

## 二、进一步发挥政策性金融机构在支持企业对外直接投资中的作用

从国际经验来看,政策性金融机构对于本国企业的对外直接投资发挥了积极的支持作用。如美国进出口银行(EXIM)提供对外直接投资的政策贷款,海外私人投

资公司(OPIC)为开展海外投资经营的美国企业提供政策性担保或保险,甚至涵盖刚果、阿富汗、巴基斯坦等高风险国家;日本国际协力银行(JBIC)①为本国企业对外直接投资提供优惠贷款,日本政府还可提供优惠的政策性海外投资保险②;德国投资与开发公司从对外投资项目启动阶段开始就为企业提供顾问服务,为本国企业提供定制化的咨询解决方案,包括环境和社会管理、风险管理等。

中国的政策性金融机构,包括中国进出口银行、国家开发银行和中国出口信用保险公司,主要通过政策性贷款、担保、保险等金融支持,自20世纪90年代开始就支持中国企业对外重大项目投资建设,前期主要围绕国有企业在能源和资源获取、对外工程承包和基础设施建设等领域进行支持。近年来也积极服务于"一带一路"沿线的油气、核电、高铁、装备、港口、产业园区等领域的重大合作项目,既支持了中国企业通过设备出口、工程承包、对外投资等方式参与合作国的基础设施建设,又帮助东道国改善投资环境、提高经济自主发展能力,是我国"走出去"框架中重要的金融支持。

但是,对外直接投资项目尤其是"一带一路"基础设施建设、能源和矿产类项目投资规模较大、所需资本金较高且较长的回报周期也增加了企业所面临的各类风险,这些都降低了企业对外投资活动意愿;东道国的政治、经济、民族、宗教、文化甚至战争等风险更是制约了企业对外投资的步伐;企业还缺乏对东道国相关宏观环境和项目信息等的了解;中小型民营企业对外投资过程中更是缺乏足够的融资和担保支持。同时,中国上述政策性金融机构开展业务的历史较短,支持企业"走出去"还主要依靠传统的政策性贷款、担保和保险等政策工具,且企业获得政策性金融支持的门槛较高。因此,各类政策性金融机构应针对中国企业对外投资当前阶段的特点,通过建立和完善综合、多元、有重点的金融支持体系,丰富对企业的支持方式,在此基础上进一步为企业对外投资提供相关咨询、信息等服务,尤其应注重对中小型民营企业"走出去"的全方位支持。

**(一) 加大政策性金融机构的资金支持**

应结合"走出去"的需求,尤其是"一带一路"沿线国家的特点,整合政策性贷款、担保、保险等金融支持工具,针对性地设计更加契合东道国特点和项目建设需要的融资方案,加大对重点国家和沿线战略支点城市等重点区域的资金投入,以资金为抓手推动项目加快实施。

---

① JBIC 围绕日本战略需要,将基础设施、自然资源、制造业、中小企业等确定为优先支持的领域。2008 年以来,通过外汇储备向 JBIC 提供贷款支持,累计金额超过 600 亿美元。

② 海外投资保险制度为企业投资所在国遭遇战争等非常风险提供投资保险服务,对因海外合作伙伴破产造成的损失提供信用保险,两项保险补偿率分别为 95% 和 40%。

同时,积极探索加大主权财富基金、丝路基金等国家资金以股权方式撬动包括民营资本在内的各类社会资本,并通过政策性担保、保险调动商业金融机构的积极性;尤其对于那些符合国家利益的政策导向,却因东道国风险或项目经济效益差等原因,而难以从商业银行获得融资的项目,我国政策性金融机构更应加大资金支持力度。

**（二）发挥出口信用保险的政策支持作用**

出口信用保险是世界通行的政策扶持手段之一,可以利用较少的政府资源来撬动规模较大的对外投资,已成为"走出去"的重要政策性支持工具。应继续发挥好中国进出口银行、中信保等政策性保险的作用,进一步突出国家战略导向,在逐渐加大对企业资本对外投资的资金支持力度基础上,强化对中小民营企业和新兴市场的支持。同时,我国政策性金融机构提供的相关担保,表明了我国政策的支持、体现了国家的利益导向,这也会成为某种程度上的信用背书,鼓励和带动国际投资者、东道国金融机构跟进提供相关融资服务。

**（三）补足"走出去"信息咨询服务短板**

在中国政策性金融机构支持企业"走出去"的体系中,提供融资支持是主要的支持方式,但相比较发达国家而言明显缺乏足够的相关信息服务。我国对外投资起步较晚,获取海外项目的信息渠道比较缺乏,对东道国国情和营商环境较为陌生,缺乏深入了解境外项目背景和信息的渠道。我国的各大政策性金融机构,应充分利用其庞大的海外机构网络,以及与东道国政府前期接触中所建立的联系资源,借鉴发达国家政策性金融机构的做法,建立相关数据资源库以反映东道国营商环境质量,成为企业在实际对外投资的前期可行性研究等环节中了解东道国背景情况的主要信息平台。

## 三、强化对外援助与企业对外投资的良性互动

中国作为最大的新兴发展中国家,一直量力对外进行积极的援助,并经历了从单纯的设备、资金、建设等无偿援助到外援与对外投资相结合的发展,两者的相互促进是中国今后对外援助的一个新趋势。如果中国的对外援助仅停留于单纯的资金、物质或建设的提供,而不与对外直接投资有机结合,给受援国带来新技术、新理念和新的就业机会,以促进受援国的经济增长与持续发展,那么这种对外援助将很难持续,也不利于受援国的长远发展。

从发达国家的经验来看,美国的国际开发署和日本的国际协力组织,分别担负着两国官方对外援助统筹协调的作用,并整合两国对外援助与对外贸易、投资的协同关系,进而促进本国企业在受援国开展合作,并通过环保、人权、文化、对外开放等方面的高标准要求,策略性地推广本国价值观。我国的对外援助则迥异于欧美国家,更多

地体现了"包容发展"理念。但我们仍可以充分借鉴发达国家通过对外援助来优化和改善国家形象的良好做法,通过对外援助增加在东道国卫生、教育、住房等方面的投入,帮助当地社区和居民改善民生环境,进一步提高我国对外投资形象。

同时,受援国落后的基础设施、滞后的金融和法律制度框架、严重不足的劳动力尤其是高端劳动力等,严重限制了东道国吸收投资。而对外援助,尤其是在基础设施、教育以及相应的制度环境等方面的投入,将会有效地缓解上述问题。如美国的对外援助重点除了扶贫、环保外,还关注于教育、金融、中小企业融资、医疗卫生等领域,以帮助东道国完善市场机制和建立市场融资功能以及经济可持续增长。

从我国对外援助的重点来看,应继续注重将对外援助与对外直接投资有机结合起来,进一步加大对受援国扶贫、民生、经济基础设施等方面的投入,充分发挥我国技术成熟和人力成本相对低廉的优势,鼓励接受援助的项目优先采购我国原料和设备,帮助有实力的企业实施"走出去",补好限制当地经济发展的基础设施、人力资源等短板。

## 四、借助国际金融组织服务于中国国家资金和企业资本"走出去"

美国、日本等国家通过世界银行、亚洲开发银行等国际金融组织,长期在欠发达地区从事国际援助,既树立了积极正面的国际形象,也为后续本国企业的投资奠定了基础。在中国对外投资尤其是"一带一路"建设的过程中,通过国际金融组织这一有利平台,将中国国家资金、企业对外投资资本与国际组织的贷款和赠款等资金相结合,注重提高对东道国医疗、教育、供水等社会基础设施领域的帮扶,以进一步改善我国对外投资形象。同时,还应特别注重通过亚投行、金砖国家新开发银行等新型国际金融机构的作用,推动国际货币金融体系改革,这不仅有利于相关国家的经济发展,还可以积极缓解东道国的资金缺口、扩大东道国的基础设施等建设需求,从而直接促进中国企业对外直接投资,提高中国企业对外投资的效率和效益。

### (一)借力亚投行加大对"一带一路"沿线国家的基础设施投资

在基础设施互联互通以及区域经济的一体化发展过程中,基础设施建设是当前"一带一路"建设的核心和重点,且未来沿线国家对基础设施建设方面的投资需求将会逐步增大,但世界银行、亚洲开发银行等传统国际金融组织在该地域的投入较为有限,远不能满足沿线国家的基础设施等建设需求,亚投行在基础设施领域的投资功能将有助于"一带一路"的推进和发展。而且,随着越来越多的国家参与亚投行,其在金融领域的影响力也将逐渐提升,可以更好地提供资金保障和融资支持,进一步发挥好对"一带一路"的支持作用。

通过亚投行缓解融资困难,将有助于沿线国家提升融资建设能力,拓展中国企业对外投资的空间。同时,我国的相关企业还可以配合亚投行的贷款业务加大对沿线国家的投资,有利于我国的优势资本、设备、人才、经验和技术等对外输出,从而有助于我国的产业产能同国际接轨。

**(二) 发挥新开发银行对金砖国家的融资支持**

设立金砖国家新开发银行、建立金砖国家金融合作机制,既能在一定程度上拓展融资渠道、缓解金砖国家基础设施的融资缺口,更有助于金砖五国扩大本币结算和贷款合作,减少五国间因为货币错配所带来的汇率等风险。同时,新开发银行还可以协同调配五国外汇储备,并通过相对部分成员国而言较高的信用评价以更优惠的资金价格发行债券,吸收国际金融市场资金更好满足各成员国的投融资需求。

通过新开发银行这一五国间的合作平台,加强与金砖五国的合理对接,可以为激励要素合理流动创造条件,进而激发资本流入地的闲置要素投入使用,并进一步增强要素整合能力和效率,提升各成员国的经济发展潜力,也可以为未来金砖合作机制的拓展提供条件,改善和提高各成员国的融资能力,为成员国日益增加的基础设施投资需求创造可行性,进而增加我国企业对外投资的可能性。

## 五、有效发挥国有企业、民营企业"走出去"的协同作用

一方面,为了减少发展中国家跨国公司所享有的国家战略支持,发达国家在国际规则制定中不断强化对"竞争中立"(competitive neutrality)的要求,以限制乃至取消对外直接投资中国有企业所享受的优惠;一些国家甚至基于社会体制或意识形态等原因,在外资审核中采取双重标准,对中国具有政府背景的国有企业加强审核,造成了近年来中铝集团、五矿集团、中石油、中海油等在海外的并购活动相继因"国家安全"等原因被禁止,这也客观上限制了中国国有企业对外投资的步伐。目前,中国的国有企业在对外直接投资过程中已经采取更为有效的策略,大幅度减少海外大资金额的并购数量,对能源、军工、高新技术等较为敏感的行业也不再谋求控制权。如一直由国有企业主导的能源、矿产类投资项目,虽然说由于历史存量较大导致目前总体占比仍较高,但近年来投资规模正在不断下降,占比更是从最高的80%多下降到不到两成(见表13-3)。

表13-3　能源和矿产项目各年度投资流量(2005—2016 年 6 月)

| 年份 | 对外直接投资流量(美元) | 能源类项目(美元) | 矿产类项目(美元) | 两类项目占比(%) |
|---|---|---|---|---|
| 2005 | 10240 | 6360 | 1860 | 80.27 |
| 2006 | 19830 | 9550 | 7310 | 85.02 |

| 年份 | 对外直接投资流量(美元) | 能源类项目(美元) | 矿产类项目(美元) | 两类项目占比(%) |
|---|---|---|---|---|
| 2007 | 30360 | 2410 | 6530 | 29.45 |
| 2008 | 55100 | 22260 | 22220 | 80.73 |
| 2009 | 55890 | 31740 | 13050 | 80.14 |
| 2010 | 65250 | 35140 | 8270 | 66.53 |
| 2011 | 70510 | 39350 | 10750 | 71.05 |
| 2012 | 82420 | 44680 | 11470 | 68.13 |
| 2013 | 85440 | 37440 | 14110 | 60.33 |
| 2014 | 98980 | 28030 | 15510 | 43.99 |
| 2015 | 113550 | 25450 | 7390 | 28.92 |
| 2016(1—6月) | 89210 | 12170 | 2650 | 16.61 |

资料来源:根据中国全球投资追踪系统(China Global Investment Tracker)的数据计算而得。

另一方面,民营企业经历了40年的高速发展,在中国经济总量中的比重不断提高;同时,民营企业灵活的体制机制,也助推其不断扩大对外投资,在全球范围内寻找自身发展的空间。在此背景下,我国民营企业势必将成为未来对外投资的主要力量。充分发挥民营企业决策灵活、背景单纯、商业敏锐等特点,不断发挥其在对外建设投资中的重要作用,既能增加企业业务量,又能积极配合好我国"走出去"战略。因此,国家应予以大力支持,从政策性贷款、保险、担保等角度予以扶持,也可以积极谋求与亚投行、新开发银行、丝路基金等平台的合作,进一步服务好民营企业"走出去"。

同时,我国各级国有企业在"一带一路"沿线国家基础设施等领域的投资,其重心并不在于获取固定的施工利润,而是在于通过完善投资环境来带动对东道国的产业投资,这也同样要求两者间的步调一致,以进一步改善对外投资的针对性和收益,提高对外协同效率。

## 六、进一步加大对民营企业"走出去"的支持

虽然说中国民营企业发展较快、体制机制灵活,已日益成为中国对外投资的重要主体。但是,大多数民营企业在生产投资过程中仍然面临着规模较小、技术落后,尤其是资金缺乏等困难。而且对外投资相比较而言风险更高、不确定性更大、资金需求更旺盛,为了规避商业、政治、地缘等风险,商业金融机构往往更倾向于与央企、地方国企等合作,对于实力较弱、担保不足的民营企业往往较为谨慎和保守,通过高门槛、增信担保等隐形措施,将多数中小民营企业的融资需求置之门外。与此同时,我国的政策性金融机构也由于考核指标设置问题,往往基于回报、坏账率等原因,偏好于投

向国有企业和少数规模较大的民营企业,很少为民营企业提供担保、增信或是优惠的政策贷款。民营企业实力弱、融资渠道有限且成本高昂等弊端更是明显,再加上受制于资金、技术、信息等方面的限制,民营企业在对外投资方面往往处于相对劣势,难以更好地服务于国家对外开放战略。因此,我国应当把对民营企业"走出去"的国家资金扶持作为重中之重加以落实。

我国政策性金融机构应充分借鉴欧美政策性金融机构优先支持中小企业"走出去"的政策导向,改变传统上主要依据资本规模、营业额等指标评价企业偿债能力的方式,从民营企业,尤其是中小民营企业对外投资的现实特征出发,充分发挥国有政策性金融机构的在政策性贷款、担保、保险等领域的撬动作用,加大对民营企业的倾斜;降低对企业资产、担保等方面的要求,更加注重有限追索的项目融资,鼓励民营企业通过 PPP 模式加大对外投资力度,通过与东道国当地政府和企业的合作,降低政治、制度、战争等宏观风险影响。

同时,在信息发布等角度加大对民营企业的支持。相比于国有企业的渠道和资源优势,民营企业获取信息的渠道更为有限,也更难以了解和掌握东道国营商环境、项目背景,特别是项目进展等时效性要求比较高的信息。我国各类政策性金融机构和政府驻外机构,拥有比较庞大的海外信息网络,建立了比较完善的信息收集机制,应在对外投资服务过程中主动迈出一步,将所搜集的东道国项目相关信息,通过各类公开渠道,加强对民营企业的沟通和宣传,以有效扩大其信息获取渠道,提高信息的时效性和针对性。

第 三 篇

双向投资布局下国家发展
战略与地方发展战略的协同

# 篇首语　国家战略与地方战略的协同

◇◇◇◇◇◇◇◇◇◇◇◇◇◇◇◇◇◇◇◇◇◇◇◇◇◇◇◇◇◇◇◇◇◇◇◇◇◇◇◇◇◇◇◇◇◇◇◇

双向投资布局是一项国家层面的大战略。当它与地方战略协同发展时，国家战略才能更为成功地推进。

## 一、对外投资与地方经济发展的关系

40 年来，引进外资对地方经济发展的积极意义已经充分显现，理论上也非常清晰，因为要素流入导致要素集聚，投入增长决定经济增长，地方政府的积极性源于资本流入的积极作用。

从这个意义上讲，对外投资是资本的流出，必然导致对经济增长的负面影响。对外投资对地方经济增长的作用机制是间接的。

投资带动贸易机制。本地企业对外投资的直接效应是资本与 GDP 流出，但是如果从事的是一种价值链分工式的投资，那么就可能实现本地前端中间产品的出口，并且由于更高效率的生产配置和海外市场的扩大，本地中间产品的出口也将扩大。过去发达国家对中国加工贸易类的投资就是这样，发达国家企业因为这类投资带动了国内出口与投资。

市场开拓性投资以另一方式拉动国内生产与出口。本地企业在海外建立营销网络，进行市场开发性投资，可以为更大范围的出口打开市场。海外经营使企业更加熟悉海外需求，可以进一步根据海外需求开发产品。

以并购方式迅速获得国际化企业是开拓市场的一个重要方式。中国企业已经形成了巨大的生产能力，且许多产品质量很高，缺乏的只是海外市场销售网络，特别是品牌的知名度不高。并购国际化企业可以迅速获得该企业长期建立起来的国际销售网络，利用其知名品牌为中国制造打开销路。

从短期来看，对外投资是资本的净流出，不利于本地增长。但从长期来看，成功的海外经营又可能实现利润与资本回流，形成对国内的投资能力。回流资本并非必须是本企业赢利的结果,而是因为其海外经营的扩大而进一步需要国内配套投资的扩展,带动国内的产业配套与产品配套。海外投资企业对国内投资的拉动作用不能就单个企业看,而要从多个企业的关联上看,大企业集团更能够形成海内外联动机制,对外投资对国内的带动作用更强。对外投资成为企业的信息窗口、分工接口和市场突破口,也是利润增长极和经营成长极。

正如贸易理论所指出的,比较优势使国际间形成分工,结果是本国有比较优势的产业生产会扩大,国际投资也使国际分工深化,本国的优势产业产品在对外投资的同时,也为劣势产业的外资流入提供了空间,资本流出入会像贸易分工一样以总产出的提高为结果。在发达国家资本流出入总规模都比较大就说明了这一规律。

## 二、地方政府经济职能的优化

中国经济体制的一个巨大优势是强大的政府经济职能,特别是各级地方政府致力于本地经济发展,根据国家战略,制订本地发展规划,实施投资激励政策。引进外资是各级地方政府最注重的增长点。正是在各级地方政府的积极作用下,中国实现了经济高速增长。

国家双向投资是一个总战略,其对各地的意义是不一样的。当沿海地区和"一带一路"重要节点城市重点发展对外投资时,其他地方则更需要为本地的战略定位而引进外资。在整个国家中长期内资本流出入基本平衡下,各个地区不必寻求双向投资在数量上的平衡,其差异应因战略优势而不同。

除了继续注重改善投资环境扩大引进外资外,在国家扩大对外投资总战略的新发展战略下,地方政府要把政策重点放在如何利用对外投资拉动本地经济上,把支持对外投资与支持企业对外贸易结合起来,有效利用企业对外投资带来的出口与合作发展新机遇。不仅要抓住本地企业,还要抓住全国各地企业由海外发展而开辟的新需求。

外资净流入不应当继续作为地方政府的发展指标,产业结构的升级和优势,地方经济发展优势和特色的形成才是标志。因此,地方政府的政策既不应当是对外资流入的鼓励,也不应当是对对外投资的鼓励,而应当是因产业发展战略不同而不同,目标是形成本地的产业特色与优势,为此而推动投资,形成内外联动。地方政府对企业的服务不再限于本地,而要延伸到对外投资后的境外企业,使这些企业更好地与国内企业发展贸易投资关系。

外资外贸数量增长曾长期作为我国地方经济开放度的指标,在从封闭经济转变为开放经济和经济规模性增长的历史阶段上是必要的,但在提升经济发展质量的阶段是不合适的。经济增长、经济进步、税收与政府能力以及各项民生指标的提高是发展的科学内涵,在双向投资布局下仍然是有意义的。

### 三、负面清单开放模式下的事中事后监管

从上海自由贸易试验区到中美双边投资协议谈判,中国已经开始进入负面清单加准入前国民待遇的开放模式。这一模式的核心不仅在于开放领域的扩大,而且在于取消对外商投资的事前审批,以注册登记替代行政审批,外资进入更为便捷。

对外资企业审批是开放领域政策管理的需要,也是政府监管企业经营范围、保护社会公共利益的需要。但是行政管理中的各种弊病直接导致了开放度事实上的降低,负面清单模式的本质在于以透明高效法治营造真正高水平的开放。但是,当事前审批取消后,政府完全靠事中、事后监管履行社会责任的难度也大大提升。形成事中、事后监管的有效体制是新开放条件下维护经济社会利益与国家安全的核心。

有效的政府监管体制的基础是企业诚信体系。企业本身的遵纪守法与社会责任是保障经济有序运行和社会公共利益的最坚实基础,要防止外资企业利用中国企业诚信体系建设的不足损害公共利益。要在内外资一致的要求下建设企业诚信制度。要充分发挥各类社会专业性中介机构的积极作用,使各类专业性检测、证明等职能从政府职能中分离出来,并具有不可置疑的法律效力和社会公信力,为市场经济的有效运行服务。政府的改革要以透明、规范、法治化、国际化为原则,部门间信息共享、有效合作,形成一个窗口对企业服务。

在坚持扩大开放,注重以提高实际开放度为目标的改革创新的同时,维护国家安全,防止外资企业非法经营,损害我国利益也必须得到高度重视,并形成有效的制度,这是在更高水平开放条件下的必然要求。

### 四、地区间的战略差异与协同

双向开放作为国家战略,是一项全国性战略,而并非只是沿海地区战略。中西部地区与沿海地区一样,既有吸收外资的需要,也有对外投资的需要,尤其是在国家"一带一路"建设总布局下是这样。

由于劳动力结构的差异,在一个时期内内陆地区可继续注重劳动密集型外资引进,沿海地区应实现外资结构升级,注重引进高新技术产业与现代服务业的外资。加工类外资项目向内地转移,是内地发展条件改善,产业配套能力和基础设施水平提升的结果,也在于"一带一路"建设创造的新开放格局。服务业扩大开放是当前中国开放的主要特点,外资将首先集中在沿海与内陆的大城市。应广泛吸收金融、商贸、社会、文化等服务业,研发机构也是外资引进的重点。同时,对于各个跨省(自治区、直辖市)的大经济区而言,国家的整个战略布局已经确定了中长期内产业发展的重点

与特色,外资的引进应当服从于大经济区发展的战略定位,使外资的地区差异服从于战略布局的地区差异,避免引进外资中的地方政策竞争,使外资引进成为推进地区发展战略的有机组成部分。

沿海地区已经发展起一批有国际竞争力的新兴产业,对外投资的特征将是形成以我为主的国际价值链分工。

中西部沿边地区的对外投资将首先集中在相邻国家,在这些国家和相邻边境地区建设经济开发区。国内大经济区的战略定位与对外投资也有密切关系,经济区的优势产业需要借助对外投资形成国际合作,确保资源供给与境外销售网络建设。

## 五、建设支撑对外投资发展的国际大都市

当代国际竞争已经超越了微观意义上的按比较优势分工的产业产品竞争,成为国家之间的综合国力竞争。在这一竞争中大都市具有特殊的地位,其不仅可能因具有几个有竞争力的产业而代表国家竞争力,更重要的是其形成了现代市场经济的运行与服务体系,而使国家具有综合竞争力。这一服务体系通过金融、信息、商贸、法律等专业服务提升市场效率,支撑制造业竞争,体现国家市场经济体系的综合竞争力。

大都市的城市功能是国家综合竞争力的一个缩影,也是国家对外投资即参与国际竞争的支撑体系。在国家"走出去"的战略下,大都市特别是沿海大都市有着特殊的重要地位,在很大程度上代表着国家以现代服务业参与国际竞争与合作。

在对外投资发展中,沿海大都市的重要作用在于发展本土跨国公司的总部经济,围绕对外投资的需要,形成一大批金融、咨询、法律、商贸与技术服务型产业,成为中国企业走向世界的基地,为全国各地企业对外投资提供专业服务。开放型的现代大都市在很大程度上是一个支持跨国公司全球竞争的服务体系,沿海大都市的城市功能要以此为培育目标,以此为政策设计与推进的对象。

沿海大都市城市服务功能的发展首先需要借助现代服务业的开放,通过开放形成比较完整的知识型生产服务业体系,带动国内企业发展现代服务业,改变经济偏向制造的结构,全方位参与国际竞争,服务于对外投资。

# 第十四章 对外直接投资与地方经济发展的关系

◇◆◇◆◇◆◇◆◇◆◇◆◇◆◇◆◇◆◇◆◇◆◇◆◇◆◇◆◇◆◇◆◇◆◇◆◇◆◇◆◇◆◇◆◇◆◇◆◇◆

从理论上来看,对外直接投资指的是资本从当地的流出。此情形导致人们更多地担忧对外直接投资会对当地经济发展不利,特别是我国当下正在实施双向投资战略,地方政府更是担忧对外直接投资不利于地方经济发展。现实中,对外直接投资对地方经济发展的影响并不是如黑与白、好与坏之简单分明,而是一个相当复杂的系统性问题。那么就更应该寻找并确定一个对外直接投资与地方经济发展关系的机制,以确定地方政府在什么条件下关心对外直接投资?如何才能直接看到对外直接投资的效应?鉴于我国东部地区、中部地区、西部地区对外直接投资和经济发展水平呈现不平衡状态,本章将从上述三个地区构建反映对外直接投资与地方经济发展关系的理论机制,并通过具体案例进行说明论证。

## 第一节 理论机制

东部地区、中部地区、西部地区是我国三大经济带,它们在我国的地位不同,优势条件不同,存在的发展问题不同,未来发展方向不同。因此它们在"双向投资"国家战略实施过程中,应从自身条件出发,积极主动地融入国家战略之中。

### 一、东部地区

东部地区基础设施最好,城市化、科技水平高,但是能源、原材料不足,环境污染严重,但东部地区是我国开放最早的地区,最早与国际市场打交道,是我国改革开放40年来"中国速度"的见证……因此,在当下我国实施"双向投资"战略下,东部地区更应该走在最前列,应规避劣势、发挥优势,积极实施以市场寻求型、效率寻求型和创新资产寻求型对外直接投资促进出口贸易效应,以逆向转移研发成果、联合培养研发人员等机制促进技术创新效应,以转移边际产业、逆向传导互动、前向关联等机制促进产业升级效应,以资本融合机制促进投资带动效应,最终通过对外直接投资推动供给侧结构性改革以及经济稳步增长。

**(一) 以市场寻求型、效率寻求型和创新资产寻求型对外直接投资促进出口贸易效应**

东部地区是引领我国对外开放的旗舰,与国际市场开展国际贸易则是助推其经济发展的重要举措之一。而随着我国经济进入新常态,有效利用市场寻求型、效率寻求型和创新资产寻求型对外直接投资促进其出口贸易效应更是成为东部地区进入新一轮开放的重要举措(见图14-1)。

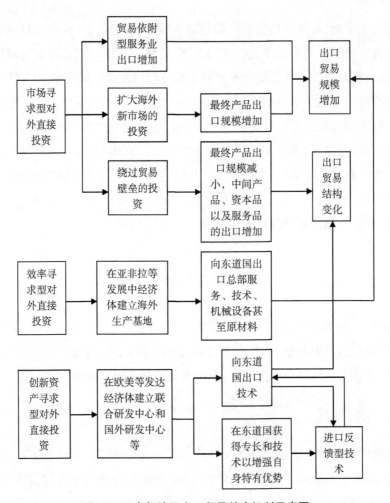

图14-1 东部地区出口贸易效应机制示意图

　　市场寻求型对外直接投资会促进东部地区出口贸易效应。我国对外直接投资主要集中于贸易依附型服务业和制造业等市场寻求型行业,而东部地区在其中占据举足轻重的地位。2014 年,境内非金融类投资者投资于批发和零售业、制造业共计1.29 万家,占到境内投资者总数的七成。其中,各省、自治区、直辖市的地方企业投资者占 97%,地方企业数量居前十位的省、自治区、直辖市均位于东部地区。因此推断东部地区是批发和零售业、制造业等行业的主要投资者。其中批发和零售业等贸易依附型服务业旨在服务于对外贸易特别是出口贸易,因此对外直接投资的增加一定会促进对外贸易特别是对外出口贸易规模的增加。[1] 制造业既会影响东部地区对外出口贸易规模,也会影响其对外出口贸易结构。如果出于绕过某种最终产品的贸易壁垒而进行对外直接投资,那么会出现出口替代效应,会减少东部地区对该最终产品原有国外市场的出口规模;与此同时,在国外建厂将会增加对东部地区中间产品、资本品以及服务品的需求,会导致东部地区对外出口贸易结构的变化。如果出于抢占海外新市场而在国外建厂,那么不会出现出口替代效应,出口贸易规模会扩大,比如海尔公司和联想公司就是通过对外直接投资成功获取国外市场的典型案例。

　　效率寻求型对外直接投资是跨国公司为节约生产成本,在全球范围内进行生产和经营布局,从而提高生产效率的对外直接投资。它是相对较先进(因而劳动力成本较高)发展中国家对外直接投资的另一个重要原因。[2] 从我国来看,经济发达的东部地区劳动力成本不断上涨,迫使许多企业将生产基地向生产成本更为低廉的我国中西部地区以及亚洲、非洲、拉丁美洲等发展中国家转移。如果转移到我国中西部地区,不会影响对外出口贸易。如果转移到亚洲、非洲、拉丁美洲等国,则同时出现两种情况:(1)东部地区最终产品生产会下降,国外生产会增加,有可能返销到东部地区,增加东部地区进口贸易规模;(2)在国外建立生产基地,需要由东部地区母公司提供相应的总部服务、技术、机械设备甚至原材料等,从而增加东部地区的出口规模,并影响出口结构。

　　创新资产寻求型对外直接投资的主要目的是获取高新技术,所以大部分流向发达经济体[3],比如高端制造、科学研究、技术服务、信息传输、计算机服务和软件等行业,主要表现形式是建立联合研发中心和国外研发中心等。[4] 目前,我国东部地区许

　　① 张春萍:《中国对外直接投资对进出口贸易的影响》,《学术交流》2012 年第 7 期。

　　② UNCTAD, *World Investment Report 2006*, http://unctad.org/en/Docs/wir2006_en.pdf, 2006 年 10 月 16 日。

　　③ UNCTAD, *World Investment Report 2006*, http://unctad.org/en/Docs/wir2006_en.pdf, 2006 年 10 月 16 日。

　　④ 张春萍:《中国对外直接投资对进出口贸易的影响》,《学术交流》2012 年第 7 期;张春萍:《中国对俄直接投资的贸易效应研究》,《俄罗斯中亚东欧研究》2012 年第 3 期。

多跨国公司都在欧美国家建立了研发基地,比如海尔、华为、联想等。一般情况下,此类投资既出口技术,又进口反馈型的技术,因此对东部地区出口贸易规模和贸易结构,以及进口贸易规模和贸易结构均产生影响。不仅如此,此类投资还有利于创新资产寻求型跨国公司获得专利和技术以增强其公司自身特有优势,促进其竞争力和绩效,因此,东部地区应该大力鼓励此类投资。

**(二) 以逆向转移研发成果、联合培养研发人员等机制促进技术创新效应**

东部地区整体技术实力与世界最新技术差距最小,吸收技术能力最强,最有条件利用对外直接投资带动其技术创新。因为虽然对外直接投资能够为母国提供获得东道国技术溢出的机会和渠道,但技术溢出和扩散效果需要接受方具有一定的技术吸收能力[①],并与双方技术差距大小密切相关。因此,东部地区可以考虑以研发国际化为目标,在海外选址设立研发总部以追踪最新的技术发展,比如国际上许多企业在美国硅谷建立研发机构、医药研发单位集聚于波士顿,最终扩大国内母公司的技术资产。英国著名国际投资专家邓宁(J.H.Dunning)专门研究了世界范围内大型跨国公司针对专利数申请的情况。结果显示:一方面海外子公司申请的专利数占整个跨国公司系统的比率,1983—1986年间达到10.6%,比1969—1972年间的9.8%上升了近1个百分点;另一方面海外子公司结合东道国具体情况,比如东道国特有的资源要素禀赋以及消费者偏好等研发而成的新技术,能够进一步体现出东道国资源禀赋优势和市场需求,因此能够助推跨国公司的产品在东道国的竞争优势。总之,海外子公司的研发不仅有利于自身技术更新,而且还有利于母公司及其他子公司的技术更新,即对母公司和其他子公司有技术溢出效应。[②]

另外,东部地区企业也有条件利用海外子公司与东道国高技术研发人才合作、在东道国科研机构的学习等途径培养自己的研发人员,这些研发人员回到国内之后,或者在企业内部流动或者在行业内部流动,从而可以提高母公司或者整个行业的技术创新能力。

通过上述两种机制的融合,东部地区母公司可以获得海外研发溢出,进而对此进行消化、吸收以转化为自身的技术创新能力,并通过示范效应扩散到整个东部地区以至于整个行业,带动其技术创新能力整体提升(见图14-2)。不过需要注意的是对外直接投资的流向不同,带动技术创新的机理也不同。对于发达经济体的投资,更多是

---

① 陈菲琼、钟芳芳、陈珧:《中国对外直接投资与技术创新研究》,《浙江大学学报(人文社会科学版)》2013年第4期。

② 古广东:《对外直接投资与母国经济利益:理论分析与实证研究》,中国社会科学出版社2013年版,第54页。

从技术转移和逆向技术溢出提高创新效率的角度提高母国技术进步；对于发展中经济体的投资，主要是影响创新投入来影响母国技术进步和创新能力。

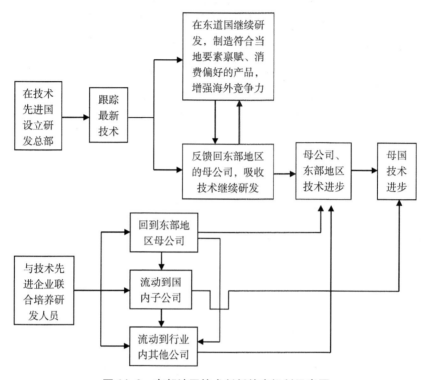

**图 14-2　东部地区技术创新效应机制示意图**

（三）以转移边际产业、逆向传导互动、后向关联等机制促进产业升级效应

东部地区是我国经济发展最早的地区，面临着转型升级、淘汰过剩产能、降低企业成本等多重压力，亟须要进行供给侧结构性改革。因此，东部地区可以考虑进行对外直接投资，向海外转移边际产业、利用逆向传导互动和后向关联等机制促进产业升级效应（见图14-3）。

东部地区向海外相对落后地区转移边际产业，在一定程度上有利于其新兴产业的发展。主要源于以下三个方面：（1）企业通过对外直接投资将边际产业转移到国外，获得更为低廉的生产要素、更为广阔的发展空间，以及更为丰厚的利润。企业可以将利润汇回，从而增加东部地区财富。企业利用此部分增加的财富或者投资新兴产业或者改造升级边际产业。（2）边际产业转移到国外，可以释放该产业在本地区的沉淀生产要素以支持新兴产业的发展，比如由传统制造业释放出来的劳动力可以向电子商务等服务业转移等。（3）未转移/留存的边际产业，一方面沉淀成本降低，负担减小；另一方面获得国外利润汇回后，投资资金增加，或者改造升级原有产业或

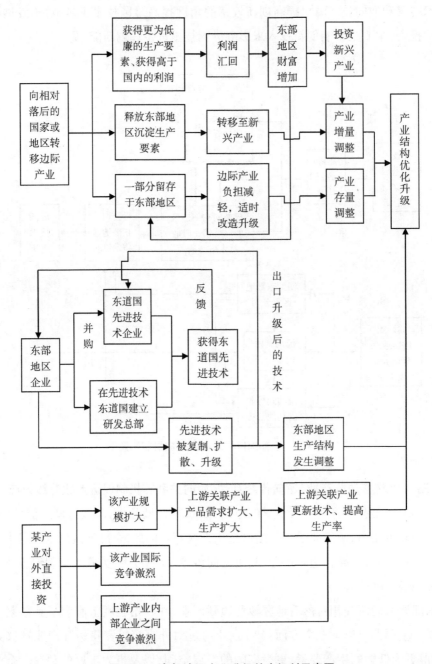

**图14-3 东部地区产业升级效应机制示意图**

者投资发展新兴产业,产业存量得到有效调整。

东部地区企业可以通过在海外建立子公司或者研发机构,在空间上接近东道国企业的领先技术,也可以通过跨国并购占有被并购海外企业的核心技术。但不管哪种方式,投资于海外的东部地区企业都能够引进东道国的某项先进技术,经过消化吸收再反馈回东部地区。之后,可能会出现两种情形:(1)东部地区企业进行技术创新之后再反馈回东道国,如此反复,东部地区与东道国两国企业之间形成吸收—反馈—再吸收—再反馈的不断上升的螺旋式技术创新,带动二者相关产业共同成长。(2)东部地区企业利用反馈回的东道国领先技术进行规模型生产,规模型出口,将挤占东道国企业原有的国际市场和东道国市场,东道国企业被迫退出原有技术市场,并转向新技术开发,从而带动技术的结构性调整,进而优化产业结构。

东部地区拥有大型制造业企业,当这些企业对外直接投资之后,将从量与质两个角度促进关联产业成长:(1)该产业规模扩大,必定增加对其上游关联产业产品的需求。需求增加会导致上游产业扩大产业规模以增加产出量、开发新技术以提高劳动生产率。(2)该产业面临更为激烈的国际市场竞争,为维持和扩大市场份额,需要提高产品国际市场竞争力,必定会提高对投入品的质量要求,迫使上游产业通过加强管理、严控产品质量、鼓励技术创新等以满足该产业需求。(3)处于上游产业的企业为争夺新市场,产业内竞争加剧,必定会采取各类革新以求得产业内竞争优势。其结果会导致整个产业规模增加、产品质量增加、管理水平和技术水平提高,整个产业竞争力增加。

**（四）　以资本融合机制促进投资带动效应**

东部地区不仅是我国最强企业所在地,也是我国最丰裕资本所在地。但是随着企业对外直接投资步伐加快,其筹措资金的渠道也不再仅仅局限于内部筹措,而是来源于母国、东道国以及第三国的银行贷款、证券市场发行债券等外部筹措。但是,无论采用内部筹措还是外部筹措,代表我国最强实力的东部地区企业都有能力将积累的自有资金与外部多渠道筹集而来的资金有效融合为一体,一个以跨国公司为平台的整体,共同为跨国公司在全球范围内的经营提供资金支持。

资金融合可以引致两种投资效果:(1)在国外融合资本之后,反过来回到东部地区投资,即回馈到东部地区,最突出的例子就是阿里巴巴。(2)跨国公司在国外经营绩效的好坏程度直接决定引资效果的好坏。如果资金融合效果好,那么跨国公司在国外的经营绩效就好。此情形一方面可以形成一种吸引多方外部资金的"马太效应",之后继续回馈东部地区,投资于东部地区;另一方面将利润汇回东部地区,东部地区财富增加,在国内各地区投资;第三方面还会有利于更多东道国企业有机会多侧面了解东部地区,吸引它们投资于东部地区。反之,即是经营绩效不好,此情形只会导致外部资金撤资,使跨国公司国外经营成为无源之水,更是大大降低了投资于东部地区的可能性(见图14-4)。

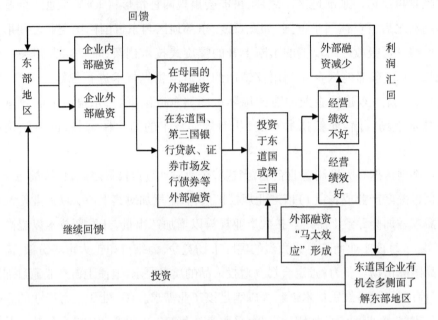

**图14-4 东部地区投资带动效应机制示意图**

## 二、中部地区

中部地区地处我国内陆腹地,起着承东启西、接南进北、吸引四面、辐射八方的作用。从我国整体发展来看,中部就是我国的"腰",只有"腰板"直了,我国这个巨人才能走得正、走得稳,我国对外开放战略才能有效实施。从这个意义来看,加快中部地区对外直接投资战略对我国整体竞争力的进一步提高具有重大战略意义。因此中部地区应该着眼于以资源寻求型对外直接投资促进出口贸易效应,以吸纳研发要素、逆向转移研发成果等机制促进技术创新效应,以后向关联机制促进产业升级效应,以文化融合机制促进投资带动效应等,实现通过对外直接投资实现真正意义上的中部崛起。

### (一)以资源寻求型对外直接投资促进出口贸易效应

中部地区是我国重要的能源原材料基地,比如煤炭,在保障能源稳定供应、优化能源结构、提高能源发展质量等方面发挥了重要作用[①];同时中部地区也积聚了许多有经验的能源原材料企业,这些企业可以以"抱团出海"的模式有选择地进行资源寻求型对外直接投资,此类投资会促进出口贸易效应,即投资后会增加自然资源进口,待进口后,身处中部的国内母公司或其他分支机构用这些自然资源生产制成品再出

---

① 王雯:《中部博览会:聚焦"中部崛起"》,《科技创新与生产力》2011年第11期。

口,引起制成品出口规模扩大,出口贸易结构变化。另外,资源寻求型对外直接投资会增加对中部地区企业机械设备、总部服务等的需求,会扩大对外出口规模,影响对外出口结构。此类投资除有效发挥企业自身长处、有效整合企业、赢得能源原材料企业的整体竞争力之外,最关键的是还可以促进出口贸易效应,既影响对外出口贸易规模,也影响对外出口贸易结构(见图14-5)。

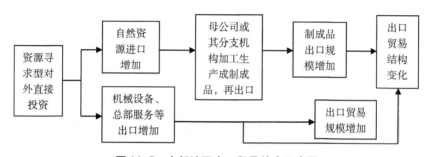

**图14-5　中部地区出口贸易效应示意图**

### (二) 以吸纳研发要素、逆向转移研发成果等机制促进技术创新效应

中部地区不仅是能源原材料基地,还是现代装备制造业和高技术产业基地,那么注重核心技术和关键技术研发则成为中部地区制造业发展的重中之重。而企业通过到海外直接投资可以吸纳研发要素、逆向转移研发成果等机制促进技术创新效应,达到核心技术和关键技术的先进性(见图14-6)。

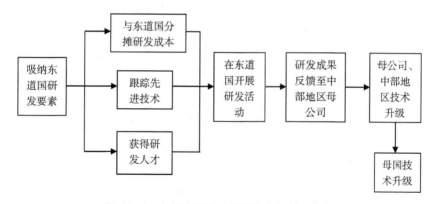

**图14-6　中部地区技术创新效应机制示意图**

对于中部地区来讲,资金、人才和技术等战略资源的需求缺口依靠自身实力可能无法弥补,只能考虑借助外力。企业到海外直接投资,吸纳包括资金、人才以及技术在内的东道国研发要素,或者直接获得最新技术,或者间接获得最新技术,从而有效洞察并掌握技术发展的新动态。其中,资金是世界上所有跨国公司研发能否成功的

重要资源,跨国公司为将更多资金运用到核心技术研发上保持其核心技术垄断优势,往往采用与东道国政府和企业分摊非核心技术研发费用,此情形在研发资源导向型的跨国公司中尤为盛行。人才是跨国公司技术创新的决定因素。一项针对美国、欧洲和日本200余家跨国公司进行的有关研发国际化动因的调研表明,获得经验丰富的研发个体是三个最重要原因之一(Edler等,2002)。

另外,海外子公司利用东道国的技术资源优势,对新产品进行研发活动,并将研发成果通过逆向转移使母公司获取更加先进的海外技术,从而可以提高中部地区的整体技术实力,逐步获得在能源行业、现代装备制造业和高技术产业等方面的技术话语权。

### (三) 以后向关联机制促进产业升级效应

中部地区拥有许多处于上游产业的企业,这些企业进行对外直接投资之后,将会产生后向关联,从以下两个方面带动整个产业链的成长:(1)该上游产业可以带动整个产业链的生产规模增加和技术创新。当中部地区经济发展到一定程度时,劳动力、原材料或者中间产品供给紧张、成本上涨,为保障供给和有效控制成本,上游产业会选择对外直接投资。投资后,原材料或者中间产品的生产规模和供给规模均增加,由此带动下游产业生产规模增加,并引致处于下游产业的企业间竞争加剧,促使下游产业进行技术创新,增加自身竞争力,从而带动整个产业链整体升级。(2)该上游产业自身技术创新带动整个产业链升级。该上游产业对外直接投资,会释放出原先本地有限的生产要素,促使资源重新配置,也有机会将释放出来的生产要素投放至高附加值产品的研发与生产,促进产品更新换代;同时,对外直接投资后,该上游产业面临更为激烈的市场竞争,为争夺和保持国际市场份额,也会进行技术创新,增加自身竞争力,从而带动产业升级(见图14-7)。

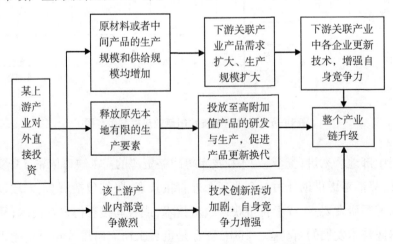

图14-7　中部地区产业升级效应机制示意图

**（四）以文化融合机制促进投资带动效应**

中部地区是我国地域最为集中、文化相似性最强的地区，所属相关企业最具有"抱团出海"进行对外直接投资的可能性；同时中部地区拥有文化融合机制促进投资带动效应的基础：（1）中部地区本身具有深厚的文化底蕴，此为客观基础；（2）《促进中部地区崛起"十三五"规划》明确提出"扶持中部地区文化创意、知识产权、新闻出版、广播影视、动漫游戏、数字文化等文化产业发展，形成一批具有自主知识产权和地域文化特色的服务品牌"，此为政策基础；（3）恰逢"双向投资"战略实施时期，此为机遇基础。然而，文化本身是一个内涵非常丰富的概念，涉及语言、教育、价值取向、宗教信仰、审美观念、风俗习惯等基本因素，其影响只能是潜移默化的，经过长时间才能逐渐显现。因此该效应更具有隐蔽性和长期性的特点。

中部地区企业对外直接投资，可以发挥文化距离产生的特有的"外来者优势"，把外来企业文化的差异化演变成产品的差异化，满足求新求异者的需求，避开与东道国企业的竞争并逐步占有一定市场，一方面可以将利润汇回，增加中部地区财富和投资；另一方面达到让东道国在了解和接受中部地区独特文化的基础上了解和接受中部地区，吸引东道国的投资。事实上，此过程会逐步形成中部文化与东道国文化之间由冲突到融合的机制，此机制的关键是对外直接投资企业，联系纽带则是差异化的文化。此机制不仅能够吸引东道国资金回流到中部地区，而且还可以在经历不同文化碰撞过程中创造出创新的思维和管理模式，提高中部地区整体竞争软实力（见图14-8）。

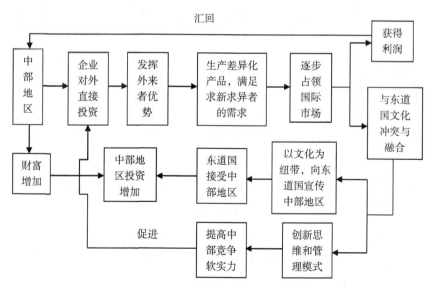

**图14-8　中部地区投资带动效应机制示意图**

### 三、西部地区

与东部地区和中部地区相比,西部地区具有明显特点:地域辽阔、70%的国境线、矿产矿藏资源丰富、民族众多、民族文化灿烂、工业基础薄弱、科技文化欠发达、交通落后,等等。为此,中央政府于2000年开始实施西部大开发战略,那么通过"有序开展对外直接投资"助推西部大开发则具有战略意义。针对西部地区自身特点,西部地区应实现以逆资源寻求型、市场寻求型对外直接投资促进出口贸易效应,以吸纳研发要素机制促进技术创新效应,以前向关联、后向关联等机制促进产业升级效应,以广告宣传机制促进投资带动效应。

#### (一) 以逆资源寻求型、市场寻求型对外直接投资促进出口贸易效应

西部地区丰富的矿产资源,在西部大开发过程中支撑了我国经济增长。但是西部地区传统的粗放式资源开采与加工方式,造成了资源的极大浪费和生态环境的巨大破坏;同时,西部地区周边国家大多数为经济相对落后的国家。为改变粗放式开采加工以及对生态环境巨大破坏的状况,且有效开发周边落后国家市场,西部地区可以考虑通过逆资源寻求型和市场寻求型对外直接投资促进出口贸易效应(见图14-9)。

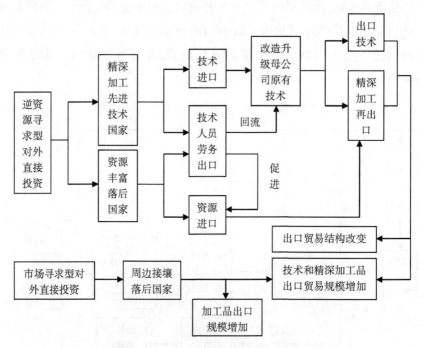

**图14-9 西部地区出口贸易效应机制示意图**

在"十三五"期间以及"双向投资"国家战略实施过程中,西部地区可以利用逆资源寻求型对外直接投资促进出口贸易效应:(1)投资于拥有世界精深加工技术的国

家或者地区。此类投资尽管让西部地区更觉得资金紧张,但从长远来看,需要集中相应资金进行此种逆资源寻求型投资。在最初阶段,可能会引起技术人员劳务出口和技术进口;用进口技术改造升级母公司技术,再对本土资源或者其他资源丰富国进口的资源进行精深加工再出口;继续改造升级加工技术,直接出口技术。最终达到的效果是:改变西部地区出口贸易结构,由粗放型出口产品到精深加工出口产品,由引进技术到出口技术;改变西部地区出口规模,精深加工产品和技术出口都会影响出口规模;改变西部地区的整体发展模式,达到发展与资源协调、开发与环境协调的目的。(2)投资于周边矿产丰富的落后国家。此类投资在最初阶段会增加进口资源,出口技术人员劳务等;之后对进口资源进行加工出口。最终增加西部地区出口规模,改善西部地区出口结构。

另外,西部地区拥有 70% 的国境线,与其接壤的国家大多数为经济相对落后的国家,西部地区可以考虑对周边国家进行市场寻求型对外直接投资,扩大周边市场,促进西部地区出口规模。

### (二) 以吸纳研发要素机制促进技术创新效应

西部地区集中了我国尚未实现温饱的大部分贫困人口,长期以来,西部地区基本成为贫穷地区的代名词。因此在西部地区发展过程中,资金、人才、技术成为西部地区发展的最大掣肘。但是西部地区并不是一无是处,西部地区是我国的矿产富集区,所以需要考虑如何利用矿产资源做文章,如何做好矿产资源的文章。

西部地区在国家"双向投资"战略前提下,可以从两个方面实现技术创新:(1)直接引进来。西部地区利用自身的气候优势、生态优势等,确定自身产业发展,特别是与东部地区站在同一起跑线上的产业,比如贵州大数据产业,之后"走出去"在世界范围内主动对接丰裕资本、先进技术、高端人才。可以吸引丰裕资本直接投资到西部地区,比如贵州吸引华为、富士康、IBM 等世界著名大数据企业直接投资于贵州,一方面使行业内企业竞争加剧,会刺激企业进行技术创新;另一方面会产生技术外溢到本土企业,本土企业通过吸引改造升级这些技术,形成技术创新。可以引进先进技术到西部企业,通过复制吸收改造升级,实现技术创新。可以吸引高端人才到西部地区工作,直接参加技术创新活动。(2)大胆"走出去"进行对外直接投资,或者采用与东道国政府和企业分摊非核心技术研发费用;或者在先进技术集聚地建立研发基地跟踪先进技术,之后将先进技术反馈于西部地区母公司,母公司对这些技术进行改造升级,实现技术创新(见图 14-10)。

需要特别提出的是,西部地区矿产精深加工与世界水平相差很大距离,可以考虑以吸纳研发要素机制促进技术创新效应。西部地区应该制定相关鼓励政策鼓励矿产企业投资于拥有世界精深加工技术的国家或者地区。此类投资在最初阶段会引起技

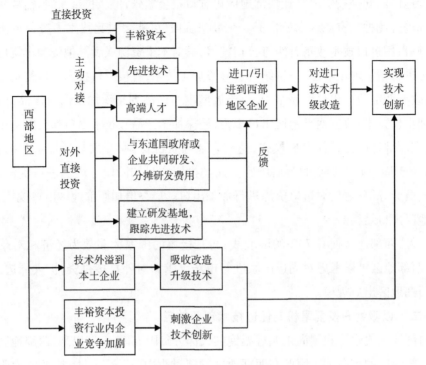

图 14-10　西部地区技术创新效应机制示意图

术进口,改造升级母公司技术,进而再进行技术创新。

### (三) 以前向关联、后向关联等机制促进产业升级效应

西部地区拥有许多属于制造业的军工企业。这些企业实现军民融合后,可以考虑对外直接投资,产生前向关联,从量与质两个角度促进关联产业成长。

西部地区和中部地区一样拥有许多处于上游产业的企业,这些企业进行对外直接投资之后,会产生后向关联。该上游产业可以带动整个产业链的生产规模扩大和技术创新以及自身技术创新带动整个产业链升级(见图 14-11)。

### (四) 以广告宣传机制促进投资带动效应

西部地区拥有众多民族,拥有异彩纷呈、丰富多彩的民族文化,但却是一块开发相对较晚的地区,国际市场对于西部地区非常陌生。因此西部地区利用对外直接投资进行自我宣传、讲好自身故事则是当务之急,进而以广告宣传机制促进投资带动效应。该效应具有反哺性、长期性、动态性等特点。

西部地区的广告宣传机制促进投资带动效应来源于"一主两副",即以渐进扩散式投资为主,以引导消费理念和宣传自我为副。具体如下:(1)西部地区在我国"一带一路"建设中拥有着其他地区无法比拟的地位,特别是拥有超长的边境线,与邻国之间长期和睦相处,甚至开展边境贸易。西部地区完全可以利用这些优势条件实现

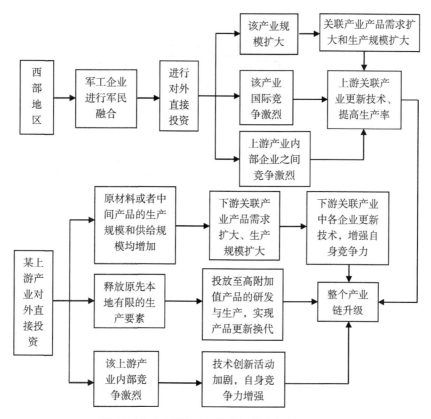

**图 14-11 西部地区产业升级效应机制示意图**

渐进扩散式直接投资,即先向邻国投资,再逐渐向纵深拓展,对邻国进而对邻国的邻国对外直接投资。其结果极有可能会刺激东道国防御型投资到西部地区,还可以进一步增强与沿线各民族的友好关系以及我国在国际事务中的话语权。这一点体现了广告宣传机制的反哺性特点。(2)向东道国传播西部地区的文化、消费习惯,引导东道国消费者消费理念,有利于西部地区企业进一步向外扩张,甚至加速其扩张速度。一方面可以增加利润汇回,增加西部地区财富;另一方面还可以吸引同行企业出于防御的动机逆向投资于西部地区,从而增加西部地区的投资资金。对于西部地区来讲,对外直接投资虽然起步晚,但是近几年来的发展令世人瞩目,也因此发挥着很好的广告宣传作用。这一点体现了广告宣传机制的长期性特点。(3)"走出去"企业以西部地区投资环境鲜活的、流动的宣传广告身份出现,在与东道国企业家、政府等各界的交流与沟通过程中很自然地向外传输相关政策环境、人文环境、法律环境、政治环境、社会环境、生态环境等,为东道国各界搭建了一个了解西部地区的桥梁,缩短东道国与西部地区之间的心理距离,既有利于与东道国企业合作,也有利于吸引东道国企业投资于西部地区。这一点体现了广告宣传机制的动态性特点(见图 14-12)。

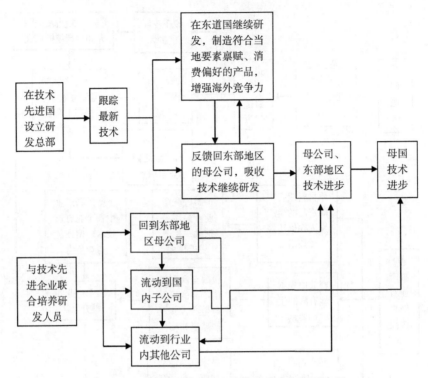

图 14-12 西部地区广告宣传带动效应机制示意图

# 第二节 典型模式与案例分析

对外直接投资会对地方经济产生多重影响,这些影响相互交织,有利有弊,时而利大于弊,时而弊大于利。但是当对外直接投资发展到一定程度之后,理论上应该利大于弊,否则各国对外直接投资也不会发展得如此之迅速。我国实施"双向投资"战略恰逢其时。尽管东部地区、中部地区和西部地区对外直接投资差异非常大,利弊表现也有差异,但是都正在逐渐形成适合自身的模式,比如东部地区的"泰达模式"、中部地区的"湖南模式"、西部地区的"贵州模式",等等。

## 一、泰达模式:由政府主导向市场主导演进的"六层 23 式金字塔模式"

20 世纪 90 年代,泰达在政府主导下以咨询顾问的形式进入埃及。初到埃及,泰达遇到多重挑战。核心是开发模式和开发主体的巨大差异。在境内,以政府为主导,是政府和企业的合作模式;在境外,完全是企业自发的市场行为。开发模式的巨大差异带来的结果是:开发周期延长、赢利模式减少、人才梯队缺乏,等等。

对此,泰达决定从理念上做相应调整。具体是:(1)园区到海外,需要不断进化和演化。(2)造血是硬道理。(3)适应是基本功,也是导致很多问题的核心,需要做好对新环境长期接触的准备。(4)创新是生命线,园区海外建设是一种新的生命体,需要不断地创新和更新、不断地新陈代谢,才能不断地进化和演化。之后,泰达按照园区生命周期进行了总结,包括从起步阶段、发展阶段到成熟阶段,从面积开发,到人类资源的演进规律到招商的演进规律,再到运营、建设乃至于最后的赢利模式。

经过理论到实践,实践到理论的反复调整,泰达海外园区经营发展势头良好。2008年,泰达开始主导开发。从2008年到2013年,泰达从单纯的开发商和管理商角色逐步演进到2014年之后建设现代化新城的模式,再到现代化新城的开发运营商和模式输出商。经过不断摸索、总结和提炼,泰达模式逐步形成。泰达模式,即"六层23式金字塔模式"(见图14-13)。"六层"即六大层级,包括从核心的"客户模式""公司赢利模式"以及"社会责任模式",逐步细化到"业务模式""管理模式",最终立足于"公司战略"以及"管理哲学"的支撑,覆盖了海外园区建设全产业链体系。泰达模式从2015年开始,先后为招商局的吉布提项目、中信的缅甸项目、肯尼亚的蒙巴萨项目、刚果的项目做了不同程度的智力输出、管理咨询和顶层设计。该模式源于实践总结,具有强大的落地性,得到了央企、大型国企的认可。[1]

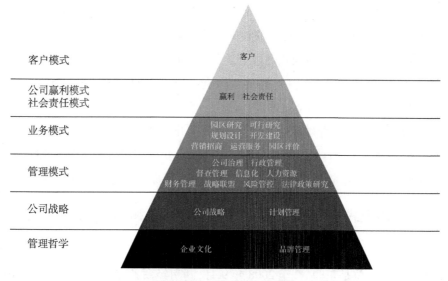

**图14-13　泰达模式示意图**

资料来源:刘爱民:《依托"一带一路"中埃·泰达苏伊士经贸合作区深耕"泰达海外模式"》,今晚海外网,2017年3月29日。

---

① 刘爱民:《依托"一带一路"中埃·泰达苏伊士经贸合作区深耕"泰达海外模式"》,今晚海外网,2017年3月29日。

泰达模式已经初具成效。截至 2015 年,历年累计基础设施投资为 10500 万美元、累计实际对外直接投资为 90691 万美元、累计带动国内的设备出口为 9160.9 万美元、利润总额为 1262.2 万美元,分别比 2009 年增加 7846 万美元、89718.8 万美元、7820.08 万美元、1119.2 万美元(见表 14-1)。

表 14-1　泰达合作区历年经营成果　　　　(单位:万美元)

| 项目 \ 年份 | 2009 | 2010 | 2011 | 2012 | 2013 | 2014 | 2015 |
|---|---|---|---|---|---|---|---|
| 历年累计基础设施投资 | 2654 | 4621.1 | 4940.5 | 7000 | 8000 | 10000 | 10500 |
| 累计实际对外直接投资 | 972.2 | 6948 | 10482 | 32450 | 66087 | 89587 | 90691 |
| 累计带动国内的设备出口 | 1340.82 | 1974.1 | 3423.1 | / | / | / | 9160.9 |
| 带动国内原材料出口 | 1098.6 | 2294.34 | 3070.01 | / | / | / | / |
| 利润总额 | 143 | 226.18 | 230 | 353.5 | 295.27 | 686.01 | 1262.2 |

资料来源:马霞、宋彩岑:《中国埃及苏伊士经贸合作区:"一带一路"上的新绿洲》,《西亚非洲》2016 年第 2 期;胡江云:《支持境外经贸合作区发展　服务"一带一路"建设》,《发展研究》2017 年第 10 期。

泰达模式的形成意味着泰达完成了由政府主导向市场主导的演进。在未来,泰达根据自身演进和海外市场具体情况,将推行一种新型模式,构建战略联盟,打造生态圈,把更多和中非泰达利益相关的企业云集到平台上,一起拓展海外事业,保证园区开发的质量和速度;同时构建一个产学研一体化的产业模式;最终向泰达 2.0 模式演进。泰达 2.0 模式是以快速提振驻在国经济、尽快回收自身投资为基础,总结出的"资源整合型园区模式"。该模式通过资源整合,在保持企业运营行为基础之上叠加政府资源和政策,叠加产能转移,叠加金融资金支持,把原来的单一企业主导变成"园区+"的新形态,比如"园区+政策""园区+金融""园区+产能",等等,从而形成"一身一头两翼"模式。身是泰达,作为一个园区开发的专业公司;头是依托政府、政策引导来引领园区发展;两翼中,一翼是产业聚集,变原来单纯依靠单个招商为一种集群式招商;一翼则是金融配合。该模式将会大大地提升海外园区的成功几率。①

## 二、湖南模式:由自发到自觉的"抱团出海"和"龙头企业"并行

2008 年之前,湖南对外直接投资是民营企业自发行为,主要依靠"亲带亲、友帮友"。集中投资区位是东盟,截至 2008 年 9 月,湖南经商务部门核准对东盟投资的企业累计达 172 家,近 97%由民营企业投资设立;共计合同投资额 3.89 亿美元,其中中方民营企业合同投资额 2.91 亿美元,占湖南省对东盟投资总额的 98%。投资领域非

---

① 刘爱民:《依托"一带一路"中埃·泰达苏伊士经贸合作区深耕"泰达海外模式"》,今晚海外网,2017 年 3 月 29 日。

常广泛,但以初级产业为主,涉及五金机械、数码家电、摩托车及配件、矿产资源开发、农业种植、建材等多个领域;投资规模普遍较小,投资额一般不超过 1000 万美元。老挝、越南、泰国是当时湖南企业对东盟最热门的投资国家,172 家中有 141 家分布在以上三国,合同投资额则占湖南对东盟投资总额的 70%。

自发行为引导、扩大了湖南对外直接投资,但现实也迫使投资者们意识到自发行为的弊病,需要从自发行为向自觉行为转变,从无组织向有组织转变。2008 年,老挝湖南商会成立。老挝湖南商会是湖南省在境外成立的第一个境外商会,建设好商会有利于团结和凝聚在老挝的湖南企业和商户、提升老挝"湘商"的形象和实力、扩大老挝"湘商"的品牌和影响力。商会的成立促使湖南"走出去"企业以及东道国的利益都在更大程度上得到了保障。为更好发挥商会作用,2015 年,境外湖南商会资源整合联盟成立。至此,湖南对外直接投资基本完成了从自发到自觉,从无组织到有组织,直至打破行业、国别界限结成联盟的发展过程。截至 2015 年,在老挝的湖南生意人高达 10 万余人;湖南"走出去"企业大幅增加,截至目前,累计已达到 1156 家,遍布全球多达 86 个国家和地区,投资规模更是取得骄人成绩,已经连续多年居于中部6 省第一位,全国前 10 位。与此同时,政府也出面积极为企业"抱团出海"搭台。截至 2016 年,湖南省先后构建了 10 个"抱团出海"产业联盟,还将在水电、农业、装备制造、新能源新材料等多个领域形成产业联盟,锻造行业全产业链[1];在东盟国家投资设立产业园区,省级园区有越南(东盟)湖南商贸物流工业园、东帝汶湖南农业高新技术开发区、老挝湖南橡胶产业园;省级重点培育园区有湖南尔康(柬埔寨)农产品加工园区、泰国湖南工业园、老挝农业产业园。[2] 2016 年 2 月 4 日,湖南省发改委发布《湖南省对外投资产业和国别指导意见》(东盟 10+1 国),首次针对湖南企业如何更好地对接"一带一路"提出指导意见。[3]

"抱团出海"已经成为湖南省对外直接投资的典型模式,然而还有一些省内龙头企业也积极"走出去",中联重科则是典型代表。以中联重科为代表的"走出去"企业对湖南省经济社会发展作出了卓绝贡献:

第一,在激烈的国际竞争中发展壮大本土跨国公司。2012 年 8 月 30 日,商务部等部门发布《2011 年度中国对外直接投资统计公报》,第一次权威发布中国跨国企业100 强,中联重科、三一重工和华菱集团榜上有名[4]。中联重科于 2001 年 11 月整体

---

① 邓晶琎、李志林:《开放的湖南走五洲——湖南商务经济发展综述之一》,《湖南日报》2016 年 2 月 16 日。

② 唐爱平:《指引湘企对接"一带一路"》,《湖南日报》2016 年 2 月 5 日。

③ 唐爱平:《指引湘企对接"一带一路"》,《湖南日报》2016 年 2 月 5 日。

④ 伍振:《主动作为,为企业"走出去"提供有力保障——访湖南省商务厅邓立佳副厅长》,《国土资源导刊》2012 年第 12 期。

收购英国保路捷公司,正式开始跨国经营;2008 年 9 月 28 日,中联重科联手包括弘毅投资、高盛、曼达林(Mandarin)基金等国际著名投资公司,现金收购意大利 CIFA 全部股份,改变了整个行业的竞争结构。之后,中联重科先后在东亚、东南亚、欧洲等多个地区建立子公司,在全球设立 50 多个常驻机构,以阿联酋、巴西为中心,正逐步建立全球物联网络和零配件供应体系。截至 2017 年 5 月,中联重科已覆盖全球 100 余个国家和地区,在"一带一路"沿线均有市场布局。产品远销中东、南美、非洲、东南亚、俄罗斯以及欧美、澳大利亚等高端市场。

第二,扩大国际市场规模、带动出口规模增加、塑造全球品牌。中联重科顺利收购意大利 CIFA,也成为混凝土机械制造行业全球最大规模企业,用实例证明对外直接投资能够进一步拓展国际市场规模、赢得更多的市场份额、赚取更多的品牌效应。2007 年,CIFA 年销售收入约合 30 多亿元人民币,其中混凝土机械销售收入约合 35 亿元人民币,两项销售收入相加近 70 亿元人民币,中联重科混凝土机械出口 6000 万元人民币。收购后,经过 3 年多的整合和技术创新,2011 年,中联重科混凝土机械的年销售额增长到 250 亿元,复合增长率达到 50%,远高于中国混凝土机械行业的复合增长率 30%。其中,中联重科国内混凝土机械出口额 4 亿元人民币,是 2007 年的 6 倍多。中联重科混凝土机械的行业占有率由并购当年的 18.4% 提升到 2012 年的 36.5%。2013 年,在"全球工程机械制造商 50 强排行榜"中排名第 6 位;2016 年 6 月 22 日,中联重科连续 13 年荣登中国 500 强最具价值品牌榜,名列第 73 位,品牌价值达 406.34 亿元;2016 年亚洲品牌 500 强中名列第 133 位。

第三,深度融合,创新技术,提升自我,促进升级。在不断发展壮大的过程中,中联重科深入实践,勇于探索,将国际协同、国际整合以及自主创新结合使用,归纳总结出一套"中联创新模式"。该模式包括:(1)国际协同与融合创新。2011 年,中联重科尝试与并购的意大利 CIFA 公司开展深度协同,运用划时代的碳纤维复合材料轻量化技术,将底盘的承载能力发挥到极致,研发出一系列碳纤维臂架泵车,实现了前沿技术与工程应用的完美结合。(2)买断吸收与整合创新。2011 年 6 月,通过买断在全球范围内都处于顶尖地位的德国 JOST 平头塔系列产品技术,中联重科通过迅速吸收、有效整合,进而实现了突破性创新,最终完成了塔机技术从国内领先到国际领先的完美跨越。(3)顶层设计与自主创新。中联重科以核心技术、核心产品研发为中心,通过积极开展共性技术、关键零部件以及全球领先产品开发,基于自主创新的全球起重能力最强的超大吨位履带起重机在中联诞生,打破了国外对 3000 吨级履带起重机的垄断地位。[1] 通过上述创新模式,中联重科从国际化的角度协同、整合全

---

[1] 王尚:《2017 年工程机械创新之路盘点》,《建筑时报》2018 年 1 月 22 日。

球技术资源,成功实现自主创新、技术进步,有效提升了其产品国际竞争力和产业升级。

### 三、贵州模式:政府主导下的"双循环"模式

2013年,贵州政府大胆决策发展与东部地区站在同一起跑线上的大数据产业,先于其他省(自治区、直辖市)占领大数据这片"蓝海",获得先行者优势。先后分别在贵阳市综合保税区、贵安新区设立大数据产业集聚区,除集聚了一批如微软、IBM、惠普、富士康、华为等国内外的龙头型企业外,还集聚了一些增长性极强的创新型企业,已经初步形成了以大数据产业为核心的"蓝海"生态体系。继而,贵州又提出以大数据为核心向上下游扩张发展全产业链,既解决就业问题,又为创新创业人员提供平台,还能集聚先进制造业。

与此同时,贵州还致力于相关平台建设,特别值得一提的是"云上贵州"作为全国第一家省级政府平台,集数据集聚、共享与开放于一体;而贵阳大数据交易所则是全球第一家大数据交易所……以各个平台为依托,贵州将大数据运用于实际工作中:(1)通过大数据达到精准识别贫困户,实现精准扶贫。(2)依据大数据,让更多的企业发现更多商机,比如贵州东方世纪科技股份有限公司建立了"东方祥云",其数据主要来自公开的卫星遥感数据。目前,在"东方祥云"之上已经拥有超过2万多个线上水利工程,服务能力从国内延伸到国外,不仅涵盖国内主要河流,而且还涵盖包括尼罗河、亚马逊河等流域在内的世界著名流域。(3)利用大数据辅政,把权力关进"e围栏"。2015年以来,贵阳市实施"数据铁笼"工程。首先梳理"三清单两点一流程",即权力、责任、问题"清单",公共权力运行流程以及权力寻租点、群众关注点;其次进入信息化平台,让权力"跑起来";最后,通过分析权力"跑动"数据构建行为模型,将事后监管变成事前、事中监管。(4)凝聚大数据之力,探索发展新道路。[1]

2016年2月,贵州获批建设全国首个大数据综合试验区。围绕试验区,贵州又做了许多突破性工作。2017年,作为核心区的贵阳市,决定推动贵阳大数据优势资源走出去,更好地服务于国家大数据战略实施。[2] 截至目前,贵州大数据产业"引进来"已经非常成功,"走出去"也已开始顶层设计,在不久的将来,贵州将形成以大数据产业为核心的"引进来"与"走出去"相辅相成、相互促进的"双循环"模式。贵州

---

① 李银、王新明:《贵州用大数据做了啥?》,http://news.xinhuanet.com/2016-05/25/c_1118928838.htm,2016年5月25日;李银、王新明:《"抢跑"的贵州用大数据做了啥?》,《中华工商时报》2015年5月26日;李银、王新明:《贵州是如何领跑大数据产业的》,《领导之友》2017年第12期。

② 田方:《推动贵阳大数据优势资源走出去　更好服务于国家大数据战略实施》,《贵阳日报》2017年4月1日。

"双循环"模式指的是贵州在守住生态与发展两条底线,发挥自身资源禀赋、区位条件等优势的基础上,秉持双向大开放之战略眼光,采取弯道取直策略,在本地区以大数据为主导产业,分别向上下游产业扩张发展全产业链,以平台建设为抓手,注重大数据政用、民用、商用等领域发展成果的同时,积极推动优势资源和成果"走出去",在世界范围内寻找更广泛的市场、更优质的竞争对手,从而形成"引进来"与"走出去"相互促进的发展态势。

## 四、结论与建议

东部地区、中部地区和西部地区都各有优势,尽管对外直接投资发展程度不同,甚至差异还很大,但是并不是一些地方可以,一些地方不可以的简单加减法。只要理念先行,认真思考如何有效确定"走出去"资源,如何寻找到适合自身的"走出去"方式,如何有效发挥各种效应,如何进行大胆创新,那么各地区对外直接投资都会得到长足发展,且形成一种回馈国内的态势。

### (一) 各地区实施对外直接投资是必然趋势,但需确定"走出去"的资源

扩大开放是 21 世纪的必然趋势,在此趋势之下,各地区实施对外直接投资则成为必然。但是每个地区可以"走出去"的资源千差万别。对于东部地区,已经"走出去"很多资源,但是更需要确定有哪些应该"走出去"的资源还没有"走出去",已经"走出去"的资源是否可以发挥最大效应,等等。对于中部地区和西部地区,则需要确定哪些资源可以"走出去"。这些都需要相关政府进行梳理、筛选、引导,最终确定"走出去"的最佳资源组合。这是一项复杂的系统性工程,需要用心、用情、用力去做。

### (二) 各地区差异明显,但却可以找到适合自身的一种对外直接投资方式

东部地区是我国对外直接投资发展最好的地区。但是东部地区并不是一切都很完美,相反东部地区更需要进行全方位调整,进入"对外直接投资+"时代,改目前的"规模型"为"质量型"对外直接投资,充分发挥东部地区在我国对外直接投资中的领头羊地位与作用,争取世界话语权,并利用对外直接投资反馈回国内。

中部地区和西部地区对外直接投资发展比较晚,远远落后于东部地区。但是更需要树立一种理念,即"走出去"是为了更好地"引进来","引进来"是为了更好地"走出去",两者并重、良性互动;要想发展,闭关自守没有出路,只有"走出去",与世界接轨,才能有出路,才能得到更好地发展。理念支撑是第一步,之后则需要立足发展现状,用好自身优势,确定一种适合自身对外直接投资的最佳方式,上下齐心推动可以"走出去"的资源,不断向前迈进。

### （三）对外直接投资有利于各地区发展，但需要思考如何有效发挥各种效应

从前面的分析可以知道，对外直接投资可以通过促进出口贸易效应、技术创新效应、产业升级效应以及投资带动效应等多种效应共同促进各地区发展。然而，如何有效发挥上述各种效应却是各地区应该慎思慎想的重中之重。无论是东部地区还是中、西部地区都必须做到这一点。只有思考清楚了，才能制定出可行的战略规划，才能有的放矢，否则简单冒进只会失败；与此同时，需要注意，慎思慎想并不代表裹足不前，而是应该解放思想、放开手脚，寻找刺激发挥各种效应的各种机制，最终达到最大化各种效应功能的目的。

### （四）各地区都有不同类型的成功案例值得学习，但需要结合实际大胆创新

尽管中国对外直接投资晚于西方发达经济体，但是也出现了一些不同类型的成功案例。毫无疑问，这些成功案例的成功经验是应该被广泛学习借鉴的，但是却不能僵硬地照搬照抄，而应该结合自身实际因地制宜地进行大胆创新、大胆变革，创造一种适合自身的投资模式，这样才能发挥成功案例的最大功效。

# 第十五章　双向投资布局下地方政府的经济职能

◇◈◇◈◇◈◇◈◇◈◇◈◇◈◇◈◇◈◇◈◇◈◇◈◇◈◇◈◇◈◇◈◇◈◇◈◇◈◇

改革开放以来,我国引进外资取得相当大的成就,地方政府竞争和政绩激励机制起到非常大的作用。对外投资大幅增加是近几年的新现象,因此,关于对外投资方面的地方政府经济职能定位问题的研究相对较少。理论方面,一些基本问题尚未得到解答,例如地方政府是否应该在企业对外直接投资中有所作为? 在哪些领域以及如何有所作为? 实践方面,我国以及其他国家对外投资的政策体系和做法具有怎样的特点? 中央和地方政府如何分工? 目前虽有一些文献介绍日本或美国投资促进体系的经验,但较少从中央地方分工角度来专门看待地方政府职责。

为此,本章将从地方政府职责这一角度出发,探讨在对外投资中的地方政府定位和主要职能的理论基础和实践做法。

## 第一节　地方政府在对外直接投资中发挥作用的理论基础

关于地方政府在企业对外直接投资中发挥作用的理论机制,要讨论两个维度的理论:一是政府在企业对外直接投资中的经济职能是什么? 应该在哪些领域有所作为? 这个问题关系到开放经济背景下政府和市场的关系。二是地方政府应该发挥怎样的作用? 中央政府和地方政府的职责应当如何进行较为有效的分工才是有效的?

### 一、政府在对外直接投资中发挥作用的理论基础

本章从两个方面来讨论政府作用:一是市场失灵理论,该理论从公共服务和产品提供角度,考虑政府的职能定位,这种分析是在给定制度环境的情况下讨论政府作用,通常将各类制度的建立和改革作为外在因素;二是基于制度视角下的政府作用,政府作为制度供给的主导者,在开放经济之下,更是国际竞争的参与者,而不仅仅只

是具体公共服务和产品的提供者。

## （一）在企业对外投资中发挥作用的市场失灵理论

在经济学理论中，政府干预经济的基础是市场失灵，即资源市场化配置不能实现最优效率。若政府适当干预后，资源配置得到优化，社会净福利能够提高，那么政府有必要进行干预。英国中央政府商业创新和技术部在一份研究报告①中，特别总结了政府支持企业国际化的市场失灵理论基础及类型。本章将相关市场失灵情况总结为表15-1。

表 15-1 企业国际化所面临的市场失灵情况和政府政策选择

| 市场失灵 | 市场失灵的具体描述 | 政府可选择的政策 |
| --- | --- | --- |
| 公共信息服务提供不足 | 一般性的市场信息（非专有或行业性的信息）具有公共产品特性，共同收集和发布一般性信息比单个企业分别收集更有效率。但一些国家提供的市场信息不足 | 政府面向本国和境外投资者提供投资贸易发布相关信息，或通过一些社会中介组织或专业服务机构发布信息 |
| 企业间协调失败，无法形成集体行动 | 部分行业性信息和市场机会，若通过行业协会或相关企业共同行动，能减少市场进入的成本，但大部分情况下，企业由于缺乏互信，自发的集体行动往往无法形成，需要政府进行协调 | 政府直接提供部分行业信息，或推动行业协会的设立和发展 |
| 市场无法提供当地社会和商业网络② | 社会网络的形成和发展具有外部性和网络性，在初期阶段，本国企业无法进入陌生市场的商业网络 | 母国政府通过与当地政府的官方交流渠道，帮助企业进入当地社会网络 |
| 企业国际化运营的知识技能投资具有外部性 | 大部分企业往往选择雇佣这类人才而较少投资于这类专业培训，而这类职业培训具有正向外部性，私人投资往往低于社会最优投资 | 政府补贴国际化运营专业人才培训教育或通过政府采购，获得专业服务机构针对本地企业相关培训服务 |
| 信息不对称和有限信息问题 | 由于信息搜索成本问题，企业未意识到其海外市场潜力，往往低估海外市场机会和夸大潜在风险 | 通过支持或直接举办培训或发布案例，促进国际化企业示范效应 |
| 正向溢出效应 | 企业拓展海外市场行为，对母国存在各项正向溢出效应，包括技术溢出效应、国际化运营的示范效应、人才溢出效应 | 政府补助或其他支持性政策 |
| 区域性公共产品提供如跨境基础设施 | 正向溢出效应，私人部门不能提供公共产品 | 通过开发性金融或特别基金来促进该类投资 |
| 市场准入政策壁垒需要破除 | 当地投资环境若出现问题，企业自身与东道国政府沟通的作用可能失效 | 通过外交或国际规则协议等方式，实现政府间对话和沟通，减少市场准入壁垒 |

资料来源：本书根据 UK Department for Business Innovation & Skills（2011）的报告整理。

---

① UK Department for Business Innovation & Skills, "International Trade and Investment—the Economic Rationale for Government Support", *BIS Economics Paper*, No.13, 2011.

② 社会网络往往容易被搭便车，因此私人部门提供不足。

从表 15-1 可以看出,企业国际化面临的市场失灵有以下几个特点:

一是市场失灵的各种情况中,信息不足和信息不对称的情况比较多见,包括东道国市场信息的提供不足、本国企业对境外市场信息的获取能力和预期收益估计不足。因此,对于母国政府而言,促进本国企业国际化的一个重要的着力点在于弥补信息不足和信息不对称。

二是为应对市场失灵,政府干预的手段可以多样化。即使面对同样的市场失灵情况,政府也可以通过不同方式进行弥补。例如面对市场信息和行业信息提供不足的情况,政府可以直接发布境外市场一般信息,也可以采购中介服务机构的服务,或与当地政府投资促进机构直接合作发布信息。长期而言,若企业已经形成一些商会协会,那么更专业化的信息发布应由这类第三方机构提供,政府只需为这类行业协会的发展提供制度环境或给予一定支持。

三是母国提供部分公共服务是为了弥补东道国投资环境的问题。一般而言,越是投资环境不完善的投资目的地,越需要母国政府的支持。这主要是因为这些国家的市场开放度不高,对外资企业的各类公共服务供给不足,上述市场失灵没有得到很好地纠正。例如这类国家往往投资风险较高、投资政策信息公开透明度不够、企业在当地商业网络尚未形成或无法进入当地社会商业网络、存在各种市场准入政策壁垒和隐性壁垒等。由于发达国家投资环境较好、公共治理能力较强,这些问题基本上不存在,而对于发展中国家,这些问题较为突出。这类问题的解决,既需要促使当地政府有所作为,也需要企业的母国政府与当地政府进行更多的协调沟通,或母国政府和东道国政府达成更高水平的投资保护和促进协议。

四是关于商业网络的公共提供方面。母国提供的部分公共服务是由于投资目的地集聚的国内企业较少,未在当地形成商业网络。商业网络的形成相对较慢,但一旦建立并形成规模,母国政府则可以逐渐退出对这部分公共服务的提供。

五是在跨境基础设施建设方面,基础设施建设属于公共产品,因此纳入公共部门的职责,由于基础设施跨越国境,会对企业国际化运营环境产生影响,政府通常有动力参与推动其国际基础设施通道的建设。

**(二) 制度视角下的政府职能定位**

传统经济学理论中,外在制度被视为既定,经济学讨论的一个逻辑基础在于:市场完全自由运作的情况下会产生哪些问题。在此逻辑基础上讨论政府应该如何作为,以此作为政府行为的规范基础。但对于发展中国家开放经济体,这种论述显然存在问题。

从制度视角可以分为两个方面:一是投资竞争视角。开放经济下,发展中国家的国际竞争特别集中于对全球投资的国际竞争,这种竞争除了经济激励政策之外,还包括经济领域之外的制度竞争。当一国制度存在缺陷,投资环境的国际竞争力则会下降,部分国内投资逐渐转向境外投资,吸引外资的能力逐渐下降,这种制度缺陷往往是经济发展到一定阶段之后才呈现出来,如知识产权保护、教育创新体系和人才服务体系等方面。二是境外投资服务能力视角。当经济发展到一定阶段,本国企业需要通过境外投资拓展市场、获取资源和技术,但在传统做法上,发展中国家政府对境外投资过度干预和进行严格管制,这使得传统境外投资政策措施不能适应新阶段的对外投资发展需求。

**1. 投资竞争视角——对外投资的母国制度缺陷和引资能力的下降**

过去传统对外直接投资理论认为,企业进行对外直接投资的动力主要是因为企业具有竞争优势,这是对企业行为的解释。近年来,一些文献在解释发展中国家企业对外投资行为时,提出了一些新的原因,其中一项是母国制度缺失引起企业对外投资行为,其核心内容在于,国内制度缺陷问题使得企业发展到一定阶段后,选择通过对外投资,以弥补国内制度不足所带来的负面影响。这种制度缺陷往往是制度供给存在问题,例如教育、创新体系、产权保护(包括知识产权保护),以及地方保护主义和市场分割等因素。例如威特和勒温(Witt 和 Lewin,2007)提出,企业要对两大外部关键因素作出反应:一是产业和技术环境;二是制度环境。一些国家的商业制度环境促使企业能够对新的市场变化和技术变化作出快速的反应,其中的原因包括了成熟的企业家、良好的教育体制、灵活的创业制度和人才制度等。若商业制度僵化或停滞发展,或存在缺陷,发展到一定阶段的企业会选择逃离母国市场,选择在境外投资。博伊森和迈耶(Boison 和 Meyer,2008)认为,由于中国存在国内市场分割、地方保护主义以及物流成本过高等问题,本土企业要通过国际投资来逃避国内市场分割。

基于母国制度因素所导致的对外直接投资,从广义上而言,属于投资制度环境的优劣竞争问题。母国政府需要检视其商业体系和其他制度因素所导致的投资环境问题。另外还有一些文献提出,一些母国制度缺陷,如环境保护标准过低、员工权益保护不力、产品质量标准和绿色标准过低等,使得境外企业需要通过其他方式来弥补其母国制度缺陷所造成的负面影响,如典型做法就是发布企业的社会责任报告。马兰洛等(Marano 等,2017)文章就显示,母国制度缺失会使得该类企业更有可能推出高标准的企业社会责任报告。

因此,在制度规避或制度缺失视角之下,母国政府需要检视其国内制度,虽然许多制度并非与企业投资直接相关,但与企业长期运营相关,如灵活的商业系统、教育制度、可靠的产权和知识产权保护、良好的社会责任规范制度等。

**2. 境外投资公共服务制度视角——从严格管控到放松的变化**

与发达国家不同,对外投资的大规模增长对发展中国家而言是新现象。对于发展中国家和新兴经济体而言,工业化初期最重要的路径是积极推进出口贸易和吸引外国投资者的资金,但对本国投资者的资金流出多数实行严格管制措施,其中一项重要的目的在于积累外汇资金。从严格限制本国投资者境外投资到逐渐放松的过程中,许多制度是滞后于对外投资发展现状的,金融监管、会计制度、税收制度、企业配套服务、中介机构和社会组织对本国跨国企业的服务提供能力培育等各方面都需要政府在制度建设和政策实践上有所作为。这其中一些制度是监管制度,一些制度是投资促进的公共服务,一些则是二者兼具,例如金融监管制度就是二者兼具。当企业对外投资需要获得更多金融机构的服务提供时,政府需要放松金融机构的一些境外运营业务,而要放松这些业务,就需要有跨境金融监管的制度和执行能力与之相配套。同样的道理也可适用于税收制度,母国虽有境外所得的税收制度框架,但在执行上仍存在各种问题,使得境外所得的税收收益大量流失,那么,试图利用改革税收制度来促进和导向境外投资的实际有效性也会大打折扣。

制度的建立和完善很难一蹴而就,而制度缺失使得企业对外投资面临制度的不确定性和不可预测性,这可能使得一些资本或储蓄率先通过各种方式转移至境外。因此,对严格控制转向放开对外投资的发展中国家而言,如何真正放开直接境外投资的资本管制、逐渐建立起较为完善的监管制度和服务制度是政府职责的重要内容。实际上,目前许多关于对外投资促进体系的论述中,许多制度配套对发达国家而言是属于政府的日常服务和监管职责,并非具有促进作用;但对发展中国家而言,空白制度的弥补或模糊制度明确化,实际上就构成企业对外投资的一种支持政策。

## 二、中央地方分权治理理论和地方政府行为的激励机制

从公共治理理论、经济学理论看,与本章相关的理论主要为:中央政府和地方政府应该如何划分职权,才能以最有效的方式实现全社会福利最大化? 地方政府行为的激励机制是怎样的? 根据分权理论和地方政府行为激励机制,引资和对外投资之下,地方政府的行为激励有怎样的不同?

### (一) 基于公共产品提供的分权理论

斯蒂格勒(Stigler,1957)、奥尔森(Olson,1969)等基于公共产品理论,提出地方政府优先原则和受益原则,其基本理念为,地方政府对民众的偏好更加了解,因此,应秉持地方政府优先提供公共服务的原则,只有当一项公共产品的外溢性影响更多区域时,才需要更高一级的政府提供相应公共产品。根据地方政府优先原则和受益原则,在政府的国际活动中,若主要受益方集中于其区域内居民或企业,则地方政府应承担相关的公共职责。根据地方政府优先原则和受益原则可以推导出的分权要求为:若地方政府能做得更好,则由地方政府承担;需要统筹和全局性规划的事务,则由

中央政府承担。

在企业国际化相关的政府职权划分中,典型的例子如当地企业国际化的扶持政策、为当地企业提供国际商务信息交流平台和渠道,这类服务则应主要由地方政府承担;另一些以本地为重要支点的跨境基础设施建设往往被纳入区域性公共产品,地方政府可以从中受益,因此也可以承担部分的职责。当然,这种理论上的推论和应用往往简单化,在现实公共事务中,地方政府和中央政府之间的职权划分受到其他各类因素和制度的影响。

### (二) 地方政府行为激励机制及其在双向投资中的应用

#### 1. 地方政府行为激励机制

经济学理论通常将政府作为单一主体,但在地方政府行为激励机制的论述中,政府不再是单一主体,而是不同层级政府以及由不同层级官员所组成的组织。根据公共选择理论,官员都是自利的行为主体,政府是由自利的官员组成的,官员行为有其自身目标,当目标设定不同,可选择的政策工具和职权不同,这些行为体的行为结果也会不同。在不同分权体制下,如单一制和联邦制,地方政府自治程度不同,所承担的事权和所拥有的财权不同,官员产生和考核机制不同,地方政府行为激励机制也就有很大的差别(Anwar Shah,2006);另外,在特定激励机制下,地方政府对不同的公共事务多表现出不同的动力和积极性。

在地方选举制度下,地方政府通常拥有相当大的自治权,中央和地方之间的法定事权划分通常比较明确。政府官员以当选为目标,选民通过发声机制以及用脚投票来促进地方政府不断提升其服务选民的能力和水平,当然,选举制度下,官员也有可能被利益群体所俘虏(Anwar Shah,2006)。

中国的中央地方关系属于另外的模型,地方政府官员的行为激励机制自然不同。我国省级官员由中央政府任命,官员主要考核指标是其在当地的政绩,1994 年中国分税制改革使得地方政府有了地方税收收入,财政自主权大为提升。多年以来,GDP成为官员的主要考核指标。从政绩能见度而言,各类基础设施建设、大型投资项目建设、各类开发区建设成为地方官员重点关注内容。在中国式分权制度下,地方政府在经济领域有较大自主权,能通过土地、金融、财政政策以及配套基础设施建设,吸引流动生产要素,展开区域间竞争。

值得注意的是,这种经济分权和垂直政治管理体制的中国式分权也会产生很多问题,特别是公共支出结构上的问题,地方政府财政支出结构偏向基础设施投资,而对环境、资源、医疗、教育等与可持续发展和民生密切相关的、能见度较小的公共服务提供不足,政府偏好牢牢掌握金融土地等要素资源(傅勇,2010),这种发展模式往往会具有短视性,长期前景存在问题。

**2. 引资和对外投资下地方政府激励机制的对比分析**

关于中国式分权下的地方政府激励机制研究主要集中于地方政府对资本的竞争,对于地方政府在对外投资中的行为激励机制,目前较少有文献对此进行分析。但政府行为激励的基本分析框架是不变的,这种分析框架适用于地方政府对引资的竞争行为,也适用于地方政府对境外投资的行为。杨宏山(2015)基于中国单一政府间结构、央地政策决策和执行过程相对分离的制度安排,在各类地方政府行为激励分析文献的基础上,总结提出了政策执行的一个"路径—激励"的政府执行行为分析框架。政策路径的要素分为政策目标、政策工具和评估标准(或考核指标),而激励机制形式分为政治激励和经济激励,也可分为正向激励和负向激励。从引资到对外投资,地方政府行为的政策路径和激励机制都发生了变化。在对外投资框架下,原来适用于引资领域的地方政府行为的政策目标、可使用的政策工具和考核指标都发生了变化。在考核指标相对模糊的情况下,中央政府可使用的激励机制作用也显得更小。下面从政策目标、考核指标、政策工具和手段方面对比引资和对外投资政策路径差异。

一是政策目标和考核指标的对比。地方政府引资政策目标是促进当地投资,提高当地经济增长水平、提高当地税收收入。从官员考核内容来说,投资项目数和投资规模成为重要而有效的绩效指标,投资所带来的当地企业发展、经济发展以及就业增加,都是有形的绩效。相比之下,境外投资促进政策的动力是模糊的,对当地税收提升效应不明显,对母国经济发展和母公司技术提升往往是不可观测和无形的,因此对外投资很难成为政府部门的绩效指标。即使是地方国有企业,官员政绩与国有企业境外投资绩效之间的关系也不直接,一方面,境外投资效果不可控因素较多,境外企业高管人员的管理能力、东道国投资环境等各类因素都会影响投资效益;另一方面,地方国有企业境外投资所造成的投资风险反而对地方政府官员绩效造成负面影响。

二是政策工具和手段的对比。地方政府在引资方面能采用的政策工具是多样化的,税收优惠或财政资金返还和补助、土地供应、当地基础设施建设、产业园建设、国内各类投资制度的改革和便利化,等等,都是地方政府能采取的政策工具和手段,但是在对外投资方面,地方政府能采用的政策工具相对较少,主要集中于信息的提供、信息交流平台和渠道的国际对接,对企业直接的财政激励较少且往往较为敏感。一方面,境外投资监控困难,财政激励制度的使用会涉及国家税收利益的流失问题;另一方面,过度的财政激励使投资目的地政府怀疑企业的非经济目的,担忧其国家经济安全利益或其他利益受到损害。

一些公共产品和公共服务领域的提供具有促进引资和对外投资的双向性,在这类领域,地方政府参与提供的积极性往往较高,例如交通基础设施的国际通道建设,这类建设将当地城市作为重要支点,既能促进当地招商引资,加快产业升级,又能带动当前企业通过贸易和投资方式,促进国际化运营;另外的领域如投资贸易的国际交流会、展会或企业国际对洽会,基于信息交流的双向性,这类会议或平台的开展也往往具有促进对内投资和促进对外投资贸易的双向性特点。

### 三、理论总结和思考

#### (一) 在传统对外投资理论和市场失灵视角下,政府要选择合理的干预方式

在发达国家制度较为完善的背景下,政府仍有必要促进企业国际化,理论上有两点启示:其一,传统对外直接投资文献认为,对外直接投资动因是企业具有竞争优势,这是对企业行为动机的解释。但传统对外直接投资理论只是表明政府应该不阻拦企业对外投资,尚不构成政府积极促进对外投资的理由,而市场失灵才是政府干预的理由。在此理论之下,对发展中国家政府的政策启示是,企业对外投资是逐利行为,政府不应阻拦,且随着经济开放度的提升,由于对外投资有利可图,政府阻拦(如资本管制)往往是无效率的。

其二,即使在制度健全的前提下,企业国际化所面对的市场仍然可能失灵,因此政府仍有干预的必要,但针对不同类型的市场失灵,政府需要选择不同的方式,这种干预方式的选择多是经验性的,而在对外投资领域,由于企业投资运营在境外,母国政府所能采取的措施是有限的。

#### (二) 制度视角下,对外投资和引资问题需要结合起来考虑

这一点对发展中国家特别重要。当一国对外投资大规模发展,而国内区域发展仍极不平衡,政府需要考虑的是,国内的生产潜力和能力是否已经得到充分发挥? 政府制度供给是否存在不足或缺陷? 国内投资环境的国际竞争力是否发生了变化? 因此,发展中国家政府要特别注意将对外投资和引资结合起来考虑。

#### (三) 从母国效应研究到政策建议的反思

许多文献在论证政府支持企业对外投资的理由时,常用对外直接投资对母国的技术溢出效应、经济增长效应作为理论基础。一些学者以此为基础提出政策建议:由于不同对外投资对母国产生不同效应,因此母国政府要对不同对外投资采取差异性手段。

当然,部分论述可以构成政府支持企业对外投资的理论依据,本章提出应该从两方面来反思这一建议:一是政府干预是有机会成本的;二是政府面对的信息是有限的。政府干预要以成本有效为前提,即政府干预所花费资源的机会成本要低于弥补正向溢出所带来的效益。另外,政府并非全能的,其面临的信息是有限的。对于一项

政府政策,要考虑政府能获得的信息、企业行为对政府政策产生的回应性策略、政府干预的成本效益等问题,例如如何用成本有效的识别机制区分不同母国效应的对外投资? 如何确保企业在这种识别机制下不伪装或谎报? 换言之,从信息经济学角度看,政府信息的获取是有成本的,很多信息甚至是不可获得的。若政府要根据企业对外投资产业或目的选择不同监管制度或资金支持力度,那么政府就需要选择容易甄别的可观察变量为依据,且在行政上要有效率,如境外油田投资的支持,这类投资往往容易判别且申报企业数量少,申报的企业通常比较可信,而需要大量信息进行甄别的支持政策可能就是行之无效的。因此,从经济学研究到推出政策建议,必须十分谨慎。

## 第二节　地方政府在对外投资中发挥作用的政策实践

本节从政策实践角度讨论地方政府在企业对外投资中的经济职能,一方面,梳理目前我国中央和地方政府在对外投资中的分工,总结地方政府在对外投资领域发挥作用的现状;另一方面,借鉴总结典型国家对外投资政策经验以及特点。

### 一、我国中央和地方政府在对外投资中的经济职能分工现状

中央和地方许多分权事项上,虽然理论可作为指导依据,但许多事权划分与政治行政体制密切相关,更多是经验性的问题。讨论地方政府在企业对外投资中的经济职能定位,需要在中央地方职能分权这样一个整体框架下进行分析。

#### (一) 对外投资的政策体系分类

从功能上分,对外直接投资的政策体系可分为监督管理和投资促进两大类(胡拥军和马强,2011;张洁颖,2007)[①]。监管和服务包括对外投资核准备案、外汇登记管理、境外投资的信息统计、境外投资联合年检、境外国有资产管理以及税收制度等方面;境外投资促进政策体系包括各类公共财政资金支持、金融支持政策、税收优惠政策、对外投资服务提供和经贸信息交流平台以及境外经济贸易合作区的建设支持政策等(总结见表15-2)。这种划分并非因领域而异,而是根据政策具体内容而定。在一些领域,某些政策兼具投资促进服务和监督管理之分,例如税收政策。税收协定为避免国际双重征税,具有投资促进的作用,但税收协定同时也要避免双重或多国均不纳税的"税基侵蚀"情况,这就接近于监督管理的功能。

---

　①　张洁颖(2007)将对外直接投资政策体系分为核准政策、投资促进政策、日常监督和管理政策三大类。

表 15-2 按功能划分的对外投资政策情况

| 政策类型 | 主要政策领域 |
|---|---|
| 监督管理政策 | 对外投资核准备案、外汇登记管理、境外投资的信息统计、境外投资联合年检、境外国有资产管理、税收制度等 |
| 投资保护和促进政策 | 对外投资协定和税收协定的谈判和签署、各类公共财政资金支持、金融支持政策、税收优惠政策、对外投资服务提供和经贸信息交流平台以及境外经济贸易合作区的建设支持政策 |

资料来源:根据相关资料整理。

### (二) 中国对外投资政策中的中央和地方职权划分

根据我国对外投资政策现状,表15-3总结了当前我国关于对外投资和企业"走出去"主要政策中中央政府和地方政府的职权划分情况。由于涉及政策范围广泛,表15-3仅列举部分主要政策的基本情况。

表 15-3 中央和地方对外投资政策的主要职权划分情况

| 政策内容 | 中央层级 | 地方层级 |
|---|---|---|
| 投资贸易协定谈判和签署 | 对外投资和税收签署的布局和谈判属于中央事权,如商务部、国家税务总局、外交部、财政部等承担具体职责 | 部分对外开放措施在地方率先试验,或地方基于企业信息,向中央反映对投资和税收协定的政策需求 |
| 境外投资核准和备案 | 敏感区域、敏感行业或一定金额以上的境外投资项目,由国家发改委核准;敏感地区和敏感行业境外投资项目,还要经商务部核准 | 地方发改委备案其他项目或向国家发改委报送;地方商务部门备案境外投资项目或受理并初步审查地方企业需向商务部申请的项目 |
| 外汇管理政策 | 国家外管局具体制定执行外汇政策流程等 | 外汇登记,由外汇指定银行进行真实性审查,地方外管局对外汇指定银行的操作情况进行检查 |
| 政策性金融服务支持 | 政策性金融机构(包括政策性保险机构)都是中央企业 | 各类政策性金融机构在全国设有分行,地方政府可与分行达成协议,通过财政资金补贴部分政策性金融产品 |
| 国有企业境外投资管理政策 | 国务院国资委制定国有企业境外资产监督管理办法,同时承担中央企业的监督管理职责 | 地方国资委承担地方国有境外企业的监督管理职责 |
| 财政资金支持 | 中央专项财政资金或引导基金支持符合条件的境外投资项目 | 地方专项财政资金或引导基金支持符合条件的境外投资项目 |
| 境外经贸合作区政策 | 商务部和财政部根据相关标准认定国家级境外经贸合作区,并给予一定的资金支持 | 省级政府也可根据相关标准,认定省级境外经贸合作区,并相应给予一定的资金支持 |
| 境外投资公共服务平台 | 商务部提供境外投资各类信息和统计数据,其他一些职能部门根据其职责提供相关政策支持和公共信息服务,如国家税务总局服务企业"走出去" | 地方商务部门也提供境外投资各类信息和地方统计数据,其他一些职能部门也根据其职责提供相关政策支持和公共信息服务 |

| 政策内容 | 中央层级 | 地方层级 |
|---|---|---|
| 金融支持和金融监督政策 | "一行三会"制定金融支持企业境外投资政策、制定金融机构境外投资促进和监督管理政策 | 中国人民银行各分行和地方金融监管部门承担执行职责 |
| 行业发展政策 | 国家工信部、农业农村部、文化和旅游部等制定发布支持相关行业"走出去"的政策 | 地方相关职能部门根据中央部委政策要求,细化具体政策的操作方法并予以执行 |
| 各类投资贸易的国际论坛或企业对洽会 | 不同国家部委举办一些与其职责相关的国际经贸论坛,如与文化相关或与特定产业相关 | 地方政府举办一些国际经贸企业对洽会,或参与一些论坛的地方分会等 |

资料来源:本书根据历年《中国对外投资合作发展报告》以及政策实施情况总结。

我国中央和地方职权划分具有以下特点。

**1. 中央地方职权划分体现我国单一制的特点**

许多政策领域并未完全归属中央或地方政府,而是中央和地方政府在不同阶段发挥不同作用。在我国单一制体制下,中央政府承担大部分政策的制定和决策,而政策的形成、企业需求信息的反映、政策的执行,以及政策执行后效果反响大部分由地方政府承担。这种央地分工对我国大部分公共政策是适用的,对外直接投资的政策也是如此。从表 15-3 可以看出,在所有的政策领域,地方政府都需要承担部分职责。即使是国际经贸协定的谈判立场这样典型的中央政府事项,对于许多行业开放信息,仍需要经由地方政府传递或反映至中央政府,甚至通过局部试验(如自贸区试验)开放,对某些行业的开放进行一些压力测验。相反,在美国这样的联邦制下,联邦政府有相应的执行机构,地方政府和联邦政府之间是独立、平等的主体,而我国央地之间则更多是上下级关系。

**2. 地方政府在不同领域的自由裁量权和职能不同**

根据表 15-3 可以看出,在具有全局性影响的政策领域,中央政府承担大部分职责,地方政府自由裁量权相对较少,例如投资贸易协定的谈判、税收制度、关境措施等。由于地方政府与企业的互动往来较为密切,因此关于制度改革和政策改善的需求信息、政策落实效果的信息由地方政府以及地方职能部门向中央反馈。在一些公共服务性领域,如信息提供以及政策具体执行程序优化等领域,地方政府可在中央政府总体政策架构下有更多作为,例如境外投资公共信息服务平台、境外投资备案程序,以及向本地企业国际化提供信息交流平台和渠道等,是地方政府可以积极主动、有所作为的政策领域。

**3. 中央政府和地方政府之间的分权是动态化的**

在一些具体领域内,中央政府仍可通过授权方式,在一定区域和一定时间内,由地方政府试验探索属于中央政府事权的改革开放政策,典型的如自贸试验区改革试验构建更加完善的境外投资管理和服务平台。当然,目前自贸试验区之内许多政策事项仍属于中央,并非一揽子授权,自贸试验区具体事项的突破仍然需要部委逐一同意,地方政府仍以政策执行和反馈为主,但在一些具体事项上,一些部委对自贸区给予特别授权。

## 二、目前我国地方政府在企业对外直接投资中的主要作为

地方政府在对外投资中承担的职责主要包括:日常监管和服务政策的执行、协助经贸信息的国际沟通和交流、财政资金和金融服务支持、区域性公共服务提供,以及其他支持手段,如境外经贸园区支持和建设等。具体而言,包括以下几个方面。

### (一) 搭建国际交流和服务平台,促进商业信息交流和沟通

根据次国家政府外交活动理论(陈志敏,2001),地方政府国际活动往往不具有法律性和约束性,而是具有中介性。在推动本地企业国际化的过程中,地方政府以促进信息交流和沟通为主,帮助企业了解较为陌生的境外市场信息,挖掘潜在经贸合作机会。地方政府国际交流的渠道和平台往往存在多维目标,除了经贸信息交流外,还包括文化交流、专业技术人才培养合作等事务。地方政府的国际交流渠道也是多样化的,包括结交国际友好城市①、举办和参与国际性论坛和会议等。目前我国许多国际性论坛和会议将地方作为一个重要主体纳入其中,例如各种市长论坛、地方领导人会议(如中国—中东欧国家地方领导人会议)、"中国—中东欧国家省州产业合作展"等。许多地方政府常借此平台,组织本地企业与其他国家地方企业进行对接洽谈,使企业获取境外市场信息。另外,在次区域合作方面,一些沿边沿海城市与一些区域已正在推进实务合作,例如云南省和大湄公河区域的合作、广西和东盟的合作。

我国地方政府国际经贸交流从过去的投资引进和出口贸易促进为主,逐渐转向双向的投资贸易信息交流。过去主要是我国国内城市向境外企业推介国内投资机会,推广城市品牌,近年,许多城市开始协助境外城市到本国举办投资推介会,例如2015年,北京市利用友好城市交流机会,协助雅典、贝尔格莱德、华盛顿等来访代表团举办投资推介会,向全市企业介绍所在国家及城市的环境及引资项目②。

---

① 根据中国国际友好城市联合会网站信息,到2017年10月20日,我国有31个省、自治区、直辖市(不包括中国台湾地区及香港、澳门特别行政区)和478个城市与五大洲135个国家的513个省(州、县、大区、道等)和1607个城市建立了2470对友好城市(省州)关系。http://www.cifca.org.cn/Web/YouChengTongJi.aspx。

② 商务部:《中国对外投资合作发展报告(2016)》,http://coi.mofcom.gov.cn/article/y/gnxw/201703/20170302539691.shtml,2017年3月23日。

## （二）地方参与提供跨境区域性公共产品，注重基础设施的国际联通性

近年来，在"一带一路"倡议下，地方政府在交通基础设施建设规划中，交通、口岸、港口等重要基础设施建设特别注重与境外区域的互联互通，例如云南、广西等沿边地区一直致力于推进与中南半岛的交通基础设施联通；一些非沿边地区如重庆、郑州等地则通过中欧班列，实现和境外市场联通；东部省份也积极通过开通中欧班列，开辟与境外市场联通的新渠道。这种跨境基础设施的建设联通实际上属于区域性公共产品范围，处于全球公共产品（如气候变迁）和国内公共产品（如国防）之间。对地方政府而言，基础设施的国际联通建设既是提升本地投资吸引力的方式，也为本地企业国际化运营创造条件。在引资方面，地方政府通过完善交通设施建设，使原来不具有地理优势的地区（如中西部内陆地区）与境外市场的联通成本大幅降低，这无疑会增加当地引资潜力；在对外直接投资方面，基础设施国际联通最直观的影响是企业国际化环境得以改善运营（不管是贸易还是投资方式），特别是对外贸易的发展环境得以改善，企业通过对外直接投资实现跨国发展的可能性也就更高。

## （三）地方资金支持政策通常与金融服务支持相结合

从我国目前各地地方政府的做法看，部分地方政府设立了一些专项财政资金支持企业投资或承接境外项目，但由于资金在境外使用，政府监管困难，因此资金支持的额度往往有限，使用方向也受到严格限制，因此直接的财政资金支持力度较少，财政资金支持主要集中于提供相关公共服务和部分服务采购，如向企业提供境外投资的信息、人才培训和风险防范等服务。

地方政府对企业对外投资合作的财政资金支持政策常与金融服务支持结合起来，主要领域包括：一是设立股权投资基金，用有限的财政资金撬动更大的金融资金，以发挥财政资金的引导和杠杆效应，如地方政府设立境外投资股权投资基金和地方版丝路基金[①]。二是补贴政策性保险购买。目前，我国主要是中国信用保险公司提供政策性保险服务，包括出口信用保险、投资的政治风险保险等。有些政策性保险的起点和门槛要求较高，一些小微企业承担不起保险费用，为此，许多省级政府和出口信保公司的地方分公司达成协议，对符合一定条件的企业或项目，地方政府承担部分或全部的保险费用（但地方政府更多补贴的是出口贸易保险而非投资保险）。三是地方政府与一些政策性金融机构和商业性金融机构达成合作协议或备忘录，为当地

---

① 例如福建、江苏、江西等地分别筹建地方"一带一路"基金、海上丝绸之路产业投资基金、国际产能合作和装备制造"走出去"产业投资基金，广东和广西均制定了地方丝路基金设立和运营方案，对重点国际合作项目给予资金补助、贷款贴息、股权投资等扶持。《统筹协调 有序推进——"一带一路"建设地方实施方案衔接工作成效初显》，http://www.gov.cn/xinwen/2015-11/19/content_2968604.htm，2015年11月19日，最后访问日期：2017年12月12日。

企业对外投资合作的金融方案提供一定支持。例如部分省级政府积极推动银企合作,为企业"走出去"提供融资保障,如新疆、浙江等省联合国家开发银行、中信保等金融机构举办金融机构与企业对接会,为企业提供更多渠道,以获得更多元化、个性化金融解决方案。[①]

### (四) 地方政府积极参与推动境外经贸合作园区建设

在发展初期,我国境外经贸园区是企业主导行为,是境外企业抱团发展的商业模式。随着境外经贸园区的发展,产业集聚效应明显,这种模式得到国家领导人的重视,商务部、省政府开始给予一定的资金支持。目前中央政府(主要由商务部和财政部承担)和各省级政府均有对境外经贸合作区的财政支持政策。中央政府和省级政府根据合作区的土地面积、投资额度、入区企业数量和入区企业投资额度等标准进行认证,给予财政资金支持。因此,国家级和省级境外经贸合作区并非是中央政府和省政府运营,而是获得不同层级政府的认证,从而获得不同来源的财政资金支持。

目前,境外经贸合作区逐渐成为各级政府促进当地企业国际投资的重要平台,特别是在"一带一路"沿线的发展中国家。根据商务部 2017 年 4 月发布的统计信息,中国企业在 36 个国家在建合作区 77 个,其中在 20 个"一带一路"沿线国家在建合作区 56 个,累计投资 185.5 亿美元,入区企业 1082 家,总产值 506.9 亿美元,上缴东道国税费 10.7 亿美元,为当地创造就业岗位 17.7 万个[②]。地方政府借助于"境外经贸园区"推动境外企业聚集,以此为平台与当地政府协调沟通,促进改善境外企业的投资运营环境。

### (五) 创新企业境外投资合作的公共服务机制,促进对外投资合作便利化

境外投资审核和备案等日常管理制度制定属于中央政府事权,但地方政府承担执行的具体职责,因此许多地方政府通过公共服务的流程改进和公共服务平台,为企业"走出去"提供政策咨询、网上办事事项、市场信息等服务,为企业"走出去"提供优质化服务和便利化措施,例如上海市提出构筑"走出去"生态圈,建立信息服务、金融服务、投资促进、人才培训、风险防范"五位一体"的对外投资合作公共服务机制,并探索建立"上海走出去企业战略合作联盟"和"上海对外投资合作专业服务联盟",推动企业之间以及与服务机构之间互动协同。这种联盟是政府推动未实现市场化运作,运行效果尚有待于观察和评估。

除了提升高水平的日常公共服务以外,一些地方政府越来越多地关注企业国际

---

① 《统筹协调 有序推进——"一带一路"建设地方实施方案衔接工作成效初显》,http://www.gov. cn/xinwen/2015-11/19/content_2968604.htm,2015 年 11 月 19 日,最后访问日期:2017 年 12 月 12 日。

② 中新网:《中国企业在 36 个国家在建境外经贸合作区 77 个》,http://www.chinanews.com/cj/ 2017/04-13/8198611.shtml,2017 年 4 月 13 日。

化运营的教育培训和信息交流问题,以培育本土企业家国际化运营的视野和能力,例如地方政府通过与著名中介服务机构建立合作机制,为企业开展国际化运营培训活动和政策咨询对接交流会等。

## 三、国外地方政府在企业对外直接投资中发挥作用的特点

各国对外直接投资政策差异较大,且由于各国分权制度不同,地方政府做法非常多样化。限于篇幅,本研究根据一些文献(Araújo,2013;UNCTAD,2015),简要总结国外地方政府的一些做法和特点,其中也包括了一些具有借鉴意义的中央政府政策。

### (一)国际化促进机构以推动内向国际化为主

从国际化促进机构的数量看,在推动国际化方面,大多数机构致力于引资和出口贸易,对外投资促进机构数量相对较少。阿拉约(Araújo,2013)以 WAIPA[①] 投资促进机构(IPA)成员和世界银行 IPA 成员作为样本,收集了 220 个可获得的国际化促进机构网站信息,这类国际化促进机构职责包括对内投资促进、国际贸易促进,也包括对外投资促进。结果显示,在这 220 个机构中,185 个为公共机构,18 个为私人机构,且公共机构多数(150 个)为中央政府下设的机构,而仅 35 个机构属于次国家政府(sub-national level)。从承担不同职责的机构数看,承担外向国际化职责的机构数远低于承担内向国际化职责的机构数,外向国际化职责中,包括出口促进职责的机构数为 68 个,促进外商直接投资的机构数仅为 17 个;内向国际化职责中,承担外商直接投资引入促进职责的机构数达到 204 个。

UNCTAD 对于外向型投资促进机构(Outward Investment Agencies,OIA)有其定义范围,即包括外向投资促进机构、开发性金融机构以及投资保证计划等。在该定义下,UNCTAD 曾经对 100 多个对外投资促进机构进行调查,结果显示,多数 OIA 同时融合了内向国际化的目标。UNCTAD(2015)重新收集 101 个外向投资促进机构网站信息[②],结果显示,大部分(85 个)为一国的投资促进机构[③],部分为区域性机构(如非洲开发银行)或多边机构(如世界银行多边投资保证机构)。UNCTAD(2015)统计信息还显示,OIA 在发展中国家和发达国家的机构性质分布有着明显差别。发展中

---

① 投资促进机构全球协会(World Association of Investment Promotion Agencies)。

② 101 个机构中,来自发达国家的机构占了 57 个,区域或多边机构占了 16 个,仅 28 个来自发展中国家和转型国家。

③ UNCTAD 的 OIA 范围中,外向型投资促进机构(Outward Investment Promotion Agencies)是指一国设立的投资促进机构,提供国际投资和贸易的各类服务和信息,一些是政府直接设立的机构,部分是以企业商务会基础设立的机构,政府可能给予部分资助;开发性金融机构是为国际投资和贸易提供贷款或担保的金融机构,可以是一国设立,也可以是区域内多个国家设立的机构;投资保证机构(Investment Guarantee Schemes)则是专门承保境外投资商业风险和非商业风险的机构。

国家主要以开发性金融机构和对外投资促进机构为主,而发达国家主要以开发性金融机构和投资保证机构为主。当然,阿拉约和 UNCTAD 的样本本身具有一定选择性,偏向于一国的投资促进机构,但根据这些数据仍然可以作出判断,即国际化促进机构以推动内向国际化为主,且以全国性投资促进机构为主,次级政府(或地方政府)投资促进机构较少。相比于投资促进机构,开放性金融机构和投资保证机构通常兼具外向国际化和内向国际化双向职责,但目前发展中国家的这类机构设置数量较少,偏重于投资促进机构。

**（二）外向投资促进政策内容以政策咨询和信息服务为主,且面向中小企业**

地方政府在对外投资促进政策上,多以促进本地企业家国际化运营经验交流、企业家培育培训项目等为主,较少直接使用财政资金补助支持企业对外直接投资（Araújo,2013）。政府机构设置中,与企业国际化服务密切相关的职能多纳入中小企业服务局之中,促进当地有潜力的中小企业实现国际化,国际化包括了贸易和投资两方面的内容。关于中小企业的国际化支持政策,日本政府有许多政策值得借鉴,其中中央和地方政府都设立专门面向中小企业的政府机构,帮助解决中小企业的融资问题,为中小企业国际化提供所需要的信息和政策咨询等,国内已有不少文献(如苏杭和王睦欣,2013;焦方太,2009)介绍。日本中小企业国际化促进政策中,直接财政支持政策比较少,例如日本 2012 年《中小企业海外发展支援大纲修正案》列出的扶持中小企业国际化的课题中,"信息搜索和提供"列为首位,其次分别为市场营销、人才培养、资金调配、贸易投资环境改善,以及通过政府开发援助支持中小企业海外市场拓展(苏杭和王睦欣,2013)。

**（三）社会中介机构较为发达,商会协会和东道国、母国政府互动密切**

发达国家跨国企业发展时间较长,境外资产规模庞大,因此已经形成了具有相当影响力的商业协会。跨国公司既能通过商业协会就东道国相关政策提出意见甚至影响当地政策,也通过商业协会影响母国政策。典型的如美国商会、欧盟商会、日本商会,这些商会在母国和东道国都具有相当大的影响力。这些商会的信息聚合能力、游说能力是以其广泛的会员企业为基础的。跨国企业各项政策诉求通过商会或其他中介服务机构来间接实现,这一方式使得跨国企业避免直接向东道国政府提出诉求或抱怨,东道国政府也可以不必过于担心一些职责,如受到特定外国企业利益绑架的指责,同时也能减少母国政府和东道国政府就具体事项进行沟通的繁重任务。

**（四）投资促进措施与公共产品提供及可持续发展目标相结合**

许多发达国家投资促进机构的目标阐述值得我国借鉴,例如我国产能过剩转移、为了国内的产业升级这样的目标阐述,对东道国而言,会显示我国政府对经济过度干预的色彩,而全球和区域性公共产品提供和可持续发展目标是各国投资促进机构所提倡的目标。例如根据 UNCTAD 介绍,荷兰经济发展局就明确其投资促进的各类资金支持计划与当地可持续发展、特定产业以及技术发展有关,且区域位于新兴经济体和转型国家,例如对具有一定污染和资源破坏的采掘业,投资促进机构根据其资源保护和环境保护支出项目给予信贷。这种目标阐述,一方面投资支持政策有了充分的理论依据;另一方面,这种母国政府支持政策较容易为东道国所接受。

新加坡海外园区建设政策也受到国内关注①,新加坡分别于 1993 年和 2002 年建立的海外投资促进委员会和国际企业发展局,通过复制国内工业园区模式,促进企业集中投资于海外工业园区、生态城、科技园。新加坡海外园区建设是政府主导的合作项目,以新加坡政府相关公司(government-linked companies)和东道国当地企业建立合营企业作为运营主体,目前的布局集中于东亚、东南亚以及印度。

## 第三节　政策启示和对策建议

由于地方政府在企业对外投资中的作用与引资有重大差别,中央政府需要在对外投资中承担更多职责,要在宏观视野下重新审视央地关系和官员政绩考核体系。相关对策建议主要包括:第一,国际化政策要同时包括贸易和投资;第二,地方政策要将引资和对外投资结合起来考虑;第三,鼓励和授权地方政府的政策创新;第四,授权地方政府改革商业协会相关制度,鼓励境内和境外商业协会发展;第五,要关注地方政府参与国际活动的领域限制问题。

### 一、政策启示

#### (一)地方政府在企业对外投资中的作用与引资有重大差别

从上述理论和实践分析中可以看出,地方政府在引资和对外投资中的目标和政策工具都是不同的,因此行为激励机制也是不同的。从目前我国各地地方政府的主要作为看,实际上直接支持境外投资的财政资金比较少,更多的支持政策是信息政策咨询以及投资政策的便利化。这一点与多数国家投资促进机构做法类似。

本书以为,以下五大领域的地方政府作为是比较普遍的,且均可找到一定的理论依据,主要包括:一是境外市场信息提供、国际交流平台提供以及企业国际化培训;二是城市外交和次区域一体化活动;三是地方可参与跨境基础设施建设;四是境外投资日常监管和服务配套;五是境外产业园区合作和支持。表 15-4 罗列了

---

① 普华永道、上海商务委:《上海对外投资合作(2017)年度发展报告》,http://www.doc88.com/p-2925617260347.html,2017 年。

相关的理论依据。

表 15-4　地方政府在企业对外投资中发挥作用的主要领域和依据

| 地方政府职责 | 政府作为的理论依据 | 地方政府参与的依据 |
|---|---|---|
| 信息和政策咨询、企业国际化教育培训等 | 信息不对称、一般市场信息具有公共性等市场失灵情况 | 地方政府对本地企业产业特点更了解 |
| 城市外交、次区域一体化 | 融入经贸和文化等各类交流 | 基于城市层级和特定区域的交流 |
| 跨境基础设施联通 | 跨境区域性公共产品提供和可持续发展目标，具有引资和企业国际化的双向作用 | 中央和地方共同参与，一些基础设施受益方集中于地方 |
| 境外投资日常监管和服务配套 | 发展中国家过去严格限制境外投资，制度配套不健全，相关公共服务和监管制度要建立和完善 | 我国地方政府要承担政策执行的职责 |
| 境外产业园区合作和支持 | 通过产业园区促进企业境外投资环境改善，特别是服务于中小企业的境外投资 | 中央和地方政府均可予以一定支持 |

资料来源：根据相关资料整理。

### （二）中央政府要在对外投资中承担更多职责

对外投资对地方而言是资本流出，地方受益有限，地方政府财政支持和补贴政策的动力机制不足。假设一些地方给予大幅度或大范围补贴，那么企业通过操作，改变对外投资企业地就可轻易获取这类补贴，因此地方补贴政策并不合理。如果要推出对外投资的一些资金支持政策，如对特定产业的对外投资支持（石油等战略资源或一些战略性产业），中央政府需要有更多作为。从国际对外投资促进机构运作来看，资金支持基本上也是以国家机构为主。因此，对于投资保险的地方财政补贴政策并非长远之计，实际上，许多地方政府补贴对象是出口贸易保险，而非境外投资保险补贴。

在鼓励地方制度创新的同时，中央政府应适时整合资源，总体推进改革。在一些领域，统筹整合资源往往更为有效，例如中欧班列的例子，从渝新欧到中欧班列，地方创新得到认可，中央政府在中欧班列规划方面已经在整合，但在一些领域如对于中欧班列的财政补贴方面，中央和地方之间的财政分担制度还要进一步合理化设计。这种统筹整合的制度设计要由中央政府主导，若要使中欧班列运作更具有持续性和更有效率，在资金匹配和地方运作自主权上都需要进行合理化设计。多年来，我国一直强调要建立对外投资促进体系建设，但在许多领域例如税收领域、境外投资的详细统计信息等方面远远跟不上对外投资增长速度，这类政策领域实际上是全国性的，中央政府要承担大部分的改革职责。

### （三）要在宏观视野下重新审视央地关系和官员绩效考核体系

改革开放以来，虽然央地关系和官员绩效考核机制促使地方政府积极进行招商引资，但随着产业升级，过去传统的优惠政策竞争、税收竞争、土地供给竞争的空间逐渐减少，而过去央地分权下，地方政府对民生领域重视不够的问题凸显，如教育、医疗、人才培训、环境等公共投入不足，造成经济的结构性问题。从宏观上来讲，这种结构性问题会影响社会国民福利水平提升，从狭义来讲，结构性问题对商业体系、创新体系都会造成长远负面影响，会降低引资潜力，阻碍产业升级。因此，在新形势下，需要重新审视央地关系和官员绩效考核改革，改变地方政府和官员的行为激励机制。

## 二、地方政府在对外投资中承担职责的对策建议

本章认为，地方政府在对企业对外投资有所作为的目标定位上应该更加精确化。地方政府应将促进开放型经济体制建设作为目标，促进经济的内向和外向国际化，而非单一的对外投资促进目标，主要政策建议包括以下几点。

### （一）国际化政策要同时包括贸易和投资

从企业国际化理论看，多数企业先实现贸易国际化，再逐渐发展至境外投资阶段。因此，从企业角度而言，贸易和投资是一体的，是拓展海外市场的不同方式；从地方政府看，地方政府更有动力推动企业出口贸易，且在推动企业出口贸易方面，地方政府能采取的政策工具和手段更多。实际上，地方政府各类对外国际经贸交流活动、跨境基础设施建设和联通、次区域一体化活动等往往兼具投资、贸易、产能合作和文化交流等目的，许多经贸交流是双向的和多领域的，无法将投资和贸易、内向国际化和外向国际化截然分开。

### （二）地方政策要将引资和对外投资结合起来考虑

对地方政府而言，不断改善本地的投资环境始终是其主要经济职能。根据上述理论，发展中国家许多对外投资动因是母国制度问题，因此，地方政府要在全球视野之下，考虑本地产业定位、本地制度环境变化等动态情况，要检视其投资潜力是否由于制度创新不足，或投资潜力没有得到充分挖掘，例如本地劳动力技术不高，可能与人才培养以及人才吸引能力相关，政府需要对各类制度进行反思和检视，避免出现因制度障碍和瓶颈所导致的投资转移。换言之，地方政府对资本的竞争要从国内地方政府间的竞争转向国际竞争。

中央政府要将引资和对外投资紧密结合起来考虑。许多国际间资本竞争是全国性的制度竞争，例如知识产权保护、市场开放度、创新体系等。此外，在国内区域经济发展不平衡的状况下，中央政府还要结合区域发展战略，考虑通过改善落后区域的交通基础设施，或打通新的国际通道建设，增加落后区域引资潜力，将对外投资转换为

国内产业转移。

### （三）鼓励和授权地方政府的政策创新

我国区域差异大，不同地方的产业结构、特色和地理环境特点差异大。由于不同类型行业和不同区域企业国际化模式的选择通常不同，因此，地方政府的具体作为也会有所差异，例如对境外市场目的地、境外投资产业的关注信息重点不同。另外，在提供跨境区域性公共设施方面，由于各地区位不同，地方政府参与提供的积极性也会不同。中央对地方的国际活动适当放权，鼓励地方政府在实践上积极探索创新投资促进的新模式和做法。中央政府可适时根据各地做法，总结成功经验并作为最佳实践案例进行适当推广。

实际上，我国地方政府在促进企业国际化的一些实践已成为模式或样本，例如渝新欧班列[①]。渝新欧班列最初是为了满足重庆笔记本产品的运输问题，从渝新欧班列到全国中欧班列，这项政策兼具引资和企业国际化的作用。这种地方实践模式创新以制度环境和地方特色为前提，如重庆地理因素和产业特点、中央对地方的适当授权等。地方政府的制度创新，类似于科技技术创新，具有不确定性和不可规划性，因此需要中央对地方政府的适当放权和授权，鼓励地方根据当地特色进行制度创新。在领域上，如表15-4所总结的信息和政策咨询、城市外交和次区域一体化、跨境基础设施联通、境外投资日常监管和服务配套、境外产业园区合作和支持等是中央政府应给予更大授权、地方政府应积极进行创新的主要政策领域。

### （四）授权地方政府改革商业协会相关制度，鼓励境内和境外商业协会发展

从资本输出的大国经验来看，商业协会是服务境外企业当地利益的重要组织机构。虽然我国目前通过投资促进系统已设立了中国国际商会，但这类机构有着半官方背景，发展的自由度受限，境外服务能力有限，同时，与官方有过多联系，使得东道国政府或国际组织将这类商会组织的意见与官方意见相联系，反而不利于表达当地企业的诉求等。半官方背景商会组织的存在一定程度上会抑制民间商会组织的发展。因此，建议中央授权部分地方政府改革创新商会协会制度，地方政府对境外商会协会的支持不以机构为导向，而是以其活动项目和服务绩效为导向，促进境外优秀商会协会的产生和发展壮大，也可考虑在地方层面推动民间设立一些专门的中介服务机构，服务于当地企业的海外贸易和海外投资发展。

---

① 重庆开通"渝新欧"班列是惠普重庆基地投产后提出的要求，希望将其产品直接输往欧洲。随着"渝新欧"的开通运行，更多笔记本电脑生产厂家、代工厂和配套企业选择落户重庆，一些希望利用"渝新欧"通道的其他产业也纷纷选择重庆作为生产基地，如汽车零部件厂商。产业发展使得"渝新欧"班次增加，反过来进一步提高重庆生产基地的吸引力，形成良性互动。另外，当地产业国际竞争力上升，当地企业国际化运营的能力和需求也随之提高。

### （五）要关注地方政府参与国际活动的领域限制问题

中央政府对地方政府参与国际活动领域范围要有所限制，原因包括：一是中央政府承担连带责任和最终责任问题。单一制国家下的地方政府自主性较小，其财政责任的最后承担者是中央政府，因此在开放经济下，不仅地方政府要对其一些国际活动行为承担责任和后果，中央政府也要承担连带责任，例如在地方国有企业的境外运营方面，地方要对境外企业的负债和经营风险作出严格的控制，中央政府实际上也应当进行一些制度上的规范。二是一些地方政府官员参与国际活动的能力是不足的，因此，地方政府的某些国际活动需要限于某一个层级，要对相关政府官员进行定期教育培训等。

# 第十六章 事中事后监管体制与负面清单加准入前国民待遇引资模式的协同

◇◇◇◇◇◇◇◇◇◇◇◇◇◇◇◇◇◇◇◇◇◇◇◇◇◇◇◇◇◇◇◇◇◇◇◇◇◇◇◇◇◇◇◇

随着我国融入国际经济一体化程度的不断深入,我国积极探索国际投资发展的新模式,在自贸区引入事中事后监管体制与负面清单加准入前国民待遇引资模式就是其中的一种。

## 第一节 负面清单加准入前国民待遇引资模式的内涵与发展

"准入前国民待遇加负面清单"引资模式包含"准入前国民待遇"和"负面清单"这两个核心概念,最早是在 NAFTA 中提出的。

### 一、基本内涵

在国际投资领域,负面清单引资模式也可称为准入前国民待遇加负面清单的外资准入模式,涉及"负面清单"和"准入前国民待遇"这两个核心概念,它们共同构成负面清单引资模式的完整内涵。[1]

#### (一)准入阶段的国民待遇与运营阶段的国民待遇

在国际投资法理论与立法上,通常以外国投资机构的建立为准,将外国投资活动大致划分为两个阶段,即外资准入阶段(Admission of Foreign Investment)和外资运营

---

[1] 张亮:《负面清单引资模式下的事中事后监管体制研究》,上海社会科学院 2017 年硕士学位论文。

阶段(Operation of Foreign Investment)。① 据此,国民待遇的适用范围主要可分为外资准入阶段(或称准入前 Pre-establishment)国民待遇和外资准入后(Post-establishment)国民待遇两大类。

准入后国民待遇适用于投资建立之后的阶段,主要涉及外国投资者拥有或控制的企业在东道国的运营条件。这种国民待遇在国内法的适用方面提供非歧视待遇,同时允许国内法继续限制外国资本的进入,并在监管和税收待遇上继续实行差别待遇。② 准入前国民待遇将国民待遇延伸至投资发生和建立前阶段,其核心是给予外资准入权,一般是指在企业设立、取得、扩大等各个阶段,给予外国投资者及其外国投资等同于本国投资者及其本国投资的待遇,并在国家监管和税收待遇等方面给予法律上和实质上的同等待遇。可以说,准入前国民待遇是传统投资协定采取的控制模式与开放投资体制中的自由模式最重要的差别③(见表 16-1)。

表 16-1　国民待遇标准分类及特征

| 国民待遇标准分类 | | 特　征 |
|---|---|---|
| 准入后国民待遇 | 有限的 | 东道国保留较大的自由裁量权 |
| | 全面的 | 适用法律上和事实上的国民待遇,除对国家经济至为重要的特定产业或幼稚产业予以例外保护 |
| 准入前国民待遇 | 有限的 | 选择准入(opt-in)、肯定式清单:除非在东道国特别同意的情形下,东道国国内的产业和活动在外资准入前阶段不适用国民待遇原则,但外国投资者在清单内可享有规定范围内的国民待遇 |
| | 全面的 | 否定式清单或负面清单:东道国保留对清单内的产业或措施制定不符国民待遇原则的权限 |

资料来源:根据相关资料整理。

### (二) 正面清单与负面清单

正面清单(又称"肯定式清单")是指国民待遇并非一个普遍适用的义务,缔约方仅在条约列举的事项上给予外资国民待遇,凡未明确承诺的事项,缔约国无须承担该项义务。负面清单(又称"否定式清单")模式下,条约所设定的国民待遇义务是普遍适用的,但允许缔约方通过清单方式保留采取或实施不符措施的权利。若没有作出例外安排,缔约方将承担全面的国民待遇义务。④ 两种模式分别显示了"自下而上"

① 顾微微、张异和:《多边投资条约下的外国投资准入自由化研究》,《政法学刊》2006 年第 3 期,第 76—81 页。
② 王粤:《TPP 带给中国的挑战与应对》,《国际经济合作》2014 年第 2 期,第 86—89 页。
③ 赵玉敏:《国际投资体系中的准入前国民待遇——从日韩投资国民待遇看国际投资规则的发展趋势》,《国际贸易》2012 年第 3 期,第 46—51 页。
④ 赵洲:《东道国投资法律环境的识别与互动适应风险问题——基于"一带一路"战略下的分析》,《安徽理工大学学报(社会科学版)》2016 年第 2 期,第 37—41 页。

"自上而下"的投资自由化路径,其最终目标都是实现投资自由化。[1] 两者的区别主要体现在如下几个方面(见表16-2)。

表16-2　正面清单与负面清单的区别

| | 国民待遇的义务水平 | 例外安排设置的难易程度 | 透明度 | 对政府执政水平和执政能力的要求 |
|---|---|---|---|---|
| 正面清单 | 低 | 易 | 低 | 低 |
| 负面清单 | 高 | 难 | 高 | 高 |

资料来源:根据相关材料整理。

**1. 就国民待遇的义务水平而言,负面清单模式要高于正面清单模式**

前者从谈判伊始就设置了一个较高的义务标准,国民待遇作为一个普遍义务,除非缔约国在条约中列明例外情形,否则国民待遇义务将无条件适用于所有部门。这种"一次性协议"(One-shot Agreements)的方式,虽然可能会遭遇延宕多时的谈判,但协议一旦达成就会产生一种"自动自由化"(Autonomous Liberalisation)的效果,无须进行后续谈判。后者则采用一种循序渐进的方式。它允许缔约国作出宽泛的保留,形成一个较低的义务标准,然后通过缔约国的后续谈判来逐步推进自由化的进程。显然,这种"选择性义务"可为缔约国预留更多的时间和空间来应对投资自由化带来的各种风险。[2] 在具体产业或事项的选择方面,缔约国仍保有较大的主动权。[3]

**2. 就例外安排设置的难易程度而言,负面清单模式难度也大于正面清单模式**

正面清单模式下,缔约国只需要将本国的优势产业列入清单;负面清单模式则复杂得多,缔约国不仅需要考察其本国现在的优势产业,而且还要前瞻性地为未来的发展产业预留合理的发展空间。

**3. 就透明度而言,两种模式各有侧重**

负面清单可为投资者提供一个稳定和可预见的法律环境,投资者只需要查看清单就能确认东道国所采取的不符措施,并可据此作出投资决策。对投资者而言,正面清单模式缺乏必要的透明度,正面清单保留的不符措施范围十分宽泛,投资者很难获

---

[1]　李庆灵:《刍议IIA中的外资国民待遇义务承担方式之选择》,《国际经贸探索》2013年第3期,第80—90页。

[2]　WTO,"Communication from the European Community and Its Member States(WT/WGTI/W/121)",https://www.wto.org,2004.

[3]　WTO,"Communication from the Republic of Korea (WT/WGTI/W/123)",https://www.wto.org,2004.

得准确的信息;但正面清单模式明确地列出国民待遇条款的适用范围,使东道国所承担的条约义务处于较为确定的状态①,便于东道国政府明确与执行条约义务。

**4. 对政府执政水平和执政能力的要求**

负面清单对政府执政水平和执政能力的要求较高。谈判国政府要对本国产业总体水平、国际竞争优势及未来发展方向具有较高的识别能力和判断能力,这对发展中国家或经济转型国家构成很大挑战。这里需要特别指出的是,负面清单还存在相当的不确定性,未来出现的任何新产业或部门将会自动开放,特别是对于发展中国家而言,任何新的产业或部门将毫无例外地面对来自美国等发达成员方的竞争压力。这也是与正面清单最大的不同点。

**（三）事中事后监管**

严格来讲,事中事后监管并不是一个法律概念,因此在法律上也无权威的定义,学者对其内涵也有不同的见解。有学者认为,"事中事后"是一个与"事前"相对应的概念,但是三个"事"具有不同的含义:"事前"的"事"指准入,"事前"即准入之前;而"事中事后"中的第一个"事"指企业运营、经营等活动,第二个"事"指违法或违反相关规定,因此事中事后监管也即是企业在经营过程中和出现不法行为之后的监管。也有学者认为,事中事后监管是指政府对企业在管理、经营、运行、销售和清算等实际商事运作阶段的活动的监管。② 实际上,事中事后监管的具体内涵要结合特定的语境来理解,在本章负面清单引资模式的大背景下,事中事后监管就是指外资准入的门槛降低后,外资在进入以后全生命周期的监管,包括企业运营中和歇业后,是一个动态的、全过程的以政府为主其他主体共同参与的监督和管理过程。③

## 二、发展现状

"准入前国民待遇加负面清单"引资模式最早是在 1994 年 1 月 1 日正式生效的北美自由贸易协定(North American Free Trade Agreement,NAFTA)中提出的。NAFTA 规定,缔约方要给予其他缔约方高标准的投资待遇,同时对需要作出限制的行业、领域以负面清单的形式列出。

随着全球经济一体化程度的不断加深,负面清单引资模式为各国所普遍接受。负面清单已成为多数发达国家采用的主流引资模式,例如,美国和日本对外签订的双

---

① WTO,"Modalities for Pre‐Establishment Commitments Based on a Gats‐Type","Positive List Approach(WT/WGTI /W/120)",https://www.wto.org,2004.

② 黄志瑾:《破局"事中事后监管"国际投资法和上海自贸区的最新动态》,http://mp.weixin.qq.com/s?_biz=MjM5MTAONTQxNw==&mid=205130127&idx=1&sn=d4abe6b3a48ac3cf6d782238a0cc2b76#rd。

③ 张亮:《负面清单引资模式下的事中事后监管体制研究》,上海社会科学院 2017 年硕士学位论文。

边投资协定条约和自由贸易协定几乎都采用负面清单模式。近年来,随着发展中国家融入世界的步伐加快,许多发展中国家也积极奉行负面清单的引资模式。迄今为止,世界上已经有70多个国家采用这一模式,并且这种趋势呈现不断蔓延之势。在跨太平洋伙伴关系协定(Trans-Pacific Partnership Agreement,TPP)文本及跨大西洋贸易与投资伙伴关系协定(Transatlantic Trade and Investment Partnership,TTIP)谈判中,要求缔约国采用更加符合国际投资发展潮流的负面清单引资模式,确保各成员国进一步开放投资领域,体现更高标准的投资自由。[①]

## 第二节　负面清单加准入前国民待遇引资模式的国外制度借鉴

由于外国投资的特殊性与复杂性,采取负面清单引资模式的国家,一般都会重视对外资的监管,尤其是那些发达国家,经过多年的经验积累,已经形成了一套与负面清单引资模式相匹配的外资事中事后监管体制。本书选取了美国、日本两国的外资事中事后监管体制进行介绍。

### 一、美国

建国初期,美国对外资准入基本没有限制。第一次世界大战时期,美国为了战争的需要开始将德国列入外资限制名单,此后,美国对外资的监管并没有随着战争的结束而终止,而是不断地加强监管力度,甚至把外资监管放到国家安全的地位来考虑,并形成了以国家安全审查制度为核心的外商投资监管体制。该体制具有以下特征。

（一）专门的外资监管机构

作为专门管理外国投资的机构,美国外国投资委员会(The Committee on Foreign Investment in the United States,CFIUS)是一个美国政府设立的横跨财政部、国务院、国防部和商务部等13个政府部门的机构。CFIUS一般会从国家安全,尤其是国防安全的角度来考察进入美国投资的企业,并作出是否允许投资的决定。此外,美国还设有其他具有外资监管职能的部门,如美联储、美国证券交易委员会、联邦贸易委员会和美国司法部等,它们在各自的领域对外资的事中事后监管发挥着专业性作用。

（二）完善的事中事后监管制度

**1.信息收集和披露制度**

美国现行的专门针对外国在美投资信息收集和披露的联邦法律主要有4部。其

---

① 张亮:《负面清单引资模式下的事中事后监管体制研究》,上海社会科学院2017年硕士学位论文。

中,《国际投资与服务贸易调查法》(International Investment and Trade in Services Survey Act)和《外国直接投资和国际财务数据提升法》(Foreign Direct Investment and International Financial Data Improvements Act)主要是规范外资企业信息收集方面的规定,根据该法,美国的相关行政部门可以获得外资在美直接投资、证券投资以及在行业投资等方面的信息。《提升本土和外国投资信息披露法》(Domestic and Foreign Investment Improved Disclosure Act)和《外国投资农业信息披露法》(Agricultural Foreign Investment Disclosure Act)主要是规范外资企业在证券投资和农业投资方面的信息披露要求。

**2. 国家安全审查制度**

依据 2007 年的《外国投资与国家安全法》(Foreign Investment and National Security Act),CFIUS 可以应企业、财政部相关部门等的申请,也可以根据自己的判断,调查任何与外国人有关的在美国境内的涉及多个州的企业并购交易活动。美国的国家安全审查具有以下三方面显著特征:一是对"国家安全"这一概念的解释比较宽泛,特别是国防安全在其中占据了重要地位,其他还包括经济和社会安全等。二是特别重视对外国政府实际控制的企业的国家安全审查,对其审查的严格程度明显高于一般企业。三是最终裁定权归总统所有,美国外国投资委员会对一些项目进行调查,然后围绕是否阻止收购的问题向总统提出建议,只有总统有权力阻止或禁止并购项目。此外,美国对外资的事中事后监管政策也不是一成不变的,而是随着社会经济的发展变化而变化的,如 2008 年全球金融危机后,美国对外资事中事后监管的严格程度明显提升。①

## 二、日本

日本在积极引进外资的同时,十分注重外资的事中事后监管,并已经形成了完善的外资事中事后监管体制。

**(一) 事中事后监管法律体系**

日本外资管理的法律体系包括基本框架性法律、行业法规和国际条约三方面。基本框架性法律主要包括《外汇及外国贸易法》(以下简称《外汇法》)、《商法》和《公司法》等。其中,《外汇法》规定了对外商投资的主要内容,在外资管理法律体系中居于核心地位。行业法规主要是金融、证券、运输等各个行业的具体规定,这些规定同样适用于外国投资者。国际条约主要是指日本参加的或者签订的各种有关外资管理的国际协定或国际条约。

---

① 张亮:《负面清单引资模式下的事中事后监管体制研究》,上海社会科学院 2017 年硕士学位论文。

**（二）事中事后监管制度**

日本在完善的法律体系基础上,还建立了各种外资管理制度,以保证对外资进行有效的管控。

**1.外资审查制度**

《外汇法》赋予财务省及其他行业主管部门,根据法律规定对外商投资进行审查的权力。作为主管财政、金融、税收的最高行政机关,财务省也是日本外商投资的审批和主管机关。根据《外汇法》的授权,财务省的负责人有权要求外国投资者变更或中止相关外资交易的内容,并在特殊的情况下,有权发布命令紧急停止可能影响国家安全的交易。与美国类似,日本也有主管外资的专门机构——关税外汇类问题审议委员会,只不过该委员会隶属于财务省,向财务省长官负责。除财务省外,还有其他各相关行业的主管部门,如经济产业省、邮电省、运输省和法务省等,分别在各自的行业领域,通过制定行业性管理规定的方式对外资进行审查,并决定外资企业在本行业的去留。

**2.事前申报和事后报告制度**

根据《外汇法》的规定,日本对外商投资原则上采取事后报告制度,即外商投资行为发生后,外商投资者需在事后提交相关材料到外资主管部门。事后报告须在特定日期、按照规定的格式,通过日本银行向财务大臣及行业主管大臣提交。但如果外国投资者所投资对象的经营范围属于涉及国家安全,妨碍公共秩序、公众安全的行业或者对日本经济运行产生不良影响的行业时,须实行事前申报制度。事前申报的项目由外资主管部门进行审批,投资者对于审批决定有异议的,可以申请行政复议,对复议结果仍不服的,可以进行诉讼。①

## 三、启示

美国和日本对外资的事中事后监管理念、立法与具体制度建设等,对我国外资的利用和监管提供了良好的借鉴。

**（一）进一步加强外资监管方面的立法力度**

我国应加强外资事中事后监管方面的立法,如信用分类管理制度、国家安全审查制度等都要有相应的专门立法,并要制定具体的操作流程,避免出现无从操作的局面。在加快外资监管各个环节立法的同时,进一步扩大相关法律的适用范围,通过修改完善逐步将外国投资纳入所有行业性法律法规和规章的适用范围。

**（二）完善外资事中事后监管制度建设**

我们可以建立健全外资企业信息报告制度,同时还要建立信息收集制度,相关部

---

① 张亮:《负面清单引资模式下的事中事后监管体制研究》,上海社会科学院 2017 年硕士学位论文。

门依据法定程序,可以收集外资在某个行业或某个具体项目上的投资信息,企业有配合的义务。同时完善我国的国家安全审查制度,一方面,对国家安全作出更加全面的界定;另一方面,对国家安全审查制度的启动程序、调查流程、调查主体等方面都要作出详细规定,尤其要进一步做好国家安全审查制度与行政复议和诉讼制度的衔接,确立该制度在外资事中事后监管体制中的核心地位。最后,还要建立健全外资企业备案管理制度、信用分类管理制度和反垄断审查制度等,为外资事中事后监管构建完善的制度保障。

### (三) 建立健全以专门监管机构为主体的外资监管联系配合机制

与 CFIUS 相比,商务部外资司作为我国专门的外资监管机构,级别较低,权力也相对有限。为解决政出多门、监管效果差等问题,我国可加强外资监管协作,强化商务部的主体地位,同时加强与国家发展改革委、财政部、商务部、海关、检验检疫、边检、海事、法院、检察院等部门联系配合,并成立由各部门高级别成员组成的中央领导机构,从而形成统一高效的外资事中事后监管体制。[①]

## 第三节　负面清单加准入前国民待遇
## 引资模式在中国的实践

在负面清单引资模式下,清单外的外资准入仅需要将其投资者、投资领域和金额等信息向有关部门备案,监管部门不再进行事前审批。这种外资管理方式的转变,对我国事中事后监管体制带来了不小的挑战。

### 一、我国外资引进监管体制的演变

新中国成立初期,我国社会主义经济与制度发展缓慢。改革开放后,社会经济进入快速发展的新时期。与之相适应的是,我国在外资引进方面的立法也经历了几个不同的时期,同时外资引进监管体制也经历过 3 个不同的阶段。

### (一) 以行政命令为主的事前监管体制

我国自 1949 年新中国成立至 1978 年改革开放前,我国社会主义经济制度从无到有,并缓慢发展。在这个阶段,我国严格的计划经济体制与严峻的国内外形势,导致我国并没有颁布专门的外资法,对外资利用与监管也主要是中央政府通过行政命令的方式进行,缺乏确定性和长期性,地方政府的监管职能也未有效发挥,全国并未形成完整的外资监管体制。

---

① 张亮:《负面清单引资模式下的事中事后监管体制研究》,上海社会科学院 2017 年硕士学位论文。

## （二）以事前行政审批监管为主，以事中事后监管为辅的监管体制

党的十一届三中全会确立了对外开放的政策，决定采取多种形式利用外资和国外先进技术与管理经验，以加快社会主义现代化建设。自 20 世纪 80 年代初期开始，我国陆续开放大连、秦皇岛等 14 个港口城市，并逐步建立经济技术开发区、经济特区等。在这一阶段，我国陆续制定并颁布了《中外合资经营企业法》《外商投资企业和外国企业所得税法》《中外合作经营企业法》和《外资企业法》等一批涉及外资管理的法律法规，同时颁布《外商投资产业指导目录》作为外资准入方面的指导性文件。与之相对应的是以企业所有制形式为主线，以事前行政审批为主，以少量事中事后监管为辅的外资监管体制。

## （三）以纵向层次、横向层次相互联系的事中事后监管为主的监管体制

近年来，我国以审批制为主的事前监管体制已渐渐呈现出诸多缺点，并在一定程度上阻碍着我国积极融入世界经济潮流的步伐。2013 年通过的《中共中央关于全面深化改革若干重大问题的决定》明确了要探索对外商投资实行准入前国民待遇加负面清单的管理模式。在实践中，我国也在积极落实党中央的这一重大决定，2015 年公布的《中华人民共和国外国投资法（草案征求意见稿）》即采取了负面清单的引资模式。上海自贸区等十几个自贸区的成立，又把这一模式付诸实践。从审批制到备案制的转变，意味着外资的监管方式必须从注重事前审批转为注重事中事后监管。为了适应我国引资模式的转变，我国正在逐步形成以政府机构为主，各种监管主体共同参与的纵向层次、横向层次相互联系的外资事中事后监管体制。[①]

## 二、负面清单引资模式在我国的实践

改革开放早期制定的外资法律体系，奠定了我国外资引进与监管的制度基础，有力地推动了中国改革开放的伟大历史进程。而经过 40 年的发展，中国特色社会主义市场经济体制逐步完善，负面清单引资模式即将成为我国外资管理的法定模式。此举不但具有重要意义，而且具有理论可行性和现实可能性。

鉴于目前我国面临的国际国内环境，我国采用负面清单引资模式具有重要意义。第一，负面清单引资模式是我国对接国际贸易投资规则发展变化的最新潮流，积极融入世界经济发展新趋势的必要之举，同时，负面清单引资模式也是我国向世界作出的承诺，表达了我国坚持改革开放的决心。第二，负面清单引资模式是建设法治社会的题中之义，负面清单引资模式所代表的"法无禁止即可为"的法律理念与我国目前法治社会建设的方向高度契合，是法治社会在外国投资领域的具体体现。第三，负面清

---

① 张亮：《负面清单引资模式下的事中事后监管体制研究》，上海社会科学院 2017 年硕士学位论文。

单引资模式大大减少了行政审批,限制了相关部门的审批权限,这在一定程度上也减少了腐败问题的发生,为我国反腐倡廉建设在外资监管领域提供了良好的制度保障。

## (一) 理论可行性

外资法的理论研究为我国适用负面清单引资模式奠定了理论基础。自 1979 年我国颁布实施《中外合资经营企业法》以来,我国外资法的实践已有 40 年。近年来,世界经济一体化程度不断深入,我国也已进入调结构、稳增长的经济新常态,由于人力、原材料等方面的成本增加,面临着改革外资引进管理模式的迫切需要,这又为我国这方面的理论研究提供了强大的动力。多年的外资法理论研究取得了丰硕的成果,外资引进监管模式方面的文章与著作也层出不穷,尤其在中央层面确定建立负面清单管理制度之后,我国在这方面的研究力量投入达到了空前的程度,加之常年引进外资的实践也积累了丰富的经验,实践经验又反过来促进了理论研究的发展。

## (二) 现实可行性

### 1.《中华人民共和国外国投资法(草案征求意见稿)》采用负面清单模式

经过多年的酝酿,2015 年 1 月 19 日,《中华人民共和国外国投资法(草案征求意见稿)》(以下简称《草案》)公布,标志着我国引资模式的转变迈出了实质性的一步。《草案》是对中国外资法律体系的全面重构,而不是修修补补。从"立"的角度看,《草案》确立了负面清单加准入前国民待遇的引资模式,对各类外国投资的准入、保护、监管和促进等作出规定。尤其是在准入环节,《草案》确立全面报告加有限许可的管理制度,完善了国家安全审查制度,同时对现行外资管理制度作出重大改革,并初步建立起相对完善的外资事中事后监管体制。2018 年 12 月 23 日,《中华人民共和国外商投资法(草案)》提请十三届全国人大常委会第七次会议初次审议。该草案仍然保留了准入前国民待遇加负面清单管理的引资模式。

### 2. 自贸试验区负面清单引资模式的复制推广

《中国(上海)自由贸易试验区总体方案》(以下简称《方案》)所列的 9 项主要任务和措施中,"探索建立负面清单管理模式"排名仅次于"深化行政管理体制改革"和"扩大服务业开放",备受外界关注。自 2013 年 9 月上海自贸区诞生第一版负面清单以来,已有 4 个版本更新迭代,分别是 2013 年版、2014 年版、2015 年版和 2017 年版。从 2013 年至 2017 年,负面清单由最初的 190 条减少至 95 条,并且各行业的条目也在根据实际实施情况而进行增减,从而表明上海自贸区的外资准入负面清单制度正在不断地完善过程中。此外,负面清单引资模式的适用范围已经从最初的上海自贸区,扩大到了我国分三批设立的十几个自贸区,可以预见,将来随着我国自贸区数量的不断增加,负面清单引资模式的适用范围将逐步扩大,从而为该模式在全国的推广打下坚实的实践基础。

### 3. 市场准入负面清单已先行试点

2015 年印发的《国务院关于实行市场准入负面清单制度的意见》(以下简称《意见》)明确,在 2017 年年底之前的两年,市场准入负面清单制度在部分地区先行试点,并在试点基础上不断总结经验,到 2018 年复制推广到全国。2018 年 12 月,国家发展改革委、商务部联合发布《市场准入负面清单(2018 年版)》,这标志着我国全面实施市场准入负面清单制度,负面清单以外的行业、领域、业务等,各类市场主体皆可依法平等进入。市场准入负面清单的实行,必将为自贸试验区外商投资负面清单在全国范围内的推广提供良好的借鉴与经验积累。

### 4. 中美双边投资协定(BIT)谈判以负面清单模式为基础进行

2008 年全球金融危机之后,中国开始积极关注国际投资的新规则及其发展趋势。2008 年中美双边投资协定谈判正式启动,并在 2013 年 7 月以"准入前国民待遇加负面清单模式"为基础进入实质性谈判阶段,标志着谈判取得了重要的突破。作为世界上最大的两个经济体,中美两国如果能够在负面清单模式的基础上达成双边投资协定将有极大的示范效应,从而为负面清单模式在我国与其他国家的双边投资协定中的适用起到积极的推动作用。[①]

## 三、现行外资引进监管体制的特征

改革开放以来,我国制定了以外资三法为代表的一系列调整外商投资关系的法律法规,并在此基础上形成了我国现行的外资监管体制。值得一提的是,2016 年我国将不涉及国家规定实施准入特别管理措施的外商投资企业的设立及变更,由审批改为备案管理,标志着我国外资监管方式的重大转变。现阶段我国的外资监管体制具有以下特征。

### (一) 监管方式由以审批制为主转向以备案制为主

我国在相当长的时期内对外资准入以审批制为基本特征,而且在准入后的运营阶段仍以行政审批的方式进行监管,这种严格的审批制也是长期以来我国外资监管的主要方式。目前,我国已在各个自贸区践行负面清单引资模式,自贸区外虽未实行负面清单管理,但外资准入也主要采取备案制,外资在运营过程中的变更等事项也仅仅需要向相关部门进行备案,而不是严格的行政审批。

### (二) 中央和地方层面的事中事后监管体制建设同步推进

目前我国的各个自贸区已经在实行负面清单引资模式,并同步推进事中事后监管体制建设。各个自贸区及所在省(直辖市)结合各地实际情况,纷纷颁布了事中事

---

① 张亮:《负面清单引资模式下的事中事后监管体制研究》,上海社会科学院 2017 年硕士学位论文。

后监管体制建设方案,如上海市于2016年颁布的《进一步深化中国(上海)自由贸易试验区和浦东新区事中事后监管体系建设总体方案》等,上海自贸区事中事后监管体制建设的具体情况将另章论述。同时,我国已经开始了市场准入负面清单和商事登记制度改革的试点。与之相适应,《国务院关于"先照后证"改革后加强事中事后监管的意见》和《企业信息公示暂行条例》等文件相继出台,进一步推进了全国层面事中事后的监管体制建设。

### (三) 依企业所有制形式进行分类监管

在新的外国投资法生效之前,现阶段我国仍将企业所有制形式作为区分内外资的重要标准,不甄别资本的实际控制,只以国籍来界定外资并进行监管。此外,依据外资三法将外资企业分成不同的类型进行分类监管,此种监管方式易造成外资监管形式大于实质的后果,不能完全起到外资有效监管的作用。

## 四、负面清单加准入前国民待遇引资模式的挑战

### (一) 法律配套未及时跟进

尽管上海自贸区已经将负面清单引资模式付诸实践,国务院也给出了在全国实行市场准入负面清单制度的具体时间表,但到目前为止,我国并未出台一部法律或行政法规来规范负面清单引资模式下的事中事后监管体制。虽然各个自贸区在各自的管理办法中列出了自己的事中事后监管措施,但这种规定缺乏全国一致性,而且层级过低,无法实现全国层面的外资高效监管。

### (二) 全国统一的事中事后监管体制未有效建立

由于缺乏中央层面的统一立法,我国针对负面清单引资模式的事中事后监管体制并未完全建立。目前,各个自贸区分别通过诚信体系、国家安全审查或执法信息共享平台等制度或平台的建设来完善各自的事中事后监管体制,但全国性的监管体制还未建立,监管制度仍不完善,各机构间的协作办法仍未出台。因此,目前自贸区内外资的事中事后监管实践是分散的,属于地方层面的探索,缺乏全国统一的监管体制。

### (三) 监管机构的监管效能有待进一步提升

负面清单引资模式的到来,给监管机构带来的挑战主要体现在以下几方面:一是监管理念不适应。与过去几十年正面清单的引资模式相适应的是,我国外资监管机构更习惯以审批的方式实施监管,行政审批的过程即是监管的过程,面对负面清单模式这一新事物时,能否及时调整监管理念,变重事前审批为重事中事后监管,是监管机构的工作人员面临的一大挑战。二是工作方式的改变。从前外商投资,需要拿着申请、报告、股东决议、合同章程等很多纸质材料来政府部门窗口当面提交,逐项审

批。而在负面清单的引资模式下,各监管机构面临的更多的监管方式是制度约束、过程控制等,两种监管方式在形式、内容以及监管机构的职权等方面都存在着明显的不同。三是办事效率要求更高。负面清单实施前,外商独资进入中国平均要 8 个月时间,实施后就减到了 1 个月,甚至是减到几个工作日内。办事时限减少的同时,工作量却在成倍增长,据统计,2015 年前 10 个月,上海自贸区新增项目数是往年的近三倍。①

## 第四节　事中事后监管体制与负面清单引资模式的协同机制

上海自贸区运行以来,积极践行负面清单引资模式,努力推进制度创新,基本建立起相对完善的外资事中事后监管体制,但也存在着法律保障不足、法律法规不协调、制度建设不健全、两个负面清单未有效协同和监管主体过于单一等问题,需要在实践中不断总结经验,弥补不足,进一步完善外资事中事后监管体制。

### 一、改革新举措

如何保持先发优势,积极对标国际最高标准,并在更大范围内研究完善外资企业事中事后监管体制,是上海自贸区发展的内在要求。

2013 年 9 月,随着上海自贸区的成立,上海市政府制定的第一版负面清单也随之浮出水面。此后,各版负面清单的特别管理措施逐渐减少,反映了自贸区外资的事中事后监管体制建设逐渐完善,这是监管机构监管能力提升的重要体现。《自由贸易试验区外商投资准入特别管理措施(负面清单)(2017 年版)》划分为 15 个门类、40 个条目,只保留了 95 项特别管理措施。

实施负面清单引资模式的自贸区,相对于区外具有显著的优势。对于企业和机构开展业务,有的是自贸区内能做、区外不能做;有的是自贸区内先做、自贸区外后做;有的是自贸区内全部能做、自贸区外部分能做。自贸区的海关特殊监管区部分,在全国率先探索实践"一线放开、二线安全高效管住、区内自由"的通关模式,在贸易便利化,如通航通关、检验检疫、选择性征税等方面形成了一系列的制度安排,促进了一系列新型业务快速发展,包括国际贸易单一窗口、货物状态分类监管等。其中,目前只有在自贸区,实行负面清单引资模式,与之相适应的是对外资企业和项目登记实行备案制管理。外资准入负面清单模式的实施,激发了市场活力。据统计,上海自贸

---

① 张亮:《负面清单引资模式下的事中事后监管体制研究》,上海社会科学院 2017 年硕士学位论文。

区实施负面清单模式的最初两年,区内新增外商投资企业就已经达到 4000 多家,几乎相当于上海自贸区设立前 25 年落户区内的外资企业总数。①

按照建设方案要求,上海自贸区在推进各项改革的同时,也在不断完善政府自身的改革。在自贸区管委会的统一领导和协调下,上海自贸区形成了以管委会为主体,工商、商务委、海关、检验检疫等部门分工协作的事中事后监管体制。该体制主要包括以下几项主要内容。

### (一)"先照后证"登记制度

有别于"先证后照"登记制度,上海自贸区企业从事一般生产经营活动的条件仅仅是取得工商营业执照,只有属于国家法律法规规定的企业登记前置许可的事项才需要进行前置审批。该项制度的实施降低了市场准入门槛,激发了市场活力。

### (二)年度信息报告和企业经营异常名录制度

企业应当按年度在规定的日期内,通过工商和海关的相关系统向上述两个机构报送年度报告,企业对报送信息的真实性负责,如果不在规定时间内报送年报或者报送年报内容失真,企业将面临相应的处罚,并被纳入工商的企业经营异常名录。

### (三)信用监管体系

自贸区正在建设公共信用信息服务平台,并按照公用信息目录向市级平台归集相关信息,相关部门将根据企业和个人的信用信息,作出鼓励或者惩戒的处置结果。以信用信息服务平台为重要载体的信用监管体系建成后,将进一步增强信用对企业的约束力度,进而提升外资的监管效果。

### (四)监管信息共享平台

上海自贸区打造的监管信息共享平台,力图实现商务委、工商、海关和检验检疫等若干事中事后监管机构的监管信息互通、交换和共享,形成大监管体系,提升监管效能,但该平台涉及部门广、技术难度大、制度障碍多,需要经过长期建设才能完全发挥作用。

总体而言,该体制主要有以下特征:一方面,改革创新政府管理方式,为了与负面清单引资模式相适应,各政府机构大胆推进简政放权,取消或变更了大量的行政审批事项,改为备案管理,政府管理方式由注重事先审批逐渐转为注重事中事后监管。另一方面,注重各监管机构之间的互动,通过国家企业信用信息公示系统、公共信用信息服务平台等各种信息共享平台,实现区内和区外各监管机构之间的信息互通、执法互认,提高了外资的事中事后监管水平。

① 唐烨:《上海自贸区新增企业 2.1 万家 外商投资企业占比达 20%》,http://www.gov.cn/xinwen/2015-12/12/content_5023022.htm,2015 年 12 月 12 日。

## 二、存在的问题

### （一）强化事中事后监管的法律保障不足

作为一项国家战略，上海自贸区获得了全方位法律法规的保驾护航，但自贸区的新生性和创新性与现行法律法规的系统性和稳定性难免形成冲突，具体表现在以下几方面：一是自贸区相关法律法规位阶太低。上海自贸区建设的主要依据是《中国（上海）自由贸易试验区总体方案》《中国（上海）自由贸易试验区管理办法》和《中国（上海）自由贸易试验区条例》，从属性上来讲，这三者分别属于政策性文件、地方规章和地方法规，都不属于全国性的法律法规，位阶不高。二是法律配套仍不健全。根据全国人大常委会和国务院的决定，外资三法及其他相关行政法规和国务院文件的部分条款暂停在自贸区施行，但在全国性的外资立法并未及时通过的情况下，极有可能出现法律空白，如自贸区优先实行了包括"先照后证"等制度在内的很多创新制度，那么按照创新制度成立的区内企业如果在区外实施违法行为，应如何适用法律。三是相关规定缺乏可操作性，通过细读《自贸试验区管理办法》和《自贸试验区条例》可以发现，很多规定过于原则，可操作性不强。

### （二）现有法律法规与负面清单引资模式不同步

目前，《自由贸易试验区外商投资准入特别管理措施（负面清单）》在上海自贸区施行，但是在外资三法等法律法规没有修改，其他相关配套法律没有同步跟进的情况下，无法保障负面清单引资模式的顺利实施。为了让上海自贸区能够探索出与负面清单引资模式协同的事中事后监管体制，并能够在全国范围复制推广，需要国家从立法层面，统一解决"上下内外"法律监管碎片化的问题。

### （三）制度建设不完善

为了加强事中事后监管，上海自贸区不断加强外资事中事后监管制度建设，取得了初步成效，但仍存在以下问题：一是制度建设不统一，如自贸区工商部门建立了企业年度信息报告制度，而同时海关也存在类似的制度，而且企业报送的内容、时间和具体处罚措施都大同小异，存在着制度建设不统一的问题。二是制度配套不健全，上海自贸区建立了信息公示共享制度，但事中事后监管平台的建设却相对滞后，而且如何打破政府部门之间的壁垒，尤其是地方政府和中央政府之间的系统壁垒仍然是一个难题。三是制度不完备，上海自贸区虽然初步建立了外资企业备案管理制度、信息公示共享制度、国家安全审查制度等，但对信用分类制度、反垄断制度以及信息报告制度等方面的建设仍存在缺失。

### （四）两个负面清单未有效协同

《市场准入负面清单草案（试点版）》于 2015 年正式颁布实施，并首先在上海、天津两市和广东、福建两省试行。也就是说,我国在上述省(直辖市)的四大自贸试验区将同时试行两个负面清单,两个负面清单如何协同将是具体工作中的难点。对于如何把握两个负面清单的关系,我们目前并没有一个明确的答案与统一的实践标准。

### (五) 监管主体过于单一

从目前的实践来看,上海自贸区的事中事后监管主体仅仅是各级政府机构,而社会、行业协会和企业自身等主体的监督作用未有效发挥。社会机构的监督作用被忽视,容易造成政府监管的随意性扩大,而社会上第三方中介机构的职能缺位,使得对监管机构的专业化服务不复存在。而行业协会和企业自身的主体地位缺失,是导致政府机构的监管信息不全面、不准确、不真实的重要因素之一。

## 三、目标构建

要建立健全负面清单引资模式下外资的事中事后监管体制,我们要进一步强化政府协同监管,并在此基础上注重企业的自律与业界自治,同时要引入社会监督,做到纵向分工明确、横向协同、分类监管、国内国际同步,进而建立起完善的外资事中事后监管体系。

### (一) 监管主体

做到以政府机构监管为主、企业和行业自律为辅、社会力量监督为补充的多元化、多层级的复核监管主体。众多监管主体要做到纵向分工明确,中央的政府机关及其他类似监管主体,主要负责在充分调查研究的基础上制定各自条线的监管方案,建立健全监管制度,同时负责监督相关制度的实施,并及时收集实施效果反馈,不断完善监管制度。地方的监管主体主要负责各种监管制度的具体实施,确保制度落到实处,并在中央机构授权的情况下,结合本地区实际,制定有针对性的地方性监管措施,并定期向中央监管主体反馈实施效果。与此同时,中央和地方的各级监管主体要注重横向的沟通与协作,通过各种平台的建设,实现各部门事中事后监管信息的共享,强化信用信息的利用,并在此基础上形成完善的联合激励惩戒机制。值得一提的是,在外资企业的事中事后监管过程中,虽然政府机构发挥重要作用,但将以会计师事务所、审计事务所和行业协会等为代表的社会力量引入外资的监管,同时调动企业配合与监督政府机构的积极性,对提高外资的事中事后监管水平具有重要意义(见图16-1)。

### (二) 监管方式

在外资的事中事后监管过程中,要针对不同的监管对象实施不同的监管方式。一方面,可以注重与负面清单的衔接,清单中适用特别管理措施的继续实行审批制,并在此基础上通过企业稽查、信息抽查和信息报送等方式,动态监控企业的运营状

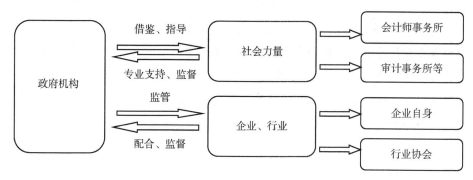

**图 16-1 外资事中事后监管主体**

况,从而判断其是否持续符合特别管理措施的要求。此外,为增强可操作性,负面清单的相关表述要有配套的解释说明,如"某行业属于限制类"等,针对这样的限制类管理措施要有相关的解释说明,明确通过何种方式予以限制(股权比例、经营范围、公司性质等)。而针对负面清单外的外商投资,由于缺少了前道的审批,其事中事后监管显得更加重要。鉴于此,要通过定期不定期核实企业年度信息报告、查阅企业信息库和加强企业运营风险分析等方式,及时了解企业的运营状况,及时检查企业通过变更或伪造经营信息而逃避相关法律法规适用的监管风险。

另一方面,还可以根据企业的不同类型来实施分类监管,如上海自贸区有服务型企业和制造型企业,前者提供的是无形商品,需要通过分类管理、信息报告等制度加强对企业本身的监管;而后者提供的是有形商品,需要通过企业稽查、联合查验等制度来强化对货物和企业的监管。相关监管部门要区分服务型企业与制造型企业,针对两种企业不同的特征,制定不同的事中事后监管制度,往往能起到事半功倍的效果。

**(三)监管协作**

在众多事中事后监管主体中,政府机构的监管起主导作用,所以各政府部门之间能否有效沟通协作就显得尤其重要。我国的政府机构众多,监管协作涉及中央机构与中央机构之间、中央机构与地方机构之间、地方机构与地方机构之间等多个层面,各个政府机构还都拥有自己独立并且封闭的管理系统。事中事后的监管协作需要打破政府机构的部门界限、系统壁垒和信息屏障,建立一套全国统一的事中事后监管体系,提高事中事后监管的有效性。

在政府机构监管协作的基础上,还要进一步强化政府机构与社会力量监管协作,社会机构为政府监管提供专业支持,同时监督政府机构监督职能的正确发挥。此外,还要加强政府机构与企业之间的互动,形成良性的联系配合机制,确保监管工作的顺利开展。一是建立信息互联共享机制,通过各种平台的建设,实现企业信用信息在各个监管主体之间的共享。二是建立健全联合激励惩戒机制,通过信用信息的互联共享,让在一个部门有良好记录的企业在其他部门也能享受便利,而在一个部门有违法行为的企业在其他部门同样受到限制。三是实行多部门联合执法,打破部门的壁垒,将各条线的执法部门联合成网,提高监管效能。

上海市正在建设的事中事后综合监管平台,实现了多部门信息共享,多主体综合监管。上海市的先行先试为建立全国统一的事中事后综合监管平台提供了良好的经验借鉴(见图16-2)。

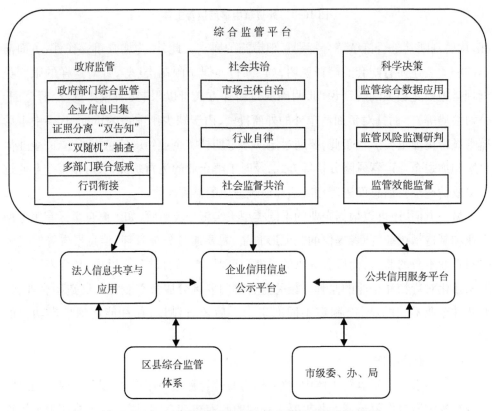

**图16-2 上海市事中事后综合监管平台的建设框架**

考虑到各政府机构、社会行业协会等部门数据的多样性和复杂性、系统的独立性和封闭性、数据标准规范和平台接口的差异性,若要全面实现横向到边、纵向到底的综合监管体制,仍有很多挑战。在政府机构之间沟通协作的基础上,还要做到政府机构与行业协会、社会第三方机构及企业自身的沟通协作。行业协会和第三方机构要发挥其专业优势,为政府机构监管职能的发挥提供专业服务,政府机构也把企业的相关信用状况提供给行业协会和第三方机构,以便他们提供更加专业的监督和服务。例如,2016年8月,按照企业化组织、市场化运作的"法定机构"陆家嘴金融城发展局在上海自由贸易试验区正式挂牌。在充分借鉴国际先进经验的基础上,结合陆家嘴金融城的特殊功能定位,上海陆家嘴金融城发展局首届124家理事会成员分别来自行业组织、企业和其他机构,其中业界代表占比达到90%以上,外资机构占比为30%。通过体制创新,上海自贸区成功将多种社会力量引入到自贸区企业的监管过程中,取得了良好的共治效果。

此外,由于外资企业常常在国内有多家分支机构,或者在国内有多家关系密切的关联企业,因此,中央的监管部门应该将分布在全国各地的此类企业视为一个整体,进行统一监管。一方面,加强与境内外相关政府机构、行业协会和关联公司的协作,形成定期信息交换制度、联合激励和惩戒机制;另一方面,通过国内和国际市场的信息交流与比对,增强监管部门所获得信息的完整性和真实性,进而提高监管的前瞻性和有效性。例如,深圳前海和珠海横琴分别与中国香港和中国澳门在企业信息共享、联合惩戒等方面通力合作,提升了外资企业的事中事后监管水平。

### (四) 完善的法律法规体系

建立健全与负面清单引资模式相适应的事中事后监管体制,最重要的是要有完善的配套法律法规,通过法律法规来实现制度的顶层设计和具体操作办法制定。结合我国自贸区的实践来看,这种法律法规体系应具有以下三个特点。

**1. 具有国家统一的外资监管法律法规**

随着我国自贸区数量的不断增加,负面清单引资模式的适用范围也在逐步扩大。在自贸区实践的基础上,我国需要早日颁布一部全国层面的法律或行政法规来规范全国各地的外资事中事后监管,对监管主体、方式、范围和纠纷解决等主要内容作出统一规定。

**2. 完善的相关法律配套**

仅仅暂停外资三法等法律法规在自贸区的实施是不够的,还要及时修订各种法律法规、行政规章和大量规范性文件中与负面清单引资模式不一致的地方。同时,要加快制定与负面清单引资模式相适应的相关立法及相关法律法规的配套解释文件,确保外资的事中事后监管工作有法可依,有效防范由制度创新而带来的法律风险。

**3. 具有以国际公信力为重点的司法行政体系**

目前,国际上解决国际投资争端的主要机制是华盛顿条约体系下的国际投资争端解决中心(ICSID)的投资仲裁,但由于我国的保留,只有外资进入后的征收和清算环节才能由 ICSID 进行仲裁。[①] 我国自贸区应该修改完善相关诉讼法律配套,实施

---

① 孙婵、肖湘:《负面清单制度的国际经验及其对上海自贸区的启示》,《重庆社会科学》2014年第5期,第42页。

类似案件类似判决制度,将其纳入庭审辩论程序,规范法官自由裁量权的行使,提升裁判结果的预见性。深化司法改革,培养选拔高水平的法官队伍,并建立具有国际公信力的司法评价体系,提高中国司法的公信力。目前,深圳前海合作区人民法院和上海市浦东新区人民法院上海自贸区法庭针对自贸区的特征,在司法透明、司法效率和司法公开等方面进行了有益的探索,试点单位需要及时总结经验、改进不足,争取早日形成司法领域可复制可推广的外资引进事中事后监管制度。

### (五) 完备的信用监管体系

完备的信用监管体系是负面清单引资模式下的外资事中事后监管的重要支撑,也是促进国际投资便利化的重要保障。在信用监管体系的建设过程中,政府机构、行业协会、企业和社会等主体要共同参与,积极发挥各自在信用监管体系中的独特作用。各级政府部门担任主体责任,要发挥主导作用,积极完成制度设计和平台建设,行业协会和企业主要负责信用信息的提供,而第三方信用中介机构主要提供信用专业服务,而社会公众主要负责监督政府、行业协会和企业的职能发挥情况。在此基础上构建起一套完备的信用监管体系,首先,建立范围广、信息种类全、数据可靠性高的外资企业信用体系基础数据库,为信用监管提供有力支撑。其次,完善信用制度,在信用信息的采集、使用和管理等方面均作出全面的规定,并且对违法收集和使用信用信息的单位和个人制定严格的处罚措施。最后,通过各种制度建设来充分发挥信用信息的监管作用,政府机构在依托信用信息共享制度检查外资企业的经营风险的同时,还要建立信息公开制度,将与第三方利益密切相关的信用信息,通过合理途径向社会公众公开,增强信用信息的约束力度。①

## 第五节　负面清单引资模式下事中
## 事后监管制度完善建议

随着负面清单引资模式在我国的推广适用,我国要结合自贸区的实践经验,针对我国利用外资的实际情况,借鉴美国、日本等发达国家的监管经验,坚持放管结合,完善相关法律体系,建立健全外资备案制度、信息公示共享制度、信用分类制度、信息报告制度和反垄断审查制度,形成政府监管、企业自治、行业自律、社会监督的新格局,构建权责明确、透明高效的外资事中事后监管体制。

### 一、健全外资企业备案管理制度

长期以来,我国对外资准入施行严格的行政审批管理制度。随着我国逐步推行

---

① 张亮:《负面清单引资模式下的事中事后监管体制研究》,上海社会科学院 2017 年硕士学位论文。

自贸区战略,外资企业备案管理的改革试点也拉开了序幕。2016 年,商务部颁布了《外商投资企业设立及变更备案管理暂行办法》(以下简称《暂行办法》),标志着外资备案管理制度在自贸区改革试点的基础上正式复制推广到全国。

### (一) 存在的不足

外资备案管理制度在全国范围内的实行,体现了外资投资管理与国际潮流接轨,有利于我国营商环境的法治化、国际化和便利化,但该制度的实施仍存在如下问题。

**1. 与工商等其他政府部门的备案管理未有效衔接**

工商、商务委、海关、检验检疫等部门之间的备案管理尚未实现信息共享,因此,无论是设立备案还是变更备案,都需要分别由工商、商务委、海关、检验检疫等部门进行备案。这种企业信息重复备案和登记的做法不仅给外资企业带来诸多麻烦,而且也不利于各个监管部门之间的信息共享与监管协作。

**2. 监督处罚力度较小**

《暂行办法》规定,外商投资企业或其投资者违反规定,在备案过程中出现未能按规定履行备案义务的行为,如备案信息存在重大遗漏或者其他违规行为的,则责令限期改正,逾期不改正,或情节严重的,处 3 万元以下罚款。该规定处罚力度较小,企业的违法成本过低,不利于外资备案制度的落实。

### (二) 完善建议

我国应从以下两方面来完善我国现行的外资企业备案管理制度。一是注重与工商登记制度衔接。外资企业设立和变更都需要到工商部门进行登记,登记信息相对完整,商务部门的"外商投资综合管理应用"系统与工商的备案系统、海关和检验检疫局的备案系统可以实行对接,实现信息的共享。二是赋予商务部门、海关和检验检疫等外资监管机构信息收集的权利,提高监管效能。三是进一步加大对违反备案义务的外资企业的处罚力度,除提高罚款数额之外,还要将此种行为与企业及其投资者的信用挂钩,特殊情况下还可以暂停企业的生产经营,从而提高企业对备案管理制度的重视程度,促进该项制度效能的发挥。

## 二、完善信息公示共享制度

依法向社会公开企业的信用信息,是发挥信用信息在外资事中事后监管过程中重要作用的保障。企业的生产经营状况,以及相关部门对企业的监管、评价状况等,都要按照《企业信息公示暂行条例》等有关规定及时公示,并加强信息共享。

### (一) 存在的问题

各地区各部门都在积极推动本行政区域和本行业的信用信息公示平台建设,不断加强外资企业信用信息公示共享,但仍存在公示平台重复建设、部分公示信息缺乏准确性和完整性等问题。

**1. 公示平台重复建设,共享功能未有效发挥**

近年来,随着各地对企业事中事后监管的重视,纷纷打造自己的公示平台。有全国性的公示平台①,也有地方性的信用信息公示平台②,还有一些具有信用信息公示功能的特殊平台。③ 不同的信用信息公示平台虽名称各异,但功能相似,存在着重复建设的问题。

此外,全国为加强事中事后监管开发了多个信息平台,但大部分系统多侧重于数据记录、查询与统计,各项监管信息之间未形成互联互通,数据同步还未完全实现,无法达到事中事后监管部门的信息共享。虽然各个监管部门通过平台能查询到外资企业的基本公示信息,但监管部门为了提高监管效能需要更全面的信息,需要能够快速简便提供决策支持的风险预警、大数据分析等信息,而这些对提高监管有效性十分重要的信息却无法在目前的平台获取。

**2. 部分公示信息缺乏准确性和完整性**

由于目前我国对信息公示的范围缺乏统一的标准,这些平台所公布的信息范围不一、标准不一,导致实施成本过高。通过查看各个信息公示平台可以发现,部分外资企业公示信息中的分支机构、再投资情况等重要信息的填报并不完整,而且企业在各个平台上的公示信息存在不一致的情况,相关部门对信息的真实性缺乏进一步核实。外资企业公示信息缺乏真实性和完整性,一方面是企业自身的问题,另一方面也是因为目前各个信息公示平台上的信息还多是静态信息,并没有把更多动态信息纳入体系中,从而造成公示信息与企业的实际情况不一致。

**(二) 完善建议**

针对上述情况,我国可以从以下几方面完善我国的企业信息公示和共享制度。一是统一全国的信息公示平台建设。整合目前重复建设的平台,保留全国统一的信用信息共享交换平台,实现企业信用信息的全国共享共建共管。二是明确外资企业信息公示范围,进一步扩大企业公示范围,并完善系统设置,确保企业公示信息全面完整。三是进一步加大公示信息的抽查力度。应该针对不同的企业性质设置不同的抽查率,对于负面清单中限制类的外资企业,应适当提高公示信息抽查比例,对于公示信息不实的企业制定严厉的处罚措施,同时通过年度信息报告、即时信息报送等方式,实时掌握企业的经营信息,提高公示信息的准确性。四是加强企业信息共享。打

---

① 如国家企业信用信息公示系统、中国海关企业进出口信用信息公示平台和全国外商投资企业年度投资经营信息联合报告信息公示平台(2016)等。

② 如深圳的市政府信用网、上海诚信网等。

③ 如前海自贸区推出的"商事主体电子证照卡"和企业专属网页等。

破各个监管机构之间的壁垒,尤其是要通过将各个执法机构封闭的系统与信息公示共享平台联通,从而实现信息归集与共享的及时性和完整性。

## 三、统一信用分类管理制度

在完备的企业信用信息库基础上,对外资企业进行信用分类管理,根据企业在经营、进出口、纳税及负责人等方面的信用状况,将企业分成不同的信用等级,并适用相应的奖励或限制措施,是提高事中事后监管效能的有力手段。

目前,我国海关、税务等部分政府机构在各自系统内建立了信用分类管理,积极尝试在本系统内开展信用分类管理,但就全国而言,还停留在各自为政的阶段,各种信用分类并存,政府、社会和企业自身在使用信用信息时难免会感到困难,因此我们可以从以下几方面来完善我国目前的信用分类管理制度。

第一,建立全国统一的信用分类管理制度。国务院制定包括外资企业在内的"企业信用分类管理条例",整合各部门独立的分类管理措施,借助信息公示和共享平台的基础数据,建立全国统一的信用分类管理制度,包括信用等级、标准和相应的事中事后监管措施等内容,同时,明确不同信用等级企业的进入和退出办法,并定期进行复审、动态调整。

第二,鼓励信用专业评级机构发挥作用。在建立全国统一的信用分类管理制度的基础上,积极引导第三方机构参与社会信用评价,同时鼓励专业的信用评级机构发挥自己的优势,发布某一行业或领域的信用评级,供社会参考。

第三,积极引导社会力量参与信息分类管理。充分调动社会力量参与信用分类管理,社会舆论、行业协会和社会公众等主体对政府的信用评级过程、结果和信用等级调整等方面的情况进行监督,适时提出意见建议,通过社会监督来强化企业自律,建立一个使守法的企业能够快速发展,不法企业无法生存、自动退出的信用环境。

## 四、完善外资企业信息报告制度

为顺利推进外资准入负面清单管理模式改革,我国海关、商务部门等相关政府部门正在积极推进外资企业信息报告制度建设。《企业信息公示暂行条例》规定了企业年度报告公示制度,包括外资企业在内的所有企业应当按照规定,定期报送企业年度报告,并对信息的真实性、合法性负责。《外国投资法(草案征求意见稿)》对外资企业信息报告制度做了专章规定,规定了不定期报告,包括外国投资事项报告和外国投资事项变更报告两种。

尽管各监管机构有各自不同的年度信息报告要求,但是如果要全面、完整、实时地掌握企业的生产、经营状况,我国仍需进一步完善外资企业信息报告制度。

第一,做好与备案管理制度和其他信息报告之间的协同。《外国投资法(草案征求意见稿)》通过后,其规定的不定期报告需要与现行的外资企业设立备案和变更备案制度相衔接。而在监管机构信息共享的基础上,外资企业定期报告可以代替工商和海关的年度报告,从而避免企业重复报送内容相同的报告,提高监管效能。

第二,加大报告内容的抽查和处罚力度。目前企业不报送工商年度信息报告,将会被列入企业经营异常名录,而企业未按期报送海关企业年度信息报告,将会被给予暂停进出口权的处罚。我们要吸取企业年度信息报告制度的优点,从信息抽查和严格处罚两方面来进一步完善我国外资企业信息报告制度。

## 五、强化外资反垄断审查制度

负面清单引资模式下,如果对外资企业,尤其是部分在全球市场具有主导作用的跨国企业不加限制,导致其资本大量进入,将会对我国的国内市场造成巨大影响,甚至形成垄断的局面。作为发展中国家,我国在利用外资的同时还要进一步完善外资反垄断审查制度。我国早在 2007 年就通过了《反垄断法》,并初步建立了我国的反垄断制度,适用范围为我国的所有企业,包括外资企业。上海自贸区按照《反垄断法》的要求,结合自贸区外资企业的具体情况,在自贸区建立了外资企业反垄断审查制度。

虽然反垄断审查制度在我国已有多年的实践经验,但在负面清单引资模式下如何做好反垄断工作仍然是一个严峻的课题。负面清单引资模式下限制类和禁止类项目数量较少,大量的外资因在负面清单之外而进入国内市场,而此时需要进一步强化我国的反垄断审查制度。

第一,加强与负面清单引资模式的协同。反垄断审查可以成为负面清单限制措施的一种,同时在负面清单之外,那些可能因为外资进入门槛降低而容易造成垄断的领域,需要进一步降低反垄断审查的启动条件,通过反垄断审查来加强外资监管。

第二,提高反垄断审查主体的专业水平。反垄断审查有以下两个要素:一个是主体,主要是工商局和其他相关政府机构。另一个是程序,反垄断调查主要包括举报受理、申请授权、案件调查、处罚和案后监督等。可以看出,在整个反垄断审查制度的运行过程中,工商局和相关政府机构发挥了重要作用,但它们都是政府机构,其工作人员大都缺乏反垄断审查需要的专业知识,因此可以借鉴英国反垄断审查的做法,英国的反垄断审查每次都要成立一个专家小组,公平和贸易局派出一名人员,并从社会上聘一些专家,包括经济学家、会计师、律师等,有一定的任期,通过专家团队来进行审查。[①]

---

① 张焕波:《负面清单模式下事中事后监管制度研究》,《中国市场》2016 年第 13 期,第 39 页。

我国的反垄断审查主体在以政府为主导的基础上,要积极引入相关专业人员,以提高审查主体的专业化水平,进而提高外资事中事后监管的准确性与有效性。

## 六、健全外资国家安全审查制度

健全外资国家安全审查制度,加强与负面清单引资模式的衔接,可以有效防范并控制风险,平衡外资引进与国家安全之间的矛盾。因此,外资国家安全审查制度可以说是外资事中事后监管制度的"安全阀"。

### (一) 制度现状

我国在立法层面上,第一次提出外资国家安全审查制度是 2007 年通过的《反垄断法》。2011 年 2 月颁布的《国务院办公厅关于建立外国投资者并购境内企业安全审查制度的通知》(以下简称《安全审查制度的通知》),明确了外资并购国家安全审查的主体、范围等主要内容。同年 8 月颁布的《商务部实施外国投资者并购境内企业安全审查制度的规定》(以下简称《规定》),主要对外资并购国家安全审查制度的程序做了详细规定。2015 年 7 月生效的《中华人民共和国国家安全法》(以下简称《国家安全法》)将外商投资安全审查制度上升到有效预防和化解国家安全风险的高度。《外国投资法(草案征求意见稿)》也专列一章来规定外资国家安全审查制度,指出国家建立统一的外国投资国家安全审查制度,对任何危害或可能危害国家安全的外国投资进行审查。此外,2014 年 8 月施行的《中国(上海)自由贸易试验区条例》(以下简称《自贸区条例》)也规定,自贸试验区建立涉及外资的国家安全审查工作机制。

### (二) 存在的问题

目前,我国基本确立了外资国家安全审查制度。在负面清单引资模式即将成为我国外资管理法定模式的背景下,我国的外资国家安全审查制度还存在如下问题。

**1. 缺乏统一立法**

我国的外资国家安全审查制度散见于各种法律法规和其他规范性文件中。由于缺乏统一立法,外资国家安全审查制度的系统性、科学性与完整性就难以得到保障。相关部门在利用该项制度进行外资审查时,往往会出现找不到相关适用规定或者执法标准不统一等情形,尤其是面临多个部门业务衔接配合时,更容易出现不畅,这也给该项制度的具体实践带来一定的困难。

**2. 与负面清单引资模式缺乏有效衔接**

由于我国的外资国家安全审查制度基本形成于 2011 年(2011 年国务院办公厅与商务部下发的有关建立安全审查制度的部门规章),那时我国还未进行负面清单管理模式的试点,所以当时两者是不协同的。近年来,虽然上海自贸区范围内已经开始试点负面清单引资模式,但《自贸区条例》所规定的外资国家安全审查制度与区外并无太大差异,并没有针对自贸区负面清单的实践情况而作出有针对性的修改与完善。负面清单分为限制类和禁止类清单,这两类清单以及清单外的外国投资如何与外资国家安全审查制度有效衔接,都需要相关的立法予以明确,并体现在负面清单或者外资国家安全审查制度的相关规定之中。

**3. 审查主体的专业性有待增强**

无论《安全审查制度的通知》和《外国投资法(草案征求意见稿)》规定的部际联席会议,还是《国家安全法》规定的"中央国家机关各部门",其规定的审查主体都是政府部门,但外国投资涉及最新技术和最新领域,包括各种技术含量高、专业性强的行业,政府部门的工作人员如何熟悉各个高新技术领域并作出正确的决定,是审查主体面临的重要挑战。

**4. 审查对象规定不全面**

我国目前规定的外资国家安全审查的对象是外商投资行为,而何为外国投资,外国投资在何种情况下需要启动国家安全审查,这些重要内容都缺乏一个详细的解释。外国投资一般包括外国新设投资和并购,而我国对于并购方面的国家安全审查的相关规定较多,包括实体和程序规定,如《安全审查制度的通知》和《规定》等,而对于现实中大量存在的新设投资则缺乏相关的详细规定,尤其是程序方面的规定更是不足。

**5. 审查程序有待完善**

目前我国的联席会议制度缺乏详细的操作规定,无法较好地发挥应有的国家安全审查功能;在投资者的救济方面也不利于投资者,如《外国投资法(草案征求意见稿)》并未赋予外国投资者复议或者诉讼的权利;在提出主体方面规定不一致,《自贸区条例》规定,投资者、有关管理部门、行业协会、同业企业以及上下游企业可以提出国家安全审查建议,《国家安全法》对提出主体并未明确规定,而《外国投资法(草案征求意见稿)》对提出主体规定也有不同,主要是增加了"外国投资者以外的其他当事人"。

**(三) 完善建议**

随着我国逐步实施外资准入负面清单模式,外资的准入门槛降低,而与之相适应的是我国的外资国家安全审查制度需要在体制机制建设、审查主体、审查对象、审查程序等方面进一步完善。

**1. 外资国家安全审查统一立法**

可以在《外国投资法(草案征求意见稿)》的原则性规定之外,颁布统一的外资国家安全审查立法。全国人大可以授权国务院制定"外资国家安全审查条例",并在条例中对审查主体及其产生办法、审查对象及其详细介绍、审查范围及其具体认定、审查程序及其与其他程序的衔接等内容都作出详细规定,同时废止或修改散见于各个法律法规或其他规范性文件中的相关规定,从而全面提升我国外资国家安全审查制度的系统性和可操作性。

**2. 全面兼顾与负面清单引资模式的协同**

相关部门在制定外资准入负面清单的时候就要考虑到与外资国家安全审查制度的衔接,对于重要并且必须要进行安全审查的行业领域,可以列入负面清单,在企业准入时就开展安全审查。而对于其他一般性行业,可以不列入负面清单,但我国政府必须保留因国家安全和公共利益进行审查的权力,并且在判断"国家安全及公共利益"时,我国应坚持保留自行判断的权力。① 总之,外资准入负面清单在制定时、实施中和实施后都要与外资国家安全审查制度衔接,确保负面清单对外资降低准入门槛后,国家的安全能够得到全面保障。

**3. 建立具有行政法主体资格的审查主体**

《外国投资法(草案征求意见稿)》中提出建立外国投资国家安全审查部际联席会议作为外资国家安全审查的主体,鉴于此,我国也可以借鉴美国的经验,在部际联席会议的基础上成立类似于"美国外国投资委员会"的实体机构,在部际联席会议下常设办事机构,赋予其行政主体资格,可以对外作出决定或承担责任,并招聘相关领域的专家、学者、企业家等专业人员,协助部际联席会议的成员有效开展安全审查工作,确保审查工作的专业性和有效性。

**4. 明确审查对象**

在《外资国家安全审查条例》或其他相关规范性文件中对外商投资行为作出详细的、可操作性强的解释,并且这种解释要与时俱进,根据国际贸易投资和我国经济社会发展情况而适时调整。针对外国投资的两种不同形式,分别规定不同的审查重点和程序,要在全面开展调研的基础上,借鉴外资并购国家安全审查的经验,根据我国实际对于新设投资领域的国家安全审查作出全面规定,确保我国的负面清单引资模式实践能顺利推进。

**5. 完善审查程序**

首先,统一外资国家安全审查的提出主体,尽量扩大主体范围,在确保外国投资者、有关部门、行业协会、同业企业、上下游企业的主体权利的同时,还要明确其他利益相关方,包括公民和法人的主体权利。其次,统一审查过程中应当考虑的因素,明确部际联席会议的具体审查流程,建议增加类似于美国的事先的预约商谈机制,提高

① 孙婵、肖湘:《负面清单制度的国际经验及其对上海自贸区的启示》,《重庆社会科学》2014年第5期,第41页。

审查效率和结果的可预见性,减少投资者的损失。最后,当涉及国家重大利益或者审查主体内部出现分歧时,赋予国务院总理以最终决定权,提高审查结果的权威性。

**6. 赋予外国投资者合理的救济途径**

通过赋予外国投资者合理的救济权利,不但能够保障我国的国家安全,同时也能保护外资的合法利益,体现我国法治社会建设的成果,维护我国在国际投资市场上的良好声誉。在外资国家安全审查的救济方面,美国和加拿大都设有风险缓冲措施;日本规定外资投资者如果对国家安全审查结果不满,可以申请行政复议,若对复议结果不满可提起诉讼;法国也赋予外国投资者提起诉讼的权利;德国则规定外国投资者可启动司法审查。[①] 因此,我们应赋予外国投资者合理的救济途径,当出现外国投资者对审查结果不满时,可赋予其向国务院提出行政复议的权利,对行政复议结果不满的,可以提请行政诉讼。[②]

---

① 方凌清:《我国外商投资国家安全审查制度之完善——以立法及司法审查为切入点》,《红河学院学报》2016年第4期,第98页。
② 张亮:《负面清单引资模式下的事中事后监管体制研究》,上海社会科学院2017年硕士学位论文。

# 第十七章　双向投资布局下各地区的发展差异与战略协同

◆◇◆◇◆◇◆◇◆◇◆◇◆◇◆◇◆◇◆◇◆◇◆◇◆◇◆◇◆◇◆◇◆◇◆◇◆◇◆◇◆◇◆◇

本章将在分析我国各地区双向投资结构特点的基础上，着眼于各地区发展差异，落脚于各地区战略协同，以推进双向开放。

## 第一节　各地区双向投资的结构特点

我国幅员辽阔，各地区发展差异明显，在引进外商直接投资和对外直接投资两方面同样存在结构性差异。目前，随着我国双向投资战略的实施，研究各地区双向投资的结构特点，制定差异发展目标和战略显得尤为关键。因此，本节将重点讨论各地区双向投资的结构特点。

### 一、各地区对外直接投资的结构特点

我国真正意义上的对外直接投资始于 20 世纪 70 年代末期的改革开放初期，经历了从无到有、从小到大的发展过程。总体来看，我国对外直接投资经过了探索发展、渐进发展、调整发展和迅速发展四个阶段。目前，我国对外直接投资正处于迅速发展阶段，2016 年实现连增，对外直接投资再创 1961.5 亿美元历史纪录，流量规模仅次于美国，继续保持全球第二大投资国地位。随着规模的增大，我国对外直接投资也正逐渐呈现出其结构特点。

**（一）从总体规模来看，各地区变化不一，东部最佳**

**1. 东部地区投资流量呈现猛增长，规模远超中西部**

东部地区总体呈现猛增长势头，2004—2016 年，除 2011 年出现回落外，其他各年均呈现不同程度的上涨，2016 年流量达 1256.00 亿美元，较 2015 年增长 457.80 亿

美元,为 2004 年的 142.73 倍(见图 17-1)。东部地区表现最佳的是上海。2016 年,上海的流量达 239.68 亿美元。

（单位：亿美元）

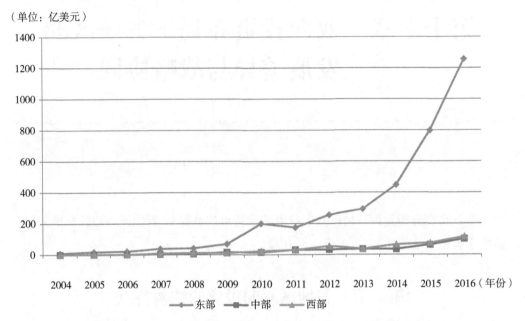

**图 17-1　2004—2016 年年末各地区非金融类对外直接投资流量情况**

资料来源：笔者根据商务部等部门相关统计公报数据整理绘制。①

　　西部地区②总体较东部波动更大,但在波动中上升。2013 年出现较大回落,从 2012 年的 54.74 亿美元降至 36.38 亿美元,之后,连续三年出现较大幅度的上升;2016 年升至 115.5 亿美元(见图 17-1)。西部地区各省(自治区、直辖市)波动都比较大。比如,2014 年,四川和云南同时进入全国对外直接投资前 10 位,而 2016 年,没有西部地区省(自治区、直辖市)进入前 10 名。

　　中部地区③对外直接投资的势头不错。2016 年,河南居全国对外直接投资第 8 位,为 41.25 亿美元;2014 年,河南并没有进入前 10 位。

---

　　①　商务部、国家统计局、国家外汇管理局:《2016 年度中国对外直接投资统计公报》,中国统计出版社 2017 年版,第 16 页表 10;商务部、国家统计局、国家外汇管理局:《2015 年度中国对外直接投资统计公报》,中国统计出版社 2016 年版,第 14 页表 8;商务部、国家统计局、国家外汇管理局:《2014 年度中国对外直接投资统计公报》,中国统计出版社 2015 年版,第 55 页附表 5;商务部、国家统计局、国家外汇管理局:《2012 年度中国对外直接投资统计公报》,中国统计出版社 2013 年版,第 46 页附表 5。

　　②　西部地区包括内蒙古、广西、四川、重庆、贵州、云南、陕西、甘肃、青海、宁夏、新疆、西藏。

　　③　中部地区包括山西、安徽、江西、河南、湖北、湖南。

**2. 东部地区投资存量上涨强劲,规模遥遥领先于中西部地区**

东部地区是我国对外直接投资的绝对主力,2016 年年末存量高达 4232.9 亿美元,分别远高于中部和西部的 356 亿美元和 428.1 亿美元,并呈强劲增长势头,占 80.7%,为 2004 年年末的 70.22 倍(见图 17-2)。其中广东居首位,2016 年年末达 1250.4 亿美元,上海和北京分别居第二位和第三位,分别为 840.5 亿美元和 543.8 亿美元。

西部地区的增长快于中部地区,且二者的差距正在逐渐拉大。2016 年年末,西部地区为 428.1 亿美元,比中部地区高 72.1 亿美元;2014 年,这一差距为 58.77 亿美元;2004 年年末,仅为 0.9 亿美元(见图 17-2)。西部地区中,2016 年没有省(自治区、直辖市)进入全国前 10 位。但在 2014 年,云南居全国第 10 位,存量达 51.42 亿美元,比 2004 年年末增长 302.90 倍。中部地区中,湖南增长最快,2008—2016 年已经连续 9 年进入全国前 10 位;从 2004 年年末的 0.072 亿美元增长到 2016 年年末的 101.7 亿美元,增长 1412.5 倍。

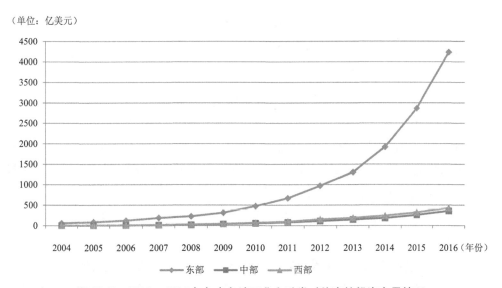

**图 17-2　2004—2016 年年末各地区非金融类对外直接投资存量情况**

资料来源:笔者根据商务部等部门相关统计公报数据整理绘制。①

---

① 商务部、国家统计局、国家外汇管理局:《2016 年度中国对外直接投资统计公报》,中国统计出版社 2017 年版,第 27 页相关数据;商务部、国家统计局、国家外汇管理局:《2015 年度中国对外直接投资统计公报》,中国统计出版社 2016 年版,第 24—25 页相关数据;商务部、国家统计局、国家外汇管理局:《2014 年度中国对外直接投资统计公报》,中国统计出版社 2015 年版,第 56 页附表 6;商务部、国家统计局、国家外汇管理局:《2012 年度中国对外直接投资统计公报》,中国统计出版社 2013 年版,第 47 页附表 6。

**（二）从投资主体来看，各地区对外投资主体多样，东部最强**

**1. 非公有经济继续承袭"东强西弱"态势，广东最强**

2016 年，境内投资者中，中央企业及单位 177 家，仅占 0.7%，各省（自治区、直辖市）的地方企业投资者占 99.3%。境内投资者数量居前 10 位的依次是：广东、浙江、江苏、上海、北京、山东、辽宁、福建、湖南、黑龙江，共占境内投资者总数的 79.7%。广东境内投资者数量最多，超过 5400 家，占 22.2%；浙江居次席，占 12%；江苏名列第三位，占 10%。超过 60% 的私营企业投资者分别来自广东、浙江、江苏、上海和北京等地。①

**2. 上海、广东和天津位列投资流量前三位**

2016 年，地方企业非金融类对外直接投资流量达到 1505.1 亿美元，同比增长 60.8%，占全国非金融类流量的 83%，上海、广东、天津、北京、山东、浙江、江苏、河南、福建、河北位列地方对外直接投资流量前 10 位，合计 1292.4 亿美元，占地方对外直接投资流量的 85.9%。上海、广东和天津居于前三位，分别为 239.68 亿美元、229.62 亿美元和 179.40 亿美元。其中上海和广东流量分别突破 200 亿美元，创下地方对外投资新高；天津则同比增长 609.9%。②

**3. 广东居投资存量首位**

2016 年年末，地方企业对外非金融类直接投资存量达到 5240.5 亿美元，占全国非金融类存量的 44.4%，较 2015 年增加 7.7 个百分点。其中，东部地区 4232.9 亿美元，占 80.7%；西部地区 428.1 亿美元，占 8.2%；中部地区 356 亿美元，占 6.8%；东北三省 223.5 亿美元，占 4.3%。③ 广东以 1250.4 亿美元的存量位列地方对外直接投资存量之首，其后依次是北京、山东、江苏、浙江、天津、辽宁、福建、湖南等。在 5 个计划单列市中，深圳市以 852.6 亿美元位列第一，占广东省对外直接投资存量的 68.2%。④

**（三）从投资区域分布来看，地方企业对外投资不均衡，以亚洲为最**

从投资存量来看，我国已经成为发展中经济体最大的投资者，并且领先于美国。⑤

---

① 商务部、国家统计局、国家外汇管理局：《2016 年度中国对外直接投资统计公报》，中国统计出版社 2017 年版，第 38 页。

② 商务部、国家统计局、国家外汇管理局：《2016 年度中国对外直接投资统计公报》，中国统计出版社 2017 年版，第 16 页。

③ 商务部、国家统计局、国家外汇管理局：《2016 年度中国对外直接投资统计公报》，中国统计出版社 2017 年版，第 27 页。

④ 商务部、国家统计局、国家外汇管理局：《2016 年度中国对外直接投资统计公报》，中国统计出版社 2017 年版，第 27、28 页。

⑤ UNCTAD，"World Investment Report 2016"，http://unctad.org/en/PublicationsLibrary/wir2016_en.pdf，2016.

2016年年末,我国境内投资者共在全球190个国家(地区)设立对外直接投资企业(以下简称"境外企业")3.72万家,较2015年年末增加近6300家,遍布全球超过80%的国家(地区)。其中,亚洲的境外企业覆盖率最高,且与2015年持平,为97.9%;欧洲为87.9%、非洲为86.7%、北美洲为75%、拉丁美洲为69.4%、大洋洲为50%。

从境外企业的国家(地区)分布情况看,我国在亚洲设立的境外企业数量近2.1万家,占55.8%,主要分布于中国香港、新加坡、日本、越南、韩国、印度尼西亚、老挝、阿拉伯联合酋长国、泰国、柬埔寨、马来西亚、蒙古等国。在中国香港地区设立的境外企业接近1.2万家,占到我国境外企业总数的30%,是我国设立境外企业数量最多、投资最活跃的地区。

从境外非金融类企业的隶属来看,地方企业占88%,中央企业和单位仅占12%。广东、浙江、江苏、上海、北京、山东、辽宁、福建、湖南、天津名列地方境外企业数量前10位,合计占境外企业总数的70.2%。广东、浙江、江苏分别占总数的18%、11.2%和8.9%。[①]

由此可见,从投资区域分布来看,我国各地方企业对外直接投资极其不均衡。

**(四) 从投资行业来看,批发和零售业与制造业占60%以上,东部为主**

从境外企业主要行业分布看,2016年年末的数据显示,批发和零售业、制造业、租赁和商务服务业依然是最聚焦的行业,累计数量超过2.3万家,占到境外企业总数的60%以上。其中,批发和零售业名列首位,超过1万家,占境外企业总数的28.7%,较2014年的40.9%下降12.2个百分点;制造业占20.8%,较2014年下降7.8个百分点,主要分布在计算机/通信和其他电子设备制造业、纺织服装/装饰业、纺织业、专用设备制造业、金属制品业、电器机械及器材制造业、化学原料及化学制品制造业、通用设备制造业、医药制造业、汽车制造业、橡胶和塑料制品业等。另外,租赁和商务服务业接近4900家,占13.2%,较2014年的6.2%上涨了一倍多;其他行业均有不同程度的变化。[②]

在上述投资者中,中央企业及单位占比非常小,仅占3%,各省(自治区、直辖市)的地方企业投资者占97%。由此我们可以推断,批发和零售业、制造业等行业投资者以地方企业为主;地方企业数量居前十位的省(自治区、直辖市)均位于东部地区。东部地区是批发和零售业、制造业等行业的主要投资者。

---

① 商务部、国家统计局、国家外汇管理局:《2016年度中国对外直接投资统计公报》,中国统计出版社2017年版,第43页。

② 商务部、国家统计局、国家外汇管理局:《2016年度中国对外直接投资统计公报》,中国统计出版社2017年版,第43页表29。

**（五）从投资方式来看，跨国并购更胜一筹，但购买主角来自东部**

近年来，我国跨国并购业绩不错，2016 年更是一个突破年，完成交易额高达 1353.3 亿美元，同比增长 148.6%（见表 17-1）。2016 年成为我国企业跨国并购活跃年，共完成并购项目 765 起，涉及 74 个国家（地区），实际交易总额 1353.3 亿美元。其中，最大一起跨国并购项目是由中国信达资产管理股份有限公司完成的，该公司斥资 88.8 亿美元收购了南洋商业银行 100% 的股份。除此之外，青岛海尔股份有限公司以 55.8 亿美元收购美国通用电气公司家电业务项目、腾讯控股有限公司等以 41 亿美元收购芬兰的超级细胞（Supercell）公司 84.3% 的股权、天津天海物流投资管理有限公司以 60.1 亿美元收购美国英迈国际公司、中国长江三峡集团以 37.7 亿美元收购巴西朱比亚水电站和伊利亚水电站 30 年经营权项目。上述几大交易的发起者和并购者全都来自东部地区，由此可以推断，东部地区依然是跨国并购的主角。

表 17-1　2011—2016 年中国对外直接投资并购情况

| 年份 | 并购金额（亿美元） | 同比（%） | 比重（%） |
|---|---|---|---|
| 2011 | 272.0 | — | 36.4 |
| 2012 | 434.0 | — | 31.4 |
| 2013 | 529.0 | 21.9 | 31.3 |
| 2014 | 569.0 | 7.6 | 26.4 |
| 2015 | 544.4 | -4.3 | 25.6 |
| 2016 | 1353.3 | 148.6 | 44.1 |

资料来源：商务部等部门数据统计公报。①

## 二、各地区引进外商直接投资的结构特点

2016 年，中国吸引外商直接投资达 1337.11 亿美元，稳居全球吸引外商直接投资前三甲东道国之列。但是长期以来，中国吸引外商直接投资的地区分布呈显著非均衡特征。东部地区一直是外商投资的集中地，中西部地区利用外资偏少。近年来，西部地区 FDI 流入有所增长。② 本节将在此部分较详细地分析东部、中部、西部利用 FDI 的结构特点。

---

① 商务部、国家统计局、国家外汇管理局：《2016 年度中国对外直接投资统计公报》，中国统计出版社 2017 年版，第 10 页表 4 部分数据。

② 商务部外国投资管理司：《中国外商投资报告：政策与环境》，南开大学出版社 2013 年版。

**（一）总体规模：各地区呈现空间非均衡，东部高度集聚，但西部始现增长苗头**

各地区总体规模呈现空间非均衡状态，且高度集聚于东部。东部地区是我国改革开放的前沿。东部地区的外商直接投资空间集聚程度普遍高于内陆地区，且随着时间的推移，这种空间的非均衡性呈现某种"固化"态势。[①] 20 世纪 80 年代，90%以上的外商直接投资分布在沿海地区；90 年代，这个指标略有改善，但基本状况并没有明显变化；[②]2000 年年底，外商在华累计投资中，有 86% 的资金投在东部沿海地区，仅有 14% 的资金投向中西部；截至 2016 年年底，东部地区实际使用外资 15084.05 亿美元，占全国的 80.46%，较 2015 年微幅上涨 0.09%。中部地区在吸引外资方面一直走在西部地区的前面。国家中部崛起战略实施以后，中部地区投资环境进一步改善。截至 2016 年年底，中部地区实际使用外资 1409.82 亿美元，占全国的 7.52%，较 2015 年下降 0.17%。西部地区经济基础较为薄弱，长期以来吸引外商直接投资相对滞后。但是西部大开发战略实施以后，随着中央与地方一系列吸引外资的政策措施的制定，西部地区投资环境不断改善，近年来实际利用外资规模显著增长。[③] 截至 2016 年年末，西部地区实际使用外资 1189.34 亿美元，占全国 6.34%，较 2015 年上涨 0.06%。[④]

表 17-2　外商直接投资在我国各地区的具体情况（截至 2016 年年末）

| 地区 | 企业家数（个） | 占全国比重（%） | 实际使用外资金额（亿美元） | 占全国比重（%） |
|------|------|------|------|------|
| 总计 | 864503 | 100 | 18746.17 | 100 |
| 东部地区 | 725609 | 83.93 | 15084.05 | 80.46 |
| 中部地区 | 89091 | 10.31 | 1409.82 | 7.52 |
| 西部地区 | 49604 | 5.74 | 1189.34 | 6.34 |
| 有关部门 | 199 | 0.02 | 1062.96 | 5.67 |

注：各地区实际使用外资金额占全国比重相加应为 100%，因为小数点后面省略，导致总和为 99.99%。
资料来源：商务部：《中国外资统计 2017》，第 24 页。[⑤]

---

① 吉生保、杨旭丹、周小柯、王晓珍：《中国 IFDI 的时空格局演进及影响因素研究：三维驱动视角》，《世界经济研究》2015 年第 12 期。
② 罗若愚：《我国电子信息产业发展特点及思路》，《企业活力》2004 年第 10 期，第 51—53 页；曹秋菊：《外商直接投资影响中国产业安全：理论与机理》，《湖南商学院学报》2011 年第 1 期。
③ 商务部外国投资管理司：《中国外商投资报告：政策与环境》，南开大学出版社 2013 年版。
④ 商务部：《中国外资统计 2017》，第 24 页。
⑤ 需要强调的是：有关部门项下包括银行、证券、保险行业吸引外商直接投资数据。东部地区：北京、天津、河北、辽宁、上海、江苏、浙江、福建、山东、广东、海南。中部地区：山西、吉林、黑龙江、安徽、江西、河南、湖北、湖南。西部地区：内蒙古、广西、四川、重庆、贵州、云南、陕西、甘肃、青海、宁夏、新疆、西藏。

尽管外商直接投资高度集聚于东部地区,但是西部地区开始出现增长苗头。2017 年,东部、中部和西部地区吸引外商实际直接投资规模分别为 1145.9 亿美元(占 87.5%)、83.1 亿美元(占 6.3%)和 81.3 亿美元(占 6.2%)。从动态角度来看,东部地区引领带动作用逐渐增强,中西部地区承接东部地区产业转移增多。尽管西部地区实际使用外资金额(较 2016 年)有所下降,但是新设企业数有较增长,说明外商直接投资开始尝试向西部地区增加投资(见图 17-3)。

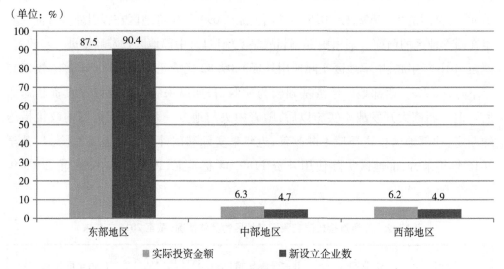

（单位：%）

**图 17-3 东部、中部和西部地区外商直接投资、新设立企业数占比**

资料来源:根据商务部《中国外资统计 2018》第 98 页相关数据整理绘制。

**（二）投资主体:东部地区数量占优但规模下降,西部地区数量下降但规模提高**

总体而言,东部地区企业数量占据绝对地位,广东最强,但规模下降;西部地区企业数量下降,但规模提高。截至 2015 年,全国共有外商投资企业 836595 家,分别有 700587 家企业(占 83.74%)、87443 家企业(占 10.45%)和 48374 家企业(占 5.78%)投资于东部、中部和西部。2015 年,全国共有 26584 家外商投资企业,其中 23502 家企业集中于东部地区,约占全国外商投资企业的 88.41%,占绝对统治地位;中部地区和西部地区分别有外商投资企业 1872 家和 1201 家,各占 7.04% 和 4.52%。与截至 2015 年累计统计相比,投资于东部、中部和西部的企业数量占比分别提高约 5 个百分点、下降约 3 个百分点和 1 个百分点。从动态来看,投资于东部地区的企业数量在增加,但是投资规模却有下降趋势;中部地区企业数量也在增加,但是投资规模基本未变;西部地区企业数量在下降,但是投资规模却在提高(见图 17-4)。

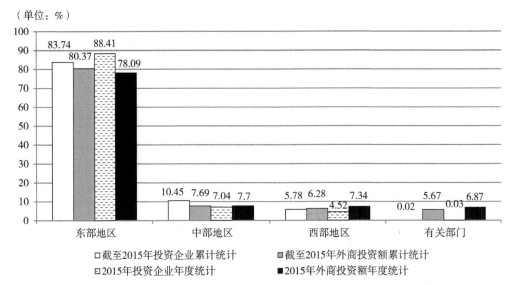

（单位：%）

图 17-4　各地区吸引外资企业家数占全国比重及其投资金额占全国比重

资料来源：根据商务部《中国外资统计 2016》第 24 页相关数据整理绘制。

**（三）投资来源：亚洲为最，中国香港是东部、中部和西部地区的投资翘楚**

对华投资来源国遍布全球。截至 2015 年，全球对华投资企业共计 836595 家，实际使用外资 17409.06 亿美元；前 15 位的国家（地区）分别是中国香港、英属维尔京群岛、日本、新加坡、美国、韩国、中国台湾、开曼群岛、德国、萨摩亚、英国、荷兰、法国、毛里求斯、中国澳门。前 15 位中，亚洲国家（地区）的投资企业数量和金额均最多。

中国香港一直以来都是最大的对华投资来源地。截至 2015 年，共有 386213 家企业（占全国比重 46.16%），实际投资金额 8333.25 亿美元（占全国比重 47.87%），远高于实际投资额居于第二位的英属维尔京群岛，其实际投资金额为 1491.74 亿美元（占 8.57%）。[①] 仅 2015 年一年，投资额就达 863.87 亿美元，占中国吸收外商直接投资的 63.72%。

**（四）行业分布：正逐渐转向服务业，但各地差异巨大**

2015 年，我国吸引外商直接投资上升 6%，达 1360 亿美元，且继续向服务业倾斜，服务业占外商直接投资总额的 61%，创下新的历史纪录。服务业 FDI 扩张了 17%，制造业则处于停滞，致使其份额下降至 31%。不断上涨的工资和生产成本（特别是沿海地区）结束了我国制造业特别是劳动力密集型产品曾经的厚利时代。然而，在一些高度竞争的制造行业，中国企业的市场份额继续增长，且不断向价值链高

---

① 商务部：《中国外资统计 2016》，http://wzs.mofcom.gov.cn/article/ztxx/201611/20161101643314. shtml，2016 年 11 月 7 日。

端延伸。比如,2015 年自主品牌的智能电话产品差不多占据我国市场的 4/5;同时市场寻求型投资对外国跨国公司已经变得更为重要,如汽车行业。正如联合国贸发会议在报告中指出的,在汽车行业,跨国公司继续增加投资,因为中国汽车市场不仅已经成为全球最大市场,而且正在逐渐成为全球战略中心;外国汽车制造商的投资正将目标锁定于人口稠密的中国大陆。①

服务业外商直接投资促进了中国的经济发展,但是在中国的投资分布却不均衡,既包括地区间的不均衡,也包括地区内的不均衡。地区内的不均衡主要表现为:(1)东部地区服务业外商直接投资分布不均衡,北京、上海等中心城市服务业外资总量已经超过制造业外资。以北京为例,2005 年服务业外资总量已经超过制造业;2009 年服务业外资总量大约为制造业的 7 倍。但是山东、江苏、广东等制造业大省,仍然以吸引制造业外资为主,2009 年服务业外资总量约占制造业外资总量的70%。(2)进入中西部地区的服务业主要以社会服务业和房地产业为主,生产性服务业外资相对较少。② 进入 2010 年之后,上述不均衡加剧:(1)东部地区服务业外资量持续增加,2014 年,北京服务业外资总量为制造业外资总量的 9.41 倍;广东服务业外资总量占制造业外资总量的 99.49%,占比虽然较之前上涨,但是依然没有超过制造总量。(2)中西部地区的服务业依然以社会服务业和房地产业为主,以重庆为例,2014 年,房地产业外资总量占全市服务业外资总量的 56.78%,达到全市服务业外资总量的一半以上。

### (五) 投资方式:独资企业在各地区越来越受推崇

从全国范围来看,无论年度还是累计统计,外资企业都越来越受推崇。截至 2015 年,我国实际使用外资 17409.06 亿美元,中外合资经营企业、中外合作经营企业和外资企业的投资额分别为 4383.28 亿美元(占 25.18%)、1100.07 亿美元(占 6.32%)和 10669.30 亿美元(占 61.28%)。2015 年,我国实际使用外资 1355.77 亿美元,其中中外合资经营企业实际投资额 258.85 亿美元(占 19.09%)、中外合作经营企业 18.45 亿美元(占 1.36%)、外资企业 952.85 亿美元(占 70.28%)。③ 与累计统计相比,2015 年,外资企业比重提高 9 个百分点,中外合资经营企业和中外合作经营企业分别下降 6 个百分点和 5 个百分点。从动态角度来看,在全国范围内,外商越来越偏好于以独资方式进行投资(见图 17-5)。

---

① UNCTAD, "World Investment Report 2016", http://unctad.org/en/PublicationsLibrary/wir2016_en.pdf, 2016.

② 张宇馨:《制造业 FDI 与服务业 FDI 区位决策的互动影响——基于我国省际面板数据的实证分析》,《山西财经大学学报》2012 年第 2 期。

③ 商务部:《中国外资统计 2016》,http://wzs.mofcom.gov.cn/article/ztxx/201611/20161101643314.shtml,2016 年 11 月 7 日。

（单位：%）

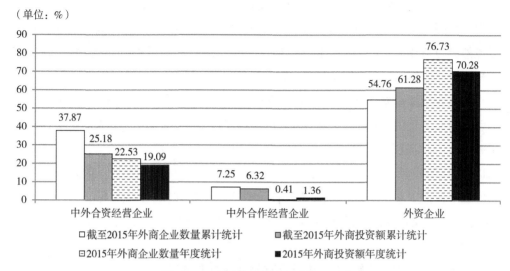

**图 17-5　全国外商投资方式占比对比**

资料来源：根据商务部《中国外资统计 2016》第 6—7 页相关数据整理绘制。

# 第二节　各地区双向投资的发展差异

本节将结合中国和各地区"十三五"规划、"十八届五中全会"精神、世界经济发展未来格局等国内外背景，分析研究各地区双向投资的不同功能、确定各地区双向投资发展的不同目标。

## 一、各地区对外直接投资的功能和目标差异

确定各地区对外直接投资的功能和目标差异，有利于引领各地区市场主体顺利完成"走出去"战略，有利于驱动各地区政府有的放矢地履行职责。

### （一）东部沿海地区对外直接投资的功能和目标

东部沿海地区是我国对外直接投资的主力军，今后应着重发挥其核心功能、引领功能、创新功能和整合功能，以达到进一步推进国际产能合作、带动中部和西部地区共同融入全球产业链、寻求对外直接投资新模式以及扩大服务型对外直接投资的目标。

**1. 充分发挥核心功能，进一步推进国际产能合作**

东部沿海地区是我国对外直接投资的核心地区，应以境外经贸合作区为平台，进一步推进国际产能合作。一方面，东部沿海地区拥有我国最先进的制造业、最发达的服务业、最强大的跨国企业；同时，它也是我国最早敞开胸怀接纳世界先进理念的地

区,最早与世界接轨的地区。另一方面,经过近十年的发展,境外经贸合作区已经成为促进我国和东道国经贸合作双赢的重要载体。截至 2015 年年底,我国企业正在建设境外经贸合作区 75 个①,一半以上是与国际产能合作相关的加工类项目;在通过考核的 20 家境外经贸合作区中,有 17 家来自东部地区。

**2. 充分发挥引领功能,带动中部、西部地区共同融入全球产业链**

我国的大型国有跨国公司绝大部分都分布于东部沿海地区,特别是北京,而"一带一路"建设,需要国有跨国公司率先投入其中,如基础设施建设等。因此,可以考虑以东部沿海地区国有跨国公司为核心,以中部地区或西部地区中小企业为辅,形成马库森所说的卫星平台式产业集群或者轮轴型产业集群,既可以实现"一带一路"之"五通"倡议,又能在东部地区带动下实现中部、西部地区一起走出国门,共同融入全球产业链。

**3. 充分发挥创新功能,进一步寻求对外直接投资的新模式**

东部沿海地区拥有我国最强的创新能力、最迫切的转型升级要求,因此应当充分发挥其创新功能,将创新进行到底,在对外直接投资现有模式的基础上,努力寻求新模式,拓宽我国对外直接投资领域。

**4. 充分发挥整合功能,进一步扩大服务型对外直接投资**

服务全球化成为经济全球化进入新阶段的鲜明特征。服务业成为国际产业转移的热点,制造业跨国布局带动生产性服务业全球化发展,国际化都市、跨国公司在全球范围内整合各类要素,自然人跨境流动日益便利,带动全球服务投资贸易快速增长。② 因此,我国企业特别是东部沿海地区企业应该抓住难得的时机,在正确评估的基础上,充分发挥整合功能,以并购方式快速进入发达经济体服务行业,学习其先进技术和管理方式,加大我国企业对发达经济体的投资力度,提高我国企业在全球价值链中的地位,进一步扩大我国的服务型对外直接投资。

**(二) 中部地区对外直接投资的功能和目标**

中国的改革始于中部地区,即安徽省小岗村,说明中部地区人们的观念并不落后,却由于多重原因导致中部地区在开放方面落后于东部地区。但是只要中部地区找到适合自身的开放功能,一定会实现其目标。

**1. 充分发挥政府对接功能,积极融入全球产业链之中**

中部地区企业普遍较弱,但并不代表一无是处,所以应该寻找自己的长处,并积

---

① 郭朝先、邓雪莹、皮思明:《"一带一路"产能合作现状、问题与对策》,《中国发展观察》2016 年第 6 期。

② 国家发展和改革委员会:《关于〈服务经济创新发展大纲(2016—2025 年)〉(征求意见稿)公开征求意见的公告》,http://www.ndrc.gov.cn/yjzx/yjzx_add.jsp? SiteId=118。

极与东部地区企业对接，或作为东部大型企业的上下游企业、东部中小型企业的同行企业一起走出国门，积极融入全球产业链之中，在激烈的竞争之中逐渐积累经验，发展壮大。

**2. 充分发挥文化纽带功能，积极投身于世界文化产业之中**

中部地区拥有山西、安徽、江西、河南、湖北、湖南六省，它们均拥有丰厚的文化底蕴。因此，中部地区应大力发展文化产业、做大做强文化产业，在海外投资设立相应机构以发挥纽带功能，一边讲好自身故事以宣传自我；一边努力学习海外先进的管理技术；一边投身于世界文化产业之中。

**3. 充分发挥网络连接功能，积极推进零售服务业走出国门**

随着中国经济发展水平的不断提高，人们对于海外商品的需求日盛；同时国内许多企业投资于海外批发和零售行业，据统计，2014 年批发和零售业位列境内非金融类对外直接投资首位，占 40.9%。尽管以东部为主，但是中部地区作为中国的组成部分，同样可以享受经济发展带来的红利，即人们渴望的海外商品。因此，中部地区企业可以借助于网络与世界连接的功能，投资于海外零售业，投资方式可以是寻求与东部地区企业合作、海外合作伙伴也可以是独立投资。

**4. 充分发挥城市协同功能，积极倡导企业间战略联盟，共同投资于海外**

中部六省地理位置比较集中，彼此文化观念、各种风俗习惯比较容易被接受，文化冲突较弱，因此各城市之间应该充分利用这一条件，发挥协同功能，推动企业之间形成一种合作性竞争，形成战略联盟以达到优势互补，共同对海外某个项目进行投标，或者共同出资建厂，或者共同收购海外某个企业，通过"抱团出海"积累经验、促进壮大。

**（三）西部地区对外直接投资的功能和目标**

随着国家西部大开发战略的实施，在"一带一路"建设的带动之下，西部地区经济得到快速发展，对外直接投资也在不断增长，对外直接投资存量增速快于中部地区。在此背景下，西部地区应当着重于发挥以下功能。

**1. 充分发挥"一带一路"建设带动功能，加快"走出去"步伐**

西部地区多个省处于"一带一路"沿线，因此西部地区应当紧紧抓住这一契机，充分发挥"一带一路"建设的带动功能，加快对外开放步伐；同时积极与东部地区实施"一带一路"建设的国有企业对接，以服务配套企业的身份随其一起走出国门，实现对外直接投资。

**2. 充分发挥门户城市功能，加速建设面向邻国的辐射中心**

西部地区多个省都与邻国接壤，彼此之间贸易往来不断，非常有利于中国企业"走出去"进行对外直接投资，为充分发挥门户城市功能创造了前提条件，进而有利于建设面向周边国家的辐射中心。

**3. 充分发挥军工转化功能,加速对外投资促进**

西部地区存在许多军工企业,积累了大批的科研成果,在将其转化为民用的同时,也应当考虑将转化部分实现对外直接投资,或者通过技术转让换取资金,作为进一步研发所用资金。

**4. 充分发挥经济文化功能,加速文化品牌的海外建设与开拓**

西部地区拥有丰富的民族文化,因此应该鼓励采用更多文化元素进行产品设计与创新。提升研发设计、商务咨询等服务的文化创新含量,将民俗风情和地域特色注入其中;鼓励以文化提升品牌价值,在乡情、乡愁等"乡"字系列打造具有文化内涵的商品与服务品牌的基础上,创建与开拓海外文化品牌。

## 二、各地区引进外资的功能差异

东部、中部和西部地区吸引外商直接投资的不均衡现象还会持续。因为"如果某个地区由于某些特殊政策或机遇吸引了大量外资企业,那么这个地区在未来吸引外资企业的竞争中就会处于非常有利的地位。集聚效应的存在,会使这个地区进一步吸引新的投资者。某种程度上,这意味着暂时性的权益性的政策会带来长远而持久的影响。"既然事实存在,或许政策干预是必要的,因为给定集聚效应,市场自身无法校正地区的失衡。①

### (一) 东部沿海地区引进外资的功能

东部沿海地区是我国开放最早、引资最多、投资环境最优、配套服务最完善、核心城市最集聚的地区。在未来一段时期内,东部地区应发挥"三大经济带"的门户功能、自贸区的先行先试功能、核心城市的辐射功能和业态融合功能。

**1. 充分发挥"三大经济带"的门户功能,对话国际高标准投资规则**

环渤海、长三角和珠三角是我国著名的三大经济带,也是我国对外开放的重要门户。它们在40年的开放历程中积累了丰富的经验,为我国对外开放的顺利推进作出了卓绝贡献。在未来,它们应该继续发挥对外开放门户功能,但不再仅仅局限于引资,而应紧紧抓住国际经贸规则重构推动全球服务分工格局深度调整带来的机遇,逐步对话国际高标准投资规则,增加在国际投资领域的话语权。

**2. 充分发挥自贸区的先行先试功能,进一步创新外资监管模式**

自贸区具有独特的不可替代的功能,自第一批开始,自贸区的确发挥了其先行先

---

① 张俊妮、陈玉宇:《产业集聚、所有制结构与外商投资企业的区位选择》,《经济学(季刊)》2006年第3期。

试功能。截至目前,我国自贸区已经批复三批,其中前两批全部为东部沿海地区。在今后,自贸区更应该发挥其先行先试功能,进一步创新外资监管模式,为我国实现全方位开放打好政策基础,把好最后一道关。

**3.充分发挥核心城市的辐射功能,梯度发展周边城市群**

我国有影响力的核心城市基本上都坐落于东部地区,比如北京、上海、广州、深圳等。核心城市最大的优势就是高度的凝聚力、吸纳力和辐射力。在未来,东部地区应该充分发挥核心城市功能,一方面依据自身优势吸纳跨国公司地区总部、结算总部、研发中心等集聚;另一方面则充分发挥其辐射功能,将生产制造业基地吸引到周边城市,形成梯度型城市群。

**4.充分发挥业态融合功能,吸引高端服务业和高技术制造业集聚**

东部地区拥有庞大的风暴型创新人才、科研院所高校、各类研发机构,是一块智力聚集高地。在未来,东部地区应把服务经济发展的基点放在创新上,以创新吸引创新、以人才吸引人才、以技术吸引技术,营造良好的创新环境,以创新思维拓展技术、产业、业态以及模式;共同推进制造业与服务业内部深度融合,以服务经济发展提升我国制造业核心竞争力,形成"高端服务业+高技术制造业"的组合效应,不断提高我国吸引外资的质量。

**(二)中部地区引进外资的功能**

中部地区在国家中部崛起战略的推动下,应当充分发挥"双驱"功能、集聚功能、学习功能和融合功能。

**1.充分发挥"双驱"功能,着力打造外向型"发展共同体"**

一方面,随着东部地区生产成木的不断增加,利润空间不断减小,许多跨国公司开始考虑向生产成本更低的内陆地区转移产业,特别是生产基地,以寻求更大的利润空间;另一方面,全球正在经历新一轮产业变革。对此,中部地区应当紧紧抓住机遇,强化传统产业升级和新兴产业培育"双轮驱动",促进外向型产业集聚,进而着力打造外向型"发展共同体"。

**2.充分发挥集聚功能,着力打造合作示范区**

中部地区属于内陆,开放要晚于东部地区。但是中央政府已经在想方设法实现内陆开放。中部地区应当以内陆开放为契机,调动一切可以调动的力量,以充分发挥其集聚功能,吸引其具有产业基础的产业形成集聚效应,进而逐步打造成在全国、全亚洲、全世界范围之内有影响力的内陆开放合作示范区。当然,中部六省产业各有特色,针对某个产业,如果一省无力形成集聚效应,那么可以考虑两省、三省甚至多省合作。

**3. 充分发挥学习功能,着力打造具有中部地区特色的自贸区**

自贸区自建立以来,不仅有力地推动了中国的开放进程,而且以上海为代表的自贸区形成了许多可复制的经验。但是与上海等东部地区相比较,中部地区依然具有浓郁的中部地区特色,因此中部地区在建设内陆型自贸区时,应当将上海等自贸区可复制的经验与中部地区特色结合,着力打造成具有中部地区特色的自贸区。

**4. 充分发挥融合功能,着力打造"多链"一体化的外商投资范围**

在推动现代农业、先进制造业和现代服务业加快发展过程中,中部地区应当充分发挥融合功能,促进产业链、创新链、服务链、资金链等"多链"一体化,为外商直接投资提供更宽阔的投资范围,着力打造一个真正崛起的中部地区。

**(三)西部地区引进外资的功能**

西部地区吸引外商直接投资的规模正在逐渐增加。西部地区集聚着我国大量的军工企业,一方面需要军转民,另一方面应考虑与国外资本对接。因此,西部地区需要充分发挥承接功能、宣传功能、吸纳功能和示范功能。

**1. 充分发挥承接功能,加速形成外向型产业集聚区**

结合自身产业基础,西部地区应当准备好承接东部地区产业转移,以及国际产业转移,形成外向型产业集聚区,进一步迈开开放的脚步。

**2. 充分发挥宣传功能,加速改变外商对西部地区的认知**

与外交部等涉外单位合作,在海外设立常驻窗口机构,定期或者不定期推出一些推介活动,努力做好西部地区的对外宣传工作,讲好西部故事,改变并强化外商对于西部的认知,以吸引外商直接投资。

**3. 充分发挥吸纳功能,加速吸引外商投资于特色旅游业**

西部地区集聚了我国多个民族,富有民族特色的文化足以吸引富有好奇心的外国旅游者,同样也可以吸引颇具投资眼光的外商。因此,西部地区应当充分发挥以民族特色文化为载体的吸纳功能,加速开放特色旅游业,以特色旅游业的开放为契机带动其他行业开放,吸引外商直接投资。

**4. 充分发挥示范功能,加速推进西部地区整体开放**

西部地区门户城市开放可以对其他城市具有示范功能,因此西部地区应着力开放并发展门户城市,充分发挥其示范功能,之后再整体推进西部地区的开放,达到共同发展的目标。

## 第三节　各地区双向投资的战略协同

各地区全面贯彻实施双向投资战略,需要构建政策支持保障体系、多边监管保障体系、战略协同保障体系、投融资保障体系、理论支撑保障体系、软实力自我保障体系、内在协同保障体系、沟通交流保障体系，才能"全面推进双向开放，促进国内国际要素有序流动、资源高效配置、市场深度融合"①，加快培育国际竞争新优势。

## 一、成立战略协调小组，建立政策支持保障体系

成立战略协调小组，直接而有效地解决在"双向投资"战略实施过程中出现的突出问题。突出问题包括：（1）对外直接投资动机仍然以能源、资源获取为主。由于能源、矿产等资源的稀缺性和不可再生性，以资源为主要对象的海外投资将趋于困难。（2）各地区之间以及各地区内部"双向投资"不均衡，主要集中于东部的广东、上海等。（3）对外直接投资行业不均衡，主要集中于批发和零售业与制造业。（4）民营企业在财税、金融、外汇、税收等方面未能与国有企业享有相同或者公平待遇。

战略协调小组可以由从中央到地方共同组成，采取一把手负责制。战略协调小组以顺应我国经济深度融入经济全球化的趋势为前提，以坚持"引进来"与"走出去"并重为纽带，以鼓励多元对外直接投资为契机，以发展更高层次的开放型经济为目标，建立政策支持保障体系。政策支持对于我国"双向投资"战略的实施起着至关重要的作用，促使"双向投资"的规模和速度实现跨越式的发展。

## 二、成立联合监督委员会，建立多边监管保障体系

成立由多方力量组成的联合监督委员会，建立以法律体系为核心的双边或多边监管保障体系。监督管理全球化时代，各国经济深度融合而导致的日益加大的，某个单一力量无法面对的，来自金融安全、投资安全、信息安全等的各方面压力，转由多方力量共同面对、共同监督管理。

以国内跨国公司对外直接投资为例，从国内来讲，需要进一步完善对外直接投资的整体法案，逐步以法律性文件取代政策性文件，既要避免政府职能越位，也要防止政府职能缺位，奠定对外直接投资的法律基础，保证相关法律法规的统一性、协调性和权威性。从国际来讲，需要与相关国家共同签订双边或多边监管或保护协定或建立预警机制，对双方跨国公司给予相应的保护，同时监督利用跨国投资而形成的国际性犯罪等。

## 三、强调"顶层设计"，建立战略协同保障体系

强调"双向投资"战略实施过程中的"顶层设计"，构建各地区战略协同发展保障

---

① 郭建华：《构建"一带一路"中亚能源金融体系，开创全球能源产融合作新格局》，《中国发展》2018年第1期，第19—22页；全毅：《"一带一路"框架下福建拓展欧洲经贸合作的策略探讨》，《发展研究》2018年第1期，第73—82页。

体系,集中体现我国更长时期内"双向投资"战略的发展思路、发展方向、发展着力点,及时把脉战略实施过程中出现的各类问题,解决战略实施过程中的难点与困境,协调战略实施过程中各地区出现的内部矛盾冲突,化解战略实施过程中各地区遇到的外部矛盾冲突,发挥政府战略实施过程中的各项政策的解读与引导功能,切实有效地发挥"双向投资"战略的中国经济外交手段,确保我国最为核心的"双向投资"战略长期顺利实施。

### 四、鼓励多元投融资,建立投融资保障体系

鼓励国内跨国公司在国内外多渠道、多方式进行投融资。允许国内金融机构在国内外以发行债券、银团贷款、同业拆借等方式融资;鼓励国内非金融机构特别是民营企业在国内外资本市场联合上市、联合贷款、联合发行债券等。既可以拓宽国内跨国公司的融资渠道,又可以降低融资成本;既可以分散投资风险,又可以增强国内跨国公司在国际市场上的知名度、提高其国际竞争力。

在健全国内监管体系的前提下,允许国外跨国公司在国内资本市场上市、发行债券等;鼓励国外跨国公司发展融资租赁服务。既可以活跃国内资本市场,又可以拓宽各类企业的投融资渠道和方式。

### 五、发挥联盟智库功能,建立理论支撑保障体系

创新智库建设,建立国内外跨界、跨学科、跨地区的综合型联盟智库,构建理论支撑保障体系,对"双向投资"战略涉及的经济、法律、文化、社会、政策、公共外交、科技创新等各个领域进行多角度多层面的相关理论研究,用理论指导实践或者修正实践。

"双向投资"战略实施过程中亟待解决的理论问题主要包括:我国对外投资与贸易之间的关系是怎样的? 来华外资看重的是什么? 如何保护海外利益? 开放是否带来国家重大产业安全? 各个行业如何避免安全问题? 政府或国家战略意图与企业目标如何结合? 国企对外直接投资如何做到安全树立形象? 如何解决资金流失? 这些问题都需要我们进一步探索和思考。

### 六、加强企业间沟通,建立软实力自我保障体系

加强各地区之间、地区内部、各行业之间以及行业内部不同企业之间的沟通,建立软实力自我保障体系。主要包括:强化企业自我认知,倡导社会责任,强调信用为本,增强企业自身软实力,构建以中国传统文化特色为核心的现代企业制度;推动企业之间开展合作型竞争,促进企业之间建立战略联盟;维护我国企业在国际市场上的知名度、美誉度,共同建设产品品牌、共同推动企业向国际型跨国公司发展。

## 七、强调差异性协调,建立地区内在协同保障体系

协调不同地区内部差异,建立地区内在协同保障体系。避免地区内部"双向投资"战略实施过程中出现的规划雷同、政策雷同、产业雷同,消除地区内部恶性竞争、社会资源浪费;鼓励地区内部协同规划、协同发展,构建各地区各有特色的协同机制;推动各地区以"双向投资"战略为核心,达到共同发展、提高国民福祉的目的。

## 八、促进跨文化交融,建立多层次全方位沟通交流保障体系

在不同地区、不同省(自治区、直辖市)与其他国家之间建立多层次全方位沟通交流保障体系,共同促进跨文化交融,化解"双向投资"战略实施过程中出现的各种文化冲突。东部地区开放比较早,与国外接触比较多,文化冲突相对较小,故应该积极主动地进行文化交流,进而对相互之间的文化甚至于价值观形成共识。对于中部地区,与国外文化冲突较大,各省应该更加主动学习和了解相应各国的文化差异,同时也要尊重对方文化,尽量减少因文化差异导致的文化冲突和不必要的交易成本。对于西部地区,部分与周边各国的文化冲突相对较小,部分与周边各国文化之间的差异相对较大;前者,采纳与东部地区相同的策略,后者则采纳与中部地区相同的策略。

# 第十八章　大都市如何形成对外投资战略的运行平台

◇◆◇◆◇◆◇◆◇◆◇◆◇◆◇◆◇◆◇◆◇◆◇◆◇◆◇◆◇◆◇◆◇◆◇◆◇◆◇◆◇◆◇◆◇

随着中国鼓励企业"走出去"战略的深入推进,中国在较短的时间内变成了一个越来越重要的投资大国,未来投资潜力巨大;但"大而不强"的问题却一直困扰着中国的对外投资。随着中国参与国际分工的不断深入和经济服务化与信息化程度的逐步提高,国内逐渐涌现出一批国际化的大都市,诸如上海、北京、天津、深圳等,这些国际化大都市都集合了国内法律、金融、财税、保险、商务等各方面最具优势的社会资源,都有条件作为中国对外投资战略运行平台,在促进中国企业"走出去"中发挥更大作用。本章重点论述了这些大都市在成为中国对外投资战略运行平台中存在的主要问题、基本设想和相关政策建议。

## 第一节　大都市成为中国对外投资战略运行平台的必要性和可行性

目前,国内主要的国际化大都市诸如上海、天津、深圳等已然成为中国对外投资的"桥头堡"和"主阵地",正日益发挥着极其重要的作用。而且,上海以自贸区为依托,在探索成为中国对外投资战略运作平台中已经取得丰硕成果。因此,将大都市打造成为中国对外投资战略的运行平台,不仅必要而且可行,更有利于增强大都市的辐射能级和国际化水平。

### 一、大都市在中国迈向对外投资"强国"中可以大有作为

1998 年,中央提出"走出去"战略,支持和鼓励国内企业开展对外投资业务,中国企业开始走向世界。① 随着中国鼓励企业"走出去"战略的深入推进,我国对外投资

---

① 张定法:《中国迈向"投资强国"的策略分析》,《新西部》2017 年第 27 期,第 47—49 页。

持续快速增长。2016 年,中国对外投资创下了 1961.5 亿美元的历史新高,仅次于美国(2990 亿美元),承接 2015 年蝉联全球第二位,占全球流量份额的 13.5%;年末存量 26.16 万亿美元,占全球存量份额的 5.2%。

从战略意义上讲,中国企业"走出去"的战略重心和动机已经发生质的变化,即企业"走出去"的重心从商品、产能输出为主的阶段逐步向技术、资本输出为主的阶段过渡;企业"走出去"的动机也逐步从"替代出口"向化解"产能过剩"、支持"产业升级"的方向转变。中国企业"走出去"战略的持续深入和升级,不仅有助于中国企业增强以全球视野整合世界资源、逐步占据全球价值链高端的能力,而且也有助于促进我国产业结构优化,推动中国经济的提质增效升级。这对于我国加大对外开放程度、增强国家软实力、提升国际竞争力和影响力有着重要作用。

"一带一路"建设背景下,中国对外开放将迎来新的黄金发展时期。[1] 一是新的供需产业链逐渐形成,新产业、新商机层出不穷;二是中国正面临经济结构调整,政府加大了企业"走出去"的政策支持力度;三是人民币国际化进程为"走出去"提供了良好条件,中国资本正在加大对新兴市场的投资;四是中国企业经过多年的市场磨炼,已经具备了"走出去"的条件与能力。

中国在较短的时间内变成了一个越来越重要的投资大国[2],而且未来投资潜力巨大;但"大而不强"的问题却一直困扰着中国的对外投资。随着全球化的推进,在新时期国内经济形势和国际宏观环境发生重大变化的过程中,中国对外投资面临着各种新老问题的交织和愈加严峻的挑战,较之以往具有更高的复杂性和风险性。[3][4][5] 在此背景下,未来中国对外投资战略的有效实施,不仅需要国家层面政府支持力度继续加大、政府监管模式及配套服务方式有所创新;而且在国内的国际化大都市层面,地方政府也有能力和条件持续加大政策支持和管理模式创新力度,探索构建中国投资战略的运行平台。

---

[1] 境外经贸合作区建设、"一带一路"建设、国际产能合作是中国对外投资的重要推动力。截至 2015 年 12 月底,中国企业正在推进的合作区共计 75 个,其中一半以上是与产能合作密切相关的加工制造类园区,建区企业累计投资 70.5 亿美元,合作区累计总产值 420.9 亿美元,上缴东道国税费 14.2 亿美元,带动了纺织、服装、轻工、家电等优势传统行业部分产能向境外转移。2015 年,中国企业对"一带一路"建设相关的 49 个国家进行了直接投资,投资额合计 148.2 亿美元,同比增长 18.2%。中国企业在"一带一路"建设相关的 60 个国家承揽对外承包工程项目 3987 个,新签合同额 926.4 亿美元,占同期中国对外承包工程新签合同额的 44%。

[2] 何帆:《中国对外投资的特征与风险》,《国际经济评论》2013 年第 1 期,第 34—50 页。

[3] 李霞:《中国对外投资的环境风险综述与对策建议》,《中国人口·资源与环境》2015 年第 7 期,第 62—67 页。

[4] 王凡一:《"一带一路"战略下我国对外投资的前景与风险防范》,《经济纵横》2016 年第 7 期,第 33—36 页。

[5] 张定法:《中国迈向"投资强国"的策略分析》,《新西部》2017 年第 27 期,第 47—49 页。

随着中国参与国际分工的不断深入和经济服务化与信息化程度的逐步提高,国内逐渐涌现出一批国际化的大都市,诸如上海、北京、天津、深圳等。这些国际性大都市以其完全开放的姿态、良好的基础设施、宽松的投资环境、高素质的城市居民构成,成为带动本地区与本国经济参与国际经济循环的空间结构实体,是国际资源、资金与人才在全球流动的对接点,并且成为各具特色的国际金融贸易中心,国际间政治、经济、科技、信息、文化的交流中心。更值得一提的是,这些国内国际化大都市都集合了国内法律、金融、财税、保险、商务等各方面最优势的社会资源,都有条件作为中国对外投资战略运行平台,在促进中国企业"走出去"中发挥应有作用。

## 二、大都市已然成为中国对外投资的"桥头堡"和"主阵地"

事实上,国内主要的国际化大都市已然成为中国对外投资的"桥头堡"和"主阵地",正日益发挥着极其重要的作用。可以用北、上、深、津等大都市近年来的对外投资数据予以佐证和说明。

首先,从对外投资流量来看,中国地方各省(自治区、直辖市)占比突破80%,上海、广东(主要是深圳)、天津位列前三。2016年,中国对外投资净额(以下简称"流量")为1961.5亿美元,同比增长34.7%。同期,地方企业对外非金融类直接投资流量高达1505.1亿美元,同比增长60.8%,占全国同期非金融类流量的83%,是2016年中国对外投资的主力军(见表18-1)。其中:东部地区对外投资流量为1256亿美元,占地方投资流量的83.4%,同比增长63.9%;西部地区对外投资流量为115.5亿美元,占7.7%,同比增长55%;中部地区对外投资流量为101.1亿美元,占6.7%,同比增长59.7%;东北三省对外投资流量为32.5亿美元,占2.2%,同比增长1.4%。上海、广东(2/3是由深圳完成的)、天津、北京、山东、浙江、江苏、河南、福建、河北位列地方对外投资流量前10位,合计1292.41亿美元,占地方对外投资流量的85.9%。上海、广东(2/3是由深圳完成的)2016年流量分别突破两百亿美元,创地方对外投资新高。

表18-1 2016年年末对外投资流量前10位的省(自治区、直辖市)

| 序号 | 省(自治区、直辖市)名称 | 流量(亿美元) | 同比增长(%) |
|---|---|---|---|
| 1 | 上海市 | 239.68 | 3.4 |
| 2 | 广东省 | 229.62 | 87.2 |
| 3 | 天津市 | 179.40 | 609.9 |
| 4 | 北京市 | 155.74 | 26.8 |
| 5 | 山东省 | 130.24 | 83.2 |

| 序号 | 省(自治区、直辖市)名称 | 流量(亿美元) | 同比增长(%) |
|------|------------------------|--------------|-------------|
| 6 | 浙江省 | 123.14 | 73.2 |
| 7 | 江苏省 | 122.02 | 68.3 |
| 8 | 河南省 | 41.25 | 214.2 |
| 9 | 福建省 | 41.19 | 49.4 |
| 10 | 河北省 | 30.13 | 220.5 |
| | 合计 | 1292.41 | |

资料来源:商务部:《2016年度中国对外直接投资统计公报》。

其次,从对外投资存量来看,中国各省(自治区、直辖市)占比近50%,广东(主要是深圳)、上海、北京位列前三。2016年年末,地方企业对外非金融类直接投资存量达到5240.5亿美元,占全国非金融类存量的44.4%,较2015年增加7.7个百分点。其中:东部地区对外直接投资存量为4232.9亿美元,占80.7%;西部地区对外直接投资存量为428.1亿美元,占8.2%;中部地区对外直接投资存量为356亿美元,占6.8%;东北三省对外直接投资存量为223.5亿美元,占4.3%。广东省以1250.4亿美元的存量位列地方对外投资存量之首,其次为上海对外直接投资存量为840.5亿美元,其后依次为北京、山东、江苏、浙江、天津、辽宁、福建、湖南等(见表18-2)。在5个计划单列市中,深圳市以852.6亿美元位列第一,占广东省对外投资存量的68.2%;宁波市以117.8亿美元位列第二,占浙江省对外投资存量的36%。

表18-2 2016年年末对外投资存量前10位的省(自治区、直辖市)

(单位:亿美元)

| 序号 | 省(自治区、直辖市)名称 | 存量 |
|------|------------------------|------|
| 1 | 广东省 | 1250.4 |
| 2 | 上海市 | 840.5 |
| 3 | 北京市 | 543.8 |
| 4 | 山东省 | 411.9 |
| 5 | 江苏省 | 349.5 |
| 6 | 浙江省 | 326.8 |
| 7 | 天津市 | 262.3 |
| 8 | 辽宁省 | 132.2 |
| 9 | 福建省 | 111.3 |
| 10 | 湖南省 | 101.7 |
| | 合计:(占地方对外投资存量的82.6%) | 4330.4 |

资料来源:商务部:《2016年度中国对外直接投资统计公报》。

### 三、对外投资已成为大都市发展转型升级的重要引擎

中国企业"走出去",拓展了自身的发展空间,与境外资源和空间优势产生叠加效应。同时,"走出去"企业的发展本身也将对大都市新一轮的区域经济和社会发展产生积极而深远的影响。

#### (一) 有利于大都市产业结构的调整

经济新常态下的大都市发展仅靠自身的资源是不能满足的,通过投资可以将部分产业转移到其他国家。一方面,可以为大都市空出更多资源用于扩大更具比较优势产业的生产和出口,促进大都市产业结构的升级换代;另一方面,还可以利用海外投资收益来补充和壮大大都市具有比较优势的产业,更重要的是引入境外先进技术,以实现并加速产业结构升级。

#### (二) 有利于促进自身对外贸易的发展

随着全球产能过剩日趋严重、国际市场空间日趋饱和,关税、技术壁垒和反倾销已经成为很多国家对外出口的重要障碍,因此,鼓励本地企业扩大对外直接投资就成为一种间接增加出口的重要手段,这样就可以绕过贸易壁垒,就地生产和销售。此外,本地企业到国外投资设厂还能够直接、快速、准确地掌握并融入国外当地市场,及时反馈国外信息,减少本地出口的盲目性,以便输出适销对路的产品,实现货畅其流。

#### (三) 有利于培养本地跨国公司经营管理人才

跨国公司经营管理需要具有较高管理技能、精通当地语言、熟悉东道国情况、了解国际市场及当地资源等,企业派出人员到国外培训、直接参与境外直接投资行为或直接招聘当地的人才,有利于培养本地跨国公司经营管理人才。

#### (四) 有利于增加"走出去"企业税收贡献

相比大都市其他实体经济型企业,境外投资企业有其独特性,它们并未占用大都市有限的资源,包括土地资源、政府资源等,但是却在较短的时期内为大都市带来较大税收贡献(企业所得税、代扣代缴的个人所得税、印花税等),某种程度上来说恰恰符合经济学上的"二八法则"。虽然目前通过大都市"走出去"的企业绝大部分还未到收益期,但从已完成交割的项目来看,的确是符合上述情况的。值得注意的是,很多"走出去"企业境内投资主体的注册形式是"有限合伙企业",有限合伙企业的税收遵循"先分后税"的原则,在投资主体层面一般不涉税,而是将收益分配给合伙人后,由合伙人纳税。因此,如何有效运用境外投资平台优势,不仅仅将大都市打造成资金出境的通道,更重要的是吸引股权投资管理总部及投资人(LP)聚集,将税收留在当地,这是值得思考的问题之一。

### 四、上海在探索成为中国对外投资战略运作平台中取得丰硕成果

长江之畔、东海之滨的上海是中国对外投资合作的"桥头堡"。上海市商务委员会的数据显示,2016 年上海实际对外投资额达 251.29 亿美元,较 2015 年大幅增长 51.7%,占全国对外投资额近 15%,处于绝对的领跑地位。上海自贸区是上海对外投资合作的重要窗口,2016 年,经过上海自贸区进行的对外投资备案金额达 251.9 亿美元,占上海全市对外投资备案金额的 68.7%。

同时,随着"一带一路"倡议、"国际产能合作"等的推动实施,以及上海科创中心与"四个中心"(国际经济中心、国际金融中心、国际航运中心与国际贸易中心)建设的不断深化,上海企业对外投资合作的水平也进一步得到了优化提升,集中体现在对外投资合作区域与方式的多元化,特别是在对外投资合作产业领域的高端化与高附加值化上。据上海市商务委员会的数据,2016 年上海企业保持了在工业制造业、房地产业领域对外投资合作的良好势头,在商业服务业、信息传输/计算机服务和软件业等高端产业领域的对外投资合作上更是取得了突破性的进展。上海企业对外投资合作产业领域的突破也进一步带动了上海本地经济的发展与产业结构的升级。

众多中国"走出去"企业选择上海特别是上海自贸试验区作为出海通道的原因,与上海近年来充分利用上海自贸试验区先行先试的政策优势率先探索,便利中国企业对外投资和国际化经营的改革举措分不开。

总之,将大都市打造成为中国对外投资的运作平台,不仅必要而且可行,更有利于增强大都市的辐射能级和国际化水平。

## 第二节　大都市在成为中国对外投资战略
## 运行平台中存在的主要问题

随着改革深化、综合国力增强与产业结构转型升级步伐的加快,中国境外投资便利化将成为发展趋势。中国政府在推进对外投资合作便利化的同时,也将进一步规范市场秩序,促进中国对外投资合作的可持续发展。这一新形势对作为中国对外投资"桥头堡"和"主阵地"的国际化大都市至少提出了两方面的更高要求。一是国际化的大都市要持续培育和集合自身优势资源服务企业"走出去";二是不断提升对外投资监管水平和效率。这是因为企业"走出去"需要的并非单一或碎片化的服务,它们更需要的是整合了法律、金融、财税、保险、商务等各方面社会优势资源,融合投资咨询、企业设立、境外投资备案申请、政策解疑、专业机构服务等的全方位、多层次的

综合服务,以满足各类投资者的不同需求,真正有效地推动和促进其境外投资的便利化,降低其境外投资风险,为其境外投资保驾护航。

综上所述,尽管上海自贸区在率先从战略层面探索成为中国对外投资战略运作平台方面取得了丰硕成果,并且大多数已经推广复制到全国其他省(自治区、直辖市),但是从实际操作层面来看,仍旧存在着较大不足和问题。下文我们以上海为例,探讨大都市成为中国对外投资战略运行平台存在的主要问题。

## 一、境外投资备案管理方面存在的问题

### (一) 备案方式问题

从自贸试验区备案权限来看,法律依据上尽管沿袭了国家发展改革委和商务委的双重管理体系,但在实际操作中,3 亿美元以下的备案项目实现了简化的备案制度。从实践来看,这是一项行之有效的便利化措施,众多境外投资企业也从中享受到了制度的红利。但是,由于项目的具体内容仍属于备案审查范围内,因此,实际上很难完成境外投资备案。[①]

举例来说,有部分企业计划直接投资境外大型知名基金,或与境外伙伴共同建立境外投资基金后寻找投资目标,基于基金投资的特点,其投资目标并非单一,往往对应众多投资目标。然而在实际操作中,需要企业明确并申报到最终项目,若基金后续投资多个项目,则企业将面临针对同一项投资需办理多次备案的困境。

基于上述问题,境外投资企业普遍建议,针对不同的投资主体,对投资项目的内容审查采取不同的审查标准。特别是对于符合一定资质的国有企业下属投资企业及股权投资基金,是否可以考虑事前不对投资项目进行实质性审查,而给予一定的年度投资额度,待具体项目落地、资金划转后,再予以后置备案,最大限度上便利投资机构的灵活投资。

### (二) 联合申报问题

在 2014 年 10 月发布的《本市企业办理境外投资备案(核准)事项的服务指南》中指出:"两个以上企业共同开展境外投资的,应当由相对中方大股东在征求其他中方投资方书面同意后办理备案或申请核准。如果各方持股比例相等,应当协商后由一方办理备案或申请核准。"[②]这意味着对于有多家中方投资主体的境外投资项目,须统一由一方牵头办理联合申报。

在实践中,对于涉及多轮融资的境外投资项目,有部分企业苦于无法找到前期投

---

① 张昊昱:《法律人士建议完善自贸区境外投资政策》,《证券时报》2014 年 9 月 29 日。
② 孙韶华:《境外投资管理办法》,《经济参考报》2009 年 3 月 16 日,第 6—8 页。

资人，或前期投资人不愿意提供《境外投资备案证书》原件，而导致无法正常办理境外投资备案。

基于上述问题，建议应用商务部于 2015 年年末已运作的"走出去"公共服务平台，将《境外投资备案证书》查询功能集成至平台，或新区先行试点建立查询系统，企业可以通过境外投资最终项目的准确名称查询《境外投资备案证书》，获取相关信息，以避免企业因找不到前期投资人，而无法备案的窘境。

## 二、财政与税收方面存在的问题

上海自贸试验区成立伊始，即开始关注境外投资税收问题。上海《自贸试验区条例》第三十三条要求，"遵循税制改革方向和国际惯例，积极研究完善不导致利润转移、税基侵蚀的适应境外股权投资和离岸业务发展的税收政策"[①]。综观国际先进惯例，很多国家对本国境外投资所得均有不同程度的所得税优惠政策，如美国对本国公司国外投资所得下浮 15%—20%计征所得税；日本对涉外技术转让所得免税，韩国对本国公司国外所得 1 亿韩元以上的按 27%税率计税，1 亿韩元以下的按 15%计税。随着未来上海自贸试验区境外投资项目逐渐进入收益期，越来越多的境外投资企业开始形成股息红利所得或股权转让所得，然而与境外投资相关的税收及财政政策却迟迟未能落实。

上海自贸试验区境外投资企业期盼相关政策尽早落实，更好地享受自贸试验区境外投资的便利，以真正推动境外投资稳步发展。

### （一）印花税

境外投资企业一般在两处需要缴纳印花税，其一为记载资金的账簿，按实收资本和资本公积金合计金额的 0.05%贴花；其二为产权转移数据，按照产权转让金额的 0.05%贴花。基于境外投资企业的特点，一是投资资金来源一般以注册资本形式汇入境外投资主体；二是投资退出方式一般以股权转让形式完成，在资金来源及退出方式上均需缴纳印花税，这对境外投资企业来说也是一个不小的负担。根据调研中了解到的情况，国内部分地区对境外投资企业缴纳的印花税，地方财政留存部分，70%—90%返还，而目前浦东新区对部分地方财政留存部分的返还并无明确规定。

### （二）个人所得税

投资主体为合伙企业的，税收实现"先分后税"，当其合伙人股东为自然人时，需

---

① 陈少英、吕铖钢：《投资便利化税收法律制度研究——以中国（上海）自由贸易试验区为背景》，《晋阳学刊》2015 年第 3 期，第 117—134 页。

由投资主体本身为其代扣代缴个人所得税。调研期间从税务部门了解到,当企业获得股权转让收益时,须按个体工商户生产经营所得缴纳相应税收,由于境外股权投资转让收益一般较高,如此一来,个人所得税税率往往将高达35%。这对企业来说,是很大的负担。

### (三) 税收抵免制度

根据我国税制,海外投资收益返还中国后要根据抵免法来衡量该笔收益的税收问题。如该笔投资收益在境外缴税超过25%,中国政府即不会再征税;反之,则需要补足相应的差额部分。同时,从实际监管角度来说要控制层级,境外税收抵免受到"三层"抵免限制,即如果中国企业对外投资层级超过三层,境外所缴纳的税金就无法抵免了。2011年5月,财政部、国家税务总局下发了《关于高新技术企业境外所得适用税率及税收抵免问题的通知》(财税〔2011〕47号)和财政部、国家税务总局国家油(气)企业在境外企业的一些通知,对国外税收抵免的规定进行了一些突破,如我国石油企业在境外从事油(气)资源开采的,可以选择采取"不分国不分项"原则计算境外应纳税所得额,同时将税收抵免层级由三层扩大到五层。例如,在境外投资企业能提供投资架构安排合理性依据的基础上,将其税收抵免层级扩大到五层或六层,以解决境外投资企业这一普遍性问题。

## 三、外汇管理方面存在的问题

### (一) 外汇登记权限下放问题

随着外汇直接投资业务登记权限的下放,企业境外投资购付汇得以进一步松绑。取得《企业境外投资证书》后,企业即可至开户行办理外汇登记并完成购付汇手续,在政策上大大缩短了办理的流程及时间。然而在实际操作中,部分银行对外汇登记系统不熟悉,或经办人员对政策理解有所欠缺,导致整个业务办理流程被人为拉长,沟通成本巨大。建议外汇管理局加强对银行相关办事人员的业务培训及政策指导,以使企业资金出境通道更为顺畅。[1]

### (二) 提升汇兑风险应对能力

对于境外投资企业,如果交易不是用本国货币在未来日期进行收付,或将外币汇回国内,都可能面临外汇风险。境外投资企业在外币汇率变动以前所形成的债权债务、货币收付关系,在汇率变动后结清时产生的汇率变动损失必须汇入企业当期的损益中,从而对这一时期的净损益有着直接影响。2015年度,美元兑人民币汇率一度

---

[1] 卢碧:《我国企业境外投资外汇风险管理研究——基于ERM框架的视角》,《会计师》2013年第11期,第3—5页。

从 6.1 升至 6.5,使得部分已谈妥境外并购条款而资金尚未换汇出境的,或事先借用外币过桥贷款的企业,面临巨额的汇兑风险。①

因此,我们认为,对于境外投资企业而言,提高汇率风险意识、重视外汇风险管理、制定有效的对冲汇率风险策略等极为重要。建议政府相关职能部门加强宣传及引导,给予境外投资企业一定的应对风险政策或措施保障。

## 第三节　大都市成为中国对外投资战略运行平台的基本设想

鉴于上文中对国内大都市在构建中国对外投资战略运行平台的必要性、可能性以及实践中积累的经验和存在的问题的认知和判断,本书认为,所谓大都市成为中国对外投资战略运作平台,实际是在国家统一的政策下,国内各大都市通过自身所建立的各具特色和优势的"走出去"支持体系平台,更好地发挥其作为中国对外投资"桥头堡"和"加速器"的特殊地位和作用。这样的"走出去"支持体系平台,既要贯彻执行国家层面统一的相关方针、政策、法规和措施,又要依据各大都市的实际,设立相应的机构并制定相应的政策、条例、管理办法等,由此构成各大都市既具共性又具个性(各大都市自身特色和优势)的企业"走出去"支持体系平台。

这样的企业"走出去"支持体系平台至少包括以下五大子体系。

### 一、机构监管体系

这主要是指,作为企业"走出去"投资推动者的大都市政府,应成立专门的支持企业"走出去"对外投资的管理机构体系。其主要任务是统一管理和协调组织当地的对外投资活动,并根据企业"走出去"投资的新实践,在自己的职权范围内对现行的对外投资管理体制包括法律框架、审批制度、外汇管理、市场准入、人员出入境制度及国有企业投资管理等进行管理创新,形成与国际惯例接轨的管理模式、管理体制和机制,使其适应新形势下企业"走出去"对外投资的需要,实现支持企业"走出去"对外投资的良好监管。

### 二、政策法律体系

这主要包括两个方面:一是政策支持体系;二是法律法规体系。在政策支持体系

---

① 卢碧:《我国企业境外投资外汇风险管理研究——基于 ERM 框架的视角》,《会计师》2013 年第 11 期,第 3—5 页。

方面,大都市政府既要认真贯彻国家支持企业"走出去"的各项政策,又要根据当地的实际情况,制定较为完善的鼓励企业"走出去"的政策支持体系。在法律法规体系方面,大都市政府应充分运用地方立法权,在遵循国家层面对外投资基本法的前提下,出台支持企业对外投资的法律、法规以及相关条例,建立起与国际惯例接轨并行之有效的地方对外投资法律法规体系,旨在充分保障"走出去"企业的各项合法权益,使企业对外投资规范、健康的发展。

### 三、信息咨询服务体系

这主要是指,大都市政府应充分借鉴国外的先进经验,设立支持企业"走出去"投资促进机构,专司与国内外有关部门和机构沟通联络,形成完善的信息咨询服务体系,畅通各种信息渠道,为企业"走出去"对外投资提供投资决策和生产经营所需的全方位的信息和咨询服务。

### 四、人才培训体系

这主要是指,大都市地区政府建立人才培训体系,为大力培训企业"走出去"直接投资需要的各方面专业人才和管理人才,具有关键性的意义。因为企业"走出去"对应多渠道、多方式建立人才培训机构,完善培训制度,形成省市、部门、企业、社会各层次构成的人才培训体系,促进精通国际商务、国际法律、国际金融和语言等知识的复合型人才以及具有跨国公司经营管理知识和经验的操作型人才的成长,满足对外投资不断扩大的人才需要。

### 五、中介协调与沟通体系

这主要是指,大都市地区政府按国际行业协会运行的一般规则进行运作,建立健全辖区内的商会、协会等中介组织,充分发挥它们在企业"走出去"开展对外投资过程中的专业优势和沟通协调作用,维护企业利益,协调市场准入,进行价格约束,保证正常的经营秩序形成中介协调和沟通体系,同时还作为政府与企业的桥梁和纽带,为政府加强对企业"走出去"开展对外投资的宏观管理服务。

## 第四节　大都市成为中国对外投资
## 战略运行平台的政策建议

根据上述大都市成为中国对外投资战略运行平台的基本设想,从尽快落地视角来看,大都市要成为中国对外投资战略运行平台并更好地发挥作用,还需要从国家和大都市自身层面协同推进,完善相关法规、政策和服务平台。国家层面上要加快修改和完善境外投资管理办法以及相关的财税、外管政策,大都市层面上应协同国家有关部门加快建立健全境外投资公共服务平台以及境外投资服务平台。

## 一、国家层面上应加快修改、完善境外投资管理办法

一般境外投资项目需获得三个政府部门的核准、备案或登记,即:中华人民共和国国家发展和改革委员会、中华人民共和国商务部,以及中华人民共和国国家外汇管理局。国有企业的境外投资,根据上级主管部门的不同,还需要获得国务院国有资产监督管理委员会或中华人民共和国财政部的批准。

目前,境外投资法规制定形式没有很大突破,仍然是单个部门单独制定。在新形势下,商务部率先出台,但是境外投资涉及商务部、国家发展改革委、外汇管理局、税务局等多个管理部门,建议能由多个部门联合制定境外投资管理办法。通过一部法规,将境外投资过程中所遇到的诸多问题集中解决,借鉴外商直接投资时联合办公、"一站式服务"的做法,提高法规的可操作性和效率。新的境外投资管理办法至少应在以下几方面有所突破。

### (一) 合理布局,避免盲目投资

在对外投资的整体布局上,有必要设立专门对外投资管理的统筹部门,制定相关制度进行对外投资的约束,使区域内对外投资进程有规划、有步骤地推进,同时应加强对其他国家投资环境、市场供需情况以及政策等的了解,有针对性地对于区域内企业进行必要的投资引导,做好投资信息发布工作,避免盲目投资情况的出现,合理选择投资布局。

### (二) 鼓励和帮助民营企业对外投资

近年来,民营企业已经克服了基础薄弱的劣势,成为国民经济的一个重要组成部分,其"走出去"步伐已日益加快;但比较而言,民营企业整体力量还相对单薄,存在资金实力弱小、融资渠道窄、缺乏商业信息及国际营商经验等诸多实际问题,迫切需要得到政府支持。对于优质民营企业的对外投资应当鼓励和适度引导,同时考虑到它们缺乏相关经验,境外投资还未形成网络,因此建议鼓励并帮助它们集群共同"走出去",借助驻外机构、专业平台和专业机构等,在目标对象国的基本国情、产业信息、法律、法规和文化融合等方面提供信息服务和有针对性的深度指导。

### (三) 重视产业布局,培育重点产业

境外直接投资有效推动地区产业结构调整和产业升级,而产业结构的优化又促进了境外直接投资的进一步发展,二者具有一定的互动关系。因此,境外直接投资的产业布局应当与产业结构调整相配合,并作为产业政策的重要组成部分。根据产业

的区域内发展情况和国际比较优势等进行适度产业转移,鼓励具有竞争优势的产业"走出去",转移富余产能产业以及培育优势产业。

以上海为例,应高度重视和培育制造业与服务业"双引擎",引领经济实现中高速增长、迈向中高端水平。

重点培育服务业创新发展。随着人民币被纳入 SDR 货币篮子,上海将在中国金融市场的进一步开放中发挥更重要的作用,打造全球人民币的价格形成中心、资产定价中心、支付清算中心,推进上海自贸试验区与上海国际金融中心的建设联动,以金融创新支持实体经济"走出去",并购境外优质资源、先进技术、商业网络、实体资源等,从而在未来成为真正的国际金融业务中心。

目前,跨境股权投资基金正在上海自贸试验区聚集,基金需要托管、销售、支付结算、汇兑、专业投资咨询、法律等相应服务。实现"内投外"和"外投内"是双向股权基金的发展趋势。在区域内建成一个跨境股权投资基金中心,并推动围绕跨境基金提供各类服务的机构形成产业链,有助于上海自贸试验区的长远规划和战略设计,助力中国企业"走出去"并帮助外资企业和股权基金"引进来",推进人民币资本项目开放,促进上海金融中心建设。

值得注意的是,很多"走出去"企业境内投资主体的注册形式是"有限合伙企业",有限合伙企业的税收遵循"先分后税"的原则,在投资主体层面一般不涉税,而是将收益分配给合伙人后,由合伙人纳税,因此如何有效运用境外投资平台优势,不仅仅将上海自贸试验区打造成资金出境的通道,更重要的是吸引股权投资管理总部及投资人的聚集,将税收留在当地。因此建议:建立跨境股权投资基金中心,对标国际化营商环境,形成集聚效应,吸引股权投资管理总部以及"走出去"人才集聚。

陆家嘴片区作为上海自贸试验区中的金融集聚区,集聚金融及总部型机构,拥有上海证券交易所、上期所、中金所等要素市场,在实现私募股权与金融机构的联动创新上有一定空间;同时,近年来保税区域"走出去"的势头迅猛,集聚了一大批跨境股权投资型投资主体入驻,逐步实现从"房东"到"股东"的角色转型,并通过 PPNC 非公开定向债务融资工具、海外债、集聚海外归国人才等方式切实支持区内企业"走出去"。

## 二、从国家和大都市层面协同推进事中事后监管服务模式创新

### (一)建立健全公共服务平台

据调查统计,在中国对外投资尤其是并购投资失败的案例中,一个重要的特征就是信息不对称,特别是中小企业缺乏信息积累,对东道国及项目的了解限于粗略考察。企业大规模地"走出去"需要政府主导提供强大的信息支撑,以增强中国企业在

海外投资的风险防范能力,促进中国企业国际化并取得效益。

为此建议:加大"走出去"公共服务平台宣传力度,深化平台功能,推进信息对接共享。2015年年末,商务部推出了"走出去"公共服务平台(即"中国对外投资和经济合作网:http://fec.mofcom.gov.cn")。然而,由于平台宣传力度不够,很多境外投资企业仅使用了网上备案功能,而未利用好平台上已有的海外信息服务,建议加大网站功能的宣传力度,召开政策宣讲会或印发相关宣传资料,鼓励企业用好、用实平台功能。

同时,建议促进商务部平台与地方政府服务平台的对接,更好地实现对企业的引流作用。以上海为例,商务部"走出去"公共服务平台中的浦东新区企业境外投资企业信息能与新区"境外投资服务平台(http://www.shftz.cn)"实现同步共享,一是便于政策对接服务落地,在降低成本的同时提升企业体验度;二是探索解决多家中方投资主体联合申报问题的有效方式,建议服务平台试点建立《境外投资证书》查询系统,企业通过最终项目名称查询《境外投资证书》,获取相关信息,以避免因找不到前期投资人而无法备案的窘境。

除此以外,目前政府对境外投资企业事中事后监管措施之一,即境外投资项目统计年报申报工作,其中部分申报信息与工商及税务部门的统计信息一致,建议与相关部门实行联动,针对境外投资企业的年检信息实现资源共享。

### (二) 完善境外投资财政、税收政策

我们建议:找到切入点,推进境外投资税收及财政政策落地。一是印花税。建议对印花税地方财政留存部分的返还明确规定。二是个人所得税。建议考虑调整适用税率,使适用税率与其境外投资行为相匹配。三是税收抵免制度。

建议税务部门积极研究方案,在自贸试验区先行先试,让企业享受到自贸试验区建设成果。建议财政部门在境外投资税收新政出台前的过渡时期,研究"十三五"财政扶持政策,包括通过财政奖励等形式,对境外股权所得缴纳的税款予以支持,使实际缴纳税率下降到15%。同时,为更好地发挥出口信用保险的作用,通过海外投资保险,增强企业抵御海外风险的能力,促进企业提高经济效益。建议政府牵头宣传出口信用保险,由财政研究相关扶持方案,包括对企业海外投资鼓励类项目保费给予一定补助,或对小微企业投保出口信用给予保费优惠和补助等。

### (三) 加强事中事后监管机制

建议加强政策宣传指导,侧重事中事后监管。一是加强外汇指导培训。建议外汇管理局加强对银行相关办事人员的业务培训及政策指导,使企业资金出境通道更为顺畅。

二是提升企业汇兑风险应对能力。外汇管理局加强宣传引导,给予境外投资企

业一定应对风险的政策或措施保障。

三是侧重事中事后监管。建议外汇管理局通过信息系统掌握"走出去"企业资金进出情况,对异常情况能及时发现,每季度形成专题材料,对该季度内的外汇动态、突出现象等作重点分析,内容与相关新区部门共享。

### (四) 优化境外投资服务平台

强化境外投资服务联盟在境外投资中的服务功能。一是加强平台信息服务功能。建议政府牵头,对标国际通行做法,通过境外投资服务平台实现信息共享功能。同时通过平台集聚境外投资企业及境外投资服务机构,增强其互动交流,在实现信息共享的同时,深挖并培育境内法务及会计团队的境外服务功能。另外,建议政府向专业咨询机构集中采购一批境外投资专业报告,在网络平台上实现资源共享,以降低"走出去"企业的成本。

二是加强平台代办事项服务功能。境外投资企业在投资期及收益期,将涉及多项日常维护事项,如:月度、季度及年度涉税处理,年度企业公示,以及财政补贴申请等。建议将相关通知及申请代办功能集成至平台,加强平台联动,以方便区域内境外投资企业。

## 相关案例

### 境外投资服务平台

中国(上海)自由贸易试验区境外投资服务平台是由上海自贸试验区管委会委托上海外联发商务咨询有限公司负责建设并开展日常运营的,该平台已于2014年9月正式上线运营。

为了积极应对上海自贸试验区扩区的新形势,上海外联发商务咨询有限公司又于2015年依托境外投资服务平台成立了境外投资服务联盟。联盟有效拓展了平台的服务半径,全面对接了扩展区域的投资者,让扩展区域的投资者也能享受到"一站式服务"体验。

平台通过"服务超市"整合服务机构的优势资源,以集约化的服务机制、专业化的服务水平、高标准的服务质量,为投资者提供法律风险管理、资产评估、项目融资、跨境结算、会计服务、税务方案、保险方案等全方位服务。

平台主要包含七大类服务:1.平台拥有专业的咨询和服务团队,将为有意向"走出去"的中国企业提供极具针对性的投资政策咨询服务;2.境外投资服务联盟作为上海自贸区权威的招商团队和服务团队,提供区内投资主体的设立辅导和咨询;3.平台的合作服务机构、投资促进机构和各平台成员今后将协助资本方和项目方开展多样化的对接活动,促进项目的落地;4.平台还提供法律、金融、保险、财税等各项专业服务和指导;5.平台为投资者提供全面完整的资讯,提高境外投资的成功率;6.用户通过境外投资备案直通道,足不出户,在线备案;7.平台还为已经"走出去"的企业提供了包括利润汇回、股权转让、返程投资等在内的一系列投资分配及后续服务。截至2016年8月底,平台已经集聚了34家专业服务机构,其中包括11家银行、11家法律服务机构、5家会计师事务所、3家保险机构及4家其他专业机构。此外,平台合作的投资促进机构已达12家。

平台最为突出的四个亮点有:

1.境外投资备案直通道,用户可以足不出户,就能在网上填写并提交境外投资备案申请,而且可以实时追踪备案的办理进程;同时,平台配备专业人员提供备案咨询和辅导,提升用户体验度。截至2016年8月底,完成境外投资备案项目72个,累计中方投资额达432131.8924万美元。

2.平台将投资地政策、境外项目推荐、行业分析报告、成功案例等栏目按洲别、国别相互关联,有效扩展用户浏览视野,充分展现平台信息的共享作用。截至2016年8月底,平台浏览量超过86000次,累计访客量超过15000人,注册会员283家,发布资讯521条,发布政策、研究报告、案例分析268条,发布境外投资期刊70期。

3.用户可向平台任意服务机构发出需求征询,服务机构据此为用户量身定制专业的服务方案。该功能整合服务机构的优势资源,以集约化的服务机制、专业化的服务水平、高标准的服务质量,为投资者提供个性化服务。

4.平台按照投资生命周期理论,将境外投资分为"投资架构规划""项目评估选择""境外投资备案申请"等六个阶段。平台将根据各阶段的不同特点,主动指导投资者完成各阶段的工作,也将为职能部门"事前、事中、事后"的监管提供全面的辅助。

今后,平台将朝着功能不断拓展、资本项目多元对接、积极配合国家战略三个方向发展,将不断挖掘新的功能,继续引进服务机构,提供更丰富的信息和更多样的服务,并协助做好境外投资的事后跟踪和监管工作。平台将站在新的起点上,面对我国新一轮对外开放的重要机遇,专注于为中国企业"走出去"提供全程指导与服务,不断拓展对外合作新模式和新路径,主动对接自贸区和"一带一路"倡议,通过"引进来"和"走出去"更好地结合,推动国内市场与全球市场更深入和更广泛地融合,提升我国企业在全球价值链中的竞争力,进一步发挥上海试验自贸区在培育我国国际经济合作竞争新优势方面的引领作用。

第 四 篇

双向投资布局下产业
发展战略的内外协同

# 篇首语  产业发展战略的内外协同

◇◇◇◇◇◇◇◇◇◇◇◇◇◇◇◇◇◇◇◇◇◇◇◇◇◇◇◇◇◇◇◇◇◇◇◇◇◇◇◇◇◇◇◇◇◇◇◇◇

不论是引进外资还是对外投资,根本目的都是发展,而发展的主要标志是产业结构的进步。资本的流动是为产业发展战略服务的,在国家已经实现了发展的启动、摆脱了贫困,就数量而言所缺的并非资金,而发展上升到强盛目标的时候,这一点更为清晰。

## 一、产业发展战略的资本流出流入协同

当双向投资作为国家基本战略布局后,尽管在一个时期内要保留国际收支的基本平衡,但纯粹数量意义上的资本流出还是流入不再是主要政策目标。因此,资本流出流入的核心目标既不在于激励流出,也不在于激励流入,而在于服务于国家产业进步战略目标。产业政策是核心,而不是以资本流向为主。

国家已经制定了"中国制造2025""互联网+"等中长期产业发展战略规划,各类政策,包括外资政策都应当以这些战略为原则,而不是注重数量指标。对地方政府引进外资和企业对外投资也都要在产业总战略下推进。

引进外资的转型发展在于改变低端分工地位。已经引进的产业要实现国产化水平的提升。新兴产业的发展不可能两次获得当年传统产业国际转移的历史机遇,而只能立足于自主创新,同时注重国际合作。也就是说,在整体产业国家战略下引进外资的参与。

对外投资从一开始起就是为确保资源稳定供给的重大战略,这一方向仍然应当坚持。同时,投资也在于构建国际市场销售网络。在中国企业发展水平逐步提升的新条件下,对外投资的新目标是实现这些产业的国际价值链分工,中国企业寻求在这一分工中的主导地位,同时,通过投资开辟当地市场。

通过国际并购迅速获得技术、品牌与销售网络应当是对外投资中的重要战略,同时也要服务于国家产业结构升级总战略。

当今世界正处于新一轮产业革命的发生时期,新产业会持续不断涌现、不断变革和进步。因此产业发展战略必须与时俱进,不断跟上发展。在这一点上,必须充分发挥市场的作用,给企业的选择和决策以充分的空间,而不是一切由政府规划。

## 二、对外直接投资与国内产业结构升级

从双向投资根本为服务于产业结构升级上讲,特别需要解决的是如何实现对外投资促进国内产业升级的机制问题。

对外投资后实现技术回流是促进国内产业进步的首要渠道。技术引进是一种方式,同时也要注重在海外技术开发性投资,通过投资有效利用海外技术研究环境、产业配套能力,采用独立投资或共同研发等方式,通过在海外的研发资源,使中国企业掌握更多先进技术。国家在对外投资的政策激励上要特别注重这样的投资。国家产业政策除了要支持企业在国内发展,还要支持企业利用国外条件实现发展,通过迂回的方式最终实现国内产业进步。

海外投资项目的反向投资是实现国内产业进步的一个重要途径。企业通过对外投资进入新兴产业,经过一段时间经营后掌握了其技术与产品,又反过来对国内投资,把产品送回国内生产。要在税收政策上特别鼓励这类企业的投资。

在全球价值链分工的时代,国家的目标不在于发展起一个完整的新兴产业,而在于在这些产业中的价值链主导地位的实现。当一个新兴产业产品发展起来后,如果能够适时对外投资,把价值链的某些片段分布到其他一些国家,包括进入对方市场,这可以在很大程度上支持国内新兴产业实现规模化提升,形成在新产业的价值链分工中的优势地位。对外投资政策同样也要鼓励这类模式。

## 三、国际并购与国内产业结构的进步

从中国注重对外投资发展以来,并购的发展在一个时期内比绿地投资更为迅速,这是与中国发展模式的特殊性相联系的,也表明了中国通过并购实现新的发展跨越的路径。

多个重要案例已经证明,中国企业进行国际并购是实现技术进步从而推动产业升级的一个重要渠道。并购使中国企业获得国际成熟企业,通过关键产品生产能力的提升上升一个台阶,并进一步带动国内企业生产,组成新的产业发展价值链。这种并购与获得技术向国内回流一样推动国内产业结构升级。当然需要注意的是,发达国家经常会以国家安全等理由对我国进行技术限制,成为我国以并购实现产业结构升级的一大障碍。

以并购实现新发展是中国发展道路在新阶段上的一个特点。表面上看来改革开

放前30年是资本引进,后10年是资本流出,正是因为前一阶段的资本引进及其所创造的贸易顺差和经济增长,为国家的资金积累与外汇储备创造了雄厚的基础。在有效的外汇管理政策措施下,坚持成功的外贸外资发展战略,我国能够保持外汇储备的稳定与优势。因此,上一阶段的以引进外资发展出口的模式是一条可持续的发展道路,也是一条可升级的发展道路。就整个发展过程而言,中国道路创造了全球化时代新的发展经验。

在要素流动理论上,对外并购的内涵与全球化要素流动特征是一致的。在绿地投资形式下,产生的是生产要素的国际空间位置转移,而产权没有变化;在并购投资形式下,生产要素的国家空间位置没有变化,但产权发生了变化。这一点的重要性在于,发展战略坚持时代特征的重要性。要素合作是全球化经济特征,拥有高级要素决定了一国在国际经济中的地位,因而国际并购的战略重点是获得中国所稀缺的高级生产要素,实现基于高级要素的国际产业链分工地位提升。国际并购作为一项资本运作行为,其国家战略意义正在于此,服务于国内产业进步与国际价值链分工地位提升是它的本质要求。

## 四、对外投资与国际产能合作

各个国际直接投资理论指出了投资发生的原因,这些理论的形成不在于相关学者自身的智慧,而在于其所在国家与所分析案例的特殊性。各种投资理论都有其现实依据。我们不需要从现有国际直接投资理论中为中国对外投资模式寻找依据,无论是技术研发型投资、产业回馈型投资、并购综合寻求型投资,还是产能合作型投资,都是这样。

除了国家发展历史性推进的战略选择外,中国今天面临的一个现象是部分产能富裕,基于这些富裕产能的国际合作的投资是当前中国对外投资的一个方面。我们需要探讨这类直接投资的机制与模式,特别是基于国家"一带一路"建设需要形成与东道国共同发展的共赢模式。

富裕产能的出现与2008年全球金融危机后的扩张性政策相关,也与投资盲目导致的震荡相关。但是,即使在经过了数年政策调控后,相关产业仍然体现了中国的优势所在。它是一种规模优势、产业优势,其综合形成为生产的成本优势。无论是产能转移性投资,还是产能开发性投资,都因为中国的优势适合于相关国家的需要,有利于相关国家发展这些产业,这一点决定了共赢的坚实基础。这种投资与垄断优势、产品周期、优势折衷或边际产业等都没有任何共同点。

产能合作型对外投资是在国家国内调控与对外合作两大政策作用下的产物,简言之是国家政策调控,而不是单纯企业决策。因此投资目的地和投资方式的选择必然与国家"一带一路"的合作推进紧密相连。富裕产能的对外投资是国家整个对外投资战略的一个组成部分,这是投资共赢的关键。

### 五、高水平"引进来"下的自主创新战略

引进外资战略走到今天,高水平"引进来"已经是战略提升的核心与关键。高水平"引进来"的内涵不仅在于外资具有更高水平的技术和更为创新的产品,而且在于中国不再是继续承担价值链的低端分工,因为这种模式中国已经实现且已对改变形成共识。对高水平"引进来"的目标也不在于技术溢出,这一机制的可能性也已经在过去40年得到了证明。在新的历史条件下谈"引进来",根本是要改变以往引进模式的不足方面,使引进外资本身成为改变我国国际分工地位的手段。

在自主创新已经提上日程的今天,高水平"引进来"的关键是促进自主创新,与自主创新形成联动机制。促进自主创新能力的提升,形成有中国自主知识产权的技术与产品,是引进外资的新要求。这就决定了新目标下引进外资的重点:一是研发机构的引进,使外资研发机构成为我国自主创新体系的组成部分,促进我国的自主创新;二是各类现代服务业,特别是与产业创新、知识与信息服务、金融服务、国际市场服务等相关的现代服务业的引进,以弥补我国在自主创新体系中的不足;三是高端人才的引进,使引资转变为"引智",使外国人才为中国服务,也为中国的海外人才回国创业创造良好环境。

创新的内涵是广泛的,不只是技术创新,还包括产业创新、业态创新和商业模式创新。产业创新必然是一个多技术、多部门的配套过程,为了实现中国自主的产业创新,需要弥补目前在产业配套等相关方面的不足。

今天,在互联网信息技术迅猛发展的条件下,新的业态和新的商业模式不断涌现,不断冲击着原有的业态和商业模式,甚至在不断改变着经济的运行机制。传统的正面清单的外商投资指导目录已经难以适应这一变化,在负面清单开放模式还未正式推出之前,应当形成有利于这类外资进入的制度环境和政策空间。

### 六、以园区型模式推进对外投资

在中国开放型发展的道路上,保税区到各类开发区具有重要的意义,形成了特殊的管理模式,并积累了丰富的经验。园区型经济有利于土地开发、政策聚焦、基础设施有效利用和政府管理。这是中国改革开放发展中的一条重要经验,也是我国今天以政府主导对外投资发展战略应考虑的模式。

在中国,园区型经济开发开放是由政府主导的,但在中国对外投资中,特别是在"一带一路"发展中国家中,园区开发可以由当地政府推进,也可以采用由中国企业

与当地政府合作的模式推进。在一些经济发展和体制市场化进程尚不足的国家中，园区型开发模式有利于这些国家在区内作出特殊的制度安排和政策设计，避免国内整体发展滞后带来的困难，突破走上开放发展道路中的制度瓶颈，深化与中国的合作。中国企业对土地及基础设施的开发，为园区产业引进创造基础条件。已经开发的园区可以交给东道国政府管理，也可以继续探索与中国企业或地方政府的合作模式。从中国的优势来看，地方政府积极推动海外园区建设可能是推进对外投资总战略的有效途径。

海外投资园区型开发模式可能成为国内企业联合整体"走出去"的方式。产品与产业的发展需要系统配套，在某些发展中国家相关条件尚不具备，当地配套能力低，不利于国内企业单独投资发展，园区型开发可以避免这一问题，获得更好的效果。

园区型整体对外投资也可能与国内产业合作有效结合，国内的某些企业或产品可以与国外园区形成紧密的合作关系，建立价值链分工体系，拉动国内产品出口与两国市场互动。

# 第十九章　引进外资与对外投资的产业差异与相互关系

◆◇◆◇◆◇◆◇◆◇◆◇◆◇◆◇◆◇◆◇◆◇◆◇◆◇◆◇◆◇◆◇◆◇◆◇◆◇◆◇◆

引进外资与对外投资战略目标的变化,源于国家产业结构升级的内在要求。随着各阶段战略目标的变化,引进外资与对外投资的产业重点也存在一定差异。为了实现产业发展战略下引进外资与对外投资所产生的资本流入流出的协同,必须实施双向投资布局下产业发展的战略协同。

## 第一节　中国经济新常态下双向投资战略的产业发展取向

我们认为,中国经济新常态下"高水平引进来,大规模走出去"的战略方针指出了双向投资战略的产业发展取向:一是指出了双向投资战略处于不同发展阶段,"引进来"正在从数量型、规模型发展战略向选择型、质量型发展战略转变,"走出去"战略则还可以充分利用资金积累等国内优势和海外投资的战略机遇实现规模型、扩张型发展;二是高水平"引进来"明确了引进外资的重点是要有利于促进国内产业结构的转型升级;三是大规模"走出去"意味着要将中国改革开放 40 年来大规模引进外资条件下实现的价廉质优的制造能力、上下游产业配套完善等有利条件与中国的资金优势有机结合,转化为对外投资的强大动力。

### 一、对外开放以来中国产业发展战略的历史演变

20 世纪 70 年代末以来,中国的产业发展战略根据各阶段产业结构的目标不断进行调整,从 20 世纪 70 年代末 80 年代初以加强轻工业为主,到 20 世纪 80 年代末 90 年代初为了克服当时供应短缺的现状着力加强基础设施建设,到 20 世纪 90 年代末提出产业升级,进行主导产业的选择,中国的产业战略伴随着国民经济发展的要求

不断进行调整。

中国加入世界贸易组织以后，为了提高中国的国际竞争力，在"十五"期间重点强化对传统产业的改造升级，积极发展高新技术产业和新兴产业；在"十一五"期间又提出振兴装备制造业，优化发展能源工业；到"十二五"规划明确提出构建现代产业体系，改造提升制造业、培育发展战略性新兴产业。

回顾历史，我们可以发现，中国外资政策特别是双向投资战略的提出与中国产业发展战略的历史演变是协调一致的，跨国公司对中国产业发展特别是产业结构的转型升级作出了重要贡献。但是，经过40年大规模引进外资，我国传统产业投资相对饱和，环境承载能力已经达到或接近上限，过去粗放式的经济发展方式已经不能适应新形势的要求。因此，在双向投资布局的新战略下，中国引进外资的产业布局必须作出新的调整；中国对外投资的产业投向也要相应地作出调整。

## 二、新常态下中国引进外资的重点产业分析

新常态下，我们要更加注重高水平引进外资，把"稳规模、调结构、提质量"作为当前利用外资的主要目标，多依靠法律、制度、政策和服务等软环境建设，重点引进高端制造业和现代服务业。

具体而言，在制造业领域，应适当引导和鼓励外商聚焦新一代信息技术、高端装备制造、生物、新能源、新材料、节能环保、新能源汽车等战略性新兴产业。在服务业领域，无论是生活性服务业，还是生产性服务业，中国国内都有着巨大的市场需求，特别是具备了城市人口密度越来越高、人均收入水平快速增长、人力资本素质不断提升且高素质人力资本相对较低等有利于现代服务业发展的条件，使中国可以通过产业政策导向，激励更高水平的服务业外资大规模流入中国。

### （一）完善投资环境

**1. 增强外资企业产业集聚的动力**

利用新一轮国际产业转移的机遇引进外资不仅是现代服务业发展的重要前提，也是构建国家创新体系的重要环节。由于制造业与服务业具有联动效应，服务业本身很难独立发展，只有依托制造业才能获得更多的发展空间。目前，发达国家向发展中国家的产业转移已逐渐由制造业向服务业转变。因此，吸收外资项目要注意制造业与服务业的互动发展，并强调产业集聚和配套，以节省运输成本，创造更好的投资环境。

**2. 营造外资科技型企业发展的外部环境**

要抓住新一轮科技革命和跨国公司研究与开发全球化的机遇，创造条件让世界技术含量高的跨国公司直接在中国研发，为实现国家长期的科技进步和国民经济发展作出贡献。同时，要协调国家、省市及各级地方政府吸收外资的政策，制定国家统

一标准,成立由多个部门参与的统一的外资高新技术企业认定机构;建立权威的知识产权评估体系。

**3. 改变外资行业分布过宽的现状**

目前,美国、英国等发达国家的外资行业分布都非常集中。但在中国,由于地区分割和区域间引资竞争的存在,部分地区重规模轻效益,对于引进外资的行业和质量未能严格筛选,部分地区在一些新兴产业的引资过程中,不考虑自身基础条件,一股脑儿上马,导致行业分布太宽,比较优势无法体现。应从区域经济一体化的角度,根据各区域的自身条件,确定行业重点,集中优势在部分行业取得突破。

**(二) 加强区域协调**

**1. 对外资进行合理布局**

根据国家"促进区域协调发展"战略,对引进外资项目进行合理、有效布局。其中,东北地区结合国有企业的改组改造,重点推进装备制造业吸收外资;中西部地区以引进适合当地的先进适用技术为主,继续扩大制造业的投资能级和技术含量;东部地区以引进先进制造业和现代服务业为主,努力提高企业自主创新能力,加快实现产业结构的优化升级。通过区域政策引导方向和战略安排上的不同,尽快实现各地区在吸收外资方面的产业分工。

**2. 错位竞争、全面合作**

错位竞争、全面合作是各地区互利共赢的基础。"应借助中央和各地政府的力量,促进区域经济的整合和协调,促进经济区域的统一规划。在各地区优势互补的基础上,形成特色,以联动促引资,提升中国吸收外资的整体优势。同时,强调各区域中心城市对周边地区的辐射作用和服务作用,在引资过程中注重发挥中心城市尤其是东部沿海地区中心城市现有的产业优势、配套优势、技术力量全面优势以及服务优势,立足于发展重大项目、研发机构和投资性公司的招商引资。"①

**3. 加强区域间的工作协调**

建立多部门联席会议制度,由各地的商务委、外资委或招商局等主管部门牵头,共同解决问题。加强商会、行业协会等民间组织的协调功能,定期进行信息交流;重点解决资源短缺问题,对能耗大、产出少的外资项目加以限制,对符合国家产业指导方针、有利于优化产业结构的外资项目予以鼓励,并建立一定的奖惩制度。

**(三) 优化产业布局**

**1. 努力吸引符合国家产业结构发展的外资项目**

要改变过去特别是20世纪90年代以来片面追求吸收外资数量的目标导向,把

---

① 赵蓓文:《外资数量扩张型增长模式的负面效应》,《世界经济研究》2007年第1期,第54—59、88、89页。

吸引符合国家产业结构发展的外资项目作为今后中国吸引外资的主要目标。目前，中国的外商投资已经具有相当规模，资金短缺的状态已经基本改变，中国的外资政策应进一步从数量型向质量型转变，从规模型向效益型转变，从偏重开拓国外市场向偏重实现技术进步、提升产业结构转变。

**2. 逐步调整各地区的引资定位和项目布局**

逐步调整国家、省市等各级开发区的定位和项目布局，确立各开发区的引资重点以及吸收外资的科技和环保含量，达到优化土地资源配置、加强整体产业布局的目的。通过创新机制，鼓励东部地区与中西部地区和东北老工业基地实现发展互动，共同吸引外资。

**3. 鼓励外资在中国建立新兴产业**

把吸引外资在中国建立新兴产业作为主要任务，避免被动接受国际产业转移对中国产业结构升级形成的不利性；同时，确定各行业、各领域引资的重点，具体落实一些项目，争取在若干项目上形成突破。合理引导外资对主要行业，包括高技术产业、信息产业和生物产业的项目投资；通过各工业区和产业基地的合理规划和功能区分形成新的产业布局。

**4. 合理引导外资产业投向推动各区域产业升级**

目前，国际产业已经出现一些大的趋势变化：第一，服务业已经开始替代制造业成为发达国家对外进行产业转移的主要内容，这为东部沿海地区承接国际服务外包提供了机遇（虽然次贷危机后全球服务业对外直接投资规模有所下降，但长期趋势不会改变）；第二，发达经济体在金融危机后出现了高端制造业回流的趋势，部分新兴经济体开始将原有的传统产业转移到更低产业梯度的新兴和发展中经济体，国际产业转移的主体出现多元化。因此，作为中国经济发展水平相对较高的东部地区，必须延长产业链，一方面承接发达国家服务业产业的转移，另一方面将部分制造业产业链条上的制造和加工环节转移到中西部地区，只有这样，才能逐步形成"优势互补、分工协作、均衡协调的区域开放格局"。

## 三、当前中国对外投资的比较优势与重点产业

现有各种国际投资理论主要是基于对发达国家对外投资实践的总结，不能有效说明为什么现在新兴经济体也出现了大量对外投资。我们提出运用比较优势理论来解释中国对外直接投资的大规模发展，同时结合要素流动理论，将开放要素、经济要素和生产要素同时纳入，建立改进型的对外直接投资比较优势理论分析框架。根据对中国"走出去"企业案例的观察与研究，将分成基础设施类、能源资源类、跨国并购类和产业转移类等四大类来探讨中国对外投资的比较优势和重点产业。

### （一）基础设施类

这一类对外直接投资的比较优势概括起来是"国家战略+企业实力+国际声誉"。"通过对外承包工程或对外直接投资，充分发挥中国的工程建设能力与优势，在全球范围内建设性价比很高的基础设施，不仅可以为东道国的发展创造条件、为其国民提供便利，也切实推动了中国装备制造业'走出去'，……铁路、核电等行业，通过近几年的大力推广与发展，开始备全产业链'走出去'的条件"①，从而可从国际投资中获得更大收益。我国的"一带一路"倡议以及亚投行、金砖国家银行等都将对推动中国这一类企业"走出去"提供持续性的支持。

### （二）能源资源类

这一类企业的比较优势概括起来是"国家战略+制度优势+市场需求+企业实力"。这一类对外投资，主体是资源型国有企业，依托国家战略需要，"通过收购海外资源类企业股权，进行资源产业链的全球布局，这方面的投资既有国内企业独立或联合并购的形式，也有与东道国大型资源公司联合并购或与发达国家联合成立海外并购基金的形式。这一类并购不仅能弥补中国在资源方面的短缺，还有利于打通进入相应资源领域的渠道，一定程度上也能提升中国在全球资源市场上的定价权和话语权"②。

### （三）跨国并购类

这一类企业的比较优势概括起来是"资金优势+企业竞争力+国内产业配套+全球并购机遇"。"中国现在有越来越多在国内发展较好、有一定国际竞争力的国有企业和民营企业，依托资金充裕和国内产业链配套等优势，在欧美发达国家开展战略性投资，通过跨国并购等方式获取技术、品牌、营销网络等海外优质资产，逐步进入全球价值链的中高端，提升企业核心竞争力。这一类的对外投资是推动中国经济转型和产业升级最主要的力量，同时还能拉动国内上下游相关产业的发展"③。

### （四）产业转移类

这一类企业的比较优势概括起来是"生产优势+资金优势+外部需求"。"通过对外投资，将中国一部分已经发展很成熟但国内产能相对饱和、生产成本不断提高的加工制造业和劳动密集型产业转移到发展刚刚起步的国家，在中国资本优势的牵引下，并充分利用东道国吸引外资的各种优惠措施，在这些国家里能很快形成生产和出口能力，让低成本优势通过转移生产再次焕发生命力"④。

---

① 吴雪明：《成为资本净输出国对中国意味着什么》，《解放日报》2015年2月19日。
② 吴雪明：《成为资本净输出国对中国意味着什么》，《解放日报》2015年2月19日。
③ 吴雪明：《成为资本净输出国对中国意味着什么》，《解放日报》2015年2月19日。
④ 吴雪明：《成为资本净输出国对中国意味着什么》，《解放日报》2015年2月19日。

## 第二节　双向投资不同产业发展战略的协同推进思路

双向投资布局下中国利用外资促进产业发展和结构提升,必须统筹"引进来"与"走出去"两大战略,实施中国引进外资和对外投资的战略协同:一是实现由粗放型"数量"主导型战略到以追求效益为本的"质量"主导型战略和"技术"主导型战略的转变;二是统筹国内发展和对外开放,以推动产业结构提升、区域协调发展作为新阶段中国双向投资的主要指导思想;三是以有利于本国产业发展战略、自主科技进步为原则引进外资和对外投资,以实现中国双向投资的更大更长远经济效益和可持续发展,并在国家整体战略中发挥更大的作用。

### 一、总体思路

当前,中国双向投资战略在产业发展上具有不同重点、不同特征,需要着眼于中国经济创新转型发展的全局,协同推进"引进来"和"走出去"的产业发展,实现进出口产业间的协同,主要体现在三个层面。

#### (一) 宏观层面(规则制度)

中国在从全球经济与贸易大国走向全球经济与贸易强国的过程中,需要积极参与全球贸易与投资规则的制定,推动实现高水平"引进来"与大规模"走出去"的协调发展。无论是在国际上进一步推动贸易自由化、投资一体化进程,还是在国内积极构建开放型经济新体制,都要充分考虑双向投资产业发展战略的协同推进。

#### (二) 中观层面(产业规划)

国家在制定引进外资产业指导目录和对外投资产业发展战略规划时,应统筹考虑双向投资战略的产业依托,既要大力推进高水平"引进来",注重向高端制造业和现代服务业倾斜,又有适当兼顾中国大规模"走出去"的国内产业配套需要,仍要重视部分第一产业和第二产业的外资引进和深度发展。

#### (三) 微观层面(要素整合)

对于引进外资和对外投资不同的产业发展取向,要将国家层面的比较优势与各投资主体的要素禀赋有机结合起来,给予有针对性的指导与支持,以实现双向投资产业发展战略的协同推进。综合起来,可以用开放要素(全球市场、双边投资协定、自贸区网络等)、经济要素(战略、制度、政策、市场等)和生产要素(资本、技术、劳动力、土地等)三大类要素的不同优势与有机组合来分析中国高水平"引进来"和大规模"走出去"的不同产业发展战略及其协同推进。

## 二、政策措施

### （一）营造双向投资战略发展所需的良好市场环境

实施双向投资布局下产业发展的战略协同，首先，要营造双向投资战略发展所需的良好市场环境。开放型经济新体制的构建，不仅可以以体制、机制的优势促发展促引资，同时通过营商环境的优化又培育了一批本土跨国公司，更有利于不同所有制企业的对外投资。其次，要积极引导引进外资和对外投资的流向。最后，加强利用外资和对外投资的产业政策导向。

### （二）积极引导引进外资和对外投资的产业流向

鉴于目前东、中、西部地区在引进外资和对外投资发展上的巨大差距和不平衡现象，要鼓励外商直接投资流向中西部地区，并在产业流向上与东部地区保持足够的区分度；积极推动东部地区国营和民营企业"走出去"进行对外直接投资，同时也要对不同类型对外直接投资在"走出去"过程中可能产生的风险加以控制。

### （三）加强利用外资和对外投资的产业政策导向

通过国家供给侧结构性改革的整体战略和设计，积极引导外资投向国民经济发展迫切需要的重点行业和关键产业，如先进制造业和现代服务业。对外投资的产业政策要与国家产能规划相结合，特别是对一些需要去产能的行业，可以优先考虑指导该行业中的国有企业对外直接投资，以帮助消化该行业富余的产能。

# 第三节　"一带一路"与中国双向投资下
# 产业发展战略的协调

经济新常态下中国对外投资的新战略将对中国的整个对外开放格局产生重大影响。在此背景下，作为重要的国际战略之一，"一带一路"建设对于中国加强与周边国家的金融、贸易和投资合作，也将起到非常重要的引领作用。

## 一、实施体制改革与产业开放的战略协同

第一，体制改革和产业开放的协同发展。中国经济体制改革的重点是建设一个开放型经济新体制，这一体制的核心不是更强的外贸外资激励政策，而是更为规范、透明、国际化、法治化的经济制度，是一个与国际投资自由公平要求相对应的经济体制。随着《中华人民共和国外资企业法》等四部法律的修订，中国全面实施准入前国民待遇加负面清单管理制度，进一步扩大服务业和先进制造业开放，深化金融、航运、文化、医疗、体育、养老和专业服务业领域开放措施，完善外商投资监管体系，实现体

制机制再创新。

第二,双向投资与对外援助的协同发展。"一带一路"不仅仅涉及基础设施建设,其内涵远远大于到沿线国家修路建桥。因此,必须把传统的对外援助与国家双向投资战略结合起来,以"一带一路"为载体,推进与沿线国家的金融、贸易、产业合作,将基础设施建设与产业集群式发展、国有企业"走出去"相结合,实现利益共享、风险共担的双边或多边投资合作新机制。

第三,投资政策与税收政策的协同。秉承国家供给侧结构性改革的大思路、大战略,提高双向投资政策的精准度,对于不同的产业进行不同的税收政策设计,适当向战略性新兴产业以及产业园区提供政策倾斜,以促进民营企业积极参与"一带一路"投资。国家的税收制度设计、税收征管能力和税收服务需要和金融政策、投资政策相协调,既要维护国家税收利益,促进境外投资企业提高税收遵从度,又要能有效推进我国"一带一路"建设和双向投资战略的协同。

## 二、实施双向投资战略下地区间产业发展战略的协同

"引进来"和"走出去"两大战略在产业结构上有差异,同时又会形成互动以相互促进。要制定"引进来"发展的重点产业战略,特别是现代服务业,支持国内整体增长与发展;要规划"走出去"重点产业战略,形成进出产业的基本差异式结构与相互促进关系。"'一带一路'覆盖全国各个省、自治区、直辖市,有利于协调整体的产业布局,发挥各地区在'引进来'和'走出去'中不同的产业特点和比较优势,从而避免地区间同质竞争。""以贵州为例,'贵州模式'是以大数据产业为核心、保持经济增长与生态平衡协同发展的模式。在守住生态与发展'两条底线'的基础上,以大数据为主导产业,分别向上下游产业扩张发展全产业链,围绕大数据政用、民用、商用等领域,构建大数据新高地。作为中西部地区对外开放的高地,重庆则围绕制造业的发展,精心打造电子、汽摩等产业,在重点发展制造业和服务业的基础上,提出加快发展战略性新兴产业,并鼓励外资在重庆设立研发中心,等等"[①]。

## 三、实施优势产能输出与国内产业结构升级的协同

过去,我国对外投资以资源合作开发为主,其主要目的是通过对外投资获得国内相对稀缺的资源。在对外投资新战略的大背景下,我国一些具有比较优势的行业企业如核电、发电及输变电、轨道交通、工程机械、汽车制造等有望走出国门,到"一带一路"沿线国家投资,实现对外投资的产业升级。

---

① 赵蓓文:《"一带一路"建设要注重双向互动》,《解放日报》2017年5月16日。

同时,部分"一带一路"沿线国家在一些产业上具有比较优势,中国企业到这些国家进行对外直接投资后有可能获得一定的技术回流,从而促进国内产业结构的升级。例如,捷克的汽车制造业和机械制造业具有很强的竞争优势,电子、飞机制造、生物技术、制药技术都具有相当高的水准,整体的经济对外开放程度又高,目前中国在捷克投资的领域不断拓宽,方式不断创新,规模也不断扩大,特别是捷克在汽车产业方面与中国的合作良好,是双向投资合作的典范。又如波兰,汽车工业是波兰经济的重要支柱产业之一,电子工业和航空工业的发展也非常迅速,为中国技术寻求型对外直接投资获得技术回流提供了一定的可能性。

## 四、实施中国与"一带一路"沿线国家产业园区的双向合作

一方面,20 世纪 90 年代,中国和新加坡政府展开国际合作,在苏州建立了中国—新加坡合作苏州工业园区,1994 — 2004 年由新加坡政府负责管理;2007 年,两国再次合作在天津滨海新区建立了中国—新加坡天津生态城。上述园区合作模式有望通过基金运作的方式在重庆进行复制。

另一方面,就中国的发展情况而言,已经到了把中国的产业园区开设到海外的阶段,在这方面,日本的综合商社模式值得借鉴。日本通过打造"综合商社"这一"走出去"的"航空母舰",为日本对外直接投资的迅速发展和产业转移提供了条件,"雁行模式"已经成为产业梯度转移的重要理论。目前,中国和马来西亚展开国际合作,已经在中国苏州建立了中国—马来西亚钦州产业园区,在马来西亚关丹建立了马中关丹产业园区;这一"两国双园"模式的诞生,为中国与"一带一路"沿线国家的共同发展奠定了基础。

从企业到产业再到园区,双向投资的发展已经历了三个阶段,"一带一路"建设将为国家双向投资战略的实施提供更多的经验借鉴和政策创新的"试验田"。

# 第二十章 对外直接投资与产业结构升级的关系

◆◇◆◇◆◇◆◇◆◇◆◇◆◇◆◇◆◇◆◇◆◇◆◇◆◇◆◇◆◇◆◇◆◇◆◇◆◇◆◇◆◇◆◇◆◇◆◇

开放背景下,一国经济发展的进程通常伴随着国内的产业升级,而参与国际直接投资是实现国内产业升级的重要途径之一。当前中国产业升级的路径选择存在着调整的压力。总体上看,中国产业发展长期处于国际分工中价值链中低端,面临着国内生产要素成本上升和外需大幅减少的挑战,与此同时,中国在跨国投资活动中的地位正在发生改变,目前已经成为全球第二大对外投资国,投资总量不断上升,与美国、德国、英国等发达国家的投资存量差距进一步缩小,这使得对外投资有望成为带动国内产业升级和技术进步的新动力。世界范围内,包括中国在内的不少新兴经济体逐步认识到引进外资促进国内技术进步与产业升级的局限性,希望借助对外直接投资与企业国际化提升国内产业结构,破解国际产业分工中低端锁定的困局,而现有理论主要是以发达经济体通过对外投资促进国内产业升级的实践为基础提出的,传统发展中国家对外直接投资理论也难以解释进入 21 世纪后新兴经济体对外直接投资迅猛发展的现状。按照传统理论的逻辑,新兴经济体与发展中经济体只能处于被动接受发达经济体产业转移的地位,或者发展小规模的适应性技术推动国内产业发展参与国际分工,难以主动根据本国自身经济发展战略推进国内产业升级。基于此,本书从分析对外直接投资促进母国产业升级的理论渊源入手,在归纳中国对外直接投资的发展历程及产业分布特征的基础上,深入剖析对外投资对中国产业升级的作用,结合典型国家的成功实践,提出提升我国对外直接投资产业升级效应的对策,以期对中国进入双向投资流动新开放格局下,如何利用对外直接投资促进国内产业升级提供对策参考。

## 第一节 对外直接投资促进母国产业升级的理论渊源

与对外直接投资对东道国产业升级的影响相比,对外直接投资的母国产业升级效应较少受到关注,这一话题的实质是讨论开放条件下跨国资本流动对母国产业结构的影响,最早的研究可追溯到 1958 年邓宁对美国在英国制造业领域的对外直接投资研究。之后,大量学者对邓宁的理论进行了完善和补充,以解释经济全球化条件下对外直接投资与母国产业结构升级之间的关系。

## 一、与对外直接投资促进母国产业升级有关的主要理论

### (一) 产品生命周期理论

1966 年,新成立不久的美国哈佛大学跨国公司研究中心的弗农教授在跨国公司垄断优势理论的基础上,提出了产品生命周期理论。这一理论假设新产品最先是在发达国家发明和生产,随着产品进入成熟和标准化阶段,跨国公司投资顺序会依次选择为本国,其次向其他国家出口,接下来投资较发达国家,最后逐渐转移到发展中国家,以便利用这些国家的低成本劳动力优势。该理论认为新产品要经历三个不同的阶段。

第一,创新阶段。在这一阶段产品相对于已有产品新功能或技术属性,属于创新初期阶段,但是该阶段是非标准化的,并且需要知识密集型投入品如研究、开发和设计。在这个阶段批量生产是昂贵的,虽然生产者享有的垄断优势和低价格弹性能补偿生产的高成本。

第二,成熟阶段。在这一阶段产品研发进一步深入,不仅产品本身创新达到一定高度,相应的生产创新也有所突破,日益标准化。对设计的适应性和生产增加的需要,引起对高度熟练劳动力的需求减少。竞争的增加和向下的价格压力迫使公司要么向国外制造者出让市场份额,要么通过海外投资份额利用其他区位的便宜投入品维持其市场。

第三,标准化阶段。此时无论是产品创新还是生产工艺创新均达到一个较高水平,产品边际利润变薄、竞争加剧,生产转移到拥有最便宜非熟练劳动力的国家,并且产品进口到创新国家。企业生产区位会因产品处于不同生命周期而有所不同。产品生命周期理论从比较优势动态转移的角度,将国际贸易与国际投资作为整体,考察企业跨国转移与产业升级的过程。其核心思想是:对外直接投资是企业在国外投资设厂生产仅限制在母国已经标准化和成熟的产品的活动,而一国企业依据产品生命周期进行对外直接投资活动有利于母国产业结构和经济结构的提升。这一理论蕴涵着对外直接投资既可促进母国产业进步,也可带动东道国产业升级的思想。①

### (二) 边际产业扩张理论

早期国际投资理论大多以美国为代表的发达国家跨国公司及其对外直接投资活

---

① 李珮璘:《新兴经济体对外直接投资研究》,上海社会科学院 2010 年博士学位论文。

动为研究对象,美国跨国公司对外投资的区位大多为西欧等其他发达国家,投资规模较大,所选择的产业多为美国具有较强比较优势的产业,投资顺序与日本模式相反。针对日本企业对外直接投资的实践,日本学者小岛清于 1977 年提出了边际产业扩张理论,其基本观点是:对外直接投资的主体不应局限在大型跨国公司,应选择中小型企业;在产业选择上,投资方应该从本国已经处于或者即将处于比较劣势的产业(边际产业,也是东道国具有显在或潜在比较优势的产业)开始,并依次进行;在投资国别的选择上,该理论积极主张向发展中国家工业投资,并要从差距小、容易转移的技术开始按次序进行;在投资的目的和作用上,该理论认为对外投资的目的在于振兴并促进东道国的比较优势产业。特别是要按照发展中国家的需要,依次移植边际产业、转让新技术,从而分阶段地促进其经济的发展;对外直接投资的方式可选择与东道国合办,或非股权安排。[1]

边际产业扩张理论注重从宏观动态角度来研究一国对外直接投资的特征明显。但该理论框架以投资国而不是以企业为主体的特点导致难以解释当前复杂世界经济环境下企业多样化的对外投资行为。以日本为例,大型跨国公司早已成为日本对外直接投资的主体,日本与其他发达国家的双边投资迅速增加,要将边际产业扩张理论所主张的投资原则和相关结论推广到多样化的投资活动显然不切实际。更重要的是,该理论提出的对外直接投资导向均是由发达国家流向发展中国家的单向投资,有脱离现实之嫌,这不仅不能解释发展中国家对发达国家的逆向投资,特别是无法解释新兴市场国家在发达国家进行的高端产业领域的投资,而且如果依照该理论提出的投资原则,则会导致发展中国家在国际投资格局中陷入被动的局面。

### (三)小规模技术理论

美国经济学家刘易斯·威尔斯(Louis J. Wells)在弗农产品生命周期理论的基础上,于 1977 年正式提出小规模技术理论,并于 1983 年在其专著《第三世界跨国公司》中对该理论进行了更详细的阐述。威尔斯首先肯定了发展中国家跨国公司竞争优势的客观性,他认为发展中国家的跨国公司和发达国家跨国公司一样,都拥有竞争优势,只是来源不同而已,如与发达国家跨国公司所有权优势来源于高端技术和管理不同,发展中国家跨国公司竞争优势主要来自适应发展中国家当地条件的小规模生产技术和管理知识。与发达国家跨国公司相比,发展中国家企业在对外投资中往往采用低价产品营销策略,因而物美价廉成为其竞争的有力武器,由此在成本控制及低成本制造方面有显著优势。因为低收入国家工业品市场的普遍特征是需求量有限,现代化、大规模和专业化的技术、设备无法从这种小市场需求中获得规模效益,只有使

---

① 李珮璘:《新兴经济体对外直接投资研究》,上海社会科学院 2010 年博士学位论文。

技术适合于小规模制造,才更具适应性和成本效率,发展中国家企业正是开发了满足小市场需求的生产工艺而获得竞争优势。

威尔斯提出的小规模技术理论摒弃了那种企业只能依赖垄断的技术优势进行跨国界生产的传统观点,肯定了发展中国家跨国公司竞争优势的客观性,将发展中国家跨国公司对外直接投资的竞争优势来源与这些国家自身的市场与技术特征结合起来,这对于经济落后国家企业在对外投资的初期如何确立竞争优势具有启发性。然而,由于继承了产品生命周期理论的内核,因此从该理论出发,发展中国家只能对引进发达国家的技术进行适应性的改进,以适合发展中国家小规模化生产的需要,结果是其只能位于产品生命周期的末端,这点无疑抹杀了发展中国家在技术创新方面的主动性,导致发展中国家产业发展的低端锁定。①

### (四) 技术创新与产业升级理论

20 世纪 80 年代中期以后,发展中国家对外直接投资出现了加速增长的趋势,特别是一些新兴工业化国家和地区的对外直接投资投向了发达国家,并成为当地企业有力的竞争对手。如何解释发展中国家对外直接投资的新趋势,是国际直接投资理论界面临的重要挑战。20 世纪 90 年代初期由英国学者坎特韦尔和托兰惕诺共同提出,一种用以解释 20 世纪 80 年代以来发展中国家和地区对经济发达国家的直接投资加速增长趋势的技术创新产业升级理论应运而生。该理论在强调技术创新对发展中国家企业对外投资推动作用的同时,进一步分析了技术创新源头,即企业要具备这种技术创新能力,就应先具备学习和组织能力。坎特韦尔和托兰惕诺等认为,发展中国家对外直接投资受其国内产业结构和内生技术创新能力的影响,在产业和地域分布上是随着时间的推移而逐渐变化的,对外投资过程规律明显,因此是可以预测的。从产业分布看,首先是以自然资源开发为主的纵向一体化生产活动,然后是以进口替代和出口导向为主的横向一体化生产活动。从地理扩张看,发展中国家企业在很大程度上受"心理距离"的影响,对外投资遵循以下发展顺序:首先在周边国家投资,然后在经验积累的基础上,逐步向其他发展中国家扩展,最后随着工业化程度的提高,产业结构发生明显变化,开始涉足高科技领域的生产与研发活动,并向发达国家投资以获取更先进的技术。② 这些国家技术积累的演进过程需要发展中国家企业对技术的学习和组织能力,包含吸收及适应性创新等,总体上是国家整体的技术积累和演进,表现在相互联系的两个方面:第一,发展中国家产业结构的升级意味着技术能力的稳定提升;第二,这种技术能力的提升影响着其国际生产活动的形式和效果。发展

---

① 李珮璘:《新兴经济体对外直接投资研究》,上海社会科学院 2010 年博士学位论文。

② 薛求知、朱吉庆:《中国对外直接投资的理论研究与实证检验》,《江苏社会科学》2007 年第 4 期,第 65—70 页。

中国家技术能力提升是本国的技术积累和对外国技术学习与使用过程共同作用的结果。并且这个演进模式是以地域扩展为基础、以技术累积为内在动力的。随着技术累积固有的能量的扩展,对外直接投资逐步从资源依赖型向技术依赖型转变,而且投资的产业构成与地区分布的变化密切相关。其理论所体现的动态分析加深了发展中国家对外直接投资认识。坎特韦尔和托兰惕诺基于发展中国家的研究表明,发展中国家通过对发达国家进行对外直接投资,可以利用当地的技术资源优势获得逆向技术转移,从而促进母国的产业升级。①

## 二、与理论发展相关的争议与反思

总体来看,20 世纪 60—80 年代主要以美国、日本等发达国家的对外直接投资为研究对象,这时期的研究主要有以下两种观点。

一种观点认为对外直接投资对母国产业升级存在正效应。以产品生命周期理论、边际产业扩张理论等为代表,其理论寓意是:通过对外直接投资将母国将要失去比较优势的产业向外转移,可释放出国内其他产业发展所需的要素,为其他产业发展提供空间,从而产生正效应。典型的例子是雁行模式下亚洲一些国家和地区通过对外直接投资进行动态的产业梯度转移,最终实现产业升级。

另一种观点认为对外直接投资对母国产业升级存在负效应。这方面最有代表性的是产业空心化论点,然而近年来大量基于美国和日本典型产业的案例研究表明,现实案例并不完全支持产业空心化的推论。20 世纪 90 年代以来,随着国际投资实践的深入,学者们开始关注发展中国家对发达国家逆向投资产生的产业升级效应,国内有学者也开始关注这一话题,这期间的一些研究基本肯定了发展中国家对外直接投资对母国产业升级的正效应。代表性理论如技术创新与产业升级理论,该理论表明发展中国家企业技术能力的提高是与它们对外直接投资的增长直接相关的,而企业技术能力的提升可促进发展中国家产业升级。

随着经济全球化的深入,对外直接投资对母国产业结构升级与优化的促进作用得到了理论界的普遍认可。进入 21 世纪以来,学界更多关注对外直接投资产业升级效应所产生的机理。研究认为其机理主要体现在两个层面:一是企业层面,包括用新的生产线改造母国的原有企业(江小涓等,2002)、促进母国企业的技术提升(Branstetter,2001)、母国企业技术能力提升促进国家整体技术能力扩大和提升等。二是产业层面,包括提升母国产业在全球产业价值链中的地位(隆国强,2007)、通过生产的全球化促进产业结构调整(庄宗明、孔瑞,2007)、导致产业内竞争加剧从而提

① 李珮璐:《新兴经济体对外直接投资研究》,上海社会科学院 2010 年博士学位论文。

升产业效率进而促进产业升级(赵伟等,2010)、通过带动上下游关联产业发展促进母国产业升级(Kogut 等,1991)等。总体来说,国内外研究倾向于认为对外直接投资可促进母国产业升级。

## 第二节 中国对外直接投资的发展历程及产业分布特征

1979 年 8 月,国务院提出"出国办企业",第一次把对外直接投资作为一项政策确定下来,同年 11 月北京友谊商业服务公司在日本东京设立了合资企业——京和股份有限公司,从此拉开了整体性的中国企业对外直接投资的序幕,自此中国对外直接投资逐步发展起来,特别是近年来,无论在投资总量,还是增长速度方面,中国对外直接投资的发展都迈上了新台阶。[①] 根据中国对外直接投资规模的发展及产业分布特征的变化,并结合国内外重大经济背景,如我国 1985 年颁布了《关于在国外开设非贸易性合资经营企业的审批程序和管理办法》,1992 年召开了党的十四大,进行社会主义市场经济改革,2001 年加入世界贸易组织,2007 年美国次贷危机爆发引发全球金融与经济危机等,本书将中国对外直接投资的发展历程大体归纳为以下几个主要阶段。

### 一、投资行业受限的起步阶段(1979—1984 年)

改革开放初期,我国对外开放的重点是扩大出口,增加外汇和利用外资,少数国有外经贸企业为了促进外贸发展和对外经济交流,开始在国外设立窗口企业,总体上主要目的是为贸易服务。这一阶段对外投资主体主要为中央和地方国有外贸专业公司、省市国际经济合作公司等,投资领域主要集中在贸易、航运、建筑工程承包等行业,投资区域多为进出口市场集中的地方,包括中国香港和中国澳门、东南亚地区。总体来看,受当时国内经济条件和政策所限,这一时期我国对外直接投资还处于探索起步阶段,整体规模较小。截至 1984 年年底,投资总额约为 3.8 亿美元,经批准的非贸易性境外投资企业为 113 家(见表 20-1)。

表 20-1　1979—1984 年中国非贸易性对外直接投资情况

| 年份 | 1979 | 1980 | 1981 | 1982 | 1983 | 1984 | 合计 |
|---|---|---|---|---|---|---|---|
| 举办境外投资企业数(家) | 4 | 13 | 13 | 13 | 33 | 37 | 113 |
| 中方直接投资额(百万美元) | 0.53 | 31.87 | 2.6 | 2 | 13 | 100 | 150 |

资料来源:李珮璘:《新兴经济体对外直接投资研究》,上海社会科学院 2010 年博士学位论文。

---

① 李珮璘:《新兴经济体对外直接投资研究》,上海社会科学院 2010 年博士学位论文。

## 二、投资行业范围扩大的发展阶段(1985—1991年)

1985—1987年,我国出现了对外直接投资第一次小高潮,1985年对外直接投资增量达6.29亿美元,比1984年增长369.4%。随后,随着相关政策的调整和规范,我国对外直接投资进入稳步推进阶段。截至1991年年底,我国对外直接投资总额达到52.5亿美元,对外直接投资存量的复合增长率高达35%,累计设立的境外非贸易性对外直接投资企业1200多家(见表20-2)。对外投资主体开始向大中型生产企业和综合金融企业扩展,如中国国际信托投资公司、首都钢铁公司等;投资领域逐步向资源开发、制造加工、交通运输等多个行业延伸;投资区域逐步扩展到部分发达国家。

表20-2 1985—1991年中国非贸易性对外直接投资情况

| 年份 | 1985 | 1986 | 1987 | 1988 | 1989 | 1990 | 1991 | 合计 |
|---|---|---|---|---|---|---|---|---|
| 举办境外投资企业数(家) | 76 | 88 | 108 | 141 | 119 | 156 | 207 | 895 |
| 中方直接投资额(百万美元) | 47 | 33 | 410 | 75 | 236 | 77 | 367 | 1245 |

资料来源:李珮璘:《新兴经济体对外直接投资研究》,上海社会科学院2010年博士学位论文。

## 三、投资行业向特定领域集中的调整阶段(1992—2000年)

伴随着中国经济的快速发展和对外开放的不断扩大,1992—2000年是我国"走出去"战略不断酝酿和最终明确的阶段。该阶段我国对外直接投资活动数量有较大的飞跃,1992年对外直接投资额猛增到40亿美元。1993年开始,由于中国经济显示出过热的迹象,当时国有大中型企业经营效率比较低下,我国决定进行经济结构调整与完善,与此同时,我国境外投资项目效益普遍不理想。在这种经济背景下,国家出台了一系列抑制经济过热的宏观调控政策以及外汇管理体制改革措施,我国着手对境外投资进行清理整顿,严格审批手续等,中国国家整体对外投资进入调整期。截至1998年,政策效果明显,加之受东南亚金融危机的影响,我国对外直接投资增速明显放缓。尽管如此,与前一阶段相比,这一时期我国对外直接投资仍获得了较快增长,1992—1998年境外投资总额达到了197.1亿美元,约是1979—1991年投资总额的4倍。随着我国宏观调控政策逐步取得成效,国际收支情况逐步好转,也同时为应对1997年东南亚金融危机客观上对我国出口的不利影响,我国自1998年开始实行鼓励企业开展境外带料加工装配业务的策略,我国相关政府部门出台了完善对外直接投资管理体制,支持有条件的企业"走出去"的系列文件,为我国境外投资的增长创造了有利的条件。

总体来看,这一阶段我国对外直接投资呈现出快速增长的局面,1992—2000年,我国对外直接投资获得了实质性突破（见表20-3），投资总额高达223亿美元，投资地区进一步扩大，遍及100多个国家和地区。由于相关政策的支持，以加工贸易和资源开发为特点的一些境外投资成效显著。在这一阶段中，对外直接投资主体进一步多元化，一些经营良好的民营企业开始加入国外投资力量之中，如万向集团等企业开始尝试海外跨国经营。从投资目的来看，我国对外投资逐步从贸易窗口型投资向资源开发、生产制造等领域延伸，在生产领域投资比重逐步增加，截至2000年年底，有40%左右的对外直接投资属于生产性领域，这在一定程度上提升了我国在国际分工中的地位。

表20-3　1992—2000年中国非贸易性对外直接投资情况

| 年份 | 1992 | 1993 | 1994 | 1995 | 1996 | 1997 | 1998 | 1999 | 2000 |
|---|---|---|---|---|---|---|---|---|---|
| 年末企业数（家） | 1363 | 1657 | 1763 | 1882 | 1985 | 2130 | 2396 | 2616 | 2859 |
| 年末累计中方投资额（亿美元） | 15.91 | 16.87 | 17.85 | 18.58 | 21.52 | 23.25 | 25.84 | 31.74 | 37.25 |

资料来源：李珮璘：《新兴经济体对外直接投资研究》，上海社会科学院2010年博士学位论文。

## 四、投资行业多元化的推进阶段（2001—2009年）

2001年我国加入世界贸易组织标志着中国对外开放进入一个全新的阶段。这一阶段中国对外直接投资进一步加速发展，对外投资多样化趋势明显。这一阶段的发展有其经济环境和政策背景。2002年党的十六大报告进一步强调和明确了"走出去"总体发展战略思路，对外开放进入"引进来"与要"走出去"并重的阶段。从当时的宏观经济环境来看，中国外汇储备在2002年后迅速增加，实施境外投资的外汇储备基础较为充裕，政府对资本项下外汇流动的严格控制也在逐步放松。同时，受国际生产周期影响，中国油气、钢铁、铝、铜等能源和基础性原材料市场在2003年供应紧张，价格全面上涨，作为基础生产材料的国际市场，石油价格居高不下。在这一形势下，我国政府积极实施能源、资源安全和经济外交等战略，相应地，中国企业面向海外能源和资源类开发的投资活动逐级活跃。特别是2005年汇率改革以来，人民币逐步稳定升值，一定程度上有利于中国企业降低对外投资成本。从政府部门政策导向来看，相关部门亦出台系列政策推进对外投资便利化，有序引导企业"走出去"，各种相关因素有力促进了企业对外直接投资活动。

从投资规模来看，2001年中国境外投资额达到了一个历史峰值，究其原因，不难发现当时的宏观经济环境和政策导向推动了中国对外直接投资的加速发展。2001年的境外投资额高达69亿美元，较2000年增长了近6倍，除2002年和2003年受世界经济衰退及国内"非典"的影响导致投资额有所下降外,中国对外直接投资总体上保持强劲增长势头(见表20-4)。2007年美国次贷危机发生后,危机不断向世界其他国家和地区扩散,国际直接投资流动减缓,2009年全球对外直接投资较2008年下降了43%,同年中国对外直接投资较2008年增速也大幅下滑。尽管如此,从总量上看,中国对外直接投资仍保持高位,2009年对外直接投资流量为565.3亿美元,非金融类投资占84.5%,截至2009年年底,对外直接投资存量达2457.6亿美元,其中非金融类投资占81.3%。这一阶段中国对外投资的投资主体更趋多元化;投资区域除传统发达国家外,还包括亚洲和非洲等地的发展中国家;投资行业分布更广泛,制造业、批发和零售业、商务服务业聚集度较高,这标志着中国对外直接投资迈入了全新的阶段。

表 20-4　2001—2009 年中国对外直接投资情况

| 年份 | 2001 | 2002 | 2003 | 2004 | 2005 | 2006 | 2007 | 2008 | 2009 |
|---|---|---|---|---|---|---|---|---|---|
| 年度流量(亿美元) | 68.8 | 27 | 28.5 | 55.0 | 122.6 | 176.3 | 265.1 | 559.1 | 565.3 |
| 年增长率(%) | 590 | -60.9 | 5.6 | 93 | 122.9 | 43.8 | 50.3 | 110.9 | 1.1 |

资料来源:国家商务部历年《中国对外直接投资统计公报》。

## 五、投资行业分布广泛的扩张阶段(2010年至今)

从2010年开始,中国对外直接投资,年度流量规模稳步增加,中国对外投资大国地位逐步确立(见表20-5)。2015年中国对外直接投资流出量为1456.7亿美元,同比增长18.3%,高于全球6.5%的增幅;2015年中国对外直接投资和中国实际使用外资金额分别为1456.7亿美元和1356亿美元,对外直接投资自改革开放以来首次超过同期吸引外资水平,较同年吸引外资高出100.7亿美元,实现直接投资项下资本净输出,中国开始正式进入资本净输出国行列。2016年中国对外直接投资为1831亿美元,成为全球第二大对外投资国,比吸引外资多36%。同时,2016年我国非金融类对外直接投资1701.1亿美元,同比增长44.1%,也超过了中国吸引外资的规模,中国双向投资格局正式形成。

表 20-5　2010—2016 年中国对外直接投资情况(含金融类和非金融类)

| 年份 | 2010 | 2011 | 2012 | 2013 | 2014 | 2015 | 2016 |
|---|---|---|---|---|---|---|---|
| 年度流量(亿美元) | 699.1 | 746.5 | 842.2 | 901.7 | 1231.2 | 1456.7 | 1831 |
| 年增长率(%) | 23.7 | 6.8 | 12.8 | 7.1 | 14.2 | 18.3 | 25.7 |

资料来源:国家商务部历年《中国对外直接投资统计公报》。

# 第三节　对外直接投资对中国产业升级的作用

对外直接投资对中国产业升级的作用可以通过以下三个角度进行分析,即投资动因视角、投资区域视角和投资主体视角。

## 一、投资动因视角

从投资动因来看,不同类型的对外直接投资对我国产业升级的促进作用表现不同。中国对外直接投资的动因主要包括资产运用动因(Asset-exploiting Motivation)和资产寻求动因(Asset-seeking Motivation)。资产运用型对外直接投资指利用已有的所有权优势而开展的对外直接投资,主要包括寻求自然资源型投资、市场和效率寻求型对外直接投资。资产寻求型对外直接投资通常利用投资企业规模优势和区位优势,由企业获得有价值的资产的意图所驱动的对外直接投资,这些有价值的资产在东道国可获得,而国内无法获得,或只能以不利条件获得,在理论研究中,通常特指战略资产寻求型对外直接投资。不同动因的对外直接投资对我国国内产业升级与优化的作用表现不同。资产运用型对外直接投资主要通过以下三个方面促进国内的产业升级。

### (一) 获取国内产业发展所需的大宗商品资源

由于自然禀赋的限制或者经济增长的需要,一国产业升级进程中会遇到一些资源瓶颈,因此通过对外直接投资获取国外自然资源成为弥补国内资源供给不足的重要途径。作为经济高速增长的新兴大国,中国工业化进程中会对相关资源存在巨大需求,而受资源禀赋的约束,我国一些重要生产资源,如石油、铁矿石等大宗原材料国内供需矛盾突出,需要大量依赖进口,受大宗商品国际市场价格波动影响大。因此,自进入 21 世纪后,中国在采矿业领域进行了大量投资,2015 年中国在采矿业领域的投资为 112.5 亿美元,截至 2015 年,中国在采矿业领域的直接投资存量为 1423.8 亿美元,位列租赁和商务服务业、金融业之后,居第三位。如在铁矿石投资领域,宝钢、武钢、首钢、鞍钢、中钢等龙头企业已不满足于在国际市场上购买现成的可交易铁矿资源,先后“走出去”,斥巨资投资开发境外铁矿资源,如在澳大利亚、马来西亚等铁矿石资源丰富地区分别建立了资源基地,其主要目的是获取海外权益矿,确保获得稳定的矿产资源和原材料供应。目前,中国企业拥有的年供应权益铁矿石量达到 1000 万吨以上,包括宝钢、中钢集团、华菱钢铁、首钢、鞍钢、通钢 6 家企业。此外,唐钢、沙钢、马钢、武钢共同获得的权益铁矿石量达 1200 万吨/年。① 这些权益矿资源主要通

---

① 新华网:《2010 年中国钢企拥有的海外权益矿资源将超过 1 亿吨》,http://news.hexun.com/2009-04-24/117054848.html。

过对外投资方式获得,其中作为新成立的宝武钢铁集团子公司的武钢集团,在海外共有 11 个合资或控股铁矿项目,届时武钢可基本实现铁矿石自给自足。如果我国这些企业海外投资推进顺利,预计 2020 年我国海外权益铁矿石量将占全年铁矿石进口量的 40% 以上,可极大缓解供需矛盾。

### (二) 拓展国际市场

改革开放 40 年来,通过引进外资、承接国际产业转移,我国制造业积累了大量的产能,这些产能在满足国内市场需求的同时,大量供应国际市场,在目前全球经济增长乏力,外需不振的背景下,频频遭遇贸易壁垒;而对外直接投资能带动东道国就业、促进当地经济发展等原因,更受东道国政府欢迎。对国内来说,对外直接投资首先可以绕过东道国的贸易壁垒,节省跨国交易费用,扩大对东道国的出口;其次可以带动原材料、中间产品、设备及服务等出口,产生贸易创造效应;最终对国内出口数量和出口结构产生影响,带动产业升级。

当前产能过剩导致相关行业内企业生存压力加大。第三次全国工业普查资料显示,国内主要工业品的生产能力过剩,半数以上工业品的生产能力利用率低于 60%,对相关行业内企业来说,通过对外投资开拓国际市场,为产业发展开拓外部市场空间显得尤为迫切。以光伏产业为例,自美国与欧盟对中国光伏企业发起"双反"调查以来,中国光伏产业便陷入寒冬,中国光伏产能富余严重。为减少"双反"及产能富余对公司的损失,海润光伏与非洲矿产能源开发有限公司在南非约翰内斯堡市设立合资公司,主要从事太阳能光伏组件及其相关产品的进口、销售及售后服务,以及太阳能光伏发电项目的投资与开发等。目前,该公司在德国、中国香港、美国、意大利、瑞士、日本、澳大利亚、南非、印度均设立了子公司,在全球范围内拥有大约 100 家控股子公司,建立了覆盖全球的营销网络,产品远销海内外众多国家。

### (三) 提升产业生产效率

20 世纪 90 年代以来,全球经济一体化深化发展,以发达国家跨国公司为代表的企业将高成本且低附加值的生产或组装等环节输出至新兴与发展中国家,以利用这些国家的低劳动力成本优势提高跨国公司的效率水平,大规模价值链低端环节的产业转移使得发达国家的现代服务业和高端制造业得到了快速发展,促进了产业结构升级。中国已开始步入工业化快速发展阶段,产业结构由劳动力密集型向资本和技术密集型调整,经济增长模式逐渐由传统的加工制造业驱动转向先进制造业与现代服务业的双驱动模式。随着以能源和原材料为代表的生产要素价格持续上扬及人力成本上升,国内具有优势的纺织业、金属冶炼业等传统劳动力密集型产业的优势正在缩减。因此我国企业可将那些有比较优势的劳动力密集型产业转移到处于工业化起步阶段的新兴与发展中国家,这样可使中国国内生产资源得到优化,将更多的产业要素资源投入到资本和技术密集型产业中,扩大高新技术产品的生产空间,促进产业结构升级。从某种意义上讲,"一带一路"建设与纺织业等传统劳动力密集型产业产能的跨国转移趋势相契合,因此,中国企业可以此为契机推动我国这类产业的国际化布局。如2015年以来,上海纺织集团联手新疆生产建设兵团,在非洲苏丹投资10亿美元建设新型纺织产业园,园区涵盖10万公顷棉花种植和30万纱锭产能,包括原料在内,将在海外布局制造、销售、设计和供应配送等五大基地,最终做到"全球资源、中国集成",构建中国跨国公司主导的国际产业价值链分工体系和全球生产网络,提升中国产业的国际竞争力,促进产业结构升级。

资产寻求型对外直接投资对国内产业升级的促进作用主要体现在以下两个方面。

**1. 获取产业发展所需的战略资产等**

战略资产包括专利、技术、品牌、管理技能和研发能力等,相关产业的战略资产通常镶嵌在特定区域的特定优势企业中,是企业长期经营过程中形成的独特竞争优势来源。在开放条件下,对于缺乏战略资产的企业来说,通过对外直接投资获取东道国的某些战略资产是提高企业技术水平,从而提升企业竞争优势,最终带动相关产业升级的有效途径,如在东道国相关产业积聚和创新活跃区域投资设立研发中心,或者与东道国相关企业建立研发联盟等,有利于促进企业技术进步,更好地设计和生产适合当地消费者需要的产品,带动出口结构的提升,促进产业升级。目前,这类投资主要集中在发达国家和一些特定产业具有优势的新兴与发展中国家,如中国在信息技术服务领域对印度的投资。

**2. 促进新兴产业成长**

对外直接投资可以通过以下途径促进国内新兴产业的成长:一是将国内失去优势的传统产业转移到国外,释放出的生产要素用于新兴产业的发展;二是企业通过对外直接投资,以贴补的方式促进新兴产业成长,即获取高于国内的投资收益,并将这部分投资收益汇回国内投入新兴产业,从而促其成长;三是通过对外直接投资,拓展国内新兴产业成长的市场空间,促进新兴产业的发展;四是通过设立境外的研发中心、与先进企业结成研发联盟或者直接获取国外的技术,提升产品质量,提升行业技术水平,或者引进外国的消费理念和消费模式,引导国内消费者对高新技术产品产生需求,促进产品升级换代,从而促进国内新兴产业的发展。如在生物医药领域,中国药企在口服制剂、辅料、机械设备等方面与跨国巨头相比差距明显,以恒瑞医药、海正药业为代表的国内不少制药企业纷纷进行境外投资,以求获得进一步发展,通过对外投资这些生物制药企业可以扩大自己的产品组合,找到新的增长领域,提升研发能力,实现资源整合,特别是在发达国家的对外投资,可以进入监管标准较高的发达市场为切入点，快速提升企业的技术水平和行业地位，从而促进中国生物制药产业的发展。

在实践中，中国对外直接投资的资产运用和资产寻求动因并不是截然分开的。这两种动因或同时存在，或有所侧重；同时，中国企业对外直接投资的动因并非一成不变的，会随着企业实力的提升和企业发展战略的变化而变动，使得企业对外直接投资的动因表现出相互交织、动态变化的特征。因此，对国内产业升级的促进作用更加综合，可以说中国企业对外直接投资对国内产业升级的促进作用是一个长期的动态演化的结果。以中国家电业对外直接投资为例，我国家电企业如海信、海尔等早期对外直接投资主要以资产运用动因为主，主要是利用我国在制造环节的成熟技术优势进行对外直接投资，对国内产业升级的促进作用主要体现在绕过贸易壁垒、拓展国际市场、带动出口和利用东道国当地低成本生产要素等方面，这些企业将过剩的生产能力和设备转移到其他发展中国家，在提高企业自身利润的同时，扩大了出口，增强了国际竞争力，为促进家电产业升级及国内企业家电消费升级换代夯实了基础。20世纪90年代以来，针对产业价值链薄弱的技术环节和销售环节，中国家电企业加大了资产寻求投资的比重，产业竞争力得到提升。早在1994年海尔集团就斥资在东京建立了日本技术中心，专门学习日本家电的新技术；随后在1996年，海尔在美国建立了硅谷研究所，专门学习美国家电企业及技术的管理；在2000年，海尔在里昂建立了法国设计中心，专门学习法国家电的设计。类似地，国内康佳集团、格兰仕集团、创维集团等家电企业也分别于1998年、1999年、2000年出资在美国硅谷建立起相应的实验室、研究所和数字技术室等学习机构。这些企业还聘请当地的科技人员进行技术交流、设计研发和销售，提升了产品技术含量，延长了中国家电产业的生命周期，有力促进了中国家电产业的发展。如汤森路透发布的《2016年全球创新报告》显示，家电行业排名前三的创新企业均来自中国，分别是美的、格力和海尔。从发明专利数量来看，美的以5427个专利数量遥遥领先，凸显了我国家电企业的技术优势。

## 二、投资区域视角

从投资区域来看，中国对发达国家的投资和对新兴与发展中国家的投资对国内产业升级的促进作用有所不同。中国现在正处于经济转型升级的关键时期，既需要国际市场承接国内产能，也需要先进的技术作为产业升级的依托。从投资区域选择的角度来看，中国向生产要素价格低于本国的其他新兴与发展中国家转移边际产业的直接投资，可将国内过剩产能转移到国际市场，满足东道国的市场需求、绕过贸易壁垒带动出口、转移国内失去优势的传统产业等作用；而对发达国家的资产寻求型对外直接投资可以获取专利、技术、品牌、销售渠道等战略资产，获得逆向技术溢出，通过产业关联效应和产业竞争效应提升国内优势产业的技术,促进新兴产业的成长。总体上,这两类投资都有利于国内产业结构的优化,即劣势产业转移、优势产业发展和新兴产业成长。如我国汽车产业通过在市场潜力大、产业配套强的新兴与发展中国家设立汽车生产厂和组装厂,建立并获取当地销售网络和维修服务中心,并以此为基础向周边市场辐射;在欧美发达国家设立汽车技术和工程研发中心,并购国外技术实力强的汽车整车企业,提高自主品牌研发制造技术水平,在国际产业链分工中的地位不断上升,从以产品贸易为基础的初级阶段向以海外直接投资为主的中级阶段,继而向以品牌竞争为特征的高级阶段发展,从而从产业价值链的低端向高利润的中高端转移。

近年来,随着我国国民生产总值持续较快增长,中国沿海地区劳动力、土地等生产要素价格的不断攀升,一些具有传统优势的劳动密集型企业,如服装、鞋业、纺织业、食品、玩具等,开始以对外直接投资方式向外转移,通常投资的区域主要集中在东南亚、非洲、拉美等新兴与发展中国家。这些企业试图将低效益的加工装配环节向国外转移,国内保留高效益的研发、销售等环节,实现跨国资源的重新配置,由此促进了国内制造业的转型升级。如天虹纺织集团作为全球最大的包芯棉纺织品供应商之一、全国棉纺织行业竞争力20强企业,该集团筹划"走出去"发展战略时,经调研发现越南工资水平是中国纺织行业平均工资水平的一半,税收政策比中国优惠,于是在越南投资设厂,目前在越南同奈省和广宁省拥有多个产业基地,同时也在土耳其、乌拉圭等地发展新的产业基地,获得相对不错的投资收益。

投资区域的不同导致我国对外直接投资的产业升级效应存在差异,主要原因在于对不同区域投资动因的侧重点不同。如我国对发达国家投资主要以资产寻求动因为主,对新兴与发展中国家投资则主要以资产运用动因为主,我国企业对东盟十国的投资较好地体现了这个特征。在东盟十国中,新加坡作为发达经济体,长期以来就是中国企业开展资产寻求型投资的首选国家。当前我国企业对新加坡的投资行业已从初期的海运、贸易、工程承包等传统领域延伸至金融、保险、生物制药等产业。近年来,包括工商银行、北大方正、华为、中国国际航空在内的一些中国知名企业纷纷在新加坡设立了分支机构、子公司或研发中心等。印度尼西亚和菲律宾属于自然资源相对丰富的国家,尤其是在石油和天然气方面,两国储量都达到了一定的规模。近年来,中国对印度尼西亚直接投资的主要领域就是能源资源行业,中石油、中石化、中海油三大中国油企都在印度尼西亚进行油气资源投资。此外,海尔、康佳、长虹、海信等中国制造企业也都在印度尼西亚开展了一定规模的投资,在当地建立了家电生产基地。缅甸、柬埔寨都属于低收入水平国家,两国第一产业占GDP比重都较大,农业在经济发展中占有重要地位。与两国经济结构相符,中国对其投资也大都涉及农业、原材料等相关领域。目前,中国在缅甸的投资主要是以石油、天然气项目为主,此外还涉及木材加工、水产品加工、农业种植等领域;中国在柬埔寨的投资则主要是森林开采、木材加工、建筑材料、工程承包、纺织、制衣、电力和农业开发等领域。中国与泰国的经济结构接近,产业互补性和竞争性都较强,中国对泰国投资广泛分布于纺织、食品加工、化工产业、橡胶产业、餐饮住宿、金融、保险和房地产等多个领域。

中国企业对发达国家的战略资产寻求型对外直接投资,主要通过并购发达国家的优质企业或在发达国家设立研发机构与研发中心、构建研发合作网络等途径来实现。国内一些企业包括海尔、联想、吉利、华为、中兴、TCL、万向等是资产寻求型对外投资领域的佼佼者。这些国内大型企业通过跨国研发和并购活动,不仅迅速提升企业自身的技术水准和研发能力,而且还将通过新兴产业成长效应、产业关联效应和产业竞争效应、产业协同效应,促使中国加速从以一般加工制造业为主体的产业结构,转向以知识、知识产权、技术密集型部门为主体的产业结构。[①] 以对美国投资为例,从 2015 年年末中国对美直接投资存量行业分布情况来看,制造业以 107.19 亿美元高居榜首,占对美投资存量的 26.3%;科学研究和技术服务领域投资存量达 18.2 亿美元,占 4.5%,这类投资主要分布在汽车制造、医药制造业、专用设备制造业、通用设备制造业等,主要以获取专利技术、品牌和销售渠道为主,其中不少是国内优势企业在相关行业的并购,有利于国内相关产业技术水平的提升。实践中国内一些企业提供了成功案例,如在通信设备制造业,华为、中兴、大唐等企业的海外投资力度不断增强,中国通信设备制造企业在国际通信设备市场上与爱立信、阿朗、思科、诺基亚等国外通信设备巨头同场竞技。华为已在德国、印度、英国、瑞典、法国、意大利、俄罗斯等地设立了多个研究所,并与领先运营商成立联合创新、联合研发中心。中兴在印度、巴西建有工厂,在美国、法国、瑞典等地设有研发机构,这些企业充分利用了发达国家和新兴与发展中国家要素禀赋的差异,合理进行国际化布局,提高了本企业的竞争力,促进了行业发展。

## 三、投资主体视角

从投资主体来看,对外直接投资有利于促进中国本土跨国公司的发展,从而提升我国在全球产业分工体系中的地位。在经济全球化的背景下,驱动经济发展的要素已经发生深刻变化,技术、标准、品牌、人才等要素正发挥着更加重要的作用。跨国公司依靠其拥有的行业标准、专利组合、核心技术、国际品牌等竞争要素,在全球配置资

---

① 张春萍:《中国对外直接投资的产业升级效应研究》,《当代经济研究》2013 年第 3 期,第 43—46 页。

源,在全球产业分工中占据优势地位,掌握产业主导权,成为全球价值链分工的构造者,主导全球生产网络的形成与演化。20世纪90年代以来,伴随着经济全球化进程的加快,世界制造业生产体系在全球出现了前所未有的垂直分离和重构,出现了大量的中间产品,使国际商品和服务提供的劳动分工方式出现了巨大变化。其主要表现形式之一是全球价值链分工,即垂直专业化分工,表现为劳动力密集型工序或劳动力密集型零部件生产,与技术、资本、知识密集型工序或零部件的生产之间的分工,甚至是设计与制造的分工,包括原始设备制造商(OEM)、原始设计制造商(ODM)等在内的商务模式创新促进了这种分工的实施,特别是互联网、虚拟技术等新技术的配合,使得这种分工更具操作性,有越来越多的国家参与到这种分工活动中。① 如波音787的供应商分布于全球130多个角落,涉及几百万个零部件的生产与供应,又如苹果手机是美国苹果公司产品,但它的半导体是德国的,存储卡是日本的,屏幕板、按键板来自韩国等,组装则主要在中国完成。这种分工的细化导致了国与国之间的比较优势更多地体现在全球价值链上某一特定环节的优势或整体设计优势,而非传统的最终产品优势。在价值链的分解过程中,跨国公司通过外包和全球采购等方式剥离加工制造等非核心价值创造环节,聚焦于设计、知识产权、品牌等决定竞争优势的核心领域,确立并巩固其在全球价值链核心环节或整体的持续技术垄断能力、自主研发能力与销售终端控制能力的垄断优势。对于由产业资本主导的价值链,如航空、计算机和手机等高技术产业,跨国公司强调对技术开发、技术标准、知识产权等价值链关键环节的控制;对于由商业资本主导的价值链,如服装、制鞋和玩具等传统产业,比较强调对市场营销、渠道和品牌等关键流通环节的控制;对于混合型价值链,例如一些IT行业,比较注重对核心技术、销售终端、专利、品牌等环节的控制。② 在此过程中,跨国公司按照各国和地区的要素特征,将具有不同要素禀赋优势的国家和地区纳入全球价值链,在全球范围进行要素整合,完成对全球价值链的构造,成为全球价值链分工的主导力量。

跨国公司不仅构建了全球产业分工体系,而且在当前新工业革命进程中,也是新一轮全球产业链分工的积极推动者,试图在下一轮全球产业分工中占据主导地位。熊彼特认为,"技术创新可带动世界经济从一个周期的衰落走向下一个周期的繁荣;从世界发展历史来看,每一次金融与经济危机都同时酝酿着一次新的技术创新的浪潮,从而引发新一轮的产业变革,形成一批新兴产业,新兴产业在战胜重大经济危机的过程中孕育和成长,并以其特有生命力成为新的经济增长点,成为摆脱经济危机的

① 于媛媛、孙文远:《全球价值链分工中的中国产业升级战略》,《中国经济时报》2007年1月4日。
② 刘城:《基于全球价值链视角的本土跨国公司培育路径探析》,《广东社会科学》2013年第3期,第52—58页。

根本力量,推动经济进入新一轮繁荣"①。自 2008 年全球金融危机爆发后,主要发达国家以及新兴与发展中国家都在积极进行产业结构调整,重点发展大数据、生物技术、新材料、物联网、新能源、新能源汽车等新兴产业,这些领域俨然成为新一轮技术竞赛的主战场。许多发达国家跨国公司积极进行新兴产业的全球布局,由于技术的先发优势和技术进步的路径依赖,跨国公司依然是新兴产业发展的主导者。因此,发展中国本土跨国公司,鼓励本土企业积极参与乃至引导新一轮国际产业分工尤为迫切。

在上一轮发达国家跨国公司主导的全球产业价值链形成过程中,中国以土地、低成本劳动力等生产要素资源参与全球产业分工,以国内巨大市场为代价,在国内改革和对外开放主动融入跨国公司全球生产网络等前提下,逐渐成长为"世界工厂",实现了经济起步阶段的发展。这在特定历史阶段下是中国必然的经济发展战略选择。但这种发展模式主导下,中国跨国公司和其他本土企业是全球产业分工的被动参与者,居于全球产业价值链的低端环节,自然地,中国难以大量涌现世界级的跨国公司,价值链环节的低端锁定也是导致中国跨国公司与发达国家跨国公司差距较大的主要原因之一。② 当前,在全球经济复苏明显放缓、国内经济结构调整的大背景下,外需乏力和内需不足使得中国产业结构升级面临着巨大压力。因此,提升中国在全球产业分工体系中的地位,优化国内产业结构,需要发展中国本土跨国公司,支持和鼓励本土跨国公司在全球更大范围内聚集优质生产要素,大力发展国际分工体系中处在利润高位的中高端制造和服务环节,并在新一轮国际产业分工中积极布局及前瞻性安排,从而在全球价值链中占据更有利位置。这也是通过对外直接投资把扩大内需与拓展外部战略空间有机结合起来,实现内外部均衡发展以及经济发展模式转换的战略选择。

## 第四节　典型国家利用对外直接投资推动产业升级的经验

本节主要通过美国、日本、韩国、印度的案例,对典型国家利用对外直接投资推动产业升级的经验进行梳理和分析。

### 一、美国的经验

对外直接投资是美国对外经济扩张的重要手段,在美国产业升级过程中起重要

---

① 李珮璘:《危机后新兴大国产业结构调整的战略与政策研究》,《商业经济与管理》2012 年第 11 期,第 33—40 页。

② 李珮璘:《中外跨国公司国际竞争力的比较研究》,《世界经济研究》2015 年第 4 期,第 104—112、129 页。

作用。美国产业升级经历了最初以第一产业为主,随着工业化的深入发展,第二产业占比先上升后又逐渐下降,第三产业超过第二产业在国民经济中居于主导地位的过程。美国对外直接投资的产业分布也经历了一个由初级产业向制造业再向服务业转移的历程,反映了国内产业升级的结构性变化,与之具有高度的契合性。

第一次世界大战以前,全球依然呈"中心—外围"格局,中心国家在外围国家的投资主要为获取能源、矿产品和农产品,供应国内产业发展,美国对外直接投资也呈现这一特点。美国对外直接投资在起步阶段,主要集中于农矿业,美国对外直接投资的行业领域也呈现以矿业、农业和石油为主的分布特点,1914 年这三大行业的累计直接投资额分别占全部对外直接投资的 27.4%、13.5%和13%,三大产业累计投资额占全部对外直接投资的一半以上,制造业投资占比则相对较少(18.1%),服务业占比不足 10%。

1945 年第二次世界大战结束后,美国对外投资额达到历史高位(84 亿美元),为世界第一资本输出国。在这一阶段,美国对外直接投资中采矿、石油和农业等初级产品生产行业逐步退居次要地位。但矿业和石油业在美国 1950 年的对外直接投资总量中比重依然达到 40%,到了 1989 年,这一比重下降至 15.5%。形成鲜明对比的是美国的制造业,制造业在美国对外直接投资中的地位先升后降。制造业在美国 1950 年的对外直接投资中的比重只有 18.2%,到 1989 年,这一比重升至 41.7%。20 世纪 60 年代以来,美国劳动力价格急速上升,传统的劳动力密集型工业在世界市场上逐渐失去优势,迫切需要调整产业结构,推动产业升级,而美国对外直接投资在这一阶段中对产业升级发挥了重要作用。这一阶段美国在收音机、冰箱、洗衣机等领域对欧洲进行了数量不菲的投资,通过这样的产业转移,美国一方面释放了该产业原先占有的稀缺性生产要素,如厂房、资金等,并将之用于改造传统产业和发展高新技术产业,产业存量获得调整;同时也获得了大量的投资收益,为国内包括现代服务业在内的新兴产业的发展提供了资金支持,促进了国内产业增量调整。[①] 产业存量与增量的调整,最终导致了美国整体产业升级。

从 20 世纪 90 年代开始,服务业在美国对外直接投资中的地位稳步上升,目前在美国对外直接投资中占据 73.2%的份额,是美国对外直接投资的主要行业,特别是美国将信息技术等领域的低端服务环节进行外包,集中发展现代服务业和服务业的高价值环节,奠定了美国在服务业的优势,特别是在网络和服务、计算机软件、财产与意外保险、保健(保险和管理医保)、财产与意外保险、多元化金融和娱乐等服务业领域优势明显。

---

① 于世海:《中国对外直接投资与产业升级互动机制研究》,武汉理工大学 2014 年博士学位论文。

## 二、日本的经验

日本的对外直接投资兴起于20世纪50年代,早期由于政府对对外投资的限制,对外投资规模有限,主要集中于政府引导下的能源开发产业,而且有一半以上的投资流向了发展中国家。主要原因是日本作为岛国,国内资源供给有限,而发展中国家的铁矿石、石油、煤矿等自然资源是日本工业发展所必需的重要资源,早期投资为国内工业化发展提供了大量资源。

20世纪70年代是日本对外直接投资的第一次浪潮,日本政府的相关政策有力促进了这次对外投资热潮的形成,如1969年日本政府对日本企业进行对外直接投资取消了"个别许可制度",在1970年提高国内企业对外直接投资的贷款上限,1971年则直接撤销了国内企业进行海外投资在贷款数额方面的所有限制,在相关政府政策引导下,日本的对外直接投资规模迅速扩大,其对外直接投资额从20世纪70年代初期的不足5亿美元,扩大到1979年接近29亿美元的水平,对外直接投资的存量总额在20世纪70年代末也接近200亿美元。这一阶段日本开始鼓励对外投资与日本国内产业结构的转换及面临的国际贸易环境不无关系。经过二十多年的发展,日本国内产业结构中,第一产业比重逐渐降低,第二产业和第三产业均得到较大发展,日本产品国际竞争力得到大幅提升。从20世纪70年代开始,日本在对外贸易过程中遭遇不少贸易壁垒。在此背景下,以绕开贸易壁垒和寻求市场导向的对外直接投资活动在日本占据主导地位。

到了20世纪80年代,由于劳动力等要素成本的上升,日本企业开始在全球寻求低成本生产,效率寻求型对外直接投资在日本占据主导地位,电子、汽车等组装加工企业加速向欧美和东亚转移,试图利用本国技术和东道国廉价的劳动力资源就地生产与销售。统计数据显示,在20世纪80年代,日本对亚洲新兴工业国家和地区的对外直接投资流量上升了15个百分点,相比之下以获取资源导向的初级产业对外直接投资比重则明显下降,下降到不足5%,日本国内的制造业向知识、技术密集型方向发展的特点明显,其产业结构进一步得到优化。

20世纪90年代以后,受到泡沫经济影响,日本对外直接投资一度快速下滑,进入21世纪以来才开始重拾升势。20世纪90年代以后,为确保自身的市场领先地位,日本企业开始以获得全球市场为目标,向欧美发达国家以及亚洲各国大力发展战略资产寻求型对外直接投资,如在金融服务业方面的投资比重的显著上升。目前已形成以非制造业为主,制造业对外投资以技术和资本密集型产业如电子、运输和化工产业为主的投资格局,日本对外直接投资的变动趋势符合其国内产业升级的目标与方向。

日本通过对外直接投资将边际产业进行国际转移,经历了从资源开发型、劳动密集型产业到资本、知识密集型产业的投资转变过程,这一路径与日本国内产业升级顺序有一定程度的一致性,说明日本企业对外直接投资活动较好地配合了日本国内产业升级,每次日本出现对外直接投资浪潮之时,其国内产业结构就会面临调整、升级的机遇,对外直接投资对日本产业升级起到了促进作用。①

### 三、韩国的经验

韩国对外直接投资的扩大是导致国内产业结构优化的原因。韩国对外直接投资始于 20 世纪 60 年代初,但早期的数量和投资范围相当有限,进入 20 世纪 80 年代后,韩国的对外直接投资才得到迅速发展。从韩国企业对外直接投资的产业范围与流向来看,其受到政府政策导向的影响十分显著。由于韩国地域狭小、资源匮乏,在韩国政府的鼓励下,韩国从 20 世纪 70 年代中期开始大力发展了煤炭、林业、石油和矿业方面的对外直接投资,对外直接投资逐步扩大,占到其全部海外投资的一半以上,这种状况一直持续到 20 世纪 80 年代中后期。20 世纪 80 年代末,随着贸易保护主义的重新抬头,韩国一些知名企业如三星、大宇等均面临贸易保护主义限制,韩国政府为绕过贸易壁垒,开始鼓励企业对北美和欧洲进行投资,其对外直接投资活动的主要目的是绕过贸易壁垒,巩固和扩大海外市场。20 世纪 90 年代以来,中国、越南等东亚国家和地区的经济快速发展,形成了世界范围内最大的市场,对韩国企业有强大的市场吸引力。韩国政府积极鼓励韩国企业选择国内发展较为成熟的产业作为对外直接投资的主体领域,加大在上述地区的投资比重。② 目的是利用韩国在若干制造业领域的成熟技术优势开发发展中国家市场,同时韩国政府注重新兴产业的发展,特别是信息技术产业的发展,以防止"产业空心化"。

与美国和日本相比,韩国对外直接投资对国内产业升级的促进作用存在一定的滞后性。事实上,借助发达国家经济高速发展所带来的强劲需求,从 20 世纪 50—80 年代,韩国进行了大规模的产业结构调整,完成了从以轻工、纺织、制鞋等非耐用消费品为主的出口导向产业到建立以资本和技术密集型为主的汽车、电子产品和半导体等为主的进口替代产业的调整过程,但直到 20 世纪 80 年代后对外投资才有大规模发展。进入 20 世纪 90 年代,韩国政府开始着手再度进行新一轮的产业结构调整,着力提升第三产业的比重,韩国对外直接投资的迅速扩大和产业结构调整的推进表现出一定的同步性。

---

① 于世海:《中国对外直接投资与产业升级互动机制研究》,武汉理工大学 2014 年博士学位论文。
② 江东:《对外直接投资与母国产业升级:机理分析与实证研究》,浙江大学 2010 年博士学位论文。

韩国对外直接投资的另一个显著特点是制造业对外投资占比较高。选择国内发展相对成熟的产业作为对外直接投资的主体,初期投资发展中国家市场,利用成熟的小规模适用技术开拓市场,这样一方面实现了衰退产业的海外转移,可获得高额收益,有助于国内产业升级;另一方面可以有条不紊地组织国内各产业按发展梯度顺序形成有效衔接,顺利完成产业结构转换、升级;后期投资发达国家,经由技术学习与合作研发,抢占战略性新兴产业发展空间,最大限度地避免产生产业空心化问题。[1] 进入21世纪以来,在努力巩固制造业领域优势的同时,韩国重点发展文化产业等服务业,力推信息产业与其他产业融合,酝酿新一轮产业升级,从而带动整体经济发展。

### 四、印度的经验

印度国内产业结构调整经历了两个阶段。第一个阶段是独立后至20世纪80年代早期的工业发展时期,这一阶段推行了以政府直接干预为主的产业结构调整机制,重点发展第二产业,重工业基础得到加强。第二个阶段自20世纪80年代中期开始了以自由化为主要内容的改革,进入20世纪90年代后改革力度加大,市场机制开始发挥作用,印度产业结构的调整从以重工业为主导的发展模式逐步转变为更加强调农业、以农业原料为主的轻工业、电子工业、IT产业、现代服务业的发展,特别是在传统服务业发展的基础上,以信息、商务等现代服务业为主的第三产业飞速发展,促进传统服务业向现代服务业的转换。在印度产业升级的进程中,对外直接投资与以信息技术服务为主的服务产业发展形成了良性互动,这是新兴与发展中国家中对外直接投资促进国内产业升级的独特案例。

印度IT产业的迅速崛起为其服务业的发展提供了坚实的产业基础,软件和信息服务业也因此成为印度经济中最有活力的成分,基于信息产业发展起来的服务业优势成为印度企业对外投资时竞争力的重要来源。近年来,印度在信息服务和软件服务业上对外投资优势明显,以印孚瑟斯(Infosys)等为代表的信息技术服务公司成为印度服务业对外投资发展的重要力量。从投资区域来看,20世纪90年代以前,印度服务业投资主要投向泰国、马来西亚、斯里兰卡和新加坡等国家和地区,20世纪90年代后,印度服务业对欧美发达国家的投资迅速增加,其在服务业领域的所有权优势不断增加,例如印孚瑟斯在中国、美国、日本、新加坡、德国、阿根廷、澳大利亚、法国、加拿大、荷兰、英国、瑞典、瑞士等均有投资。目前,印度信息技术服务公司仍积极向海外扩张,目的就是扩大市场以及更好地为海外的客户提供信息技术服务。这些领域的对外投资快速发展,有效拓展了印度服务业的国际市场空间,提升了印度服务业

---

① 于世海:《中国对外直接投资与产业升级互动机制研究》,武汉理工大学2014年博士学位论文。

研发水平,促进了服务业的发展,使印度服务业成为全球服务产业中的重要竞争参与者。

以上四个国家案例中,对外直接投资都在不同程度上对各自国内的产业升级起到了促进作用。但四个国家也有不同之处。美国作为全球产业创新发展的主导者,依赖产业效率的提升和技术创新驱动,通过国际间成熟产业的转移和新兴产业的发展实现国内产业升级,市场机制起到了主导作用。日本和韩国为后起追赶发展的国家,政府在对外直接投资发展中起着主导作用,政府通过调整不同时期的产业政策和对外投资政策,有意识地引导对外投资在特定阶段促进特定产业的发展,从而完成国内产业升级。印度则根据本国经济发展阶段,先以政府主导为主,然后在 20 世纪 80 年代后期启动经济自由化改革和对外开放战略后着力发挥市场的主导作用,促进了国内产业升级。

# 第五节　提升中国对外直接投资产业升级效应的对策研究

要发挥对外直接投资对中国产业升级的促进作用,必须从投资产业的选择、投资区域的选择、投资主体的培育、投资政策的配套、投资布局的规划等多个方面进行考虑。

## 一、投资产业的选择:把产业升级目标和产业选择有机结合

在投资产业选择方面,要把我国产业转型与升级的战略目标和对外直接投资的产业选择结合起来。我国产业升级的目标包括保持优势产业竞争力、制造业结构优化和战略性新兴产业发展。具体可从以下几个方面入手。

### (一)加大过剩产业对外直接投资

化解过剩产能是我国推进产业结构转型的重要内容之一。化解过剩产能除了在国内淘汰僵尸企业,加大产业重组外,通过对外直接投资将剩余产能转移到国际市场也是有效的途径。这方面也有成功的国际经验。20 世纪 50 年代,美国在冰箱、洗衣机、收音机等领域加大了对欧洲制造业的投资,将传统产业转移到欧洲,占领了欧洲制造业市场的大部分份额,但资本密集型与技术密集型的高科技产业仍保留在国内,并没有向海外转移,这有利于美国高科技产业的发展。日本的经验是将本国已经发展成熟并存在过剩产能的边际产业通过对外直接投资进行海外转移,首先为"亚洲四小龙"(新加坡、韩国、中国台湾以及中国香港),其后是东盟各国(包含印尼、马来西亚、菲律宾、泰国等),与此同时,日本产业结构进一步优化发展。同样地,当"亚洲四小龙"承接日本产业转移后,待相关产业发展成熟后,又将这些边际产业转移到经

济更落后的发展中国家和地区,"亚洲四小龙"的产业结构因此也得以升级。总体上看,亚洲地区的产业升级呈现出先后次第的发展。正是通过在亚洲特别是东南亚区域内进行边际产业的次第转移,日本成功化解了国内过剩产能。此外,对外直接投资的产业转移效应也是韩国国内产业升级的重要途径,韩国将边际产业转移到国外,转移国内过剩产能,延长了产业的生命周期,提高了国内产业的技术水平,促进了国内产业升级。这些国家和地区的成功经验表明,将国内成熟、过剩的产业通过对外直接投资方式转移到经济欠发达的其他国家和地区是实现国内产业升级的途径。

中国加大产能过剩产业的对外直接投资与其他国家的经验不同之处在于:这些产能过剩产业在国内已经形成了成本和规模方面的产业优势,虽然在国内表现为供给过剩,但对一些国家特别是一些工业化不发达的国家来说,这些产业生产能力严重不足,供给缺乏,中国在相关领域的投资符合相关东道国的工业化发展的需要,有利于相关东道国这些产业的发展,这一点决定了中国在产能过剩产业领域的对外直接投资会形成中国与东道国共赢的坚实基础。"产能合作型对外投资是在国家国内调控与对外合作两大政策作用下的产物,简言之是国家政策调控,而不是单纯企业决策。因此投资目的地和投资方式的选择必然与国家'一带一路'的合作推进紧密相连。富裕产能的对外投资是国家整个对外投资战略的一个组成部分,这是投资共赢的关键"[1]。中国可以将劳动力密集型制造业和基础设施产业(如纺织服装、水泥、钢铁等)的过剩产能转移到"一带一路"沿线国家和地区,这样一方面可延缓因国内成本上升和需求饱和导致已经失去或即将失去国际竞争力的制造业的生命周期,相关产能可以释放到东道国,国内释放出的生产要素则被转移到技术水平更高和附加值更高的制造业中,从而带动其国内产业的不断升级;另一方面可以提升东道国的制造能力,促进东道国的工业化进程。同时,中国制造业通过对外直接投资不仅可以绕开贸易壁垒,而且也能够带动制造业相关产品和服务的出口,优化贸易结构,进而推动我国产业的不断升级。

**(二) 大力发展技术寻求型对外直接投资**

产业升级需要有强大的技术做支撑。技术寻求型对外直接投资是当前我国需要继续加大力度、予以高度支持的对外直接投资,该类型的投资能够不断提升企业的技术水平与含量,促进产业结构优化。美国、日本和韩国对外直接投资的发展历程表明,技术寻求型投资对产业升级具有重要的促进作用。目前,中国处于产业升级和经济结构转型的重要关口,尽管一些企业如华为等技术实力较强,但总体上缺乏核心技

---

① 张幼文:《开放型发展新时代:双向投资布局中的战略协同》,《探索与争鸣》2017 年第 7 期,第97—106 页。

术，一些重要技术和零部件方面还依赖进口，创新能力不足。有鉴于此，我们一方面应通过组建技术联盟或跨国并购来获取企业发展所需的先进技术，从而减少研发投入，缩短研发时间；另一方面要尽量靠近研发投资聚集地或先进技术溢出源投资设厂，通过模仿、竞争等方式来产生反向技术外溢，及时追踪、获取国外最新科技成果来提升我国的技术水平，提升创新能力，进而促进我国产业升级。

近年来，我国企业在研发领域的对外直接投资发展很快，不少国内知名企业在境外建立了研发机构，或者通过并购方式获取目标企业的专利技术，这说明我国企业开始认识到通过"走出去"来提升企业技术水平与竞争优势的重要性。实践中，我国企业首先要根据创新活动中所涉及的技术特点、行业竞争对手的情况、自身研发管理能力等开展技术寻求型对外投资活动，在数量扩张的同时，运用要多途径提高对外投资的逆向技术溢出效应。发挥这类投资对国内产业的技术进步作用。主要措施包括：（1）开展国际合作创新。具体实践中，既可以与国外大学进行合作研发，也可以和相关研发机构进行合作创新。原因在于大学和专业研发机构科研能力强，而且中国企业不用担心其在相关产品市场上形成竞争，可选择作为我国企业投资的合作伙伴，具体可以通过专利许可、合同委托研发和技术转让等方式，利用大学和研发机构的技术与创新资源；而企业则重点利用贴近市场需求的优势，把重心放在选择研发方向，关注研发成果的商业化利用，此举无疑可为企业节省大量的研发投入，使研发更贴近产品市场的需求，提高创新的成功率。（2）与其他企业进行协作创新。可以联合拥有相关技术的企业建立技术与研发联盟，此举目的在于整合分散于技术与研发联盟中的企业的技术资源，使各自的技术优势相互补充，从而降低创新投入与成本，加快创新速度，在市场竞争中占领先机。（3）重视客户需求，将关键客户和领先用户的需求纳入创新过程，研发部门要与市场开放部门紧密互动，及时反馈市场信息，因为市场信息也被视为企业重要的创新源，特别是在跨国经营过程中，因接近当地市场，不同区位的投资企业更贴近当地的需求，对市场信息的反馈理所当然应被纳入企业创新网络中，从而使企业研发更"接地气"。

### （三）鼓励战略性新兴产业对外直接投资

作为我国未来产业发展的主方向，战略性新兴产业的发展是我国产业结构优化升级的关键。新兴产业的发展和壮大仅仅依靠国内政策的扶持和保护是远远不够的，还必须在国际市场的大风大浪中强筋健骨，为此还应积极引导我国新兴产业走出国门，开展对外直接投资和广泛的国际合作，抢占技术、研发资本等关键资源的战略高地，不断提升自身国际竞争力，带动国内整体产业实力提升，从而为产业升级转型创造良好的内外部条件。引导有条件的企业积极在战略性新兴产业各领域进行对外直接投资，通过国内外产业链的技术传导和资源优化配置，形成国内外关联互动的格局,促进我国战略性新兴产业的发展;与此同时,把握全球未来产业升级发展的主要方向,集中优势资源,突出主导产业的引领作用。在全球产业价值链分工中,由于技术进步的分散性,一个国家或地区很难完全占据完整的新兴产业价值链。因此,与其追求完整的产业价值链,不如学习发达国家的做法,在这些产业价值链中占据附加值高的部分,实现主导地位。当新兴产业发展起来后,中国企业如果能够通过对外直接投资,将价值链的某些环节分布到其他一些国家或地区,利用东道国的相关生产要素,这可以支持国内新兴产业实现规模化发展,从而形成中国企业在新兴产业价值链分工中的主导地位或优势地位,这种类型的对外直接投资对我国战略性新兴产业的成长与发展显然是有帮助的,因此在我国对外直接投资支持体系中,这类投资同样也要受到鼓励。

## 二、投资区域的选择:优化中国对外直接投资的区域分布

在投资区域的选择上,应进一步优化我国对外直接投资的区域分布。中国对外直接投资的区位分布极不平衡,其中比较显著的特征之一是对中国香港、开曼群岛和英属维尔京群岛等低税率地区的投资所占比例较高,并主要流向技术含量不高的商务服务业和批发零售业等。这类投资大多出于避税和融资便利的目的,对国内产业升级的促进作用不大,甚至掩盖了中国对外直接投资区域流向的真实状况。此外,对发达国家的直接投资偏少,对一些新兴经济体的投资仍有增长空间。因此,未来应该对流向低税率地区的直接投资进行必要的监管,要加大对发达国家的投资力度。一般来说,先进技术、管理技能和品牌等战略资产通常有区位集中的特点,并且大多嵌入在一定的组织结构中。具体来说,这类中国企业迫切需要的战略资产大多集中在发达国家的企业中,而且全球产业分工的结果使高端产业主要集中在发达国家,如美国在新材料、医药生物、信息技术等领域,德国的机电机械、汽车和化工领域技术实力强,日本在汽车、钢铁等领域,并且与新兴经济体相比较而言,发达国家的技术禀赋高,创新更活跃。由康奈尔大学、英士国际商学院和世界知识产权组织联合发布的2017年全球创新指数显示,创新指数居于前列的基本都是发达国家,而且发达国家和发展中国家在创新能力方面的差距继续拉大,无论是在政府层面,还是在企业层面,发展中国家的研发活动都增长乏力。如德国金属加工机床出口占全球出口总额的1/5,居第一位,其机床工具产业品种齐全,拥有众多历史悠久、产品独特、技术领先的中小型企业,是最受中国青睐的海外资产并购市场。2015年中国并购的22家海外机床工具企业中,有11家为德国企业。① 如果选择在这些发达国家和地区投

① 商务部:《中国对外投资合作发展报告 2016》,http://coi.mofcom.gov.cn/article/y/gnxw/201703/20170302539691.shtml。

资,可以获得中国产业升级所需的战略资产,获取逆向技术溢出效应,加快我国国内企业技术改造和创新,促进我国产业升级。因此,政府应引导我国企业积极到发达国家和地区去投资。

新兴经济体是近年来我国重点开拓的国际市场,通过对外直接投资方式可以起到促进出口、开发新市场的作用。首先,要巩固对亚洲其他国家和地区的直接投资。可选择"一带一路"沿线亚洲国家和地区作为投资的重点区域,转移国内边缘产业,从而使得生产要素得到释放,进而推动母国产业结构升级。这主要是由于该地区与我国毗邻,经济水平相近,拥有相似的消费结构、文化背景以及技术水平,企业到该地区投资可以减少投资成本和风险。其次,还应该积极发展对非洲、拉丁美洲等地区的投资。非洲不少国家是我国传统外交友好的国家,这有利于我国企业对这些发展中国家的投资。我国企业可以在这些国家矿产,包括铁路、公路、供水供电等领域有所作为。应鼓励有条件的企业到自然资源禀赋充足的非洲国家和地区开展资源获取型投资,缓解国内相关产业的资源供给瓶颈,进而带动产业结构的优化升级。

## 三、投资主体的培育:进一步推动投资主体的多元化

在投资主体的培育上,进一步推动投资主体多元化。随着中国企业实力的提升,越来越多企业"走出去",当前中国对外直接投资主体主要包括国有企业和民营企业,这两类企业各有优缺点。国有企业在企业规模、资金实力、政策支持等各方面优势明显;但国有企业通常会面临更严格的东道国审查、投资效率低以及投资风险防范意识差等问题,民营企业因较少受到政府干预,企业经营战略主要由企业自身逐利动机所驱动,因此在崇尚自由市场经济的发达国家更具优势。在发达国家,民营企业会被认为更能代表市场经济成分,其投资的商业意图更加明显。因此,我国民营企业在出海并购西方企业时,遭遇的严格审查较之国有企业要少一些。典型的案例包括吉利汽车收购沃尔沃轿车公司、联想收购 IBM 个人电脑事业部等。

"截至 2015 年年末,中国非金融类对外直接投资存量为 9382 亿美元,其中,国有企业占 50.4%,占比继续下降;非国有企业占 49.6%,较上年增加 3.2 个百分点"[①],尽管近年来民营企业对外直接投资发展较快;但长期以来,国有企业依旧是我国对外直接投资的主体,其投资行为要受到政府主控,往往缺乏详尽的前期调研和明确的市场定位,风险较高,政府应该加强对国有企业对外投资的监管,防止不顾风险的盲目投资行为。相比之下,中小型民营企业对外投资决策更有自主性,目的性强,更接近

---

① 商务部、国家统计局、国家外汇管理局:《2015 年度中国对外直接投资统计公报》,中国统计出版社 2016 年版,第 23 页。

市场行为,更符合企业发展战略目标。因此,我国政府必须大力推动投资主体多元化,充分发挥民营企业的作用。对此,政府应尽快出台的各项法律法规以及投资支持政策等也应涵盖符合条件的民营企业对外投资,通过加大融资支持、建立专项资金、提供税收优惠等多种方式来提高我国民营中小型企业开展对外直接投资活动的积极性,发挥民营企业对外直接投资对国内产业升级的带动作用。

### 四、投资政策的配套:重点为企业跨国经营提供融资支持

在政策配套方面,重点为企业跨国经营提供融资支持。企业跨国投资通常需要大量的资金投入,当前我国企业主要依靠国家开发银行、中国进出口银行等政策性银行的贷款支持,"由于贷款审核机制严格、程序烦琐,企业贷款很难及时批下来,从而错失投资机会"[1];一些中小型企业在开拓国际市场时,即使遇到很好的市场机会,由于得不到资金支持,也会错失良机,因此加强企业跨国经营的融资支持是我国跨国公司发展的政策重点。政府相关部门在执行这类支持政策时应破除对企业规模的偏好,以本土企业跨国经营的成长性和可持续发展能力,而不是规模来确定资助与支持对象,从而助力真正有实力、有潜力的企业脱颖而出,成长为跨国公司。

首先,加大财政资金支持力度。除国家层面建立专项财政基金支持企业跨国经营外,应鼓励对外投资活跃的省和直辖市等建立地方级的专项财政基金。为弥补国家财政资金投入不足,可考虑引导社会资金加入,从而建立以财政资金为引导,以社会资金为主导资金支持与投入体系,这些资金可用于补助企业对外投资的前期费用、贷款利息、保险费用、启动资金以及对企业的分类激励。

其次,鼓励金融机构支持企业跨国经营融资。发挥国家开发银行、中国进出口银行、中国出口信用保险公司等政策性金融机构对企业对外投资的促进作用,同时依托商业银行拓宽融资渠道,探索出口退税单、境外应收账款、境外资产等抵押融资方式。为本土企业国内融资提供便利,也支持与协助企业通过境外上市、发行中长期企业债券等方式在国际市场上融资,拓宽企业融资渠道,并引导企业控制债务风险。

最后,实行税收优惠政策。发布统一规范的企业境外投资税收服务指南,加强对境外投资企业的税收辅导。在避免双重征税的前提下,区别投资行业、投资国别等,按规定采取延期纳税、减税和出口退税、税收抵免等不同的政策,甚至可考虑对能显著促进国内产业技术进步的重大项目给予政策优惠。

### 五、投资布局的规划:谋求新一轮全球产业链分工的主导权

引导本土跨国公司积极布局,谋求新一轮全球产业链分工的主导权。"危机后,

---

[1]　傅军:《加速培育更多本土跨国公司》,《人民政协报》2013 年 3 月 1 日。

以美国为代表的发达经济体消费动力不足,发达经济体开始审视国内经济结构与发展模式,提出了新的发展战略,如美国提出了'以创新战略推动可持续增长的高质量就业'战略,欧盟提出了'聪慧的可持续与包容性增长'的战略,日本提出了'优势产业与新领域增长'的战略,并结合新战略纷纷进行产业结构调整"①,大力发展新兴产业。作为一国重要的支柱产业,制造业的发展更受到空前重视。美国制定了"先进制造业伙伴计划",2012 年德国推行了"工业 4.0 计划",意在通过智能制造达到快速与个性化的产品供应。《中国制造 2025》提出了发展的十大重点领域,即新一代信息技术产业、高档数控机床和机器人、航空航天装备、海洋工程装备及高技术船舶、先进轨道交通装备、节能与新能源汽车、电力装备、农机装备、新材料、生物医药及高性能医疗器械。在对外投资导向上,政府鼓励具备一定基础和实力的本土跨国公司开展紧跟产业技术革命前沿的先导性投资,特别是在中国已具备一定竞争优势的新兴产业,如新能源、轨道交通装备、新能源汽车、航空航天装备等领域鼓励企业瞄准产业技术前沿,加大研发投资,自主创新,进一步提升企业技术水平,占据产业发展先机,谋求新一轮全球产业链分工的主导权。

中国制造业门类齐全、链条长,是制造业第一大国,既有以家电、纺织服装为主的传统优势产业,以水泥、钢铁、平板玻璃、电解铝为主的富余产能优势产业,也有以高铁和轨道交通、电力设备、通信设备、工程机械等为主的装备制造优势产业,在规模、技术、人才等方面,具有一定的国际竞争力。此外,在一些新兴产业领域,若干中国跨国公司已经具备全球竞争实力,因此以对外直接投资促进国内产业升级具备现实基础。

值得一提的是,在对外直接投资与母国产业升级的关系中还存在产业空心化的争论。所谓产业空心化,是指制造业大量转移到国外,造成制造业在国民经济中的地位快速下降,国内物质生产部门与非物质生产部门之间严重失衡的状况。"产业空心化发生的原因主要在于一国在产业结构转换过程中,新旧产业的迭代出现断层"②。服务业即使再发达,制造业若萎缩,必会削弱国民经济的物质基础,服务业的发展也不可能持续,更谈不上技术进步,因为技术进步通常源自物质生产部门。金融危机后,美国推行再工业化战略,重视国民经济中制造业的作用,这是美国回归实体经济的信号。有些学者强调一国引进外资与对外投资比例应该相当,但是,各国国情不同,发展阶段有差异,不能拿这些比例一刀切,雁行模式对岛国日本适用,并不见得就是适合中国对外投资发展的模式,毕竟两国国内市场空间、要素供给(如劳动力供

① 李珮璘:《危机后新兴大国产业结构调整的战略与政策研究》,《商业经济与管理》2012 年第 11 期。
② 于世海:《中国对外直接投资与产业升级互动机制研究》,武汉理工大学 2014 年博士学位论文。

给）等发展条件有较大的不同。当前，就业问题较为突出，制造业仍是吸纳就业的重要途径，如果制造业大量向境外转移，可能出现产业空心化现象。因此，在我国还无较强国际竞争实力而中西部地区的经济亟待发展时，不宜一味鼓励制造行业对外投资，应兼顾二者之间的协调，实践中还需根据产业转移规律，利用我国区域经济发展不平衡的格局，促进中西部承接东部沿海地区的产业转移，预防产业空心化。

　　企业对外直接投资动因具有综合性特征，也就是说一项投资可能是企业多种动因而不是单一动因驱动的，有鉴于此，企业可将价值链的不同环节在境外和我国中西部地区统筹配置，国家一方面鼓励企业在品牌开发、国际营销渠道建立、研发等环节进行对外直接投资；另一方面可通过税收、金融等政策鼓励企业将生产加工环节转移至中西部。此外，利用技术对传统产业进行技术改造，减缓其衰退速度，此举可减轻企业过度向国外转移边际产业而带来的产业空心化压力。另外，国内要大力发展高新技术产业和战略性新兴产业，承接传统产业释放的生产要素，及时弥补传统产业收缩而产生的空缺，实现新旧产业之间及时和有效的衔接，对预防对外直接投资导致的产业空心化大有裨益。本书特别强调，在制造业向中西部转移过程中，务必要注意高耗能等产业转移时可能对中西部环境的破坏，加大国家环境治理力度，避免继续走"先污染、后治理"的老路。

# 第二十一章　跨国并购在国家产业
## 结构升级中的意义

✧✧✧✧✧✧✧✧✧✧✧✧✧✧✧✧✧✧✧✧✧✧✧✧✧✧✧✧✧✧

　　跨国并购已成为国际直接投资的重要方式。与绿地投资相比,跨国并购不仅可以让企业快速"走出去",拓展国际市场,而且可以获取先进的技术专利、品牌、销售渠道、管理技能、研发人员等高级生产要素,通过对这些从被并购方获得的高级生产要素与并购方现有资源能力进行整合,提高生产与运营效率,帮助企业进一步提升自身的核心竞争力,从而向全球产业链的高端跃升。因此近年来跨国并购越来越受到期待通过对外直接投资促进国内产业升级的新兴经济体的欢迎。进入 21 世纪以来,越来越多中国企业采用跨国并购的方式在全球市场上攻城略地。这些企业多为各行业的代表性企业,作为推动产业发展的微观能动主体,其跨国并购活动直接影响了本行业的发展,总体上促进了中国产业结构升级。本书在分析中国跨国并购的发展历程及产业分布特征的基础上,选取若干产业有代表性的企业跨国并购案例予以深度剖析。这些企业既有国有企业,也有民营企业;既有来自传统产业领域的,也有来自新兴产业领域的。旨在为进一步归纳与总结中国企业跨国并购对国内产业结构升级的意义,最后提出提升跨国并购产业结构升级效应的对策措施,以期为近年来中国跨国并购快速扩张背景下,如何发挥跨国并购对国内产业升级的积极作用提供对策参考。

## 第一节　中国企业跨国并购的产业分布特征

　　从 19 世纪 70 年代第一次大规模的并购浪潮至今,全球已经历了五次大规模的并购浪潮。中国的海外并购起步较晚,第一起海外并购可以追溯到 1984 年,中银集团与华润集团联合组建的新琼企业有限公司以 4.37 亿港币收购中国香港最大的上市电子集团公司——康力投资有限公司,自此中国企业踏上了海外并购的征程,至今已有 40 年的发展历程。

## 一、并购特定行业的起步阶段

20 世纪 80 年代至 2000 年是中国企业海外并购的起步阶段。这一阶段中国企业跨国并购总体上规模比较小,每年中国企业的跨国并购额占同期世界并购额的比例不足一个百分点(见表 21-1),投资区域为与中国有贸易往来的东南亚国家;并购主体主要是资金雄厚的国有企业,如中化、华润等;并购行业多为石油、化工类传统行业,主要是满足国内资源需求,并购多为国家政策扶持下的产物。

**表 21-1　1992—2000 年中国企业跨国并购额占世界并购额的比重**

(单位:百万美元)

| 年份 | 中国企业跨国并购额 | 世界跨国并购额 | 占比(%) |
|------|------|------|------|
| 1992 | 573 | 79280 | 0.72 |
| 1993 | 485 | 83064 | 0.58 |
| 1994 | 307 | 127110 | 0.24 |
| 1995 | 249 | 186593 | 0.13 |
| 1996 | 451 | 227023 | 0.20 |
| 1997 | 799 | 304848 | 0.26 |
| 1998 | 1276 | 531648 | 0.24 |
| 1999 | 101 | 766044 | 0.01 |
| 2000 | 470 | 1143816 | 0.04 |

资料来源:联合国贸易和发展会议历年《世界投资报告》。

## 二、并购行业集中的发展阶段

2001—2007 年是中国企业跨国并购的发展阶段(见表 21-2)。2001 年中国加入世界贸易组织,随着对外开放步伐的加快,中国企业的海外并购也得到较快发展,这个阶段的海外并购呈现着以下特点:首先,并购主体日益多元化。虽然大型国有企业仍然在中国跨国并购中占据主导地位,但民营企业逐步发展壮大,一些企业在跨国并购中成为重要投资主体。其次,并购行业呈现集中化趋势,并购主要分布在矿产、能源、家电、汽车、石油和基础设施行业,且开始由制造业向高科技和新型服务业转移。再次,并购投资区域更加广泛,不仅局限于相邻的亚洲国家和地区,还向美洲、欧洲等地区延伸。最后,并购规模不断扩大。与第一阶段相比,中国企业海外并购单笔的并购规模增加,如 2004 年联想以 12.5 亿美元收购 IBM 的 PC 业务、吉利以 18 亿美元收购沃尔沃等重大收购案等,这也体现了中国企业跨国并购资本实力的增强。

表 21-2　2001—2007 年中国企业跨国并购额占世界并购额的比重

（单位:百万美元）

| 年份 | 中国企业跨国并购额 | 世界跨国并购额 | 占比（%） |
|------|------|------|------|
| 2001 | 4.5 | 5939.6 | 0.1 |
| 2002 | 10.5 | 3697.9 | 0.3 |
| 2003 | 16.5 | 2969.9 | 0.6 |
| 2004 | 30.0 | 3806.0 | 0.8 |
| 2005 | 65.0 | 7163.0 | 0.9 |
| 2006 | 82.5 | 6359.4 | 1.3 |
| 2007 | 63.0 | 10311.0 | 0.6 |

资料来源:联合国贸发会议历年《世界投资报告》。

### 三、并购行业多元化的扩张阶段

自 2008 年始,中国企业海外并购进入快速扩张阶段。2008 年全球金融危机爆发后,欧美不少行业受到冲击,行业内一些领先企业估值下降,为中国企业海外并购带来了机遇,国内不少企业纷纷进行跨国收购。2008 年我国跨国并购数量出现爆发式增长,由 2007 年的 61 例上升至 2008 年的 162 例。之后,跨国并购数量逐年增长,我国企业并购规模迅速扩大,2013 年中国企业跨国并购额占世界并购额的比重一度高达 20.2%(见表 21-3)。

表 21-3　2008—2016 年中国企业跨国并购额占世界并购额的比重

（单位:百万美元）

| 年份 | 中国企业跨国并购额 | 世界跨国并购额 | 占比（%） |
|------|------|------|------|
| 2008 | 302.0 | 6732.14 | 4.5 |
| 2009 | 192.0 | 2876.17 | 6.7 |
| 2010 | 297.0 | 3470.94 | 8.6 |
| 2011 | 272.0 | 5534.42 | 4.9 |
| 2012 | 434.0 | 3282.24 | 13.2 |
| 2013 | 529.0 | 2625.17 | 20.2 |
| 2014 | 569.0 | 4281.26 | 13.3 |
| 2015 | 544.4 | 7351.26 | 7.4 |
| 2016 | 1072.0 | 8686.47 | 12.3 |

资料来源:联合国贸发会议历年《世界投资报告》。

从行业分布来看,跨国并购的行业分布十分多元化,几乎涉及了国民经济的所有行业(见表21-4)。其中,制造业发生的跨国并购数目最多,涉及的交易金额最大,达到137.2亿美元。其次是信息传输、软件和信息技术服务业,交易金额为84.1亿美元,同比增长高达135.6%。由此可见,高科技行业的跨国并购逐渐成为中国跨国并购的主旋律,同时也体现出中国高技术企业希望通过全球范围内的知识与技术整合提升自身竞争力的意愿。中国战略性新兴产业的发力和创新驱动战略提升了国内企业通过跨国并购整合全球资源的意愿。此外,金融业的跨国并购活动也十分活跃。

表 21-4　2015 年中国对外投资并购行业构成

| 行业类别 | 数量(起) | 金额(亿美元) | 金额占比(%) |
| --- | --- | --- | --- |
| 制造业 | 131 | 137.2 | 25.2 |
| 信息传输、软件和信息技术服务业 | 58 | 84.1 | 15.5 |
| 金融业 | 18 | 66.1 | 12.1 |
| 采矿业 | 24 | 53.2 | 9.8 |
| 文化、体育和娱乐业 | 21 | 32.3 | 5.9 |
| 租赁和商务服务业 | 77 | 31.3 | 5.7 |
| 住宿和餐饮业 | 11 | 27.1 | 5.0 |
| 批发和零售业 | 81 | 26.6 | 4.9 |
| 房地产业 | 21 | 20.7 | 3.8 |
| 科学研究和技术服务业 | 43 | 17.6 | 3.2 |
| 交通运输、仓储及邮政业 | 11 | 16.1 | 3.0 |
| 建筑业 | 9 | 11.2 | 2.1 |
| 水利、环境和公共设施管理业 | 4 | 8.8 | 1.6 |
| 卫生和社会工作 | 10 | 4.3 | 0.8 |
| 电力、热力、燃气及水的生产和供应业 | 5 | 3.8 | 0.7 |
| 农、林、牧、渔业 | 37 | 2.6 | 0.5 |
| 居民服务、修理和其他服务业 | 12 | 1.2 | 0.2 |
| 教育 | 6 | 0.2 | — |
| 合计 | 579 | 544.4 | 100 |

资料来源:商务部、国家统计局、国家外汇管理局:《2015年度中国对外直接投资统计公报》。

2016年跨国并购在中国对外直接投资中的地位和作用更加凸显,对我国经济结构调整和转型升级的支持作用明显。据《经济日报》等多家媒体信息显示:"2016年全年,我国各类企业在涉及73个国家和地区的18个行业大类中,共实施涉外投资并购项目742起,实际交易金额达1072亿美元。其中对制造业,信息传输、软件和信息技术服务业分别实施并购项目197起和109起,占我国境外并购总数的26.6%和

14.7%。以海尔全资收购美国通用电器公司家电业务为代表的一批并购项目对推动我国相关产业转型升级、优化全球价值链布局起到积极促进作用。"

纵观中国企业跨国并购历史，从起步阶段的少量并购，到发展阶段并购规模逐步扩大，到扩张阶段并购规模快速扩张，中国企业跨国并购的主体逐步多元化，并购区域更加广泛，并购行业也从最初只涉及贸易和资源开采，到几乎涉及了国民经济的所有行业，在全球产业中有影响力的跨国并购事件越来越多，对国内产业发展的作用更大。可以说，国内相关产业竞争力的提升促进了我国企业跨国并购的发展，同时，跨国并购对国内相关产业的积极作用正在凸显。

## 第二节　跨国并购促进中国产业结构
## 升级的典型案例分析

近年来跨国并购数量众多，对促进中国产业升级和结构优化发挥了积极作用，这些实践中众多并购个案中，涌现了一批比较成熟的并购案例。中海油、徐工集团、万向集团、如意集团、腾讯集团的并购案例已经成为中国企业海外并购获得成功，并且促进国内产业结构升级的典型案例。

### 一、中海油：跨国并购助力国内能源供给

随着中国经济的快速增长，国内石油供需矛盾日益突出。根据英国石油公司《世界能源统计年鉴 2016》提供的数据，中国已连续 15 年成为全球最大的能源增长市场，在化石能源中，消费增长最快的是石油。而我国石油资源相对匮乏，需要大量进口，从 1993 年成为石油进口国以来，我国石油对外依存度逐年提高，2015 年首次突破 60%，2016 年攀升至 65.4%，而在 1993 年，这一数字仅为 6%，因此我国具有推动石油企业"走出去"的强大内在动力。自 1993 年中石油成功中标泰国邦亚区块项目首次获得海外油田开采权益后，国内石油公司进军海外市场的大幕也随之开启，开始了海外寻找石油资源的步伐。

1992 年中国海洋石油总公司（以下简称"中海油"）提出五大发展战略，其中第一条就是向海外发展。1994 年 1 月，中海油以 1600 万美元购买了美国阿科公司在印尼马六甲区块 32.58% 的权益，开启了跨国并购。1995 年 3 月，马六甲区块生产的20 多万桶原油第一次销往国内，这是中国第一船销往国内的份额油。① 从 1994 年签署第一个海外合作项目开始，二十多年来，中海油海外投资越来越多，规模不断扩大，

---

① 孙晓辉：《中国海油海外业务阔步寰球创一流》，http://news.anychem.com/detail/YFbqz7.html。

特别是进入 21 世纪以来,跨国并购金额迅速增长(见表 21-5)。事实上,除中海油外,包括中石油、中石化在内的中国石油公司都是跨国并购领域活跃的买家。据美国《石油情报周刊》统计,在 2008 年石油价格大幅下跌后的 2009—2013 年,中石油、中海油和中石化三家石油央企在国际市场上异军突起,总共完成了 1097 亿美元的资产并购,扣除同期卖出的 56 亿美元上游资产,油气资产并购净投资(资产收购减去资产出售)为 1041 亿美元,远高于同期美国三大跨国石油公司埃克森美孚、雪佛龙和康菲油气的资产收购净投资 90 亿美元,以及欧洲四大跨国公司壳牌、BP、道达尔和埃尼同期的收购投资 400 亿美元。

表 21-5　中海油典型跨国并购案例

| 时间 | 典型案例 |
| --- | --- |
| 2002 年 1 月 | 收购西班牙瑞普索公司在印度尼西亚资产的五大油田部分权益 |
| 2002 年 10 月 | 收购澳大利亚西北礁层天然气项目(NWS 天然气项目)的部分上游产品及储量权益、BP 印尼东固液化天然气项目的部分股权 |
| 2005 年 4 月 | 收购加拿大 MEG 能源公司 16.69% 权益,进入油砂领域 |
| 2006 年 1 月 | 以 22.68 亿美元收购尼日利亚 130 号海上石油开采许可证(OML130)的 45% 的工作权益 |
| 2008 年 9 月 | 171 亿元人民币成功收购挪威海上钻井公司阿维科(Awilco) |
| 2010 年 3 月 | 以 31 亿美元收购阿根廷布达斯公司(Bridas Corporation)50% 权益,间接持有阿根廷第二大油气勘探与生产商泛美能源(Pan American Energy)约 20% 股权 |
| 2010 年 10 月 | 以 10.8 亿美元购入切萨皮克公司鹰滩页岩油气项目共 33.3% 的权益,成功进入美国能源市场 |
| 2011 年 7 月 | 以 21 亿美元收购加拿大油砂生产商 OPTI,再度进入北美资源丰富的油砂领域 |
| 2012 年 2 月 | 以 5.7 亿美元收购切萨皮克公司丹佛—朱尔斯堡盆地及粉河盆地油气项目,权益占比 33.3% |
| 2012 年 2 月 | 以 14.67 亿美元收购英国图洛石油公司在乌干达 1、2 和 3A 勘探区各 1/3 的权益 |
| 2012 年 7 月 | 以 151 亿美元收购加拿大能源企业尼克森公司(Nexen)流通中的全部普通股 |
| 2013 年 3 月 | 斥资约 42 亿美元收购了意大利石油集团埃尼运营的东非天然气区块 20% 的权益 |

资料来源:根据中海油官网公开资料整理。

从国家战略导向来看,通过对外投资获取份额油、提升国际石油市场定价的话语权,从而确保国内能源稳定供应和能源安全是我国石油行业对外投资的重要目标之一。份额油是指通过投资、参股、技术服务等参与国外石油资源开发,根据开发前分成合同稳定获取的分成油。以中海油为例,中海油自实施"走出去"战略开展国际化经营以来,经过多年努力,海外业务规模和实力不断增强,在全球油气市场发挥着越来越重要的作用。截至 2016 年已在海外设立了 13 家控股子公司,业务涉及 20 多个国家,年末海外资产占比 38.8%,基本完成海外市场布局,通过跨国并购,中海油获得的海外油气资源逐年增加,资源的补给效应初步显现(见表 21-6)。需要说明的是,份额油的意义不在于立即运回国内供应本国,更重要的是从长期来看,我国石油公司通过跨国并购,"走出去"经营海外油气项目能增强掌控油气资源的主动性,有助于培养我国石油公司的国际竞争力和我国在国际石油市场的话语权,稳定国内资源供应。

表 21-6  2010—2016 年中海油海外油气资源获取

| 年份 | 原油总产量(万吨) | 国内原油产量(万吨) | 海外原油产量(万吨) | 天然气总产量(亿立方米) | 国内天然气产量(亿立方米) | 海外天然气产量(亿立方米) |
|---|---|---|---|---|---|---|
| 2010 | 3585 | 3055 | 530 | 109 | 66 | 43 |
| 2011 | 3516 | 2976 | 540 | 121 | 72 | 49 |
| 2012 | 5186 | 3857 | 1329 | 164 | 113 | 51 |
| 2013 | 6684 | 3938 | 2746 | 196 | 107 | 89 |
| 2014 | 6868 | 3964 | 2904 | 219 | 124 | 95 |
| 2015 | 7970 | 4773 | 3197 | 250 | 143 | 107 |
| 2016 | 7697 | 4555 | 3142 | 245 | 129.3 | 115.7 |

资料来源:中海油历年集团公司年报。

## 二、徐工集团:跨国并购获取先进技术

徐工集团成立于 1989 年,是中国工程机械行业的排头兵。2017 年全球工程机械制造商 50 强排行榜(Yellow Table,2017)中,徐工集团、三一重工、中联重科等 9 家中国企业榜上有名,其中徐工集团排名第八,成为榜单上唯一一家跻身前十强的中国企业。在徐工集团实现中国工程机械制造企业从组装到制造再到研发的转变过程中,国际化发展,特别是通过跨国并购行业领域知名国际企业获取先进技术,提升企业研发能力起到了关键作用。

我国工程机械企业经过多年的发展,已经成为世界上最大的工程机械交易市场,竞争非常激烈,但行业产品主要定位于中低端产品,与跨国巨头相比,技术实力差距较大。行业目前面临的最大困难是产能过剩,甚至出现价格战,挤压了企业利润空间,国内企业面临转型升级的要求,亟须突破"大而不强"的发展困境。2007 年,美国次贷危机爆发后,不少欧美国家工程机械企业陷入困境,这些企业的优质资产的市场价格下降,为我国工程机械企业开展跨国并购提供了难得的机遇。中国工程机械行业在自主发展结合引进技术消化吸收的基础上,特别是近年来的快速发展,已经形成

规格系列化、型号多样化、生产规模化、质量标准化等比较优势,具备国际化发展的基础。近年来,国内工程机械龙头企业对外投资步伐加快,主要集中在渠道建设、售后服务等环节,并购了一些发达国家具有知名品牌和核心技术的企业,其中徐工集团的跨国并购具有典型性。自 2010 年开始,徐工集团加快了在欧洲的投资与发展,先后实施了系列跨国并购(见表 21-7),通过利用欧洲资源,高效推动了国际化和自主创新战略的实施,占领产业技术高地。2011—2013 年,徐工通过与知名大学合作,投资建设徐工欧洲研发中心,并且同步设立徐工欧洲有限公司和徐工欧洲采购中心,而总投资 5000 万美元的徐工欧洲研究中心,计划在海外培养高端技术人才,并将重点攻克液压阀、泵、马达和控制系统等核心元件关键技术。徐工欧洲研发中心的成立使之与之前并购的德国 FT 公司、荷兰 AMCA 公司、德国施维英公司,在研发及运营上形成强有力的战略协同,助推徐工欧洲国际事业全面开拓,在欧洲真正实现研、采、销一体化。

表 21-7　徐工集团主要跨国并购事件

| 年份 | 被并购方 | 并购方特点 | 并购事件的意义 |
|---|---|---|---|
| 2010 | 荷兰 AMAC 公司 | 世界上最早的四个设计并生产负载敏感比例阀的厂家之一,也是荷兰唯一一家集设计与生产于一身的液压比例方向控制阀的企业 | 进一步增强液压零部件制造实力 |
| 2011 | 德国 FT 公司 | 液压零部件知名制造企业,主要从事液压集成阀块、小型液压泵站和非标液压系统的设计和技术服务 | 此次收购是徐工布局全球,突破高端核心零部件制造瓶颈的关键之举 |
| 2012 | 德国施维英公司 | 世界顶级混凝土机械设备生产商 | 通过双方的强强联合与优势互补,徐工集团全球混凝土机械业务得到大幅提升,进一步巩固了行业的领导地位。有助于推进施维英公司在德国、美国、奥地利、印度等 5 国制造基地与徐工新建基地的全球化协同,提升徐工基地国际化实力和水平 |

资料来源:根据徐工集团官方网站资料整理。

　　跨国并购提升了徐工集团整体的技术水平。目前徐工集团已建立以徐工研究院为中心,辐射欧洲、美国、巴西等国家和地区的全球研发体系,成功研发了全球最大的 4000 吨级履带式起重机、2000 吨级全地面起重机、400 吨级矿用挖掘机和卡车、百米级亚洲最高的高空消防车、第四代智能路面施工设备等一系列代表中国乃至全球先进水平的产品。集团拥有有效授权专利 4573 项,其中授权发明专利 596 项,国产首台套产品 100 多项,年出口 1 万多台主机到 174 个国家和地区,在巴西、俄罗斯、澳大利亚、中亚、中东等地的市场占有率居前三位,对发达国家市场的拓展布局也在不断加快,在主机销售方面,已经实现对美国、加拿大、日本市场的小批量突破性进入,改变了过去徐工集团在国际市场上主要出口中低端产品、没有技术实力在中高端市场与如卡特彼勒等发达国家跨国公司同台竞技的状况,产品线拓展到中高端市场,逐渐与跨国巨头同台竞技。

### 三、万向集团:跨国并购带动国内生产与出口

万向集团(以下简称"万向")创立于 1969 年,是中国汽车零部件制造代表企业之一,也是 520 家国家重点企业中唯一的汽车零部件企业。1997 年 7 月,万向收购英国 As 公司 60% 的股份,这是万向跨国并购的开始,跨国收购逐渐成为其主要国际化扩张形式。进入 20 世纪后,万向在美国汽车配件行业进行了多次并购(见表21-8),万向并购的这 6 家美国公司,多为汽车汽配制造业领域的老牌企业,是美国汽车零部件和整车制造企业的主要供应商,拥有较高的市场地位,前期与万向集团都有一定程度的合作和来往历史。通过系列并购,直接带动了万向集团国内产能的扩张、出口规模的扩大和出口结构的改善,万向自身获得巨大发展的同时,也促进了国内汽配产业的发展。

表 21-8　万向在美国汽配行业的跨国并购

| 时间 | 跨国并购事件 | 被并购企业特点及市场地位 |
|---|---|---|
| 2000 年 4 月 | 收购美国汽车零部件企业舍勒公司的专用设备、品牌、技术专利知识产权及全球市场网络,从事万向节的营销业务 | 美国汽车市场三大万向节零部件生产供应商之一 |
| 2000 年 10 月 | 收购美国 LT 公司 35% 的股权,从事汽车轮毂的制造与营销业务 | 供应美国汽车轮毂单元最大的制造装配商之一 |
| 2001 年 8 月 | 收购美国上市的 UAI 公司,获取 21% 的股份,从事汽车制动器的制造与营销业务 | 美国制动系列产品的维修市场的领导者,客户涵盖所有美国各大汽车零部件连锁店及采购集团 |
| 2003 年 9 月 | 收购美国洛克福特公司 33.5% 的股权,主要从事汽车传动零部件的制造与营销业务 | 主要生产汽车零部件中的翼形万向节传动轴 |
| 2005 年 | 收购美国 PS 公司 60% 的股份,主要从事汽车零部件的制造与营销业务 | 福特公司最早的核心供应商之一,同时也是克莱斯勒、通用汽车等公司的一级供应商 |
| 2007 年 7 月 | 收购美国 AI 公司 30% 的股权,从事模块装配及物流管理业务 | 客户包括了通用、福特等美国大型汽车制造商 |

资料来源:根据相关资料整理。

万向在并购扩张中形成了独特的"反向 OEM 模式","反向 OEM 模式"简而言之就是国内企业通过跨国并购带动国内生产与出口,大致分为三步:(1)收购国外具有生产环节的知名品牌;(2)把产品全部生产或部分零部件生产转移到国内生产;(3)以原有品牌返销国际市场。以国内企业具有的低成本和大规模生产能力,对制造技术的快速消化吸收及适应性创新能力,加上并购获得的主流市场稳定的客户关系和销售渠道,实施"反向 OEM 模式"的这类企业自然可以尽享低成本制造、高价格销售带来的较高利润空间,从而提高企业总体利润率,增强市场竞争力。

万向并购当时美国汽车市场上三大万向节零部件生产供应商之一的舍勒公司是典型"反向 OEM 模式"。舍勒公司在被并购前是在美国万向节领域专利数量最多的企业。收购舍勒公司对万向来说意义非常重大,开启了其反向 OEM 模式。万向将原舍勒公司的所有产品生产线搬到国内生产,同时在美国市场仍以舍勒原有品牌销售,实现了国内低成本、国外高价格销售,万向集团在美国市场每年至少增加 500 万美元的销售额,此次收购还使万向成为全球万向节专利最多的企业,在助力万向从制造业"微笑曲线"的底部向两端高附加值方向的发展方面效果显著,同时这种战略使万向产品快速融入美国市场,如从办厂、培训员工、生产调试、宣传产品直至让用户接纳产品时间过程会很长,如当年一些日本企业为了融入美国相关市场,有花费长达二十多年时间的先例。万向"反向 OEM 模式"的另一个典型案例是对美国 UAI 的收购。收购后万向将该公司的贴牌部分搬到自己在国内的工厂生产,并且签订协议,要求 UAI 每年向万向采购不少于 500 万美元的制动器。万向作为一家民营企业,在制动器的汽车配件领域经营时间并不是特别长,可谓行业新秀,想打入美国市场的难度可想而知。借助于 UAI 公司 UBP 品牌在美国汽修零售和修配市场地位及影响力,万向原有的出口产品可以通过 UAI 的销售网络顺利进入美国市场,从而在保持了低成本优势的同时扩大销量。万向并购 UAI 为万向在全球汽车零部件市场新增 7000 万美元的份额,同时为国内相关企业每年增加 2000 多万美元的订单。万向并购 UAI 公司的两年内,UAI 即采购了万向价值 1000 多万美元的制动器,极大地加快了万向进入国际市场的步伐。

## 四、如意集团:并购知名品牌助力产业链延伸

山东如意科技集团有限公司(以下简称"如意集团")成立于 2001 年,其前身为始建于 1972 年的山东济宁毛纺织厂,现已是在全球布局的创新型技术纺织企业,旗下企业已遍及日本、澳大利亚、新西兰、印度、英国、德国、意大利等国家。如意集团坚持发展纺织服装产业,坚持"高端化、科技化、品牌化、国际化"的战略,通过整合国内外有效资源,提升了企业国际影响力。早期如意集团以棉纺、毛纺、服装制造贴牌加

工等业务为主,在纺织服装产业链中,居于价值链的低端环节,由于国内人工、原料等各方面成本上涨,如意集团的利润不断压缩,如意集团决心转型,起先试图自建品牌,但最终以失败告终。如意集团便将注意力转移到纺织服装行业的利润集中点——服装制造领域的下游,并通过跨国并购开启了向下游延伸的策略(见表21-9),目的是打入服装品牌高端市场,进军产业链高端。系列跨国并购之前,如意集团原本只有贴牌业务,曾是阿玛尼等国际奢侈品牌的生产商,但毛利率仅有5%—10%,面料研发和生产并未给如意集团带来持续可观的收入。系列跨国并购之后,如意集团目前拥有两条完整的纺织服装产业链,也是国内规模最大的毛纺服装产业链和棉纺印染产业链,拥有13个高端制造工业园、13个品牌服装企业、30多个国际知名纺织服装品牌,2014—2015年,其综合竞争力居中国纺织服装500强第一位。分析如意集团跨国并购案例可知,收购国际品牌是如意集团从产业链上游走到下游的现实需求,这能使其切入价值链的高增值环节,提高其在国际分工中的地位。目前如意集团正从纺织服装制造企业向全产业链国际时尚集团转型,其发展模式就是通过大范围、大规模的并购,快速向产业链高端延伸,同时通过学习国际品牌在设计、技术、品牌经营方面的经验,为发展自主品牌积淀了能力,从而实现转型升级。

表 21-9　如意集团跨国并购

| 年份 | 跨国并购事件 |
|------|------|
| 2010 | 以4400万美元的价格,收购了日本知名的服装企业声威公司(Renown)41.53%的股份,成为第一大股东,该公司运营着日本及欧洲的包括 D'URBAN、Anya Hindmarch、Simple Life 等30多个著名服装品牌 |
| 2013 | 入股苏格兰粗花呢生产企业 Carloway Mill |
| 2014 | 收购德国佩内洛普(Peine Gruppe)公司,该公司专业从事男装生产,旗下拥有 Barutti 和 Masterhand 品牌 |
| 2016 | 斥资13亿欧元收购法国时尚集团 SMCP 集团,获得三大新兴的轻奢品牌 Sandro、Maje 和 ClaudiePietro |
| 2017 | 斥资1.17亿美元收购英国百年品牌 Aquascutum |

资料来源:根据相关资料整理。

在国际产业转移的大背景下,纺织服装等传统产业并非夕阳产业,经过技术升级与产业融合,也可以成为我国的优势产业。特别通过跨国并购等手段促进传统产业向产业链高端延伸,无疑对发挥我国产业优势、提升传统产业发展水平具有重要意义。如意集团这种通过跨国并购向产业链高端延伸的做法并非个案,如雅戈尔集团2008年斥资1.2亿美元收购美国服装巨头凯尔伍德(KELLWOOD)公司旗下男装企业新马和斯玛特(SMART),通过一系列并购,雅戈尔获得了二十多个知名品牌的ODM(原始设计制造商)加工业务,获得 Nautica、PerryEllis 等五个国际知名品牌授权许可,同时汇集了具有数十年国际品牌管理经验及一流设计经验的顶尖团队、构建了涵盖美国数百家百货公司的销售渠道以及保证相关产品高效流入这些百货公司的强大物流系统,这大大完善并优化了雅戈尔的产业链条和在全球市场的布局,相关并购也使雅戈尔成为从种棉花到织布、到物流,再到销售,覆盖全产业链的服装企业。由此不难看出,在我国具备比较优势的一些产业领域,如在制造环节拥有比较优势,通过并购获得管理、品牌、销售渠道和技术等知识产权补充后,产业链可以明显得以延伸,更能发挥整个产业链的整合优势,有利于产业结构升级与进步。

### 五、腾讯集团:跨国并购助力新兴产业发展

腾讯集团于1998年11月成立,是目前中国领先的互联网增值服务提供商之一。在我国三大互联网巨头中,腾讯是最早布局海外市场的企业,2005年并购韩国网游开发商格奥佩斯(GoPets Ltd.)是腾讯首次"出海"。2011年成立用于投资初创企业的基金,初始资金7.6亿美元,且从高盛聘请有丰富战略并购经验与案例的詹姆斯·米歇尔担任腾讯公司的首席战略官,负责海外投资。至2013年海外投资就已超20亿美元。目前用于国内外并购的支出达到600亿元左右。腾讯以即时通信和网络社交的业务形态崛起,腾讯海外投资主要集中在游戏、社交和电商三大领域,经过系列并购(见表21-10),腾讯将功能领域不断拓展,进一步巩固了其在国内乃至全球互联网产业领域的领先地位。

表 21-10　近年来腾讯主要跨国并购事件

| 时间 | 并购事件 | 并购具体业务情况 |
| --- | --- | --- |
| 2008 年 | 收购越南游戏公司(Vina Game)约20.2%的股份 | 越南当地最大游戏运营商,并开发出一款类似微信的通信应用 Zalo。腾讯于2009年增至 22.34%的股份 |
| 2010 年 | 以3亿美元入股俄罗斯 Mail.ru 获得了该公司10.3%的股权 | 该公司为俄罗斯最大的社交网站 |
| 2012 年 1 月 | 以 2695 万美元收购新加坡升级公司(Level up)公司 49%的股份 | 升级公司是一家新加坡游戏公司,掌握了巴西、菲律宾及美国部分游戏分发渠道 |
| 2012 年 2 月 | 以 2.31 亿美元收购美国游戏开发商拳头游戏(Riot Games) | 拳头游戏(Riot Games)代表作为《英雄联盟》 |
| 2012 年 2 月 | 以 2.15 亿美元收购韩国卡考聊天(Kakao Talk)13.8%的股权 | 为手机聊天软件,在亚洲市场尤其是韩国比较受欢迎 |
| 2012 年 3 月 | 收购 ZAM | 欧洲著名游戏资讯和工具网站 |
| 2012 年 7 月 | 以 3.3 亿美元收购游戏开发商电子游戏(Epi Games)40%的股权 | 为全球知名的网游公司,腾讯有望获得全平台引擎研发能力,提升腾讯游戏研发水平 |

| 时间 | 并购事件 | 并购具体业务情况 |
|---|---|---|
| 2013 年 6 月 | 以 1 亿美元收购美国闪购网站发布（Fab） | 意在做设计领域的亚马逊 |
| 2013 年 7 月 | 以 14 亿美元获得美国动视暴雪 6% 的股份 | 美国著名的游戏开发商、出版发行商和经销商 |
| 2013 年 10 月 | 以约 2 亿美元收购美国"阅后即焚"照片分享应用色拉布（Snapchat） | 此应用在美国年轻人中火爆，用户增长快 |
| 2014 年 3 月 | 以 5 亿美元购买韩国 CJ 游戏 28% 的股份，成为 CJ 游戏的第三大股东 | CJ 游戏公司是韩国手游市场明星公司 |
| 2014 年 12 月 | 收购日本瞄准游戏公司（Aiming） | 日本老牌游戏开发商瞄准公司（Aiming） |
| 2015 年 8 月 | 以 5000 万美元投资加拿大初创企业基克（Kik） | 加拿大移动消息应用 |
| 2015 年 12 月 | 收购美国拳头游戏（Riot Games）剩余股份 | 拳头游戏（Riot Games）成为腾讯 100% 子公司 |
| 2016 年 6 月 | 以 86 亿美元收购芬兰移动游戏开发商超级细胞（Supercell）约 84.3% 的股权 | 为近年全球手机游戏行业最大金额的并购。收购完成后，按收入衡量腾讯公司已经成为全球最大的游戏发行商，超过了艺电和动视暴雪等更具知名度的美国公司 |
| 2016 年 8 月 | 腾讯和富士康逾 1.75 亿美元投资印度消息应用旅行信者（Hike Messenger） | 为印度即时通信应用，目前用户数已超过 1 亿人 |
| 2016 年 8 月 | 腾讯和电讯盈科共同投资的 STX 娱乐公司（STX Entertainment）收购沉浸式内容制作商和分销商超现实（Surreal） | 正式进军 VR 领域 |

资料来源：根据相关资料整理。

　　腾讯近年来的跨国并购案呈现出以下特征：首先，从并购目标企业所在区域来看，范围非常广，包括欧洲、美洲以及亚洲主要互联网用户较为活跃的国家。其次，从并购业务来看，2016 年以前，腾讯海外投资主要集中在游戏领域，进入 2016 年，腾讯海外并购围绕游戏、社交、电商等领域拓展，据称 2016 年腾讯将以 1.5 亿美元投资印度电商巨头免费记账（Free Charge）助其发展电子支付业务。最后，从并购战略来看，腾讯主要实施全产业链式的并购。这种全产业链投资特征在游戏领域表现得最为明显。腾讯通过在手机游戏中的端游到手游领域的并购，实现了既拥有技术底层公司、游戏开发和运营公司，又有游戏渠道、游戏视频录制等游戏辅助公司的全产业链布局，形成游戏研发、用户平台、游戏发行和运营所有环节的闭环，构造了特定领域的生态化。

　　新兴产业的成长与有效的市场需求和必要的技术依托等因素是分不开的，而跨国并购是促进新兴产业良性成长极为有效的途径。对于中国互联网产业的发展来说,跨国并购的作用主要体现在以下三个方面:首先,通过跨国并购可以将国内成熟的商业模式直接输出到国际市场,快速获取用户资源,提升知名度,扩大市场占有率,提高企业竞争力。其次,获得规模经济效应。互联网具有边际收益递增的特点,跨国并购可以快速地为国内互联网企业带来用户的增加,这样在增加收益的同时,也可以将互联网初期产生的研发费用分摊掉,以便企业进一步投入研发,提供更好的产品,促进互联网产业的发展。最后,通过跨国并购,特别是在发达国家的并购,可以获得互联网领域高端的研发人才,获得专有技术与合作机会,提升企业研发水平。

以上所选取案例的行业领域中,既有国有企业,也有民营企业;既有传统产业,也有新兴产业。不同案例各有侧重,具有代表性。作为行业龙头企业和领先企业,这些企业的跨国并购对促进中国产业结构升级意义重大。

# 第三节　跨国并购对中国产业结构升级的意义

跨国并购主要通过资源补充效应、市场拓展效应、逆向技术溢出效应、高级要素获取效应、产业价值链跃升效应等经济效应的形成,助推中国产业结构升级。

## 一、资源补充效应

资源补充效应主要来自资源寻求型跨国并购。资源寻求型跨国并购是为了获得特定的资源,如以矿产资源为代表的原材料与农产品等物质资源、廉价的非熟练劳动力资源等,这些资源中有些是在国内无法获得的(如一些自然资源),有些可在国外以更低的价格获得,如东道国所提供的相对于中国价格低廉的非熟练劳动力。[①] 发达国家在工业化初期阶段受限于国内资源的保护政策或是拥有开发特定资源的技术优势,通常会通过对外直接投资的方式获取所需资源。如19世纪初期的英国、美国、荷兰、比利时等,第二次世界大战后的德国和日本,其初期都大量投资于国外的石油、矿石、森林开采等行业。资源寻求型跨国并购对国内产业结构升级的传导机制是显而易见的。由于资源禀赋的约束以及技术发展水平制约等原因,一国产业结构升级过程中不可避免地会面临某些关键性资源的约束,通过跨国并购可以获得稳定的关键性资源的供给,由此产生两个结果:一方面,由于关键性资源投入的增加,石油、冶金、电力、化工等重化工业会得到发展,改变一国工业化起步阶段第一产业占比过高的现状,促进产业结构合理化发展;另一方面,随着重化工业的发展,本国减少对进口资源的依赖,相关产业竞争力的提高会促进该产业的改造与优化,促进产业提升增值

---

① 李珮璘:《新兴经济体对外直接投资研究》,上海社会科学院2010年博士学位论文。

活动,并通过产业关联效应促进其他产业的发展,形成不同产业协调发展的局面,从而促进中国的产业结构优化。[1]

作为经济蓬勃发展的新兴大国和工业化快速发展的国家,充足、稳定和相对低廉的资源供应是中国宏观经济发展的重要保障,目前,中国境外资源合作已涵盖油气、固体矿产、农业、林业、渔业等诸多领域,与全球 30 多个国家和地区建立起资源长期合作关系,但总体来看,中国资源领域的对外投资主要集中在矿产资源领域。根据历年《中国对外直接投资统计公报》,从投资流量来看,2003—2015 年,采矿业一直是非金融类投资中投资规模最大的行业,占比一度高达近 50%(见表 21-11)[2],2014 年以来,尽管采矿业对外投资流量有所下降,但在对外并购领域,采矿业仍是亮点之一,投资主要集中在石油和天然气开采业、黑色金属和有色金属矿采选业,而这些正是我国工业化快速发展所需的关键性资源,对国内有明显的资源补充效应。

表 21-11　2003—2016 年我国采矿业对外投资年度流量

| 年份 | 2003 | 2004 | 2005 | 2006 | 2007 | 2008 | 2009 |
|---|---|---|---|---|---|---|---|
| 金额(亿美元) | 13.8 | 18 | 16.8 | 85.4 | 40.6 | 58.2 | 133.4 |
| 占当年非金融类对外投资的比例(%) | 48.4 | 32.7 | 13.7 | 48.4 | 16.3 | 14.0 | 27.9 |
| 年份 | 2010 | 2011 | 2012 | 2013 | 2014 | 2015 | 2016 |
| 金额(亿美元) | 57.1 | 144.5 | 135.4 | 248.1 | 165.5 | 112.5 | 86.7 |
| 占当年非金融类对外投资的比例(%) | 9.5 | 21.1 | 17.4 | 26.8 | 13.5 | 7.7 | 4.7 |

资料来源:根据商务部历年《中国对外直接投资统计公报》整理计算。

## 二、市场拓展效应

产业结构的进步离不开消费市场的支撑。市场寻求型跨国并购是为了在国外巩固原有市场或开发新的市场。导致企业开展市场寻求型跨国并购的原因包括:追随国外消费者或已在国外建立生产设施的供应商;为使产品适合当地需求或消费品位;减少因国外市场距离较远所产生的高服务成本;为拉近与消费者的心理距离、压制潜在竞争者等。[3]

市场寻求型跨国并购所带来的市场拓展效应对产业结构升级的促进作用主要体现在两个方面:一是通过跨国并购将国内已经失去或正在失去竞争优势的边际

---

[1]　尹小剑:《对外直接投资与产业结构优化的灰关联分析与趋势预测——来自中国 FDI 行业数据的证据》,《世界经济与政治论坛》2010 年第 5 期,第 13—25 页。

[2]　李珮璘:《新兴经济体对外直接投资研究》,上海社会科学院 2010 年博士学位论文。

[3]　李珮璘:《新兴经济体对外直接投资研究》,上海社会科学院 2010 年博士学位论文。

产业转移到其他国家和地区,或将国内市场供给过剩、技术含量落后的产能释放到国际市场[①],从而将资源转移至国内有竞争优势的其他产业,带动相关产业的发展,使原有的产业结构不断升级优化;二是改革开放 40 年来,中国通过引进外资承接国际产业转移,积聚了规模庞大的产能。因此,需要国际市场来销售产品,但是现实中各种贸易壁垒的存在使中国企业出口面临不少障碍,而对外直接投资能促进东道国就业、增加税收等原因更受东道国欢迎,因此中国企业这类跨国并购活动可帮助企业绕开贸易壁垒,进入东道国市场,产生出口规模和出口结构效应,促进贸易结构的升级,从而优化中国的产业结构。

　　寻求更广阔市场一直是中国企业跨国并购的重要动因,包括维持、扩大和开发新出口市场。寻求市场之所以成为中国企业跨国并购的重要动因,与中国企业所面临的国内和国际市场环境是分不开的。从国内因素来看,目前我国一些产业产能过剩矛盾较为突出。根据中国国家统计局的统计,目前中国钢铁、水泥、电解铝、平板玻璃、造船等行业的产能利用率,分别只有 72%、73.7%、71.9%、73.1% 和 75%。在一些传统制造业,如纺织与服装、自行车、鞋类和家用电器等行业,尽管中国在劳动力成本和低成本制造技术方面仍有比较优势,但是,产能过剩却是这些行业面临的普遍问题。同时,随着投资与贸易自由化的推进,国内市场的开放使得这些企业不得不面对外资的竞争,此即国内市场国际化,一些国内企业面对产能过剩和竞争压力,使得这些企业有强烈的走出国门寻找市场的动因。从国际环境来看,当前世界经济增长乏力,外部需求疲软、出口贸易壁垒高企等因素都会加剧国内一些产业的产能过剩矛盾,如中国彩电行业因反倾销而在欧盟市场出现溃败,而跨国并购则可起到帮助企业绕过贸易壁垒的作用。如 TCL 国际控股在 2002 年斥资 820 万欧元收购德国施耐德电气资产,就成功绕过了欧洲对中国家电设置的贸易壁垒。此外,由于近年来区域贸易和双边贸易自由化的发展,一些特定国家在与特定的国家和地区贸易进行时,能享受到比较优惠的贸易条件,因此当中国企业面临国际贸易保护主义时,通过跨国并购可以在一定程度上绕过贸易壁垒,巩固国际市场份额。

　　当然,以上类型的市场寻求型跨国并购带有被动防御的特征。事实上,随着实力的提升,一些具备相关技术优势的企业如华为、中兴、海尔、联想等开始主动在境外开展跨国并购活动,积极通过跨国并购开发新的市场,这类中国企业的跨国并购活动,不仅改变企业产品形象,也拓展了相关产业发展的外部市场空间,促进了相关产业的优化发展。如杭州市力高股份有限公司通过收购比利时海格林箱包,提升了自身的

---

①　王英、周蕾:《我国对外直接投资的产业结构升级效应——基于省际面板数据的实证研究》,《中国地质大学学报(社会科学版)》2013 年第 6 期,第 119—124 页。

品牌形象和设计能力,获得了海格林在欧美发达国家的 10 多家品牌销售机构,成功实现了杭州力高的年出口从 5000 万美元到 2 亿美元的跨越。目前,杭州力高已经成为年生产 3000 万只箱包的国际箱包巨头,其生产的产品被 G20 选用。

## 三、逆向技术溢出效应

逆向技术溢出效应(Reverse Technology Spillovers)指通过资产寻求型对外投资,特别是技术寻求型对外投资(如接近东道国 R&D 资源等)所带来的先进技术从东道国向母国扩散,从而提高母国企业、产业乃至国家的全要素生产率的效应(张弘、赵佳颖,2008)。相关实证研究也表明,发展中国家和地区通过对技术领先国家直接投资获得的逆向技术溢出对其技术进步有显著促进作用(付海燕,2014)。逆向技术溢出效应是中国企业通过跨国并购推动产业升级的一个重要渠道。并购使中国企业获得国际成熟企业的先进技术,实现自主知识产权水平的提升,通过关键产品生产能力的培育及更新,同时可进一步带动国内相关企业生产,组成新的产业发展价值链,构造创新系统,推动产业结构升级。

综合来看,这类跨国并购对母国的逆向技术溢出效应一般通过示范、竞争、合作和人才流动四种形态的路径溢出。具体来说,在跨国并购过程中,我国企业携带国内具有流动性的生产要素(通常为资本)流向东道国,与东道国那些包括各种受人为限制的技术要素、信息资源及高素质的劳动力等在内的不可流动或流动性差的高级要素相结合,在新的环境中实现各种要素的新组合,通过示范、竞争、合作和人才流动等途径使企业技术水平得到提高,伴随着先进技术要素从东道国反馈到国内企业,企业进入更高层次的发展环境,最终实现了逆向技术溢出,从而促进国内的产业结构升级。

实践中,这类跨国并购一直为我国企业所重视。"早在 20 世纪 80 年代,首钢就通过购买美国麦斯塔工程设计公司 70% 的股份,取得了直接使用该公司 850 份图纸和缩微胶片、46 个软件包、41 项专利和两个注册商标的权利,首钢由此一举成为国内钢铁业第一个获得先进轧钢及连铸设计技术的企业"[①]。20 世纪 90 年代以后,国内企业更加积极进行技术寻求型对外直接投资(见表 21-12)。

表 21-12　中国企业技术寻求型跨国并购典型案例

| 企业名称 | 所属行业 | 技术寻求型对外投资 |
| --- | --- | --- |
| 大连机床 | 机械 | 2002 年收购美国英格索尔公司生产系统有限公司;<br>2003 年收购美国英格索尔曲轴制造系统有限公司;<br>2004 年收购德国兹默曼有限公司 70% 的股份 |

---

① 张莹:《ODI 与我国技术进步的机理分析》,《宏观经济研究》2011 年第 6 期,第 50—54 页。

续表

| 企业名称 | 所属行业 | 技术寻求型对外投资 |
|---|---|---|
| 华为 | 通信 | 2014 年以 2500 万美元收购英国物联网公司纽尔(Neul),并以 2600 万美元收购英国 XMOS 公司 |
| 联想 | IT | 2004 年收购美国 IBM 的 PC 业务;<br>2005 年并购设立日本大和实验室、美国北卡罗来纳实验室;<br>2014 年收购美国摩托罗拉;<br>2014 年收购美国 IBM 的 X86 服务器业务 |
| 万向 | 汽车零配件 | 2013 年收购美国最大的磷酸铁锂电池制造商 A123 系统(A123 Systems);<br>2014 年收购美国混动跑车制造商菲斯克(Fisker) |
| 华立 | 通信 | 2001 年收购荷兰飞利浦 CDMA 研发部门 |
| 京东方 | 电子 | 2002 年收购韩国现代株式会社 TFT-LCD 业务 |
| 东软 | IT | 2009 年收购芬兰 SESCA 公司拥有的从事高端智能手机软件开发业务的 MSW、艾丽米塔(Almitas)和 SRL 三家子公司的 100% 股份;<br>2011 年东软集团全资子公司东软(欧洲)有限公司收购以色列阿里托公司(Aerotel) |
| 吉利汽车 | 汽车 | 2006 年以 6 亿元人民币收购英国锰铜控股公司 30% 的股份,该公司是拥有上百年历史的英国传统汽车制造商;<br>2009 年收购澳大利亚汽车自动变速器公司 DSI,该公司为全球第二大自动变速器公司;<br>2010 年以 18 亿美元收购瑞典沃尔沃 100% 的股权;<br>2013 年在瑞典哥德堡独资建立欧洲研发中心 |
| 蓝星集团 | 化工 | 2006 年以 4 亿欧元收购法国安迪苏集团,该集团公司拥有约 800 项技术专利和世界上最先进的蛋氨酸生产技术,这是我国基础化工行业第一例海外并购 |
| 中航工业西飞 | 航空 | 2009 年收购奥地利 FACC 公司(空客 A380 一级供应商、波音 B787 二级供应商),这是中国航空工业首次实现海外并购,也是亚洲航空制造业首次并购欧美航空制造企业 |
| 浙江上虞卧龙控股集团 | 电气制造等 | 2011 年以 1.05 亿欧元(1.44 亿美元)对价收购欧洲第三大电机生产商 ATB 驱动技术股份集团,预计该并购将有效提升卧龙集团在驱动技术领域的话语权,实现在欧洲国家建立和运营研发的目的 |
| 深圳迈瑞医疗器械有限公司 | 医疗器械 | 2008 年以 2.02 亿美元收购美国数据事务公司(Datascope)生命信息监护业务,这项交易被称为"医疗器械行业的联想收购 IBM 全球个人电脑业务案";<br>2013 年以 1.05 亿美元收购美国超声诊断系统生产企业佐拉(ZONARE),助力企业进入高端彩超市场 |

资料来源:根据相关资料整理。

　　总体来看,这些跨国并购活动的投资主体既有国有企业,也有民营企业,投资区位主要集中在发达国家,其中美国硅谷吸引了不少国内企业设立研发机构,这与发达国家相对较高的技术水平有关。从投资产业来看,这类跨国并购主要集中在制造业,既涉及一般制造业,也涉及高端制造业。中国企业技术寻求型跨国并购与国内低成本优势相结合,有助于企业整体技术水平的提升,促进产业发展。如三一集团于

2012 年 1 月并购全球最知名的工程机械制造商之一德国普茨迈斯特,该并购项目中,普茨迈斯特派出若干名技术人员到长沙协助三一团队进行产品的工艺提升及品质改善,最终实现三一产品的技术升级,部分产品达到德国制造标准。

### 四、高级要素获取效应

在企业跨国并购活动中,资产寻求型跨国并购的作用尤为重要。资产寻求型跨国并购指由企业获得有价值的资产的意图所驱动的跨国并购活动,这些有价值的资产在东道国可获得,而国内无法获得或只能以不利条件获得,也称为战略资产寻求型跨国并购。战略资产指难以模仿的、稀缺的、供专用的专业资源与能力,通常是一国产业结构升级所需的高级生产要素,主要包括技术、品牌、销售渠道、市场知识等。①我国国内国际投资领域知名学者张幼文从高级生产要素解释了资产寻求型并购的机理:"在要素流动理论上,跨国并购的内涵与全球化要素流动特征是一致的。在绿地投资形式下,产生的是生产要素的国际空间位置转移,而产权没有变化;在并购投资形式下,产生的是生产要素的国际空间位置没有变化,但产权发生了变化,要素合作是全球化经济特征,拥有高级生产要素决定了一国产业乃至国民经济在国际经济中的地位,因而跨国并购的战略重点是获得中国所稀缺的高级生产要素,实现基于高级生产要素的全球产业链分工地位提升。跨国并购作为一项资本运作行为,其国家战略意义正在于此,即服务于全球价值链分工地位提升与国内产业进步是其本质要求。"②以品牌为例,尽管一些企业如海尔等通过多年跨国经营已经在国外获得一定的品牌认同度,但为提升产品的"来源国印象"(Country of Origin),更快地让国外消费者接受企业产品,通过并购方式获得国外市场知名品牌成为一些中国企业的选择(见表 21-13)。这类并购既涉及一般消费品行业,也涉及一些技术含量相对较高的制造业,有利于中国企业全球品牌的建立。除了品牌外,通过跨国并购获取当地销售渠道也是中国企业跨国并购的重要动因,如 1997 年万向收购英国 AS 公司 60% 的股份,该公司是在欧洲市场上以销售各类轴承为主的营销公司,当年万向海外销售收入达到 2000 万美元以上,而 1994 年万向海外销售收入刚突破 1000 万美元;2009 年苏宁电器通过认购 LAOX 定向增发股份,持有 LAOX 公司 27.36% 的股权,成为其第一大股东,正式入主这一有近 80 年历史的日本电器连锁企业。这是中国企业对日本上市公司的首个收购案,也是中国家电连锁企业首次涉足国外市场。③

① 李珮璘:《新兴经济体对外直接投资研究》,上海社会科学院 2010 年博士学位论文。
② 张幼文:《开放型发展新时代:双向投资布局中的战略协同》,《探索与争鸣》2017 年第 7 期,第 97—106 页。
③ 李珮璘:《新兴经济体对外直接投资研究》,上海社会科学院 2010 年博士学位论文。

表 21-13  中国企业的国际品牌并购

| 年份 | 中国企业（并购方） | 外国企业（被并购方） | 品牌 |
|---|---|---|---|
| 2002 | 上海海欣集团 | 格力洛伊特（Glenoit Textile）（美国）<br>施耐德（Schneider）（德国） | Glenoit、Schneider |
| 2003 | TCL | 汤姆逊（Thomson）（法国） | RCA、Alcatel |
| 2005 | 联想 | IBM 个人电脑业务（美国） | Think 系列产品（如 Think Pad） |
| 2005 | 南京汽车集团 | MG Rover（英国） | MG |
| 2005 | 海尔（最终放弃并购） | 美泰（Maytag）（美国） | Maytag |
| 2006 | 中国蓝星集团 | 扎克公司（Drakker Holdings）（比利时） | Adisseo |
| 2008 | 福建双飞日化有限公司 | 太阳公司（Solar）（美国） | Body & Earth；Green Canyon Spa |
| 2009 | 美克国际家具股份有限公司 | 施纳迪克（Schnadig）（美国） | Compositions；Schnadig；International Furniture；Karpen； |
| 2009 | 浙江万通铝业有限公司 | 游艇制造企业戴拉·沛塔（DALLA PIETA）（意大利） | DALLA PIETA |
| 2010 | 吉利汽车 | 沃尔沃轿车公司（瑞典） | Volvo |
| 2011 | 复星国际 | 希腊著名时尚品牌 Folli Follie 集团 | Folli Follie 及 Links of Lon-don 两个时尚品牌 |
| 2013 | 中联重科 | 全球干混砂浆设备第一品牌 M-TEC 公司（德国） | M-TEC |
| 2014 | 好孩子国际控股有限公司 | 美国百年儿童品牌 Evenflo、欧洲高端儿童用品品牌 Cybex | Evenflo、Cybex |
| 2015 | 中国化工全资子公司中国化工橡胶有限公司 | 全球五大轮胎生产商倍耐力（Pirelli）（意大利） | 中国化工将拥有乘用胎的高端品牌 |
| 2016 | 美的电器 | 东芝生活电器株式会社（日本） | 美的可在全球使用东芝品牌 40 年 |

资料来源：根据相关资料整理。

管理技能也是中国企业跨国并购所需的高级生产要素。管理粗放是多数中国企业的短板，通过跨国并购，中国企业可以引进国外先进的管理模式和管理经验，提升企业生产效率和竞争力，进而在宏观层面上推动产业发展。例如，蓝星集团并购的国外企业全部是世界级工厂，它们有世界级制造的系列标准，其中最基础的就是 HSE 管理体系（健康、安全、环境）。化工企业安全生产任务重、责任大，海外企业带来的先进做法,也极大地提高了蓝星整体的安全生产水平。蓝星于 2006 年收购的澳大利亚凯诺斯公司,在 HSE 管理体系上处于全球先进水平。如今,凯诺斯的安全生产标准已被广泛用于蓝星的各个工厂。蓝星的国内工厂从工人的服装鞋帽到操作流程、生产工具摆放都做了很大改进。截至 2016 年 12 月,蓝星集团主导起草了 5 件国际标准、131 项国家标准和 57 项行业标准,参与起草 1 项国际标准,推动了国内化工行业的发展。

## 五、产业价值链跃升效应

所谓产业价值链跃升效应指企业通过跨国并购技术水平得以提升,利润获得能力增强,引起企业在产业价值链中地位的变化。实践中,跨国并购产生的产业价值链跃升效应主要包括三种情形。

第一,摒弃原来低附加值产品生产,进入高附加值产品生产领域。典型案例如宁波均胜电子股份有限公司跨国并购活动,该公司成立于 2004 年,现有员工超过 22000 人,2016 年实现营业收入约 186 亿元,同比增长 130%。均胜电子成立之初是一家生产后视镜等汽车配件的工厂,逐渐在产品开发与制造方面同步发展并在细分市场上确立领导地位。2006 年,公司开始为大众、通用、福特供货。随后几年,公司面临着业内同质化竞争、缺乏长期发展战略支撑等问题。为实现可持续发展,公司投入几千万进行研发,但收效甚微,至此均胜电子靠自主研发进军汽车电子配件领域的计划受挫。因此 2009 年均胜电子确定了通过跨国并购方式实现转型升级的战略目标。自 2011 年开始,均胜电子实施了一系列跨国并购活动,并购目标企业主要是德国和美国的行业领先企业,包括德国普瑞、IMA、Quin 和美国 TS、EVANA 等等。通过并购,均胜电子获取了并购目标企业的品牌、渠道和客户资源,更重要的是,获取了大量的专利技术,并进入原来依靠自身研发力量无法进入的新业务领域,凭靠领先的创新设计、生产制造、品质管理及优秀服务,均胜电子跻身宝马、奔驰、奥迪、大众、通用和福特等全球汽车制造商的长期合作伙伴之列,并屡获保时捷、大众、通用等汽车制造商优秀供应商奖,进入产业价值链的高端环节,实现了全球化发展和产业转型升级的目标。

第二,保留原产品生产,通过跨国并购获得技术提升,生产效率得以提高,附加值增加。典型案例如 2016 年美的集团出资近 40 亿欧元成功收购德国库卡 94.55% 的股份,获得了相关专利的使用权,加速了美的集团产业整体升级步伐。并购后美的集团在自动化生产线上使用的库卡专利机器人已达 1000 多台。原来一条遥控器装配线上手工装配加检测需要 7 人,每小时制造 300 个;机器人上岗后,工人减少到 2 人,产量达到每小时 350 个,成本下降了 20%。2011 年美的空调营业收入规模约 500 亿元,而 2010 年营业收入接近 700 亿元,效益明显。①

第三,通过跨国并购直接进入其他产业的高附加值领域。借助跨国并购直接进入新兴服务业领域是制造业转型升级的重要途径。典型案例如联想从制造商起步,但并未止步于硬件领域,在全球 PC 出货量减少、智能手机发展迅速的情况下,开始计划进军数字新媒体行业,2013 年联想以 2.31 亿欧元收购德国 PC 制造商迈汀(Medion)公司,从而成功获得该公司在运营虚拟网络业务并向消费者提供移动互联网终端和虚拟数据业务方面的经验,为自身布局移动互联网提供了有益支持。

跨国并购的产业价值链跃升效应对中国产业升级有特殊意义。20 世纪 80 年代以来,包括中国在内的新兴经济体不断融入全球产业分工中,并不断在产业价值链中攀升,有力促进了发达国家的产业向发展中国家的转移。发达国家倾向于将产业价值链的高端环节留在本国,而将技术含量低、需要大量熟练劳动力的制造环节转移到新兴与发展中国家,这种大规模的产业转移一方面在一定程度上促进了新兴与发展中国家的经济增长,另一方面造成了新兴经济体在全球产业分工体系中的低端锁定。如果完全依靠新兴经济体企业自主研发,必将是漫长的追赶过程,而跨国并购是突破常规发展的捷径,通过并购国外相关行业领域的先进企业,我国企业直接获取目标企业的专利技术、品牌、生产与研发能力等,能够快速地实现产业价值链的跃升,促进国内产业结构升级,改善和提升中国国际产业分工地位。

## 第四节　提升跨国并购产业结构升级效应的对策措施

提升跨国并购产业结构升级效应的对策措施主要包括以下几个方面:第一,实行对等开放政策,突破东道国政治与政策壁垒;第二,重视跨国并购后的整合问题;第三,加大对符合产业发展要求的跨国并购的政策支持;第四,为企业跨国并购构建服务体系;第五,提高企业对逆向技术溢出的吸收能力。

### 一、实行对等开放政策,突破东道国政治与政策壁垒

近年来,随着中国对外投资覆盖行业以及国家地区的不断增加,中国企业跨国并购的投资规模越来越大,并购涉及的高端技术项目增加,再加上东道国的各种政治与政策壁垒,导致中国企业跨国并购失败或者亏损的案例并不少见。东道国的政治壁垒主要来自一些发达国家出于意识形态的偏见对中国企业的跨国并购行为过度解

---

① 建国:《从中国化工收购先正达事件看中国企业海外并购中的知识产权问题》,《农药》2017 年第 7 期,第 545 页。

读,以国家安全为理由进行干预,导致中国企业并购失利。典型案例如 2005 年中海油竞购优尼科过程中曾遭到美国参众两院的激烈反对和诸多干预,最终导致中海油并购失败。在诸多反对的理由中,非经济因素发挥了主导作用,有认为在优尼科拥有的石油勘探、生产和提炼技术中,有些可用于军事等非经济因素,再如中国是社会主义国家这种政治上的考量。此外,一些东道国的政策监管和法律规定也给中国企业跨国并购造成不小的障碍。以美国为例,外国企业要在美国进行并购,美国外国投资委员会(CFIUS)①是必须要过的"一道坎",国内很多知名企业策划的大手笔并购最终在此折戟。如在高技术领域,华为自 2007 年开始多次计划并购美国相关领域公司,最终因美方担心国家安全均未获得 CFIUS 的批准。据 CFIUS 向国会递交的年度报告显示,自 2012 年开始,中国已连续多年成为 CFIUS 最主要的审查对象。此外,其他国家类似 CFIUS 的机构近年来也对中国企业在本国并购予以关注。2016 年 4 月,澳大利亚的外国投资审查委员会(FIRB)即以"国家利益"为由,否决了我国大康牧业拟 3.7 亿澳元收购澳洲畜牧业公司基德曼(Kidman)公司 80% 股权的并购申请;中国国家电网约 100 亿澳元收购该国电网公司的交易引发了澳大利亚朝野激辩,几个月后,澳大利亚财长斯科特·莫里斯(Scott Morrison)也同样以"国家利益"为由叫停了此次交易。更有甚者,国外政府批准后反悔者有之,2016 年 9 月,德国经济部批准了福建宏芯拟 6.7 亿欧元收购德国芯片设备制造商 Aixtron 的并购,但一个多月后突然反悔,撤销批准,重启评估程序。由于收购要约失效,交易条件重大改变,很多新的标准无法实现,福建宏芯最后只好放弃收购。针对这些来自东道国的政治和政策壁垒,中国企业采取了联合东道国相关企业或者第三国企业共同参与并购的方法,如 2007 年华为和美国贝恩资本试图以 22 亿美元联手收购 3Com 公司,2010 年中化集团与新加坡淡马锡联手用约 500 亿美元收购加拿大钾肥公司 Potash,但这些努力仍然以失败告终。可见这种来自东道国层面的对中国企业跨国并购的政治与政策壁垒并非单个企业力量可以突破,需要政府层面为企业优化跨国并购的外部环境,其中最重要的是推行对等开放的政策。

对等开放政策的提出有其现实要求。当前在对外投资领域,投资保护主义日趋多样化。尤其是针对来自中国这样有较强经济实力的国有企业和主权财富基金,由于担心这些国家可能利用投资控制东道国的重要行业或资产,以实现经济回报之外的战略目的,一些发达国家加强了国家安全审查。与此同时,一些国家加强对投资者义务的要求,例如确保投资接受国本地人就业、保持高水平的环保标准、履行企业社

---

① CFIUS 是一个跨部门行政机构,职能是监督和评估外国投资或兼并收购美国企业交易,并根据交易对美国国家安全的影响程度展开初步审查或正式调查,提出建议,直至视情况交由总统决定是否批准交易。

会责任、确保投资接受国产品和服务的市场供应安全以及维持市场竞争环境等等,而此前国际投资规则更侧重于促进外国投资和对外国投资的权益保护问题。此外,一些国家在面对来自中国具有国有企业背景的投资时,出于地缘政治和意识形态的考虑成为投资保护主义的推手。在此背景下,中国再持续单边开放的战略显然不可持续。对于一个新兴大国来说,开放不可能只是单边的,需要双方对等的开放,特别是在当前投资保护主义抬头的背景下,中国必须实行更加积极主动的开放战略,以对等开放拓展中国企业跨国并购的外部空间,减少对我国并购行为的附加限制,即以自身的开放换取其他投资伙伴在相关领域对我国开放,营造有利于中国对外投资发展的良好外部环境。对于中国和其他国家来说,这也是超越投资保护主义、实现互利共赢的战略选择。从目前看来,外资想进入我国不少领域,如能源、高端制造业、金融等国民经济中的重要领域,而中国也希望一些国家能放宽高新技术转移及产品限制、承认中国的市场经济地位等,双方完全可以在这些领域开展合作,可特别要求相关东道国对中国企业在高新技术等领域的跨国并购提供公平乃至友善的市场环境,降低中国企业跨国并购时的政治和政策壁垒。

## 二、重视跨国并购后的整合问题

跨国并购并非国内外企业的简单相加,它涉及企业全球战略和企业文化等多方面的整合,必须通过有效的整合,使被并购的国外企业和原有企业形成一个有机的整体,这样才能实现并购的目标,最终达到促进国内产业结构升级的作用。当前不少中国企业通过跨国并购方式“走出去”,但由于未能对并购后的整合问题给予重视,结果给企业带来较大损失,得不偿失,这样失败的案例并不少见。如 2004 年 TCL 收购彩电巨头汤姆逊以及阿尔卡特手机业务,意图通过收购品牌、渠道和客户帮助 TCL迅速进入欧、美两个主流市场,填补 TCL 在欧、美市场的空白,由于文化的差异、管理制度的差异、企业价值观的差异,双方企业的整合面临着重重困难,最终不得不以失败收场。又如 2006 年我国上汽公司并购韩国双龙企业后整合失败,最终在 2009 年上汽对外宣布双龙破产,并购双龙所投入的 40 多亿元也无法收回,上汽所期待的引进先进技术、提升自主研发能力的目标无法实现。由于跨国并购涉及不同的社会制度、法律环境、文化习俗,不同类型的企业并购动机,因而整合策略实施的重点也应有所不同。特别是在获取技术、品牌等高级要素的并购活动中,如何将被并购企业的相关生产要素进行整合,融入新企业价值链条中,值得企业关注。实践中,由于被并购企业的差异性,并不存在放之四海而皆准的整合模式,但对中国企业来说,除非是从事资本运作的专业企业,在跨国并购活动中企业还是应尽量选择并购与企业主业相关的、有优势的企业,这样在并购后的整合才有助于本身的业务与目标企业发挥协同效应,形成有机整体。对于被并购企业的技术平台和研究开发力量,中国企业可以以此来开发具有自主知识产权的新产品,转让相关技术,或直接将外国公司的生产技术、经营管理模式在中国本土企业内进行复制,如反向 OEM 模式等,提升产业技术水平和生产能力。另外,还要注意企业文化的整合工作,这样才能有助于跨国并购的成功。

### 三、加大对符合产业发展要求的跨国并购的政策支持

跨国并购活动对于扩大我国企业在国际市场的占有率、获取高级生产要素、增强研发能力、提升技术水平、提高我国产业国际竞争力甚至增强整个国家的经济实力都有着非常积极的作用。中国企业进行跨国并购既是我国企业追求自身发展的内在需求,也是我国经济发展实力的体现。但由于我国跨国并购起步较晚,跨国并购经验尚不足,对特定企业来说,并购项目很大程度上是偶发性项目,并无成熟的经验,这与其他发达国家之间的差距明显,实践中也确实存在着跟风冒进的现象,如有一部分实际上跟我国对外投资的产业政策要求并不符合,比如大规模盲目投向体育、娱乐、俱乐部等,这类并购项目风险大,同时对国内产业进步缺乏促进作用,因此,要强化产业政策对跨国并购的引领作用。根据我国各产业在国民经济中的地位及国际竞争力状况,确定产业并购变动的方向,对企业跨国并购进行产业引导,制定包括财政、融资、外汇、税收等在内的相关产业优惠政策,加大对符合产业发展要求、对提升我国产业国际竞争力有促进作用的跨国并购的政策予以支持,以促进和加快产业结构调整和重组的步伐,促进国内产业结构升级。实践中,要对企业的并购效应进行评估,如果企业的跨国并购活动有助于带动国内出口、提高产品质量,有助于技术水平提升、增强研发能力、提升企业在相关产业价值链中的地位,则应给予支持;特别是对需要进一步发展的战略产业、新兴产业,更应鼓励企业通过跨国并购的方式获取高级生产要素,促进国内相关产业发展。反之,如果企业的跨国并购活动会加剧国内相关产业的产能过剩状态,或者与国内产业与经济结构转型要求不符(如四川腾中收购悍马),则不予支持。

需要指出的是当前我国企业,特别是民营企业跨国并购的融资渠道还比较狭窄。通常发达国家企业实施跨国并购时大部分融资渠道是借助于金融市场制度,通过发行股票、债券、信用贷款、抵押贷款等多种方式筹集;而我国企业跨国并购的支付手段还比较单一,现阶段很难通过成熟的资本市场获得,这使我国企业"走出去"的资金压力较大,风险比较高。为鼓励企业进行合理的国外投资及开展必要的并购项目,有必要在金融市场上给予企业应有的支持,如积极推进银企合作、放宽融资渠道等降低融资成本。而且政府也可以考虑设立海外投资基金,将社会闲散资金集中起来,供比

较成熟的优质跨国并购项目使用,这无疑将会有利于那些具有高成长潜力和持续赢利能力的跨国企业获得充足的资金支持,减少跨国并购的资金障碍。[①]

## 四、为企业跨国并购构建服务体系

笔者在实地调研中了解到,由于中介服务不完善,国内包括国际投资银行、律师事务所和会计师事务所等中介机构缺乏,国内证券公司、会计师事务所、律师事务所、投资银行以及行业协会等中介机构不能完全满足企业跨国并购的需要。并购涉及很多国外法律、财务等规则,需要聘请国外专业中介机构。一方面,语言差异影响了沟通交流,有时外国中介在领会中方的立场和诉求时难免会打折扣;另一方面,聘请国外中介收费一般比较高,如有的占到收购标的 3% 或更高,而涉及高端技术和全球知名品牌并购的投资金额巨大,企业跨国并购过程中获得中介服务的成本过高,对企业顺利推进跨国并购不利,因此要重视相关专业人才的培养,建立包括会计、广告、法律、知识产权、管理咨询等方面的专业中介服务网络,有条件的话应该建立跨国并购相关领域高端人才的人才库,为企业跨国并购提供包括完善的尽职调查等在内的全方位的高质量中介服务,提升国内中介服务机构的服务水平。

对于跨国并购信息,由于并购对象信息本身的复杂性,加之企业缺乏统一权威的查询平台,"并购过程中一些主导企业常忽略对当地行业、商业环境深度调查,导致在交易价格谈判时出现信息不对称的情况,从而无法准确判断标的公司价值。因此在信息服务方面,可依托国家驻外使领馆、涉外政策性金融机构、行业协会、商会、企业家协会等机构与组织的信息采集渠道,加强与国外驻华使领馆和商务机构、东道国当地中介机构的联系,重视海外华人华侨的桥梁与纽带作用,全方位为企业跨国投资提供国别信息(包括国别法律状况、政治风险、东道国社会文化等)、行业风险分析、资信调查、信用评级、市场分析等信息服务,为企业跨国并购提供咨询服务"[②]。

此外,当前跨国并购领域出现的"中国溢价"现象也值得关注。所谓"中国溢价"是指在跨国并购中,多家中国企业为了竞购目标企业,常报出大大高于目标公司正常市场价值的竞标价格的现象,甚至有些国外企业为了抬高并购价格会有意邀请中国企业参加竞价,其目的无非是多拉几家中国企业去相互抬价,甚至只要中国竞购者加入,海外卖家就将收购价大幅度抬高,甚至抬高 20%—30% 不等。由我国商务部研究院、国务院国资委研究中心、联合国开发计划署驻华代表处等机构联合撰写的《中国企业海外可持续发展报告 2015》指出:"根据他们的调研问卷,中国企业普遍认为海

---

① 朱珂:《跨国并购对企业创新绩效影响的评估——以浙江吉利汽车为例》,宁波大学 2015 年硕士学位论文。

② 李珮璘:《我国跨国公司竞争力的国际比较及对策》,《经济纵横》2015 年第 3 期,第 57—61 页。

外经营的主要竞争对手依次为：中国企业、其他国家跨国公司和当地企业。"①这说明，中国企业在跨国并购市场中已经形成了较大竞争力。当然，对于企业正常的市场竞争行为没有干预的必要，但对那些互相抬价、恶性竞争的行为，建议"行业协会进行沟通协调，避免牺牲长期利益，中国企业也可与国外知名私募机构等投资机构进行合作，借助成立并购基金的方式，以海外买家身份进行收购资产的运作，一定程度上可以规避被当地企业高估标的资产的情况"②。

### 五、提高企业对逆向技术溢出的吸收能力

逆向技术溢出是跨国并购促进国内产业结构升级的重要渠道，而逆向技术溢出效应能否实现的关键是企业的吸收能力。吸收能力在跨国并购环境下是国内的母公司在接收到东道国子公司先进技术时，经由学习、借鉴，将先进的技术消化、吸收，并适当创新，能够成功运用到实际生产中去，改进自身产品和服务本身及生产过程，提升企业技术与生产水平的能力，实现东道国子公司技术向其逆向溢出响应。

提高企业对逆向技术溢出的吸收能力可从以下几个方面入手：首先，在并购区位的选择上，欧、美、日作为老牌的工业国家，拥有丰富的技术资源，特别是涉及生物医药、信息技术、互联网产业等高端制造业和新兴产业的并购，欧、美、日相关企业应该成为并购的首选区域。其次，在并购目标的选择上，企业要根据自身实力及技术需求，选择适当的跨国并购目标。在并购目标确定之后，要对其进行全面的调研，即专业系统的尽职调查，对各方面的因素进行审慎的分析。可以委托相关的专业机构如技术评估机构进行技术评估，看是否与自身的资源匹配。再次，加强国内母公司与国外被并购企业的技术合作与交流。如国内的母公司可以通过派遣东道国掌握先进技术的人员到母公司进行技术指导，安排国内母公司骨干技术人员到国外子公司进行技术交流学习与进修，组织对国内子公司的员工进行新技术的教育和培训，从而增强对新技术的理解并提高消化吸收能力。最后，注重人才培养，加大对研发的投入，注重并购后技术的学习、吸收和创新，增强自主创新能力。实践中，由于发达国家技术封锁等原因，中国企业通过跨国并购吸收的技术通常并非本行业的核心技术，因此，仅通过跨国并购获取技术不能从根本上解决中国企业总体技术落后于发达国家跨国公司的现状，只有加大高水准技术人才和跨国经营管理人才的培养，在确保能吸收逆向溢出的技术基础上，切实加大研发投入，企业自主创新与吸收先进技术相互结合，提升自主研发能力，研发出领先的、具有知识产权的核心技术，才能真正取得有利于

---

① 张起花：《中国企业走出去面临四大挑战》，《海内与海外》2015 年第 12 期，第 6—9 页。
② 张莉：《狙击"中国溢价"中资投行缺位万万不能》，《中国证券报》2016 年 8 月 19 日。

企业长远发展的显著优势。因而,国内企业为更好吸收逆向技术溢出,国内企业有必要成立专门的技术科研小组,进行二次开发与创新,力求实现核心技术的突破,进而提升产业效率和技术水平,加快产业升级。

随着我国经济结构转型升级进入关键时期,传统行业的竞争优势逐步弱化,产能过剩问题逐渐凸显,同时新兴产业发展面临技术、品牌的制约,这就要求中国企业积极"走出去",在全球范围内配置资源,提升核心竞争力。2010年以来,我国政府陆续出台了一系列有关国际投资的政策与法规,一定程度上为企业跨国并购提供了政策保障与支持,国内企业内在转型的自身需求与外部政府政策的结合,有力促进了中国企业积极"走出去"并开展跨国并购活动。受诸多因素的制约,如东道国的投资壁垒、企业战略规划失误、并购整合效果不明显等,跨国并购目前并不是中国产业转型升级的最主要途径。在中国企业跨国并购中,不乏成功的案例,对这些案例的研究显示,一方面中国企业的跨国并购活动对国内产业升级有促进作用;但另一方面,中国企业跨国并购实践中还确实存在一些失败的案例,这些失败案例反映出特定企业并购行为的不成熟、并购本身的复杂性,这些都抑制了跨国并购对国内产业结构升级的促进作用。提升中国企业跨国并购的产业结构升级效应需要政府和企业层面共同努力,相信随着政府相关政策的进一步落实到位以及企业跨国经营能力的提升,未来跨国并购将在中国产业升级过程中发挥更大的作用。

# 第二十二章　推进国际产能合作与对外投资战略的关系

◇◇◇◇◇◇◇◇◇◇◇◇◇◇◇◇◇◇◇◇◇◇◇◇◇◇◇◇◇◇◇◇◇◇◇◇◇◇◇◇

国际产能合作对于中国企业"走出去"具有深远的意义。中国外汇储备充足,扩大对外投资合作的条件比较成熟,如能将推进国际产能合作与对外投资战略相结合,不仅有利于国内的富余产能输出,也能够带动中国对外直接投资的发展。

## 第一节　国际产能合作的提出

国际产能合作的提出不是偶然,而是在中国经济自我发展调整以及对外连接双重作用下的必然结果。2014 年 12 月 14 日,中国总理李克强在哈萨克斯坦首都阿斯塔纳同哈总统纳扎尔巴耶夫、总理马西莫夫就中哈在钢铁、水泥、平板玻璃、装备技术等领域加强产能合作达成重要共识,商定把产能合作作为深化中哈合作的重点和亮点,这被视为推进国际产能合作的开端。

2015 年 5 月,国务院印发《国务院关于推进国际产能和装备制造合作的指导意见》(以下简称《意见》)。"《意见》提出了推进国际产能和装备制造合作的指导思想和基本原则、目标任务、政策措施,是当前及今后一个时期推进国际产能和装备制造合作的重要指导性文件。"[①]

"国际产能合作是指两个或多个存在意愿和需要的国家或地区之间进行产能供求跨国或跨地区配置的联合行动。产能合作可通过两个渠道进行:既可以通过产品

---

① 中国政府网:《国际产能合作》,http://zhengwu.beijing.gov.cn/zwzt/ydyl/jd/t1473694.htm;《国务院关于推进国际产能和装备制造合作的指导意见》(国发〔2015〕30 号),http://www.gov.cn/zhengce/content/2015-05/16/content_9771.htm。

输出方式进行产能位移,也可以通过产业转移的方式进行产能位移。"①我国提出的产能合作超越了传统的资本输出,它既是商品输出,也是资本输出。但是,国际上主流的产能合作主要指产业转移。② 因此,本书所分析的国际产能合作是从中国的实际操作情况出发,是商品、产业和资本相结合的多元化合作模式。国际产能合作的核心是产业和能力的输出,不是简单地把产品卖到国外,而是把产业整体输出到不同的国家去,发挥比较优势和先进经验的引导优势,帮助这些国家建立更加完整的工业体系、制造能力。

## 一、推进国际产能合作的背景

从本质上说,国际产能合作是中国实现经济结构调整的必然要求。从工业化和城市化的历程来看,随着我国工业化的快速发展,重化工业的整体规模和产值已居于全球前例,部分产品需求进入峰值阶段,出口增速远远高于其他消费品。在这种情况下,对我国具有优势的产业进行重新布局和海外合作则是顺应产业调整和发展需求的正常选择。

中国装备制造业正在由"大进大出"逐渐转向"优进优出"。2008 年以来,中国装备制造业出口超过进口,占比持续保持在 5 成以上。至 2015 年,中国装备制造业进、出口比重分别为 46.03% 和 53.97%,出口高于进口 7.94 个百分点。2005—2015 年,中国装备制造业贸易竞争力指数保持上升趋势。从 2005 年的−0.072,一路攀升至 2015 年的 0.079,出口竞争力有了较大提升。同时,我国装备制造业出口值也不断提升,2000 年为 140.76 亿美元,2015 年为 2446.63 亿美元,增长超过 16 倍。③

作为向国民经济各行业提供技术装备的战略性产业,装备制造业是国家综合实力的集中体现,其进出口状况直接反映了国家核心产业技术水平和国际竞争能力。近年来全球经济状况转变,作为全球装备制造业第一大贸易国,中国正面临着严峻的挑战。一方面,中国制造业人工成本迅速攀升,部分产业"去产能、去库存"的任务仍然严峻。劳动力密集型产业向资本、技术密集型产业转变,将推动优势产业、当前产能过剩的产业以及部分劳动力密集型产业等加快向境外转移,寻求更低的要素成本,拓展国际市场。另一方面,周边新兴经济体的"供给替代"作用开始逐步显现,这一切都要求中国必须从"大进大出"向"优进优出"的贸易方式转变,必须在新兴产业和

---

① 周民良:《"一带一路"跨国产能合作既要注重又要慎重》,《中国发展观察》2015 年第 12 期,第 15—18 页。

② 郭朝先、刘芳、皮思明:《"一带一路"倡议与中国国际产能合作》,《国际展望》2016 年第 3 期,第 17—36 页。

③ 侯云龙:《报告:装备制造业出口竞争力日益增强》,《经济参考报》2016 年 7 月 29 日。

核心技术方面有所突破,从"中国制造"向"中国智造"转变。① 此外,目前我国已进入后工业化阶段,工业领域尤其是重化工业的产能富裕不是简单的周期性现象,而是产业结构性矛盾的体现。因此,加快中国装备尤其是重化工业的产能和装备"走出去"势在必行。

在投资领域,2015 年中国稳步推进国际产能装备制造对外合作,双向合作发展迅速拓展,取得了积极成效。"2015 年中国装备制造业对外直接投资 70.4 亿美元,同比增长 154.2%。同期,大型成套设备出口额同比增长 10%。2015 年中国企业在交通运输、电力、通信等优势产业对外直接投资累计约 116.6 亿美元,同比增长80.2%"②。截至 2016 年年底,"中国企业在沿线国家合作建立初具规模的合作区 56家,入区企业超过 1000 家,总产值超过 500 亿美元,上缴东道国税费超过 11 亿美元,为当地创造就业岗位超过 18 万个"③,带动了纺织、服装、轻工、家电等优势传统行业部分产能向境外转移。

为推进国际产能和装备制造合作,商务部会同有关部门采取了一系列措施:"一是简化程序,推动'放管服',逐步实现投资便利化,确立'备案为主、核准为辅'的境外投资管理模式;二是通过外经贸发展专项资金、优惠贷款、中长期出口信用保险等政策手段,重点支持先进制造业和优势行业的对外投资合作;三是指导实施一批铁路、公路、核电等重大境外基础设施建设项目和境外经贸合作区;四是加强对企业境外投资的国别行业指引,落实政府间保障机制,与有关国家和地区签署自贸区、投资合作、投资保护、税收等协议,加强安全风险预警和突发事件处置。"④

在上述政策背景和实际产业发展需求下,国际产能合作有着深刻的内在逻辑和实际推动力,不但是国内产业的迫切需求,更是"一带一路"倡议的有力抓手,具有广泛的战略意义。

## 二、推进国际产能合作的意义

国内部分传统产业产能富裕是当前中国经济的一个重要现象,对外投资不应简单地将产能向外转移,而要成为有效发挥中国优势的新机会。对外投资如何利用国家的产能优势,创造有效的国际产能合作的共赢模式,在对外投资的同时稳定国内增

---

① 侯云龙:《报告:装备制造业出口竞争力日益增强》,《经济参考报》2016 年 7 月 29 日。
② 商务部新闻办公室:《商务部合作司负责人谈 2015 年我国对外投资合作情况》,http://www.hbdofcom.gov.cn/swdt/swyw/40761.htm,2016 年 1 月 15 日;王晓:《我国推进国际产能合作显成效》,《国际商报》2016 年 1 月 21 日。
③ 新华网:《国新办就"一带一路"沿线国家和地区产能合作情况举行发布会》,http://www.xinhuanet.com/talking/20170512z/index.htm。
④ 王晓:《我国推进国际产能合作显成效》,《国际商报》2016 年 1 月 21 日。

长是需要统筹兼顾和内外协调的,这是国内结构调整与对外投资战略的协同问题。

习近平总书记强调:"以'一带一路'建设为契机,开展跨国互联互通,提高贸易和投资合作水平,推动国际产能和装备制造合作,本质上是通过提高有效供给来催生新的需求,实现世界经济再平衡。特别是在当前世界经济持续低迷的情况下,如果能够使顺周期下形成的巨大产能和建设能力走出去,支持沿线国家推进工业化、现代化和提高基础设施水平的迫切需要,有利于稳定当前世界经济形势。"①

推进国际产能合作是我国经济深度融入全球经济、同其他经贸伙伴实现优势互补和共赢发展的重要内容。国际产能合作是中国在经济新常态下助力国内结构调整和推动国际投资双向协同发展的战略举措,其拉动作用和重要地位是毋庸置疑的。从整体作用上看,国际产能合作是"一带一路"建设的有力抓手,是中国企业"走出去"战略的强化升级,更是供给侧结构性改革的延伸拓展。我国有关"国际产能合作"的论述也是逐步清晰和完整的,相关政策文件逐渐形成相对完整的链条。

## 第二节　推进国际产能合作与对外投资合作的相关性

无论从理论研究还是从政策实践来看,国际产能合作与对外投资合作之间都存在十分紧密的相关性。同时,推进国际产能合作还与"一带一路"建设密切相关。

### 一、关于推进国际产能合作的理论研究与政策实践

国内绝大多数国际产能合作的研究文献都是集中在 2015 年后发表的,近两年有关国际产能合作的研究和分析越来越多与"一带一路"倡议结合在一起。

#### (一) 理论研究

陈岩、翟瑞瑞(2015)通过"建立灰色关联模型对中国各行业的 ODI 和转移过剩产能之间的关系进行了验证,得出了中国各行业的 ODI 能够在一定程度上促进国内过剩产能转移出去的结论"②。

卓丽洪、贺俊和黄阳华(2015)指出,发达国家在经济崛起过程中普遍存在着产能过剩问题,产能国际转移是发达国家化解产能过剩的共性规律。③

---

① 《习近平谈治国理政》第二卷,外文出版社 2017 年版,第 504 页。

② 陈岩、翟瑞瑞:《对外投资、转移产能过剩与结构升级》,《广东社会科学》2015 年第 1 期,第 5—16 页。

③ 卓丽洪、贺俊、黄阳华:《"一带一路"战略下中外产能合作新格局研究》,《东岳论丛》2015 年第 10 期,第 175—179 页。

张述存(2016)从全球产业链的角度分析,国际产能转移有利于化解国内产能过剩、助推产业转型升级、实现国家间优势互补和资源优化配置。鉴于境外资源开发在国际产能合作中的重要作用,我国应当更加重视境外资源开发的良性发展,特别是通过境外资源开发进入目标市场,在境外资源开发的基础上构建跨境产业链条,从而推动国际产能合作向更高层次发展。[①]

约翰·霍普金斯大学的柯杰博(Jacob Kurien)认为,"中国的'一带一路'途经世界五大洲65个国家,涵盖了全球60%的经济体,这为人民币国际化提供了巨大的机会和平台。而人民币国际化这一目标实现的关键条件之一是在国际产能合作中实现双边经济共同发展和繁荣"。此外,柯杰博教授指出,"尽管'一带一路'倡议为人民币国际化提供了巨大的机遇和平台,但在此过程中国际产能合作却是一把'双刃剑':一方面,汇率波动将导致中国众多出口企业面临更大的汇率风险;但另一方面,大规模的人民币跨境结算有助于企业对冲汇率风险。最后,结合人民币国际化的发展现状、趋势以及面临的挑战,中国'一带一路'建设的成功和人民币的国际化指日可待"[②]。

曹秋菊(2016)在梳理和分析对外直接投资化解产能过剩问题的国内外相关研究与国际经验基础上,提出中国应借助"一带一路"建设,深化国际产能战略合作,通过对外直接投资从根本上来解决中国产能过剩的问题。要借鉴美日等国经验,探索和创新产业国际转移模式;积极开展跨国并购,提高国内企业自主创新能力和国际经营能力,有效转移国内过剩产能。[③]

魏敏(2016)基于对国际产能合作的界定以及中国与中东开展国际产能合作的演进及特征的分析,从理论上探索发展中国家之间开展国际产能合作的途径和方式,同时对中国与中东开展国际产能合作的现实基础、重点领域以及相对成熟的产业领域进行研究。[④]

中国地质大学的周娜、吴巧生等(2017)对"一带一路"建设进行研究,提出"中亚及北亚、西亚及北非地区是'一带一路'沿线油气资源丰富地区且投资环境良好;中东欧洲及独联体地区油气投资环境较差,是'一带一路'沿线油气贸易的过境区。因此在油气资源合作过程中,我国需要避开沿线政治环境复杂的地区并加快过境国的

---

① 张述存:《境外资源开发与国际产能合作转型升级研究——基于全球产业链的视角》,《山东社会科学》2016年第7期,第135—141页。

② 邱斌、周勤、刘修岩、陈健:《"'一带一路'背景下的国际产能合作:理论创新与政策研究"学术研讨会综述》,《经济研究》2016年第5期,第188—192页。

③ 曹秋菊:《对外直接投资与产能过剩化解》,《求索》2016年第6期,第80—84页。

④ 魏敏:《中国与中东国际产能合作的理论与政策分析》,《阿拉伯世界研究》2016年第6期,第3—20页。

基础设施建设"①。

### （二）政策实践

"推动国际产能合作"最先于2014年提出,且2015年以来国家先后出台了《国务院关于推进国际产能和装备制造合作的指导意见》等十多个文件,从金融服务、中国制造"走出去""一带一路"建设等多个角度提供产能合作的政策支持(见表22-1)。

表 22-1　2015 年以来国务院产能合作相关文件

| 发布时间 | 文件名称 | 对国际产能合作的作用 |
| --- | --- | --- |
| 2015 年 5 月 | 《国务院关于推进国际产能和装备制造合作的指导意见》 | 提高企业"走出去"能力、加强政府引导和推动、加大政策力度、强化服务保障和风险防控等方面,提出数十条具体措施 |
| 2015 年 5 月 | 《国务院关于加快培育外贸竞争新优势的若干意见》 | 全面提升与"一带一路"沿线国家经贸合作水平,鼓励轨道交通等行业企业到"一带一路"沿线国家投资 |
| 2015 年 9 月 | 《贯彻实施〈深化标准化工作改革方案〉行动计划(2015—2016 年)》 | 围绕国际产能和装备制造合作等战略,研究制定中国标准"走出去"工作方案,推动铁路、电力、钢铁、航天、核等重点领域标准"走出去" |
| 2015 年 9 月 | 《国务院办公厅关于促进金融租赁行业健康发展的指导意见》 | 支持金融租赁公司开拓国际市场,为国际产能和装备制造合作提供配套服务 |
| 2016 年 1 月 | 《国务院关于促进加工贸易创新发展的若干意见》 | 做好境外合作重点国家和重点行业布局,引导建材、化工、有色、轻工、纺织、食品等产业开展境外合作。转变加工贸易企业"走出去"方式,支持企业依托境外经贸合作区、工业园区、经济特区等合作园区,实现链条式转移、集群式发展 |
| 2016 年 11 月 | 商务部、国家发展改革委、科技部、工业和信息化部、中国人民银行、海关总署、统计局《关于加强国际合作提高我国产业全球价值链地位的指导意见》 | 围绕正在推进的"一带一路"建设及国际产能合作,结合我国在基础设施建设、特色园区发展、产业上下游合作等领域的一些成熟做法和经验,与相关经济体开展全球价值链经济技术合作 |
| 2017 年 6 月 | 《国有企业境外投资财务管理办法》 | 加强国有企业境外投资财务管理,防范境外投资财务风险,提高投资效益,提升国有资本服务于"一带一路""走出去"倡议的能力 |
| 2017 年 8 月 | 国家发展改革委、商务部、中国人民银行、外交部《关于进一步引导和规范境外投资方向的指导意见》 | 加强对境外投资的宏观指导,进一步引导和规范境外投资方向,推动境外投资持续合理有序健康发展,有效防范各类风险,更好地适应国民经济与社会发展需要 |

资料来源:根据相关资料整理。

---

① 周娜、吴巧生、王然、孙奇:《"一带一路"国家天然气投资绩效评价及其改进路径》,《中国人口·资源与环境》2017 年第 7 期,第 60—71 页。

## 二、国际产能合作是推进中国对外直接投资的主要途径

### （一）国际产能合作有助于中国经济结构调整，进一步提高中国的对外投资水平

国际产能合作缘于经济结构调整，有助于中国的优势产能输出，也有利于中国自身的优化升级。以装备制造业为例，加快中国装备"走出去"和推进国际产能合作，有利于提高企业核心竞争力，助推国内产业优化升级。"以高铁为例，高铁产业涉及冶金、机械、建筑、橡胶、电力、信息、计算机、精密仪器等高技术产业。高铁走出去必将带动一批高技术产业发展，促进中国产业结构转型升级。"①

### （二）国际产能合作是构建区域产业链和价值链、实现资源开发和优势产能合作并举的最佳途径

#### 1. 因势利导，整合和构建区域价值链、产业链和供应链

世界经济已经进入一个彼此渗透关联、深度融合的新时期，国际分工发展到以价值链和产业链分工为主导模式，并深刻影响着全球政治经济关系。价值链和产业链分工的演进正在引发世界经济关系的变革，世界上几乎所有经济体都不同程度地参与到这一新的国际分工与专业化格局之中。因此，在推进国际产能合作的过程中，要从区域合作的资源禀赋和产业特点出发，整合该区域的产业链、价值链和供应链，使得产能合作有充分的产业基础和发展规划。在具体的操作中，应注意以下问题。

首先，不应仅仅盯着微观个体项目的落地和推进，而应先从整体宏观层面和国家战略高度予以审视，对产业转移和承接合作进行方向性布局，制定中长期产业链发展战略规划。这一战略既包括对产业链发展方向进行前瞻性和纵横结合的梳理，也包括将产业发展重点进行分阶段的细化归类。其次，应鼓励资源开发企业向国内生产企业采购设备零部件以及配套服务，再将所开发的能源资源产品返销国内加工企业。最后，不断拓展合作范围和领域，推动生产链条的横向和纵向拓展。

#### 2. 因地制宜，鼓励境外资源开发，兼顾环境保护和社会责任

企业是国际投资的主体，也是国际产能合作的一线践行者。企业应自主选择市场进入方式，从产业链的最前端入手，逐步拓展下游资源，进行纵向的产业链布局和横向的生产经营合作。在实施过程中，我们应继续鼓励境外资源开发，进一步拓展境外资源开发空间，并为产能的落地和释放提供原动力。但不能忽视的一点是，中国企业在境外进行资源开发，应完全遵守当地的环保政策，不能用粗放式的开发方式，要

---

① 杜静、张涛：《中国装备"走出去" 多国欢迎"中国货"》，《新华每日电讯》2015 年 4 月 10 日；新华网：《中国装备"走出去"促国际产能合作新格局》，http://www.xinhuanet.com/fortune/2015-04/09/c_1114920610.htm。

走集约型发展路径。同时,中国企业在境外应与当地的社区进行良好互动,积极承担部分社会责任,树立良好形象,避免给当地留下只为了资源开发而投资的印象,重视当地生态环境建设,致力推动绿色低碳、环保和可持续发展。

**3. 长短结合,充分发挥优势产业的长处,并和"引进来"相结合,关注需要"补短板"的特定产业**

国际产能合作一定是双向流动的,输出优势产业是重点策略,与被输出的经济体有梯度差距或者该经济体有良好的资源禀赋来承接该产业,并能形成有实际关联和良好基础的产业链或者产业链雏形。

现阶段落地的国际产能合作项目主要集中在核电建设、高铁、电力装备、电子信息制造业、工程机械、船舶和装备制造等优势领域,一定程度上代表了中国装备制造业的优势发展领域,已经成为中国制造的一个新名片,部分行业在国际上有相当的竞争力。优势产业的"走出去"是顺势而为,弥补短板的"引进来"也必不可少,把"去产能"和"补短板"结合起来。

虽然经过多年发展,中国已经有了不少优势产业;但整体看,高端制造业仍有待加强和提高,特别是在工业4.0的大背景下,创新能力、研发能力和整合能力都存在短板。在这种情况下,按照梯度优势输出富裕产能,并引进中国比较劣势的产业或者产业配套,利用中国巨大市场潜力和高端产业已经形成的良好基础,通过境外投资获取高端的技术、品牌和相关资源,反哺并促进国内高端制造产业发展。

在引进国外高端资源反哺国内制造业的进程中,不能为了引进而引进,要按照产业发展的实际需要和经济规律,以及中国在全球产业链中的位置和上下游关系合理甄别和布局,以实现整体协调发展。

## 三、推进国际产能合作与"一带一路"建设密切相关

在推进"一带一路"建设工作座谈会上,习近平总书记指出,基础设施互联互通、产能合作、经贸产业合作区是"一带一路"倡议实施的三大工作抓手。2016年以来,我国的国际产能合作在"扩外需、畅互通、优布局、补短板、降成本、防风险"六个方面取得新进展。可以说,国际产能合作在深耕"一带一路"倡议,推动双向投资,助力"一带一路"沿线发展中国家工业升级,拓宽合作领域和发展空间等方面,发挥着相当积极的作用。

经过几十年的积累进步和攻坚提升,我国装备制造业的产业规模和技术水平得到了显著提升,在铁路基建、航天航空、矿山开采、能源、冶金、建材、化工、机械制造、通信电子、家用电器等领域都涌现出一大批具有国际影响力的企业。"一带一路"沿线国家之间经济发展差距大,几乎涵盖了工业化进程的各个阶段,中国与这些国家的

经济互补性较强,在国际产能合作方面潜力巨大,发挥各自的比较优势并实现"强强联合"是最佳选择。中国加强与"一带一路"沿线国家的产能和装备制造合作,有利于打造"中国制造"这一金字品牌,也有助于深化我国与"一带一路"沿线国家的互利合作,促进当地经济社会加快发展,打造利益共同体、命运共同体和责任共同体。国家支持我国具有竞争优势的电子信息、轨道交通、通信设备、电力装备、船舶、工程机械等产业,通过对外投资实现跨境产业布局优化。

我国企业与"一带一路"沿线国家产能合作的方式日益多样化,"比如,在基础设施领域电力产业参与方式日益多样,从最初的设备供货到目前的 EP(设计—采购)、EPC(设计—采购—建设)、IPP(独立电站)、BOT(建设—运营—移交)、BOO(建设—拥有—运营)、PPP(公私合营)、并购、融资租赁等多种形式,中国电力企业'走出去'的水平不断提高"[1]。

目前,"一带一路"产能合作共享发展模式主要呈现以下几个特点:从产品输出向产能输出转变是推进"一带一路"产能合作共赢的"新载体";从全球价值链的低端向全球价值链的中高端转变是推进"一带一路"产能合作共赢的"新引擎";从需求平衡向供给侧结构性改革转变是推进"一带一路"产能合作共赢的"新格局";从传统产业向新兴产业发展转变是推进"一带一路"产能合作共赢的"新动能"。[2]

"一带一路"沿线国家投资也出现了新的模式,即中国的科技企业在对该地区投资过程中开始输出技术。一个典型案例是中国的高科技企业在向东南亚国家输出技术,中国的互联网相关技术、支付技术处于行业领先地位,相关高科技企业在向东南亚拓展业务过程中,努力将中国的成功模式复制过去。

## 第三节 实施国际产能合作与对外投资战略的协同发展

实施国际产能合作与对外投资战略的协同发展,必须做到点、线、面内外兼顾,逐步建立有效的产能合作机制;实施策略机制配套,从企业"抱团出海"到行业"抱团出海"。

### 一、国际产能合作提出后中国对外投资的最新发展

#### (一)不同行业的企业"抱团出海"已经形成共识并付诸实践

国家发展改革委等部门按照党中央、国务院的决策部署,在推动国际产能合作方

---

① 郭朝先、刘芳、皮思明:《"一带一路"倡议与中国国际产能合作》,《国际展望》2016 年第 3 期,第 17—36 页。

② 王凡:《一带一路产能合作促进国际共享发展》,《中国社会科学报》2017 年 12 月 29 日。

476

面已经取得积极成果,以下是几个典型行业的联盟成立情况。

**1. 中国电力国际产能合作企业联盟**

2016 年 6 月,中国电力国际产能合作企业联盟建立。该联盟由中国电力企业联合会发起,成员单位包括国家电网公司、华能集团公司、华北电力大学等 26 家企业和高校。

**2. 中国有色金属国际产能合作企业联盟**

2017 年 3 月,中国有色金属国际产能合作企业联盟成立。该联盟着力推动有色企业"抱团出海",开展国际产能合作,带动有色行业产能、装备、技术等全方位输出,推动有色领域国际产能合作健康有序发展。

**3. 中国通信行业国际产能合作企业联盟**

2017 年 4 月,中国通信行业国际产能合作企业联盟成立。该联盟着力推动通信企业"抱团出海",开展国际产能合作,带动我国通信行业产能、装备、技术等全方位输出。

**4. 中国矿业国际产能合作企业联盟**

2017 年 9 月,中国矿业国际产能合作企业联盟成立。联盟以重点国家、地区为要点,整合国内行业资源,发挥统筹协调优势,建立矿业国际产能合作全方位服务平台,促进国际矿业合作的信息共享和产业协同。

**5. 中国轻工国际产能合作企业联盟**

2017 年 4 月,中国轻工国际产能合作企业联盟成立。联盟通过搭建中国轻工国际产能合作生态体系,建立各方交流协作机制,加强各企业间的产业链合作,实现互利共赢,共同推进轻工国际产能合作可持续发展。

**(二) 多个国际产能重点合作行业对外投资成果显著**

2016 年,我国非金融类对外直接投资 1701.1 亿美元,同比增长 44.1%。从行业分布情况来看,流向制造业的投资 310.6 亿美元,同比增长 116.7%,其中流向装备制造业的投资 178.6 亿美元,是 2015 年的 2.5 倍,占制造业对外投资的 57.5%,占同期总投资额的 10.5%。2017 年 1—11 月,我国非金融类对外直接投资 1075.5 亿美元,同比下降 33.5%。从行业分布情况来看,流向制造业的投资 156 亿美元,同比下降 47.5%,其中流向装备制造业的投资 87.3 亿美元,较 2016 年同期下降 47.9%,占制造业对外投资的 56%,占同期总投资额的 8.1%。[①]

上文提及多个部门指导各行业协会建立国际产能合作联盟,推动这些行业到国

① 商务部对外投资和经济合作司:《2017 年 1—11 月产能合作统计数据》,http://fec.mofcom.gov.cn/article/tjgjcnhz/tjsj/201712/20171202686208.shtml。

外去建厂。"截至 2017 年 5 月,炼化和化肥行业境外在建项目签约金额达 600 亿美元,有色金属行业在俄罗斯等 15 个沿线国家开展投资活动,建材企业在境外投资项目达到 33 个"。①

### 二、内外兼顾,逐步建立有效的产能合作机制

目前,中国正积极通过建立以下三种机制,内外兼顾,逐步建立有效的产能合作机制。主要包括:多双边层面的合作机制;中央地方协同联动机制;央企、民企、协会协同推进机制等。

首先,广泛实施多双边层面的合作机制。中国不仅积极推动《中国—东盟产能合作联合声明》《澜湄国家产能合作联合声明》等重要文件的发布,还先后同哈萨克斯坦、马来西亚等 30 多个国家签署了产能合作协议。

其次,积极建立中央地方协同联动机制。通过国家相关部委办与各个省份签订协议,促进从中央到地方产能合作整体口径的一致,以提高国际产能合作的效率。

最后,建立央企、民企、协会协同推进机制。以国家资金带动民间资本,通过行业协会这一纽带进行穿针引线,在国际产能合作方面迈出了坚实的步伐。②

### 三、实施策略机制配套,从企业"抱团出海"到产业"抱团出海"

在国际产能合作中,以境外经济贸易合作区为载体,经济技术开发区整体"走出去"或龙头企业带动产业链"走出去",全方位与东道国进行经贸合作,取得了一定的成绩。中国支持以境外经贸合作区、双边经济走廊和海关特殊监管区域合作为平台,发展集群式对外投资,推动国内产业链向海外延伸。

境外经贸合作区发展步伐快,服务能力强,既推动了东道国的工业化进程,又促进了双边经贸合作和经验交流。通过合作区的建设,有关国家可以从中了解中国对外开放的发展理念和模式,从而成功借鉴中国经验,发展本国经济。

建设境外经贸园区一方面有利于中国企业"抱团出海",在海外形成产业集群,催生新的产业链条;另一方面也对完善当地产业结构、创造就业岗位和提升当地装备制造水平带来了实实在在的好处。实践证明,境外经贸合作区契合了所在国的发展诉求,有效推进了国际产能对接与合作,很多国家已经把建设工业园区、承接中国产能转移作为实现工业化的重要依托。

2015 年 6 月 11 日,为进一步推动境外经贸合作区建设发展,发挥行业商协会在

---

① 证券时报网:《工信部:原材料等一带一路境外在建项目签约 600 亿美元》,http://kuaixun.stcn.com/2017/0512/13349078.shtml。

② 以上 3 个机制系根据国家发展改革委发布的相关实施工作的新闻进行整理。

合作区招商促进中的作用,经商务部领导批准,"中国境外经贸合作区投资促进工作机制"成立大会在商务部召开,成立由商务部合作司、机电商会等国内商协会、境外合作区,实施企业共同参与的合作区投资促进工作机制。①

截至 2016 年年底,"中国企业共在 36 个国家建设初具规模的 77 家境外经贸合作区,累计投资 241.9 亿美元,入区企业 1522 家,总产值 702.8 亿美元,上缴东道国税费 26.7 亿美元,为当地创造就业岗位 21.2 万个,对促进东道国产业升级和双边经贸关系发展发挥了积极作用"②。

境外经贸合作区的建设为我国企业对外直接投资提供了完善的前期软硬件服务。借助合作区的入园服务,例如,向企业提供临时办公场所、对外投资保险,经贸会展,企业对接等商务服务;向企业提供报关、报税、财务、法律政策咨询等服务,可以帮助企业更快更好地适应当地投资环境。③

但是,目前仍有一些境外经贸合作区的建设、运营未签署政府间合作协议,没有形成双方政府框架内的合作机制。应尽快建立长效的政府协调机制和风险应对机制,为境外经贸合作区的发展提供有利的政策保障。④

———————————

①　中国境外经济合作区:《中国境外经贸合作区投资促进工作机制成立》,http://www.cocz.org/news/content-243523.aspx。

②　朱琳:《"中国模式"提升区域发展动力》,http://www.ce.cn/xwzx/gnsz/gdxw/201709/06/t20170906_25780971.shtml。

③　郭凯:《借力境外经贸合作区　构建境外环保技术与产业示范交流基地》,http://www.chinaaseanenv.org/zlyzcyj/zcyj/201711/t20171102_425003.shtml。

④　邹昊飞、段京新:《境外合作区传递中国投资新理念》,《中国投资》2015 年第 7 期。

# 第二十三章 高水平引进来开放战略与自主创新战略的协同

❖❖❖❖❖❖❖❖❖❖❖❖❖❖❖❖❖❖❖❖❖❖❖❖❖❖❖❖❖❖❖❖❖❖❖❖❖❖❖❖

改革开放40年来,中国凭借廉价劳动力、土地等传统要素,积极融入全球价值链低端环节,并依靠引进和模仿国外成熟技术在短时间内获得了经济的快速发展。然而,这种以传统要素为主的开放型经济发展模式的缺陷在于,中国国际竞争优势的发挥严重受制于外部需求的波动,导致经济增长的可持续性堪忧。传统要素的边际收益递减,依靠传统要素价格优势参与国际分工的模式将越来越难以为继。当前新一轮科技革命和产业革命初露端倪,世界各国都希望搭上这班快车,加快培育新竞争优势,从而在新一轮国际竞争中占得先机。政府通过优惠政策吸引全球科技资源和人才,促进跨国公司总部和金融服务机构的集聚,从而为我国自主创新战略服务,实现引进来开放战略和自主创新战略的协同,是新时期双向投资战略的重要任务。

## 第一节 引进外资与自主创新的互动机制:理论研究

外国直接投资(FDI)对东道国研发和创新活动的影响是发展经济学和跨国公司理论都非常关注的问题。然而迄今为止,学者们对这一问题仍然存在争议。相关的文献可以分成抑制说、促进说和双重效应说三个方面。①

### 一、FDI抑制了东道国自主创新

一部分学者认为,FDI可能会抑制东道国创新。罗默(Romer, 1990)、杨格(Young, 1998)的研究表明,与东道国企业相比,跨国公司往往能够提供更高的工资,

---

① 王红领、李稻葵、冯俊新:《FDI与自主研发:基于行业数据的经验研究》,《经济研究》2006年第2期,第44—56页。

因此可能在人力资本市场的竞争中处于优势地位,而东道国本地企业则处于相对弱势地位,假设人力资本总量是一定的,则东道国本地企业的创新将会受到抑制。科科(Kokko,1994)指出,如果跨国公司在东道国占有较大市场份额,并且其技术水平与东道国差距较大时,FDI 对东道国的技术溢出有限。阿达和哈里森(Haddad、Harrison,1993)对摩洛哥、艾肯特和哈里森(Aitken、Harrison,1993)对委内瑞拉的实证研究都表明,FDI 并未促进东道国企业的创新,甚至具有负面影响。

秦晓钟(1998)、何洁(2000)等人的研究认为,我国"市场换技术"战略并没有换回先进的技术。有的学者指出,中国目前正步入现代化陷阱,即"越落后越引进、越引进越落后"。姜奇平(2004)的研究认为,外资并购会改变我国既有市场格局,形成垄断;控制关键技术和重要资源,影响国家安全;降低自主创新能力,产业竞争力下降。祝年贵(2003)的研究认为,跨国公司的技术往往不是最先进的,因而其产生的竞争压力对东道国民族企业创新能力的示范效应是非常有限的。

总之,在 FDI 与东道国自主创新的关系上,"抑制论"认为 FDI 的大规模进入并没有给东道国带来技术创新;反之,跨国公司研发机构的设立,用优越的条件吸引了中方大量高科技人才,从而导致我国企业逆向技术扩散的问题。"以市场换技术"不仅没有换到技术,甚至连自己的技术都在合作中逐渐丧失。

## 二、FDI 促进了东道国自主创新

持"促进论"的学者认为,FDI 能够促进东道国的自主创新。他们提出,当 FDI 与当地公司在同一市场相互竞争时,当地公司为了提升竞争力,必然增加研发经费,以提高企业的技术水平。例如,王志鹏(2001)、沈坤荣(1999)、姚洋(1998)等学者认为:FDI 具有技术溢出效应,促进了中国企业的技术创新。

江小涓(2002)的研究表明,从 20 世纪末期开始,国内企业为外商企业提供配套产品的能力不断提高,外商投资企业与国内民族企业的产业关联程度明显增加,157家在华跨国公司有 64% 的配套率已经超过 50%。

还有一些学者,如陈国宏等(2000)通过因果关系检验法和协整关系检验法对中国 1981 年以来 FDI 与技术转移的关系进行了研究,也得出 FDI 是中国技术进步的重要原因。

与"抑制论"相反,"促进论"认为:从长期看,技术外溢是一种必然现象,因而是跨国公司海外投资的一种潜在成本,因为"免费搭便车"的当地企业迟早会变得足以与跨国公司相抗衡,最终的结果是增加了东道国市场的竞争性,促进了东道国企业的技术创新。

### 三、FDI 对东道国自主创新具有双重效应

除以上观点外,还有学者认为外国资本进入具有双重效应(郭克莎等,2004;董书礼,2004)。格尔、格林卫(Gorg,Greenway,2004)总结了 FDI 具有示范效应、竞争效应、人员流动和产业关联等 4 种溢出效应。杨红丽、陈钊(2015)识别出 FDI 的间接水平溢出效应,从而发现了 FDI 的第 5 种溢出效应。

近年来,研究热点集中于对那些影响技术溢出效应发挥的因素和机制的探索上,学者们发现跨国公司投资动机差异(王恕立、向姣姣,2014)、东道国吸收能力(何兴强,2014)、所有制差异(吉生保,2016)、知识产权保护(靳巧花、严太华,2017)等因素会影响 FDI 溢出效应的发挥。

### 四、理论述评

从 FDI 抑制了东道国自主创新、FDI 促进了东道国自主创新以及 FDI 对东道国自主创新具有双重效应这三类观点来看,传统的发源国竞争优势理论越来越不能解释国际竞争模式,需要建立新的分析框架。其中,影响 FDI 对东道国自主创新作用的主要因素有以下两个方面:

第一,东道国知识水平。东道国知识储备越高,越有利于 FDI 技术溢出。东道国知识产权保护制度越完善,知识转化机制越顺畅,政府对创新的税收、利率越优惠,越有利于 FDI 促进创新的作用的发挥。

第二,FDI 与东道国产业链的前后向关联程度。[①] 对于跨国公司而言,行业内的溢出将导致知识和技术的租金消散,故有激励限制技术的水平溢出,以防止东道国的竞争对手从中受益;上下游产业中本土企业技术效率的提高并不会造成其租金损失,这又降低了知识和技术在产业间进行扩散的壁垒。

## 第二节　我国引进外资战略目标升级与外部环境变化新趋势

企业之所以能够对外投资,是因为其拥有的某种竞争优势能够在支付跨国经营的高成本之后仍然有竞争力。在商品经济时代,跨国公司的竞争优势来自规模经济或国际分销网络,21 世纪以来,随着商品经济转型为知识经济,创造知识、积累知识、

---

① 王然、燕波、邓伟根:《FDI 对我国工业自主创新能力的影响及机制——基于产业关联的视角》,《中国工业经济》2010 年第 11 期,第 16—25 页。

传播知识和保护知识已经成为企业竞争优势的主要来源。相应地,企业投资行为的动机也从获取规模经济或营销网络转变为通过投资逐步获取知识。跨国公司已经成为一个强大的知识库,成为一个创造新知识、传递旧知识的媒介。这一转变,使得跨国公司的竞争优势一方面更少地依赖于母国,另一方面更多地依赖于其创造知识和保护知识的能力,以及东道国投资环境是否有利于跨国公司创造知识和保护知识的需求。这对东道国政府的外资政策提出了新的要求。

## 一、跨国公司投资动因的变化

一般而言,跨国公司的研发活动倾向于集中在母国。以美国为例,一方面具有世界上最大的市场,另一方面也拥有研发活动所需的各种技术资源。但是近年来,环境的变化正使跨国公司增加在海外的研发。首先,研发活动的外部条件日益改善,降低了跨国公司海外研发的成本。通信技术的完善使得国际合作越来越便利;发展中国家特别是新兴经济体越来越重视研发活动对经济增长的作用,纷纷兴建科研基础设施;国际专利申请制度使跨国公司的研发成果得到更好的保障。其次,跨国公司日益把海外研发作为提高竞争力的手段。跨国公司通过海外研发可以在全球范围配置科技资源和人才;通过在目标市场设立研发机构,可以更好地了解用户需求,更及时地作出反应,提高决策效率。最后,在东道国开展研发活动,能够在当地产生知识溢出和共享,使跨国投资活动更容易为东道国政府所接受,还能享受东道国政府对研发活动的激励政策。

## 二、在华跨国公司研发中心迅速增加

近年来,伴随外商直接投资的增加,在华外资研发中心数量以及跨国研发资金数量迅速上升。改革开放初期,跨国公司来我国投资的主要动因是受到各类招商引资激励政策的吸引,纷纷将生产环节转移过来,以便利用我国相对低廉的土地、劳动力和厂房等生产要素,从而降低制造环节的成本,从而在全球范围内优化配置资源,实现利润最大化。随着我国市场规模的不断扩大,消费水平不断升级,跨国公司开始将研发业务转移到中国。自1994年跨国公司在华设立首家研发中心“北邮北电研究开发中心”起,跨国公司在华设立研发中心数量迅速增加。特别是自2008年全球金融危机爆发以来,跨国公司在华研发战略发生了历史性变化:一是研发投入并没有因危机而减少,反而逆势增长,研发中心的数量持续增加;二是研发中心的地位得到了跨越式提升,开始向战略研发中心进行转变。[①] 2013年全国外资工业企业研发(R&D)

---

① 吉生保、王晓珍:《外资研发嵌入与国企研发效率——价值链视角的高技术产业为例》,《国际贸易问题》2016年第1期,第93—108页。

经费内部支出达到 2015.12 亿元,占全国工业企业 R&D 经费支出的 24%,较 2012 年增长 14.26%,涨势强劲,说明外商越来越愿意增加在华科研投入。[①] 然而,跨国公司在华研发投资本身就是一把"双刃剑",若利用得当,就能够提升国家整体的技术创新能力;若利用不当,则有可能"引狼入室"使中国的创新资源陷入"吸出效应",抑制中国创新能力的提升,甚至拉大与发达国家的技术差距。

### 三、我国招商引资战略重点的演进

改革开放以来,国家引进外资战略重点从弥补双缺口、引进先进技术到实现产业转型升级,提高全球价值链分工地位。产业发展战略从建立健全完善的工业体系到通过自主创新、转型升级,提高产品和服务的附加价值,促进经济从外源依赖型增长转变为内生型增长。引进外资战略走到今天,国家引进外资战略与产业发展目标需要升级,高水平"引进来"已经是战略提升的核心与关键。

## 第三节　跨国公司在华研发中心的整体发展趋势

自 2008 年全球金融危机爆发以来,跨国公司在中国的研发战略发生了极大的变化,一是大量增加研发投入,研发中心数量不断扩张;二是在华研发中心的地位正在从跨国公司全球研发体系中的配角转变为重要的战略性节点;三是研发中心的职能正从"为中国创新"升级为"创新在中国",研发内容不断向基础性、先导性领域延伸。

### 一、从"为中国创新"升级为"创新在中国"[②]

在跨国公司的全球科技创新体系中,在华外资研发中心正在从配角转为主角,承担的工作从简单的本地化不断向基础性、先导性领域延伸。在上海、江苏、广东、北京、天津等外商投资比较集中的东南沿海地区,外资研发中心数量也相对较多。[③] 其中,以上海为最。截至 2017 年 8 月,落户上海的外资研发中心达 416 家,占全国总数的 25%。

跨国公司早期在我国设立的研发中心,基本都定位为本地市场研发中心,主要承担本地市场服务职能,专注于产品的本地化开发和技术支持服务,一般规模较小,本土人员参与程度较低,母公司从海外派驻的专业技术人员占据了绝大比例。

---

① 卢潇潇、吉生保、王晓珍:《外资研发嵌入的内外因辨析:市场化进程还是国际贸易竞争力》,《国际贸易问题》2016 年第 8 期,第 119—130 页。
② 刘丽娟:《外资研发中心嬗变》,《中国外汇》2013 年第 24 期,第 20—22 页。
③ 冯蕾:《供给侧结构性改革:"加减乘除"效应》,《光明日报》2016 年 12 月 17 日。

这一现象目前正在得到改变。数据显示,越来越多的外资在华研发中心正更多地承担着面向全球的核心业务研发任务。例如,思科中国研发中心是思科海外第二大全球战略研发中心;SAP 中国研究院已成为世界级研发中心,是实现 SAP 全球研发战略的重要支点;微软在华研发中心的业务领域已经涉及基础研究、技术孵化、产品开发和战略合作等多方面,形成了完整的创新链条。可见,"为中国创新"正在逐步升级为"创新在中国"。

## 二、中国引资优势的变化

对跨国公司而言,中国的引资优势正逐渐从传统的低成本、高税收优惠向新的综合优势转化。低廉的运营成本、良好的政策支持、巨大的市场潜力,已经使中国成为跨国公司设立研发中心的首选国之一。

此外,引资优势的提高也引发了跨国公司的投资意向,愿意将自己的研发活动投向"硬环境"优越、"软环境"也相对比较完善的中国。高效、省时、大市场、大消费已经成为跨国公司在华扩充研发中心的重要驱动力,成为助推跨国公司将研发活动逐步向中国转移的重要原因。

思科系统全球副总裁、思科系统中国研发有限公司总经理关双志曾经明确表示,要好好把握中国的机会,因为"中国的市场很大"。英特尔研发中心的工作人员也认为,成本并不是吸引跨国公司研发中心的主要原因,关键是市场。可见,成本驱动已经逐渐转向市场驱动,中国吸引外资研发中心的优势正在慢慢转变。

## 三、外资研发机制的创新

近年来,跨国公司除了增加研发投入之外,还通过加强人才培养、强化内外部协作以及机制创新来提高研发水平和竞争力。目前,已经形成了从形成创意、小批量生产到标准化生产的创新链条。例如,SAP 通过构建并完善企业内部沟通机制,以及在上下游企业之间建立完善的合作机制实现了互通有无、强强联合。GE 集团则遵循基础研发投入与应用研发投入相对平衡的原则,在保障企业当前生存的前提下,积极培育潜在的增长点,从而实现研发资金投入的效用最大化。飞利浦则通过研发与产业化流程再造,缩短了从研发到产业化的中间环节,通过加强各个环节的沟通协作,极大地提高了创新效率。思科中国为了鼓励企业内部的创新氛围,促进研发人才培育和创新体系构建,推出了名为"新思汇"的创新体系。该体系作为一个综合性创新平台,不仅汇聚了不同的研发团队,而且还将不同种类的产品和服务结合在一起,同时平台还提供思科各个研发团队的协作、测试,鼓励他们与本地合作伙伴一起开发解决方案。这些跨国公司的研发创新极大地提升了企业的整体竞争力。

## 四、在华跨国公司研发中心存在的问题

### （一）跨国公司正日益加强其对核心技术的垄断

跨国公司在不断增加在华投资的同时，对其核心技术的控制也在不断增强。虽然部分跨国公司将其在华研发机构从研发中心上升为研发总部，但丝毫没有放松对其核心技术的控制；有些跨国公司甚至通过独资形式来建立研发总部，以避免技术向外泄露。"美国高通公司 2014 年正在受到中国反垄断诉讼，有可能被开出 10 亿美元以上的罚单，正是由于其在手机芯片上的技术垄断；同时微软、克莱斯勒以及丰田也同样面临技术垄断的问题。另外，跨国公司始终保持着对下游合作企业技术支持控制和外包项目的控制，例如瑞典利乐公司在无菌包装技术方面做到了技术创新，从而控制了中国无菌软包装市场，包括：蒙牛、伊利等乳业巨头均必须使用其生产线及相应的包装材料"①。

### （二）可能造成本土企业研发人才流失

随着跨国公司研发总部等形式在中国的出现，一些新的问题逐渐产生：由于跨国公司在华进行研发投资，有很大一部分原因是希望利用中国本地廉价的高素质优秀人才，因而无形中增加了跨国公司与本地企业之间为争夺研发人才而开展的竞争，产生了一定的人力资源问题。相关研究也认为，"跨国公司的本土化人才策略具有吸引效应、培育效应、流动效应和市场效应等。尽管有着诸多方面的正面效应，但是客观上造成了中国的人才流失、待遇不公平、向跨国公司的单向流动以及东西部人才流动不均衡问题，同时也很难形成知识向中国本土企业的溢出。根据《中国经济年鉴》的数据，国内企业流向外资企业的比例，1997 年国企最优秀人才比例为 15.3%，优秀人才流失比例为 3.7%，一般人员为 1.7%。2013 年国企最优秀人才比例为 18%，优秀人才流失比例为 5%，一般人员为 1.5%。以上数据说明，优秀人才流向跨国公司的比率较高，最优秀人才总量较大，但是比例有下降趋势，一般员工比例下降。说明目前跨国公司主要是吸引一般优秀的员工，形式为低成本获得。一般员工由于国企的进步和待遇的提升，流失比例下降"②。

### （三）对当地技术进步效果尚不显著

跨国公司对当地技术进步的作用一直是各界讨论的热点问题。事实上，希望通过跨国公司技术溢出推动中国的技术进步，一直是中国"以市场换技术"思想和战略

---

① 杨志勇、杨建永、郜志雄：《跨国公司在华研发中心的新变化——趋势、动向与问题》，《对外经贸实务》2014 年第 12 期，第 38—40 页。

② 杨志勇、杨建永、郜志雄：《跨国公司在华研发中心的新变化——趋势、动向与问题》，《对外经贸实务》2014 年第 12 期，第 38—40 页。

的实践。然而,理论和实践都趋向于证明:跨国公司对当地技术进步的推动作用并不显著。"相关研究对北京和上海近 400 家企业进行了调查,结果发现 50% 以上的跨国公司认为自己对本地技术溢出和成果转化没有太多贡献,并且 75% 的跨国公司与本地没有技术上的联系。超过 2/3 的跨国公司企业从未而且并不准备向当地企业提供技术支持。以上数据同时也表明跨国公司的'技术内敛'问题越来越明显,其通过独资等形式设立的研发机构,意味着其通过研发本土化策略来进一步抑制知识外溢的战略意图,从而导致技术垄断和产品差异化使得中国企业在竞争中处于不利地位"①。

## 第四节　引进外资促进自主创新战略的传导机制分析

FDI 是中国知识积累的重要来源之一。知识密集型 FDI 能够更好地促进知识溢出,促进东道国企业家精神培育和创新,从而实现自身和东道国经济的可持续增长。

### 一、知识的国际交流越来越频繁

#### (一)　外部知识要素变得日益重要

20 世纪 90 年代以来,随着企业越来越多地利用外部技术资源,企业外部技术变得日益重要。许多大型跨国公司纷纷采取技术许可、技术联盟、外包、收购等途径从企业外部获取技术。

#### (二)　技术跨国流动日益频繁

一般而言,技术密集型产业的跨国公司倾向于更加严格地保护其知识产权,因为高新技术往往是企业核心竞争优势的来源。然而 20 世纪 90 年代以来,随着信息技术特别是互联网技术的发展,发达国家跨国公司向东道国转移技术的速度呈现日益加快的趋势。在计算机行业,诸如芯片、显示器等硬件产品,以及操作系统、大型数据库等软件往往是一经发布就在全球同步上市。而且这一趋势正在日益蔓延到汽车、家电、通用设备制造等传统产业。

#### (三)　开放式创新趋势加强

当前科技创新系统正变得日益开放,产品和服务所使用的科学技术系统越来越超出一国边界。例如,在个人计算机制造业,芯片、主板、内存、显示器、硬盘,以及操作系统、软件等各个硬件和软件的研发、设计、制造、销售和售后服务环节已经全球化,来自不同国家的生产商根据各自的比较优势负责生产某一个环节,最终产品再分

① 杨志勇、杨建永、郜志雄:《跨国公司在华研发中心的新变化——趋势、动向与问题》,《对外经贸实务》2014 年第 12 期,第 38—40 页。

销到全球市场。因此,一国的科技系统能否融入全球分工体系变得越来越重要。

### （四）专业研发设计变得日益重要

随着知识要素国际流动日益频繁,研发活动日益从传统企业中的一个部门独立出来成为专业研发企业。这类研发企业并不从事制造业务,而是作为承包商承接客户的研发设计业务来赢利。比如,芯片产业中,主要的业务包括芯片的设计、制造、封装、测试四大环节,而这四大环节的分离趋势日益明显。由于芯片制造环节需要较高的硬件投入,准入门槛较高,大量企业选择了投资需求相对较低的芯片设计、测试等环节,从而提高了整个芯片行业的生产效率。生物医药行业,也有许多专门从事医疗研发的专门机构,专门承接来自大型制药企业的研发外包业务。

## 二、知识的国际溢出为发展中东道国带来新机遇

随着科技创新在经济增长中的作用越来越重要,发展中国家对新知识的需求日益增加。然而,发展中国家通过技术转移方式从发达国家获得技术往往并不是最新的,因而不能满足发展中国家日益增长的需求。知识的国际溢出则有助于改善这一问题。

### （一）先进技术的可得性提高了

从 20 世纪 90 年代初期开始,发达国家跨国公司加快了其先进技术海外转移的速度。伴随着这一趋势,知识要素的国际溢出速度也日益加快,使得新兴和发展中国家引进发达国家先进技术的可能性大大增加。

### （二）通过国外技术实现本国产业结构优化

科技全球化为发展中国家产业结构优化升级提供了良好的机遇。一些新兴经济体充分把握机会,实现了本国高技术产业的发展。例如,马来西亚就大量引入国外资金和技术,促进了本国电子产业的发展。印度凭借语言优势和地理位置优势,积极承接海外市场的软件外包业务,获得了良好的发展。爱尔兰则大力引导跨国公司在本国设立研发中心,开展研发活动,这些研发中心不仅为爱尔兰带来了先进的技术而且还改善了爱尔兰的产业结构。

### （三）借助多种渠道获得新技术

技术贸易和外国直接投资是发展中国家获取新技术的两条传统渠道。然而,随着发展中国家经济实力的不断提高,企业参与市场竞争的经验日益丰富,企业获取国外新知识、新技术的途径和渠道也变得越来越多元。例如,发展中国家的企业可以通过并购发达国家企业的方式获取核心技术,还可以通过对外直接投资,实现知识和技术的逆向溢出,还可以在发达国家设立研发中心与东道国研发机构开展研发合作等。

### 三、中国具有借助外部知识促进自主创新的优势

中国具有许多有利条件，能以多种途径大量利用外部技术资源，并使之产生良好的技术外溢效应，提升本土的创新能力。

第一，中国具有较为齐全的产业体系，产业基础比较扎实。因此中国的工业体系具有将外国先进技术投入大规模制造的能力，从而在短时间内形成产能，并实现技术外溢效应。

第二，中国拥有庞大的国内市场，有利于实现规模经济。一方面，庞大的国内市场可以吸引国外技术拥有方转移先进的技术，从而实现新产品的大规模生产；另一方面，国内市场规模巨大，使垄断难以形成，从而促进企业间的良性竞争，进而加速国外技术向国内的转移和扩散。

第三，中国具有良好的科技基础和工业技术水平。知识溢出的前提是溢出方与接收方的科技水平差距不能太大，否则即使有好的机遇也难以把握。中国的高等教育每年培养出大量的理工科人才，还拥有大量的科技专家、学者、工程师，以及大批素质过硬的现代产业工人，这些条件能够保证我国有效利用外部资源，并与之开展良性互动，从而提高我国的自主创新能力。

## 第五节　促进高水平引进来与自主创新战略协同的对策建议

促进高水平引进来与自主创新战略协同的对策建议主要包括：继续引进具有技术密集型特征的外资；进行行政体制深化改革；政府采取政策激励引导跨国公司提升研发水平；提升自主创新能力；建立知识生产的合作平台和知识溢出补贴机制；加强政策导向，注重引资质量；加强对引进项目的消化吸收；等等。

第一，随着我国进入全方位对外开放阶段，利用外资政策的重点应放在引导外资增加研发投入，通过知识积累增加机制促进自主创新上。利用外资是中国全面开放新格局的重要组成部分，而提高外资研发知识溢出，提升企业创新能力，是实现经济高质量发展的重要手段。鉴于外资研发与自主创新之间存在双重效应，利用外资政策的基本原则是在尽量缩小竞争效应的同时，努力扩大促进效应。要将政策重点从引资规模、数量转变为引资的质量、效益上，积极引导外资增加研发投入，扩大新知识产出，增加知识总量积累，从而促进自主创新。

第二，打造高标准投资规则是重塑引资竞争新优势的根本途径。在确保企业研发能够产生溢出效果的前提下，积极探索在外资研发管理领域实施准入前国民待遇

和负面清单管理模式，建立和完善外资企业与有关主管部门的沟通机制，增加外资研发在"大众创业、万众创新"中的参与度。避免因内外资之间过度竞争而挤出外资研发，应引导外资与本土企业良性竞争，和谐共生，共同促进制造业的转型升级。

第三，随着改革进入深水区，应当将税收政策、政府补贴与知识产权保护政策、金融市场化改革和城市化战略统筹考虑，注重发挥政策间的协同效应。在更好发挥政府作用的同时，善于借助市场手段扩大外资的知识溢出效应。面对外国政府减税、补贴优惠等国际引资政策竞争，应当保持定力和底气，根据自身步调推进全面深化改革和全方位开放，防止因盲目跟风而顾此失彼。

# 第二十四章 对外投资中的境外经贸合作区发展模式与推进战略

◆◇◆◇◆◇◆◇◆◇◆◇◆◇◆◇◆◇◆◇◆◇◆◇◆◇◆◇◆◇◆◇◆◇◆◇◆◇◆◇◆◇◆◇◆◇◆◇

2005年之前,中国部分企业自发地尝试建立境外经贸合作区,主要服务于企业自身。2006年,中国商务部公布了《境外中国经济贸易合作区的基本要求和申办程序》,支持通过建立境外经贸合作区的方式促进对外投资合作。2014年以后,境外经贸合作区成为中国政府推进和落实"共同发展"战略的平台,更好地为区内企业提供支持和服务。

## 第一节 关于境外经贸合作区的理论研究

"按照中国商务部给出的境外经济贸易合作区业务定义,合作区是指在中华人民共和国境内(不含中国香港、中国澳门和中国台湾地区)注册、具有独立法人资格的中资控股企业,通过在境外设立的中资控股的独立法人机构,投资建设基础设施完备、主导产业明确、公共服务功能健全、具有集聚和辐射效应的产业园区"(沈铭辉、张中元,2016)。

### 一、境外经贸合作区与"一带一路"建设

从分布地域看,中国境外经贸合作区集中分布于东南亚、非洲和拉丁美洲等发展中国家和地区。从境外经贸合作区的建设与运营方式看,主要采取由实力雄厚的企业负责牵头建设和招商引资,中国政府给予财政支持与政策优惠,吸引和帮助中小企业一起抱团"走出去"的方式。从境外经贸合作区内的产业布局看,现有园区主要以制造业为主,涵盖能源、资源、建筑、农业、轻工、冶炼和电子等中国传统行业。每个合

作区的投资规模平均在 1 亿美元以上。合作区所倡导的产业集聚和产能转移已经初见成效。但是,由于缺乏值得借鉴的国际经验,合作区的建设也存在着一些不足:有的合作区由于前期吸引企业较少,导致大量厂房空置与浪费;有的合作区定位不清,导致大量的重复建设(张广荣,2013;洪联英、刘解龙,2011;李嘉楠、龙小宁、张相伟,2016)。

## 二、企业海外投资的区位选择理论

区位因素是进行境外经贸合作区建设与项目招商的重要考虑因素。在国际直接投资理论中关于跨国公司区位选择的研究积累了丰富的成果,对境外经贸合作区建设具有重要指导意义。

一般而言,如果东道国政局比较稳定、政策透明度高、经济外向型程度高、市场化程度高、金融服务健全、道路通信等基础设施完善,那么对跨国公司的吸引力就比较高。西方学者使用发达国家企业国际直接投资数据进行的实证研究证明了这一结论。如,邓宁(Dunning,1998)认为区位因素是影响企业对外直接投资的重要因素。格罗伯曼和夏皮罗(Globerman 和 Shapiro,2002)论证了政府效率的提高对 FDI 的流入有促进作用。弗雷德里克松等(Fredriksson 等,2003)利用美国的数据论证了东道国的腐败对美国投资的流入有抑制作用。

然而,关于中国对外直接投资具有一些与发达国家对外直接投资相比不同的特点。一方面,科尔斯塔和韦格(Kolstad 和 Wiig,2012)研究表明,制度环境较高的东道国有利于吸引中国企业对外直接投资活动,有研究表明话语权、问责制因素促进了中国的对外直接投资;另一方面,制度环境较差的东道国也有许多中国对外直接投资(杜江和宋跃刚,2014;蒋冠宏和蒋殿春,2012;宗芳宇等,2012)。造成这一现象的原因是,目前国有企业仍然是中国对外直接投资的主体,对发展中国家的投资具有较强的自然资源寻求动机与税收规避动机(王永钦等,2014;蒋冠宏和蒋殿春,2012)。默克等(Morck 等,2008)认为,中国的企业更善于利用复杂的人际关系进行寻租。此外,中国与东道国签署的 BIT 弥补了东道国的制度不足,对制度具有替代作用(李平等,2014;宗芳宇等,2012)。

# 第二节　境外经贸合作区的发展历程与现状

中国境外经贸合作区建设经历了三个发展阶段:改革开放至 2005 年,少数企业自发地尝试建立境外经贸合作区。2006—2014 年,中国政府开始倡导通过建立境外经贸合作区的方式促进对外投资合作。"一带一路"倡议公布之后,境外经贸合作区成为中国政府推进和落实"共同发展"战略的平台。

## 一、境外经贸合作区的发展历程

改革开放以来,我国开始与世界各国积极开展对外经济合作。在此背景下,我国政府和企业初步尝试到海外建立境外经贸合作区。如 1994 年,我国应埃及政府邀请帮助其建设经济开发区。1999 年,海尔集团在美国南卡罗来纳州建立了海尔工业园。2001 年,中国企业与巴基斯坦共同建立了拉合尔港口工业园。[①]

2006 年,商务部公布了《境外中国经济贸易合作区的基本要求和申办程序》,正式兴建境外经贸合作区。境外经贸合作区的具体形式多种多样,涵盖了开发区、工业园区、物流园区、自由贸易区、自由港、工业新城以及经济特区等多种形式。2006 年以后中国建立的第一个境外经贸合作区是巴基斯坦的"海尔工业园"。经过十多年的发展,中国境外经贸合作区建设取得了良好的成绩。

"一带一路"倡议公布之后,境外经贸合作区成为中国政府推进和落实"共同发展"战略的平台,更好地为区内企业提供支持和服务。截至 2017 年年末,中国已在 44 个国家建立了 99 家境外经贸合作区,其中有 75 个境外经贸合作区分布于 24 个"一带一路"沿线国家,累计投资 307 亿美元,入驻园区的企业达 4364 家,上缴东道国税费 24.2 亿美元,为当地创造就业岗位 25.8 万个。

## 二、中国境外经贸合作区的特点

相对于国际经济合作领域常见的出口加工区或自由贸易区,中国境外经贸合作区具有自己的特点。

一是区内产业布局更符合中国和东道国的产业结构。我国的境外经贸合作区大部分分布于南亚、非洲和东欧的发展中国家和地区,近 4/5 的国家和地区在"一带一路"沿线。我国境外经贸合作区大多集中于农业、采掘业、轻工业等劳动力密集型行业。一方面,相关东道国的经济发展相对落后,工业基础薄弱,相对容易承接来自中国的劳动力密集型行业。以老挝万象赛色塔综合开发区为例,由于老挝仍然以农业经济为主,为了推动本国经济结构转型,老挝政府积极引进外资,实施对外开放政策,中国经济与老挝具有较强的互补性,因而中方工业企业在老挝很受欢迎;另一方面,随着中国经济结构的转型升级,部分劳动力密集型行业的产能存在闲置,因此在包括"一带一路"沿线在内的广大发展中国家和地区建立境外经贸合作区,实现国际产能

---

① 和佳:《2017"一带一路"调研年度盘点系列之一:境外经贸合作园区生态调查》,《21 世纪经济报道》2018 年 1 月 22 日。

合作,有利于促进东道国经济发展,发挥中国工业的比较优势,从而促进双方的共同发展。

二是中国政府对本国企业到海外投资提供扶持。中国境外经贸合作区设立首先是在商务部主导下与有关国家的政府部门达成协议,接着由经过政府审批的国有企业作为牵头企业与国外政府签约,然后由牵头企业负责招商,吸引国内外企业通过对外直接投资的形式入驻园区(洪联英、张云,2011)。境外经贸合作区的推动力量不仅包括中央政府和国家部委,还包括地方政府。例如,辽宁省就在俄罗斯、白俄罗斯、印度和印度尼西亚等国家推动设立了 10 个经济合作区。浙江省牵头在泰国、俄罗斯和越南设立了 3 家国家级工业园,并在乌兹别克斯坦、尼日利亚和塞尔维亚设立了 3 家省级经济合作区。江苏省在柬埔寨推动设立了西哈努克港经济特区。山东、新疆等省也参与了境外经贸合作区的建设。①

三是境外经贸合作区降低了区内企业的经营风险。由于中国企业对外直接投资的目的地有许多是发展中国家和地区,这些国家和地区不仅经济发展相对落后,而且法律制度环境也相对较差,有些地区甚至面临战争和恐怖主义的威胁。此时,如果对外直接投资的企业采取单打独斗的方式进入东道国,由于缺乏相关经验,可能会付出较高的代价。而境外经贸合作区拥有相对健全的基础设施,可以为入驻企业提供经济、法律和社会方面的咨询服务,大大降低企业的经营风险,因此有助于中国企业更好地走出去。

四是园区通常由实力较强的企业负责建设。中国境外经贸合作区的建设企业通常具有较强的实力、国际化程度较高、海外投资经验丰富。有这类企业牵头进行境外经贸合作区建设,能够较好地实现当地各类资源的有效配置,实现产业集聚,降低入驻企业的投资风险。例如,巴基斯坦的海尔—鲁巴经济区,由海尔集团牵头,于 2006 年获批建设,计划投资金额 129 亿美元,规划面积 2.33 平方公里。该经济区凭借海尔集团在行业内的良好声誉和强大实力,集聚了大量国内家电品牌入驻,从而在区内形成了家用电器产业链。

## 第三节　境外经贸合作区的类型与作用

中国境外经贸合作区内产业大多集中在我国的传统优势领域,如纺织服装、机械加工、木材加工、石油装备以及金属冶炼等,这些产业通常具有劳动力密集型或资源

---

① 叶尔肯·吾扎提、张薇、刘志高:《我国在"一带一路"沿线海外园区建设模式研究》,《中国科学院院刊》2017 年第 4 期,第 355—362 页。

密集型特征。经过多年的建设和经验积累,境外经贸合作区对我国深化改革开放,充分利用国际国内两个市场发挥了重要作用,同时对促进园区所在国的产业结构升级、提供就业机会、实现经济发展也作出了独特的贡献。

## 一、境外经贸合作区的类型

### (一) 加工制造型园区

此类园区的定位主要是充分利用中国国内闲置的产能,实现国际产能合作,避免贸易摩擦,促进出口。入驻园区的企业主要属于家用电器、纺织服装、五金机械、建材等行业。如柬埔寨太湖国际经济合作区就是以轻纺服装、机械电子产业为主。

### (二) 资源利用型园区

此类园区的定位主要是对园区所在地蕴藏的大量资源和能源进行合作开发与有效利用,在促进当地经济发展的同时满足中国企业的能源和资源需求。入驻园区的企业主要属于矿产、能源类行业。例如,赞比亚中国经贸合作区就以有色金属、型材加工业为主。俄罗斯龙跃林业经贸合作区则以开发林木资源为主。

### (三) 农业开发型园区

此类园区的定位主要是充分发挥中国企业在农业技术和经营领域的丰富经验,开发当地农作物和农业资源,促进农业高效发展,并为中国消费者提供具有当地特色的农产品。例如,中国企业在泰国设立的中泰农业示范园区、中俄农业产业合作区就属于这一类型。

### (四) 商贸物流型园区

此类园区的定位主要是为入驻企业提供商贸物流服务,主要功能包括商品展示、货物仓储、分拨集散、运输、信息服务、加工等现代物流服务业务。例如,匈牙利中欧商贸物流合作园就为中欧企业提供了良好的物流服务,起到良好的示范效应。

### (五) 技术开发型园区

此类园区的定位主要是集聚和利用园区所在地的科技创新网络和技术资源,跟踪国际技术前沿,提高中国企业研究开发与自主创新能力。例如,中国企业设在美国加利福尼亚州里士满市的昭衍美国(旧金山)科技园区,以及设在韩国平泽的韩中科技产业园区等都以技术开发为主要导向。

## 二、境外经贸合作区的作用

在中国改革开放 40 年历程中,园区型经济发挥了重要的作用。通过建立各类经济特区、经济开发区,我国积极探索适应发展中经济体的管理模式,积累了丰富的建设运营经验。园区型经济最大的优势在于,有利于在一国或地区整体市场经济体制还不健全的条件下,短时间内集聚特殊政策、基础设施、管理人才和优秀企业,使当地产业迅速融入国际分工体系,为本地经济发展积累经验,培育人才。中国发展园区型经济的经验已经得到国际社会特别是广大发展中国家的广泛认可,这些国家通过与中国合作建立境外经贸合作区,可以学习中国园区型经济建设的经验,并吸引中国的优秀企业入驻园区,帮助东道国更好地融入全球价值链,实现本国经济的发展。与发达国家主导的众多双边或多边自由贸易区相比,境外经贸合作区体制灵活、更加适合发展中国家的需求,因而接受度较高。

**（一）境外经贸合作区是推进中国与广大发展中国家开展国际产能合作的平台**

一方面,境外经贸合作区大大加快了东道国工业化进程,促进了其产业链的完善与经济发展,为东道国带来相对先进的技术和管理经验,增加了当地就业,通过出口获得本国经济发展急需的外汇,扩大了税收来源。2017年年末,境外经贸合作区上缴东道国税费24.2亿美元,为当地创造就业岗位25.8万个。

另一方面,境外经贸合作区有利于中国国内的产业结构调整和产业转型升级。具体表现在:首先,境外经贸合作区建设充分体现了投资带动贸易的大趋势。合作区通常由一家或若干家实力雄厚的国内大企业牵头建设,这些大企业通常居于产业链的主导地位,其对外直接投资活动需要国内企业的产品配套和相关服务配套,因此将带动整个产业链上下游配套企业的出口和对外直接投资。其次,当前我国在钢铁、煤炭、水泥、平板玻璃等产业存在较高产能,而东南亚和非洲等广大发展中国家正处于经济发展的起飞阶段,对这些产业具有较高的需求,因此通过国际产能合作,可以实现优势互补、互利共赢。最后,随着我国劳动力密集型行业逐渐转移到境外经贸合作区,国内资源就可以集中到技术密集型和知识密集型的产业,从而促进我国经济向高质量发展转型。

**（二）境外经贸合作区是促进中国企业对外直接投资的平台**

2000年以来,中国政府实施"走出去"战略,鼓励企业积极开展对外直接投资。然而,由于国外法律制度环境、市场偏好、语言文化等都与国内有较大差异,对外直接投资风险相对较高。再加上非洲和东南亚地区的发展中国家往往投资环境不完善,基础设施欠发达,产业配套能力差,甚至常常发生政治动荡和恐怖袭击,因此中资企业海外经营风险较高。而境外经贸合作区通过与当地政府合作,常常获得相对优惠的政策,企业办理各项手续的审批流程相对便利,同类企业集聚在一起也可以共同防范风险,降低安保成本,提高安全感。同时也有利于中国企业集体展示良好的形象,提高整体议价能力。

**（三）境外经贸合作区是中国实施对外援助的有效手段和重要平台**

境外经贸合作区不仅是我国对外经济合作的载体,也是我国实施对外援助、发展和维护中国与合作区所在国家良好关系的有效手段和重要平台。中国国内的经济特区或产业园通常是由当地政府或管委会负责区内的基础设施建设,甚至还负责提供厂房和技术工人。然而,如前所述,中国境外经贸合作区大都布局在经济相对落后的发展中国家和地区,园区内的投资环境落后,而且东道国政府也缺乏进行基础设施建设的资金和技术。此时,中国可以通过对外援助的方式帮助东道国完善合作区内的交通、水电和通信等基础设施建设,以基础设施建设带动我国国内制造业的出口,同时为中国企业入驻园区营造良好的经济环境。在实施基础设施和机器设备对外援助的同时,还可以同时帮助东道国培训人才,传播中国文化,树立中国企业形象,促进两国经济交往和社会文化交往。从而为境外经贸合作区建设营造良好的宏观政治经济环境。

# 第四节　境外经贸合作区建设存在的不足

由于"一带一路"沿线国家多处于工业化初期阶段,在政治经济、法律法规、社会文化等方面与国内环境有较大差异,与欧美等发达市场经济国家也有较大不同。因此东道国政策的透明度、产业园区建设资金投入与融资便利性、园区建设的产业定位以及赢利模式等问题都对经贸合作区建设提出了挑战。

## 一、境外经贸合作区的设立与运营缺乏顶层管理机制

如前所述,截至 2017 年年末中国已建立了 99 家境外经贸合作区,这些合作区分布在 44 个国家,其中亚洲占比最多,为 46.9%、欧洲占比第二,为 21.9%、非洲占比第三,为 21.2%。中国境外经贸合作区建设已经呈现燎原之势,已建、在建和洽谈中的合作区日益增多,广泛分布在世界主要国家和地区。随着境外经贸合作区数量的日益增加,园区之间的竞争与协作问题也日益突出,迫切需要进行顶层设计与管理,对园区设立的可行性、后期招商与运营、园区间的协作等问题予以统筹考虑,从而形成合力,共同维护国家形象。顶层设计与管理机制的设立,需要由国家相关部门牵头,对园区建设和投资进行统筹规划、协调布局、有序推进,国家和各省还应该对相应层级的境外经贸合作区的运营绩效制定科学的管理考核标准,建立健全对境外经贸合作区牵头企业的监管和指导机制。

## 二、境外经贸合作区的资金压力相对较大

中国境外经贸合作区大都设在发展中国家,相关项目的投资及国内投资与在发达国家的直接投资相比具有较高的风险。

由于境外经贸合作区所在国一般均存在经济发展水平落后、基础设施不完善、产业配套能力较差等问题。为了满足招商引资的需要,境外经贸合作区的运营方除了需要负责大量基础设施建设项目之外,还需要建设配套的厂房、仓储设施、办公楼、员工宿舍与生活配套设施,甚至一些公共配套设施等。在这种情况下,境外经贸合作区的运营主体事实上还提供了许多原本应该由当地政府负责提供的公共品。但是,由于一方面东道国政府财政状况并不乐观,无力为运营方提供数额较大的税收优惠或财政补贴;另一方面园区初期的收入来源只有园区土地溢价、物业服务等,而且土地转让后资金回收需要分期付款,资金回收周期较长。因此,大量支出需要依靠运营商自有资金支撑,保障充足的现金流难度较大,给企业造成较大的资金压力,对运营商的资金实力提出较高的要求。

此外,境外经贸合作区运营商还存在融资难度高、存量资产盘活困难的问题。一方面,由于合作区所在东道国金融市场不发达,审批手续烦琐,审批周期缓慢,透明度差,导致运营商在东道国的融资成本较高,难度较大。另一方面,中国国内金融机构对企业海外融资的监管比较严格,企业凭借海外资产抵押贷款需要满足较高的要求。这导致境外经贸合作区运营企业的大量海外资产无法盘活,资金占压现象严重,资金周转缓慢,进一步造成海外运营的资金压力较大。

### 三、境外经贸合作区的定位亟待进一步聚焦

一是园区自身功能定位需要进一步聚焦。目前的园区建设存在一定的盲目性和重复建设现象。园区建设大都采取先由牵头企业一次性投入建设,后进行招商的运营模式。这种模式下,如果项目可行性论证不足,或者东道国投资环境恶化,极有可能导致前期投资无法顺利收回,给国家和企业造成较高的损失(李春项,2008)。此外,目前的合作区大多集中在亚洲和非洲等地,园区之间若没有较好的统筹协调机制,极有可能形成同质化,导致彼此之间存在恶性竞争。

二是园区中各类企业的功能定位需要再聚焦。目前的境外经贸合作区建设尽管得到了中国政府的大力支持,有些还是在政府有关部门的主导下设立的,但是园区本身的运营应该遵循市场化原则,企业才是园区建设和运营的真正主体。这种运营模式对园区企业提出两方面的问题:一方面,对于牵头企业而言,其在园区建设时享受中国政府的财政补贴和优惠贷款支持,政府需要对其开发建设行为进行科学合理的监管,做到有的放矢,确保财政资金得到高效使用。另一方面,对于入驻企业而言,由于现有的园区招商定位大都以中小企业为主,需要考虑这些企业是否能够适应海外经营的高风险环境,应该采取针对性措施提高他们抵御风险的能力和竞争力。此外,如何根据园区发展需要,协调牵头企业和入驻中小企业之间的关系,使之形成密切配

合的产业体系,也是一个值得考虑的问题。

三是园区的产业选择定位需要再聚焦。从目前中国现有的境外经贸合作区产业定位来看,主要集中在加工制造、能源资源、商贸物流等产业,各个园区之间的产业选择雷同度较高、协同度较差,未来发展存在同质化竞争的问题。园区规划的发展方向都是集多功能于一身的综合型园区,缺乏特色和竞争优势,也没有充分发挥东道国的比较优势。

### 四、境外经贸合作区建设的外部环境存在较高的不确定性

境外经贸合作区建设与运营面临较高的宏观风险。当前经济全球化正处于逆行阶段,世界经济格局正加速演进和重构,发达国家与发展中国家传统力量对比正在发生此消彼长的变化,从而引发园区所在国的政治经济、社会文化、市场环境、金融环境、劳动力市场等存在诸多不确定性。境外经贸合作区的运营除了需要考虑经济风险外,还要考虑东道国政局稳定性,民族宗教冲突可能性,以及东道国政府政策透明度、稳定性和连续性等问题。

## 第五节　境外经贸合作区建设的对策建议

中国境外经贸合作区建设具有极为重要的战略意义,需要从国家顶层设计与支持、园区规划与服务、企业选择与监管等多方面入手进行统筹安排。针对我国境外经贸合作区建设中已经取得的经验和存在的问题,当前需要从以下几个方面入手加以完善。

### 一、进一步做好境外经贸合作区建设的统筹规划与服务保障

近年来,中国境外经贸合作区建设实践说明,合作共赢、包容性发展的理念切实受到广大发展中东道国的欢迎,值得进一步发扬和推广。由于能够帮助园区内广大企业有效抵御海外投资风险,入驻企业也普遍欢迎这种"抱团出海"、优势互补的"走出去"模式。境外经贸合作区建设应当在现有基础上,充分发挥中国政府宏观调控、统筹规划的作用,对合作区的布局和功能定位进行科学安排。中国政府有关部门应当进一步健全政府间沟通机制,要求东道国切实保障园区及园区内企业的合法权益,在有关双重征税、劳工政策、投资争端解决机制、投资者保护问题上与东道国政府进行充分沟通,达成一致,尽量帮助园区企业争取优惠政策,降低企业投资压力。

中国政府应当构建关于东道国宏观政治经济状况的预警与通报机制,针对东道国政治经济领域的突发性事件,应及时帮助园区企业稳妥应对、妥善处置,将损失降

到最低。

## 二、境外经贸合作区运营应遵循市场化原则

企业是境外经贸合作区的行为主体,市场化原则是境外经贸合作区运营始终应遵循的原则。园区的运营面临日益激烈的区域间乃至全球性竞争,在瞬息万变的市场竞争中,区内企业开展商业活动需要保持较高的敏感性和灵活性,而过于严格和烦琐的管制措施将会使企业丧失很多稍纵即逝的宝贵商机,因此政府有关部门应当在合理监管的同时遵循市场化原则,尊重企业作为市场主体自主决策的权利。

支持有条件的民营企业借助境外经贸合作区实现对外直接投资。目前,境外经贸合作区由多种所有制企业参与。国有企业在资金和技术方面拥有较强的实力,往往居于相关行业的主导地位,对上下游企业具有较强的支配能力,因此在开展海外经营时具有较为清晰的发展战略和较高的抗风险能力。然而由于经济体制差异,国有企业身份在海外市场往往比较敏感,容易受到东道国政府和当地居民的顾虑甚至是抵触。而经过改革开放40年的发展,我国民营企业已经发展为一支强大经济力量,涌现出一大批实力雄厚、拥有丰富市场经验甚至国际投资经验的优秀代表。有的民营企业长期深耕国外市场,对所在地的政治经济环境、社会文化状况、产业发展情况、市场需求与竞争优势等方面具有深刻的了解。这类企业的投资活动更加符合市场规律,成功的可能性较高,也更容易被当地所接受。因此,在中国境外经贸合作区建设中,政府应该积极引导和支持有经验的、实力雄厚的民营企业参与其中。

## 三、对境外经贸合作区建设要给予科学引导和监督检查

对于那些获得了大量政府财政补贴和支持的境外经贸合作区,政府有关部门必须给予科学引导和监督检查。在项目立项阶段,需要经过严格的可行性分析,确保项目切实符合经济规律和市场需求,具有较高发展潜力,避免企业跟风式地盲目投资行为。政府要科学引导牵头企业合理确定境外经贸合作区的产业布局和发展方向,按照不断提升产业分工地位的原则打造构建产业链,吸引目标企业入驻园区,并为入驻企业提供全面的管理服务。对境外经贸合作区的入驻企业选择,要在考虑其所在产业的发展前景、中国及东道国政府的产业导向,还应考察企业的实力和竞争力。在项目的建设运营阶段,政府有关部门应根据项目进度跟踪监督和检查,确保项目按计划进行。

## 四、大力培养外向型人才

整体而言,中国企业在海外经营的经验比较欠缺,而且由于与东道国存在较大的

语言文化和政治经济制度差异,中国企业开展本地化经营需要较长的学习和磨合过程。因此,一方面,企业应该善于融入东道国社会,树立开放型经营理念,敢于雇佣当地优秀人才和劳动力,在帮助东道国解决就业问题的同时,营造良好的企业社会形象;另一方面,中国应注重外向型人才的培育,不仅要在教育体系中加强企业海外经营所需知识的教育,还应该积极选拔资助企业优秀员工赴海外园区进行实地锻炼和培训。

第 五 篇

双向投资布局下国内体制
改革和参与全球治理的协同

# 篇首语　国内体制改革与参与全球治理的协同

◇◆◇◆◇◆◇◆◇◆◇◆◇◆◇◆◇◆◇◆◇◆◇◆◇◆◇◆◇◆◇◆◇◆◇◆◇◆◇◆◇◆◇◆◇◆◇◆◇

当前中国正面临着两个方面的制度推进任务。一是国内体制改革的深化,其核心是让市场在资源配置中发挥决定性作用,同时更好地发挥政府作用;二是积极参与全球治理,使外部体制更加适应国家进一步的开放型发展。这两者之间必然存在着深刻的内在联系,协同推进是一大主题。市场配置资源的体制核心就是投资体制;而与中国开放相关的全球治理问题,核心也是对外资的开放体制和符合中国对外投资需要的国际经济体制。

## 一、全球投资自由化趋势及其主要规则

投资自由化是全球化在当代的主要内容,其超越了贸易自由化成为各类自由贸易区和双边合作协议的主题。

从各类投资协议谈判看,投资自由化事实上包括了两个方面:一方面是各国从市场准入意义上有更多的部门对外资开放,并且这种开放得到各国法律与国际协议的制度保障,是市场准入制度上消除对外资障碍的统一;另一方面是各国在市场准入与对内外资管理意义上的公平,消除在制度上不利于外资的障碍,公平合理解决投资争端等相关问题。在一定意义上可以说,公平是比自由更为高水平的开放。

美国曾一度积极推动的跨太平洋伙伴关系协议(TPP)是全球化走向投资更加自由公平的一个标志。这一协议的本意是美国重返亚洲并针对中国,但其所体现的更高水平的全球化也同样是明确的。美国新任总统特朗普宣布退出 TPP,TPP 也可能因此而搁置,但是这主要是取决于美国总统的国际战略选择,核心是作为发达国家的美国是否应更大的开放市场,并意味着全球化的历史走向的长期逆转。关键的信息在于,从 TPP 已经达成的协议内容看,全球化已经走到更高的投资开放水平和要求各国在国内制度意义上扩大开放和公平。美国中止了 TPP,但仍然会继续与各国进

行双边谈判,特别是投资谈判,已经达成的大量投资谈判协议也反映了投资自由化、公平化的内容和要求。

从世界贸易组织服务贸易谈判看,投资在更高水平上的和制度意义上的开放也同样是世界发展的趋势。

因此,我们仍然应当高度关注全球投资规则的走向,这将不仅是我国与各国进行高水平投资协议谈判的主题,也将是未来区域和多边谈判的主题。

## 二、中国推进国际投资协议的进程与障碍

最近十多年来,中国不断推进与各国的贸易投资谈判,签订合作协议,其中要求外国投资开放日益成为中国的目标,即使名为自由贸易协议的谈判,其投资内容也日益增加。

从中国与各国已经达成的协议来看,中国的对外投资战略已经得到制度性的推进,对于我国在海外利益的有效保护具有积极作用。除了各协议之外,领导人的互访所作出的承诺和签订的相关合作文件也为未来发展开辟了道路。

但是从总体上看,中国为对外投资发展所作出的协议性安排水平还较低,与发达国家对外投资协议大量涉及国家在制度和管理意义上的投资开放相比,还存在着较大的差距。在一些国家特别是发展中国家,国内制度不稳定,中国企业投资环境不确定,安全性难以保障,政策变动较大,都为投资造成了较大的风险,与我国大规模计划对外投资的需要不相吻合。

从发达国家的情况来看,一些国家对中国发展存在不必要的疑虑,对中国资本的迅速扩展难以接受。特别是在一些政治因素影响下,对中国迅速扩大的投资能力存在戒心,不能接受中国有较大国有经济成分和政府有较大职能的经济制度,从而对中国的相关投资特别是并购类投资设置重重不合理障碍,阻碍了中国投资的有效发展。

从目前阶段看,中国对外投资的主要目标是保障稳定的资源供给,获得先进的技术与产品,开辟更大的销售市场,寻找更多的合作伙伴。在这些投资中,中国希望有稳定透明的政治环境以确保投资安全,希望得到公平的竞争机会,防止非国家安全意义上的政治干扰,实现互利共赢的发展。

## 三、中国投资体制与全球投资自由化趋势的差距

从更高水平上参与经济全球化的要求看,中国经济体制改革的重点是建设一个开放型经济新体制,而这一体制的核心不是更强的外贸外资激励政策,而是更为规范、透明、国际化、法治化的经济制度,是一个与国际投资自由公平要求相对应的经济体制。

　　开放型经济新体制首先是一个适合于负面清单加准入前国民待遇的开放体制。这一开放模式是全球化投资开放的基本特征,相应地,对外资的管理从事前审批转变为事中事后监管。然而,从我国政府目前的监管体制看,对外资实行事中事后监管依然存在着很大的不适应性。不能成功地完成这样意义上的体制建设,就难以避免扩大开放后的经济与社会风险。改革的核心问题是提升政府监管能力和监管制度创新,以适应开放模式的变化。

　　有效维护国家经济安全是扩大开放的前提与底线。国家经济安全的第一条防线是开放部门的承诺,第二条防线是上述监管,同时也需要善于运用好第三条防线,善于运用国家安全防线来合理保护自己。

　　通过特殊政策激励外资流入是我国发展的一条重要经验。在这个体制中,政策的不稳定性、地区的差异性成为一个特色,因而也背离了国际投资规则趋势所要求的透明与规范要求。强大的政府职能是我国的体制优势,但也可能因此背离了公平的市场竞争规则和法治要求。

　　中美双边投资协议(BIT)谈判前景目前还难以预测,但是可以确定的是,其中主体文本的各项条款广泛涉及中国的经济管理体制问题。正如中国加入世贸组织后进行了大量的体制改革与法律修订一样,中美 BIT 谈判也要求我国进行相应的体制改革。事实上这些改革的需要并非完全来自美国,因为当今的国际投资谈判协议已经形成了一个基本趋势与结构,在我国与其他国家谈判投资开放中也是这样。

　　重要的还在于,适应全球投资新规则谈判的诸多条款内容也是我国自身体制改革、建设更高水平市场经济的要求。因为这些条款所体现的对外资的公平意义上的开放在很大程度上也正是一国市场构建公平竞争体制和法治建设的要求。

## 四、中国在全球投资体制建设中的作用

　　一方面,中国始终坚持互利共赢的外交战略,对外投资也是这样。但是国际社会对中国的认识仍然有一个过程。

　　中国对外投资总目标是与各国共同发展,这是一个完全不同于当年发达国家殖民主义的政策目标。由于产业结构与经济规模,中国必然注重资源能源开发性的国际投资,这表面上与当年殖民主义的相同之处容易被误解和误导,造成中国对外投资中的不利。除了以理论与事实回应国际社会的不实言论外,中国还需要通过有利于东道国发展的事实来证明中国与当年殖民主义的本质区别。

　　以"一带一路"倡议的"五通"发展理念为指导的对外投资集中体现了中国的共赢方针。中国注重道路建设,为东道国创造长期合作的基础;注重资金融通与贸易相通体现的是共同发展,而不是中国自己开发市场;特别是注重政策沟通反映了以政府

合作为基础;以人心相通体现了友好、和谐与共同价值的培育。因此,中国对外投资是一种全方位合作的互动战略,是平等的和共同发展的战略。中国必须在对外投资中坚持这样的总战略,以共同发展取得各国的信任。

包容性发展是中国近年来提出的一个重要理念,这一理念的提出正是在于回应国际社会对中国发展的关切。客观地讲,中国迅速增长的对资源的需求和出口能力对相近水平的发展中国家形成了压力,也对世界环境保护形成了压力,出现了不包容现象。改变这一现象的根本在于中国调整国内发展战略,实现产业结构升级,改变低端成本竞争模式,高度注重环境保护和承担国际减排义务,为各国发展留下空间、创设空间,取信于国际社会。对外投资是一个重要窗口,要通过这一窗口体现中国作为负责任大国的国家形象。

从理论上讲,竞争创造效率,国际市场也因为竞争创造效率而带来更大的发展。然而,由竞争创造效率的过程是一个市场剧烈调整的过程,特别是当一个发展中国家通过开放引进竞争的发展可能充满动荡和波动。因此,为了更好地达到共赢目标,中国对发展中国家的投资不能单纯采用竞争的原则,而要更多贯彻合作的方针,在合作中实现共赢。为当地创造就业,创造相应投资机会和市场需求,是中国在对外投资推进过程中应贯彻的方针。

此外,在全球投资自由化的进程中,全球投资制度建设已经成为全球治理的一大主题。各类双边多边谈判是这种治理的一个方面,中国需要去适应这一新趋势。但是,从更广泛的意义上讲,在这一历史进程中,中国也需要从自身的利益出发,提出全球投资自由与公平体制建设的主张。

在中国应对全球化挑战的过程中,基本立场是在接受规则基础上趋利避害。对由发达国家建立的体制没有发言权和影响力。但是,当中国的发展已经深刻地影响了世界经济体系后,情况就不同了。中国需要接受国际规则,同样也应当是国际新规则的合作制定者。因为中国需要代表新兴经济体与发展中国家的利益使全球规则更加合理公平。

在投资自由化、公平化的趋势中,我们明显看到,所有规则都是由发达国家提出的,而其基础是发达的市场经济体制,中国的体制并不完全适应。我们承认市场经济原则,但我们也必须看到,世界各国的市场经济体制是不同的,有各国的特色,有发展水平的差异。在这种情况下,仅仅按照发达国家的标准和需要制定国际投资规则显然是不合理的。

在国际投资规则制定中,我们需要充分维护中国的国家利益,而其中一个重要环节就是坚持中国的经济制度,特别是国有企业制度和政府有为制度,也要维护国家主权。

　　改革是中国发展的根本,改革也是扩大开放、提高开放水平的前提。在国际投资自由公平的趋势中,改革需要适应这一体制需求,实现国内体制与国际规则的兼容。但是兼容不等于相同,兼容也不等于接轨。中国不可能完全按照国际上由发达国家制定的投资自由公平规则构建自己的经济体制。在这一点上,需要从中国国情出发、从中国国家利益出发提出适合于中国经济体制特点的制度建设主张,以维护中国的体制优势,只要符合各国共同利益和公平原则,以此为原则参与全球治理是完全必要的。可以理解,中国从一个发展中大国需要出发的主张,也将完全符合其他新兴经济体和发展中国家的需要,可以实现更广泛的共赢目标。

# 第二十五章 全球投资自由化趋势及其主要规则

◆◇◆◇◆◇◆◇◆◇◆◇◆◇◆◇◆◇◆◇◆◇◆◇◆◇◆◇◆◇◆◇◆◇◆◇◆◇◆◇◆◇◆

20 世纪 80 年代以来,出口贸易和对外直接投资成为企业国际化路径的两个选项,跨境贸易和投资相互影响,不仅推动了贸易自由化水平的提高,同时也对投资提出了自由化的要求。

## 第一节 投资自由化的缘起与内涵

根据联合国贸发会议（United Nations Conference on Trade and Development, UNCTAD）发布的《世界投资报告 1998:趋势和决定因素》,投资自由化内涵包括三个方面的要求,即减少导致市场扭曲的措施、塑造和提高投资者待遇标准、完善市场监管措施。

### 一、全球跨境投资缘起与现状

20 世纪 80 年代以来,贸易自由化和区域经济一体化大大加强。跨境贸易和投资相互影响,贸易和投资间的关系从相斥走向相融,贸易和投资同时成为企业国际化路径的选择。发达国家与发展中国家对发展经济的共同诉求,使两者在放松对外国投资的法律管制问题上存在共识,发达国家与发展中国家共同推动了投资自由化的进程。

2016 年 6 月,UNCTAD 发布《世界投资报告 2016:投资者国籍及其政策挑战》显示,从全球投资总体来看,2015 年全球跨境直接投资强劲复苏,达到 1.76 万亿美元,这是全球金融危机以来的最高水平。其中全球跨境并购交易大幅飙升,这是本轮全球跨境直接投资强劲复苏的主要动力。从投资流向来看,2015 年流入欧美等发达经济体的跨境直接投资增长 84%,发达工业化国家吸收外资占全球总量比重从 2014 年的 41% 跃升至 2015 年的 55%,扭转了此前发展中国家和转型经济体占主导地位的趋势。并购活动是导致跨境直接投资流入发达工业化国家经济体的主要原因。流入发展中国家的跨境直接投资再创新高,达到7650亿美元,增长9%。流入亚洲的跨境直接投资超过5000亿美元,亚洲仍然是全球吸引跨境直接投资最多的地区。全球最大的10个跨境直接投资目的地排名中,发展中国家仍然占了一半。

对于中国跨境直接投资情况,报告显示:2015年中国吸收外资增长6%,达到1356亿美元;中国仍是全球最具吸引力的投资目的地之一;2015年,中国吸收外资的全球排名从第一位降到第三位,居美国和中国香港之后。由于中国香港的外资统计中包含大量过境投资,中国实际吸收外资的全球排名可能是第二位,仅次于美国。2015年中国对外直接投资增长4%,达到1276亿美元。[①] 由于中国企业积极参与国际并购,一部分发达工业化国家的跨境投资主要来自中国。由于中国"一带一路"建设的实施和推进,中国企业对发展中国家的投资也在高速增长。按目前经济走势,中国吸收外资和对外投资双向并举将成为一个长期特征,中国跨境双向投资须与时俱进,成为推进中国双向投资更快更好发展的法律保障。

报告说明,全球跨境直接投资呈现出迅猛发展景象,发展中国家与发达国家都在吸收外资的同时,扩大对外投资,强化国内外市场的一体化资源配置,促进本国经济增长。[②]

## 二、投资自由化的内涵

根据 UNCTAD 发布的《世界投资报告1998:趋势和决定因素》,投资自由化内涵有三个方面的要求。第一方面是减少导致市场扭曲的措施,包括限制措施和鼓励措施,限制措施包含市场准入和建立投资、所有权和控制、经营限制、管理和报告等,鼓励措施包括税收优惠、融资优惠等;第二方面是塑造和提高投资者待遇标准,包括国民待遇标准、公平和公正待遇标准、投资争端解决方式、资金自由流动、透明度等;第三方面是完善市场监管措施,如竞争政策(含国际并购)、反垄断、审慎监管、信息披露等。[③]

具体而言,投资自由化涉及市场准入、国民待遇、业绩要求、透明度、投资争端解决5个方面的内容:投资自由化要求投资东道国放松市场准入要求,允许外国投资自由进入国内市场;根据国民待遇,外国投资者在建立所有权和对企业的控制,在货物法律保护以及在劳动法、税法、环境保护法、消费者权益保护法、融资贷款、获取政府援助等方面,与本国投资者享有的权利义务应当一致;业绩要求就是东道国对外国投

①　朱菲娜:《全球外国直接投资强劲复苏》,《中国经济时报》2016年6月22日。

②　黄家勇:《国际投资自由化规则及对中国双向投资体制改革的建议》,上海社会科学院2017年硕士学位论文。

③　卢进勇、余劲松、齐春生主编:《国际投资条约与协定新论》,人民出版社2007年版,第6页。

资采取的一些具体的管制措施,东道国可以把业绩要求适用于准入阶段,即要求外国投资者满足履行要求作为准入的条件,也可以把业绩要求适用于外国投资准入后阶段;透明度要求东道国公开其涉及外资的全部法律、政策和措施,使投资者能够比较容易地了解东道国的所有与外资有关的法律、政策和措施[1];灵活的投资争端解决机制赋予投资者对国际投资争端国际仲裁方式的自由选择权,而无须东道的同意。[2]

### 三、投资自由化和投资保护并存

世界范围内全球投资竞争激烈,大部分国家不断改善投资环境、吸引外商投资,这种情况对投资自由化起到了促进作用。UNCTAD 的数据显示,2015 年有 46 个国家和经济体至少采取了 96 项影响外国投资的政策措施,其中 71 项是与投资自由化和促进投资有关。

与此同时,投资保护在一些国家和地区依然严重,如部分拉美国家收紧了对资源及其他特殊领域的准入;一些发达国家在服务业及高技术领域,为了促使本国资本回流或转移,也采取了相应的控制措施。[3] 自 2005 年以来,拉丁美洲一些国家采取了一系列与投资自由化趋势相悖的限制性政策措施,成为当今国际投资限制政策发展的最主要代表。这些投资限制措施主要包括:

一是对重要经济领域的外资企业实行国有化,如玻利维亚于 2008 年对国内最大的电信公司进行了国有化改革,使得政府占有了该公司 50% 的股份。

二是取消促进外国直接投资的优惠政策,如阿根廷政府取消了境内外国矿产开采公司在税收上的特权,使得他们必须支付 5%—10% 的出口税。

三是退出 ICSID 仲裁解决机制,如玻利维亚已于 2007 年 11 月 3 日宣布退出 ICSID,厄瓜多尔于 2007 年 12 月 4 日声明其不再接受 ICSID 对有关自然资源开采争议解决的仲裁判决。[4]

## 第二节　国际投资立法的发展与演进

国际投资立法,主要包括双边投资协定、区域投资协定(或具有投资章节的区域

---

[1]　叶兴平、杨静宜:《国际直接投资自由化的法律政策分析》,《武汉大学学报(哲学社会科学版)》2002 年第 4 期,第 464—468 页。

[2]　黄家勇:《国际投资自由化规则及对中国双向投资体制改革的建议》,上海社会科学院 2017 年硕士学位论文。

[3]　黄家勇:《国际投资自由化规则及对中国双向投资体制改革的建议》,上海社会科学院 2017 年硕士学位论文。

[4]　马新铎:《论国际投资限制措施的新发展》,《法制与社会》2009 年第 23 期,第 157 页。

经济协定)以及多边投资协定。

## 一、国际投资立法的历史回顾

《世界投资报告2016:投资者国籍及其政策挑战》显示,国际投资协定(International Investment Agreement,IIA)数量继续增长,且出现了"碎片化"特征。截至2016年5月底,近150个国家或经济体参与了至少有57个新的国际投资协定谈判。[①]

### (一) 国家独立形成的经济主权观

20世纪50年代以来,各殖民地纷纷独立。在国际舞台上,新独立国家形成了第三世界国家。为彻底摆脱殖民时期被控制的经济资源和命脉及贫困的状况,第三世界国家利用联合国平台,推动了一系列关于经济主权的国际立法,如联合国大会在1962年通过了《关于自然资源之永久主权宣言》,在1974年通过了《建立国际经济新秩序宣言》,使得国家主权原则在国际法上得到承认。据此,各国尤其是发展中国家有权根据自己的经济发展水平和国情,来决定自己的经济发展政策,有权决定对外资的管理措施,并实行国有化或征收。

### (二) 投资自由化规则的初创

20世纪末期,发展中国家为了发展经济,一定程度上开放了国门,纷纷吸收外国直接投资。自1978年以来,中国实行改革开放的基本国策,在经济发展上取得瞩目成就。其他发展中国家鉴于吸收外资对经济发展的巨大作用,也逐步放松对外资的管制,采取了一定程度上的自由化举措。1991年,苏联解体、自由市场经济成为更多国家的选择。为此,世界银行和国际货币基金组织极力倡导投资自由化理念,要求发展中国家进一步开放外资。发达国家凭借其强大的经济实力,宣扬全球经济资源自由化配置的理念,与发展中国家签订了众多的双边投资协定,确定了较高的投资保护和自由化标准。在区域投资协定方面,发达国家的投资自由化理念得到贯彻,如欧洲共同市场、北美自由贸易协定。在多边投资协定方面,虽然尚未形成统一的多边投资协议,但投资自由化已经影响到多边贸易领域,世界贸易组织的《与贸易有关的投资措施协定》(Agreement on Trade-Related Investment Measures,TRIMs)得以颁布。

### (三) 不同类型东道国对投资自由化诉求不同

2010年以后,全球跨境直接投资的流向出现新的变化,传统的资本流入国家如金砖国家成员中国、印度、巴西等国的对外投资量剧增,具有了资本输出国的身份。而原本作为资本输出国的北美、欧洲发达工业化国家成为资本流入大国或聚集区域。

---

① UNCTAD,"World Investment Report 2016 - Investor Nationality:Policy Challenges",http://unctad.org/en/PublicationsLibrary/wir2016_en.pdf,2017.

这种身份的转变,促使有关各国重新审视投资自由化政策及相应规则。发达工业化国家曾经鼓吹高度投资自由化,但现在也对外国投资提出如国家安全方面的种种限制,阻止外国投资的进入。发展中国家在国际协定的缔结中,也注意到自身投资地位的转变,进而谋求投资自由化条款程度上的提升。①

## 二、"碎片化"国际投资立法的协同

与国际贸易领域已经建立了多边贸易法律体制所不同的是,迄今为止,国际投资领域尚未在全球范围内达成多边投资法律制度。经济合作与发展组织(Organization for Economic Co-operation and Development, OECD)曾在 1995 年至 1998 年间进行了尝试缔结全球性多边投资协定的系列活动,最终未能达成一致,结局仅仅是起草了一份多边投资协定草案。

在多边投资框架缺失的情形下,各国转而缔结双边及区域投资协定,国际投资法律体系不断扩大。截至 2015 年年底,国际投资协定的数量增长到 3304 个。与此同时,涵盖全球大多数主要经济体的超大型区域贸易投资协定仍然在不断推进。跨太平洋伙伴关系协定(Trans-Pacific Partnership Agreement, TPP)已经签署,跨大西洋贸易与投资伙伴关系协定(Transatlantic Trade and Investment Partnership, TTIP)以及区域全面经济伙伴关系协定(Regional Comprehensive Economic Partnership, RCEP)谈判正在进行。一般来说,区域投资协定生效之后,各成员间的双边协定往往继续生效,国际投资立法的碎片化趋势不断发展。

在国际投资立法碎片化发展的同时,国际投资立法的协调与整合也是明流暗涌。一方面,UNCTAD 正积极推进国际投资协定体制的改革与发展,《可持续发展的投资政策框架》(Investment Policy Framework for Sustainable Development, IPFSD)提出了下一代投资政策及规则,对加强国际投资体制改革的国际协同提供了有益的指导。另一方面,越来越多的国家认识到改革国际投资体系的必要性。近 100 个发达国家以及发展中国家参照 UNCTAD/IPFSD 及《国际投资体制改革路线图》(Roadmap for Reform of International Investment Agreements),重新审评了各自现有的国际投资协定。在此基础上,各个经济体更重视区域投资政策及规则的协同,包含投资内容的几个超大型区域谈判已经完成或正在推进,全球范围内的新一代国际投资规则或将形成。以双边投资协定为基础的传统国际投资体制,有可能向以区域投资协定为基础的国际投资体制演变,并将为多边投资体系框架的形成提供动力。

---

① 黄家勇:《国际投资自由化规则及对中国双向投资体制改革的建议》,上海社会科学院 2017 年硕士学位论文。

### （一）投资自由化将是国际投资立法的主旋律

随着国际投资活动的日益发展,越来越多的双边投资协定、区域性的投资立法规定了投资自由化的内容。自由化是晚近国际投资政策发展的主要方向。作为世界上最大的发展中国家,中国在国际投资协定的实践中顺应了这种自由化的趋势,合理利用其为本国的经济利益服务。

晚近双边投资协定对投资自由化的要求,首先体现在倡导外资准入自由、废除履行要求两个方面,此外,进一步提高投资待遇、强化投资保护和私人投资者在投资争议解决机制中的作用也是晚近双边投资条约迎合投资自由化要求的重要表现。[①]UNCTAD 的统计显示,2015 年共有 46 个国家和经济体通过了近百项涉及外商投资的政策措施。在这些政策措施中,71 项涉及投资自由化及投资促进,13 项涉及对外资加强限制或监管,其余 12 项为中立性措施。投资自由化及投资促进措施占比达到85%,高于过去五年的平均水平。[②]

### （二）投资便利化逐渐成为国际投资谈判的重要议题

在全球价值链的推动下,随着全球投资与世界贸易紧密联系,投资便利化与贸易便利化的关系也日益密切、相辅相成。

早在 2008 年,APEC 就制定了《投资便利化行动》;2014 年,WTO 达成《贸易便利化协定》;2016 年,联合国贸发会议提出《投资便利化全球行动清单》;2017 年,金砖五国通过《金砖国家投资便利化合作纲要》。

目前,投资便利化日益受到国际组织的重视,G20 也呼吁国际社会关注投资便利化问题。可见,投资便利化已经逐渐成为国际投资领域的热点。

### （三）投资限制措施仍将长期存在并不断演化

投资自由化与投资促进代表着国际投资立法的主旋律与发展方向。与此同时,维护东道国对外资采取管理措施的权力仍然是现阶段各国外资监管体系的重要内容。UNCTAD《世界投资报告 2012:迈向新时代投资政策》中制定了可持续发展投资政策框架,明确了制定外国投资政策的核心原则——监管权。报告提出,根据国际承诺,为了公共利益及尽量减少潜在负面影响,每个国家都有权建立外国投资准入条件,并确定外国投资的运行条件。不少国家在国际协定中通过引入环境保护、国家安全例外、维护金融体系一和稳定的审慎措施等办法,扩大了东道国对外资的监管空间。

除了上文提及的国有化等传统的投资限制措施之外,在当今全球化的变局中,投

---

① 刘笋:《投资自由化规则在晚近投资条约中的反映及其地位评析》,《华东政法大学学报》2002 年第 1 期,第 41—46 页。

② 《全球 FDI 趋势及国际投资政策热点问题》,http://opinion.caixin.com/2016-06-22/100957210.html,2017 年 12 月 1 日。

资限制措施有了新发展,主要表现为试图在保护外资权益和维护东道国对外资采取管理措施的权力间实现平衡,强调基于公共利益保持东道国对外资的管辖权。这些新型的投资限制主要包括:强化对涉及国家安全领域投资的限制力度;扩大对涉及公共事业领域投资的审查范围;着手对主权财富基金投资行为进行限制;等等。①

### 三、双边投资协定

双边投资协定由《友好通商航海条约》(Friend Commerce Navigation Treaty,FCN)演变而成。世界上第一个FCN由美国和法国于1778年签订,主要涉及贸易和航海事宜,不具有国际投资协定的性质。第二次世界大战后,FCN增加了外国投资者的待遇标准,外国投资者的财产保护,征收、国有化的补偿,资金转移,投资争议处理程序等投资内容,基本具备了现代双边投资协定的性质。②

根据UNCTAD的统计,全球双边投资协定共计2964部,其中生效的有2332部。③ 德国以135部名列第一,中国以129部名列第二,签约量前十名见表25-1④,除中国和埃及外均系欧洲国家,美国以46部名列第49位。⑤

表 25-1  全球双边投资协定 (单位:部)

| 序号 | 国家 | 签约量 | 执行量 |
|---|---|---|---|
| 1 | 德国 | 135 | 132 |
| 2 | 中国 | 129 | 110 |
| 3 | 瑞士 | 114 | 112 |
| 4 | 英国 | 106 | 96 |
| 5 | 法国 | 104 | 96 |
| 6 | 埃及 | 100 | 73 |
| 7 | 土耳其 | 98 | 75 |
| 8 | 卢森堡 | 96 | 73 |
| 9 | 比利时 | 95 | 74 |
| 10 | 荷兰 | 94 | 90 |

资料来源:UNCTAD。

---

① 马新铎:《论国际投资限制措施的新发展》,《法制与社会》2009年第23期,第157页。
② 梁开银:《中国双边投资条约研究》,北京大学出版社2016年版,第38—40页。
③ UNCTAD, "International Investment Agreements Navigator", http://investmentpolicyhub. unctad. org/IIA/IiasByCountry#iiaInnerMenu,2017年3月15日。
④ UNCTAD, "International Investment Agreements Navigator", http://investmentpolicyhub. unctad. org/IIA/IiasByCountry#iiaInnerMenu,2017年3月15日。
⑤ 黄家勇:《国际投资自由化规则及对中国双向投资体制改革的建议》,上海社会科学院2017年硕士学位论文。

目前,双边投资协定主要有德国式和美国式两种模式和相应的示范文本。

**(一) 德国式双边投资协定**

德国已经推出了多个范本,现行范本是 2005 年版。该文本合计 14 个条款,涵盖了一般双边投资协定的全部条款。德国双边投资协定的早期签约对象多为发展中国家,出于对发展中国家经济和政治环境的考虑,主要以促进和保护外国投资为宗旨,条约内容较为保守。条约内容呈现结构简单、内容简约的特点,内容涉及投资定义、准入、待遇、征收、争端解决等传统的国际投资法的一般问题。德国范本经过多年实践,一定程度上提高了投资自由化水平,如与缔约国就国民待遇和最惠国待遇条款进行谈判和修订,对征收和类似干涉行为的适当补偿条款进行谈判和修订,在争端解决方面引入国际解决投资争端中心机制。①

2009 年 12 月《里斯本条约》生效后,欧盟将代表其成员国与第三国缔结双边投资协定。欧盟成员国对外签署的 1300 多个双边投资协定将被欧盟双边投资协定取代,德国范本将对欧盟双边投资协定产生深远影响。②

**(二) 美国式双边投资协定**

20 世纪 80 年代以后,美国推出了多个范本,即《美利坚合众国政府与＿＿国关于促进和相互保护投资协定》。现行范本是 2012 年版,是在 1984 年版、2004 年版的基础上发展而成。现行美国范本共 37 个条款,包括定义、适用范围、待遇标准、征收与补偿、禁止履行要求、透明度、不符措施等 22 项实体性条款,以及国家与投资者争议解决条款和国家与国家争议解决条款等程序性规定。③

相较于德国范本,美国范本具有如下特点。

一是在投资待遇方面,2012 年美国范本推行"准入前模式",美国范本要求东道国在投资设立过程中就赋予投资或投资者国民待遇和最惠国待遇;而德国范本通常采用"准入后模式"在外国投资项目设立后东道国才给予投资和投资者以国民待遇和最惠国待遇。

二是在谈判模式方面,美国范本规定"不符措施",通常以附件的形式,用清单列举不符合国民待遇和最惠国待遇的措施种类,即"负面清单";而德国范本通常对不符措施,采用"正面清单"。

三是在法律法规透明度方面,美国范本提出更多具体细致的要求,如要求东道国

---

① 陈安主编:《国际经济法学》,北京大学出版社 2001 年版,第 336、337 页。

② UNCTAD, "World Investment Report 2011: NON - EQUITY MODES OF INTERNATIONAL PRODUCTION AND DEVELOPMENT", http://unctad.org/en/PublicationsLibrary/wir2011_en.pdf, 2011.

③ 黄家勇:《国际投资自由化规则及对中国双向投资体制改革的建议》,上海社会科学院 2017 年硕士学位论文。

明确发布投资性法律规定的具体载体,法律草案具备一定的公示期,应对法律修改作出说明。在投资争议解决程序上,美国范本非常注重投资争端的国际仲裁机制。[①]

## 四、区域投资协定

WTO 这一多边贸易体制的建立,削减了各国间贸易壁垒,促进了货物和服务的跨境自由流通,促进了世界经济的增长。然而,由于经济发展水平的不平衡,WTO 成员内部仍然具有矛盾冲突,因此,在 WTO 体系之外,出现了一系列的区域贸易协定(Regional Trade Agreement,RTA),如欧洲联盟(European Union,EU)、北美自由贸易协定(North American Free Trade Agreement,NAFTA)、东南亚国家联盟(Association of Southeast Asian Nations,ASEAN)等。近年来,TPP 的达成和 TTIP 的谈判,不仅和其他双边自由贸易协定一样采用"WTO+"方式,而且引入了"下一代贸易与投资议题"(Next Generation Trade and Investment Issues)。在这些协定中,通常含有专门的投资章节,规范着缔约国间的国际投资。下面就若干典型的区域投资协定进行阐述。

### (一) 欧洲联盟

欧洲联盟是迄今为止全球最成功的区域经济和政治一体化组织。1991 年 12 月 11 日,欧洲共同体(European Community,EC)[②]首脑会议通过了《欧洲联盟条约》,以建立一个集经济、货币和政治联盟于一体的欧洲联盟。因该条约签署于荷兰马斯特里赫特,故该条约亦称《马斯特里赫特条约》。1993 年 11 月 1 日,条约生效,欧洲联盟成立。欧盟现有 28 个成员国,其中英国在 2016 年 6 月 23 日举行"脱欧公投",脱欧派胜出。

经过 50 多年发展,欧盟在成员国内部实现了商品、资本、服务和人员的自由流通。在对外投资方面,《欧洲共同体条约》赋予各成员国自行制定投资政策的权利,据此欧盟国家对外签署了 1300 多个双边投资协定。但在 2009 年 12 月《里斯本条约》生效后,欧盟取代各成员方对外投资条约谈判的资格,欧盟与第三国的双边投资协定进入新的时代。

### (二)《北美自由贸易协定》

1992 年 8 月,美国、加拿大和墨西哥三国达成《北美自由贸易协定》,协定于 1994 年 1 月 1 日正式生效。

NAFTA 的第五部分第十一章为投资规则,以美国双边投资协定为基础而形成。

---

① 黄家勇:《国际投资自由化规则及对中国双向投资体制改革的建议》,上海社会科学院 2017 年硕士学位论文。

② 简称"欧共体",由《建立欧洲煤钢共同体条约》《建立欧洲经济共同体条约》《建立欧洲原子能共同体条约》合并而成,成员国为法国、联邦德国、意大利、荷兰、比利时和卢森堡。

投资规则分为实体部分和程序部分。实体部分规定了缔约国对外国投资或投资者所负有的投资待遇和投资保护方面的义务。程序部分规定了争端解决机制,投资者可以将其与投资国的投资争端提交国际仲裁法庭解决。

NAFTA 投资条款,较传统投资协定有重大突破,对现行国际投资协定具有重大发展。[①]

一是协定适用范围高度宽泛。在投资者定义上,NAFTA 突破"国民"的国籍要求,规定缔约国的合法永久居民构成"国民",规定按照缔约国法律建立的一切商业实体(组织形式在此不论),均构成"企业";在投资定义上,除企业、股权和债券外,房地产、有形或无形资产、企业收入、利润的利息等均构成投资。

二是协定规定高标准的投资待遇。实施非歧视性待遇,是 NAFTA 赋予缔约国的基本义务。条约规定缔约国负有给予其他缔约国的投资者和投资国民待遇、最惠国待遇和公平公正待遇。并且此种待遇不仅应当适用于投资开业之后的营运阶段,还应当适用于开业过程中,即赋予准入前国民待遇和最惠国待遇标准,这是 NAFTA 的创新之处,设立了更高的投资待遇标准。

三是绝对禁止业绩要求。NAFTA 禁止缔约国对外国投资施加任何限制和要求,不论是在投资开业、收购阶段,还是在投资扩张、管理、经营阶段,也不论该措施是否是投资者取得优惠或鼓励的条件。

四是高水平的征收补偿标准。NAFTA 创设了间接征收,规定东道国的某些规范性措施如果造成了类似征收的效果,也视为对投资者财产的征收。这突破了传统征收的定义。在征收补偿的标准上,NAFTA 选择了"立即、充分和有效的补偿"的"赫尔模式"。

五是独特的争端解决机制。NAFTA 在争议解决的程序部分,不同于以往由主权国家解决投资争议的机制,创造性地建立了投资者与东道国政府解决争端的国际仲裁机制。依照 NAFTA 争端解决机制,如东道国违反协定义务,导致了投资者损失,投资者可以提出国际仲裁。

### (三) 东南亚国家联盟

东南亚国家联盟(以下简称"东盟")成立于 1967 年 8 月 8 日,以印度尼西亚、泰国、新加坡、菲律宾和马来西亚五国签署发表的《东南亚国家联盟成立宣言》为标志。

东盟的前身是东南亚联盟,东南亚联盟由马来西亚、菲律宾和泰国于 1961 年 7 月 31 日成立。东盟现有 10 个成员国。东盟于 1992 年提出建立东盟自由贸易区,

---

[①] 叶兴平:《〈北美自由贸易协定〉的投资规则及其对多边国际投资立法的影响》,《国际投资法》2002 年第 2 期,第 11—13 页。

2008 年提出建设东盟共同体的目标,2015 年成立东盟共同体。

在投资环境方面,东盟成员国于 2008 年 12 月签署了《东盟全面投资协议》,于 2014 年签署了《东盟全面投资协定的修正议定书》,逐步放宽或取消了投资限制,主要涉及制造业、农业、渔业、林业、采矿业和服务业等领域。鉴于东盟各成员国的发展水平、政治制度、社会形态和法律体系均不相同,东盟经济共同体实际上是一个有限的共同市场。①

## 五、多边投资协定

WTO 框架下《与贸易有关的投资措施协定》(Agreement on Trade‑Related Investment Measures,TRIMs)成为目前最具广泛约束力的国际多边投资协定。但该协定毕竟是国际贸易领域内的协定,并非专门调整投资领域的国际法。为此,以发达工业化国家为主体的 OECD 尝试制定专门的多边投资协定,但由于南北矛盾和经济发展的不平衡,最终未获成功。但所制定的草案对研究国际投资自由化具有重要意义。

### (一)《与贸易有关的投资措施协定》

TRIMs 是 1986 年 10 月开始的乌拉圭回合谈判的重要成果。由于国际直接投资发展迅速,某些东道国政府对外国投资采取了相应的管制措施,进一步对贸易产生了限制和扭曲效应。WTO 经过谈判达成 TRIMs,要求成员方在一定时期内将其取消,各国的有关政策与法规应根据协定作出相应的修改。

TRIMs 根据国民待遇原则和取消进出口数量限制的原则,规定禁止使用的四项投资措施,即当地成分要求、贸易平衡要求、国内销售要求和外汇平衡要求。TRIMs 规定发展中国家为了平衡外汇收支平衡和扶植国内幼稚产业发展等目的,可以根据实际情况暂时自由地背离国民待遇和取消数量限制原则。

TRIMs 突破国际贸易的范畴,就投资事项进行了规定,是迄今为止第一个对国际社会具有广泛约束力的国际投资多边协定。该协议禁止和限制了东道国对外国投资施加有关管制措施,并要求东道国修改有关不符的法律,使东道国的外商投资法律透明度增强,法制环境得到改善,为国际投资的自由发展提供了更大空间。

### (二)《关于解决国家和他国国民之间投资争端公约》

《关于解决国家和他国国民之间投资争端公约》的宗旨是为国际投资争端提供调解和仲裁便利,以排除政治和外交对投资争端的干扰,从而促进国际直接投资。我国于 1992 年通过批准加入该公约,截至 2013 年 5 月 20 日,该公约缔约成员已有 158 个。根据公约规定,只有当事双方适格、投资争端合格,且经当事双方同意,才能将有

---

① 王勤:《东盟经济共同体建设的进程与成效》,《南洋问题研究》2015 年第 4 期,第 1—10 页。

关投资争端提交 ICSID 调解或仲裁。

### （三）《能源宪章条约》

《能源宪章条约》(Energy Charter Treaty, ECT)，于 1991 年 12 月 17 日订立，于 1998 年 4 月正式生效。ECT 包括了一系列国际能源贸易、投资的原则，是国际能源领域具有法律约束力的多边条约。ECT 投资规则由第一条"投资"与"投资者"的定义，第三部分"促进及保护投资"，第二十六条投资争端解决构成。

### （四）《多边投资协定》草案

《多边投资协定》，是一个未生效的草案，系 20 世纪 90 年代由 OECD 成员国进行国际投资多边立法的尝试，高水平的投资自由化要求、强有力的投资保护和全面高效的争端解决程序是 MAI 的三大基本特征。[①]

高水平的投资自由化要求包括非歧视原则、自由的投资准入、禁止投资措施等；强有力的投资保护要求采纳美国双边投资协定所确定的投资保护规则，即实施一种高标准的保护规则；全面高效的争端解决程序包括"国家与国家"程序和"投资者与国家"争端解决程序。[②]

## 第三节　投资自由化及其规则的新发展

近年来，全球价值链作为世界经济的显著特征出现后，与之相关的"下一代贸易与投资议题"进入了双边或区域贸易投资安排之中，其基本特点就是自由化不仅关注边境上措施，也关注边境后措施，更关注措施间的一致性。当人们围绕新议题达成共识后，具有约束力的投资自由化新规即会出现。

### 一、投资自由化的新议题

随着经济全球化的发展，新一代国际投资自由化议题强调高标准和高水平的自由化，其主要特点表现为：

一是投资议题及其相关规则只是双边或区域经济一体化安排的组成部分之一，各国更倾向于在涉及面更广的谈判中来解决投资保护和投资自由化问题。[③]

二是注重边境后措施。传统国际投资规则注重资本跨境时的边境措施，强调市

---

①　刘笋:《从 MAI 看综合性国际投资多边立法的困境和出路》,《中国法学》2001 年第 5 期,第 137—144 页。

②　黄家勇:《国际投资自由化规则及对中国双向投资体制改革的建议》,上海社会科学院 2017 年硕士学位论文。

③　吴其胜:《国际投资规则新发展与中国的战略选择》,《国际关系研究》2014 年第 2 期,第 134—146 页。

场准入的开放、优化和便利,以及对外国投资的保护。新一代投资自由化议题则关注边境后措施,力图围绕竞争中立、国企纪律、电子商务、知识产权、政府采购、环境保护和劳工权利等"21世纪新议题"形成全新的具有约束力的规则。①

通过对双边投资协定、区域投资协定、多边投资协定等投资规则的考察,结合当前蓬勃发展的国际投资流动,可以看出国际投资呈现出一种强劲的自由化趋势,且该趋势正处于不断强化之中。投资自由化规则主要存在于发达国家签署的双边投资条约及他们所推动的区域投资协定当中。目前,国际上缺乏统一多边投资协定,国际投资规则较为分散,且不成系统。由于经济发展程度的不同,发达国家与发展中国家在某些投资规则上有一定分歧。发达国家所主张的投资自由化规则,在发展中国家看来侵蚀了其经济主权和外资管辖权。但从国际投资的实践可以看出,投资自由化规则逐渐为国际社会接受,主要体现在投资准入自由化规则的地位不断提升、投资待遇标准不断提高、投资保护规则日益严格、争议解决方法日益国际化和多样化。②

具体而言,在投资准入和投资待遇方面,国际投资自由化规则要求东道国采取非歧视原则,要求东道国对外国投资和投资者,在投资设立、经营的全过程给予国民待遇和最惠国待遇。这突破了传统国际投资规则中东道国有权设立外资进入的领域和条件的做法,突破了赋予投资者的准入后国民待遇和最惠国待遇的做法,削弱了东道国的外资审查权,促进了国际投资的流入。③

在投资保护方面,尤其是外资保护主要涉及征收与补偿方面,推行赫尔原则,即要求根据国际法给予"充分、及时、有效"的补偿,这突破了发展中国家通常主张的按照东道国国内法规定给予适当、合理补偿的标准。④

在投资争议解决方面,要求加大投资者对投资争议解决的自主权,加大国际仲裁的管辖权,引入了选择性仲裁制度,即允许投资者选择 ICSID 仲裁体制、联合国国际贸易法委员会仲裁体制、国际商会仲裁院仲裁体制以及其他特设仲裁体制解决投资争议。⑤

---

① 吴其胜:《国际投资规则新发展与中国的战略选择》,《国际关系研究》2014 年第 2 期,第 134—146 页。

② 余莹:《国际投资规则的自由化与 WTO 多边投资协议》,《华东交通大学学报》2003 年第 6 期,第 78—81 页。

③ 余莹:《晚近投资条约的自由化发展述评——兼评我国的投资条约实践》,《广西大学学报(哲学社会科学版)》2004 年第 2 期,第 68—72 页。

④ 余莹:《国际投资规则的自由化与 WTO 多边投资协议》,《华东交通大学学报》2003 年第 6 期,第 78—81 页。

⑤ 余莹:《晚近投资条约的自由化发展述评——兼评我国的投资条约实践》,《广西大学学报(哲学社会科学版)》2004 年第 2 期,第 68—72 页。

## 二、投资自由化的新规则

投资自由化中的可持续发展宗旨,透明度、国民待遇和竞争中立的原则,以及负面清单的谈判模式将成为投资自由化的主要新规。

### (一) 可持续发展的宗旨

当前国际投资法律制度领域面临最重大的挑战之一是如何在促进外国投资与保护社会和环境两大原则之间寻求平衡。在国际贸易投资规则重构的进程中,可持续发展的目标成为新一代的国际投资协定谈判及投资决策的考量因素,旨在确保在促进国际投资保护的同时,能够促进东道国的可持续发展、经济的包容性增长以及投资对环境和社会的有利影响。

一个国际投资协定,如要充分考虑可持续发展,则意味着该条约应包括以下内容:促进和保护有利于东道国发展的投资;不限制政府出于保护公共利益(环境、公共卫生或安全)的目的实施监管措施的权力;不会使国家遭受高昂的诉讼费用以及巨额的金钱赔偿;鼓励投资者承担企业社会责任;等等。

UNCTAD 提出的"可持续发展"主要涵盖环境、社会发展、企业社会责任等内容,强调外国投资应纳入东道国的可持续发展战略,倡导各国签订可持续发展友好型 IIAs。[1] 近年来,IIAs 有关"可持续发展"的实践已有一些重要的发展。越来越多的 BITs 在"序言"中表明,BITs 不会为了促进和保护投资而以其他重要价值,如健康、安全、劳工保护和环境为代价。在 2011 年签订的 20 项 IIAs 中,有 12 项含有"在条约序言中提及健康与安全、劳工权、环境保护或可持续发展";11 项含有"明确承认双方不应为吸引投资而放宽健康、安全或环境标准"。上述规定意味着确保 IIAs 不会干扰缔约国的可持续发展战略,而是应对该战略作出贡献。

### (二) 透明度原则

透明度原则的重要性随着投资自由化水平的提高而提高。透明度原则对于保护投资者海外权益、改善东道国的投资环境发挥了重要作用。

透明度原则内涵的变化与演进,很大程度上反映在美国 BIT 范本的发展历程中。[2] 由于透明度原则在国际投资协定中的确立与演进主要源于美国对外投资和国际投资立法的发展,因此,美国 BIT 范本有关透明度原则的内容成为国际投资立法中透明度原则变化与发展的风向标。美国目前签署的 BIT 与 FTA 都订立了透明度原则。随

---

① 曾华群:《"可持续发展的投资政策框架"与我国的对策》,《厦门大学学报(哲学社会科学版)》2013 年第 6 期,第 59—67 页。

② 叶楠:《发展中的国际投资协定透明度原则及其对中国的启示》,《武大国际法评论》2013 年第 2 期,第 324—347 页。

着美国 BIT 范本的更新,透明度原则经历了"透明度基础规则——透明度规则体系——透明度更高要求"的发展过程,透明度标准不断提高。

在 2004 年 BIT 范本"一个基础、两个保障、四项例外"①的透明度规则体系的基础上,美国 2012 年 BIT 范本进一步扩大了双边投资协定的透明度义务范围,主要包括第十条(与投资相关的法律和决定公布条款),第十一条(透明度条款),第十八、十九条(信息公布例外条款),第二十条(金融服务条款),第十二条(投资与环境条款),第十三条(投资与劳工条款),第二十九条(仲裁程序透明度条款)等。由于 2012 年范本涉及透明度原则的条款众多,我们将这些条款统称为"透明度与利益相关方参与规则"②。与 2004 年范本相比,2012 年范本进一步提高了透明度义务标准,突出强调公众参与与提高透明度之间的关联性,主要体现在以下三个方面。

一是公众对立法程度的深度参与;

二是公众对"标准制定"(Standards-Setting)程序的深度参与;

三是透明度的磋商机制。③

目前,美国在 2012 年 BIT 范本基础上尚未达成 BIT 或 FTA,但正在进行中的中美 BIT 谈判、美欧 TTIP 谈判都包含有高标准的透明度义务。由于谈判方在国际上重要的政治与经济地位,将来缔结的中美 BIT 和美欧 TTIP 将对发达国家及发展中国家缔结的 BIT 产生示范作用。

### (三)国民待遇原则

投资的全生命周期"国民待遇",尤其是"准入前国民待遇"是发达工业化国家追求投资高度自由化的标的之一。从当前国际投资体制的发展趋势来看,准入前国民待遇已经被越来越多的国家所接受,并成为国际投资规则的基本内容。

### (四)竞争中立原则

2011 年以来,美国和欧盟开始在多边、区域和双边领域积极推动竞争中立原则,强调国有企业和私营商业企业享有同样的外部环境,并在既定市场上进行公平竞争。④

---

① 即主要以公布义务为基础;以联络点和信息提供制度作为保障信息透明的实施机制,以对国内行政程序和复审、上诉程序的要求作为保障缔约国国内行政治理环境的基本手段;有损缔约方的法律执行、侵害公共利益、合法商业利益或个人隐私信息的公开例外。

② 透明度与利益相关方参与规则,是美国 2012 年 BIT 范本各条款之中所有赋予投资利益相关人参与争端解决机制、产品和技术标准制定过程以及就相关法律法规发表意见和评价权利的所有规则总和,并不特指某一具体条款。

③ 叶楠:《论美国投资条约中的透明度规则及其对我国的启示》,《北京工商大学学报(社会科学版)》2013 年第 6 期,第 109—116 页。

④ 聂平香:《国际投资规则的演变及趋势》,《国际经济合作》2014 年第 7 期,第 16—20 页。

TPP 将国有企业和指定垄断企业从"竞争"一章中独立出来,单独成章,既从结构上体现了对国有企业规则的重视,也从内容上强化了国有企业方面的纪律。TPP 对国有企业①进行了界定,并创设了非商业援助②制度,有效排除了在 WTO 制度框架下认定国有企业提供补贴、采取救济措施的困难,成为专门针对从事商业活动的国有企业的一种制度。

TPP 还规定了国企规则的一般例外和国别例外规定。通过一般例外和国别例外规定,TPP 国有企业规则创设的义务被限缩,满足了创始缔约国的要求。TPP 生效后想加入的缔约方只能接受已经达成的结果,自己能否获得满意的国外例外清单、排除多少国有企业,则取决于创始缔约方是否同意,如中国能否将中国工商银行排除在外,则要取决于创始缔约方是否同意。③

### (五) 负面清单谈判模式

基于 NAFTA 开创的模式,不符措施④是一系列对国民待遇、最惠国待遇以及其他义务的例外措施,需要按照规定格式列表,成为协定的一部分。列入清单的措施的性质、水平和部门分布体现了缔约国在外资准入方面的实际限制程度和灵活性方面的偏好。一般来说,缔约国根据不符措施适用的时间段分别将其纳入现有不符措施保留清单和未来不符措施保留清单。现有不符措施保留清单包括所有在协定生效后东道国希望保留的不符措施,是负面清单的主体内容。针对现有不符措施负面清单,缔约国根据其在外资准入方面的实际限制程度和灵活性方面的偏好,以"停止"(Stand-still)⑤

---

① 国有企业指从事商业活动的企业,且满足下列三个条件之一:(1)政府直接拥有 50% 以上的股本(股权);(2)政府通过所有权益行使 50% 以上的投票权;(3)政府拥有任命董事会或其他类似管理机构大多数成员的权力。

② 非商业援助,指根据政府对国有企业的所有权或控制权对国有企业提供的援助,包括政府或国有企业对国有企业提供的援助,该援助限于国有企业并主要由国有企业使用,国有企业获得的数额巨大,且通过裁量权偏袒国有企业。

③ 韩立余:《TPP 国有企业规则及其影响》,《国家行政学院学报》2016 年第 1 期,第 83—87 页。

④ 缔约国对其现有不符措施的表述一般包括如下几个要素:(1)部门(sector)或事项(sub-sector),指具体实施不符措施的部门或特定事项;(2)国内或国际产业分类编码(industry classification code),指与采用不符措施相关的国内或国际产业分类编码;(3)保留类型(type of reservation),指不符措施具体所保留的协定义务,不符措施一般针对四项原则和规则提出保留,即国民待遇、最惠国待遇、高管国籍要求、禁止业绩要求,其中针对国民待遇提出保留的不符措施最多;(4)政府级别(level of government),指维持不符措施的政府部门级别,例如,美国列举的不符措施一般包括联邦政府(federal level)、州政府(state level)及地方政府(local government)三个级别,日本列举的不符措施一般包括中央和郡/州/省两级政府;(5)法律依据(measures),指采用不符措施所依据的法律、法规或其他措施;(6)措施的简要描述(description),指对现有不符措施的保留内容进行说明;(7)逐步自由化的承诺(phase-out),指在协议生效之后,缔约国是否承担对不符措施逐步取消的义务。

⑤ 所谓"停止"机制,又称"维持现状",是指将现有的缔约各方的不符措施锁定,禁止制定新的或者限制性更强的不符措施。

和"回转"（Roll-back）①机制为约束手段，分别设立两大清单和两种约束。相比于"停止"机制而言，"回转"机制对缔约方的限制更严，缔约方不仅不能增加新的或者限制性更强的不符措施，而且还要对现有的不符措施负有逐步减少甚至取消的义务。与现有不符措施负面清单相比，未来不符措施负面清单的不同之处是允许引入新的不符措施，目的是为某些领域的未来监管提供更大的灵活性，或者强化现有监管措施。这种负面清单针对的是未来可以实行新的限制性措施的部门和活动领域，而不论目前不符措施是否存在于这些部门和领域之中。②

TPP 投资章节全面采用了准入前国民待遇及"不符措施"例外条款，规定"缔约国提供的国民待遇、最惠国待遇、业绩要求、高级管理人与董事会等义务，不适用于政府采购或补贴等领域"，并允许各缔约国根据附件Ⅰ和附件Ⅱ的要求，分别提出各自的现有不符措施保留清单和未来不符措施保留清单。同时，TPP 协定的负面清单也纳入了"停止"机制与"回转"机制，要求各缔约国在制定本国不符措施时加以明确规定。

### 三、投资自由化规则的新发展——以 TPP 为例

2016 年 2 月 4 日，美国、日本、澳大利亚、文莱、加拿大、智利、马来西亚、墨西哥、新西兰、秘鲁、新加坡和越南 12 个国家在奥克兰正式签署了跨太平洋伙伴关系协定。

TPP 第九章为投资章节，包括 A、B 两节内容，12 个附录以及缔约方谈判达成的两类负面清单。相较于以往的投资协定，TPP 在投资待遇和争端解决机制上有着更高的标准。

在投资和投资者待遇方面，TPP 要求缔约国给予投资者准入前国民待遇和最惠国待遇。这就限制了东道国对外资进入的审批，实质性地推动了投资自由化的进程。TPP 对最惠国待遇做了例外规定，确定争端解决程序或 B 节的 ISDS 机制不适用最惠国待遇；在公平公正待遇与全面安全和保护待遇方面，TPP 规定应根据习惯国际法给予投资者最低待遇标准。

在征收与补偿方面，TPP 规定，东道国不应对投资者的投资实施征收、国有化或其他等同措施，除非满足如下条件，即为了公共目的，以非歧视方式实施，给予及时充分、有效的补偿符合正当程序。补偿标准按照征收公布时或征收时被征收资产的公平市场价值计算。

在不符措施方面，TPP 设立了附件Ⅰ和附件Ⅱ，对缔约国各自敏感部门予以例

---

① 所谓"回转"机制，是以前述锁定的不符措施为起点，逐步减少或消除这些措施的自由化过程。
② 王海峰：《负面清单的国际经验与思考》，《上海法治报》2014 年 8 月 13 日。

外。附件Ⅰ是指现有不符措施保留清单,附件Ⅱ是指未来不符措施保留清单。除这两个附件的不符措施外,缔约国国内市场应当对外国投资者全面开放。

在争端解决机制方面,TPP 要求争议双方尽可能通过磋商,友好解决投资争端,并允许利用非约束性的第三方程序进行磋商与谈判。在争端仲裁程序上,TPP 规定了四种程序:一是根据《华盛顿公约》,将争议提交投资争议解决中心仲裁,前提是缔约方均是公约成员;二是按《附加便利规则》,前提是缔约方是该规则成员;三是可选择联合国国际贸易法委员会仲裁程序规则;四是缔约方协商确定其他仲裁机构或仲裁规则。

2017 年 1 月 23 日,新上任的美国总统特朗普签署行政命令,宣布美国退出跨太平洋伙伴关系协定。此举增加了 TPP 的不确定性,也将影响中国的投资政策。[1]

---

[1]　黄家勇:《国际投资自由化规则及对中国双向投资体制改革的建议》,上海社会科学院 2017 年硕士学位论文。

# 第二十六章 中国推进国际投资协定的
进程与主要障碍

◇◇◇◇◇◇◇◇◇◇◇◇◇◇◇◇◇◇◇◇◇◇◇◇◇◇◇◇◇◇◇◇◇◇◇◇◇◇◇◇◇◇◇◇◇◇◇◇◇◇◇◇◇◇◇◇◇◇◇

党的十一届三中全会以来,中国通过实施对外经济开放政策,以开放倒逼经济体制改革的方式优化投资环境,一步一个脚印推进缔结国际投资协定。根据联合国贸易和发展会议(UNCTAD)的统计,自 1982 年中国与瑞典签订首个双边投资保护协定至今,中国已签署了 129 个双边投资保护协定。上述协定的签署,展现了中国在推进国际投资协定中,内容从简单转向复杂,涵盖范围从狭小转向广泛,立场从保守转向开放,作用从参与转向制定的历史进程;体现了中国政府,尤其是中国企业,进一步融入全球经济治理的决心、信心与雄心。但在推进过程中,受制于外部发展环境与内部发展水平,仍有不同程度的障碍需要经过不懈努力予以克服。

中国缔结国际投资协定的进程,主要包括 4 个方面 3 种形式,即:双边投资保护协定,双边或区域自由贸易协定中的投资章,与贸易相关的多边投资协定,如世界贸易组织的《与贸易有关的投资措施协定》(TRIMs)等。

## 第一节 中国已缔结的双边投资保护协定

1982 年,中国与瑞典缔结了双边投资保护协定,系中国签署的第一个双边投资保护协定。根据联合国贸发会议统计,中国已缔结的双边投资保护协定有 129 个①。在改革开放的不同阶段,中国所签订的双边投资协定,在文本内容和文本格式上也有不同的发展变化。一般认为,中国缔结的双边投资协定已经发展到了第四代②。

---

① UNCTAD, "International Investment Agreements Navigator", http://investmentpolicyhub. unctad. org/IIA/CountryIris/42#iiaInnerMenu,需要指出的是商务部条法司网站公布的是 104 个双边投资协定。

② 对此,不同的学者有不同的观点。

## 一、第一代双边投资保护协定

第一代双边投资保护协定,是指改革开放初期中国缔结的双边投资保护协定,如1982年中国与瑞典签署的投资保护协定,1983年与当时联邦德国签署的投资保护协定,以及1984年与法国签署的投资保护协定等。中瑞双边投资保护协定只有9个条款[1],中德双边投资保护协定有13个条款[2],中法双边投资保护协定有12个条款[3]。这一代投资保护协定的特点是内容比较简单,立场比较保守,保护水平较低,主要规定有关投资待遇、代位受偿、征收补偿,以及转移和争端解决等内容。

## 二、第二代双边投资保护协定

第二代双边投资保护协定,是指在继续引进外国投资的同时,开始"走出去"投资期间中国缔结的双边投资保护协定,如1997年中国与马其顿签署的投资保护协定,1998年中国与巴巴多斯签署的投资保护协定,2001年中国与荷兰重新签署的双边投资保护协定,尽管这个时期的投资保护协定总体来说内容还较为简单,但待遇的标准已经有所提高,内容也进一步向国际通行标准靠拢,比如在争端解决方面放宽了提交投资仲裁的门槛。1998年与巴巴多斯缔结的双边投资保护协定,实质上已经是允许所有投资争端提交国际仲裁,而此前中国仅允许有关征收补偿额的争端提交国际仲裁。

## 三、第三代双边投资保护协定

第三代双边投资保护协定,是指2001—2013年中国缔结的双边投资保护协定,如中国与日本、韩国于2012年签署的投资保护协定,中国与加拿大于2012年签署的投资保护协定。中日韩的投资保护协定有27个条款[4],中加投资保护协定更是达到35个条款之多[5]。这一时期投资保护协定的特点是内容日益全面,更多地采用国际通行标准的规定,同时也更加注重强调条约所承担的风险和获得的收益方面的平衡

---

① 商务部条法司:《中华人民共和国政府和瑞典王国政府关于相互保护投资的协定》,http://tfs.mofcom.gov.cn/aarticle/h/au/201001/20100106724182.html。

② 商务部条法司:《中华人民共和国政府和德意志联邦共和国政府关于促进和相互保护投资的协定及议定书》,http://tfs.mofcom.gov.cn/aarticle/h/au/201002/20100206787044.html。

③ 商务部条法司:《中华人民共和国政府和法兰西共和国政府关于相互鼓励和保护投资的协定》,http://tfs.mofcom.gov.cn/aarticle/h/au/200212/20021200058418.html。

④ 商务部条法司:《中华人民共和国政府、日本国政府及大韩民国政府关于促进、便利及保护投资的协定》,http://tfs.mofcom.gov.cn/article/h/at/201405/20140500584816.shtml。

⑤ 商务部条法司:《中华人民共和国政府和加拿大政府关于促进和相互保护投资的协定》,http://tfs.mofcom.gov.cn/article/Nocategory/201111/20111107819474.shtml。

问题。

### 四、第四代双边投资保护协定

第四代双边投资保护协定,是指 2013 年第五轮中美战略与经济对话中,中方同意以准入前国民待遇和负面清单为基础与美方进行双边投资保护协定实质性谈判,标志着中国在投资准入上实施全面国民待遇,取消了此前的审批制。中美双边投资保护协定谈判尽管尚未完成,但在内容上可以预见将会采纳当前国际通行的高标准,特别是参考 2012 年美国投资保护协定范本的相关规定。

可以认为,随着时代的发展,中国缔结的双边投资保护协定将越来越全面和详细,标准也越来越高,同时更加兼顾投资保护和政策空间的平衡。当然,随着时代发展和世界格局的变化,仍会有新的问题出现,需要在投资保护协定中反映和应对,未来有关环境保护、劳工保护、国有企业、可持续发展和企业社会责任的议题可能会受到越来越多的关注。

### 五、自主改革外商投资管理制度

事实上,为配合国际投资保护协定内容扩大及标准的提升,中国政府一直在国内通过落实相关举措的形式予以实施。近年来,中国政府一直在自主扩大市场开放,包括先后设立了 11 个自由贸易试验区,列入负面清单的特别管理措施也越来越少。2017 年颁布了新修订的《外商投资产业指导目录》,大幅度减少外资准入的限制性措施。2017 年国务院还印发了《关于扩大对外开放积极利用外资若干措施的通知》,就进一步扩大对外开放、创造公平竞争环境、加强吸引外资工作,出台了 20 条措施。①

## 第二节 中国已签含有投资规则的双边自由贸易协定

目前,中国已签署了 16 个自由贸易协定②,这些自由贸易协定通常包含与投资相关的章节。不同时期签署的自由贸易协定,其投资规则也有所不同,其发展和演变的脉络与双边投资协定中投资规则的发展和演变类似。早期签订的自由贸易协定中投资规则的内容相对简单,新签署自由贸易协定中的投资规则开始接近国际通行标

---

① 国务院:《国务院关于扩大对外开放积极利用外资若干措施的通知》,http://www.gov.cn/zhengce/content/2017-01/17/content_5160624.htm。

② 即中国与马尔代夫、格鲁吉亚、澳大利亚、韩国、瑞士、冰岛、哥斯达黎加、秘鲁、新加坡、新西兰、智利、巴基斯坦和东南亚国家联盟签署的双边自由贸易协定共 13 个,内地与香港、澳门两个特别行政区签署的更紧密经贸关系安排 2 个,以及中国与东南亚国家联盟、智利的双边自由贸易协定升级版。

准,总体而言,其内容与双边投资保护协定内容并无本质不同。中国已签自由贸易协定中与投资相关的章节的主要内容如下述。

### 一、与投资定义和适用范围相关的规定

"与投资定义和适用范围相关的规定主要包括:规定投资是投资者直接或间接拥有或控制的,具有投资性质的各种资产;投资章适用于一方采取或维持的与另一方投资者及涵盖投资相关的措施等。"[1]

### 二、与国民待遇等相关的规定

有关待遇问题作出的规定,通常指国民待遇、最惠国待遇和最低待遇标准的规定。国民待遇方面规定在投资的管理、经营、运营、出售或处分方面,给予另一缔约方投资者及其投资不低于在类似情况下给予其本国投资者在其境内的待遇;最惠国待遇方面规定一方在准入、扩大、管理、经营、运营、维护、使用、收益或处置方面,应当给予另一方投资者及其投资不低于其在同等条件下给予任何第三国投资者及其投资的待遇;最低待遇标准方面规定给予一方投资者在另一方境内投资公平和公正待遇,提供全面保护与安全。

### 三、与征收、补偿和转移相关的规定

与征收、补偿和转移等问题相关的规定,在征收方面规定除为公共利益外,不得征收或国有化另一方投资者的投资;在补偿方面规定须基于公平市场价值对征收进行补偿;在转移方面规定一方须保证另一方投资者转移在其领土内的投资和收益。

### 四、与投资争端解决机制相关的规定

与投资争端解决机制相关的规定,通常规定一方投资者与另一缔约方之间有关投资的争端,应尽量通过双方当事人协商友好解决,如争端自投资者书面提出磋商或协商之日起 6 个月内未能协商解决,投资者可以选择将投资争端提交相关国际仲裁庭解决。

## 第三节 中国已签含有投资规则的多边协定

中国已签含有投资规则的多边协定,主要包括服务贸易总协定、与贸易有关的投

---

[1] 黄家勇:《国际投资自由化规则及对中国双向投资体制改革的建议》,上海社会科学院 2017 年硕士学位论文。

资措施协定、多边投资担保机构公约和解决国家与他国国民间投资争端公约。

## 一、服务贸易总协定

服务贸易总协定共29条,其中有关准入和待遇等规定,也被相关投资协定吸收作为有关服务投资的规则。根据服务贸易总协定第二十八条规定的商业存在,是指任何类型的商业或专业机构,包括为提供服务而在一成员境内组建、收购或维持一法人,或创建或维持一分支机构或代表处①。因此,服务贸易总协定有关商业存在的规则实质上也是投资规则。

## 二、与贸易有关的投资措施协定

与贸易有关的投资措施协定,共有9个条款,由序言、正文、附录组成,其宗旨是避免有关投资措施限制和扭曲贸易,从而促进贸易发展。"TRIMs 适用于那些可能对贸易产生限制或扭曲作用的投资措施,但不适用于与知识产权和服务贸易有关的投资措施"②。

## 三、多边投资担保机构公约

多边投资担保机构公约达成于1988年,主要是规定跨国投资的政治风险的担保和代位求偿问题。其所建"多边投资担保机构"(Multilateral Investment Guarantee Agency, MIGA)的目的,是为外国私人投资者提供政治风险担保,包括征收风险、货币转移限制、违约、战争和内乱风险担保等。

## 四、解决国家与他国国民间投资争端公约

解决国家与他国国民间投资争端公约签署于1965年,其所建"国际投资争端解决中心"(The International Center for Settlement of Investment Disputes, ICSID)的目的,是为解决缔约国和其他缔约国投资者之间的投资争端提供调解和仲裁服务,促进投资争端解决的非政治化解决。

## 五、积极推动形成诸边和多边投资规则

2016年7月,二十国集团(G20)贸易部长会议,根据中国倡议通过了《二十国集团全球投资指导原则》。该原则确立了反对跨境投资保护主义,营建开放、非歧视、

---

① 参见 GATS 第二十八条有关商业存在的定义。
② 王丹妹:《规范对贸易有限制或扭曲作用的投资措施:TRIMs、NAFTA、中国有关法律法规检视》,吉林大学2011年硕士学位论文。

透明和可预见的投资政策环境,加强投资保护,确保政策制定透明度,推动投资促进可持续发展以及投资者企业责任等九大原则。[1]

2017年4月,在G20贸易部长会议成果的基础上,中国会同阿根廷、巴西、智利、哥伦比亚、中国香港、哈萨克斯坦、墨西哥、尼日利亚、巴基斯坦等世贸组织成员方散发了关于在世贸组织开展"为促进发展的投资便利化之友"的提案(The Friends of Investment Facilitation for Development,FIFD),鉴于贸易和投资的关联度日益提高,其对推动全球经济可持续发展的作用相辅相成,为共同推动关于世贸组织如何为便利跨境投资作出贡献的讨论,并以促进世贸成员,特别是发展中成员和最不发达成员更为包容的贸易与增长为终极目标。为便利在世贸组织中的讨论,FIFD发起关于"促进发展的投资便利化"的开放性非正式对话,邀请并鼓励所有世贸成员参加,在不限制或预断可能成果的前提下,寻求探讨世贸组织作为一个平台,在讨论成员可能采取的便利贸易措施方面所能发挥的作用。

同时,中国向世贸组织散发了关于"为促进发展的投资便利化"的开放性非正式对话的首份提案。这份提案建议,投资便利化可能包括的要素如下。

**(一) 关于促进投资政策框架的公开、透明的可能选择**

1. 公布所有与投资相关的法律和法规,包括通过电子方式,以便各利益相关方可以公开获得相关信息;

2. 建立一个或多个咨询点,答复有关投资政策和投资申请的合理咨询;

3. 定期通报与投资相关的任何新的法律法规或现有法律法规的任何重大变更;

4. 制定可广泛普及的投资审查指南及定义清晰的相关标准,用于评估投资计划;

5. 在可行范围内,并以与其国内法律法规相一致的方式,向利益相关方提供适当机会,就与投资相关的法律法规的起草或修正进行评论。

**(二) 关于提高投资相关行政程序的效率的可能选择**

1. 鼓励建立统一的投资审查、评估和批准的标准和程序,明确应提交的材料;

2. 优化投资相关许可、资格要求和程序,列明相关审批机构进行审查和作出决定的合理时限,并及时将相关申请的审批结果告知申请者;

3. 根据成员国内法律法规要求,如申请不完备,应明确使申请完备所需的额外信息,并给予改正的机会;

4. 鼓励、促进国内监管机构合作协调,在可能情况下,建立"一站式"审批机构,依法明确各级政府与审批相关的责任权限,及多机构共同审批情况下各机构的责任

---

[1] 商务部:《G20贸易部长会为贸易投资立新规》,http://www.mofcom.gov.cn/article/difang/201607/20160701356538.shtml。

权限；

5. 尽可能将投资者申请批准过程中承担的成本降到最低，收取的任何费用应与处理申请所需的行政成本相当；

6. 便利投资相关人员入境和停留；

7. 努力确保投资者可以便捷接入基本的服务基础设施①。

**（三）回应发展中成员和最不发达成员实际需求的可能选择**

1. 保障发展中成员特殊和差别待遇，发展中成员在投资便利化方面应享有与其发展状况相适应的灵活性；

2. 提供有效的技术援助和能力建设，增强发展中成员国内服务能力、效率和竞争力，包括在组织投资促进平台、商业活动以及业界与政府联络方面给予技术支持和帮助；

3. 提高对外投资审批效率，以适当方式向对外投资提供政策支持，如投资保险和担保、政治风险补助和投资促进服务等；

4. 鼓励投资者在东道国履行企业社会责任；

5. 对最不发达成员的特殊经济状况及其发展需要给予特别优先考虑。

中国在世贸组织提出投资便利化议题，创造性地将贸易、投资和发展三大领域融合，聚焦讨论增强投资政策透明度、提升行政审批效率和加强国际能力建设合作等领域，以及世贸组织如何通过制定投资便利化规则框架提升成员的贸易能力和实现发展目标。通过选择各方共识度较高的投资便利化问题，借助世贸组织在近年来通过谈判达成《贸易便利化协定》的积极势头，打破了世贸组织长期以来一直未能讨论投资议题的禁锢，朝着制定国际多边投资规则的目标迈出了重要一步，为我国推进国际投资协定的进程注入坚实动力、夯实基础。

# 第四节 中国推进国际投资协定存在的问题

在推进国际投资协定的实践中，中国已签双边投资保护协定及自贸协定的总体趋势是促进投资自由化，并加强对投资者的保护。但总的来说，中国已签国际投资协定的自由化水平较低，主要表现在以下几个方面。

## 一、准入前国民待遇加负面清单谈判模式尚未采用

长期以来，中国政府一直坚持将国民待遇仅适用于投资运营阶段，即便是在水平

---

① 该建议的部分内容已经在一些投资协议中得到运用，例如，国务院：《〈内地与澳门关于建立更紧密经贸关系的安排〉投资协议》，《中华人民共和国国务院公报》2018 年 2 月 28 日。

较高的中国和加拿大双边投资保护协定 2012 年版中,投资准入也未采用国民待遇。现有的自由贸易协定中的投资规定在很大程度上只是对当前双边投资保护协定的"复制粘贴",对于我国双边投资协定的发展并没有作出任何创新性的贡献。① 值得关注的是,目前中美 BIT 谈判是以"准入前国民待遇加负面清单谈判模式"为基础进行的。

### 二、透明度程度不高

透明度原则在国际投资中的制度价值已得到大多数国家公认,然而,中国缔结的130 多个 BIT 中,涉及透明度的只有不到 10 个,透明度原则的内容较为简单,对透明度义务是否纳入投资仲裁也态度不一。当然,中国签署 FTA 中规定的透明度水平总体较高。

### 三、关注投资与可持续发展刚起步

"中国已签的双边投资协定基本不涉及环境等可持续发展的问题,但中国已签的 FTA 则有所不同,如中国与智利、巴基斯坦以及新西兰的 FTA 都或多或少涉及投资保护和环境等可持续发展的问题,其中以中国与新西兰 2008 年签订的 FTA 的规定最为全面"②。由于对于投资保护和环境关系的关注才刚刚起步,BIT 与 FTA 在规范投资与可持续发展关系的条款内容及立法技术上参差不齐。

## 第五节 阻碍中国深入推进国际投资协定的外部因素

在经历了以跨国私人治理为治理模式,新自由主义为经济理论背书的国际投资高速增长阶段后,不受拘束、自由散漫的新自由主义国际投资方式开始显现其内生性缺陷。东道国对投资者的投资行为越来越缺乏有效的管理途径,受制于仲裁庭对投资者及相关"最惠国待遇""公平公正待遇"条款的扩大化解释趋势,国家根据公共政策例外以维护监管权能的空间被进一步蚕食和压缩。因此,无论是发展中国家"卡尔沃主义"的回归,还是发达国家对待投资者—国家争端解决机制日渐趋于谨慎的态度,都反映了国际投资规则治理的一种普遍化趋势,传统的以保护投资者为目标的"自由放任"新自由主义已经不能满足国际投资规则治理中对于可持续发展等新议

---

① 朱文龙:《我国在国际投资协定中对国民待遇的选择》,《河北法学》2014 年第 3 期,第 179—187 页。

② 张薇:《论国际投资协定中的环境规则及其演进——兼评析中国国际投资协定的变化及立法》,《国际商务研究》2010 年第 1 期,第 56—63 页。

题的相关要求,必须重新重视投资者保护与东道国监管权力之间的平衡。在此背景下,国际投资协定中的金融审慎例外、劳工条款以及国家安全审查例外等条款盛行,以进一步保障东道国的国内监管权力,并在一定程度上成为推进国际投资自由化的外部性障碍。

## 一、日趋强化的安全审查制度

当前,许多国家在国内法层面对外资进入都有相应的安全审查制度,这些安全审查制度对来自中国的投资,特别是国有企业的投资,审查时会更严苛一些。在安全审查方面的障碍,主要是来自发达国家。

以美国为例,美国自1950年《国家安全法》修订以来构建了一整套结构合理、制度完善、执行高效的国家安全审查体系。该体系以1975年根据福特总统任内发布的行政命令设立的美国外国投资委员会(The Committee on Foreign Investment in the United States,CFIUS)为核心,经过1988年《埃克森—佛罗里奥修正案》、1992年《伯德修正案》以及2007年《外国投资与国家安全法》及其后美国财政部发布的具体执行指引的修订与细化,已经日渐成熟与完备,成为外国人对美国企业投资并购进行国家安全审查的法律性制度文件,旨在调整外国企业由于并购、收购美国企业而引发的可能危害国家安全的情况。其发展及强化主要有如下几大特征。

第一,国家安全概念的模糊化与扩大化。现有的美国国家安全审查体系并无对何谓国家安全作出过明确规定,国家安全概念一直在相关立法及修正案中闪烁其词,模糊国家安全概念,弱化国家安全与其他安全的边界是美国国家安全审查体系的首要特征。同时,自1950年《国家安全法》成立以来,相关立法与修订逐步将国家安全范围从原有的"国防安全"领域扩大至"经济安全"领域。2007年的《外国投资与国家安全法》中国家安全考量新增加的7个要素及新增加的外国投资并购对美国关键"基础设施"可能的国家安全影响的考虑则为最佳支持证据。

第二,总统决定的广泛自由裁量权及非司法审查化。现有的美国国家安全体系给予美国总统极为庞大的自由裁量权。一方面,美国总统可基于外国投资委员会的建议否决一项外国人在美国的并购投资。但另一方面,美国总统又可以完全忽略外国投资委员会的建议,就其认为的"可能对美国国家安全造成损害"的并购投资采取其认为的适当行动,包括暂停及禁止该并购。该规定等于赋予了美国总统几乎"不受限制"的自由裁量权。且该自由裁量权除非违背美国宪法中的"正当程序"要求,否则不受司法审查。美国总统也只需要对国会负有报告义务,以满足透明度要求。

第三,正式调查程序的高效化。现有的美国国家安全体系建立在11个相关国家部门的有效沟通与合作的基础上。在正式的调查程序中,现有体系授权外国投资委员会在 30 日内完成审查、45 日内完成调查,总统 15 天内完成相应的总统决定。高效的调查程序设定满足了外国投资委员会多线程、多通道审查外国人在美国并购投资的可能性。

第四,调查启动的个案化。现有的美国国家安全体系下的调查实施逐案审查模式。如前所述,由于国家安全内涵与外延存在模糊化及扩大化的趋势,个案化的调查启动模式使得投资者难以针对外国投资委员会的调查基准摸索出相应规律,从而做好风险防范。

更为值得注意的是,2017 年 11 月,共和党参议员麦康奈向美国参议院银行、住房和城市事务委员会提交了《外国投资风险审查现代化法案》(The Foreign Investment Risk Review Modernization Act, FIRRMA),提议对美国现有的外资安全审查制度进行大幅度的改革升级,要求扩大 CFIUS 的审查对象与权限;修订关键术语的定义;加强国家安全措施,重点关注特定国家和简化申请以及对审查程序作出修订。由此,美国国家安全审查体系朝着更为强化的趋势迈出了重要一步。

此外如加拿大和澳大利亚等国,也都有安全审查制度,也都存在不同程度的不透明和自由裁量权过大的问题。这些都会增加我国企业在这些国家投资时面临的不确定性和投资成本。

无独有偶,2017 年 9 月,欧盟提出一项适用于所有成员国的计划,用于审查外国在欧盟成员国进行的直接投资。该计划是在法德意三巨头呼吁加强外资审查的背景下出台的。该立法草案允许欧盟委员会审查(但无权否决)"影响欧盟利益"的特定投资,并向投资涉及的成员方出具无拘束力的意见。条例规定了成员方和委员会以安全或公共秩序为由对外商直接投资进行审查的框架。条例对一些关键词做了定义,如:"外国直接投资"是指外国投资者进行任何形式的投资,旨在建立或维持外国投资者与企业家之间的持续和直接联系,并为此进行经济活动、成员方的活动,包括有效参与管理或控制进行经济活动的公司而进行的投资;"审查"是指允许评估、调查、授权、创设条件、禁止或解除外国直接投资的程序;条例规定成员方可以根据条例规定的条件,维持、修改或通过以安全或公共秩序为由审查外商直接投资的机制。委员会可以以安全或公共秩序为由审查可能影响欧盟利益项目或方案的外国直接投资。影响欧盟利益的项目或方案特别包括涉及大量或重要的欧盟资金的项目和计划,或由欧盟立法关于关键的基础设施、关键技术或关键投入所涵盖的项目或计划。条例甚至明确,在以安全或公共秩序为由进行外国直接投资审查时,成员方和委员会可考虑到以下方面的潜在影响:重要的基础设施,包括能源、运输、通信、数据存储、空间或金融基础设施以及敏感设施;关键技术,包括人工智能、机器人技术、半导体技术、潜在的双重应用技术、网络安全、空间或核技术;关键输入供应的安全;访问敏感信息或控制敏感信息的能力。欧盟出台上述新的适用于所有成员国的外国投资安全审查计划,反映出欧盟在进一步扩大安全审查自由裁量权和范围的基础上,收紧外国投资的倾向。

## 二、日益严格的特定行业开放限制

目前,许多国家对本国的敏感行业、战略行业或高技术行业的开放实施禁止或限制。以美国为例,尽管其是一个开放的经济体,但仍有一些行业禁止外资进入,比如其有关商业或工业目的的核能利用和生产设施、海关经纪服务、国内航空服务(客运和货运),以及信用合作社、储蓄银行、储蓄协会等部门往往是禁止外资进入的。此外一些行业对外资有限制,如部分外国人、外国企业或外资控制的企业不能获得海外私人投资公司金融业务(准政府项目);为接受或维持低于十万美元的国内零售存款,外资银行必须建立一家被保险的银行子公司;外国银行在美国从事证券咨询和投资管理服务时,必须登记为投资顾问;外国企业不能使用小型业务注册表格来登记公开发行证券,或登记一类证券,或提交年度报告等。再有,美国有权限制无线电许可和广播的外国所有权;美国对社会服务,包括收入保障或保险、社会保障或保险、社会福利、公共教育、公共培训、保健及儿童护理这些部门的外国投资者可以施加限制等。

澳大利亚对外资也有行业限制,如其在银行、航空、电信、电力、农业和媒体等方面也设置了不少投资壁垒。外国投资者投资澳银行业,需符合《1995 年银行法》《1998 年金融部门法》(FSSA)及其他相关的银行政策。外国投资者在澳大利亚国际航空运营商中的股权不得超过 49%。除此之外,外国投资者还必须满足一系列"国家利益"标准,例如机组人员的国籍、企业的运营地点等。再如加拿大,2012 年 12 月,加拿大发布了新规则以补充外国国有企业投资指南,其中规定未来国有企业竞购加拿大油砂企业的控制权,将需例外批准。

## 三、日趋恶化的政治风险

目前,中国对外投资中许多目的国为亚非拉发展中国家,这些国家有的法律政策环境不完善,有的国内政局不稳、民族或宗教关系紧张,使我国对外投资存在较大的政治风险。比如,近年来我国投资者在利比亚、缅甸和津巴布韦的投资风险就是明显的例子。

由于 2012 年年初中东北非爆发的颜色革命,利比亚爆发内战,我国投资者在利比亚的众多工程建设遭到毁坏,损失惨重。2011 年,由于缅甸国内原因,中国投资缅甸的密松水电站项目被停止,2012 年中国投资缅甸的莱比塘铜矿项目也因同样原因停工。2016 年 3 月津巴布韦下令实施国有化政策,要求有关外企于 2016 年 4 月 1 日前将至少51%的股份转给津巴布韦黑人公民。外资国有化的政策如果真被执行,当地中资企业将蒙受巨大损失。

这一系列事件表明,我国"走出去"所面临的风险是实实在在的,我们需要更有效和更富前瞻性的风险防范机制。

### 四、日趋对等的投资互惠要求

许多国家在投资协定中通常会对相关行业的开放要求互惠,因此如果中国对有关行业开放有所限制的话,可能面临对方国家的对等限制。

如《美韩自贸协定》中美国对特种航空服务所作承诺就规定,"外国民用飞机在美国境内从事特种航空服务需要从运输部获得授权。在决定是否同意一个具体申请时,运输部考虑的因素中包括申请人国籍国授予美国民用飞机运营者有效互惠的程度"。此外,有关石油或天然气管道的路权,获得海军石油保留地的联邦租赁;特种航空服务;债券发行合约受托人;美国政府债券经销商;无线电频谱分配,直达用户家庭和直播电视服务、数字语音服务等行业的开放,美国也要求对等互惠。

据报道,美国政府也在考虑针对中国设立"对等互惠投资制度"。由于目前中国的行业开放需要一个过程。因此,缔约方的对等互惠要求,可能使得中国难以享受对方开放的好处。目前,中国对外开放限制性措施还不少。因此,在对外谈判投资协定中,特别是如果对方为开放度比较大的发达国家时,由于互惠要求,可能就会使得中国面临较大压力或障碍。

## 第六节　阻碍中国深入推进国际投资协定的内部因素

尽管中国推行经济体制改革已有40年,但是中国特色社会主义市场经济体制与广大WTO成员所实行自由市场经济体制仍有本质区别;同时,作为发展中国家享受相应的特殊和差别待遇,因此对投资自由化及其规则的水平,与发达工业化国家诉求差距较大。

### 一、经济体制异质性造成中国与自由市场经济国家难以达成共识

由于中国经济体制与以美欧为代表的发达工业化国家不同,在推进国际投资协定上本就存在市场体制不信任等制度障碍,进一步阻碍了中国推进国际投资协定的进程,而这一倾向,在特朗普当选美国总统后愈演愈烈。自改革开放以来,中国一直坚持开放与贸易自由化的基本方略,在经济体制改革等问题上积极对标国际标准。如中国在以《中华人民共和国加入世界贸易组织议定书》第十五条——承认加入

WTO 后 15 年内,其他 WTO 成员方可以"替代国"价格方式计算对中国产品倾销幅度的做法,以换取进一步开放,加入 WTO。但是 2016 年《中华人民共和国加入世界贸易组织议定书》第十五条到期后,美、欧纷纷在上述问题上对中国表现出强硬立场,特别是 2017 年 11 月 8 日,美国以中国诉讼欧盟 DS516 案的第三方身份向 WTO 提交第三方报告,认为 WTO 赋予了各成员方权利,可以根据各自的国内法认定中国是否属于"市场经济国家",或者依据 WTO 反倾销协定允许各成员方在不能确定进口产品的成本可比性时,采用"第三国"价格来确定倾销幅度。

同时,美国特朗普政府上台以来,打着"美国优先"的旗号,在贸易与投资问题上对中国大做文章。一定程度上削减了中国在国际投资协议进程上推进的速度与深度。例如 2017 年 8 月,美国总统贸易代表莱特希泽宣布正式根据《1974 年贸易法》第 302(b)(1)(A)节发起调查,以决定中国关于技术转让、知识产权和创新的法律、政策和政府实践根据贸易法第 301(b)(1)节是否为可诉。重点调查中国是否存在:(1)不透明审批以及股权限制要求导致的强迫技术转让;(2)对技术引进合同非市场化干预;(3)系统对美高科技企业收购;(4)网络盗取技术和秘密。

同时,为应对诸如中国等国的国有企业在全球投资中的优势地位,美国通过国际协定对国有企业投资规则提出了新的要求。2016 年 2 月签署的 TPP 协定一改国有企业属于竞争范畴的传统做法,与《美国—新加坡自由贸易协定》的制定模式相类似,将国有企业单列一章,规定了实质性的变革内容。为保证贸易、投资公平环境的形成,其通过更有针对性地在国有企业规则中纳入超越世贸组织传统公平贸易规则的补贴纪律,在施以主体和适用范围上进一步扩张及丰富了传统世贸组织多边贸易体制下的补贴纪律,并主要通过第 17.6、17.7 以及 17.8 条三个条款搭建完成。第 17.6 条以及第 17.7 条对缔约方对国有企业的非商业援助及其不利影响表现形式就服务贸易或投资领域进口方市场的影响范围作出了规定,不但对传统世贸组织项下的货物及服务贸易作出更高标准的规制,更试图就服务贸易及投资领域的上述空白进行填补。

上述举措均是美国当下"公平、互惠的贸易与投资"理念的反映与印证,深层次的原因在于对中国所采取的所有制形式、市场组织形式的不信任与不放心。

## 二、发展程度异质性造成中国与发达工业化国家难以达成共识

改革开放 40 年来,中国已经发展成为全球第二大经济体,但是中国作为世界上最大的发展中国家的基本属性没有变。因此,中国在推进国际投资协定的实践上,与发达工业化国家所提出的"下一代贸易与投资议题"及其自由化要求,存有相当大的差距。如在代表当前国际贸易投资自由化最高水平的 TPP 协定投资内容中,中国的投资自由化水平与"下一代贸易与投资议题"及其自由化水平均存在较大差距。

# 第二十七章 中国投资体制及其与全球投资自由化规则趋势的差距

◇◇◇◇◇◇◇◇◇◇◇◇◇◇◇◇◇◇◇◇◇◇◇◇◇◇◇◇◇◇◇◇◇◇◇◇◇◇◇◇◇◇

改革开放前30年,我国主要是引入外资,外资立法也主要以吸引外资为主。随着我国经济实力的增强,我国对外直接投资发展迅猛。但是,跨境投资法律并未与时俱进,亟待进一步发展与完善。

## 第一节 外商直接投资管理体制

当前,中国外商直接投资管理体制分为一般外商直接投资管理体制和自贸试验区外商直接投资管理体制。

### 一、一般外商直接投资管理体制

中国外商投资管理的基本法律包括《中外合资经营企业法》《外资企业法》《中外合作经营企业法》。

在外资投资方向和产业方面,我国颁布了《指导外资投资方向暂行规定》《外商投资产业指导目录》《中西部地区外商投资优势产业目录》等。

在外商投资企业设立和组织形式方面,我国颁布了《关于设立外商投资股份有限公司若干问题的暂行规定》《关于外商投资举办投资性公司的暂行规定》《关于设立中外合资对外贸易公司试点暂行办法》《关于外国投资者并购境内企业的规定》《外国投资者对上市公司战略投资管理办法》《关于外商投资的公司审批登记管理法律适用若干问题的执行意见》《关于建立外国投资者并购境内企业安全审查制度的通知》。

在外商投资的具体产业方面,我国颁布了《对外合作开采陆上石油资源条例》

《关于设立外商投资建筑业企业的若干规定》《外商投资稀土行业管理暂行规定》《合格境外机构投资者境内证券投资管理办法》《外商投资建筑业企业管理规定》《外资参股证券公司设立规则》《外商投资国际货物运输代理企业管理办法》《外资参股基金管理公司设立规则》《外资金融机构管理条例》《外资保险公司管理条例》《外商投资商业领域管理办法》《设立外商投资会议展览公司暂行规定》《外商投资广告企业管理规定》《外商投资租赁业管理办法》，等等。

综上所述，我国形成了三部外资法加行政法规和部门规章的外商投资法律体系。根据我国外商投资法律体系，我国的外商直接投资管理体制归纳如下。

一是在准入制度方面，中国《指导外商投资方向暂行规定》将外资准入领域分为禁止类、限制类和鼓励类，并以《外商投资产业指导目录》列举了外资准入的具体行业。为引导外资进入中西部地区的特定产业，制定《中西部地区外商投资优势产业目录》根据各省的自然、经济、技术状况列举了不同的优势产业，鼓励外商投资。随着中国对外开放的深化，《外商投资产业指导目录》逐渐放开外资的准入领域和准入要求，限制类和禁止类产业逐渐减少。2015年3月10日，《外商投资产业指导目录》经第六次修改，限制类产业从79条减少到38条，"中方控股"条目数从44条减少到35条，"合资、合作"条目数从43条减少到15条，可见我国对外资开放的领域越来越多，允许外商控股的产业也越来越多。

二是在审批制度方面，中国实行逐案审批制，任何外资，无论规模大小、行业性质，都必须经过审批方可进入。审批程序第一步是发改委立项，如涉及城建、环保等部门审批权限的，或涉及特殊行业时，还需城建、环保或相关行业主管部门进行审批；审批程序第二步是商务部对外商投资合同和章程进行审批；审批程序第三步是由工商部门颁发企业营业执照。外商投资企业设立后，外资股权转让，企业变更、退出都需要经过审批。另外，当外资进入中国，可能对中国国防、经济、社会秩序以及关键技术研发能力构成影响的，还可能受到国家发展改革委和商务部牵头的国家安全审查；目前中国在外商投资领域的国家安全审查机制还不完善。

三是在履行要求方面，在加入世贸组织以前，中国三资企业法中存在大量履行要求，如当地成分要求、贸易平衡要求、出口实绩要求、生产计划备案要求、中方劳动力雇佣要求、技术转让要求；等等。为履行加入世贸组织的承诺，中国修改三资企业法，废除了与TRIMs相冲突的履行要求。目前，中国的履行要求规定相较于其他发展中国家较少。①

---

① 黄家勇：《国际投资自由化规则及对中国双向投资体制改革的建议》，上海社会科学院2017年硕士学位论文。

值得关注的是,2015 年 1 月 19 日,国务院公布了《外国投资法(草案征求意见稿)》。《外国投资法(草案征求意见稿)》一经颁布实施通过,《中外合资经营企业法》《外资企业法》《中外合作经营企业法》的效力即告终止。这将是我国涉外投资法领域立法工作的重大发展,具有里程碑意义。《外国投资法(草案征求意见稿)》全文虽然未出现"负面清单"这个概念,但负面清单的理念则贯穿在这部即将生效的法律之中,构建了"有限许可加全面报告"的外资准入管理制度。

## 二、自贸试验区外商直接投资管理体制

目前,我国已经设立了上海、广东、天津等 11 个自由贸易试验区。本书以上海自贸试验区为例,对自贸试验区的投资法律制度进行简要介绍。

上海自贸区实施的《中国(上海)自由贸易试验区条例》,对自贸区的制度创新和改革举措进行了全面规范。其中,上海自贸区的外商投资管理制度的主要特征为:

一是实施负面清单制度。负面清单规定了自贸区内禁止或限制外资进入的投资领域,对于负面清单中的领域,外资不得进入或需要经过审批方可进入。对于负面清单以外的投资领域,对外商投资项目和企业合同章程的审批制改为备案制。继上海2013 年版、2014 年版负面清单后,国务院办公厅于 2015 年 4 月 8 日发布《自由贸易试验区外商投资准入特别管理措施(负面清单)》,规定该负面清单统一适用于上海等各自由贸易试验区。2017 年 6 月,国家公布了《自由贸易试验区外商投资准入特别管理措施(负面清单)(2017 年版)》,该负面清单适用于现有的 11 个自贸试验区。

二是推行外商投资备案制度。对于注册资本,除法律有明确规定有实缴或最低注册资本限额的,实施认缴制和任意资本制。为外商投资企业办理登记手续提供便利。

## 三、外商直接投资管理体制存在的问题

尽管我国外商直接投资法律制度在不断进步,与投资自由化趋势相比较,仍然存在很多问题,主要体现在以下方面。

### (一) 准入领域方面

在服务领域方面,根据《中国加入 WTO 议定书》,在 160 个服务子部门中,我国承诺开放的约为 100 个,但实际上完全开放的不到 30 个部门。

### (二) 审批制度方面

由于我国尚未在全国范围内实施"准入前国民待遇",在自贸区外的区域对外资的审查还停留在逐案审批的标准上,审批的程序较长,增加了外国投资者的负担。

目前,我国参与外商投资管理的机构有国家发展和改革委员会、商务部以及特定

的行业主管部门。这些机构的职权既存在重叠部分,也存在真空部分,提高了外国投资者的进入成本,也降低了监管效率。

### (三) 透明度方面

我国外商投资立法,中央和地方立法权限混乱,各地外资管理规范不一致,各部门管理规范冲突。由于立法层面的法律较少,各部门、各地区可以轻易地对政策进行修订,导致政策的稳定性和可预见性较低。[1]

## 第二节　对外直接投资管理体制

### 一、对外直接投资管理体制

2004 年,为明确企业在境外投资中的主体地位,国务院颁布了《关于投资体制改革的决定》,将审批制改为核准制和备案制。国家对项目可行性不再进行审核,而只对审核境外投资是否合规进行审核。缩小了国家发展改革委的审核范围,规定对于投资额 3000 万美元以下的央企资源类项目、1000 万美元以下的其他项目报国家发展改革委备案即可;确定国家发展改革委和省级发展改革委的审批金额,规定投资额达 3000 万美元的央企资源类项目、1000 万美元的其他项目由国家发展改革委审核,不足上述金额的由省级发展改革委审核。

2014 年,国家发展改革委颁布了《境外投资项目核准和备案管理办法》,进一步放宽了备案的范围,规定除了中方投资额在 10 亿美元以上,或涉及敏感国家和地区、敏感行业的投资项目需要经国家发展改革委核准以外,其余境外投资项目一律实行备案登记。

2009 年,商务部颁布了《境外投资管理办法》,规定投资额达 1 亿美元的项目需报商务部审核,投资额在 1000 万美元以上、1 亿美元以下的投资项目报省商务主管部门审核,其他项目直接在商务主管部门备案即可。

### 二、对外直接投资管理体制存在的问题

我国现行对外直接投资管理体制存在管理主体多元、部门职责不清、管理范围交错、政策系统性差等不足,不仅不能满足我国对外投资的实际需要,反而在一定程度上制约着企业的对外投资。

---

① 黄家勇:《国际投资自由化规则及对中国双向投资体制改革的建议》,上海社会科学院 2017 年硕士学位论文。

我国缺乏法律层面的对外投资立法，由国家有关部委出台对外投资规章，立法层级较低，涉及的审批机关较多，且缺乏协调性。对外投资实行的逐案审批制度，大大降低了对外投资的便利性。审批的内容不尽合理，涉及外资合同和企业章程等企业自治内容，侵蚀了企业的自主经营权。审批的程序和实现过长，效率低下。[①] 因此，我国对外直接投资管理体制需要进一步完善，并逐渐使中国引进外资和对外投资的整个投资管理体制能够逐步适应国际标准和规范，以进一步提高我国在全球投资领域的话语权。

---

① 黄家勇：《国际投资自由化规则及对中国双向投资体制改革的建议》，上海社会科学院 2017 年硕士学位论文。

# 第二十八章　在全球范围投资自由化
## 进程中彰显"中国主张"

中国是全球最大的发展中国家、全球第二大经济体、全球第一大贸易国、全球第二大投资目的地和全球第二大投资来源地,因此,中国在全球范围推进投资自由化的进程中必须有"中国主张"。

## 第一节　推进投资自由化彰显"中国主张"的基本出发点

在全球范围推进投资自由化的进程中,彰显"中国主张"必须基于以下三个基本出发点。

### 一、基本出发点之一:新时代中国特色社会主义思想

2001 年,中国以发展中国家地位、以社会主义市场经济体制成分,加入世界贸易组织。时至今日,中国已经成为全球最大的发展中国家、全球第二大经济体、全球第一大贸易国、全球第二大投资目的地和全球第二大投资来源地,不仅对全球经济的影响力日益增大,而且参与全球经济治理的需求也与日俱增。正如著名经济学家杨小凯教授在 1989 年预判的那样:以中国的人口规模融入国际市场,会引起全球资源再分配,国际经济结构再平衡,最终导致世界经济政治格局发生变化。因此,作为多边贸易体系的最大获益者之一,中国也必须转型成为经济全球化及其治理机制的最坚定的维护者和贡献者。

在推进全球范围内投资自由化进程中,彰显"中国主张"的第一出发点应该是新时代中国特色社会主义思想;在推进全球范围内投资自由化进程中,"中国主张"的基础是"社会主义初级阶段"和"世界最大发展中国家";在推进全球范围内投资自由化进程中,"中国主张"的效应是经济全球化及其治理机制的建设者、贡献者和维护

者;在推进全球范围内投资自由化进程中,"中国主张"的目标应该是建设开放型世界经济和共思、共建、共享的人类命运共同体。

## 二、基本出发点之二:全球价值链体系

2014年11月,在北京举行的亚太经合组织第二十二次领导人非正式会议上[1],由21个成员经济体领导人签署的宣言"北京纲领"提出:构建融合、创新、互联的亚太,其中强调"全球价值链已成为世界经济发展的显著特征"。

### (一) 全球价值链体系的形成及其政策应用

价值链由迈克尔·波特教授率先于1985年提出并定义。最初,波特定义的价值链主要强调单个企业的竞争优势。1998年,波特进一步提出了价值体系的概念,研究视角扩展到了不同类型企业及公司之间。

2001年,加里·格里菲教授提出了"全球价值链"的概念。格里菲认为,可以从投入—产出结构、地理范围、治理、升级、本地制度背景、利益攸关方6个基本维度解析全球价值链。他还总结出了全球价值链5种典型的治理结构:市场型、模块型、关系型、管控型和等级型,以及4种类型的升级形式:工序升级、产品升级、功能升级、链条升级或产业间升级。

2014年,费尔南德斯·斯塔克等进一步提出了其他升级类型:融入价值链、后向关联升级、终端市场升级,以及通过外国直接投资融入全球价值链。

随着经济全球化的发展,全球价值链政策开始在跨境贸易和投资、劳动分工等方面得到广泛应用。具体表现为:跨国公司趋向离岸生产、服务活动逐步国际化、提供了认识参与经济全球化活动的新视角、传统国际贸易统计缺陷逐步显现,等等。

2010年以来,以经合组织、WTO为代表的部分国际组织发出"世界制造"倡议,积极推进全球价值链下国际贸易统计方法改革,应用库普曼、王直和魏尚进研发的方法,使用增加值贸易统计方式核算一国对外贸易额,希望能够解决全球价值链不同环节中出现的重复计算等问题。

2013年10月,亚太经合组织第二十一次领导人非正式会议提出"推进APEC地区全球价值链发展与合作"。2014年11月,亚太经合组织第二十二次领导人非正式会议批准了"APEC推动全球价值链合作与发展战略蓝图",提出了亚太经合组织推动全球价值链合作与发展的十大支柱。[2]

其中,围绕"启动亚太经合组织全球价值链数据统计合作"这一支柱,2014年11

---

[1] 《亚太经合组织第二十二次领导人非正式会议在北京举行》,人民网,http://politics.people.cn/n/2014/1112/c1024-26007908.html。

[2] 张向晨:《提升我国在全球价值链中的竞争力》,《求是》2014年第7期,第55—56页。

月在中国举行的亚太经合组织第二十二次领导人非正式会议批准了《亚太经合组织贸易增加值核算战略框架》和《亚太经合组织贸易增加值核算战略框架行动计划》，其主要目标是完成基于全球价值链的亚太经合组织贸易增加值核算的亚太经合组织核心供应使用表的编制工作，并使亚太经合组织增加值数据库能够与世贸组织/经合组织贸易增加值数据库相整合，为全球价值链的应用提供一个全球性的公共产品。

### （二）中国在全球价值链中的地位

全球价值链的生存基础是全球生产网络。迄今为止，最具全球价值链特征的全球生产网络仅有北美—西欧跨洲生产网络和北美—东亚跨洲生产网络。

由于美欧之间传统的经济联系、基本无缝的文化距离加之基本同质但又有差异的产业特征，两大区域生产网络中的跨国公司通过相互直接投资，推动了水平分工型的北美—西欧跨洲生产网络的形成，或者说是典型的发达工业化经济体之间"北—北"国际分工模式。

北美—东亚跨洲生产网络则是基于企业和市场联系最密切的典型垂直分工型跨洲生产网络，生产过程被分割成若干阶段，网络中各经济体企业根据其比较优势专门从事不同的生产阶段任务。东亚地区新兴工业化经济体和新兴经济体，通过生产网络接受来自发达工业化国家的直接投资、服务外包和采购，使其能够参与到最符合其本身自然禀赋和技术水平的生产阶段，也因此享受了贸易和经济的高速增长。尽管从微笑曲线来看，在这一跨洲生产网络中，发展中国家主要是依托其大规模的廉价劳动力参与分工，资源密集型国家则主要是通过提供能源和原材料参与分工。从微笑曲线来看，在增加值最高端是掌握原始创新、核心中间品和市场主要份额的美国跨国公司，在两腮部高处则分布着具有集成创新能力、提供高附加值中间品和市场部分份额的日本跨国公司，在两腮部低处则是具有一定集成创新能力和较强承上启下分包能力、提供中高附加值中间品的新兴工业化经济体，而在下颚部基本上是以劳动力优势见长的发展中国家，新兴经济体则镶嵌在新兴工业化经济体和发展中国家之间，是一种典型的跨国公司主导的垂直专业化"北—南"国际分工模式。根据全球价值链增加值贸易核算发现，中国产业大部分在全球价值链中的位置居于在两腮部低处和下颚部。

在可预见的未来，随着特朗普"美国优先"和"缩表加息减税"经济新政的实施，在维持现有全球价值链框架下，北美—西欧、北美—东亚两大跨洲生产网络将发生相应重大变化，随着网络中中国大陆劳动力成本和学习能力的双提升，产业间国际转移路径将呈现：低增加值产业或产品将向劳动力成本更具优势的网络内发展中国家，即向网络微笑曲线下颚部的"经济舱"集聚；高增加值产业或产品将向具有极强创新能力的美国返流的趋向,即向网络微笑曲线的两个顶部的"头等舱"和"公务舱"集聚,并按波音787梦想型客机劳动分工模式抢占部分高增加值产业或产品下颚部的"经济舱";网络中的新兴工业化经济体和新兴经济体将占有中增加值产业或产品所居的网络微笑曲线两腮部"超值经济舱"和"公务舱"中形成水平分工型的竞争合作关系。发达工业化国家将继续寻求并固化其在全球价值链中"头等舱"地位;而发展中国家则有继续处于或被固化于"经济舱"地位,而居于两者之间的新兴工业化经济体,尤其是新兴经济体则面临向网络微笑曲线的两侧"超值经济舱"和"公务舱"攀升和维护在下颚部"经济舱"获得既有利益保障非熟练劳动力就业的压力。

在推进全球范围内投资自由化进程中,彰显"中国主张"的第二出发点应该是立足中国产业在全球价值链的位置,"中国主张"的效应应该是有助于在稳固现有位置的前提下可持续地向全球价值链中高端的攀升,"中国主张"的目标应该是不仅支持发展中国家有效融入全球价值链并获益,而且推进与发达工业化国家在全球价值链框架下实现合作共赢。

## 三、基本出发点之三:多边投资便利化和双边投资自由化

联合国贸易和发展会议将投资措施分为投资自由化、投资促进、投资保护和投资便利化四类。其中,投资便利化,在投资全生命周期中,投资东道国政府采取的一系列使其投资监管的效率和管理有效性达到最大化的做法或行为。

### (一)多边投资便利化

自1989年APEC成立伊始,启动了投资便利化行动。1994年,亚太经合组织领导人发表了《亚太经合组织经济领导人共同决心宣言》,提出在2020年前实现亚太地区贸易和投资自由化的目标。据此,投资便利化成为1995年"大阪行动议程"之一。2008年,APEC提出了《APEC投资便利化行动计划》。除APEC外,世界银行、UNCTAD、OECD等都出台了相应文件和标准,推动全球范围内的投资便利化水平提升。总体而言,全球范围内推进投资便利化的进程,呈现了以下3个特征:机构主导(APEC 2008,OECD 2011),区域合作(G20 2016,BRICS 2017),多边推进(WTO 2017年至今)。其中,机构主导和区域合作取得了一定的成果,达成了部分国际共识,形成了若干宣言式和指导性的原则。

2016年,G20杭州峰会达成了《二十国集团全球投资指导原则》,被认为是"全球首个多边投资规则框架,填补了国际投资领域空白",其中第7条提到了"投资促进政策……同时与促进透明的便利化举措相配合,有助于投资者开创、经营并扩大业务"。同年,UNCTAD基于《联合国贸易与发展会议可持续发展投资政策框架》公布

了《投资便利化和推广:全球行动指南》①,就投资便利化问题为各国的政府决策提供了指导方针。

2017 年,BRICS 贸易部长会议批准了《金砖国家投资便利化合作纲要》(以下简称《纲要》),明确提出增强投资政策框架透明度、提高投资相关行政程序效率、提升投资相关服务能力合作水平等投资便利化的核心要素。《纲要》是全球投资便利化领域达成的第一份专门文件,首次将投资便利化的核心要素在多边层面、在国家间协调合作层面作为共识体现出来,突破了当前以国内政策为主的投资便利化政策措施。但是,《纲要》是非约束性的,只能提供政策指引和导向,向国际社会表达 BRICS 就投资便利化问题达成了共识,但共识之后的义务内涵留待未来加以合作和协调。

投资便利化多边推进行动主要在 WTO 框架下推动,但在 2017 年 11 月举行的世界贸易组织第十一届部长级会议并未形成落地的成果。WTO 成员方中,巴西、尼日利亚、中国、印度是投资便利化议题的积极推动者,并以"为了促进发展的投资便利化之友"(FIFD)和"中等强国合作体"(MIKTA)的组合参与了议题推动。2016 年 10 月,印度向 WTO 提交了一份名为《服务贸易协定中的贸易便利化》的说明,提出服务贸易也应当与货物贸易一样,配套相关的便利化协定。2017 年 2 月,印度提交了一份法律草案。同时,FIFD 提交了一份名为《关于投资便利化的非正式对话》的提案,提出贸易和投资是不可分割的部分,它们在促进全球发展和包容性增长中有着共同的作用。对此,印度、南非、乌干达、玻利维亚等一些国家都予以反对,指出投资便利化议题超出了 WTO 现有议程。其后,部分 WTO 成员方也递交了各自提案或意见,阿根廷、巴西联合提案名为《WTO 的投资便利化机制》,聚焦在国内层面设立国家监察专员与其他国家的对等机构合作,以及设立 WTO 投资便利化委员会。俄罗斯的提案则包含了"争端预防和解决"条款,并给未来增加市场准入条款预留了空间。中国建议向利益相关者提供对投资相关的法律和规章进行评论的机会,此外针对最不发达国家,投资者有简便的准入门槛进入核心的公共设施。2018 年 2 月,巴西提交了《WTO 投资便利化协定》的提案。提出的提案文本框架和结构均以《贸易便利化协定》为模板,它指出这个提案可以作为一个起点,推动这个议题上"更加聚焦的、有文案基础的讨论"。

2017 年世界贸易组织第十一届部长级会议期间,中国主办了投资便利化部长早餐会,呼吁世贸组织成员共同推动全球投资便利化,获得积极响应,但是并未达成实

---

① 该行动指南根据《联合国贸易与发展会议可持续发展投资政策框架》文件制定而成并借鉴了过去几十年联合国贸发会议在全球投资促进和投资便利化努力过程中所积累的丰富经验和教训。

质性的文本共识,仅形成了《为了发展的投资便利化联合部长宣言》(以下简称"联合部长宣言"),呼吁在多边层面对以下问题进行结构性讨论:(1)增强投资措施的透明度和可预见性;(2)提高政府程序和要求的效率;(3)增强国际合作,信息共享和最佳实践的交流;(4)加强利益攸关者的关系,包括争端预防,且特别强调讨论将不涉及市场准入、投资保护和投资者—国家争端解决。WTO 联合部长宣言不是一个具有法律效力的 WTO 文件,仅是对未来谈判方向的预期,即 M11 并没有真正推动投资便利化议题的落地。

**(二) 双边投资自由化**

根据联合国贸发会议统计,中国已缔结的双边投资保护协定有 129 个。在改革开放的不同阶段,中国所签的双边投资协定,在文本内容和文本格式上也有不同的发展变化。目前,中国已经启动了与美国和欧盟的双边投资协定谈判。随着时代的发展,中国缔结的双边投资协定将越来越全面和详细,标准也越来越高,同时更加兼顾投资保护和政策空间的平衡。当然,随着时代发展和世界格局的变化,仍会有新的问题出现,需要在投资协定中反映和应对,未来有关环境保护、劳工保护、国有企业、可持续发展和企业社会责任的议题可能会受到越来越多的关注。我国自 2008 年开始与美国进行投资协定谈判,2015 年双方已进入"准入前国民待遇及负面清单"的谈判模式。一旦协定达成,将标志我国第四代双边投资协定的开始,也将对中国与澳大利亚、欧盟等投资谈判产生重大示范作用。作为晚近的投资协定,呈现如下特点:顺应投资自由化趋势,对投资的定义更趋向于严谨性和完整性,从而扩大投资的保护范围;对投资提出更高的保护标准,对公平公正待遇给予了具体的界定,规定了间接征收的条款,对投资者予以有效的保护。

# 第二节　推进投资自由化彰显"中国主张"的主要着力点

2012 年 11 月,中国共产党第十八次全国代表大会提出了"全面提高开放型经济水平",特别是党的十八届三中全会决定全面深化改革,提出了"以开放促改革,构建开放型经济新体制"以来,中国政府实施了自由贸易试验区建设,促进了利用外资的扩大,提出了"一带一路"倡议,推进了国际产能和装备制造业合作,开启了开放型经济新体制构建,加快了自由贸易区战略的实施,成为在全球范围内推进投资自由化彰显"中国主张"的主要着力点。

实证研究证明,中国利用外资与对外投资之间存在着相互促进、相辅相成的关系,并共同推动中国融入全球价值链获益。这种内在的辩证统一关系表现在:引进外资是对外投资的基础,对外投资是对外开放的更高阶段,而对外投资又能弥补利用外资的不足,并且获得"引不进来"的资源。但是,总体来看,中国"引进来"和"走出去"之间的关联还不够强,如制造业一直是中国吸引外资的主要领域,而制造业对外投资存量占中国对外投资总存量的比重很低。这说明中国"引进来"的外溢效应尚未有效体现在"走出去"上,而"走出去"获取先进要素的能力尚不够强,对提升"引进来"水平的作用同样有待提高,应该积极在全球范围内推进投资自由化并彰显"中国主张"。

## 一、主要着力点之一:依托自由贸易试验区建设,自主打造开放型引进外资自由化

2013年9月,中国(上海)自由贸易试验区成立。经过5年的发展,中国已经形成"1+3+7+1"的12个自由贸易试验区格局。同时,国务院不仅首次颁布了全国统一的《自由贸易试验区外商投资准入特别管理措施(负面清单)》以及《自由贸易试验区外商投资国家安全审查试行办法》①,还于2017年1月颁布了《关于扩大对外开放积极利用外资若干措施的通知》②,于2017年8月颁布了《关于促进外资增长若干措施的通知》,再次强调,积极利用外资是我国对外开放战略的重要内容。

依托自由贸易试验区,中国正在自主打造开放型引进外资自由化:一是从2017年10月1日起,中国已经在全国范围内对外商投资企业实行负面清单管理制度,负面清单以外的外商投资企业设立和变更事项,将由审批改为备案,意味着中国40年的投资审批制度也将正式走向终结。二是国务院颁布的《关于扩大对外开放积极利用外资若干措施的通知》,也使外商投资获得了更多保障,提高了透明度,强调了统一标准和平等对待,强调深化供给侧结构性改革,推进简政放权、放管结合、优化服务改革,进一步提升我国外商投资环境法治化、国际化、便利化水平,促进外资增长,提高利用外资质量。三是国务院颁发的《关于促进外资增长若干措施的通知》中,不仅进一步减少外资准入限制,而且进一步优化营商环境,表明了中国政府在保护投资、对接高标准国际投资规则方面的明确态度和不断努力。

自由贸易试验区准入前国民待遇加负面清单管理制度的建立并复制至全国范围,国务院两个有关扩大利用外资通知中有关促进投资、保护投资和便利投资的措施,尤其是在外资市场准入和国民待遇方面的进一步开放措施,为在全球范围内推进开放、在投资自由化进程中彰显"中国主张"奠定了实践基础,并且应该是主要着力

---

① 《国务院办公厅关于印发自由贸易试验区外商投资国家安全审查试行办法的通知》(国办发〔2015〕24号),http://www.gov.cn/zhengce/content/2015-04/20/content_9629.htm。

② 《国务院关于扩大对外开放积极利用外资若干措施的通知》(国发〔2017〕5号),http://www.gov.cn/zhengce/content/2017-01/17/content_5160624.htm。

点之一。但是,从严格意义上讲,准入前国民待遇加负面清单管理制度的建立,只涉及外资利用侧的自由化,对外投资侧的自由化需求尚待进一步深化;同时,投资便利化措施在 11 个自由贸易区及全国范围内尚未实现一致性,仍处在探索中。

## 二、主要着力点之二:依托"一带一路"倡议实施,合作构建可持续对外投资自由化

"一带一路"倡议深入阐述了贸易畅通,提出沿线国家共同对标世界贸易组织《贸易便利化协定》。为呼应"一带一路"倡议,推进中国企业更快更好地"走出去",2015 年 5 月颁布了《国务院关于推进国际产能和装备制造合作的指导意见》(以下简称《国际产能合作指导意见》)①,指出推进国际产能和装备制造合作是中国在新常态下与全球其他国家开展互利合作的重要抓手。

"一带一路"倡议带有推进中国对外投资的愿景,强调加快投资便利化进程,消除投资壁垒;要求加强双边投资保护协定、避免双重征税协定磋商,保护投资者的合法权益;要求拓展相互投资领域;……要强化多边合作机制作用,发挥 APEC 等现有多边合作机制作用,让更多国家和地区参与"一带一路"建设。

"一带一路"倡议和《国际产能合作指导意见》的出台,弥补了自由贸易试验区在全球范围内推进可持续对外投资自由化进程中彰显"中国主张"的实践不足。因此,"一带一路"倡议和《国际产能合作指导意见》的实施,应该是在全球范围内推进对外投资自由化进程中彰显"中国主张"的又一主要着力点。

## 三、主要着力点之三:依托开放型经济新体制构建,推进包容性跨境投资自由化

2015 年 9 月,中共中央、国务院颁布了《中共中央　国务院关于构建开放型经济新体制的若干意见》,为在全球投资自由化体制构建中采取积极主动的策略奠定了坚实的基础②;同年 12 月,国务院又颁布了《关于加快实施自由贸易区战略的若干意见》,强调加快实施自由贸易区战略是我国新一轮对外开放的重要内容。

迄今为止,《中共中央　国务院关于构建开放型经济新体制的若干意见》和《关于加快实施自由贸易区战略的若干意见》是中共中央、国务院颁布的最全面、最细化的推进跨境双向投资自由化的指导性文件,应该是在全球范围内推进包容性跨境投

---

① 《国务院关于推进国际产能和装备制造合作的指导意见》(国发〔2015〕30 号),http://www.gov.cn/zhengce/content/2015-05/16/content_9771.htm。

② 新华社:《中共中央　国务院关于构建开放型经济新体制的若干意见》,http://www.gov.cn/xinwen/2015-09/17/content_2934172.htm。

资自由化进程中彰显"中国主张"的主要着力点,也是技术层面的最重要着力点。

# 第三节　全球范围内推进投资自由化进程中的"中国主张"探索

2016 年 9 月,习近平主席在 G20 杭州峰会上明确表态,提出"继续推动贸易和投资自由化便利化"。2017 年 1 月,习近平主席在达沃斯论坛年会上倡导,"让不同国家、不同阶层、不同人群共享经济全球化的好处"。2017 年 5 月,习近平主席在"一带一路"国际合作高峰论坛圆桌峰会上指出,在贸易和投资自由化便利化方面,要推动自由贸易区建设,"加强规则和标准体系相互兼容,提供更好的营商环境和机制保障,充分释放互联互通的积极效应"①。2017 年 11 月,习近平主席在亚太经合组织工商领导人峰会上明确,要支持多边贸易体制,坚持开放的区域主义。2018 年 4 月,习近平主席在博鳌亚洲论坛 2018 年年会开幕式上再次强调,坚持走开放融通、互利共赢之路。

习近平主席的上述讲话,再次宣告了中国政府一以贯之支持经济全球化的主导方针,彰显了中国在全球范围内推进投资自由化的开放、包容、多元、融合的立场。为此,在推进全球范围内投资自由化进程中,彰显"中国主张",一定要坚持新时代中国特色社会主义思想,坚持"社会主义初级阶段"和"世界最大发展中国家"的理念,发挥经济全球化及其治理机制的建设者、贡献者和维护者的作用,达到建设开放型世界经济和共思、共建、共享的人类命运共同体的目标。

在推进全球范围内投资自由化进程中,一定要立足中国产业在全球价值链中的位置,在稳固现有位置的前提下可持续地推进中国企业和产业向全球价值链中高端攀升,达到支持发展中国家有效融入全球价值链并获益,推进与发达工业化国家在全球价值链框架下实现合作共赢的理想。

在推进全球范围内投资自由化进程中,彰显"中国主张",一定要有效驱动"多边投资便利化"和"双边投资自由化"这两个轮子,"中国主张"的效应应该是不仅有助于投资便利化的全面实现,而且有助于投资自由化在双边基础上稳步向多边前行,在"双轮"驱动下,达到发展中国家与发达工业化国家在全球价值链框架下共赢的目的。

## 一、全球范围内推进投资自由化进程中"中国主张"的基本内容

2016 年 9 月,G20 杭州峰会核准了《二十国集团全球投资指导原则》。由于 G20

---

① 2017 年 5 月 15 日,"一带一路"国际合作高峰论坛圆桌峰会在北京雁栖湖国际会议中心举行,国家主席习近平主持会议并致开幕词。

性质上是一个政府间高层论坛,因而指导原则属于非约束性,目的在于为投资政策制定提供总体指导。目前,制定多边投资规则举步维艰,因为投资输出国和外资输入国立场不尽相同,对不同行业的投资考量也不一样,导致至今制定全球投资规则的各种努力尚未成功。

正是在这样的历史背景下,在力所能及的范围内,在征求了商界、学界和政界各方意见基础上,G20 其他成员也有同样愿望的前提下,由中国政府提议 G20 贸易部长会议制定了《二十国集团全球投资指导原则》。由于《二十国集团全球投资指导原则》反映了 G20 成员中发达工业化国家、新兴经济国家在全球范围内推进投资自由化的共同意愿,因此可以将指导原则定义为符合不同经济发展程度国家在全球范围内推进投资自由化共同意愿的一份具有普适意义的文件。由于,指导原则是由中国倡导,其 9 条原则应该可以认为是在全球范围内推进投资自由化进程中"中国主张"的基本诉求。

《二十国集团全球投资指导原则》全面涵盖了投资措施,包括投资促进、投资保护、投资便利和投资自由,强调了非歧视、透明度原则。① 作为制度上的需求,建立一个各国都参加和遵守的多边投资协定是一个宏伟目标。《二十国集团全球投资指导原则》是"万里长征的第一步":第一步应把原则具体化,继续形成多边投资的框架;第二步应是形成多边投资协定的法律范本;第三步是各国签署多边投资协定。指导原则就是奠基石,是"承上启下"的原则,"承上"是指缩小投资各方的差距,缩小了南北差距,每一个跟国际投资相关的利益主体都站在同一个平台上;"启下"是因为关注未来国际投资整个制度环境,以及 G20 杭州峰会探讨的可持续发展目标、双向投资价值、透明度、投资者责任等。所以,其背后需要有一整套规则体系的支撑,需要把现在分散在各个领域与投资相关的规则体系汇总,促使未来投资环境制度化和规范化。

改革开放以来,中国用廉价劳动力和比较优势换来国外资本,那时中国和其他国家更多关心的是他们在华投资相关的保护问题。中国作为投资输入国,往往是被动应对,为投资者提供贸易优待、超国民待遇等。2014 年,中国对外直接投资首次突破千亿美元,占中国利用外商投资比例的 96%,中国由传统投资东道国转变成为投资输出国,利益和关切由此发生根本变化。中国顺应潮流推出《二十国集团全球投资指导原则》,实现了双边化、泛双边化的国际投资规则的战略性提升,表明了中国在整个国际投资环境中的地位发生了根本变化。

---

① 《二十国集团全球投资指导原则》,人民网,http://world.people.com.cn/n1/2016/0907/c1002-28696142.html。

尽管在事实上,非约束性的《二十国集团全球投资指导原则》的实效差,但其提醒人们关注投资政策,强调促进内外投资政策协调的作用不可忽视。因此,指导原则的问世,离形成一个具有约束力的多边投资协定还有很长的路要走,这就需要中国和世界各国发现利益交集、达成共识,在全球范围内推进投资自由化的进程中一步一步地去攻坚克难。

## 二、全球范围内推进投资自由化进程中"中国主张"的基本维度

面对特朗普政府"美国优先"的政策实施,原先开放、包容的跨境分布的北美—西欧跨洲生产网络和北美—东亚跨洲生产网络,有可能随着制造业回归美国和北美自由贸易协定重构,形成纯区域性的北美生产网络。原来以中间产品贸易与中间服务贸易为基础的全球价值链也将因此发生蜕变,对第二次世界大战后形成并伴随着全球价值链形成而不断完善的全球经济治理规则造成严峻挑战,重构趋势明显、速度加快。世界经济是沿着开放、包容的全球化继续前行,并在前行中实现规则重构;还是朝着半封闭的区域化变向,并在变向中实现规则再构,各国政界、商界的利益诉求也更趋复杂多元。作为多边贸易体制获益良多的新兴经济体代表,中国应在"办好自己的事"的前提下,在全球经济治理体系再建,尤其是在全球范围内推进投资自由化进程中"有所作为",围绕中国倡导的《二十国集团全球投资指导原则》,从依托自由贸易试验区自主打造开放型引外资自由化、依托"一带一路"倡议实施合作构建可持续对外投资自由化和依托开放型经济新体制构建推进包容性跨境投资自由化这三个维度,彰显"中国主张"。

### (一)维度之一:依托自由贸易试验区自主打造开放型引进外资自由化

自由贸易试验区准入前国民待遇加负面清单管理制度的建立并复制至全国范围,国务院两个有关扩大利用外资通知中有关促进投资、保护投资和便利投资的措施,尤其是在外资市场准入和国民待遇方面的进一步开放措施,为在全球范围内推进开放,在投资自由化进程中彰显"中国主张"奠定了实践基础。因此,要基于自由贸易试验区"1+3+7+1"雁阵发展格局,尽快建立全国统一的外商投资管理体制,率先形成输入侧投资自由化规则。

### (二)维度之二:依托"一带一路"倡议实施合作构建可持续对外投资自由化

"一带一路"倡议的提出,以及《国务院关于推进国际产能和装备制造合作的指导意见》的出台,弥补了自由贸易试验区在全球范围内推进可持续对外投资自由化进程中彰显"中国主张"的实践不足,为在全球范围内推进可持续对外投资自由化进程中彰显"中国主张"奠定了实践基础。因此,要基于"一带一路"倡议和《国务院关于推进国际产能和装备制造合作的指导意见》的实施,尽快建立全国统一的、符合风

险控制原则的对外投资管理体制,率先形成输出侧投资自由化规则。例如,可持续更新完善《对外投资国别产业指导目录》,积极全面地分析和把握世界经济发展趋势,及时跟踪和分析世界各国投资政策等,使之真正起到对企业的辅助参考功能和导向作用。

**(三)维度之三:依托开放型经济新体制构建推进包容性跨境投资自由化**

迄今为止,《关于构建开放型经济新体制的若干意见》和《关于加快实施自由贸易区战略的若干意见》是党中央、国务院颁布的最全面、最细化的推进跨境双向投资自由化的指导性文件,应该是在全球范围内推进包容性跨境投资自由化进程中彰显"中国主张"的主要着力点,也是技术层面的最重要着力点。

**1. 基于多种途径和合作机制彰显"中国主张"**

首先,要着力于推动改革、完善和提升现有多边机制是提高我国话语权的必要选择。通过现有的 WTO、UNCTAD 等国际组织积极支持与投资自由化相关的议程,推动相关组织认可中国作为新兴经济体所做的改革努力,对各种性质的企业一视同仁。

其次,在区域和双边层面,通过局部推进、多点开花、点面结合、相互支撑的策略,让中国在投资自由化方面的主张在双边谈判和区域经济合作中得到体现,然后以在这些合作中积累的经验和影响作为基础,侧面推动在更高级别、更大范围和更深层次上实现中国的既定战略和总体目标。

最后,国内在投资政策、投资管理和投资服务方面的具体提升性和规范性工作都取得了长足进步,但仍要增强政策的稳定性,加强一致性,体现特殊性,为在国际谈判中的政策主张提供坚实的实践基础和改进建议。

**2. 基于高水平投资自由化取向和普适特征彰显"中国主张"**

首先,对外资全面实施准入前国民待遇加负面清单管理模式应在国际谈判中作为基础性模式加以推进和采用,同时,要兼顾开放包容其他不同经济发展水平国家的实际。

其次,国有企业是利用外资和对外投资主角的现状将在很长一段时间内存在,国有企业是实施"走出去"战略、"一带一路"倡议等的重要力量。因此,国有企业这一投资主体在投资自由化体制中被一视同仁,其重要性不言而喻。但在目前的国际投资收购和国家安全审查等环节中,国有企业通常被重点关注,使许多投资项目受阻。在投资自由化谈判中,应主推"企业"作为跨境投资主体在投资协定或自由贸易协定投资章节中,对"企业"这一概念进行无歧视化的定义,自然就包括了国有企业。对"企业"的投资保护制度和投资争端解决的规则安排都同样适用于国有企业。中国强调以企业为主体、市场为导向,按照商业原则和国际惯例开展境外投资,企业在政府引导下自主决策、自负盈亏、自担风险。在此理念下,认可政府在经济发展中的积极角色和促进作用。

**3. 基于整合利用外资与对外投资促进措施彰显"中国主张"**

在很长一段时间内，我国对引进外资的关注度超过对于对外投资的关注度，导致中国双向投资的结构存在一定的偏向，同时也阻碍了中国投资促进工作中引进外资与对外投资的均衡发展。事实上，跨境双向投资包含了引进外资与对外投资两方面的内容，在投资促进工作中，必须两者兼顾，不可偏废。这意味着，中国既要促进资本的输入，也要促进资本的输出，必须在投资促进活动中给予二者平等的地位。如此相关投资促进部门才能统筹兼顾，双管齐下，从而真正将跨境双向投资均衡发展落到实处。

## 三、全球范围内推进投资自由化进程中"中国主张"的基本策略

在全球范围推进投资自由化进程中，彰显"中国主张"的策略应基于现有的多边框架，推进投资便利化实现；基于现有的双边框架，推进投资自由化进程；基于现有的诸边框架，推进投资规则构建。

**（一）策略之一：基于多边框架，推进投资便利化实现，彰显"中国主张"**

2016 年 G20 杭州峰会核准的《二十国集团全球投资指导原则》中第 7 条提到了"投资促进政策……同时与促进透明的便利化举措相配合，有助于投资者开创、经营并扩大业务"[①]。2016 年，UNCTAD 基于《联合国贸易与发展会议可持续发展投资政策框架》公布了《投资便利化和推广：全球行动指南》，提出了 10 项行动方针以及一系列选择以供投资政策制定者根据国家和国际政策需求采纳和适应。在 WTO 框架下推进的投资便利化多边行动，表现为世界贸易组织第十一届部长级会议形成了《为了发展的投资便利化联合部长宣言》。为了在全球范围内推进投资自由化进程中彰显"中国主张"，各自由贸易试验区要对标 UNCTAD《投资便利化和推广：全球行动指南》，并根据指南编制具有普适意义的《投资便利化绩效评价指标体系》，升级各自由贸易试验区投资便利化措施，并在各自由贸易试验区形成统一的、具有法律约束力的投资便利化规则，为中国在包括 WTO 在内的各个具有约束力或非约束型多边框架下引领投资便利化实现和规则制定奠定基础。

**（二）策略之二：基于双边框架，推进投资自由化进程，彰显"中国主张"**

根据联合国贸发会议统计，中国已缔结的双边投资保护协定有 129 个。在改革开放的不同阶段，中国所签的双边投资协定，在文本内容和文本格式上也有不同的发展变化。目前，中国已经启动了与美国和欧盟的双边投资协定谈判。同时，中国已签署了 16 个双边自由贸易协定及双边自由贸易协定升级版，这些自由贸易协定中通常

---

① 《二十国集团全球投资指导原则》，人民网，http://world.people.com.cn/n1/2016/0907/c1002-28696142.html。

包含与投资相关的章节。

其中，欧日等发达国家和地区与中国签订双边投资协定居多。由于中国比较注重对外资准入的控制和运营的管理，因此，相关协定在外资的待遇标准和争议解决程序方面较为保守。发展中国家与中国签署的双边自由贸易协定居多，但协定所包含的与投资相关的章节中自由化水平相对较低。

为此，要借鉴中美、中欧双边投资协定的谈判经验，按普适性、高标准原则，或升级现有双边投资协定，或通过投资章升级推进双边自由贸易协定或双边合作协议扩展为双边全面进步的经济伙伴关系协定，在彰显投资自由化"中国主张"的同时也彰显在下一代贸易投资议题中的"中国主张"。

在升级或扩展的过程中，要根据自身经验积累和对自身利益的深化了解，研究出台"双边投资协定中国范本"或"全面进步经济伙伴关系协定中国范本"，通盘考虑投资的开放与政府的监管、老议题和新议题、实体规定和程序规定、当前利益和长远利益、自身利益与他国利益等因素。有一个稳定的范本，就会形成一个相对稳定的预期和投资环境，形成具有中国特色的投资自由化解决方案。

**（三）策略之三：基于诸边框架，推进投资规则构建，彰显"中国主张"**

当前，"由于南北差距，全球统一的普适投资规则短期内难以形成。但重量级的区域投资规则已经或者正在形成中，如 CPTTP、TTIP 等"[1]。同时，在众多非约束性政府间诸边平台上，如 G20、OECD、APEC 和 BRICS 等，均在探讨投资自由化，尤其是投资规则。中国应努力借助各类政府间诸边平台，在推进投资规则进程中彰显"中国主张"，在探索投资规则构建中，要以高标准双边投资规则为基础，既考虑传统议题，更考虑新议题；既考虑发展中国家诉求，也照顾发达工业化国家关注；既考虑东道国利益，也维护投资者利益，从而为诸边投资规则复制于多边打下基础。就目前来看，首要任务是推进《二十国集团全球投资指导原则》的实施，并使其成为某一具有约束力的诸边框架下的有约束力的行动文件。

---

[1] 黄家勇：《国际投资自由化规则及对中国双向投资体制改革的建议》，上海社会科学院 2017 年硕士学位论文。

# 结　语

◆◇◆◇◆◇◆◇◆◇◆◇◆◇◆◇◆◇◆◇◆◇◆◇◆◇◆◇◆◇◆◇◆◇◆◇◆◇◆◇◆◇◆◇◆◇

　　从单向投资到双向投资,中国不仅要实现引进外资与对外投资的战略协同,国家战略和地方战略的协同,投资、贸易、金融发展的战略协同,双向投资在产业布局上的战略协同,还要联系国内经济和国际经济,在资本流出入基本平衡的前提下,响应国家"一带一路"倡议,积极实践自由贸易试验区和自由贸易港建设,实现中国对外开放战略和国际投资规则的协同,在全球治理协同中拓展中国对外开放的空间,在双多边投资协定的签署中彰显"中国主张",提升中国在国际投资规则中的话语权。

　　中国在双向投资推进中的政策和战略协同,其实质是新时代中国特色社会主义思想在对外开放中的政策和战略实践,体现了中国道路的深刻内涵。因此,中国双向投资布局的形成,其实际意义已经远远超越经济范围,而是在更大范围和更高程度上体现了中国构建人类命运共同体的价值追求。中国在全球投资地位的上升,从引资大国到投资大国的转变,无不彰显中国有责任也有能力实施"坚持开放发展,深化合作共赢,携手共建人类命运共同体"。

# 参考文献

[1]安和芬:《欧洲统一大市场的建设与前景》,《世界经济》1992年第3期。

[2]波士顿咨询集团(BCG)、中国发展研究基金会(CDRF):《乘风破浪正当时——中国企业海外并购的势与谋》,http://www.bcg.com,2015年3月。

[3]《全球FDI趋势及国际投资政策热点问题》,财新网,2016年6月22日。

[4]曹秋菊:《对外直接投资与产能过剩化解》,《求索》2016年第6期。

[5]曹秋菊:《外商直接投资影响中国产业安全:理论与机理》,《湖南商学院学报》2011年第1期。

[6]陈安主编:《国际经济法学》,北京大学出版社2001年版。

[7]陈菲琼、钟芳芳、陈珧:《中国对外直接投资与技术创新研究》,《浙江大学学报(人文社会科学版)》2013年第4期。

[8]陈继勇、王清平:《经济全球化与美国对外直接投资的变化》,《世界经济与政治》2003年第7期。

[9]陈少英、吕铖钢:《投资便利化税收法律制度研究——以中国(上海)自由贸易试验区为背景》,《晋阳学刊》2015年第3期。

[10]陈岩、翟瑞瑞:《对外投资、转移产能过剩与结构升级》,《广东社会科学》2015年第1期。

[11]成方舟、钱丹:《从美国早期利用外资修铁路看东北亚运输主干线的筹资对策》,《东北亚论坛》1994年第3期。

[12]崔凡:《美国2012年双边投资协定范本与中美双边投资协定谈判》,《国际贸易问题》2013年第2期。

[13]邓晶琳、李志林:《开放的湖南走五洲——湖南商务经济发展综述之一》,《湖南日报》2016年2月16日。

[14]邓利华:《我国外商直接投资发展历程、特征及评价分析》,《现代商贸工

业》2010 年第 3 期。

[15]定军:《中蒙俄经济走廊规划公布 将建跨境经济合作区》,《21 世纪经济报道》2016 年 9 月 14 日。

[16]杜静、张涛:《中国装备"走出去" 多国欢迎"中国货"》,《新华每日电讯》2015 年 4 月 10 日。

[17]杜琼、傅晓冬:《服务贸易协定(TiSA)谈判的进展、趋势及我国的对策》,《中国经贸导刊》2014 年第 31 期。

[18]方凌清:《我国外商投资国家安全审查制度之完善——以立法及司法审查为切入点》,《红河学院学报》2016 年第 4 期。

[19]冯蕾:《供给侧结构性改革:"加减乘除"效应》,《光明日报》2016 年 12 月 17 日。

[20]傅军:《加速培育更多本土跨国公司》,《人民政协报》2013 年 3 月 1 日。

[21]古广东:《对外直接投资与母国经济利益:理论分析与实证研究》,中国社会科学出版社 2013 年版。

[22]顾微微、张异和:《多边投资条约下的外国投资准入自由化研究》,《政法学刊》2006 年第 3 期。

[23]郭朝先、邓雪莹、皮思明:《"一带一路"产能合作现状、问题与对策》,《中国发展观察》2016 年第 6 期。

[24]郭朝先、刘芳、皮思明:《"一带一路"倡议与中国国际产能合作》,《国际展望》2016 年第 3 期。

[25]郭建华:《构建"一带一路"中亚能源金融体系,开创全球能源产融合作新格局》,《中国发展》2018 年第 1 期。

[26]郭连强、祝国平:《人民币国际化进程中短期资本流动的新特征及风险防范》,《社会科学战线》2012 年第 12 期。

[27]国际贸易经济合作研究院联合课题组:《谁审批谁监管 谁投资谁负责——我国企业"走出去"战略管理政策分析及改革思路》,《国际贸易》2002 年第 7 期。

[28]国家发展和改革委员会:《服务经济创新发展大纲(2016—2025 年)(征求意见稿)》,2016 年 11 月 7 日。

[29]国家开发银行:《2015 年年度报告》。

[30]国务院:《〈内地与澳门关于建立更紧密经贸关系的安排〉投资协议》,《中华人民共和国国务院公报》2018 年 2 月 28 日。

[31]国务院:《国务院关于扩大对外开放积极利用外资若干措施的通知》(国发

〔2017〕5 号）,2017 年 1 月 17 日。

[32]国务院:《国务院关于推进国际产能和装备制造合作的指导意见》（国发〔2015〕30 号）,2015 年 5 月 16 日。

[33]国务院:《国务院关于印发进一步深化中国（上海）自由贸易试验区改革开放方案的通知》（国发〔2015〕21 号）,2015 年 4 月 20 日。

[34]韩立余:《TPP 国有企业规则及其影响》,《国家行政学院学报》2016 年第 1 期。

[35]何帆:《中国对外投资的特征与风险》,《国际经济评论》2013 年第 1 期。

[36]和佳、冯英达:《境外经贸合作区:"一带一路"双赢平台》,《21 世纪经济报道》2017 年 2 月 20 日。

[37]和佳:《2017"一带一路"调研年度盘点系列之一:境外经贸合作园区生态调查》,《21 世纪经济报道》2018 年 1 月 22 日。

[38]贺宁华:《中国企业对外直接投资收益分析》,《中国集体经济》2009 年第 18 期。

[39]侯云龙:《报告:装备制造业出口竞争力日益增强》,《经济参考报》2016 年 7 月 29 日。

[40]胡锦涛:《坚定不移沿着中国特色社会主义道路前进　为全面建成小康社会而奋斗——在中国共产党第十八次全国代表大会上的报告》,人民出版社 2012 年版。

[41]黄家勇:《国际投资自由化规则及对中国双向投资体制改革的建议》,上海社会科学院 2017 年硕士学位论文。

[42]黄群慧主编:《"一带一路"沿线国家工业化进程报告》,社会科学文献出版社 2015 年版。

[43]吉生保、王晓珍:《外资研发嵌入与国企研发效率——价值链视角的高技术产业为例》,《国际贸易问题》2016 年第 1 期。

[44]吉生保、杨旭丹、周小柯、王晓珍:《中国 IFDI 的时空格局演进及影响因素研究:三维驱动视角》,《世界经济研究》2015 年第 12 期。

[45]季铸:《世界贸易导论》,经济科学出版社 2007 年版。

[46]《建筑时报》编辑部:《智能时代的突破与实践——2017 工程机械创新之路盘点》,2018 年 1 月 22 日。

[47]江东:《对外直接投资与母国产业升级:机理分析与实证研究》,浙江大学 2010 年博士学位论文。

[48]金芳:《"一带一路"倡议与中国对外直接投资的新格局》,《国际关系研究》

2016 年第 2 期。

[49]孔淑红、梁明编著:《国际投资学》,对外经济贸易大学出版社 2001 年版。

[50]李春平:《去年中企海外并购额超万亿元》,《新京报》2017 年 7 月 24 日。

[51]李国平:《日本对外直接投资动机的区域差异研究》,《世界经济》2000 年第 2 期。

[52]李珮璘:《危机后新兴大国产业结构调整的战略与政策研究》,《商业经济与管理》2012 年第 11 期。

[53]李珮璘:《我国跨国公司竞争力的国际比较及对策》,《经济纵横》2015 年第 3 期。

[54]李珮璘:《新兴经济体对外直接投资研究》,上海社会科学院 2010 年博士学位论文。

[55]李珮璘:《中外跨国公司国际竞争力的比较研究》,《世界经济研究》2015 年第 4 期。

[56]李庆灵:《刍议 IIA 中的外资国民待遇义务承担方式之选择》,《国际经贸探索》2013 年第 3 期。

[57]李霞:《中国对外投资的环境风险综述与对策建议》,《中国人口·资源与环境》2015 年第 7 期。

[58]李银、王新明:《"抢跑"的贵州用大数据做了啥?》,《中华工商时报》2015 年 5 月 26 日。

[59]李银、王新明:《贵州是如何领跑大数据产业的》,《领导之友》2017 年第 12 期。

[60]李媛、莫云:《东盟博览会:国际产能合作再唱主角》,《今日中国(中文版)》2016 年第 10 期。

[61]联合国贸易与发展会议编:《世界投资报告 2005:跨国公司和研发国际化》中译本,中国财政经济出版社 2006 年版。

[62]联合国贸易和发展组织:《世界投资报告 2015:重构国际投资机制》中译本,南开大学出版社 2015 年版。

[63]联合国贸易和发展会议编:《世界投资报告 2016:投资者国籍及其政策挑战》中译本,南开大学出版社 2016 年版。

[64]联合国贸发会议跨国公司与投资司编:《世界投资报告 1999:外国直接投资和发展的挑战》中译本,中国财政经济出版社 2000 年版。

[65]联合国贸易和发展组织编:《世界投资报告 2013:全球价值链:促进发展的投资与贸易》中译本,经济管理出版社 2013 年版。

[66]梁开银:《中国双边投资条约研究》,北京大学出版社 2016 年版。

[67]刘城:《基于全球价值链视角的本土跨国公司培育路径探析》,《广东社会科学》2013 年第 3 期。

[68]刘丽娟:《外资研发中心嬗变》,《中国外汇》2013 年第 24 期。

[69]刘笋:《从 MAI 看综合性国际投资多边立法的困境和出路》,《中国法学》2001 年第 5 期。

[70]刘笋:《投资自由化规则在晚近投资条约中的反映及其地位评析》,《华东政法大学学报》2002 年第 1 期。

[71]刘小微、周延礼:《我国保费收入超过日本排名世界第二》,《金融时报》2017 年 1 月 18 日。

[72]卢碧:《我国企业境外投资外汇风险管理研究——基于 ERM 框架的视角》,《会计师》2013 年第 11 期。

[73]卢进勇、余劲松、齐春生主编:《国际投资条约与协定新论》,人民出版社 2007 年版。

[74]卢潇潇、吉生保、王晓珍:《外资研发嵌入的内外因辨析:市场化进程还是国际贸易竞争力》,《国际贸易问题》2016 年第 8 期。

[75]罗若愚:《我国电子信息产业发展特点及思路》,《企业活力》2004 年第 10 期。

[76]马新铎:《论国际投资限制措施的新发展》,《法制与社会》2009 年第 23 期。

[77]聂平香:《国际投资规则的演变及趋势》,《国际经济合作》2014 年第 7 期。

[78]普华永道、上海商务委编:《上海对外投资合作(2017)年度发展报告》。

[79]邱斌、周勤、刘修岩、陈健:《"'一带一路'背景下的国际产能合作:理论创新与政策研究"学术研讨会综述》,《经济研究》2016 年第 5 期。

[80]全毅:《"一带一路"框架下福建拓展欧洲经贸合作的策略探讨》,《发展研究》2018 年第 1 期。

[81]《二十国集团全球投资指导原则》,人民网,2016 年 9 月 7 日。

[82]《亚太经合组织第二十二次领导人非正式会议在北京举行》,人民网,2014 年 11 月 12 日。

[83]《中国与哈萨克斯坦已达成 52 个产能合作项目》,人民网,2015 年 12 月 14 日。

[84]商务部、国家统计局、国家外汇管理局:《2012 年度中国对外直接投资统计公报》,中国统计出版社 2013 年版。

[85]商务部、国家统计局、国家外汇管理局:《2013 年度中国对外直接投资统计

公报》，中国统计出版社 2014 年版。

[86]商务部、国家统计局、国家外汇管理局：《2014 年度中国对外直接投资统计公报》，中国统计出版社 2015 年版。

[87]商务部、国家统计局、国家外汇管理局：《2015 年度中国对外直接投资统计公报》，中国统计出版社 2016 年版。

[88]商务部、国家统计局、国家外汇管理局：《2016 年度中国对外直接投资统计公报》，中国统计出版社 2017 年版。

[89]孙韶华：《境外投资管理办法》，《经济参考报》2009 年 3 月 16 日。

[90]商务部：《中国对外投资合作发展报告 2016》，2017 年 3 月 23 日。

[91]商务部：《中华人民共和国和德意志联邦共和国关于促进和相互保护投资的协定及议定书》，2010 年 2 月 20 日。

[92]商务部：《中华人民共和国政府、日本国政府及大韩民国政府关于促进、便利及保护投资的协定》，2014 年 5 月 13 日。

[93]商务部：《中华人民共和国政府和法兰西共和国政府关于相互鼓励和保护投资的协定》，2010 年 7 月 24 日。

[94]商务部：《中华人民共和国政府和加拿大政府关于促进和相互保护投资的协定》，2016 年 12 月 12 日。

[95]商务部：《中华人民共和国政府和瑞典王国政府关于相互保护投资的协定》，2010 年 1 月 5 日。

[96]商务部对外投资和经济合作司：《2017 年 1—11 月产能合作统计数据》，2017 年 12 月 18 日。

[97]商务部条法司：《我国对外签订双边投资协定一览表 Bilateral Investment Treaty》，2016 年 12 月 12 日。

[98]商务部外国投资管理司：《中国外商投资报告：政策与环境》，南开大学出版社 2013 年版。

[99]商务部、国家统计局、国家外汇管理局：《2014 年度中国对外直接投资统计公报》，商务部网站，2015 年 9 月 17 日。

[100]《全国吸收外商直接投资情况》，商务部网站，2017 年 12 月 28 日。

[101]商务部新闻办公室：《商务部合作司负责人谈 2015 年我国对外投资合作情况》，http://www.mofcom.gov.cn/article/ae/ai/201601/20160101235603.shtml，2016 年 1 月 15 日。

[102]上海市发展和改革委员会：《关于上海市 2016 年国民经济和社会发展计划执行情况与 2017 年国民经济和社会发展计划草案的报告》，2017 年 1 月 24 日。

[103]施锦芳:《日本引进外资政策新变化及我国对日投资战略新思考》,《国际贸易》2015 年第 4 期。

[104]史俊刚:《H 公司的"精益生产"设计与实施研究》,大连理工大学 2011 年硕士学位论文。

[105]苏诗钰:《去年我国非金融类直接投资达 11299.2 亿元同比增 44.1%》,《证券日报》2017 年 1 月 17 日。

[106]孙韶华:《G20 贸易部长会为贸易投资立新规》,《经济参考报》2016 年 7 月 11 日。

[107]孙婵、肖湘:《负面清单制度的国际经验及其对上海自贸区的启示》,《重庆社会科学》2014 年第 5 期。

[108]唐爱平:《指引湘企对接"一带一路"》,《湖南日报》2016 年 2 月 5 日。

[109]田方:《推动贵阳大数据优势资源走出去 更好服务于国家大数据战略实施》,《贵阳日报》2017 年 4 月 1 日。

[110]田素华:《外商直接投资进入中国的结构变动与效应研究》,中央编译出版社 2013 年版。

[111]涂永红、李胜男:《促进"一带一路"贸易发展,推动人民币国际化》,《海外投资与出口信贷》2017 年第 2 期。

[112]王丹妹:《规范对贸易有限制或扭曲作用的投资措施:TRIMs、NAFTA、中国有关法律法规检视》,吉林大学 2011 年硕士学位论文。

[113]王凡:《一带一路产能合作促进国际共享发展》,《中国社会科学报》2017 年 12 月 29 日。

[114]王凡一:《"一带一路"战略下我国对外投资的前景与风险防范》,《经济纵横》2016 年第 7 期。

[115]王海峰:《负面清单的国际经验与思考》,《上海法治报》2014 年 8 月 13 日。

[116]王红领、李稻葵、冯俊新:《FDI 与自主研发:基于行业数据的经验研究》,《经济研究》2006 年第 2 期。

[117]王建武:《天津 2016 年实际使用外资同比增长 12.2%》,央广网,2017 年 2 月 15 日。

[118]王勤:《东盟经济共同体建设的进程与成效》,《南洋问题研究》2015 年第 4 期。

[119]王然、燕波、邓伟根:《FDI 对我国工业自主创新能力的影响及机制——基于产业关联的视角》,《中国工业经济》2010 年第 11 期。

［120］王雯:《中部博览会:聚焦"中部崛起"》,《科技创新与生产力》2011 年第 11 期。

［121］王晓:《中国进出口银行:增加人民币使用,探索货币互换等减少汇率损失》,《21 世纪经济报道》2016 年 1 月 15 日。

［122］王晓:《我国推进国际产能合作显成效》,《国际商报》2016 年 1 月 21 日。

［123］王英、周蕾:《我国对外直接投资的产业结构升级效应——基于省际面板数据的实证研究》,《中国地质大学学报(社会科学版)》2013 年第 6 期。

［124］王粤:《TPP 带给中国的挑战与应对》,《国际经济合作》2014 年第 2 期。

［125］魏敏:《中国与中东国际产能合作的理论与政策分析》,《阿拉伯世界研究》2016 年第 6 期。

［126］吴其胜:《国际投资规则新发展与中国的战略选择》,《国际关系研究》2014 年第 2 期。

［127］吴雪明:《成为资本净输出国对中国意味着什么》,《解放日报》2015 年 2 月 19 日。

［128］吴哲钰:《将继续鼓励有实力、信誉好的企业走出去》,《21 世纪经济报道》2018 年 1 月 25 日。

［129］伍振:《主动作为、为企业"走出去"提供有力保障——访湖南省商务厅邓立佳副厅长》,《国土资源导刊》2012 年第 12 期。

［130］习近平:《决胜全面建成小康社会 夺取新时代中国特色社会主义伟大胜利——在中国共产党第十九次全国代表大会上的报告》,人民出版社 2017 年版。

［131］习近平:《习近平近期重要言论摘录》,《时事报告》2016 年 9 月 8 日。

［132］习近平:《联通引领发展 伙伴聚焦合作——在"加强互联互通伙伴关系"东道主伙伴对话会上的讲话》,人民网,2014 年 11 月 8 日。

［133］肖新艳:《全球价值链呈现"双曲线"特征——"微笑曲线"和"彩虹曲线"》,《国际贸易》2015 年第 8 期。

［134］［日］小岛清:《对外贸易论》,周宝廉译,南开大学出版社 1987 年版。

［135］新华社:《统筹协调 有序推进——"一带一路"建设地方实施方案衔接工作成效初显》,2015 年 11 月 19 日。

［136］新华社:《推动共建丝绸之路经济带和 21 世纪海上丝绸之路的愿景与行动》,2015 年 3 月 28 日。

［137］新华社:《中共中央 国务院关于构建开放型经济新体制的若干意见》,2015 年 5 月 5 日。

［138］新华社:《中共中央关于制定国民经济和社会发展第十三个五年规划的建

议》,2015 年 11 月 3 日。

[139]《2010 年中国钢企拥有的海外权益矿资源将超过 1 亿吨》,新华网,2009 年 4 月 27 日。

[140]《国新办就"一带一路"沿线国家和地区产能合作情况举行发布会》,新华网,2017 年 5 月 12 日。

[141]《中国装备"走出去"促国际产能合作新格局》,新华网,2015 年 4 月 9 日。

[142]徐康宁、陈健:《国际生产网络与新国际分工》,《国际经济评论》2007 年第 6 期。

[143]薛求知、朱吉庆:《中国对外直接投资的理论研究与实证检验》,《江苏社会科学》2007 年第 4 期。

[144]闫健平:《欧洲共同体统一市场的形成与发展》,《中国经济导刊》1992 年第 18 期。

[145]杨永红:《欧洲资本自由流动的黄金时代之开端——评欧洲法院有关黄金股机制案例法对资本市场的影响》,《特区经济》2007 年第 5 期。

[146]杨长湧:《美国对外直接投资的历程、经验及对我国的启示》,《经济研究参考》2011 年第 22 期。

[147]杨志勇、杨建永、郜志雄:《跨国公司在华研发中心的新变化——趋势、动向与问题》,《对外经贸实务》2014 年第 12 期。

[148]叶尔肯·吾扎提、张薇、刘志高:《我国在"一带一路"沿线海外园区建设模式研究》,《中国科学院院刊》2017 年第 4 期。

[149]叶楠:《发展中的国际投资协定透明度原则及其对中国的启示》,《武大国际法评论》2013 年第 2 期。

[150]叶楠:《论美国投资条约中的透明度规则及其对我国的启示》,《北京工商大学学报(社会科学版)》2013 年第 6 期。

[151]叶兴平、杨静宜:《国际直接投资自由化的法律政策分析》,《武汉大学学报(哲学社会科学版)》2002 年第 4 期。

[152]叶兴平:《〈北美自由贸易协定〉的投资规则及其对多边国际投资立法的影响》,《国际投资法》2002 年第 2 期。

[153]"一带一路"建设工作领导小组办公室、国家信息中心"一带一路"大数据中心:《"一带一路"大数据报告(2016)》,2016 年 10 月 28 日。

[154]《"一带一路":构建中国资本输出通道 催生基建跨国公司》,《21 世纪经济报道》2014 年 12 月 29 日。

[155]尹小剑:《外直接投资与产业结构优化的灰关联分析与趋势预测——来自

中国 FDI 行业数据的证据》,《世界经济与政治论坛》2010 年第 5 期。

[156]于世海:《中国对外直接投资与产业升级互动机制研究》,武汉理工大学 2014 年博士学位论文。

[157]于媛媛、孙文远:《全球价值链分工中的中国产业升级战略》,《中国经济时报》2007 年 1 月 4 日。

[158]余莹:《国际投资规则的自由化与 WTO 多边投资协议》,《华东交通大学学报》2003 年第 6 期。

[159]余莹:《晚近投资条约的自由化发展述评——兼评我国的投资条约实践》,《广西大学学报(哲学社会科学版)》2004 年第 2 期。

[160]贠天一:《上海:以战略性新兴产业为引领的现代产业体系初步形成》,《中国战略新兴产业》2018 年第 9 期。

[161]曾华群:《"可持续发展的投资政策框架"与我国的对策》,《厦门大学学报(哲学社会科学版)》2013 年第 6 期。

[162]张春萍:《中国对外直接投资的产业升级效应研究》,《当代经济研究》2013 年第 3 期。

[163]张春萍:《中国对外直接投资对进出口贸易的影响》,《学术交流》2012 年第 7 期。

[164]张春萍:《中国对俄直接投资的贸易效应研究》,《俄罗斯中亚东欧研究》2012 年第 3 期。

[165]张定法:《中国迈向"投资强国"的策略分析》,《新西部》2017 年第 27 期。

[166]张广婷、王叙果:《新常态下中国跨境资本流动的影响因素》,《财政研究》2015 年第 4 期。

[167]张广婷:《国际资本流动及其对金融稳定性影响研究——基于中东欧和独联体国家的比较》,复旦大学 2014 年博士学位论文。

[168]张昊昱:《法律人士建议完善自贸区境外投资政策》,《证券时报》2014 年 9 月 29 日。

[169]张焕波:《负面清单模式下事中事后监管制度研究》,《中国市场》2016 年第 13 期。

[170]张纪康主编:《跨国公司与直接投资》,复旦大学出版社 2004 年版。

[171]张建红、周朝鸿:《中国企业走出去的制度障碍研究——以海外收购为例》,《经济研究》2010 年第 6 期。

[172]张俊妮、陈玉宇:《产业集聚、所有制结构与外商投资企业的区位选择》,《经济学(季刊)》2006 年第 3 期。

[173]张莉:《狙击"中国溢价"中资投行缺位万万不能》,《中国证券报》2016年8月19日。

[174]张亮:《负面清单引资模式下的事中事后监管体制研究》,上海社会科学院2017年硕士学位论文。

[175]张龙:《世界贸易体制的历史反思——从关贸总协定到世界贸易组织》,《太平洋学报》2001年第4期。

[176]张起花:《中国企业走出去面临四大挑战》,《海内与海外》2015年第12期。

[177]张述存:《境外资源开发与国际产能合作转型升级研究——基于全球产业链的视角》,《山东社会科学》2016年第7期。

[178]张天桂、盛垒、薛安伟、周琢、张广婷、刘芳、陈陶然、姚勤华、权衡:《分化复苏的世界经济:新引擎、新风险、新常态——2016年世界经济分析与展望》,《世界经济研究》2016年第1期。

[179]张薇:《论国际投资协定中的环境规则及其演进——兼评析中国国际投资协定的变化及立法》,《国际商务研究》2010年第1期。

[180]张向晨:《提升我国在全球价值链中的竞争力》,《求是》2014年第7期。

[181]张莹:《ODI与我国技术进步的机理分析》,《宏观经济研究》2011年第6期。

[182]张幼文、李刚主编:《世界经济概论》,高等教育出版社2018年版。

[183]张幼文:《当代国家优势——要素培育与全球规划》,上海远东出版社2003年版。

[184]张幼文:《开放型发展新时代:双向投资布局中的战略协同》,《探索与争鸣》2017年第7期。

[185]张幼文:《生产要素的国际流动与全球化经济的运行机制——世界经济学的分析起点与理论主线》,《世界经济研究》2015年第12期。

[186]张幼文:《世界经济学——原理与方法》,上海财经大学出版社2006年版。

[187]张幼文:《要素集聚的体制引力》,格致出版社2015年版。

[188]张幼文:《要素流动——全球化经济学原理》,人民出版社2013年版。

[189]张宇馨:《制造业FDI与服务业FDI区位决策的互动影响——基于我国省际面板数据的实证分析》,《山西财经大学学报》2012年第2期。

[190]赵蓓文:《"一带一路"建设要注重双向互动》,《解放日报》2017年5月16日。

[191]赵蓓文:《构建开放型经济新体制:上海实践与对策》,《上海经济研究》

2017 年第 5 期。

[192]赵蓓文:《国际投资规则的发展与 WTO 多边投资框架建立的可行性分析》,《世界经济研究》2003 年第 6 期。

[193]赵蓓文:《外资数量扩张型增长模式的负面效应》,《世界经济研究》2007 年第 1 期。

[194]赵玉敏:《国际投资体系中的准入前国民待遇——从日韩投资国民待遇看国际投资规则的发展趋势》,《国际贸易》2012 年第 3 期。

[195]赵洲:《东道国投资法律环境的识别与互动适应风险问题——基于"一带一路"战略下的分析》,《安徽理工大学学报(社会科学版)》2016 年第 2 期。

[196]《工信部:原材料等一带一路境外在建项目签约 600 亿美元》,证券时报网,2017 年 5 月 12 日。

[197]中国共产党第十八届中央委员会:《中共中央关于全面深化改革若干重大问题的决定》,人民出版社 2013 年版。

[198]中国进出口银行:《〈中国进出口银行年度报告〉2016 年》。

[199]中国境外经贸合作区:《中国境外合作区投资促进工作机制成立》,2015 年 7 月 8 日。

[200]《亚洲基础设施投资银行协定》,中国一带一路网,2016 年 10 月 13 日。

[201]《国际产能合作》,中国政府网,2017 年 4 月 6 日。

[202]《中国企业在 36 个国家在建境外经贸合作区 77 个》,中新网,2017 年 4 月 13 日。

[203]钟飞腾等:《对外投资新空间:"一带一路"国别投资价值排行榜》,社会科学文献出版社 2015 年版。

[204]周密:《深耕"一带一路",推动贸易投资升级发展》,《海外投资与出口信贷》2017 年第 2 期。

[205]周民良:《"一带一路"跨国产能合作既要注重又要慎重》,《中国发展观察》2015 年第 12 期。

[206]周娜、吴巧生、王然、孙奇:《"一带一路"国家天然气投资绩效评价及其改进路径》,《中国人口·资源与环境》2017 年第 7 期。

[207]周潇枭:《"一带一路"资金融通力度不断加大 政策性银行 2017 年将再加码》,《21 世纪经济报道》2017 年 3 月 9 日。

[208]朱菲娜:《全球外国直接投资强劲复苏》,《中国经济时报》2016 年 6 月 22 日。

[209]朱珂:《跨国并购对企业创新绩效影响的评估——以浙江吉利汽车为例》,

宁波大学 2015 年硕士学位论文。

［210］朱丽娜、姚瑶：《2016 年"一带一路"沿线基建项目投资总额近 5000 亿美元　PPP 模式方兴未艾》，《21 世纪经济报道》2017 年 2 月 16 日。

［211］朱文龙：《我国在国际投资协定中对国民待遇的选择》，《河北法学》2014 年第 3 期。

［212］卓丽洪、贺俊、黄阳华：《"一带一路"战略下中外产能合作新格局研究》，《东岳论丛》2015 年第 10 期。

［213］《中国经济贸易年鉴 2007》，中国经济出版社 2007 年版。

［214］Anderson，James E.，"A Theoretical Foundation for the Gravity Equation"，*American Economic Review*，Vol.69，No.1，1979.

［215］Balassa，Bela，"Trade Liberalization and 'Revealed' Comparative Advantage"，*Manchester School of Economic and Social Studies*，Vol.33，No.2，May1965.

［216］Koopman Robert，Wang Zhi，Wei Shang−Jin，"Estimating Domestic Content in Exports When Processing Trade is Pervasive"，*Journal of Development Economics*，Vol.99，No.1，2012.

［217］Martínez−San Román，Valeriano；Bengoa，Marta；Sánchez−Robles，Blanca，"Foreign Direct Investment，Trade and the Home Bias：Evidence from the European Union"，*Empirical Economics*，Vol.50，No.1，Feb，2016.

［218］Porter，Michael E.，*Competitive Advantage：Creating and Sustaining Superior Performance*，The Free Press，1985.

［219］Türkcan，Kemal，"Outward Foreign Direct Investment and Intermediate Goods Exports"，*Economie Internationale*，No.112，2007.

［220］UK Department for Business Innovation & Skills，"International Trade and Investment—the Economic Rationale for Government Support"，*BIS Economics Paper*，No.13，2011.

［221］UNCTAD，*World Investment Report 2006：FDI from Developing and Transition Economies：Implications for Development*.

［222］UNCTAD，*World Investment Report 2011：Non−equity Modes of International Production and Development*.

［223］UNCTAD，*World Investment Report 2016−Investor Nationality：Policy Challenges*.

［224］Vernon，Raymond，"International Investment and International Trade in the Product Cycle"，*Quarterly Journal of Economics*，Vol.80，No.2，May，1966.

［225］WTO，"DOHA WTO MINISTERIAL 2001：MINISTERIAL DECLARATION".

# 后　记

双向投资布局是国家的大战略,也是中国推动形成全面开放新格局的重要组成部分。本书的作者们长期跟踪与中国"引进来"与"走出去"相关的双向投资的发展,为此笔耕不辍。

本书是在国家社会科学基金重大项目"推进双向投资布局的开放体制创新与内外战略协同研究"(15ZDC018)最终成果的基础上修改完成,该项目在结项审核中获得免予鉴定(2018&J082)。本书为大量集体讨论形成的成果,所有课题组成员均深入讨论,相互启发,为集体成果作出了贡献。具体分工如下:

课题首席专家:赵蓓文

子课题负责人:张幼文、金芳、王海峰、赵蓓文、姚为群

导论:张幼文

第一章:张幼文、吴信坤

第二章:薛安伟

第三章:陈煜明

第四章:张广婷

第五章:张广婷

第六章:赵蓓文(第一节、第三节),赵蓓文、彭越(第二节)

第七章:张幼文

第八章:金芳

第九章:赵蓓文、李丹(第一节),赵蓓文(第二节、第三节)

第十章:吕文洁

第十一章:薛安伟

第十二章:陈煜明

第十三章:纪鑫华

第十四章:任永菊

第十五章:吕文洁

第十六章:王海峰、张亮

第十七章:任永菊

第十八章:李刚

第十九章:赵蓓文、吴雪明(第一节、第二节),赵蓓文(第三节)

第二十章:李珮璘

第二十一章:李珮璘

第二十二章:张晓朋

第二十三章:周大鹏

第二十四章:周大鹏

第二十五章:王海峰、黄家勇、姚为群

第二十六章:王海峰、梅盛军、伍穗龙、黄家勇、姚为群

第二十七章:王海峰、黄家勇、姚为群

第二十八章:姚为群、张晓朋

结语:赵蓓文

赵蓓文负责全书的统稿、删减、补充、调整和最终定稿。张幼文负责撰写各篇篇首语。金瑾、李丹负责校对全书的脚注和参考文献,并进行格式整理。

本书在撰写过程中得到诸多学术界前辈、同行的支持和帮助,在此一并予以感谢!

赵蓓文

2019 年 3 月于上海社会科学院

策划编辑:郑海燕
责任编辑:郑海燕　李甜甜
封面设计:周方亚
责任校对:苏小昭

**图书在版编目(CIP)数据**

双向投资中的战略协同/赵蓓文等 著. —北京:人民出版社,2019.6(2019.11 重印)
ISBN 978-7-01-020610-3

Ⅰ.①双… Ⅱ.①赵… Ⅲ.①投资战略-研究-中国 Ⅳ.①F832.48

中国版本图书馆 CIP 数据核字(2019)第 058615 号

**双向投资中的战略协同**
SHUANGXIANG TOUZI ZHONG DE ZHANLÜE XIETONG

赵蓓文 等 著

人民出版社 出版发行
(100706 北京市东城区隆福寺街 99 号)

北京建宏印刷有限公司印刷 新华书店经销

2019 年 6 月第 1 版 2019 年 11 月北京第 2 次印刷
开本:787 毫米×1092 毫米 1/16 印张:36.5
字数:694 千字

ISBN 978-7-01-020610-3 定价:148.00 元

邮购地址 100706 北京市东城区隆福寺街 99 号
人民东方图书销售中心 电话 (010)65250042 65289539